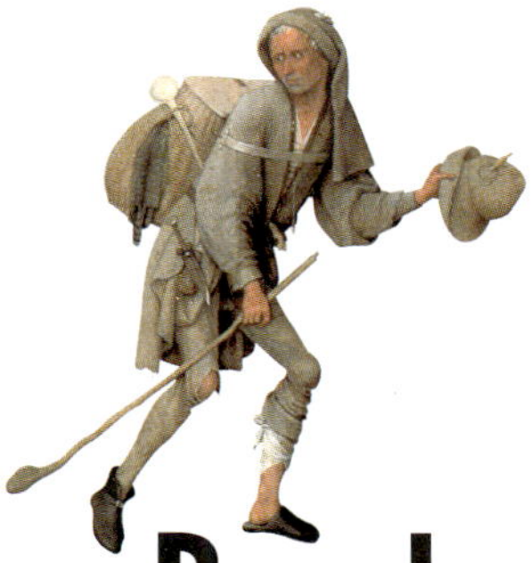

HieronymusBosch

HieronymusBosch

Das Gesamtwerk

Jos Koldeweij
Paul Vandenbroeck
Bernard Vermet

Belser Verlag
Stuttgart

Inhalt

Vorwort

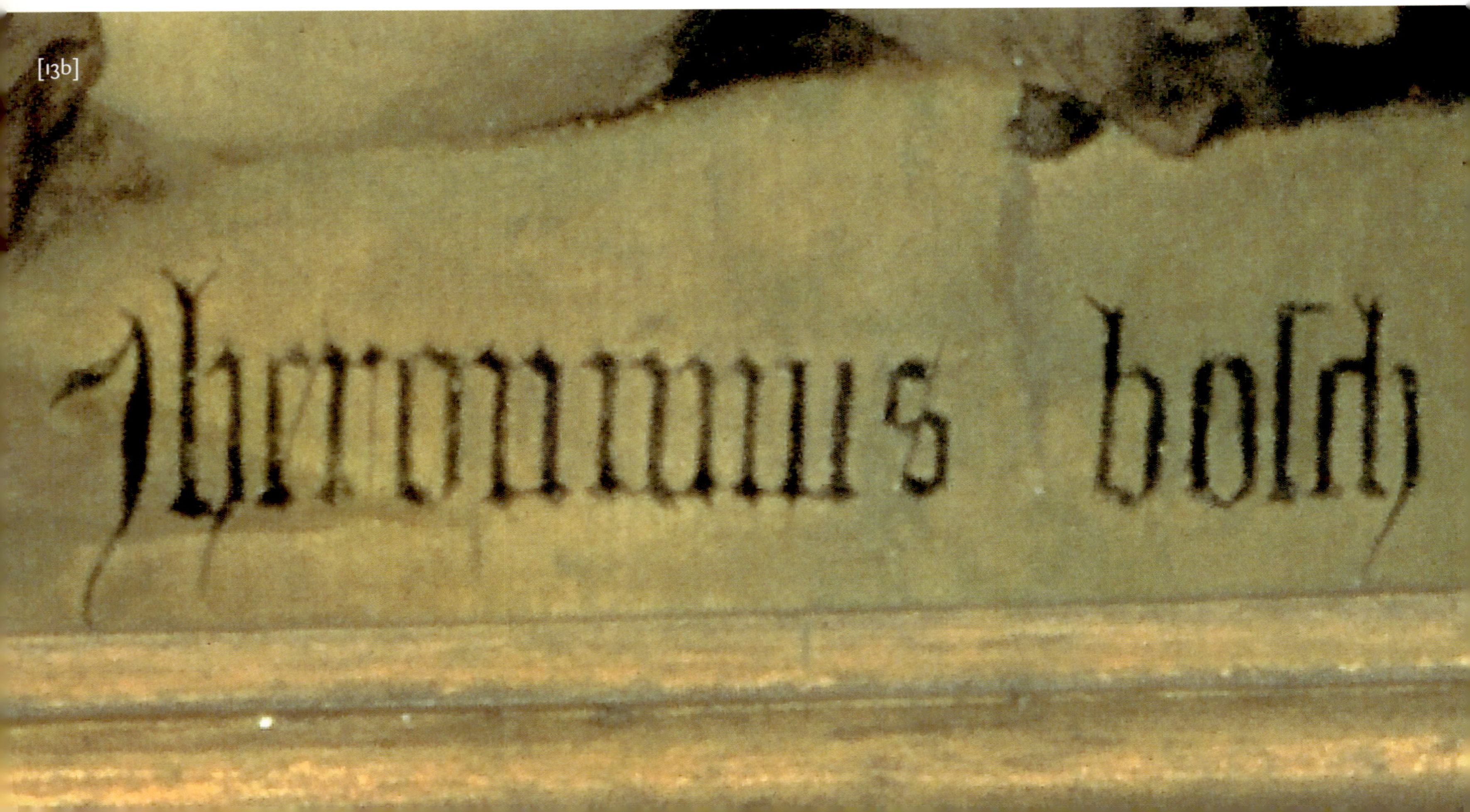

[13b]

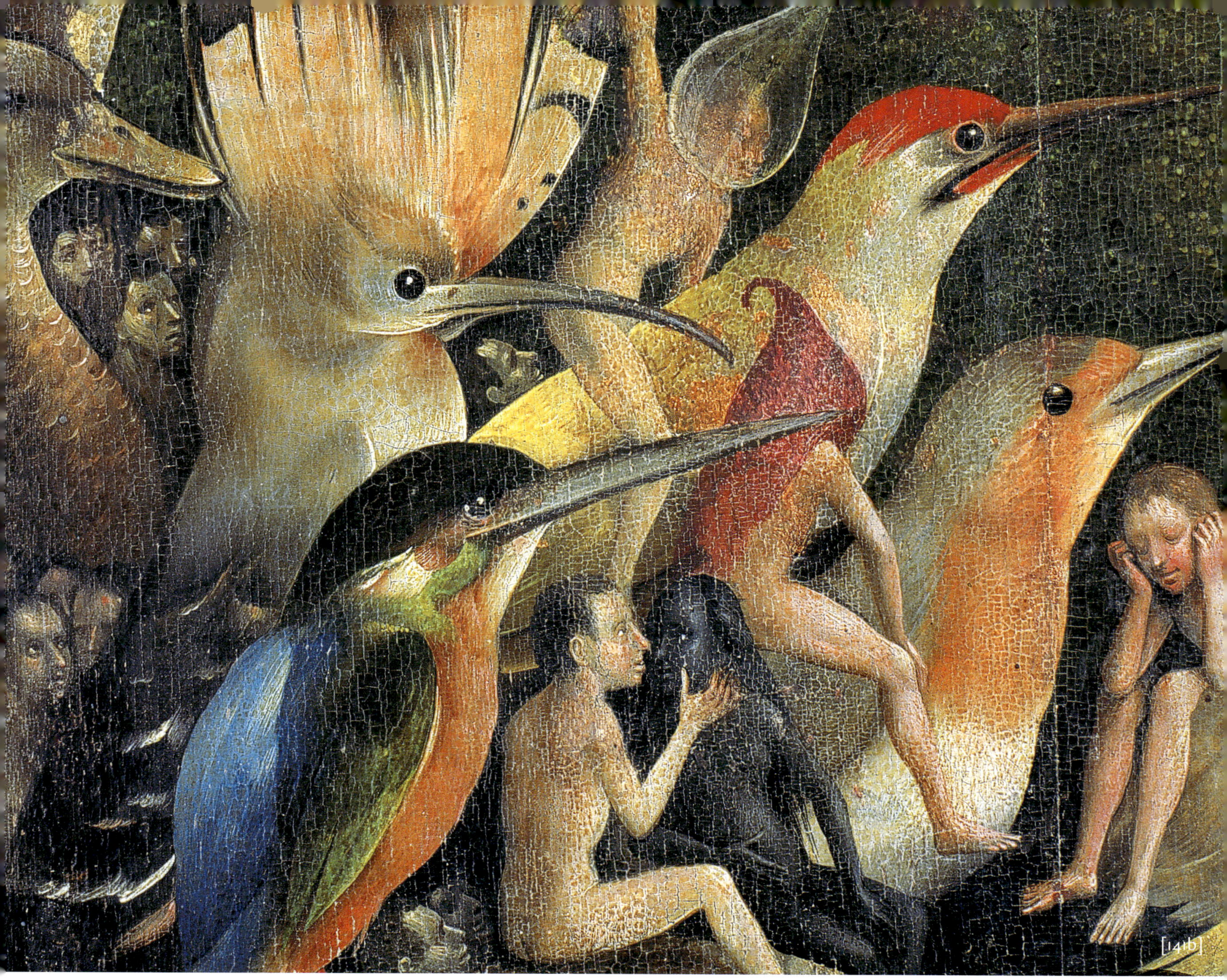

Dieses Buch erscheint aus Anlass einer Ausstellung im Museum Boijmans Van Beuningen in Rotterdam, die Hieronymus Bosch gewidmet ist. Rotterdam, die europäische Kulturhauptstadt 2001, ist seit langem besonders mit dem faszinierenden Maler aus 's-Hertogenbosch verbunden.

1931 erwarb das damalige Museum Boymans durch den Ankauf des *Verlorenen Sohnes* einen seiner wertvollsten Schätze. Nicht das große Rijksmuseum in Amsterdam, sondern das noch recht bescheidene Rotterdamer Museum beherbergte als erstes Kunstmuseum in den Niederlanden ein originales Werk des Hieronymus Bosch. Noch immer ist das Museum Boijmans Van Beuningen das einzige niederländische Museum, das Originale dieses herausragenden frühniederländischen Meisters besitzt. Das damals erworbene Gemälde trägt inzwischen den Titel *Der Hausierer*, und die Institution heißt heute *Museum Boijmans Van Beuningen*, doch an der Bedeutung dieses Werkes für unser Haus hat sich in all den Jahren nichts geändert.
1935 kamen mit der Leihgabe der Sammlung Koenigs, die später von der Stiftung Museum Boymans erworben wurde, die Darstellungen des *Hl. Christophorus*, der *Hochzeit zu Kana* sowie beide *Sintflut*-Tafeln ins Museum. Im darauf folgenden Jahr – 1936 – fand hier zum ersten Mal eine Bosch-Ausstellung statt.

Der Ankauf des Gemäldes *Der Verlorene Sohn* bzw. *Der Hausierer*, das zwischenzeitlich auch als *Der Landstreicher* benannt wurde, steht nicht allein am Beginn der spektakulären Erweiterung der Sammlung altniederländischer Malerei, sondern bewirkte auch andere Entwicklungen innerhalb des Museums. So war die 1970 getroffene Entscheidung, den Surrealismus zu einem bedeutenden Sammelgebiet Moderner Kunst zu machen, nicht zuletzt durch die Präsenz von Werken des Hieronymus Bosch inspiriert und begründet.

Über kaum einen Maler hat man so viel spekuliert wie über Bosch. Nicht allein die Kunsthistoriker, sondern auch Historiker, Sprachwissenschaftler, Theologen, Soziologen, Volkskundler, Psychologen und Psychiater haben, von ihrer jeweiligen Fachdisziplin ausgehend, den großen und rätselhaften Künstler zur erhellen versucht. Auch viele Laien haben sich der Deutung von Bosch gewidmet. Der Drang, hierzu gehört und gelesen zu werden, ist offenbar so groß, dass eine nicht unwesentliche Zahl von Veröffentlichungen über Bosch von den Autoren im Selbstverlag herausgegeben worden ist. Der Grund für die ungeheure Popularität liegt in der vielberufenen Rätselhaftigkeit von Bosch, die dazu herausfordert, Antworten zu suchen und zu finden. Dies hat zu verwickelten,

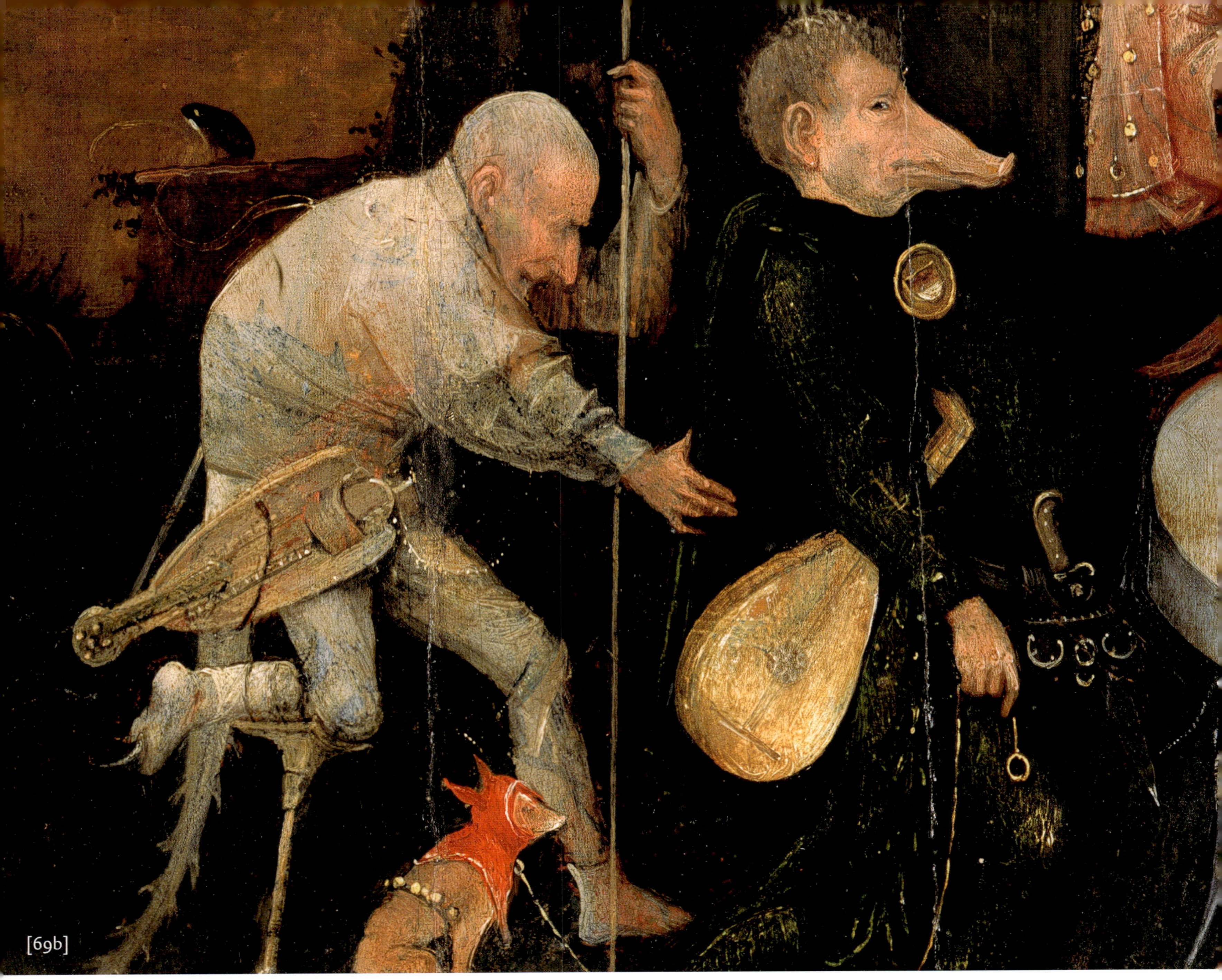
[69b]

aber auch zu bizarren Theorien geführt: Bosch als Ketzer, Gnostiker, Katharer, Rosenkreuzer, Adamiet, Revolutionär, Drogenkonsument – all dies scheint in einem grundlegenden Missverständnis der Gesellschaft und der Gedankenwelt zu liegen, in denen Bosch lebte und wirkte. Dass ein verzeichnetes Bosch-Bild übrigens zu interessanten Resultaten führen kann, belegen die Werke von Salvador Dalí und anderer Surrealisten.

Wenn die Gemälde von Bosch selbst für ein westliches Publikum mit christlichem Hintergrund nur schwer verständlich sind, so hat genau diese Unbegreiflichkeit zur weltweiten Wertschätzung von Bosch beigetragen. Denn sowohl die mexikanische Malerin Frida Kahlo als auch der zeitgenössische indische Filmemacher Mani Kaul haben Bosch als eine bedeutende Inspirationsquelle benannt.

Boschs Fantasien überschreiten Zeit und Raum, und daraus beziehen sie ihre universelle Anziehungskraft. Sein Œuvre steht im Zeichen dieses Paradoxons. Es ist gleichermaßen verrätselt und unzugänglich wie vollkommen offen und einladend. Es ist Kunst für den passionierten Kunstliebhaber und für Menschen, die fast nie in ein Museum gehen, für Intellektuelle ebenso wie für ein breites Publikum, für Jung und Alt.

Sowohl dieses Buch als auch die Ausstellung im Museum Boijmans Van Beuningen sind gleichermaßen das Resultat der begeisterten Zusammenarbeit von Jos Koldeweij, Paul Vandenbroeck und Bernard Vermet. Allein ihre Zähigkeit und ihr unerschütterlicher Optimismus haben dieses Projekt zum Erfolg geführt. Sie untersuchten Bosch nachdrücklich beispielsweise unter dem Blickwinkel der spätmittelalterlichen Stadtkultur in den Niederlanden: Bosch erscheint auf diese Weise als ein von seiner Umwelt geprägtes Kind jener Zeit, aber eben auch als ein genialer Künstler. Die Ausstellung berücksichtigt jedoch auch den zeitlosen und universalen Charakter von Bosch. Die Ausstellung seiner Werke wird hier daher von Arbeiten zeitgenössischer Künstler durchbrochen, von Jörg Immendorff bis Robert Gober, von Robert Crumb bis William Kentridge und von Bill Viola bis Thomas Hirschhorn: Künstler, die unmittelbar Elemente von Bosch entlehnen, die sich von ihm inspirieren lassen, oder die einfach eine in unseren Augen verwandte Mentalität vergegenwärtigen.

Es ist von großer Bedeutung, den Maler Hieronymus Bosch von den zahlreichen interpretativen Verbiegungen zu befreien, um die historische Gestalt zu entmythologisieren. Aber es ist ebenso wichtig, seine Magie nicht zu beeinträchtigen. Jede Zeit

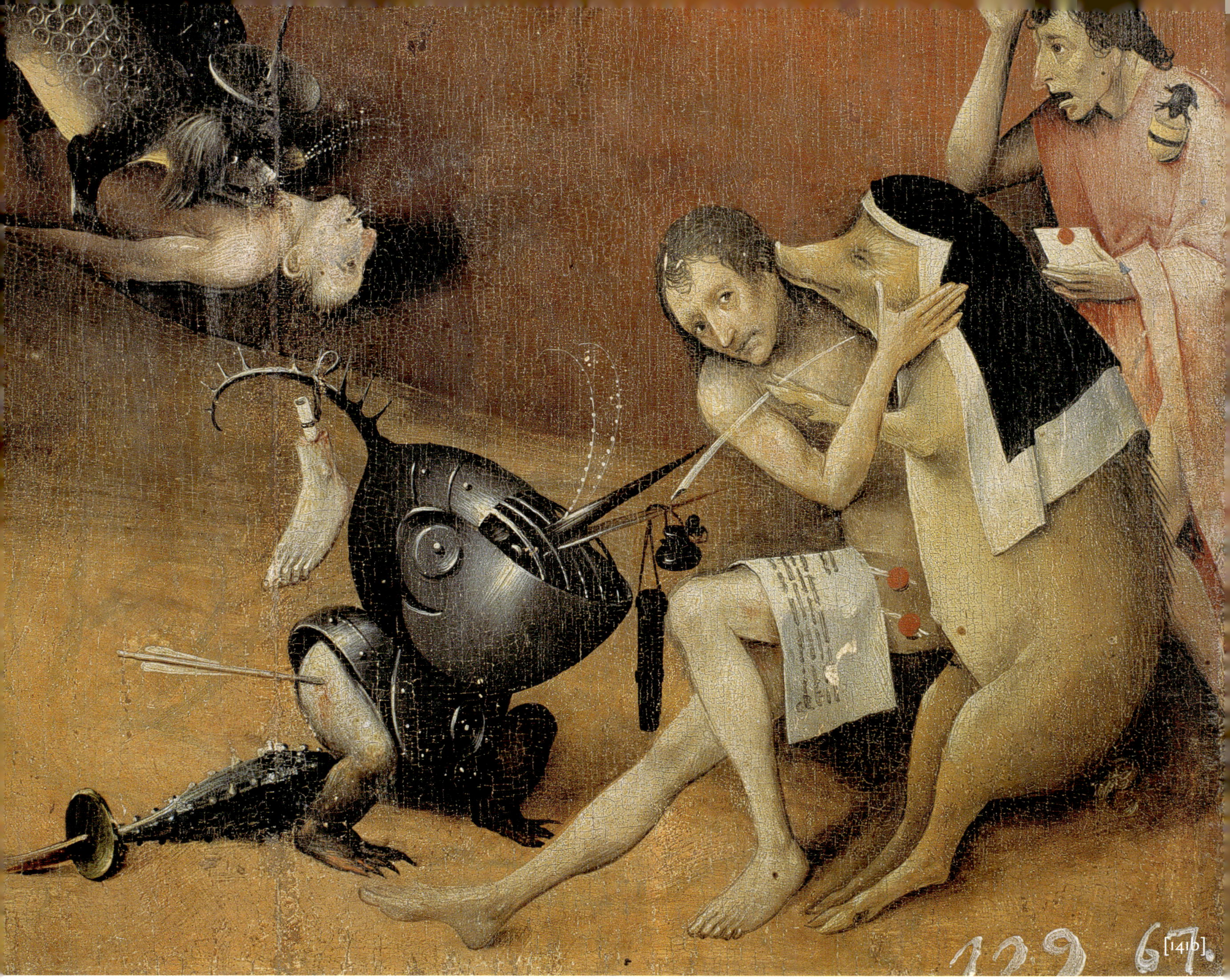

[141b]

entdeckt einen neuen Bosch, und daran soll sich nichts ändern. Denn nur so kann dieser Maler des Fantastischen stets als eine Quelle der Inspiration dienen für immer neue Generationen, weltweit.

Chris Dercon, Künstlerischer Direktor
Hugo Bongers, Geschäftsführender Direktor
Museum Boijmans Van Beuningen, Rotterdam

Jos Koldeweij

Einleitung

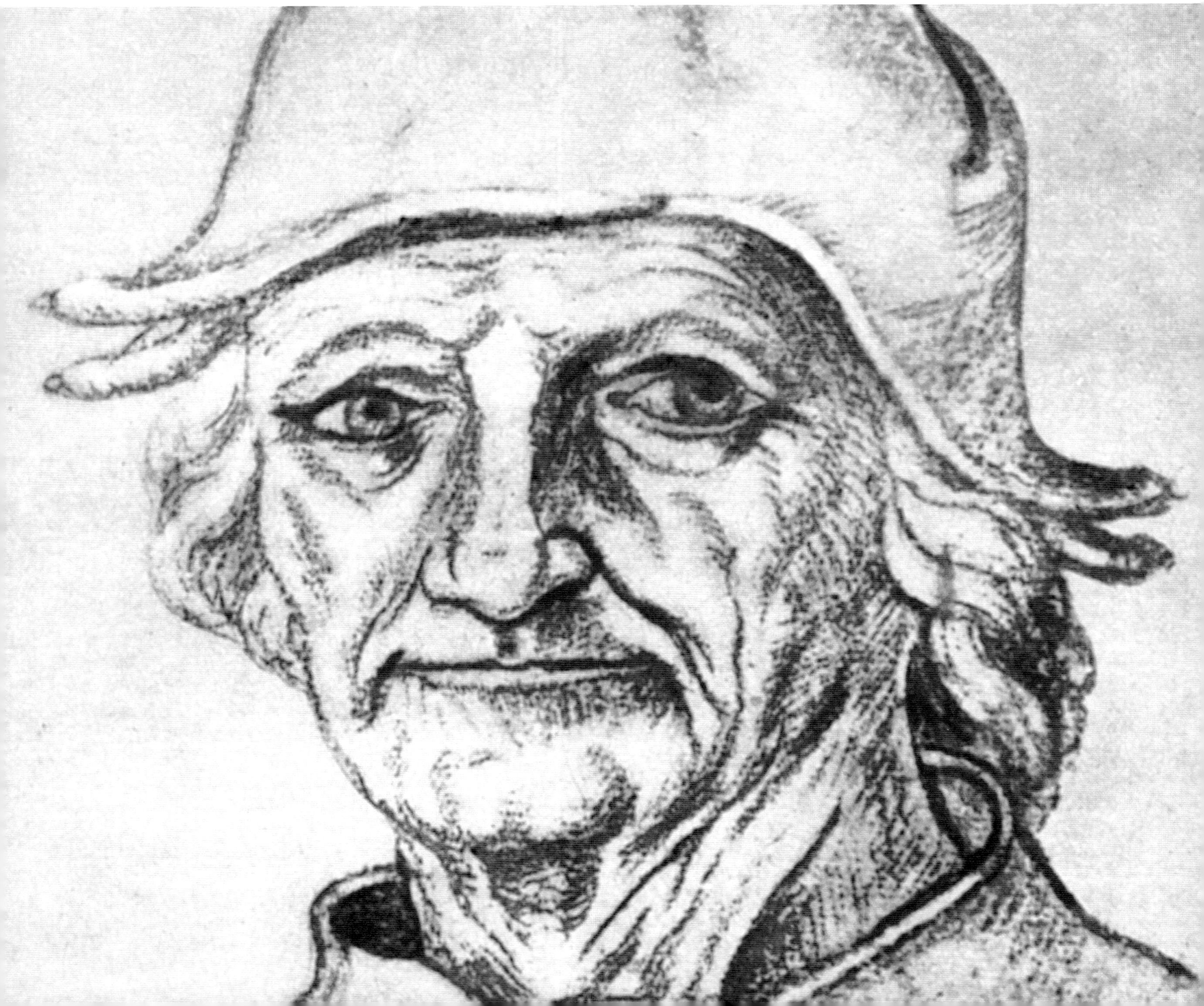

Abb. 1 Anonym, Bildnis des Hieronymus Bosch (Detail), um 1550; Rötel und schwarze Kreide; aus dem *Recueil d'Arras*, einer Sammlung von 275 Bildnissen berühmter Persönlichkeiten, die von Jacques le Boucq zusammengetragen und zum Teil gezeichnet wurden (fol. 275: Jeronimus Bos painctre), Arras, Bibliothèque Municipale

Abb. 2 Hieronymus Wierix, Bildnis Hieronymus Bosch, 1572; Kupferstich, 19,4 x 21,1 cm; verlegt durch die Witwe von Hieronymus Cock in: Dominicus Lampsonius, *Pictorum aliquot celebrium Germanicae Inferioris effigies*, Antwerpen 1572; Rotterdam, Museum Boijmans Van Beuningen

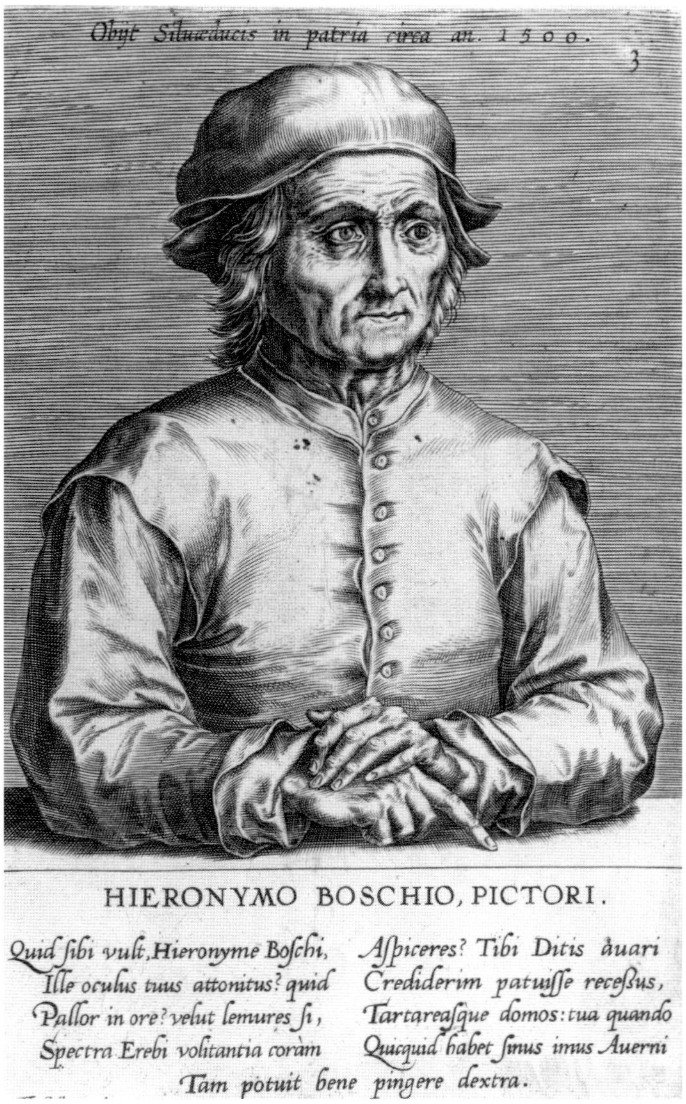

Jeronymus Bosch van Shertogenbosch / een seer vermaert ende wonderlijc vinder van vreemde drollen ende seltsame grillen (Hieronymus Bosch aus 's-Hertogenbosch, ein sehr berühmter und wundersamer Schöpfer von merkwürdigen, lächerlichen Darstellungen und seltsamer närrischer Gemälde) urteilt Ludovico Guicciardini in seiner *Beschrijvinghe van alle de Nederlanden* (italienische Originalausgabe Antwerpen 1567, niederländische Ausgabe Amsterdam 1612, S.80).

Bereits 1567, ein halbes Jahrhundert nach dem Tod von Hieronymus Bosch (um 1450-1516) hatte sich in den Niederlanden der Mythos um den Maler aus der Brabanter Hauptstadt 's-Hertogenbosch dergestalt verfestigt, dass man ihn ausschließlich als Erfinder bizarrer Merkwürdigkeiten kannte. Einzig dieser Aspekt blieb von einem vielschichtigen und außergewöhnlichen Künstler, der in einer Stadt ohne nennenswerte künstlerische Tradition gearbeitet hatte. Er schien aus dem Nichts gekommen zu sein, festigte im späten 15. Jahrhundert seinen Ruf mit erstaunlichen Gemälden und wurde in derselben Stadt begraben, in der er auch das Licht der Welt erblickt hatte.

Nicht lange nach seinem Tod verkündete man seinen Ruhm weit über die Grenzen seiner Heimat. Das nicht sehr umfangreiche Œuvre wuchs unmittelbar durch Nachahmer, Kopisten und Fälscher: Der Mythos schuf einen Markt, der Nachfrage nach seinen Bildern folgte das Angebot. Nicht allein das authentische Werk, sondern auch Hunderte von Imitationen – gemalten, gezeichneten oder gedruckten – prägen seit langem und weltweit die Vorstellung von Hieronymus Bosch.

Es gibt kaum einen Künstler, über den mehr geschrieben, spekuliert und gerätselt worden ist, als Hieronymus Bosch. Tausendfach sind Beiträge über den Künstler und über sein Werk veröffentlicht worden, Hunderte von Büchern oder Broschüren, unzählige Studien und populärwissenschaftliche bzw. populäre Schriften erschienen, die von Bosch und dessen Schaffen handeln.

Die große Wertschätzung von Hieronymus Bosch führte bereits vor der Mitte des 16. Jahrhunderts zu allerlei Mystifikationen und Halbwahrheiten – ein Effekt, der in beachtlichem Maße noch durch zahllose mit „Bosch" betitelte Werke verstärkt wurde, die freilich vielmehr eine eigenständige „Bildgattung" formen statt das Œuvre eines Künstlers.

1572 wurde in Antwerpen ein in Kupfer gestochenes Bildnis von Bosch bei Hieronymus Cock verlegt, der auch viele Stiche nach Gemälden oder vermeintlichen Entwürfen des Künstlers vertrieb. Dieses Porträt wurde in einer Sammlung

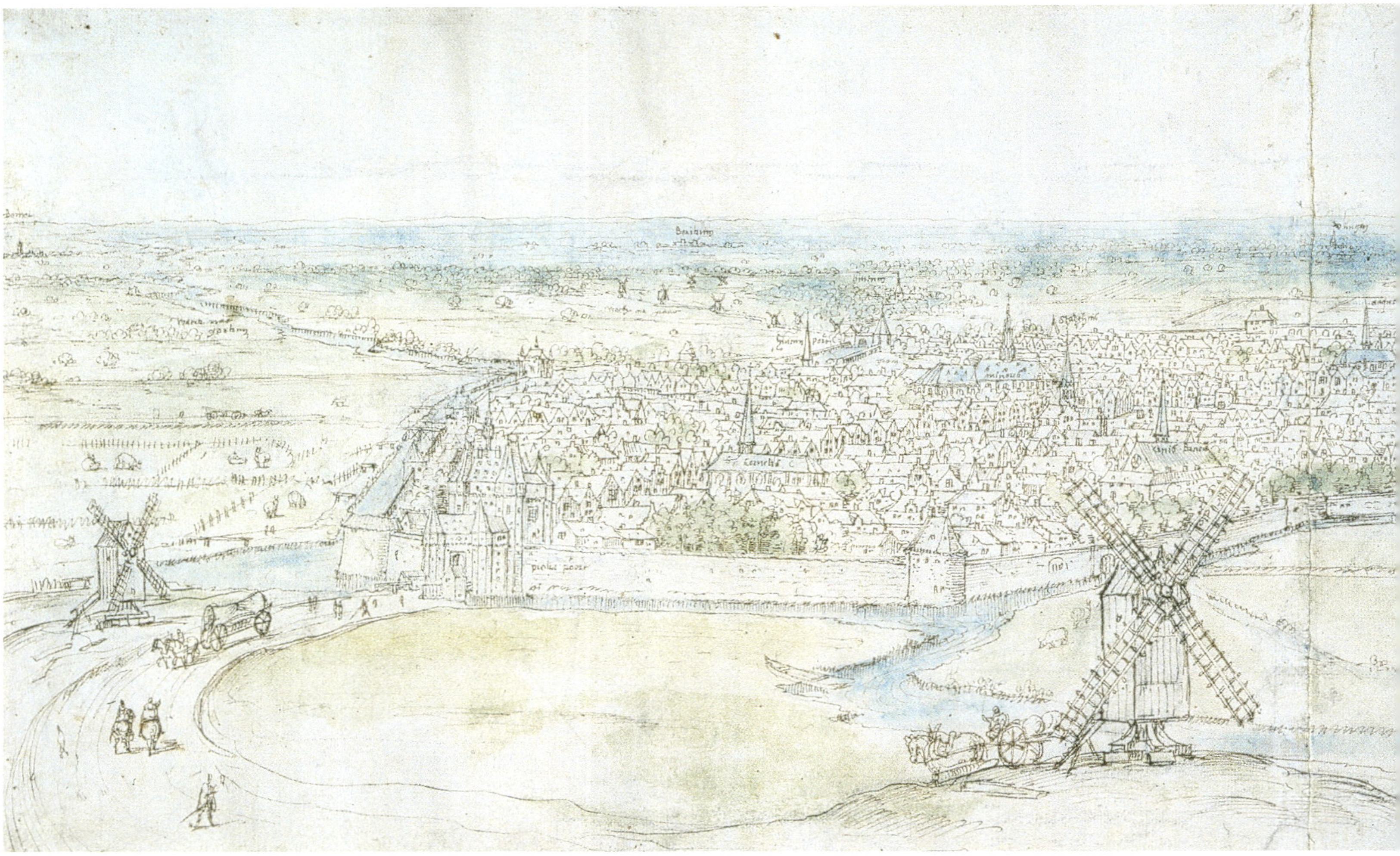

Abb. 3 Antonie van den Wijngaerde, *Ansicht von 's-Hertogenbosch von Süden*, um 1540/50; Feder, in Braun, und Wasserfarbe, 29 x 94,5 cm; Oxford, The Ashmolean Museum

von 22 Malerbildnissen aufgenommen, die der aus Brügge stammende Humanist Dominicus Lampsonius zusammengetragen hatte. Lampsonius versah die ausgewählten Porträts mit mehrzeiligen lateinischen Unterschriften. Der flämisch-niederländische Maler und Kunstschriftsteller Karel van Mander, dem die eingangs zitierte Beschreibung der Niederlande von Guicciardini unbekannt war, nahm in seinem *Schilder-boeck* (Haarlem 1603/04) eine niederländische Übersetzung von Lampsonius' Gelehrtenlatein auf:

> *Jeroon Bos, wat beduydt u soo verschrickt ghesicht,*
> *En aenschijn alsoo bleeck, het schijnt oft even dicht*
> *Ghy al het helsch gespoock saeght vlieghen om u ooren.*
> *Ick acht dat al ontdaen u zijn de diepste chooren*
> *Gheweest van Pluto ghier, en d'helsche woonsten wijt*
> *U open zijn ghedaen, dat ghy so konstich zijt,*
> *Om met u rechter handt geschildert uyt te stellen,*
> *Al wat in hem begrijpt den diepsten schoot der Hellen.*

> (Hieronymus Bosch, was meint dein so verschreckter Blick, / was die Blässe deines Gesichtes? Ist es, als ob dir / aller Höllengespuk dicht um die Ohren flattert? / Ich glaub', dir haben sich die tiefsten Abgründe / des unersättlichen Pluto aufgetan, wie auch die höllischen Weiten, / sich geöffnet haben, dass Du so kunstvoll / mit der rechten Hand vermagst, den tiefsten Schoß der Unterwelt / so gut gemalt darzustellen.)

Van Mander charakterisiert Stil und Technik von Boschs Werk und erklärt, dass er aus eigener Anschauung Altarflügel kannte, die ein Sammler in Haarlem besaß; auch hatte er verschiedene andere, heute verschollene Werke in Amsterdam gesehen, nämlich eine Flucht nach Ägypten, eine Höllentafel sowie eine Kreuztragung.
Fasziniert war Van Mander sowohl von den Darstellungen Boschs wie auch von der ungewöhnlichen Art, in der dieser spätmittelalterliche Maler seine Tafeln mit einer Grundierung und einer Unterzeichnung vorbereitet hatte, um sodann die Malerei in dünnen Lagen aufzutragen. Van Mander schreibt: „Er hatte auch wie noch andere alte Meister die Gewohnheit, seine Sachen auf den weißen Grund der Malbretter aufzuzeichnen und darüber einen karnatartigen Ton zu legen, auch ließ er manchmal den Grund mit sprechen."
Hiermit weist Van Mander auf einen komplizierten Aspekt von Boschs Malerei: Oft sind die Farbschichten so dünn und transparent aufgetragen, dass die Unterzeichnung mit bloßem

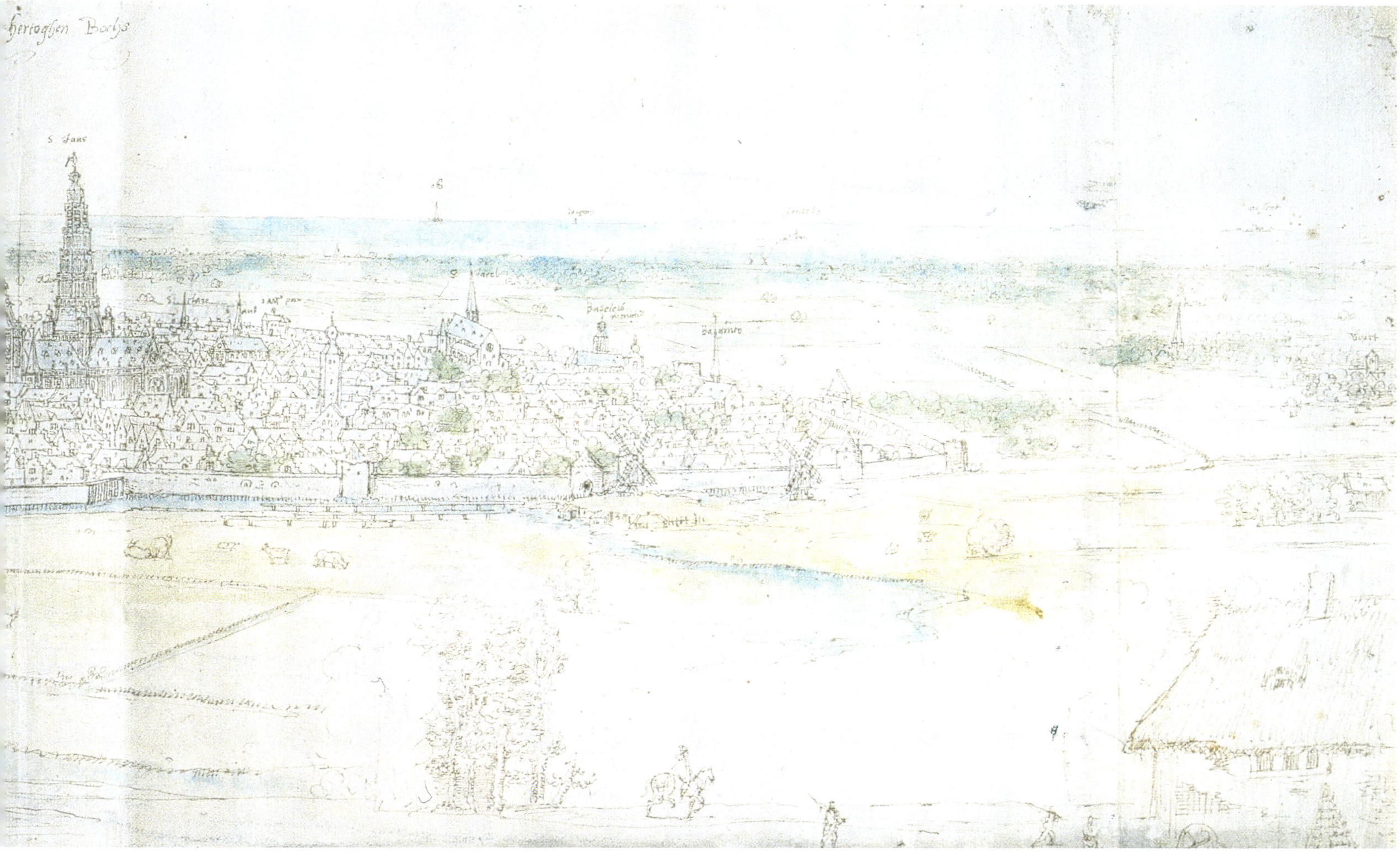

Auge sichtbar ist. Das Inkarnat, d.h. der Fleischton, wird von Bosch oft auffällig grob gemalt, was von der Raffinesse der altniederländischen Maltradition deutlich abweicht; gleiches gilt für andere Farbpartien. Sicher lag dies nicht an mangelndem Können des Malers.

Auf verschiedenen, unstrittig eigenhändigen Werken wie dem *Garten der Lüste* beweist Bosch, dass er das Technische meisterlich beherrscht. Es müssen ihn andere Gründe als die Maltechnik dazu bewogen haben, den konventionellen Pfad zu verlassen.

Boschs Publikum im späten 15. und im 16. Jahrhundert – während seines Lebens, so wenig wir darüber auch wissen, und unmittelbar nach seinem Tod – schätzte sein Werk hoch wegen seiner Beredsamkeit und nicht wegen technischer Finesse. Van Mander lobt Bosch, weil dieser wie kein zweiter die allerseltsamsten und fantastischsten Ungeheuer, Flammen und Rauch abgebildet hat. In der zweiten Ausgabe seiner *Viten* (1568) beschreibt der Florentiner Giorgio Vasari anlässlich von Pieter Bruegels d.Ä. Stichen die unterschiedlichen Gestalten von Teufeln sowie fantastische, belustigende Darstellungen von dessen Vorbild, Hieronymus Bosch. In demselben Jahr wird Bosch vom Genter Schöffen Marcus van Vaernewijk als ein „Teufelsmacher" bezeichnet, „da niemand ihm in der Darstellung von Teufeln gleichkam".

In einer spanischen Quelle wird Bosch 1582 als „der Maler aus Flandern, berühmt für seine Unsinnigkeiten" umschrieben, während 1605 der Pater José de Sigüenza anlässlich eines Bosch-Gemäldes im Escorial zu der Überzeugung kommt, dass dieser freilich vor allem als genialer Maler von „Fantasien" bekannte Maler dennoch kein Ketzer gewesen sei, da seine Gemälde in erster Linie religiöser Art seien.

Zuerst ist der Einfluss von Hieronymus Bosch in 's-Hertogenbosch nachweisbar. Alart Du Hameel, der Baumeister der spätgotischen Johanneskirche, war auch ein kunstfertiger Kupferstecher, dessen Drucke wohl unmittelbar von Bosch beeinflusst sind. Jener Teil seines druckgrafischen Œuvres, den er mit „Bosch", BOSCHE und, in einem Fall, SHERTOGENBOSCH signiert hat, muss in jener Periode zwischen 1478 und 1494 entstanden sein, in der er in der Stadt wirkte. Vor allem sein *Jüngstes Gericht*, der *Elefant* sowie das junge *Musizierende Paar* Abb. 150
bei einem Brunnen zeigen deutliche Verwandtschaft mit dem Werk von Bosch. Das *Jüngste Gericht* ist um so interessanter, weil Du Hameel als Bosch-Nachfolger hiermit den gültigen Beweis liefert, dass bereits vor 1494/95 durch Bosch eine einflussreiche Bildfassung, wenn nicht gar der Prototyp seiner erfolgreichen späteren Darstellungen dieses Sujets geschaffen

Alart Du Hameel, Kupferstiche aus seiner Zeit in 's-Hertogenbosch, 1478-94
Abb. 4 *Moses und die eherne Schlange*; 26,5 x 18,9 cm; Wien, Graphische Sammlung Albertina
Abb. 5 *Der Einzug des Heraklius in Jerusalem und die Aufrichtung des Heiligen Kreuzes*; 26,1 x 18,7 cm; London, British Museum
Abb. 6 *Kaiser Konstantin wird das Heilige Kreuz gezeigt*; 24,6 x 19,7 cm; London, British Museum
Abb. 7 *Hl. Christophorus*; 19,9 x 33,4 cm; Amsterdam, Rijksprentenkabinet
Abb. 8 *Musizierendes Paar an einem Brunnen*; 24,4 x 11,5 cm; London, British Museum

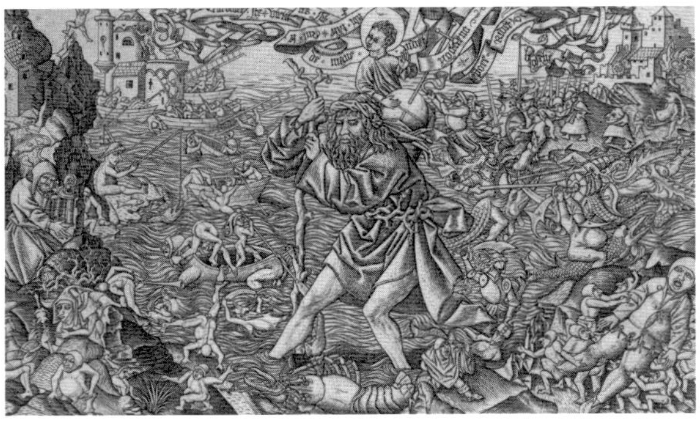

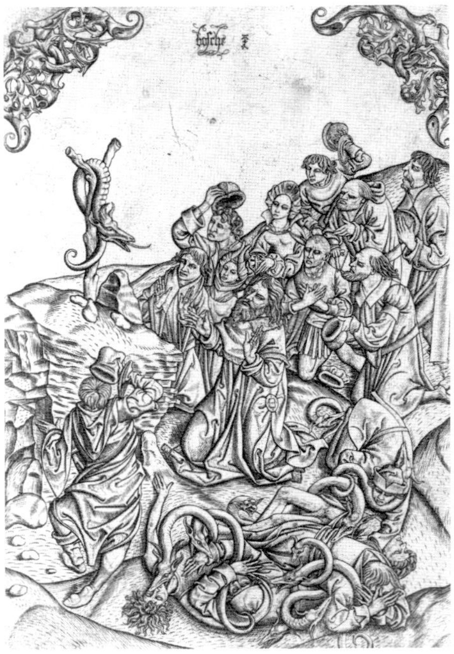

7 4
8 6 5

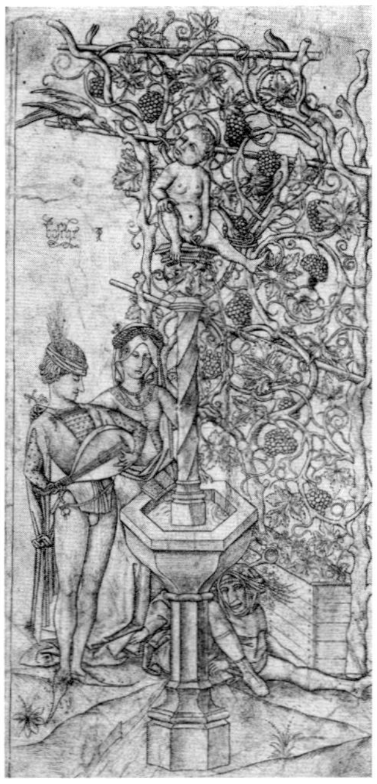

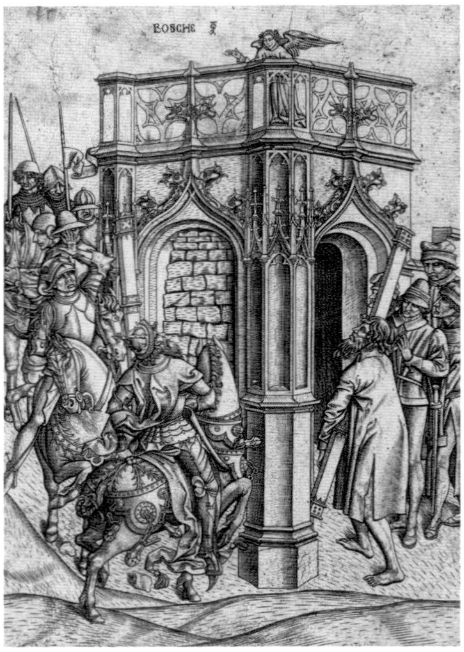

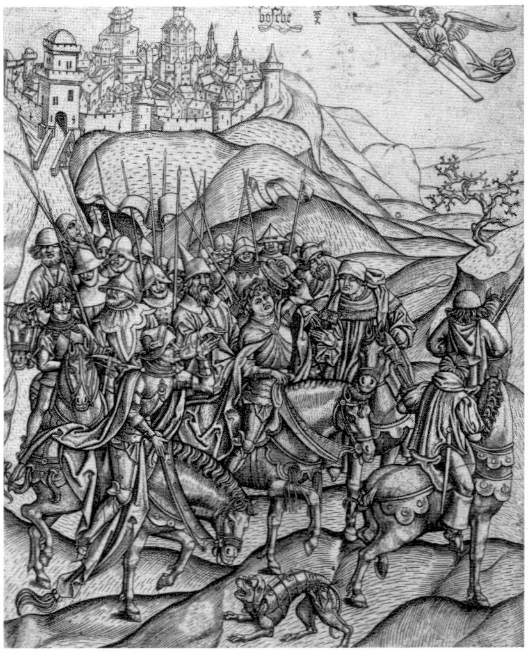

worden war. Verschiedene Fassungen dieses Themas sind überliefert, darunter eine eigenhändige Version (Wien), eine Fassung der Bosch-Werkstatt (Brügge) sowie eine getreue Kopie des Originals von der Hand Lucas Cranachs d.Ä., die um 1520 entstand (Berlin). Auch bei dem prestigeträchtigsten Auftrag, den Bosch jemals erhielt, handelte es sich um ein *Jüngstes Gericht*: Niemand Geringerer als der burgundische Herzog Philipp der Schöne bestellte ein Triptychon dieses Sujets. Du Hameels Stich geht dem allem voraus! Die enge Beziehung zwischen Hieronymus Bosch und Du Hameel wird auch in verschiedenen Details auf dessen Stichen anschaulich, so etwa dem Narr auf dem Brunnenstich, in dessen Kopfbedeckung ein Löffel steckt. Dieser Tor gehört unstrittig ebenso zum Rand der Gesellschaft wie der Narr mit Narrenkappe und
S. 130 -zepter aus dem *Narrenschiff* (Paris), der abseits der feiernden Gesellschaft an seinem Becher nippt, sowie schließlich der „bestrafte" Narr auf der Tafel der *Sieben Todsünden* (Madrid), auf dessen Hintern mit einem großen Löffel eingeschlagen wird.

Nicht nur die eigenhändigen Werke, sondern ebenso auch Hunderte von Nachahmungen prägen seit langem die landläufige Vorstellung von Hieronymus Bosch. Nicht grundlos verlegte der Geschäftsmann Hieronymus Cock in Antwerpen bis 1570 eine Anzahl von Kupferstichen, die er ab 1555-60 durch Pieter Bruegel d.Ä. im Stil von Bosch anfertigen ließ,
Abb. 9 darunter vor allem *Die Versuchung des hl. Antonius*, *Die großen Fische fressen die kleinen*, *Der Esel in der Schule* (alle 1557), *Die Todsünden*, *Das Jüngste Gericht* (1558), *Die Hexe von Malleghem* (1559), *Die Kardinaltugenden* (1559/60) sowie *Die Sieben Todsünden* (1556/57).

Bruegels Stich *Die großen Fische fressen die kleinen* bezeichnet Bosch ausdrücklich als geistigen Urheber des Themas. Die große Bewunderung, die man gleichermaßen für Bosch und für Bruegel hegte, fließt in ein Leinwandgemälde mit der
Abb. 12 *Versuchung des hl. Antonius* aus der Mitte des 16. Jahrhunderts ein – eine Kompilation von Motiven aus Gemälden, Zeichnungen und Drucken von Bosch wie von Bruegel.

Das Gemälde ist zwar inschriftlich mit P. BRUEGHEL 1554 signiert und datiert, stammt aber von einem anonymen Bosch-Nachahmer. Zwischen all den Versuchungen der sündigen Welt, die ihn umgibt, ist es nicht leicht, den Heiligen überhaupt auszumachen; ein großer Fisch spielt hier buchstäblich eine Hauptrolle. Das Gemälde gehört zu den zahlreichen Nachahmungen von Bosch und Bruegel, die nicht allein die Popularität beider Maler veranschaulichen, sondern, wie auch in diesem Fall, zeigen, dass man sie miteinander in Beziehung

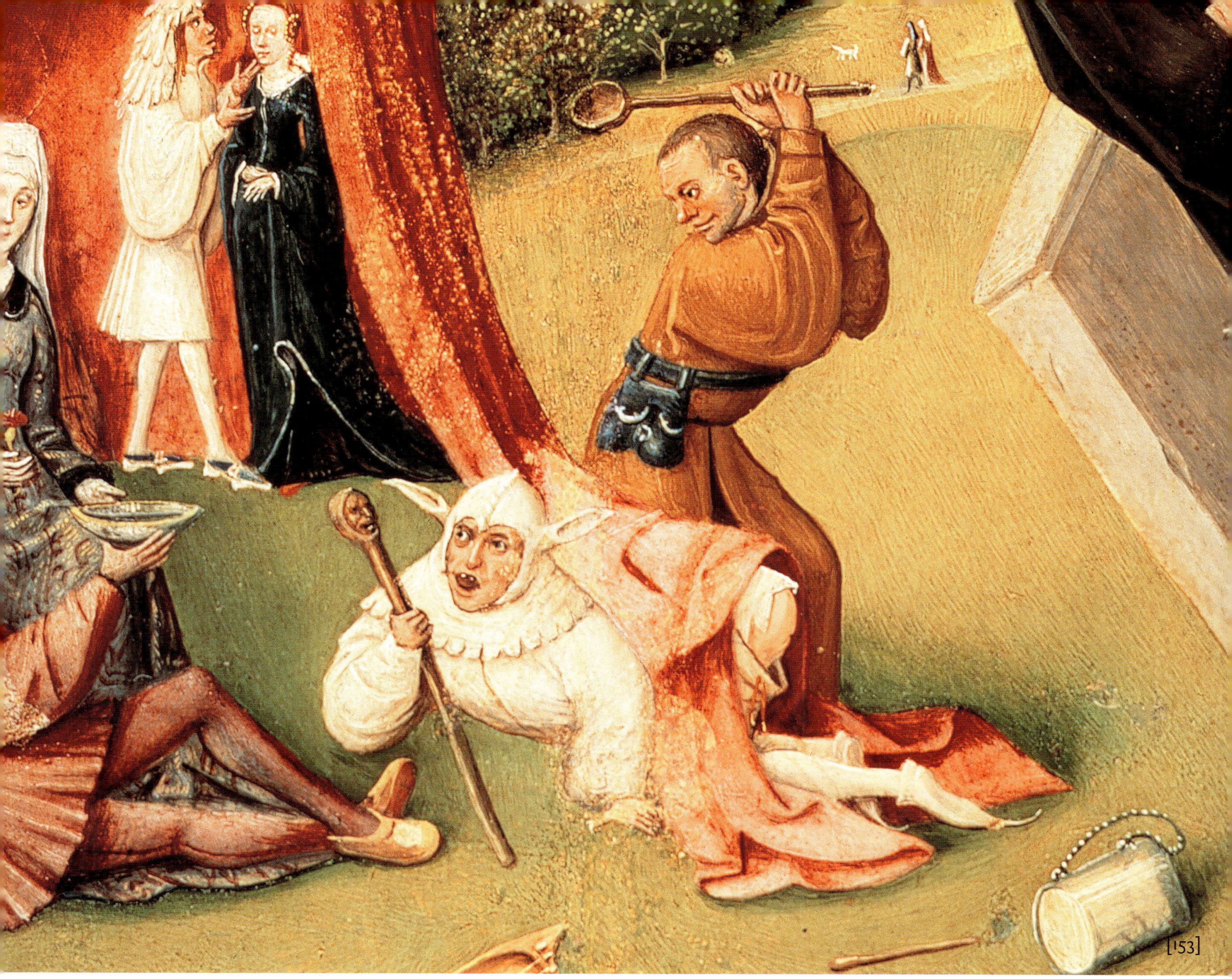

[153]

setzte. Deshalb wurde auch gelegentlich behauptet, dass Pieter Bruegel d.Ä. bei Bosch in die Lehre gegangen sei – was, historisch betrachtet, natürlich Unsinn ist. Im übertragenen Sinne besitzt dieser Gedanke freilich eine gewisse Berechtigung, denn bei vielen unüblichen Themen, die Pieter Bruegel dargestellt hat – vom *Turmbau zu Babel* bis zur *Bauernhochzeit* – ist ihm Hieronymus Bosch vorangegangen (vgl. hierzu auch den Beitrag von Paul Vandenbroeck).
Cock gab auch andere Drucke unter dem Namen von Hieronymus Bosch heraus. Pieter van der Heyden etwa zeichnete den von Cock verlegten Stich *Ein Blinder führt den anderen* – wiederum eine Erfindung von Bosch, wie der Druck ausdrücklich vermerkt. Ebenfalls unter Boschs Namen erschien der Stich *Spaßmacher in einer Muschel auf See* 1557 Abb. 92
bei Cock. Im Nachlass des Antwerpener Verlegers fanden sich 1601 vier Kupferplatten nach Bosch, nämlich ein Höllentriptychon (*Das Jüngste Gericht?*), ein *Hl. Martin*, eine *Kreuztragung Christi* sowie ein *Hl. Christophorus*. Pieter van der Heydens Stich *Die Fastnacht* (1567) ist ein weiteres interessantes Beispiel für die Bosch-Rezeption. Über dem dort abgebildeten Kamin erkennt man einen Druck, der eine als Pilger verkleidete Eule darstellt und mit „Hiero.Bos.Inventor" bezeichnet wird. Es ist unklar, auf wen der Entwurf dieser Stich mit Bosch-Zitaten tatsächlich zurückgeht. Anders die *Belagerung eines Elefanten*, ein Stich des anonymen Meisters Abb. 10
der Sint-Joriskermis; dort findet man links unten den berühmten Künstlernamen, der beim Verkauf des Blattes helfen sollte: HIERONYMUS BOS INVE. Die Wege der Bosch-Rezeption sind in diesem Fall arg verschlungen. Der Druck nämlich kopiert einen Stich von Alart Du Hameel, der wiederum im Stil von bzw. nach einem Gemälde von Hieronymus Bosch gestaltet war. Der spanische König Philipp II. besaß ein Gemälde mit der Belagerung eines Elefanten, das von Bosch oder einem Nachfolger stammte; außerdem sind mehrere auf Leinwand gemalte Repliken der Komposition bezeugt (vgl. hierzu den Beitrag von Paul Vandenbroeck).
Die zahlreichen frühen Bosch-Imitationen resultieren unmittelbar aus der außerordentlichen Wertschätzung, die man dem Werk dieses Malers entgegenbrachte. Allerdings wird es dadurch nicht eben leichter, Boschs Œuvre auf seinen eigenhändigen Kern zu reduzieren. Hier freilich sieht man sich, wie wir noch verdeutlichen werden (vgl. den Beitrag von Jos Koldeweij), mit einem weiteren Problem konfrontiert: Hieronymus Bosch entstammt einer Familie von Malern, die eine eigene Tradition besaßen. Die Werkstatt, in der er aufwuchs, war wohl auch der Ort, an dem er sein Leben lang

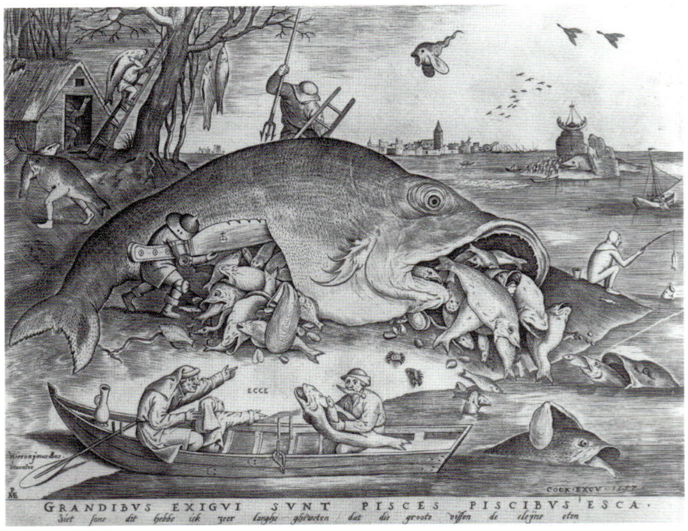

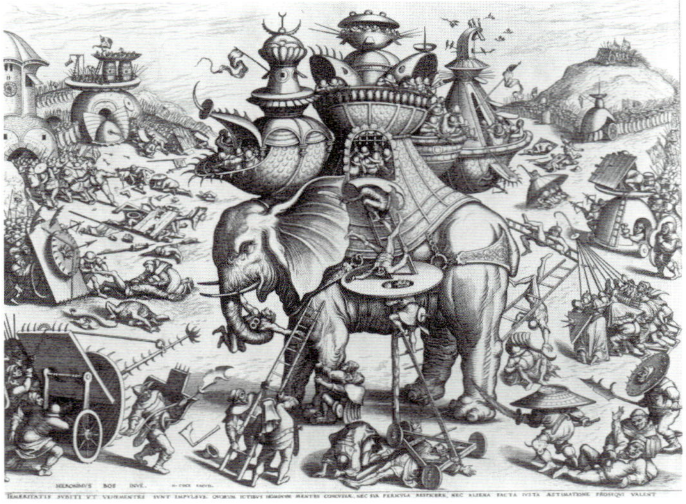

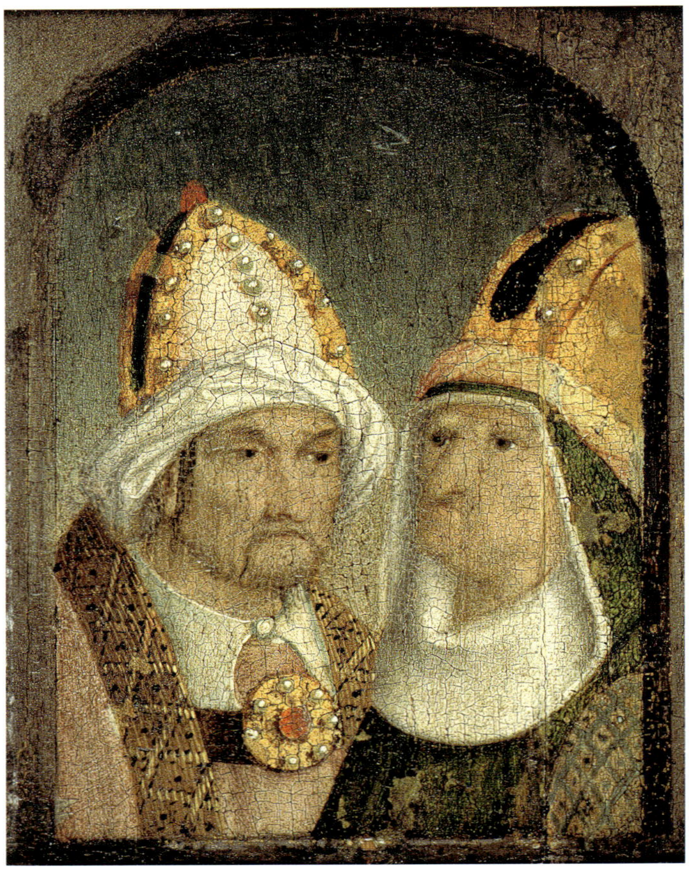

Abb. 9 Pieter van der Heyden nach Pieter Bruegel d.Ä., ‚Hieronijmus Bos Inventor', verlegt bei Hieronymus Cock, *Die großen Fische fressen die kleinen*, 1557; Kupferstich, 22,8 x 29,9 cm; Rotterdam, Museum Boijmans Van Beuningen

Abb. 10 Meister der Sint-Joriskermis nach Alart Du Hameel, HIERONIMUS BOS INVE, *Die Belagerung eines Elefanten*, Mitte 16. Jh.; Kupferstich und Radierung, 40,2 x 54 cm; Rotterdam, Museum Boijmans Van Beuningen

Abb. 11 Anonym, Zwei Gestalten mit Mitren (früher Hieronymus Bosch zugeschrieben), südniederländisch, 15. Jh.; Öl auf Holz, 14,5 x 12 cm; Rotterdam, Museum Boijmans Van Beuningen

arbeitete. Von „seinen" Meisterwerken werden die meisten daher nicht von ihm allein stammen, denn mehrere Mitarbeiter dieser Familienwerkstatt dürften an deren Ausführung beteiligt gewesen sein. Es ist freilich nicht zu leugnen, dass Hieronymus, der sich als einziges Mitglied der Familie „Bosch" nannte, die durch seinen Beitrag der Anonymität entwachsene Werkstatt wesentlich prägte. Das Atelier „Van Aken" verfertigte allerlei Arbeiten für Privatleute, für die Kirche und für die Obrigkeit der Stadt 's-Hertogenbosch. Hieronymus trug das Seine dazu bei, aber nur er erwarb sich Weltruhm. Gemäldetechnologische Untersuchungen liefern Informationen, die wesentlich zur Neubewertung des tradierten Œuvres beitragen. Die Untersuchung der Unterzeichnungen, der Beziehung von Unterzeichnung und Malerei sowie die Analyse der Übermalungen werden auch künftig unsere Einsichten vielseitig erweitern. Im Rahmen der vorliegenden Veröffentlichung ist die Forschung bereits vorangeschritten. Insbesondere die Dendrochronologie (eine Methode der Holzdatierung auf Grundlage der Messung von Jahresringen), die hier erstmals systematisch für Bosch durchgeführt wurde, hat bedeutende und ganz konkrete Resultate gezeitigt, auf deren Basis man Boschs Œuvre überdenken muss. Das frühest mögliche Fälldatum eines Malbretts liefert uns einen *terminus post quem* (einen Zeitpunkt, *nach* dem etwas geschehen sein muss) für die Malerei auf einer Holztafel. Bernard Vermet hat für dieses Buch das bis heute als authentisch angesehene Œuvre von Hieronymus Bosch auf Grundlage der neuen, „harten" Fakten einer Revision unterzogen. In der Vergangenheit war diese Hilfswissenschaft unbekannt, und daher wurden Malereien, die offensichtlich jüngeren Datums sind, ebenso an Bosch zugeschrieben, wie auch unwahrscheinlich alte Tafeln. Zwei schöne Beispiele aus der Sammlung des Museums Boijmans Van Beuningen: *Die Hochzeit zu Kana*, die innerhalb von Boschs Œuvre lange verhältnismäßig früh angesetzt wurde, kann tatsächlich erst ein halbes Jahrhundert nach dem Tod des Malers entstanden sein (vgl. den Beitrag von Bernard Vermet). Ihr Prototyp, der offenbar in einer Zeichnung einer Stifterfigur überliefert wurde, stammt wahrscheinlich von Hieronymus Bosch – ein zwingender Beweis hierfür ist, aufgrund des fehlenden Originals, natürlich nicht anzutreten. Das entgegengesetzte Resultat lieferte die Analyse eines kleinen Abb. 11 Täfelchens, das zwei Figuren mit Mitren zeigt und 1847 mit dem Nachlass von F.J.O. Boijmans durch das Museum erworben wurde. Zunächst als „Anonym, Deutsche oder Niederländische Schule" klassifiziert, wurde die Tafel von dem

Abb. 12 Anonym, Südniederlande (Antwerpen), P. BRUEGHEL 1554, *Die Versuchung des hl. Antonius*, 2. Hälfte 16. Jh.; Öl auf Leinwand, 146 x 259 cm; Venedig, Collezione Scarpa

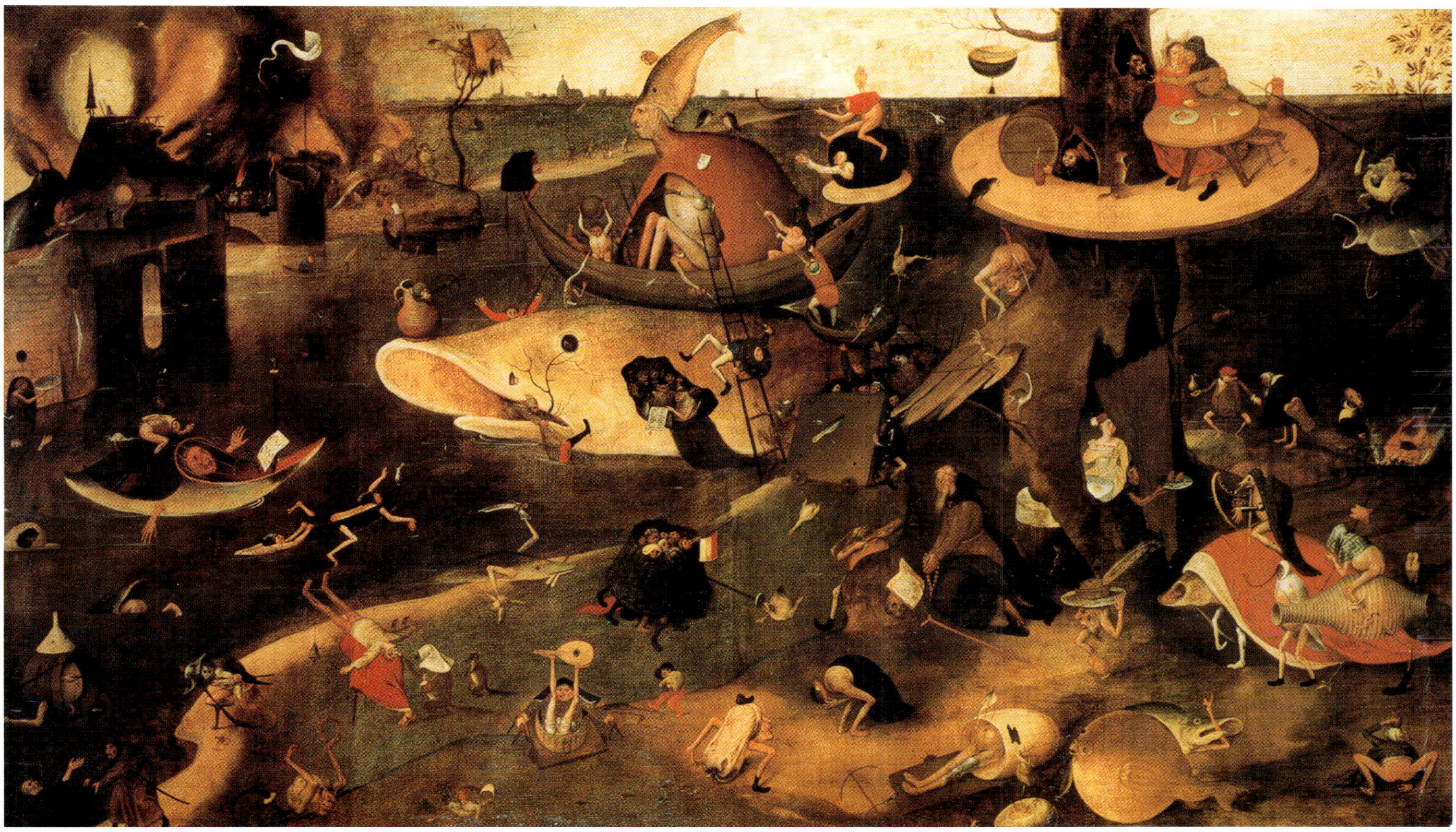

Museumsdirektor Pieter Haverkorn van Rijsewijk nach dessen Besuch der großen Überblicksausstellung *Les Primitifs Flamands* (Brügge, 1902) an Hieronymus Bosch zugeschrieben. Inzwischen gilt sie als eine anonyme, südniederländische Arbeit. Die dendrochronologische Analyse zeigt, dass die Tafel schon 1391 bemalt worden sein kann – mithin ist die Entstehung des Bildes ein halbes Jahrhundert *vor* Boschs Geburt nicht auszuschließen.

In welchem Maße der Wunsch nach Eigenhändigkeit einerseits, und die Mystifizierung des Künstlers andererseits Fehleinschätzungen provozierte, kann im Falle von Hieronymus Bosch durch eine schier endlose Reihe von Beispielen veranschaulicht werden. 1936 organisierte das Museum Boymans eine erste große Überblicksausstellung – *Jeroen Bosch. Noord-Nederlandsche Primitieven.* Achtzehn der dort ausgestellten Tafeln betrachtete man als eigenhändig, von denen heute sieben als Arbeiten von Nachfolgern gelten. Ein weiteres Tafelbild aus Privatbesitz wurde als Werk von „Hieronymus Bosch oder Joachim de Patinir" präsentiert. Die Provenienz dieser einfachen *Landschaft mit Feuersbrunst* ist spektakulär: Auf der Rückseite sind die Wappen des Nürnberger Patriziergeschlechts Imhoff gemalt; das Bild befand sich dann im Besitz von Albrecht Dürer und ging später, ebenfalls in Nürnberg, in das Eigentum der Familie Praun über. Das Praun'sche Familieninventar von 1797 verzeichnet die Tafel als von der Hand des Hieronymus Bosch. Das Gemälde ist natürlich kein „Bosch", aber dass es, angesichts der erstaunlichen Provenienz, unter diesem Namen geführt wurde, verdeutlicht, wie verbreitet und begehrt Werke des berühmten Brabanter Künstlers waren. Bemerkenswert ist außerdem die Tatsache, dass ausgerechnet Dürer zu den Vorbesitzern gehörte; während seiner Niederländischen Reise 1520/21 hatte der Nürnberger in Brüssel und 's-Hertogenbosch wohl zweifellos Werke von Bosch gesehen, freilich ohne dies in seinem Tagebuch zu notieren.

Ein weiteres, kompliziertes Beispiel einer ungerechtfertigten Zuschreibung ist das Hochaltar-Retabel in der Kirche des berühmten Pyrenäenortes Roncevaux, das seit Jahr und Tag als ein Werk von Hieronymus Bosch bzw. der *escuela de El Bosco* (der Schule des Bosch) galt. Das volkreiche Kreuzigungs-Triptychon wirkt stark manieristisch und entstand womöglich erst im zweiten Viertel des 16. Jahrhunderts in Antwerpen. Der Ruhm des *El Bosco* war groß, und das Triptychon kam aus dem Norden … daher die traditionelle Zuweisung an Bosch. Das Interesse an Bosch und seinem Werk ist bis auf den heutigen Tag nicht erloschen. Nach noch fünfhundert Jahren

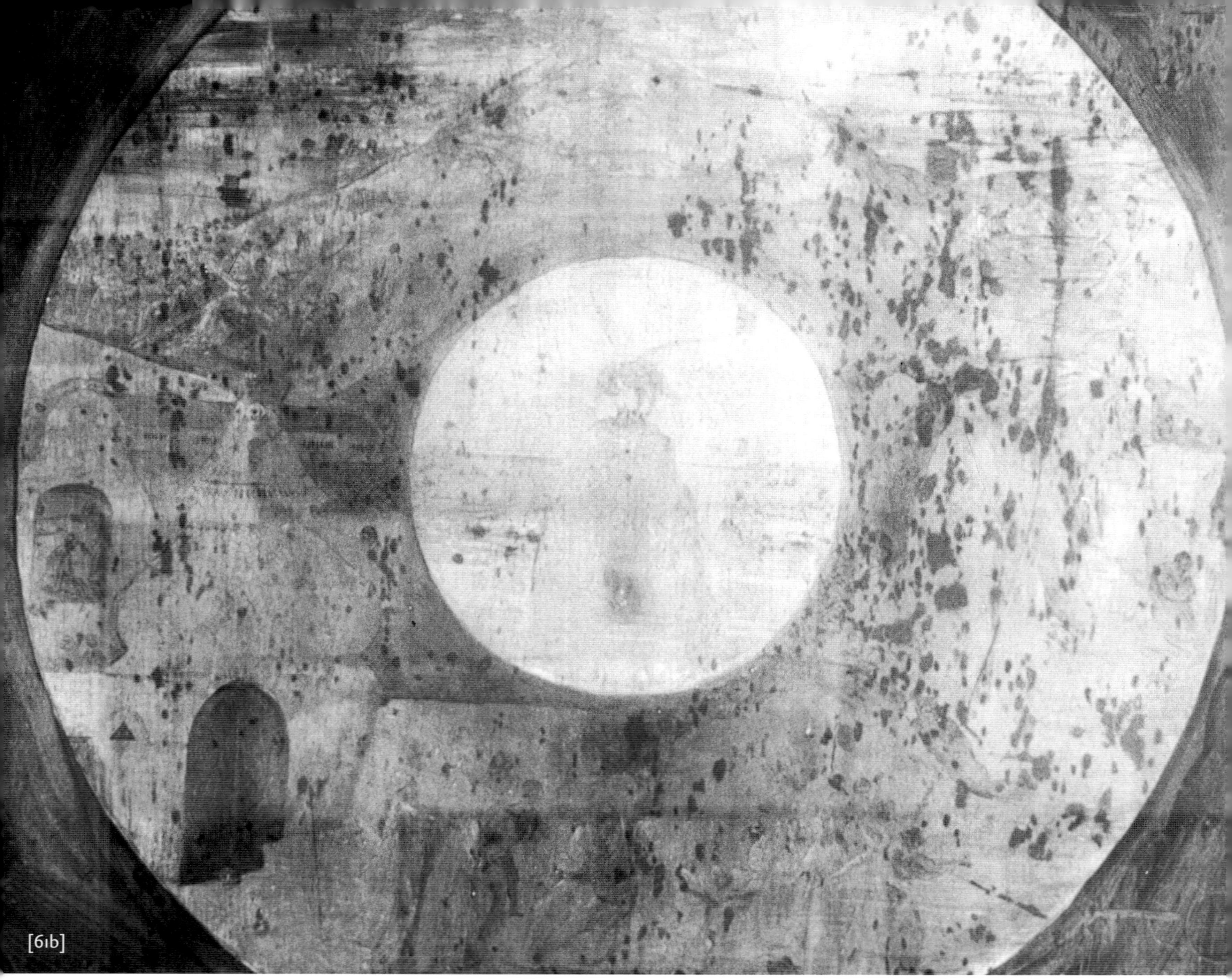
[61b]

übt das nicht eben umfangreiche künstlerische Vermächtnis von Bosch noch stets Einfluss auf bildende Künstler aus; sein außergewöhnliches Œuvre regt noch ganz verschiedene Menschen gleichermaßen zum Nachdenken an: Bei einem spätmittelalterlichen Künstler, dessen Kunst im Wesentlichen religiös ist, ist dies nahezu unglaublich.
Durch moderne kunsthistorische Forschung und vermittels der Unterstützung technischer Hilfswissenschaften versuchen wir, den Künstler und sein Werk besser zu verstehen. Philosophische Annäherungen und der Versuch einer eher kulturhistorischen Kontextualisierung führen zu veränderten Anschauungen, vielleicht zu einem besseren Verständnis, mit Sicherheit aber zu neuerlich kontroversen Meinungen über Bosch.

Die vorliegende Veröffentlichung hat nicht den Ehrgeiz, über Bosch das „letzte Wort" zu sprechen. Die drei Verfasser nähern sich der ungeheuer komplexen Künstlergestalt aus der gleichen Forschungsperspektive, die 1967 mit der großen Bosch-Ausstellung in 's-Hertogenbosch einsetzt. Sie vertreten zwar drei unterschiedliche Ansätze, bauen dabei aber gleichermaßen auf der Forschungsgeschichte auf. Vor allem Charles de Tolnay (1937), Dirk Bax (1949, 1956, 1961, 1967), Pater Gerlach (ca. 70 Artikel zwischen 1966 und 1981), Roger Marijnissen (1987), Jan-Karel Steppe (1967, 1981) sowie Gerd Unverfehrt (1974, 1980) haben hier Bedeutendes geleistet, das jedem Bosch-Forscher als unentbehrliche Grundlage gilt. Auch für uns waren ihre Forschungen unverzichtbar und bestimmend. Von unterschiedlichen methodischen Ansätzen und von differierenden theoretischen Modellen ausgehend, stellt ein jeder von uns eine seriöse und historische Sicht auf Bosch vor. Der konkrete kulturelle und städtische Zusammenhang, in dem Bosch lebte und wirkte, wird im ersten Beitrag beschrieben. Indem man einen genauen Blick auf die Stadt 's-Hertogenbosch zu Lebzeiten von Hieronymus Bosch wirft, werden neue Erkenntnisse über dessen Œuvre möglich. Die Ergebnisse stilkritischer Untersuchungen waren in der Vergangenheit sowohl für die Frage der Zuschreibungen an Bosch als auch die Chronologie seines Œuvres ausschlaggebend. Im zweiten Beitrag des Buches beschreibt Bernard Vermet Untersuchungsmethoden, deren Resultate hier ganz neue Einsichten erlauben und zu überraschenden Ergebnissen führen. Schließlich untersucht Paul Vandenbroeck im dritten Beitrag aufs Neue, aber wiederum nachdrücklicher, als dies bisher geschehen ist, die Bedeutung des Werkes von Bosch, betrachtet dabei aber zugleich den mentalitäts-, gesellschafts-

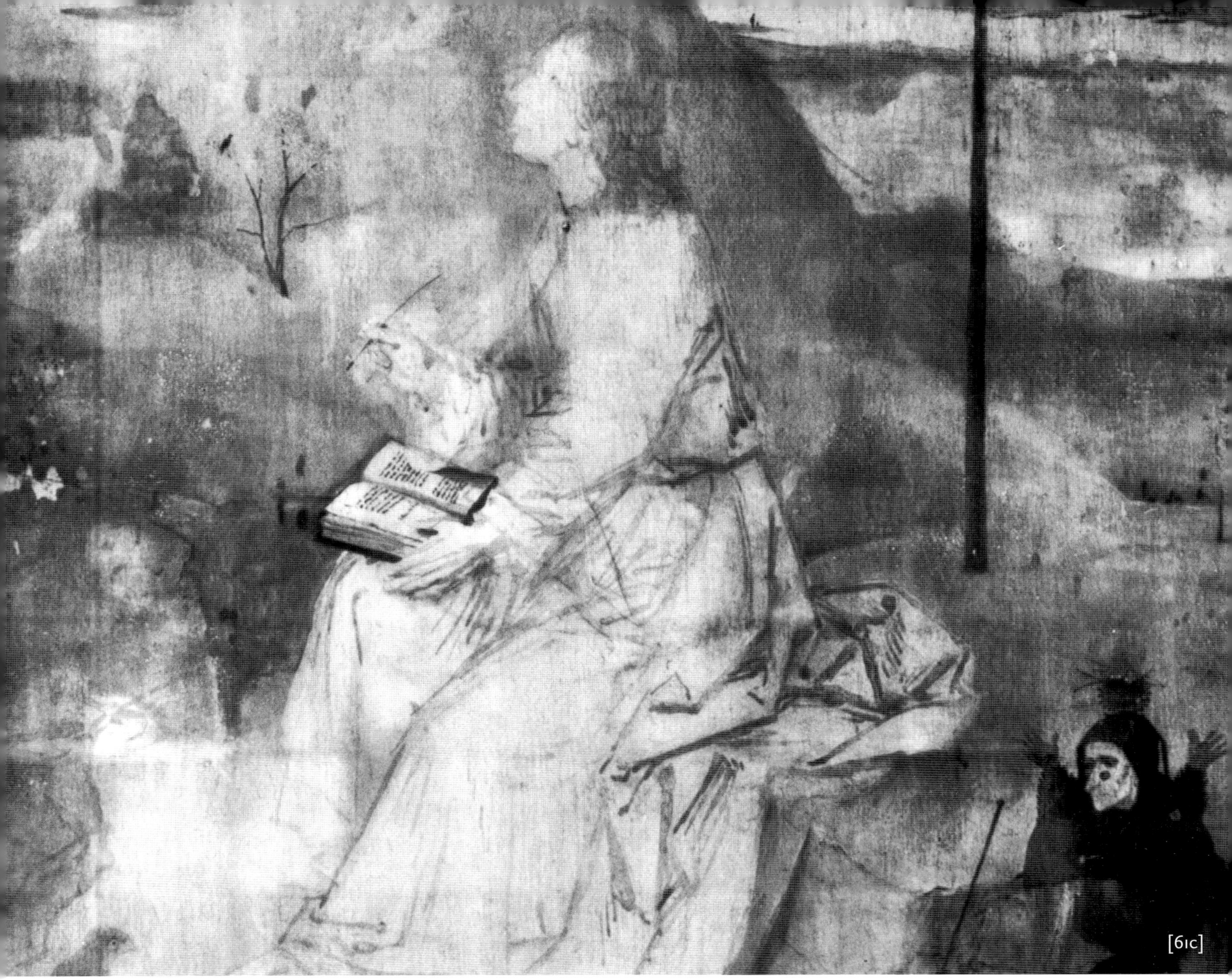
[61c]

und kulturgeschichtlichen Zusammenhang, in dem das Œuvre entstanden ist.
Obwohl wir die gleichen neuen und teils spektakulären Untersuchungsergebnisse verwertet haben, kommen wir, als dreiköpfiges Forscherteam, zu erstaunlich unterschiedlichen, ja zum Teil regelrecht entgegengesetzten Einsichten und Schlüssen. Wir haben in diesem Buch nicht versucht, solche Gegensätze aufzulösen; unsere Meinungen und Standpunkte haben wir uns früher gebildet und stellen hier jeweils unsere Ansichten vor. Es ist Sache der Leser, „ihren" Hieronymus Bosch zu finden. Wir sind davon überzeugt, mit diesem Buch der historischen Gestalt von Bosch näher zu kommen, als dies bislang geschehen ist.

Jos Koldeweij

Hieronymus Bosch in seiner Stadt ’s-Hertogenbosch

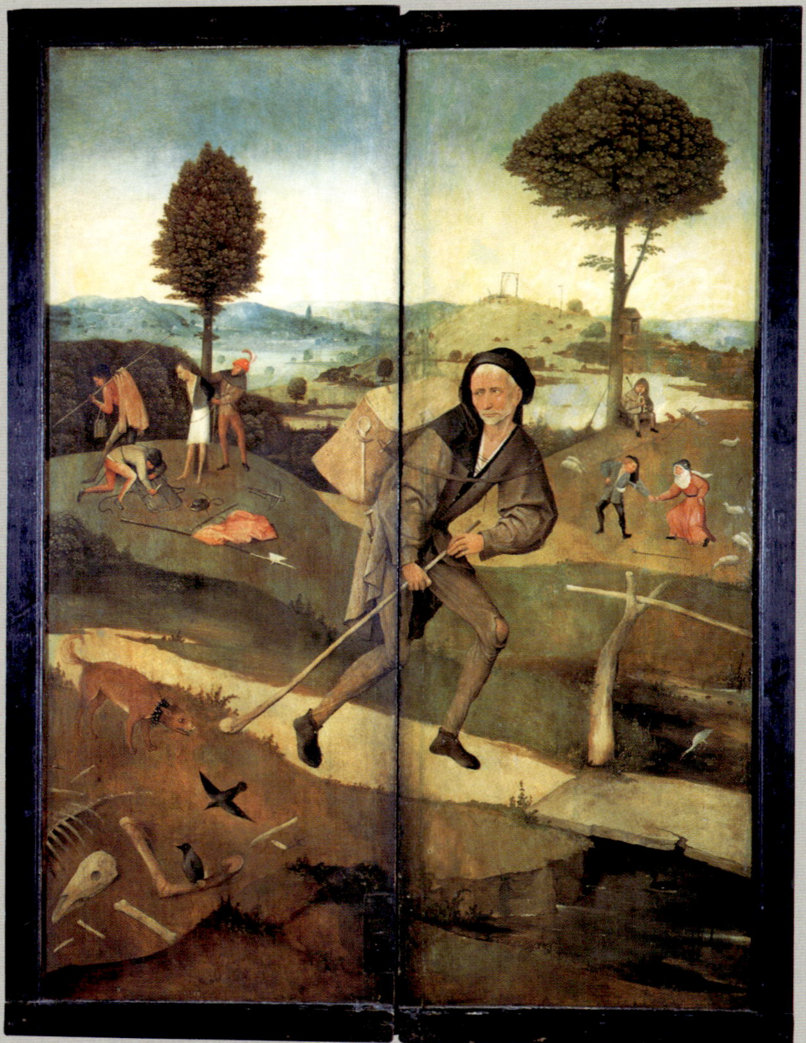

20

Jeronnimus Van aeken dit bosch paintre, so findet man den Namen des Malers Hieronymus Bosch im Jahr 1504 in der herzoglichen Buchhaltung erwähnt, als er für ein Triptychon bezahlt wurde, das er für Philipp den Schönen, Herzog von Burgund, malen sollte. Niemand weiß, ob dieses Triptychon jemals vollendet und geliefert worden ist. Sechs Jahre später lesen wir in einer Quelle aus 's-Hertogenbosch von *Jheronimus van Aken, scilder ofte maelder, die hem selver scrift Jheronimus Bosch* (Jheronimus van Aken, Maler oder Zeichner, der sich selbst Jheronimus Bosch schreibt). In 's-Hertogenbosch kannte S. 6
man ihn unter diesem Namen, unter dem er auch weltberühmt wurde. Um 1742, ungefähr zwei Jahrhunderte nach seinem Tod, wurde Bosch in der Hauptstadt Brabants noch in einem Wappenbuch der Mitglieder der Liebfrauen-Bruderschaft erwähnt, einer religiösen Gesellschaft, zu deren Mitgliedern er gehört hatte und für die er tätig geworden war. Unter dem leeren Schild des Malers – als Handwerker-Künstler führte er kein Wappen – steht: *Hieronimus Aquens alias Bosch*, was, wieder Abb. 14
etwas später, um den Zusatz ergänzt wurde*: seer vermaerd schilder, obiit 1516* (sehr berühmter Maler, 1516 verstorben). Gewiss war Hieronymus Bosch nicht der einzige, der den Verweis auf seinen Wohnort als Toponym verwendet hat. Für jeden, der außerhalb seines eigenen Lebensmittelpunktes bekannt wurde, bot der Zusatz des Stadt- oder Ortsnamens ein sinnvolles und wichtiges Mittel der Identifikation. Insofern dürfen wir aus dem Umstand, dass Hieronymus ausdrücklich den Namen *Bosch* führte und sein Werk konsequent so signierte, folgern, dass er weit über die Mauern von 's-Hertogenbosch hinaus bekannt geworden war. Sein Familienname *van Aken* hätte dagegen verwirrend gewirkt. Voller Selbstvertrauen arbeitete er bis zu seinem Tod in der Familienwerkstatt am *Bossche Markt*, die sich durch seinen genialen Beitrag von einer verhältnismäßig einfachen und provinziellen Werkstatt zu einem Atelier von Weltruf entwickelt hat. Sein Œuvre ist ungewöhnlich klein und besteht aus nur noch einigen Dutzend Werken auf Eichenholz und Papier. Doch selbst dieses Œuvre gibt Anlass zu hitzigen Kontroversen über Zuschreibung, Datierung, den Zusammenhang der Werke untereinander, deren Bedeutung und ursprüngliche Bestimmung. In diesem Beitrag wollen wir das Wirken von Hieronymus Bosch im kulturellen Kontext der Stadt 's-Hertogenbosch untersuchen.

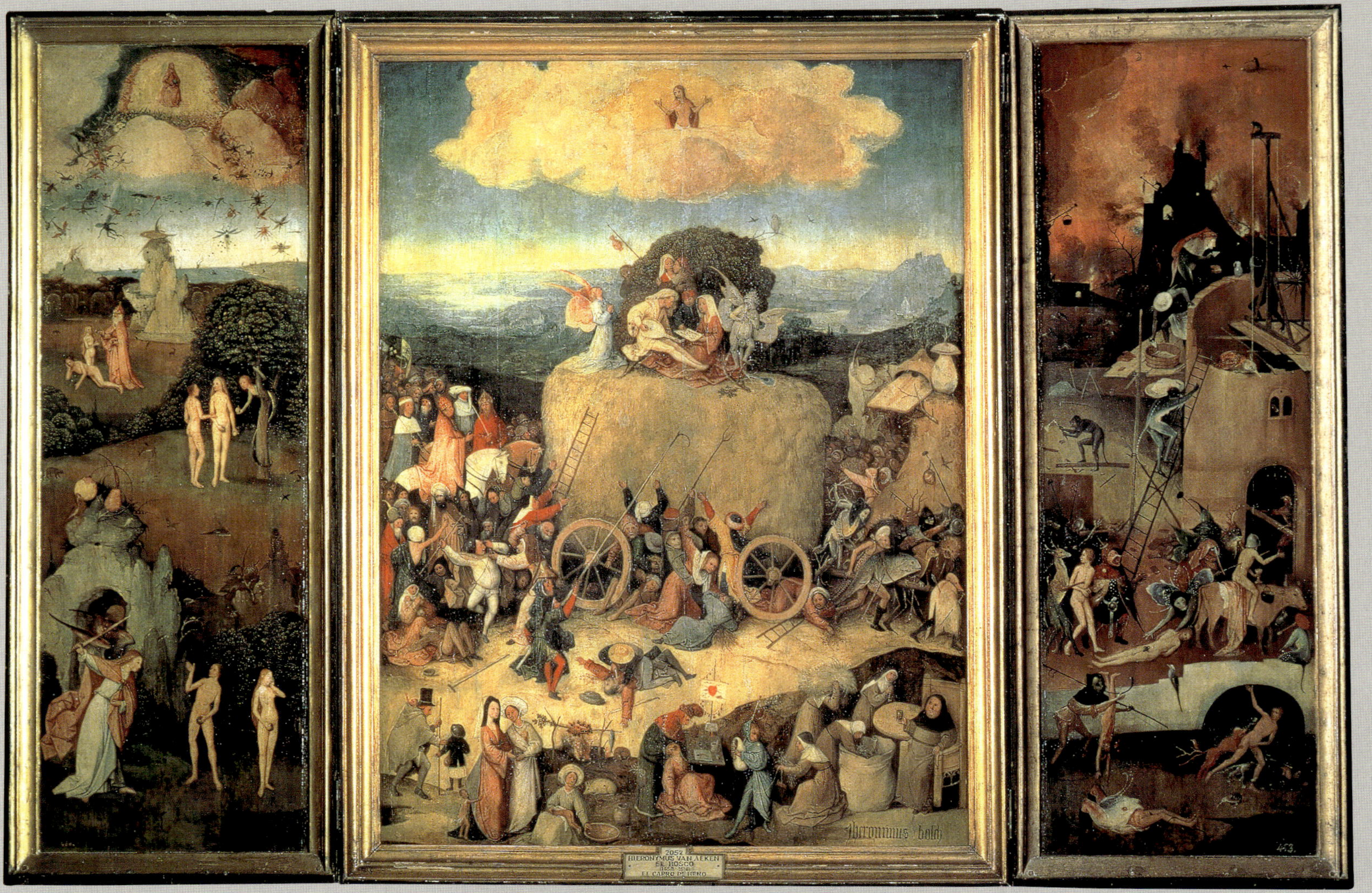

Abb. 13a-b Hieronymus Bosch und/oder Werkstatt, *Der Heuwagen*, um 1516 oder später, Triptychon; Öl auf Holz, 135 x 100/200 cm; Außenseite: (a) *Der Hausierer*; Innenseite: (b) *Das Paradies, Der Heuwagen, Die Hölle*; Madrid, Museo Nacional del Prado

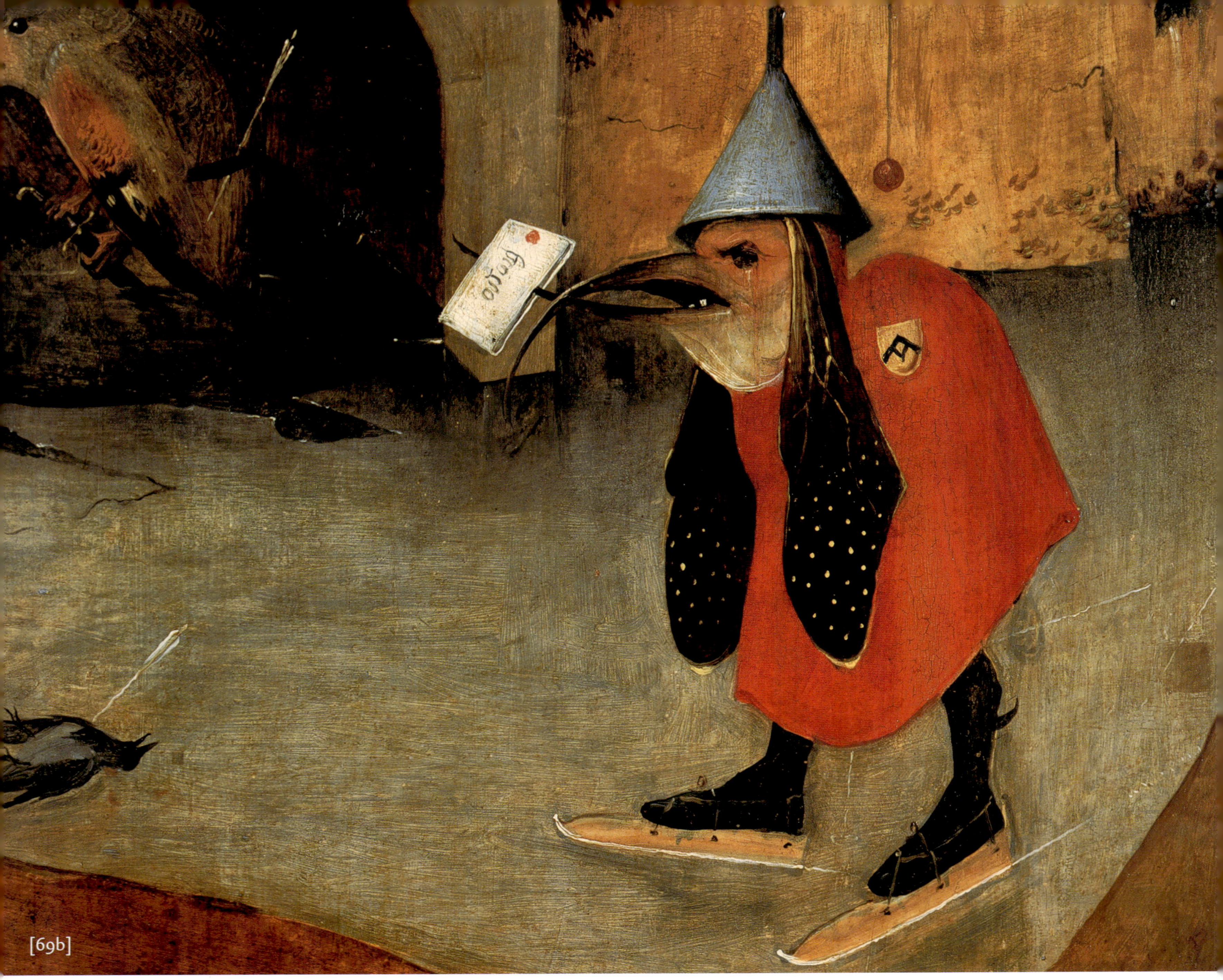

Jheronimus

Nachrichten über Hieronymus Bosch finden sich mehrfach in den Archiven von ’s-Hertogenbosch, äußerst selten indes in anderen Orten. Meist handelt es sich um finanzielle Angelegenheiten, von denen einige im Hinblick auf vergangene oder künftige Arbeiten des Malers von Belang sind. Eines der frühesten Zeugnisse des Malernamens lautet *Jeronimus gezegd Joen* (Hieronymus, genannt Joen; *Joen* ist die Abkürzung von *Jeroen*). Das war 1474, und der Name des jungen Malersohnes wird dabei gemeinsam mit dem des Vaters *Anthonius die maelre* (Anthonius dem Maler) im Zusammenhang mit Finanzangelegenheiten erwähnt. Einige Monate zuvor taucht Anthonius *der Maler* mit seinen vier Kindern – darunter *Jheronimus* – in einem weiteren Geschäftsdokument auf. Die Zeitgenossen nannten ihn *Jheronimus* bzw. *Jeronimus,* einmal *Jeroen*, häufiger *Joen* (dictus Jon) und manchmal auch *Jonen*. Die förmlichste Variante war natürlich die lateinische, und diese wurde in den durchweg von gut beschlagenen Schreibern aufgesetzten Akten auch tadellos zu *Jheronimi* flektiert, wenn es beispielsweise um Besitz *von* ihm geht, und zu *Jheronimo*, wenn eine Zahlung *an* ihn geleistet wird. Unklar ist, warum seine Eltern den Namen *Jheronimus*, die lokale Variante des lateinischen Heiligennamens *Hieronymus*, wählten. Dieser Name kam in der Familie nicht vor, und auch in ’s-Hertogenbosch war er ungebräuchlich. Er passte jedoch gut in jene Zeit. Im 15. und 16. Jahrhundert, in den Niederlanden vor allem unter dem Einfluss der *Devotio moderna*, hatte die Popularität des Kirchenvaters Hieronymus stark zugenommen. Die Brüder vom gemeinsamen Leben wählten ihn zum Schutzpatron und wurden selbst als Hieronymianer bezeichnet. 1425 errichteten sie auch ein Gebäude in ’s-Hertogenbosch, unweit des Geburtshauses von Hieronymus Bosch. Am 8. Oktober 1459 wurde in der Johanneskirche in ’s-Hertogenbosch ein Hieronymus-Altar geweiht. Das Motiv des büßenden Hieronymus in der Einöde verbreitete sich um 1500 rasch, nicht zuletzt durch Boschs eigenes Zutun. Sowohl das Haus der Hieronymianer (Gregoriushaus) als auch der Altar in der Johanneskirche in ’s-Hertogenbosch wurden wiederholt als der ursprüngliche Ort der Bestimmung des
Abb. 71/70 *Hl. Hieronymus* in Gent bzw. des *Eremitenaltares* in Venedig in Betracht gezogen. Es sind jeweils Werke, auf denen Boschs Schutzheiliger eine zentrale Stellung einnimmt.

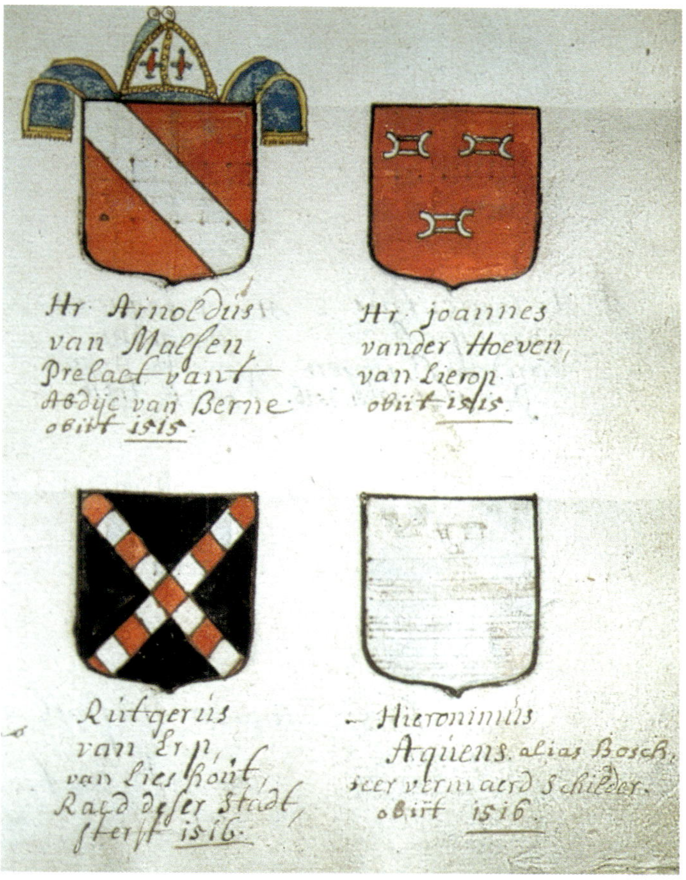

Abb. 14 Steven Johan van der Velden, *Wappenbuch der Liebfrauen-Bruderschaft*: Detail fol. 76r, unten rechts ein leeres Schild von ‚Aquens alias Bosch, seer vermaerd schilder. Obiit 1516', 's-Hertogenbosch um 1742; Feder und Wasserfarbe auf Papier; 's-Hertogenbosch, Illustre-Lieve-Vrouwebroederschap

Van Aken

Sowohl Hieronymus Bosch als auch seine Brüder sowie die übrigen Familienmitglieder tauchen in den Archivalien immer wieder mit dem Nachnamen *Van Aken* auf. Zu Beginn des 16. Jahrhunderts lesen wir dann, dass Hieronymus sich des Toponyms *Bosch* bediente, das unmissverständlich auf seinen Geburts- und Wohnort verweist – ebenso wie der Name *Van Aken*, den seine Familie Generationen zuvor in Nimwegen führte. Dort hatte die Familie im 14. Jahrhundert gelebt, bevor sie nach 's-Hertogenbosch kam. Es ist reizvoll, in dem Buchstaben *A* auf dem Abzeichen des Schlittschuh laufenden Vogelboten im Vordergrund des Triptychons der *Versuchung des hl. Antonius* in Lissabon eine Allusion auf Boschs Familiennamen erkennen zu wollen. Auf Aachener Wallfahrtszeichen treffen wir die – manchmal von einem Kreuz bekrönte – Majuskel *A* als Hinweis auf deren Herkunftsort an. Bei zwei Schildchen auf der Tischplatte mit den *Sieben Todsünden* – auf der Feldflasche der *Luxuria*- sowie im Bleiglasfenster der *Invidia*-Darstellung – mag deshalb der Buchstabe *A* ebenfalls als Hinweis auf den vom Maler geführten Familiennamen *Van Aken* im Sinne eines Toponyms gesehen werden. Über die Lesung der Aufschrift des Briefes, den der monströse Vogelbote in Lissabon im Schnabel trägt, gehen die Meinungen auseinander. Wenn es sich, wie in der Literatur mitunter vorgeschlagen, dabei um das Wort *bosco* handeln würde, und das Bild von Bosch tatsächlich für einen portugiesischen oder spanischen Auftraggeber gemalt wurde, dann hätte der Maler hier beide Toponyme miteinander kombiniert.

Bosch

Hieronymus Bosch lautet der Name, unter dem der heute weltberühmte Künstler selbst bekannt sein wollte. Schon vor seiner Zeit fügten Künstler aus 's-Hertogenbosch ihrem Rufnamen jenen Ortsnamen hinzu, und andere sollten folgen. Willem Clockgieter bezeichnete sich auf einer 1373 von ihm gegossenen Glocke *Wilhelmus de Buskoducis* (Wilhelm aus 's-Hertogenbosch). Im frühen 15. Jahrhundert ist der Gemmenschneider-Juwelier Michel de Bois-le-Duc für die höchsten Kreise des französischen Hofes tätig, für niemand Geringeren sogar als Jean de Valois, Duc de Berry, den herausragenden Mäzen. Arian de Bosleduc wurde 1468 als *peintre* (Maler) für seinen Beitrag an den Vorbereitungen der Hochzeit von Karl dem Kühnen in Brügge vergütet.
In Köln war in den 1480er Jahren ein Johannes Bell de Buscoducis als Buchdrucker tätig. Unmittelbar nach dem Tod des Hieronymus Bosch arbeitete Cornelis Bos, auch Vanden Bossche genannt (um 1510 's-Hertogenbosch – 1556 Groningen), als Kupferstecher vermutlich auch in seiner Geburtsstadt sowie in Antwerpen, andernorts im Norden und schließlich in Groningen. Balten Bos (bzw. Balthasar Sylvius, 1518 's-Hertogenbosch – 1580 Antwerpen) hatte sich als Kupferstecher in Antwerpen niedergelassen, wo er die Abb. 131
Schöpfungen seines berühmten Namensvetters in Drucke umsetzte, und später dafür den Namen Van den Bosch verwendete. In Spanien arbeiteten gegen Mitte des 16. Jahrhunderts verschiedene Bildhauer, die De Bolduque hießen. Auch Zeitgenossen von Hieronymus Bosch, mit denen er persönlich verkehrt haben muss, verwendeten die Toponyme Bos oder Bossche. Alart Du Hameel (1449? Geburtsort unbekannt – vor dem 27. Januar 1507 Antwerpen), Baumeister und Kupferstecher, versah seine Drucke während seiner Zeit in 's-Hertogenbosch (spätestens 1478-94/95) mit dem Stadtnamen, wobei er seinen Markennamen *Bosche* ein einziges Mal auch in Form des Zusatzes S'HERTOGEN BOSCHE variierte. Als Baumeister der Johanneskirche muss er mit Hieronymus Bosch zu tun gehabt haben, und auch seinen Drucken ist überdeutlich zu entnehmen, dass er den Maler kannte.
Ein weiterer, um 1500 tätiger Kupferstecher ergänzte seinen Namen ebenfalls mit dem Stadtnamen *bos*. Von diesem bislang anonymen Künstler sind allein fünf Drucke bekannt. Einer dieser Drucke wird bereits seit längerem mit Hieronymus Bosch in Verbindung gebracht: das Unikat *Hiob wird von* Abb. 44
Musikanten getröstet. Auf das Œuvre dieses Monogrammisten kommen wir noch zurück, um ihn mit dem auch als Silberschmied tätigen Meister Michiel van Gemert aus 's-Hertogenbosch zu identifizieren. Schließlich sind hier die Maler Aert und Gielis van den Bossche alias (van) Panhedel zu nennen. Die Rechnungen der Liebfrauen-Bruderschaft von 1521/22 und 1522/23 erwähnen Gielis, der Flügel für das Bruderschaftsretabel malte, an dem zuvor Hieronymus Bosch gearbeitet hatte. 1545/46 wird er auch als *Gielis van den Bossche tot Bruessel woenende* (Gielis van den Bossche, wohnhaft in Brüssel) bezeichnet. Sein Vater, der Maler Aert van den Bossche, arbeitete bereits 1490 in Brüssel und taucht dort als

Abb. 15 Guido di Savino (zugeschrieben), Augenziegel (mit modernen Ergänzungen), Antwerpen 1535-40; Majolika, Ziegelmaß 28 x 28 cm; Breda, Paleis von Hendrik III. von Nassau

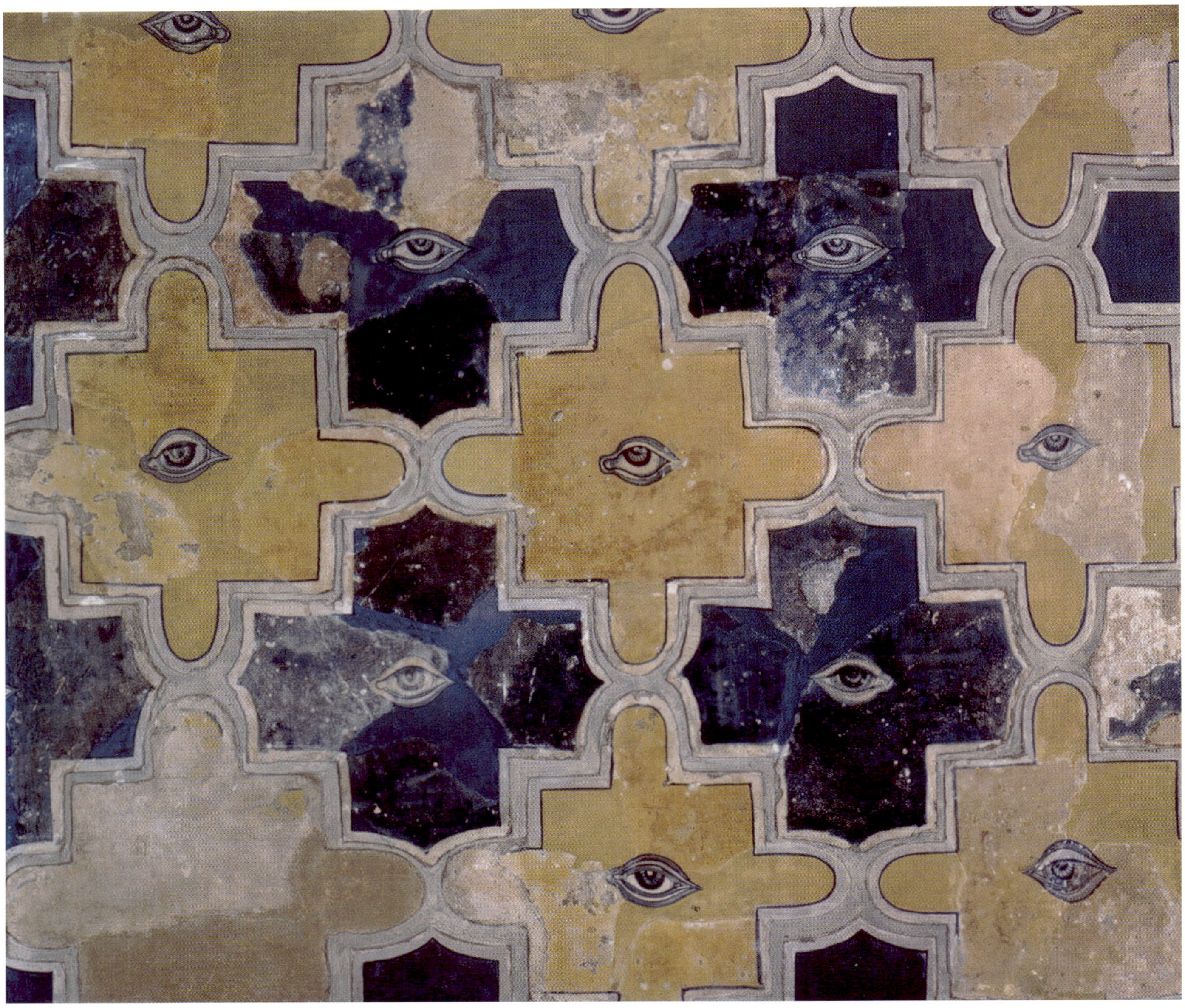

Aert van Panhedel alias van den Bossche, schilder (Aert van Panhedel alias van den Bossche, Maler) auf. Dies alles zeigt, dass die Panhedels vermutlich gleichfalls aus 's-Hertogenbosch stammten. Ob Aert und, eine Generation später, Gielis in den *Den Bosch* geboren wurden, ist unbekannt. Aert Panhedel ließ sich, *nota bene*, 1505 unter dem Namen *Harnoult van den Boske* von der Malerzunft in Brügge registrieren und deren Schreiber erwähnt, dass jener einen 15-jährigen Sohn mit Namen *Gillen van den Booeske* habe. Gegen Ende unseres Beitrags werden wir noch einmal auf Gielis van den Bossche zurückkommen.

Rebusse für einen Stadtnamen

Bos

Auf einer Karte des Gelderschen Flusslandschaft, die ungefähr zehn Jahre nach dem Tod von Hieronymus Bosch gezeichnet wurde, ist eine befestigte Stadt zu erkennen. Innerhalb der Stadtmauer sehen wir eine große sowie einige kleinere Kirchen, ferner zeigt das Bild ein Stadttor, ein Wassertor und zahlreiche Häuser. Oberhalb der Stadt steht, auf einer am Wasser gelegenen Fläche, das Wort *bos*. Wenn wir nicht wüssten, dass es sich hier um 's-Hertogenbosch handelt, hätten wir einen ausgesprochen sonderbaren Bildtext vor uns.

Um 1550 verfasste ein Humanist aus 's-Hertogenbosch einen äußerst manierierten Lobgesang auf seine Stadt und ihre Kirchen, eine Ode, die durch die zahlreichen Lobestopoi beinahe unlesbar ist. Der Autor ist sich der frühesten Geschichte der Stadt vollkommen bewusst. Ihr Name verweist auf den einstigen Wald (niederländisch *bos*), der ein wildreiches und entsprechend wertvolles Jagdgebiet der Herzöge von Brabant war und dem auch als Stadt eine reiche Zukunft beschert sein sollte. Einerseits blickt er voller Stolz auf die Vergangenheit zurück, andererseits setzt der Autor diesen Vergleich bis in seine eigene Zeit fort. Daran lässt sich präzise erkennen, wie

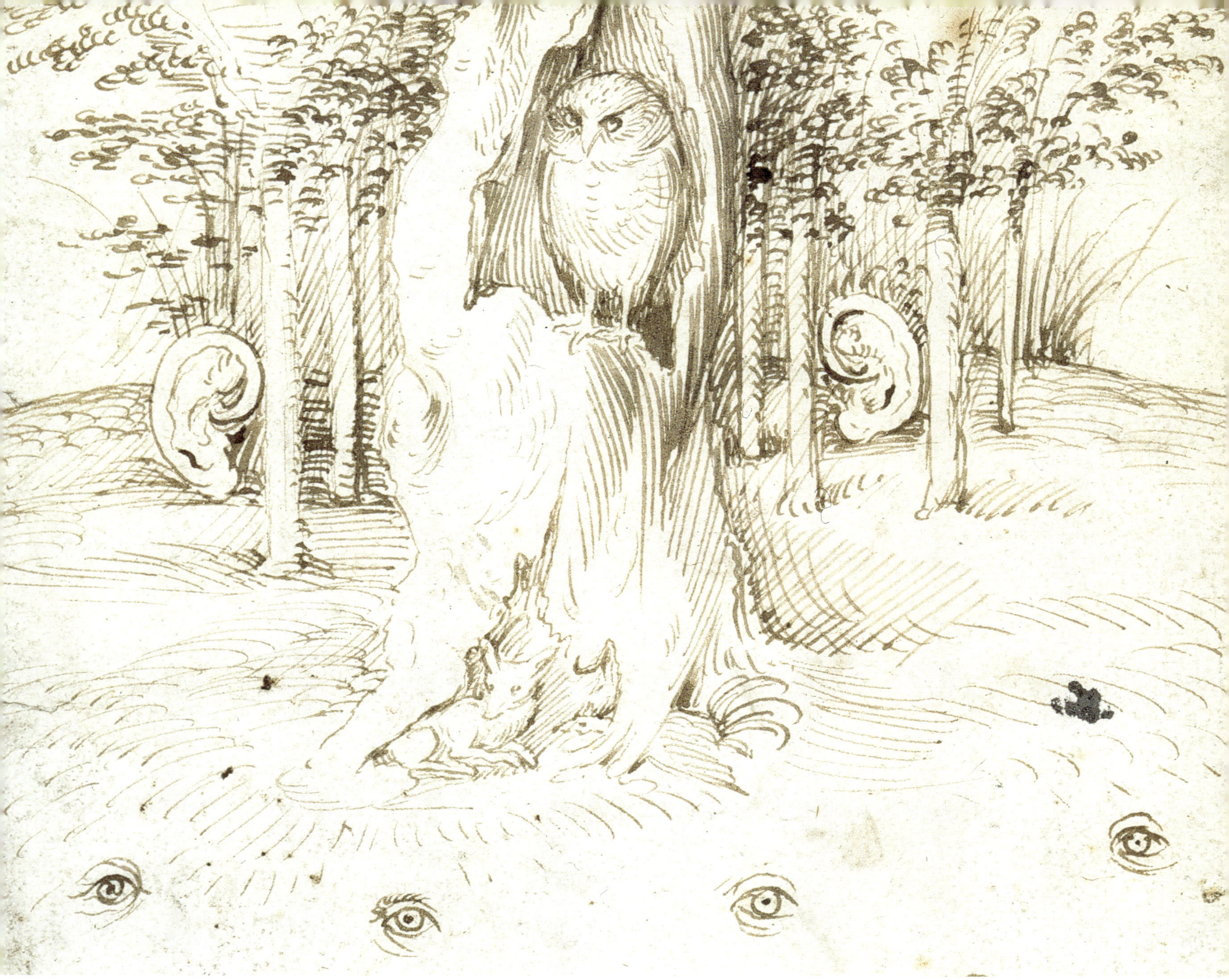

lebendig das Bild von der im herzoglichen Wald gelegenen Stadt noch im 16. Jahrhundert war. „Denn so viele Baumreihen früher in dem öden Wald standen, so viele Gasthäuser sieht man nun in der stattlichen Stadt. So viele Wege einmal durch den Wald führten, so viele Straßen und Tore bilden nun den Zugang zur Stadt. So viele hüpfende Vögel oder so viele Blätter an den Bäumen oder schließlich so viel Wild man im Wald antreffen konnte, ebenso viele Menschen nimmt man nun in 's-Hertogenbosch wahr. Wahrlich, ebenso wie in einem dunklen Wald unterschiedliche Tierarten verschiedener Klassen und allerlei Arten von Bäumen vorkommen, so beherbergt auch 's-Hertogenbosch [*Sylva ducalis*] Menschen von unterschiedlichem Schlag."

's-Hertogenbosch wurde 1185 als Stadt im Wald des Herzogs gegründet. Ihre Entstehung wurde vielfältig ins Bild gesetzt, und zwar durch die Darstellung des Waldes, durch *einen* Baum – den *Bosboom* – als *pars pro toto* des Waldes, oder durch das Sinnbild der Gründungslegende dieser Stadt: der in seinem Wald ruhende Herzog. Spielarten dieser letztgenannten, Abb. 16 eigentlich erzählenden Darstellung, sind beinahe zu bildhaften Wortspielen geworden, zu Rebussen für einen Stadtnamen, die Wort für Wort „gelesen" werden wollten: *des hertogen bos* (des Herzogs Wald: *'s-Hertogenbosch*). Als man 1522 eine große Lotterie veranstaltete, um die Stadtfinanzen zu sanieren, erhielt der schon erwähnte Silberschmied und Radierer Michiel van Gemert den Auftrag, einen Teil der Preise zu liefern: 150 Silberringe und, äußerst passend, fünfzig *boemen* (Bäume).

Hart-ogen-bos, hert-ogen-bos

Der „sprechende" Charakter des Baumes als Sinnbild von 's-Hertogenbosch, wie er beispielsweise auf Siegeln, im Stadtwappen, auf Pilgerabzeichen und Tuchmarken oder als Gold- und Silberstempel vorkommt, büßte im Laufe der Zeit nichts von seiner Kraft ein. Solche Abbildungen, die auf den Stadtnamen verweisen, wurden wörtlich „gelesen". Dies geht ganz deutlich aus einigen solcher Verbildlichungen hervor, die sicher auch aus der Zeit von Hieronymus Bosch stammen. Bei ihren Auftritten trugen die Stadtpfeifer von 's-Hertogenbosch beispielsweise die kostbaren *brodsies* (Broschen) des frühen Abb. 17
16. Jahrhunderts, die das Stadtwappen mit dem Baum auf einem Schild zeigten, das wiederum an einem großen Baum gehängt war. Auch wurden für diese Musikanten Rebusarm- Abb. 19
bänder angefertigt: grüne Samtbänder, mit roten Fransen abgesetzt, auf denen in Silber der Stadtname prangte. Der Name der Stadt wurde nicht ausgeschrieben, sondern teilweise

Abb. 16 Jan van Amsterdam, Stempel des Stadtsiegels von 's-Hertogenbosch: Der Herzog ruht im Wald, 's-Hertogenbosch 1534/35; Silber, Durchmesser 6,6 cm; 's-Hertogenbosch, Noordbrabants Museum

Abb. 17 Meister mit der Biene, Brosche der Stadtmusikanten: ein Waldesbaum mit dem Wappen von 's-Hertogenbosch, 's-Hertogenbosch 1528; Silber, vergoldet, 13,6 x 13,6 cm; 's-Hertogenbosch, Noordbrabants Museum

Abb. 18 Aert Joerdens, Blockmeisterschild: ein Hirsch im Walde, 's-Hertogenbosch 1547; Silber, ca. 11 x 8,9 cm; 's-Hertogenbosch, Noordbrabants Museum (Leihgabe der Verwaltung der kirchlichen Armenhäuser)

Abb. 19 Frans Vueechs, Binde der Stadtmusikanten: *hart-ogen-bos* – Herz-Augen-Wald, 's-Hertogenbosch 1530 oder später; versilberte Buchstaben auf grünem Samt mit roten Fransen, 8 x 30 cm; 's-Hertogenbosch, Noordbrabants Museum

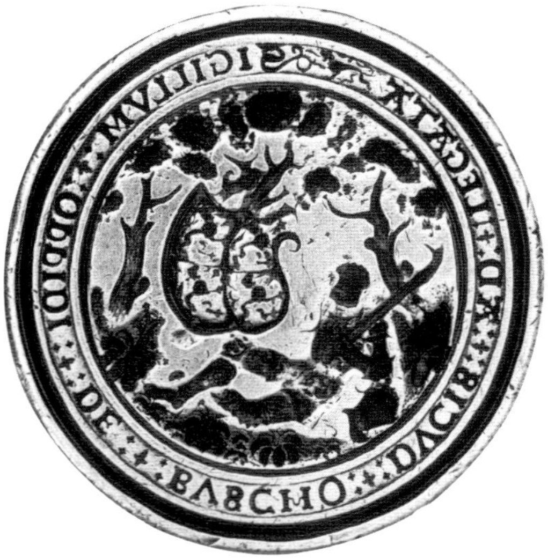

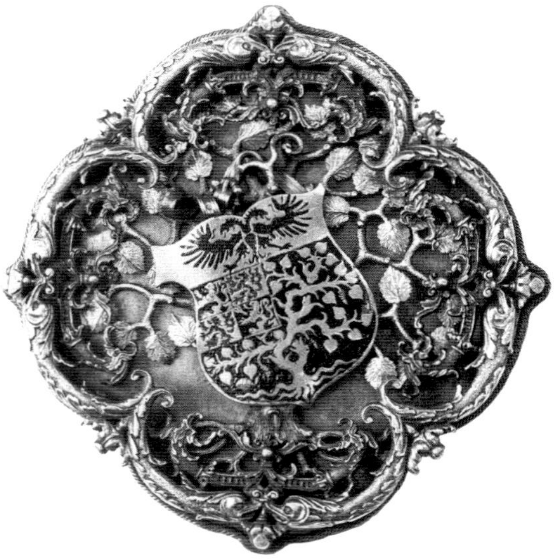

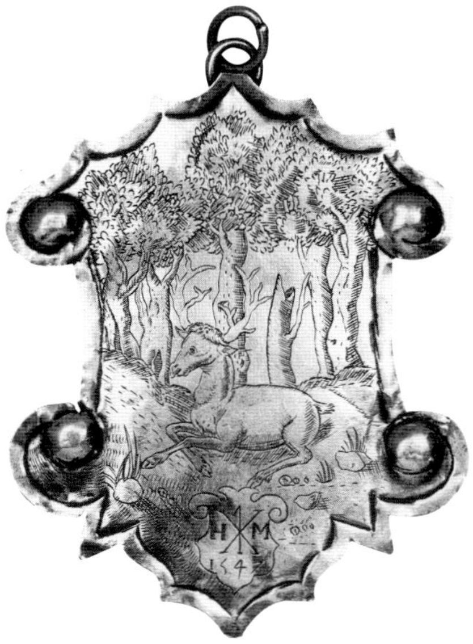

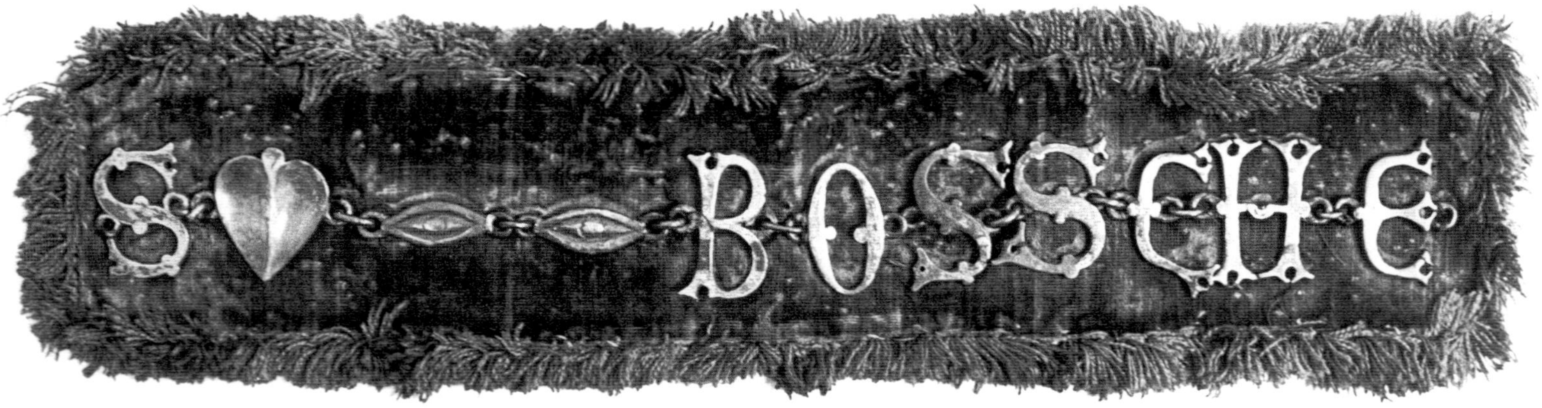

bildlich buchstabiert: s [Herz (*hart*)] [Augen (*ogen*)] *bossche*. Um die Mitte des 16. Jahrhunderts fertigten die Silberschmiede von 's-Hertogenbosch Abzeichen für die sog. *blokmeesters* (Blockmeister), welche die Form von ansteckbaren Schildchen besaßen. Einige dieser Schildchen zeigen als Allusion auf den Abb. 18 Stadtnamen ein weiteres Wortspiel: einen Hirsch (*hert*) und einen Wald (*bos*). Der ruhende Hirsch mit dem imposanten Geweih verweist auf den hohen Status des Waldes und visualisiert so den herzoglichen Wald, also 's-Hertogenbosch.

Hoor-ogen-bos

Im Zusammenhang der bildlichen Anspielungen rund um den Stadtnamen, in dem fortwährend der Herzog selbst oder ein stattlicher Hirsch in seinem Wald, Bäume, Herzen und Augen eine Rolle spielen, muss selbstverständlich auch die meister-Abb. 83b hafte Zeichnung *Der Wald hat Ohren, das Feld hat Augen* von Hieronymus Bosch Erwähnung finden. Aller Wahrscheinlichkeit nach in der Handschrift des Künstlers steht oben auf diesem Blatt ein relativierender lateinischer Satz. Der Antwerpener Bosch-Spezialist Paul Vandenbroeck hat dies bereits nachdrücklich gezeigt und die Herkunft der Sentenz aus einem Traktat des 13. Jahrhunderts mit dem Titel *De disciplina scholarium* (Über die Erziehung der Schüler) nachgewiesen; es galt im Mittelalter als ein Werk des Boethius. Die Passage lautet: *Miserrimi quippe est ingenii semper uti inventis et numquam inveniendis*, was soviel bedeutet wie: „Dem allererbärmlichsten Geist ist es jedoch eigen, stets nur Klischees und niemals eigene Einfälle zu verwenden". Der Satz wurde verschiedentlich in frühhumanistischen Kreisen – unter anderem auch von Albrecht Dürer – zitiert und ist ein Beleg für das Interesse, das Bosch diesen Kreisen entgegenbrachte, und für seine Kontakte mit ihnen. Schwieriger ist zu beurteilen, wie der Text über der faszinierenden Zeichnung konkret zu begreifen ist. Handelt es sich um eine Form der Selbstkritik, wonach der Künstler sich nicht von der Tradition zu befreien vermag? Oder ist dies als eine selbstbewusste Äußerung des Zeichners zu verstehen, der glaubt, durch die eigene Schöpfung über das Wiederholen von Motiven hinauszuwachsen und somit tatsächlich selbst zum Schöpfer wird? Hieronymus Bosch war in genau jener Epoche tätig, in der solche Reflexionen denkbar wurden. Das letzte Wort zu dieser Zeichnung mit den sieben Augen und den sieben Bäumen mit Ohren ist freilich noch nicht gesprochen. Das Dargestellte verweist jedoch sicherlich auf eine allgemein verbreitete Spruchweisheit, nämlich der aus zahlreichen Überlieferungen bekannten Redensart *Die Wälder haben Ohren*

Abb. 20 Anonym, *Das Feld hat Augen, der Wald hat Ohren, ich will sehen, schweigen, hören*, niederländisch 1546; Holzschnitt, 21,3 x 34,1 cm; Berlin, Staatliche Museen zu Berlin, Kupferstichkabinett

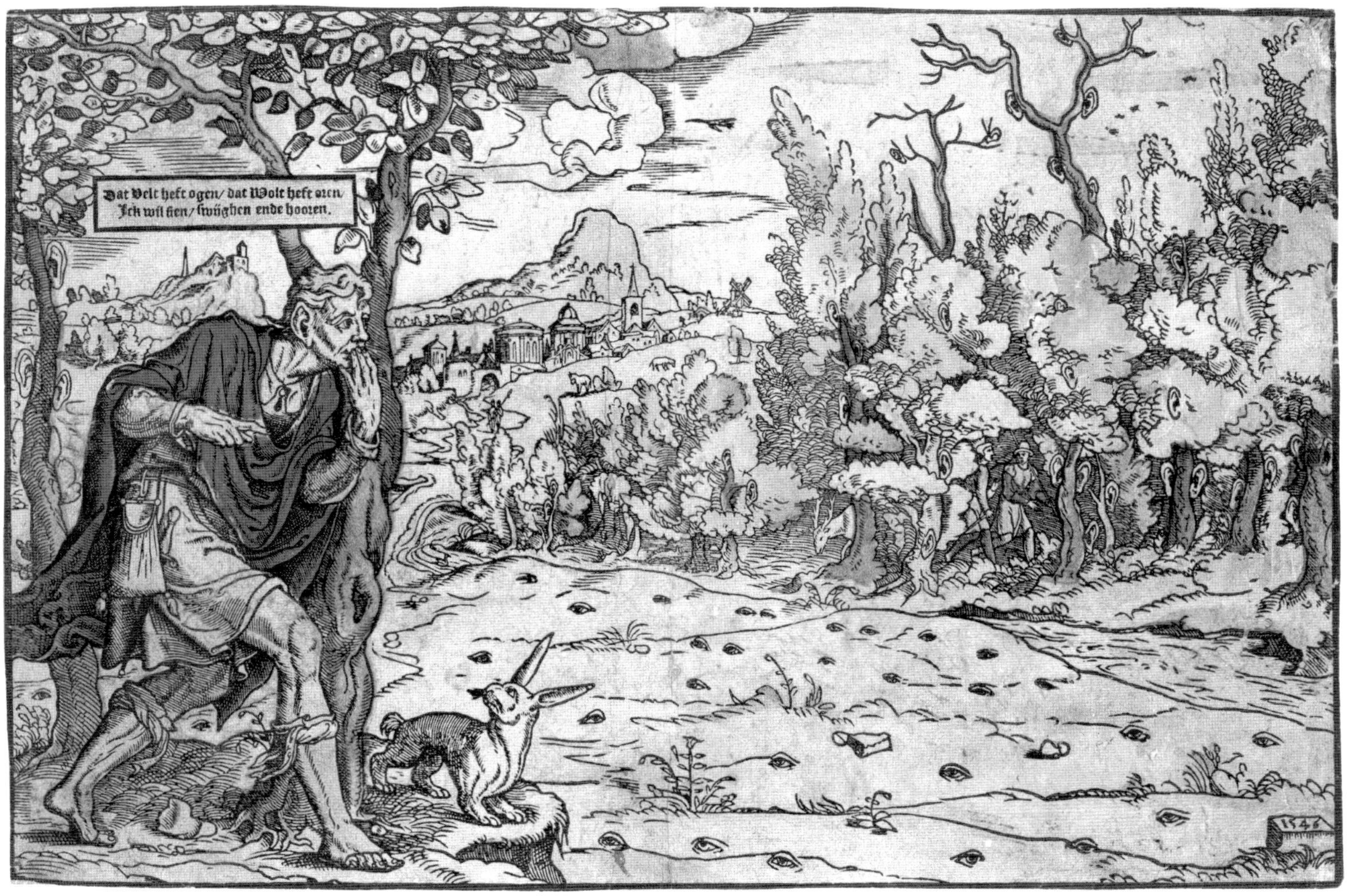

und die Felder Augen. Die Assoziation mit dem Namen seiner Vaterstadt und mit dem Toponym, das Hieronymus Bosch ja zu seinem eigenen Namen gemacht hatte, scheint unausweichlich: *hoor-ogen-bos* (Ohr-Augen-Wald). Und auch der Inhalt der lateinischen Aufschrift wird dann verständlich, denn weder die Redensart noch das Wort-Bild-Spiel waren ja wirklich originell. Mit beiden Elementen schließt Bosch an eine lebendige Tradition an und geht hier bereits meisterhaft damit um. Derartige Rebusse waren, wie wir gesehen haben, in der gebildeten Elite der Stadt außergewöhnlich populär. Nicht allein in 's-Hertogenbosch waren dergleichen Buchstabenbilder beliebt, wie ein anonymer niederländischer Holzschnitt noch etwa ein halbes Jahrhundert später (1546) bezeugt. Ohne unmittelbar auf die Zeichnung von Bosch zu rekurrieren, ist auf diesem Blatt dasselbe Sprichwort ins Bild gesetzt: ein Wald voller Ohren, eine Wiese voller Augen und über der sich von links nähernden Männerfigur in einem kleinen Rahmen das mittelniederländische Sprichwort *Dat Velt heft ogen, dat Wolt heft oren / Ick will sien, swijghen ende hooren* (Das Feld hat Augen, der Wald hat Ohren / Ich will sehen, schweigen und hören). Bäume und Feld *sprechen* sich aus: „Sehen, Schweigen, Hören".

Kunst in 's-Hertogenbosch um 1500

Die Stadtkultur

's-Hertogenbosch zählte in der zweiten Hälfte des 14. Jahrhunderts ungefähr 14.000 Einwohner und war damit nach Utrecht die größte Stadt in den nördlichen Niederlanden. Gegen Ende des 15. Jahrhunderts war sie die drittgrößte der vier Hauptstädte Brabants: kleiner als Antwerpen und Brüssel, aber größer als Löwen. Die Bevölkerungszahl wurde unter anderem durch Kriege, eine Hungersnot (1436) sowie eine große Pestepidemie (1439–42) ernstlich gemindert, nahm aber bis 1530 zusammen mit dem Wohlstand wieder zu.

1464 zählte die Stadt 11.675 Einwohner, 1496 war die Bevölkerung von 's-Hertogenbosch auf 17.280 gewachsen, 1526 gab es hier ca. 24.000 Einwohner; danach änderte sich die Situation, sodass die Bevölkerungszahl sowie das Einkommen allmählich wieder sanken. 1566 lebten noch ungefähr 20.000 Bewohner in der Stadt.

Bereits im Laufe des 13. Jahrhunderts war 's-Hertogenbosch groß genug, um Handwerkern, die wir heute als Künstler betrachten, eine Existenzgrundlage zu bieten. Hierbei spielten vor allem religiöse Einrichtungen eine bedeutende Rolle. 1205 wurde außerhalb der Stadt das Wilhelmiterkloster Baseldonck

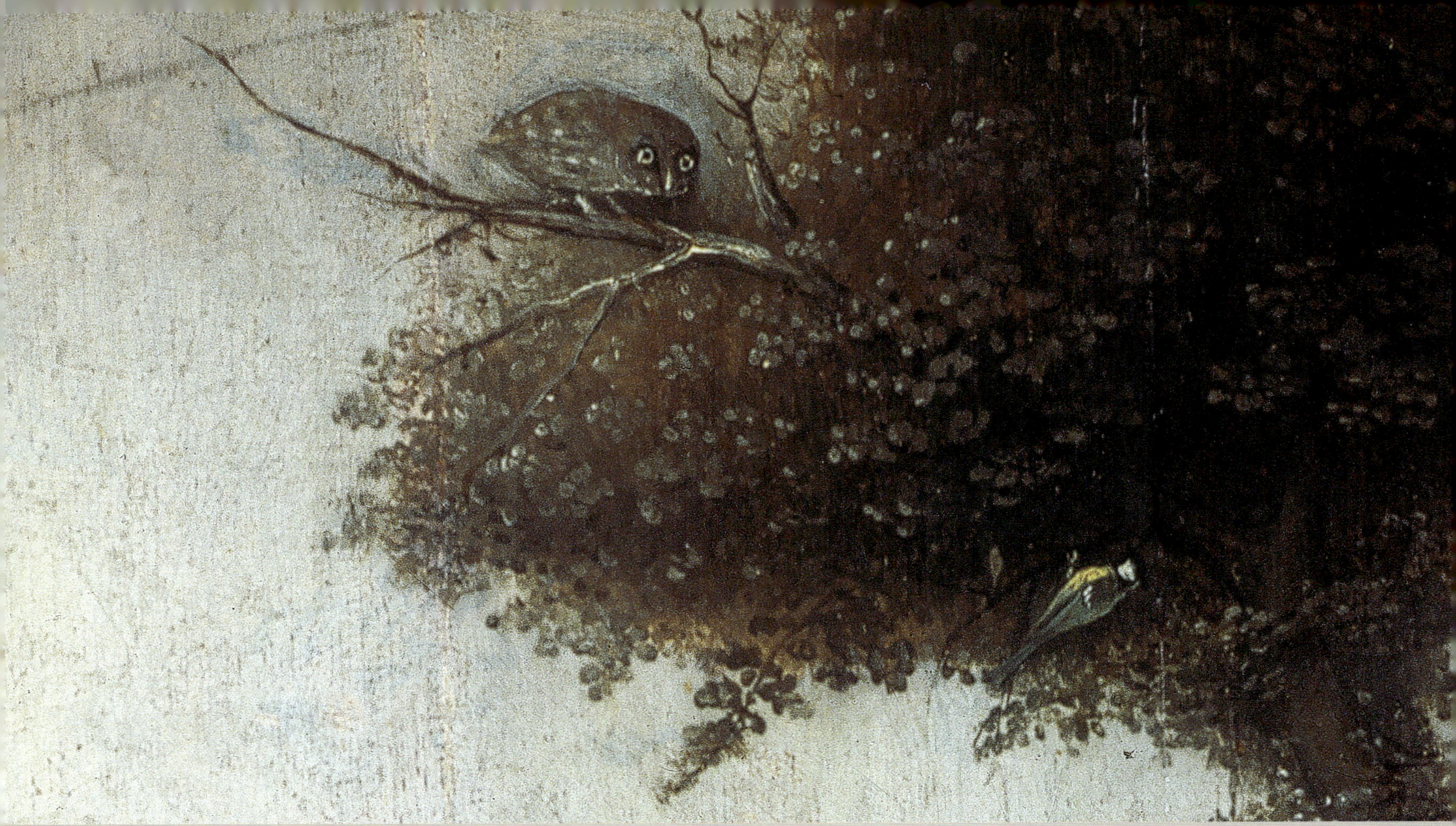

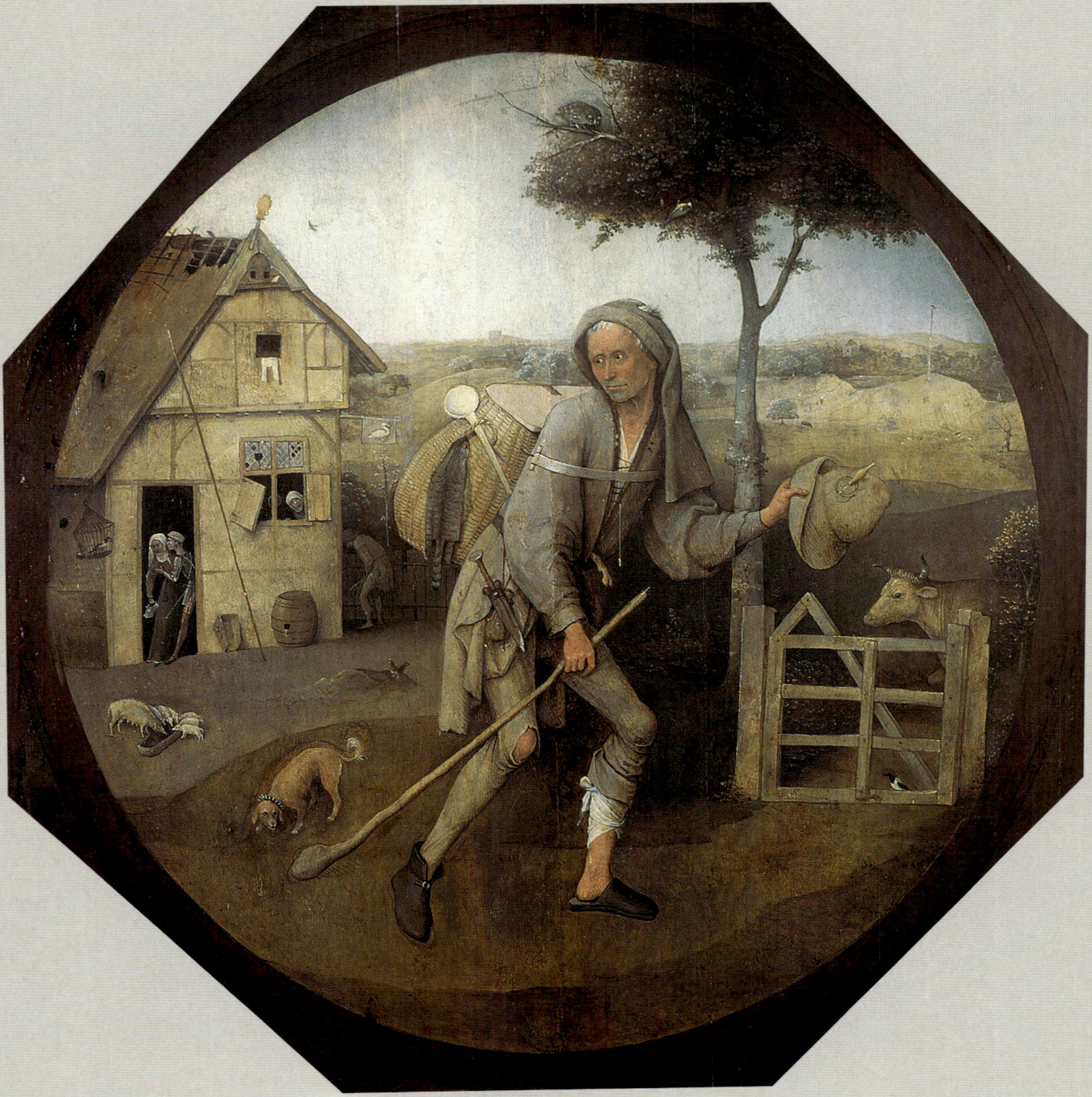

28

gegründet. Die erste, bereits damals dem Evangelisten Johannes geweihte Stadtkirche wurde im ersten Viertel des 13. Jahrhunderts errichtet. Im Laufe des Jahrhunderts ließen sich Franziskaner (1228/29) und Dominikaner (1286) in der Stadt nieder. Man gründete einen Beginenhof, der um 1300 eine eigene Kapelle erhielt, und bereits vor 1274 gab es dort ein Hospital mit einer Kapelle. Während des 14. und 15. Jahrhunderts kamen zahlreiche weitere Kirchen, Kapellen, Klöster oder Bauten anderer, unter anderem von Bruderschaften getragenen Stiftungen sowie ein weiterer Beginenhof hinzu, sodass in der ersten Hälfte des 16. Jahrhunderts mehr als dreißig Kirchen und Kapellen existierten. 1526, zehn Jahre nach Boschs Tod, lebten 930 männliche und weibliche Ordensleute sowie 160 Beginen im Stadtgebiet, eine außergewöhnlich hohe Zahl: Jeder 18. bis 19. Einwohner gehörte demnach zu einer klösterlichen Gemeinschaft. In unmittelbarer Umgebung der Stadt gab es noch ungefähr zehn weitere Klöster. Nicht grundlos sprach im 16. Jahrhundert der Chronist Cuperinus aus 's-Hertogenbosch von der *vrome ende playsantelycke stadt van Tsertogenbosch* (der frommen und schönen Stadt 's-Hertogenbosch). Alle diese Gotteshäuser waren mit beweglichem und unbeweglichem Inventar auszustatten, sodass sie, zusammen genommen, für „Künstler" und ähnliche Berufszweige die wichtigste Einkommensquelle bildeten. In der Stadt wohnten außerdem recht wohlhabende Bürger, die komfortabel eingerichtete Häuser besessen haben dürften. Handwerkszünfte und religiöse Bruderschaften orderten gelegentlich gleichfalls Kunstwerke, und schließlich betrieb auch der Magistrat einen beachtlichen Aufwand an Repräsentation und vergab von Zeit zu Zeit Aufträge an Maler und andere Hersteller von Kunstgegenständen.

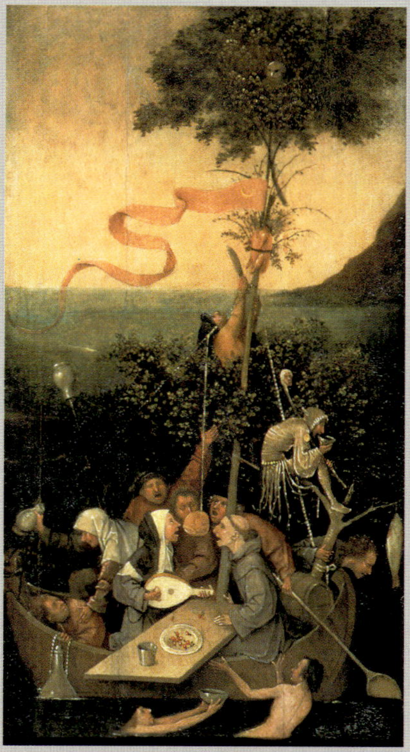

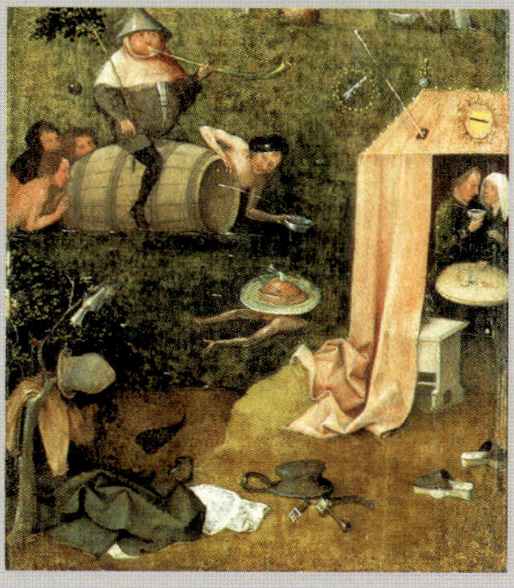

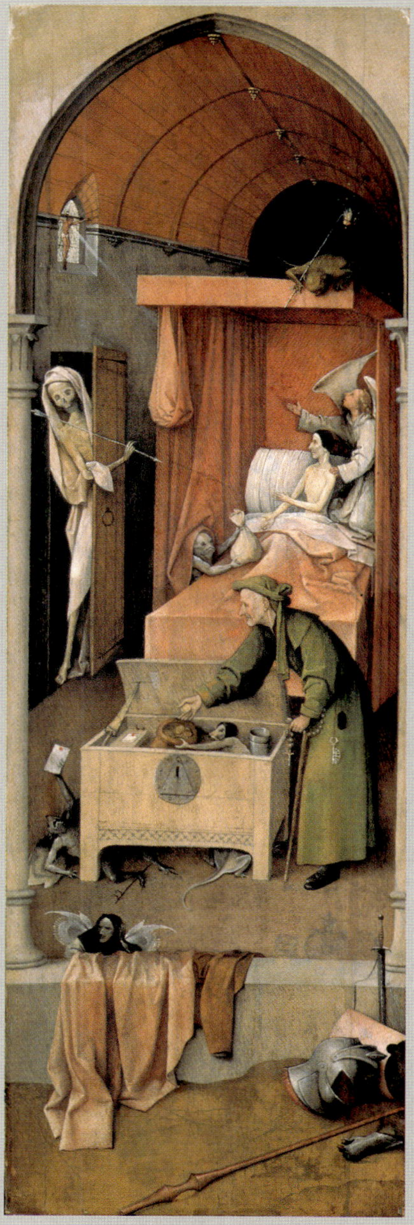

Abb. 21a-d Hieronymus Bosch, Flügel eines Triptychons, um 1494 oder später; Öl auf Holz; Außenseite: (a) *Der Hausierer*; 71 x 70,6 cm; Rotterdam, Museum Boijmans Van Beuningen; Innenseite: (b) *Das Narrenschiff*; 57,9 x 32,6 cm; Paris, Musée du Louvre; (c) *Allegorie der Gier*; 36 x 31,5 cm; New Haven, Yale University Art Gallery, gift of Hannah D. and Louis M. Rabinowitz; (d) *Der Tod des Geizhalses*; 92,6 x 30,8 cm; Washington, National Gallery of Art

Kunst und Künstler
Schon seit dem 13. Jahrhundert müssen in 's-Hertogenbosch Baumeister, Maler, Bildhauer, Schreiber, Buchmaler, Sticker und Goldschmiede tätig gewesen sein, die sich entweder in der Stadt niedergelassen hatten oder sich dort zeitweise aufhielten. Als 1503, auf Drängen der burgundischen Obrigkeit, eine eigene Goldschmiedezunft gegründet wurde, traten ihr 24 ortsansässige Silberschmiede bei. 1540 waren noch 21 als Zunftmitglieder eingetragene Meister-Silberschmiede innerhalb der Stadtmauern tätig.
Eine Zunftordnung für einige holzbearbeitende Berufe, darunter Bildschnitzer, wurde in 's-Hertogenbosch erst 1509 aufgesetzt; frühere Zeugnisse über zunftähnliche Vereinigungen dieser Berufsgruppe sind unbekannt. Der Ausbau der Johanneskirche muss ebenfalls von erheblicher Bedeutung gewesen sein, denn mehrere der hier tätigen Meister waren zugleich Baumeister und Bildhauer. Bemerkenswert ist in diesem Zusammenhang vor allem der Baumeister Alart Du Hameel, der zugleich Kupferstecher war. Von bemerkenswert hoher Qualität sind die Skulpturen im nahe der Stadt gelegenen Birgittenkloster Marienwater. Aus diesem Kloster, das man auch *Koudewater* nannte, ist eine zusammen gehörende Gruppe ursprünglich farbig gefasster Heiligenfiguren aus

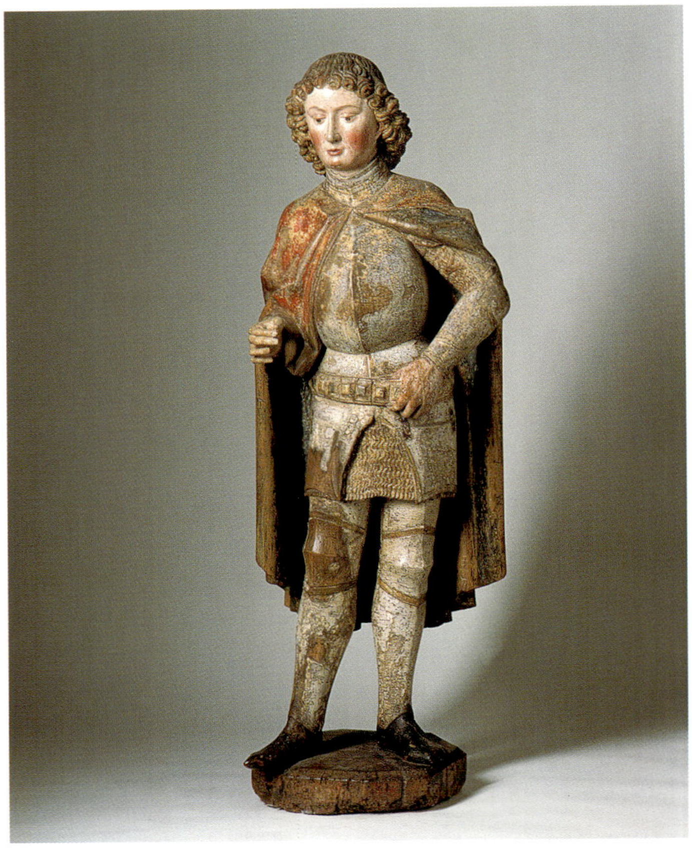

30

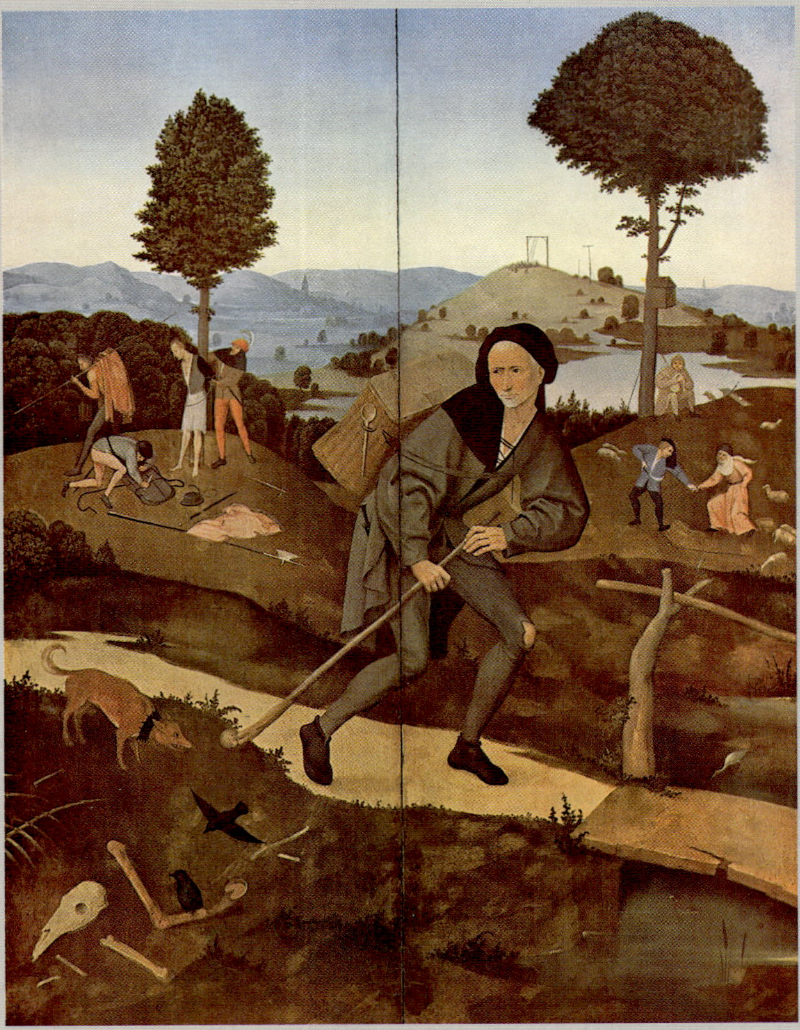

Abb. 22 Meister von Koudewater, *Der Erzengel Michael*, Kloster Marienwater bei 's-Hertogenbosch um 1460/70; Nussholz mit originaler Fassung, Höhe 96 cm; Uden, Museum voor Religieuze Kunst

Abb. 23a-b Kopie nach Hieronymus Bosch, *Der Heuwagen*, um 1506 oder später, Triptychon; Öl auf Holz, 140 x 100/200 cm; Außenseite: (a) *Der Hausierer*; Innenseite: (b) *Das Paradies, Der Heuwagen, Die Hölle*; Monasterio de San Lorenzo de El Escorial

Nussbaum erhalten. Sie zählen zum Œuvre eines Künstlers, der einen erheblichen Einfluss auf den Stil der in seiner Nachfolge in Nordbrabant tätigen Bildschnitzer ausübte. Den bis heute anonymen Bildschnitzer kennt man als „Meister von (den Heiligenbildern des Klosters) Koudewater". Falls der Anonymus in 's-Hertogenbosch wohnte, dann ist er womöglich mit Jan Jansz van Gheervliet zu identifizieren, den Urkunden zufolge zwischen 1447 und 1489 der bedeutendste Bildhauer am Ort. Wahrscheinlicher ist jedoch, dass der „Meister von Koudewater" aus der Fremde stammte und lediglich befristet für und innerhalb des Klosters sowie eventuell noch für einige andere Auftraggeber in der Gegend arbeitete. Dies trifft auch auf einen in der Abgeschiedenheit jenes Klosters um 1500 tätigen Drucker zu, der auf religiöse Holzschnitte spezalisiert war, die mitunter die Aufschrift „Marienwater", „Maria Water" und sogar „Gedruckt zu Marienwater" tragen. Ein Blatt mit einem Ablasstext von Papst Julius II. (1503-13) stellt eine vor Christus kniende Birgittennonne dar; Christus erscheint hier als Schmerzensmann mit der Geißelsäule. Die sich um die balusterartige Säule rankenden Akanthusblättern erinnern an den ebenfalls akanthusumrankten Tischfuß auf Boschs Gemälde *Das Steinschneiden*. Aus dem Besitz der Abtei Abb. 28 Koudewater ist eine aus dem 16. Jahrhundert stammende Kopie nach Boschs *Ecce Homo* bekannt, welche das Frankfurter Bild Abb. 59 getreu kopiert. Eine zweite Tafel, die im Hintergrund die Geißelung und Dornenkrönung Christi sowie im Vordergrund eine vor der *Ecce Homo*-Szene kniende Nonne zeigt, stammt gleichfalls von einem Bosch-Nachfolger. In 's-Hertogenbosch selbst entstand womöglich eine Gregorsmesse, deren Stifter – ein Mann und zwei Frauen – im Habitus des Birgitten-Ordens erscheinen, doch steht diese Tafel Bosch weniger nahe. Obwohl der Besitz von Werken, die von Bosch selbst stammen oder diesen kopieren, für die anderen Klöstern in oder aus der Umgebung von 's-Hertogenbosch nicht nachweisbar ist, muss es wohl auch dort solche Gemälde gegeben haben.
Die *Ecce Homo*-Tafel in Koudewater zeigt jedenfalls, dass sich das Frankfurter Original um 1550 noch am Ort befand. Die größte Gestalt der später übermalten Stifterfamilie links

31

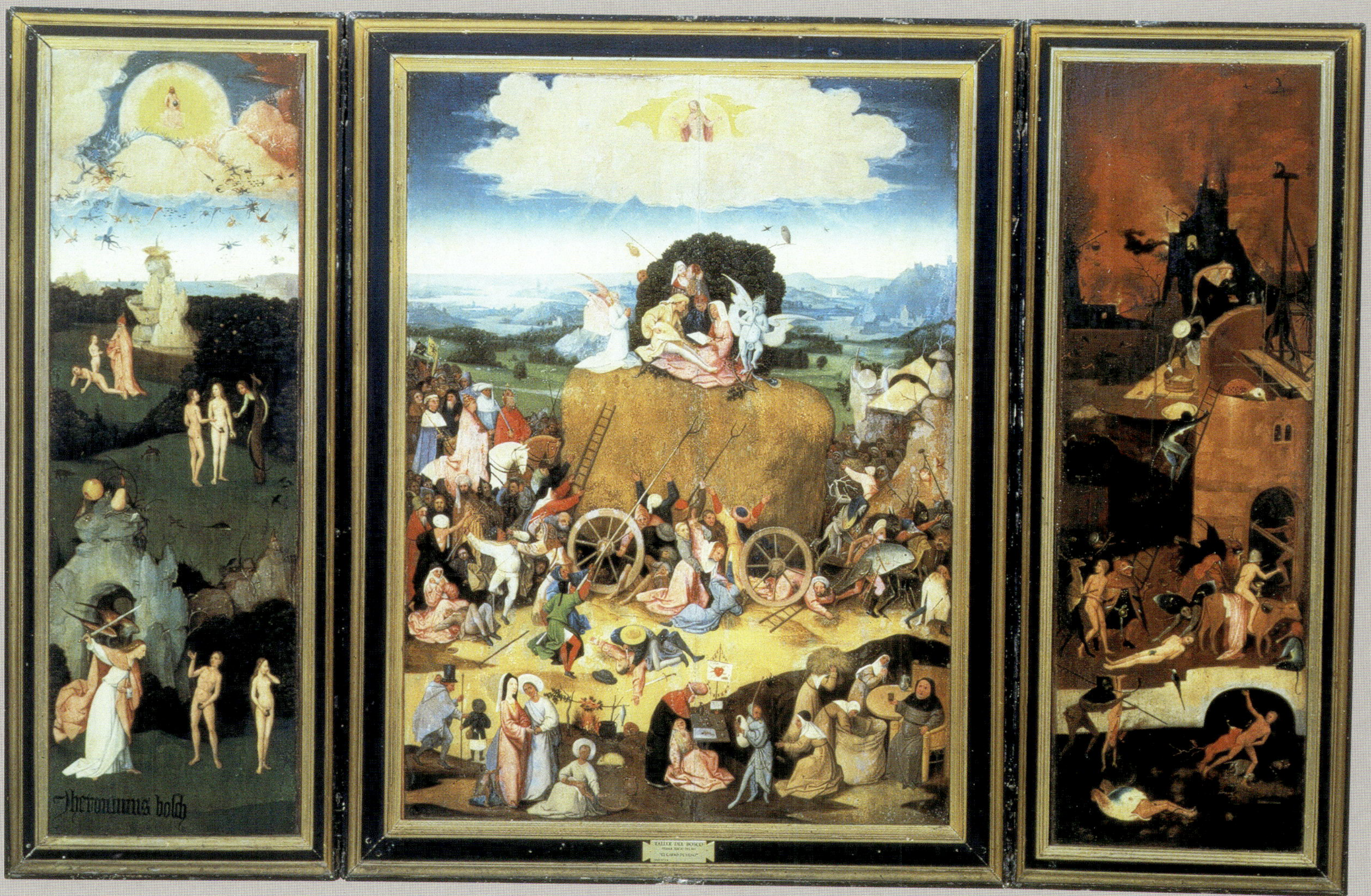

Abb. 24 Skriptorium der Kreuzherren zu 's-Hertogenbosch, Missale mit Kreuzigungsminiatur, um 1500; Pergament in Leder gebunden (fol. 109r-110v), 36,5 x 25 cm; Uden, Kruisherenklooster

> Abb. 28 Hieronymus Bosch, *Das Steinschneiden*, um 1494 oder später; Öl auf Holz, 48 x 35 cm; Madrid, Museo Nacional del Prado

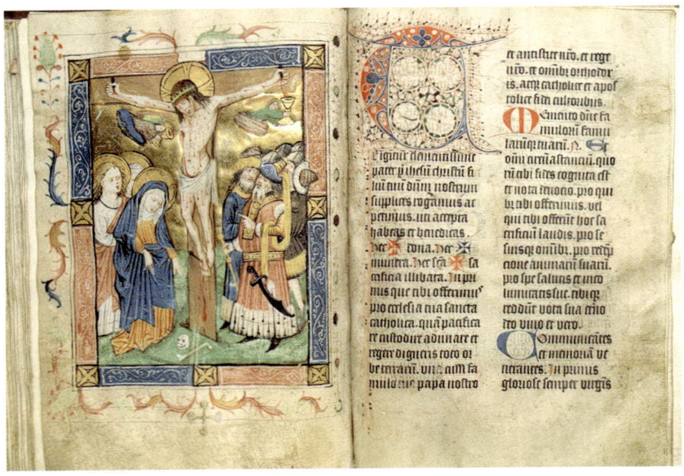

Abb. 25 Skriptorium der Birgitten von Koudewater, Kloster Koudewater bei 's-Hertogenbosch, *Das Leben der hl. Barbara*, um 1480; Pergament in Leder gebunden (fol. 98r), 24,6 x 17,3 cm; Den Haag, Koninklijke Bibliotheek

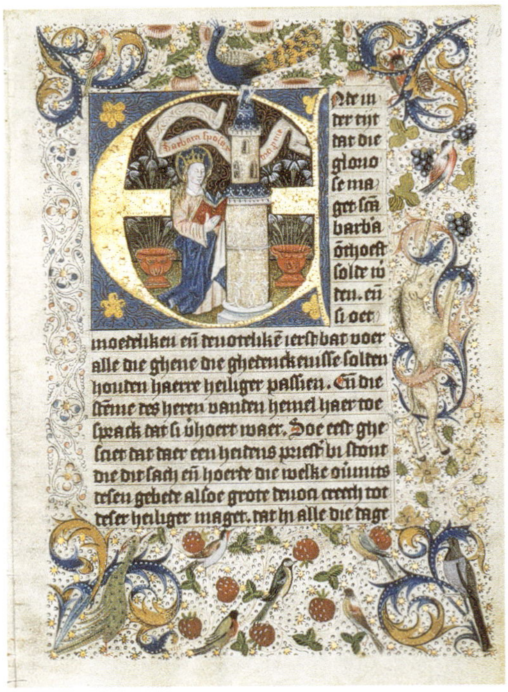

im Vordergrund – der älteste Sohn? – trägt vermutlich die Kluft der Dominikaner. Auch eine der Töchter auf der Aussenseite des *Ecce Homo*-Triptychons in Boston ist geistlichen Standes, sie gehörte wahrscheinlich dem Bethanienkloster in 's-Hertogenbosch an. In der Hauptkirche der Stadt, der Johanneskirche, befanden sich mehrere eigenhändige Werke von Hieronymus Bosch, und zwar nicht nur in der Kapelle der Liebfrauen-Bruderschaft. Wir werden hierauf noch zurückkommen.

Neben Utrecht und Venlo war 's-Hertogenbosch zu Boschs Lebzeiten eines der bedeutendsten Zentren der Glockengießerei in den Niederlanden. Am berühmtesten war die Familie Moer. Gobel Moer hatte sich Mitte des 15. Jahrhunderts in 's-Hertogenbosch niedergelassen. Er goss 1462 für die Johanneskirche eine große Glocke, die „Sankt Johannes der Evangelist" hieß, und 1495 die Glocken „Sankt Anna", „Sankt Maria" und „Sankt Lambert". Das Geläut wurde 1584 beim Brand des Kirchturms zerstört. Eine kleine Glocke Moers, die sogenannte „Maria" aus dem Jahr 1482, befindet sich noch heute in der Jakobskirche von 's-Hertogenbosch. Die Gießerei der Söhne Jasper und Willem Moer war zu Boschs Lebzeiten an jenem Ort angesiedelt, der noch bis ins 18. Jahrhundert hinein als *Clockgieterspoort* (Glockengießertor) bekannt war. Glockenmacher gossen kleinere Kirchenglocken und Glockenspiele in ihrer Werkstatt; die größeren Glocken, die aufgrund ihres Gewichts nicht transportiert werden konnten, fertigten sie hingegen an deren Bestimmungsort. So gossen Jasper und Willem Moer unmittelbar neben der Maastrichter Servatiuskirche (1515) und der Liebfrauenkirche in Antwerpen (1507) mehrere tausend Kilo schwere Glocken. In der Praxis war dies ein wahrhaft höllisches Szenario. Allein die zahlreichen tönernen Gussformen waren kaum zu bewegen und wurden über dem Feuer getrocknet. Solche Gusspraktiken scheinen unmittelbar den Höllenszenen Boschs zu entstammen: Die Glockenform hing an *het spit dair men die gans an braden sal* (dem Spieß, an dem man die Gans braten soll). Auf der Baustelle der Johanneskirche wurde die Glockenform 1467 ebenfalls über dem Feuer gebrannt, und zwar so dicht unterhalb der Orgel der Liebfrauen-Bruderschaft, dass die Orgelpfeifen von Rauch und Qualm verstopften. Für die Antwerpener „Carolus"-Glocke schmolz man 5.000 Kilo Glockenbronze und goss sie glühend in Form. Dies geschah auf dem Kirchhof und – wie damals üblich – unter dem Gesang des gregorianischen *Te Deum*. Glockengießen war äußerst gefährlich, und kurz bevor die Moers in Antwerpen mit dem Guss begannen, erließ der Magistrat Sicherheitsmaßnahmen, damit dort *nyemant gequest, verbrant oft anders beschaet oft zeer gedaen en soude werden* (niemand eingequetscht, verbrannt oder anderweitig beschädigt oder verletzt werden soll).

Seit der Zeit, als Jasper und Willem Moer 1505 vierzehn „Glocken und Schellen" für den Turm der Johanneskirche lieferten, verfügte 's-Hertogenbosch vermutlich über den ersten Glockenläuter. Die Glocken konnten nämlich nicht nur mechanisch, sondern auch manuell gespielt werden, da sich die mit Drähten verbundenen Klöppel von Hand bedienen ließen. Beim mechanischen bzw. automatischen Spiel wurden die Glocken hingegen von Hämmern angeschlagen. Diese oder wohl eher das große, volltönende Geläut von Gobel Moer werden wohl auch während des Begräbnisses von Hieronymus Bosch erklungen sein. Wie wir später noch sehen werden, wurde damals nämlich auch einer der Glockenläuter für seinen Beitrag zu der Beisetzungsfeier bezahlt.

In unserem kurzen Überblick über Künstler aus der Umgebung von Hieronymus Bosch dürfen wir die Schreiber und Illuminatoren jener Handschriften nicht übergehen, die in den meisten Klöstern angefertigt wurden. Im Kloster Koudewater existierte ein Skriptorium, das die Handschriften vor allem für den klösterlichen Eigenbedarf kopierte und sie mit prachtvollen Schmuckinitialen und Miniaturen verzierte. Die 's-Hertogenboscher Brüder vom gemeinsamen Leben arbeiteten dagegen vor allem für andere, und ihr Skriptorium

Abb. 26 Skriptorium der Brüder vom gemeinsamen Leben zu 's-Hertogenbosch, Antiphonar, mit Randillustrationen u.a. von Laubwerk, Blumen und Drôlerien, 1515-20; Pergament in Leder gebunden (fol. 101v), 48 x 34,5 cm; Den Haag, Koninklijke Bibliotheek

Abb. 27 Nicolas van Rosendael und Johannes Maren, Skriptorium der Dominikaner zu 's-Hertogenbosch, Graduale, vollendet am 17. Juli 1515; Pergament, in Leder gebunden (fol. 1r), 56 x 38,5 cm; Gent, Bibliothek der Dominikaner

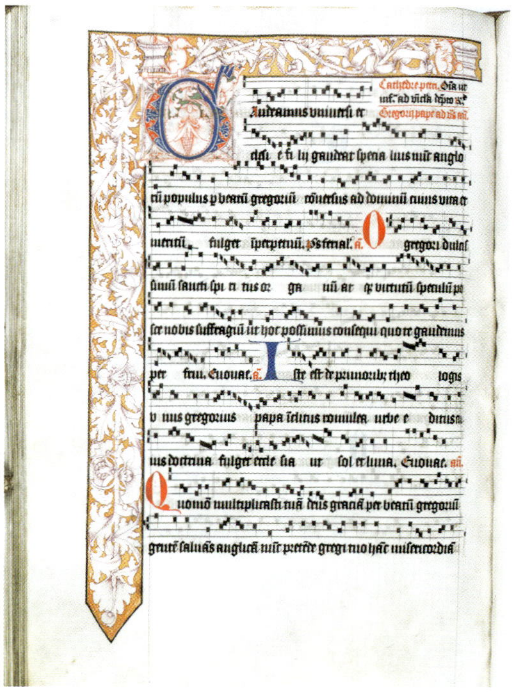

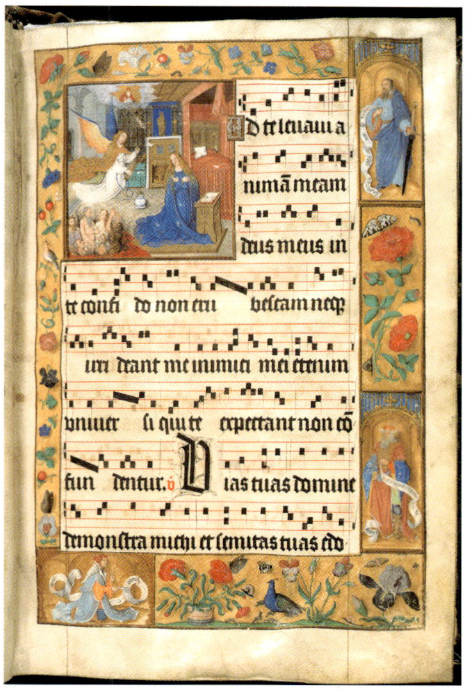

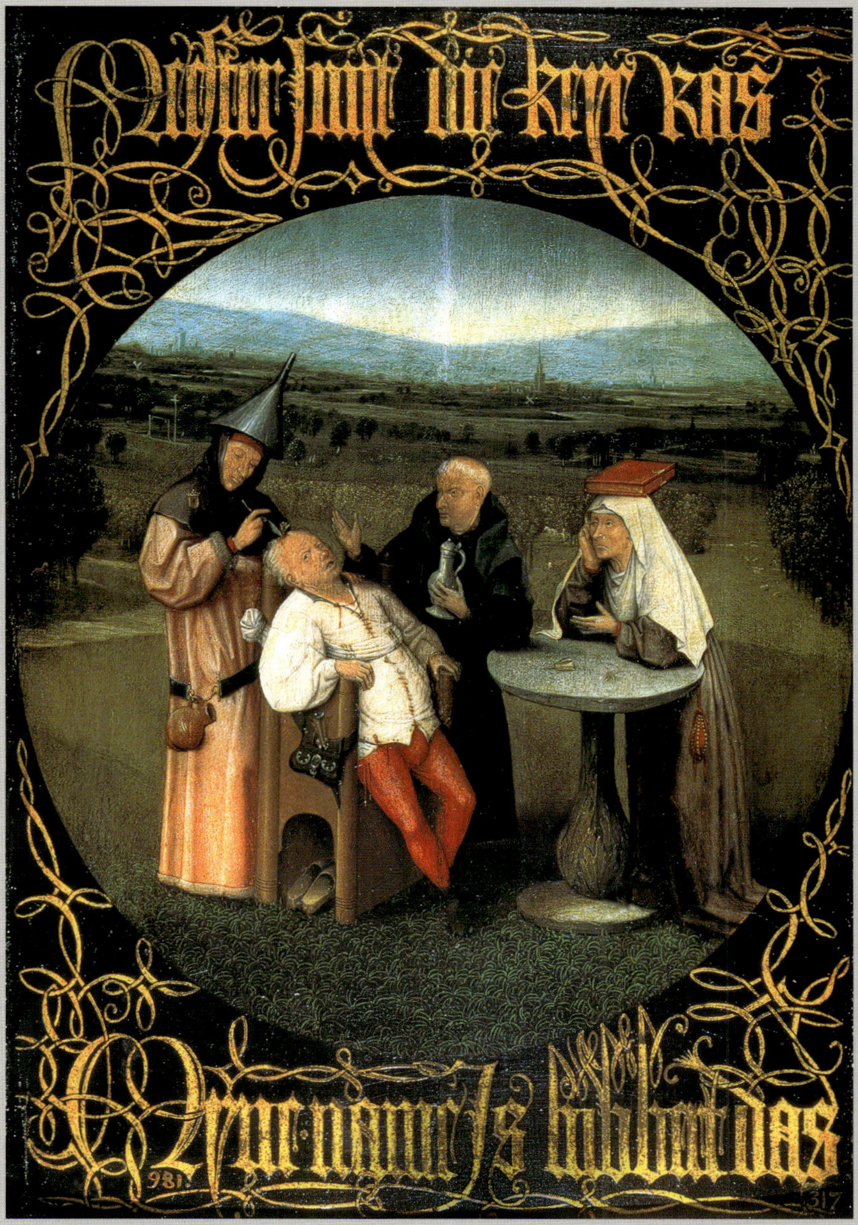

Abb. 29 Anonym, Lateinisches Ablassbuch der Liebfrauen-Bruderschaft mit einer Holzschnittillustration: *Johannes auf Patmos*, 's-Hertogenbosch, Laurens Hayen, 1518/19; Buchdruck (fol. 1v-2r), 13 x 10 cm; Brüssel, Koninklijke Bibliotheek van België, Prentenkabinett

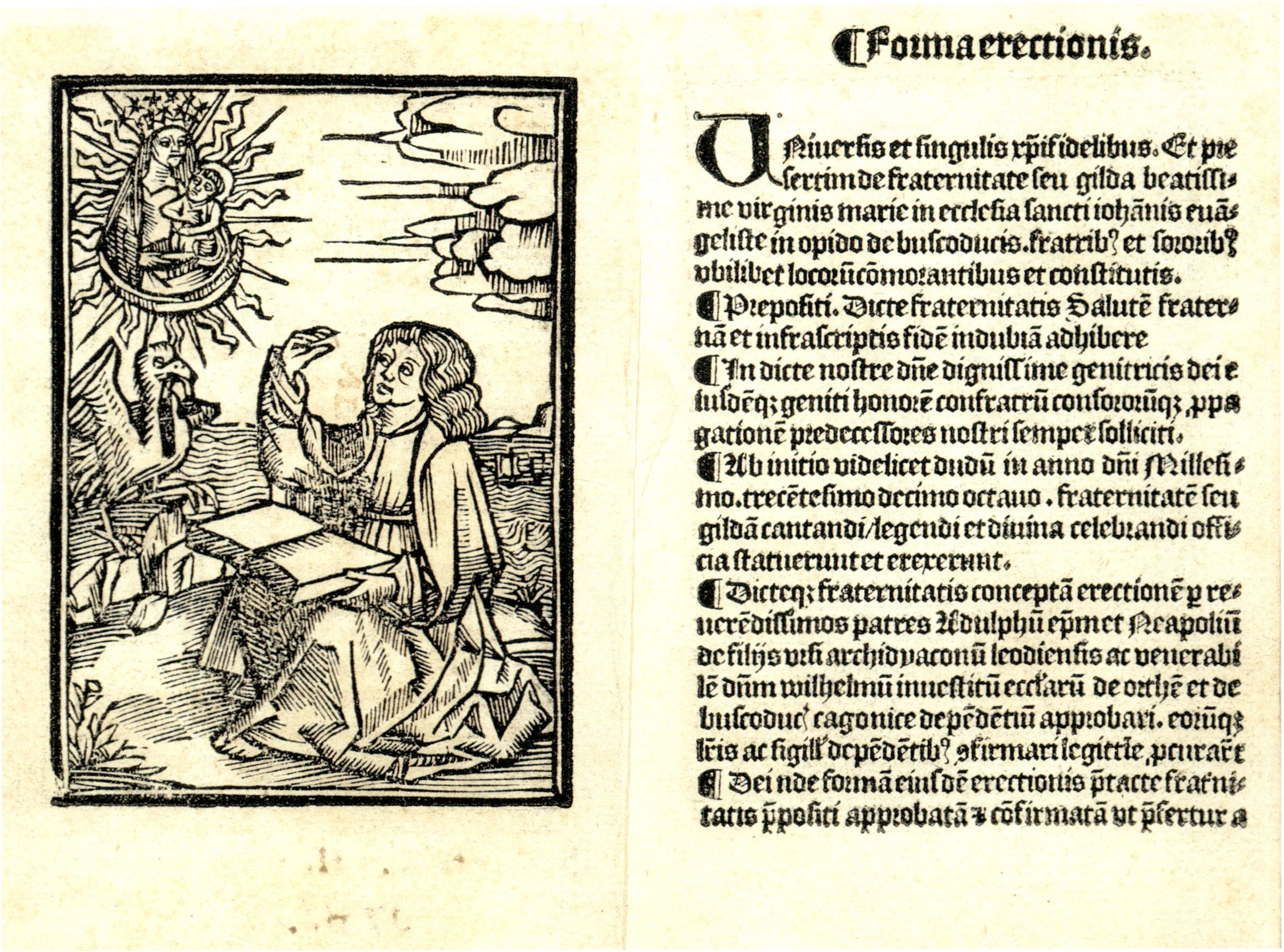

Forma erectionis.

Uniuersis et singulis xpifidelibus. Et pre-
sertim de fraternitate seu gilda beatissi-
me virginis marie in ecclesia sancti iohãnis euã-
geliste in opido de buscoducis. fratrib9 et sororib9
vbilibet locorũ cõmorantibus et constitutis.
Prepositi. Dicte fraternitatis Salutẽ frater-
nã et infrascriptis fidẽ indubiã adhibere
In dicte nostre dñe dignissime genitricis dei e-
iusdẽq; geniti honorẽ confratrũ consororũq; ,ppa-
gationẽ predecessores nostri semper solliciti.
Ab initio videlicet dudũ in anno dñi Millesi-
mo. trecẽtesimo decimo octauo. fraternitatẽ seu
gildã cantandi/legendi et diuina celebrandi offi-
cia statuerunt et erexerunt.
Dictẽq; fraternitatis conceptã erectionẽ p re-
uerẽdissimos patres Adulphũ epm et Neapolitũ
de filijs vrsi archidyaconũ leodiensis ac venerabi-
lẽ dñm wilhelmũ inuestitũ ecclarũ de orthẽ et de
buscoduc9 cãonice depẽdẽtiũ approbari. eorũq;
lris ac sigill' depẽdẽtib9 ꝯfirmari legittie ,pcurarũt
Dei nde formã eiusdẽ erectionis ptacte fratni-
tatis pposi ti approbatã & cõfirmatã vt pfertur a

war entsprechend beschäftigt. Die Brüder waren nämlich auch als Buchbinder und, ungefähr ein Jahrzehnt nach Boschs Tod, als Buchdrucker tätig. Ihr Bruderhaus besaß vermutlich das einzige professionelle Skriptorium größeren Stils in
Abb. 26 's-Hertogenbosch. Der Anteil der Brüder vom gemeinsamen Leben an der städtischen Handschriftenproduktion ist vermutlich viel größer als bisher angenommen. Interessant ist in diesem Zusammenhang, dass dem zweiten Band eines von
Abb. 27 Schreiber Nicolaas van Rosendael, einem Dominikaner aus 's-Hertogenbosch, 1515 gefertigten Graduales Verzierungen bzw. Schreibarbeiten des Bruderhaus-Skriptoriums hinzugefügt wurden, die 1520 datieren. Einige Bordüren mit Rankenornamenten ähneln Kupferstichen von Alart Du Hameel sowie den Schmuckformen eines von den *Fratres* etwa gleichzeitig für den Eigenbedarf geschriebenen und illuminierten Gesangbuchs. Die ineinander verschlungenen, langgestreckten und sanft gelappten Blätter rund um die teilweise aufgeplatzten
Abb. 39 Samenkapseln bei Du Hameel und den Miniatoren – sie entstanden in nur wenigen hundert Metern Entfernung von-
Abb. 40 einander – sind nicht zu trennen. Du Hameels Ornamentstich eines Distelblattes gemahnt auch, deutlicher noch als die
S. 44 illuminierten Bordüren, an Werke von Hieronymus Bosch. Eine bedeutende kulturhistorischen Entwicklung, die sich zu Lebzeiten von Hieronymus Bosch vollzog, ist die Verbreitung bzw. der Durchbruch des gedruckten Bildes und des gedruckten Wortes: Kupferstich und Buchdruckerei. Bosch konnte dies auf zweifache Art wahrnehmen. Einerseits kamen Druckerzeugnisse von überall in die Stadt, auf der anderen Seite wurden diese in der Stadt selbst hergestellt. Mit einer bereits 1484 in Betrieb genommenen Druckerpresse gehörte 's-Hertogenbosch zu den ersten niederländischen Orten, in welche die Erfindung gelangt war. Die niederländische Buchdruckerei hatte 1473 im flämischen Aalst und im nördlicher gelegenen Utrecht eingesetzt. Im späten 15. und im frühen 16. Jahrhundert hatten sich einige Buchdrucker in 's-Hertogenbosch eingerichtet. Dort gab es auch kleinere Betriebe, in denen Bücher gebunden und wohl auch verkauft wurden. Letzteres erfolgte stets in ungebundenem Zustand, was sich an der wachsenden Anzahl von ansässigen Buchbindern sowie dem Zustrom der importierten Drucke ablesen lässt. Der erste Buchdrucker in 's-Hertogenbosch war Gerard van Leempt. Der aus Nimwegen stammende Verleger war zuvor bereits in Köln und Utrecht tätig, bevor er sich hier niederließ. Das erste uns bekannte Buch, das er in 's-Hertogenbosch druckte, war das *Boeck van Tondalus Vysioen* (Buch von Tondalus' Vision) aus dem Jahre 1484. Details der Höllen-

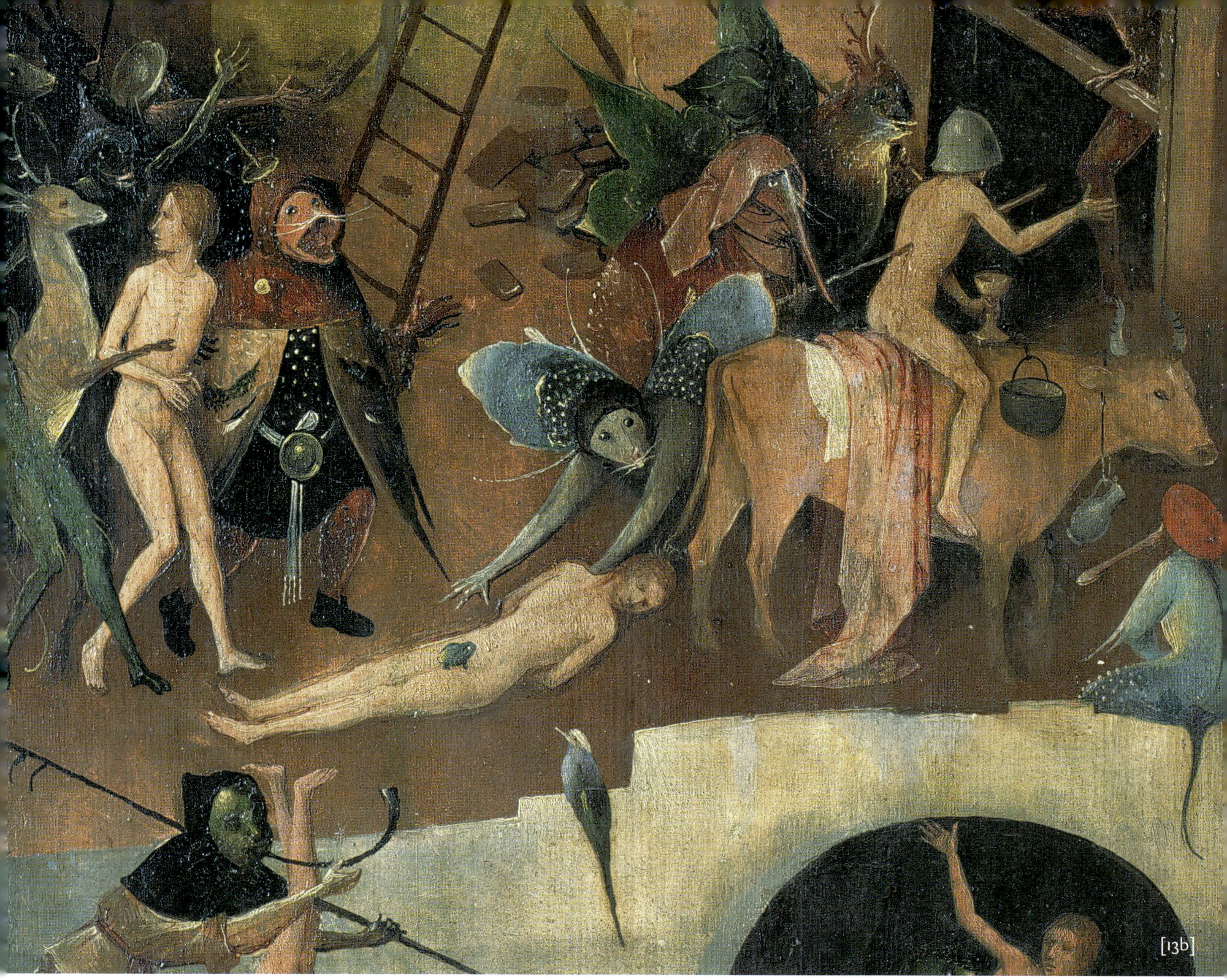
[13b]

szenen von Hieronymus Bosch weisen manche Parallelen zu dieser merkwürdigen Geschichte auf, deren Text der Maler allerdings nie wirklich illustriert hat. Mehrere seiner Nachfolger haben dies jedoch getan und brachten die *Visio Tondalis* so gleichsam mit der Bildsprache von Hieronymus Bosch in Einklang. Der Buchbinder-Verleger Laurens Hayen ließ 1503 noch Bücher in Antwerpen drucken, bevor seine Presse 1509 in 's-Hertogenbosch arbeitete. Beide Druckereien befanden sich in unmittelbarer Nähe der Lateinschule und arbeiteten vor allem für den lokalen Markt. Pro Jahr wurden zwei oder drei Bücher von geringem Umfang in 's-Hertogenbosch verlegt. Dabei handelte es sich um fromme Texte und Ablassbriefe sowie um Ausgaben sowohl antiker oder frühchristlicher Autoren als auch zeitgenössischer Humanisten.

Diese Bücher veranschaulichen, dass es in 's-Hertogenbosch schon früh humanistisch Interessierte gab, insbesondere an der Lateinschule, die der damals ungefähr 17-jährige Erasmus von Rotterdam zwischen 1485 und 1487 besucht hat. Laut dessen – wenngleich nicht eigenhändig verfassten, so doch autobiografischen – *Compendium Vitae* (Lebensbeschreibung) soll Erasmus im Anschluss an Schulbesuche in Gouda und Deventer drei Jahre in 's-Hertogenbosch verbracht haben. Besonders positiv erscheint diese Zeit freilich nicht: „Er wurde nach 's-Hertogenbosch geführt" und „sein Aufenthalt dort war verlorene Zeit". Es wohnte *in aedibus Fratrum* (im Fraterhaus) der Brüder vom gemeinsamen Leben, die „jedes Talent zu verderben wussten". Ungeachtet des negativen Rückblicks auf die Jahre in 's-Hertogenbosch räumt Erasmus jedoch ein, dass er gerade damals einige gute Schriftsteller studieren und so seinen eigenen Stil entwickeln konnte. Geschah dies vielleicht doch aufgrund dessen, was die Lateinschule dem lernbegierigen und intelligenten Schüler vermittelte, oder war er – wie er selbst behauptet – ein Autodidakt? Wie dem auch sei, als Schüler wird Erasmus auch hier das Angebot an Handschriften und gedruckten Büchern wahrgenommen haben. Außerdem muss er auch Werken von Bosch begegnet sein, der ja damals schon ein berühmter Maler war. Wir wissen freilich nicht sicher, welche Gemälde Erasmus kannte.

An keiner Stelle erwähnt er die auffälligen Bilder Boschs. In einigen Passagen seiner umfangreichen Schriften äußert sich Erasmus indes allgemein über die bildende Kunst: „Ach, wenn doch die Mauern aller Kirchen das Leben von Jesus Christus auf angemessene Weise tragen würden", klagt Desiderius Erasmus später in einer Schrift, in der er scharfzüngig jedwede bildliche Darstellungen kritisiert: „Alberne oder obszöne oder

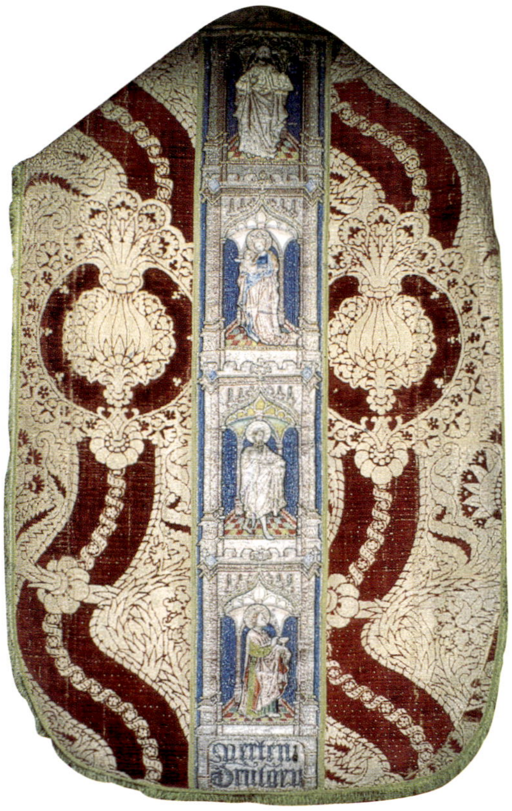

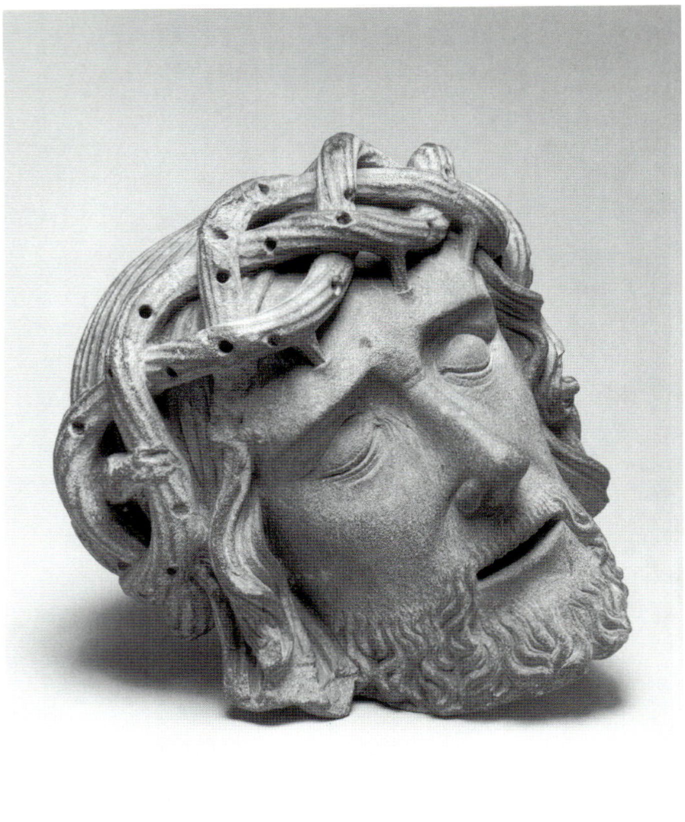

aufrührerische Gemälde müssen nicht nur aus den Kirchengebäuden, sondern auch aus jeder Stadt entfernt werden!" Dachte der große Gelehrte hier an jenen Maler, den er während seiner Jugend in 's-Hertogenbosch kennen gelernt hatte? Erst nach Boschs Tod erschienen dort Werke des Erasmus im Druck, und wir wissen, dass dessen Texte in 's-Hertogenbosch im Unterricht verwendet wurden. Eine direkte Beziehung zwischen Erasmus und dem Werk von Hieronymus Bosch ist nicht nachweisbar. Indirekte Parallelen gibt es natürlich schon, und zwar über Erasmus *Lob der Torheit*
Abb. 118 und dessen Vorbild, Sebastian Brants *Narrenschiff* (Basel 1494, erste niederländische Ausgabe Paris 1500).

Im Hinblick auf andere Humanisten liegt die Sache anders, wie Paul Vandenbroeck in seinem Beitrag verschiedentlich nachweist. Der deutsche Humanist Heinrich Bebel (1472-1518), dessen *Triumphus Veneris* (Der Triumph der Venus, Pforzheim 1509) von Vandenbroeck mit Boschs *Garten der Lüste* in Verbindung gebracht wird, war in 's-Hertogenbosch auf jeden Fall bekannt: Laurens Hayen gab im Jahre 1511 ein kleines Werk des deutschen Latinisten heraus.

In 's-Hertogenbosch gab es ab 1546 eine offizielle Zunft der Künstler, zu der neben den Bildschnitzern auch Maler, Glasmacher und Teppichweber zählten. Ganz neu war dieser Zusammenschluss freilich nicht, denn aus den Rechnungsbüchern der Liebfrauen-Bruderschaft erfahren wir, dass die erwähnten, von Gielis Panhedel gemalten Altarflügel nach ihrer Fertigstellung von einem Fachverbund begutachtet wurden, nämlich von den *meesteren van den schilderien, beeldensnyders, borduerstickers ende anderen* (Meistern der Maler, Bildschnitzer, Seidensticker und anderen).

Über die zu Lebzeiten von Bosch in 's-Hertogenbosch tätigen Glasmaler ist kaum etwas bekannt, und ihre Werke sind verloren. Außerdem ist unklar, wie sich dieser hochspezialisierte und technisch vollkommen andere Anforderungen stellende Berufszweig zu den Tafel- und Leinwandmalern verhielt. Aus Stadtrechnungen und den Rechnungsbüchern der Liebfrauen-Bruderschaft wird deutlich, dass es am Orte mehrere Glasmaler gab. Alle Kirchen und Klöster besaßen wohl Fenster mit Glasmalereien; so auch die Kapelle der Liebfrauen-Bruderschaft in der Johanneskirche, die teilweise
nach Entwürfen von Bosch entstanden. 1492/93 beauftragte 36
die Bruderschaft den Glasmaler Willem Lombart, ein neues Fenster auszuführen *nae den proeven dat Joen die maelder hem soude maken* (nach den Vorlagen, die Hieronymus der Maler für ihn anfertigen sollte). Die beträchtliche spätgotische Vergrößerung und Verschönerung der Bruderschaftskapelle war damals beinahe vollendet, und die Ausstattung in vollem Gange. Das Thema, das von Bosch bzw. Lombart bestellt wurde, ist unbekannt. Eine aus dem frühen 17. Jahrhundert stammende Beschreibung der Kapelle erwähnt *artificiosissima vitra* (allerkunstfertigste Fenster), auf denen die Geburt und die Beschneidung Jesu, die Verkündigung an Maria und Mariä Himmelfahrt dargestellt waren – möglicherweise waren dies jene Fenster. *Joennen den maelder* (Hieronymus der Maler) erhielt einen gesonderten Betrag für die Leinwand, auf der er den Entwurf lieferte, sowie außerdem eine Gratifikation, um Willem Lombart zur Hand zu gehen, *dat tvoirscreven gelaes mucht wel wesen gemaeckt* (damit das genannte Fenster gut ausgeführt wird). Willem Lombart war nun nicht irgend jemand. 1496 musste er anlässlich des bevorstehenden Besuches von Kaiser Maximilian I. und Philipp dem Schönen ein Glasfenster im Dominikanerkloster herstellen; der Kaiser und sein Sohn logierten stets „bei den Dominikanern", etwa 200 Meter vom Markt entfernt. In jenem Fenster *waren vele verscheydene wapenen tewetene ons genedigen Heer Roemsch Conninc, Hertoige Philips, synre gesellinne dochter van Spaengien, onser Heeren ende deser stadt wapenen ende meer anderen* (viele Wappenschilder von Maximilian, Philipp dem Schönen, Johanna von Kastilien, des Magistrats, der Stadt und noch andere) dargestellt.

Seidensticker sind seit dem frühen 15. Jahrhundert in 's-Hertogenbosch nachweisbar, aber vom Wirken dieses künstlerischen Berufszweiges hat sich so gut wie nichts erhalten. In seinen Gemälden hat Bosch verschiedentlich Stickereien dargestellt, die indes so fantastisch sind, dass sie selbst von den kunstvollsten Stickern niemals hätten realisiert werden können. Eine Zahlung der Liebfrauen-Bruderschaft an Hieronymus Bosch von 1511/12 betrifft dessen Entwürfe für Stickereien. Im Rechnungsbuch ist im Hinblick auf eine Kasel aus blauem Brokat zu lesen, dass *blaeu gulden laken* (blaugoldenes Tuch) und viele Perlen gekauft wurden; die Farbe Blau wurde natürlich gewählt, weil dies traditionell die Farbe Mariens war. Sodann erfolgt eine weitere Zahlung an *Jeronimo die maelder want hy patroon van den cruce heeft gemaect* (an Hieronymus den Maler, da er den Entwurf des Kreuzes angefertigt hat). Bei dem von Bosch entworfenen Kruzifix handelte es sich um das Rückenkreuz einer Kasel, das in Gold- und Silberfäden auf Seide gestickt werden sollte. Zweifellos wurden auf dem Gewand verschiedene Heilige und an zentraler Stelle eine größere Darstellung aufgestickt, wie es damals üblich war. Der letzte große Posten der Zahlung betrifft nämlich Stickereien an *Wouteren borduersticker voor tmaken vanden cruce op die gulden casufel* (Sticker Wouter für die Anfertigung des Kreuzes auf der goldenen Kasel). Ungefähr ein Jahr später sollte derselbe Sticker, Wouter Janssen van Culemborch, dazu passende Dalmatiken aus blauem Brokat mit bestickten Goldfriesen versehen, die der Maler Anthonius Goessensz, ein Neffe von Hieronymus Bosch, entworfen hatte.

Eine ältere Kombination einer Kasel und zweier Dalmatiken aus rotem Brokat wurde unlängst aufgefunden; die gut erhaltenen Stücke wurden wohl von Maarten Monicx († 1466), einem reichen, aus 's-Hertogenbosch stammenden, aber in Köln lebenden Kaufmann an die Liebfrauen-Bruderschaft geschenkt. Derselbe Maarten Monicx, der städtischen Elite zugehörig, gab 1462/63 im Zusammenhang mit seiner, der

Abb. 30 Anonym, Köln (Bordüren) und Florenz (Samt, Goldbrokat), Kasel, zusammen mit zwei Dalmatiken um 1460 der Liebfrauen-Bruderschaft geschenkt; Rücken der Kasel mit Darstellungen *Johannes des Evangelisten, Johannes des Täufers, Maria mit Kind und Gottvater*; 127 x 82 cm; Frankfurt am Main, Dommuseum

Abb. 31 Anonym, Christuskopf der ehem. Heilig-Grab-Gruppe in der Johanneskirche zu 's-Hertogenbosch, Brabant, letztes Viertel des 15. Jh.; Kalkstein, 24,3 x 26,7 x 23,2 cm; New York, The Metropolitan Museum of Art

Abb. 32 Hieronymus Bosch und/oder Werkstatt, *Der Gaukler*, um 1502 oder später; Öl auf Holz, 53 x 65 cm; Saint-Germain-en-Laye, Musée municipal

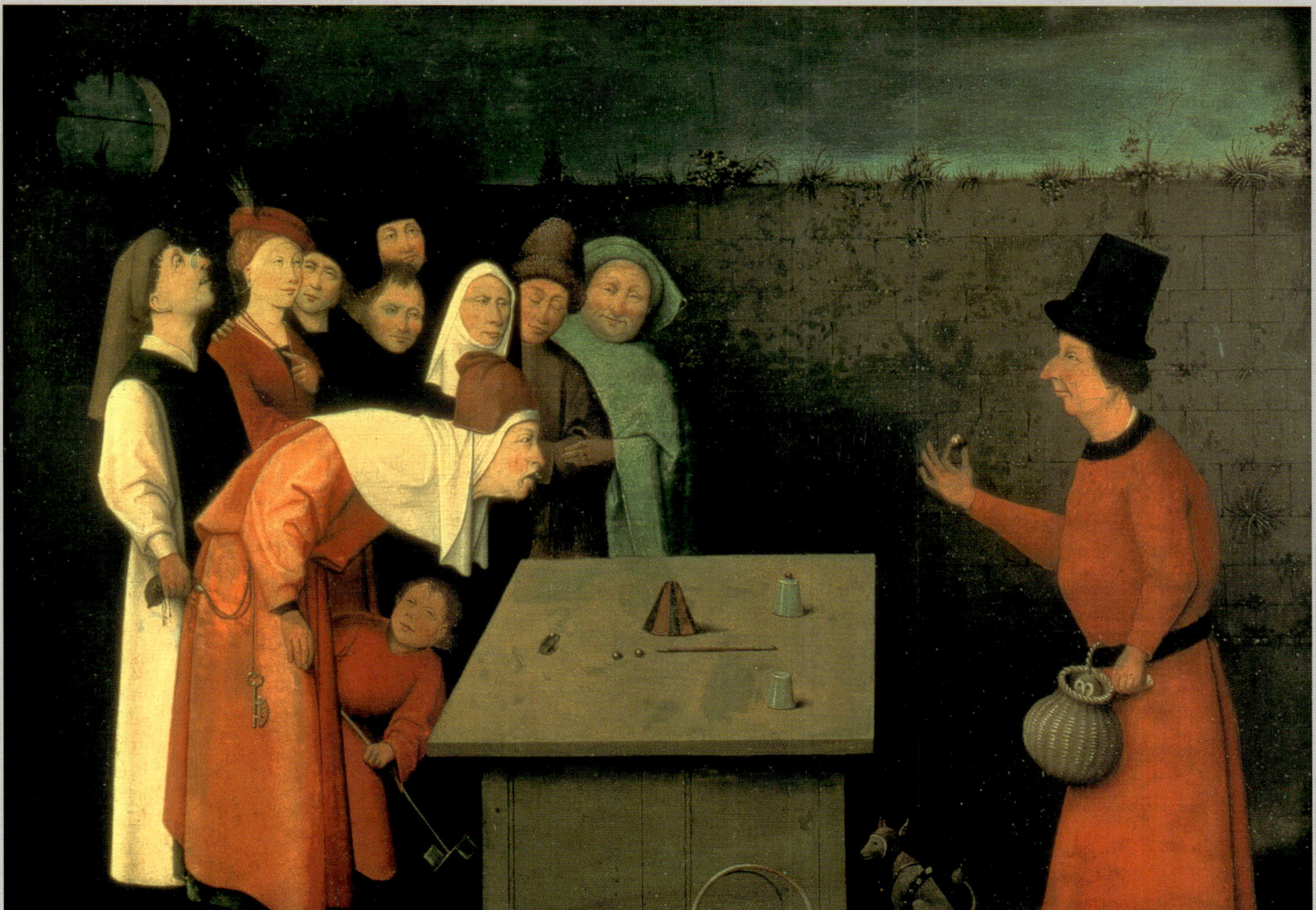

Abb. 33 Kopie nach Hieronymus Bosch, *Die Anbetung der Könige*, um 1518 oder später; Öl auf Holz, 94 x 74 cm; Philadelphia, Philadelphia Museum of Art, John G. Johnson Collection

ersten Stiftung in der Bruderschaftskapelle, die Stickereien für eine *gulden cappe*. Offenbar war die Paramentenkombination hiermit erst vollständig. Die Bruderschaft selbst musste das Pluviale auf eigene Kosten anfertigen lassen, auf das dann die *boerden*, kostbar gestickte, golddurchwirkte Bordüren, aufgesetzt wurden. Man wählte hierfür nicht Rot, denn es wurde ein *blauw gulden cappe* (blaugoldenes Pluviale). Das Stück stammt zweifellos von *Henrick de Borduerwercker* (Henrick dem Sticker) aus 's-Hertogenbosch selbst, da eine nähere Ortsbezeichnung fehlt. Jahre später, Hieronymus Bosch war mittlerweile „eingeschworener Bruder", d.h. vollwertiges Mitglied der Bruderschaft geworden, sprach man von Monicx noch immer voller Lob als dem Wohltäter der Bruderschaft und Stifter dieses „goldenen" Pluviales (Rechnungsbuch 1509/10). Bosch war dies sicher bekannt, denn Jacob Monicx, Maartens Sohn, war inzwischen – als Besitzer des Gasthauses *De Engel* am Markt – sein Nachbar geworden. Auf den erhaltenen Messgewändern befinden sich die Namen von Maarten Monicx und seiner Frau Drutgen von der Groeven († 1451) sowie zwei Wappenschilde. Das eine zeigt das Wappen dieses reichen Kaufmanns, und das zweite Schild charakterisiert ihn als Ritter des Heiligen Grabes bzw. als Jerusalemfahrer, woraus man schließen darf, dass er eine Pilgerreise ins Heilige Land unternommen hatte.

Fernreisen, sowohl Handels- als auch Pilgerreisen, und somit Einflüsse aus der Fremde, waren in der unmittelbaren Umgebung von Hieronymus Bosch keineswegs ungewöhnlich. Künstlerreisen dagegen waren zu jener Zeit noch unbekannt, und bis heute gibt es keine Anhaltspunkte für Reisen, die Bosch unternommen hat. Als sich der erfolgreiche Händler Lodewijk Beys oder Buys – auch er ein Nachbar von Bosch – 1500 auf eine Pilgerreise nach Jerusalem begab, setzte dessen Neffe Arnoldus Jansz Monicx fünfzehn Goldgulden auf seine sichere Rückkehr aus. Als Beys 1513 nochmals ins Heilige Land reiste, gehörte dessen Schwiegersohn Johannes Goessensz van Aken – ein Bildschnitzer-Maler und Neffe von Hieronymus Bosch – zu denjenigen, die auf seine Rückkehr setzten, und zwar 36 Goldgulden. Beys starb 1519 und ließ sich *in Sint Jans kercke voor theylich graft* (in der Johanneskirche vor dem Heiligen Grab) beerdigen. Von diesem Heiligen Grab, einer fast lebensgroßen Skulpturengruppe der Grablegung

Abb. 51

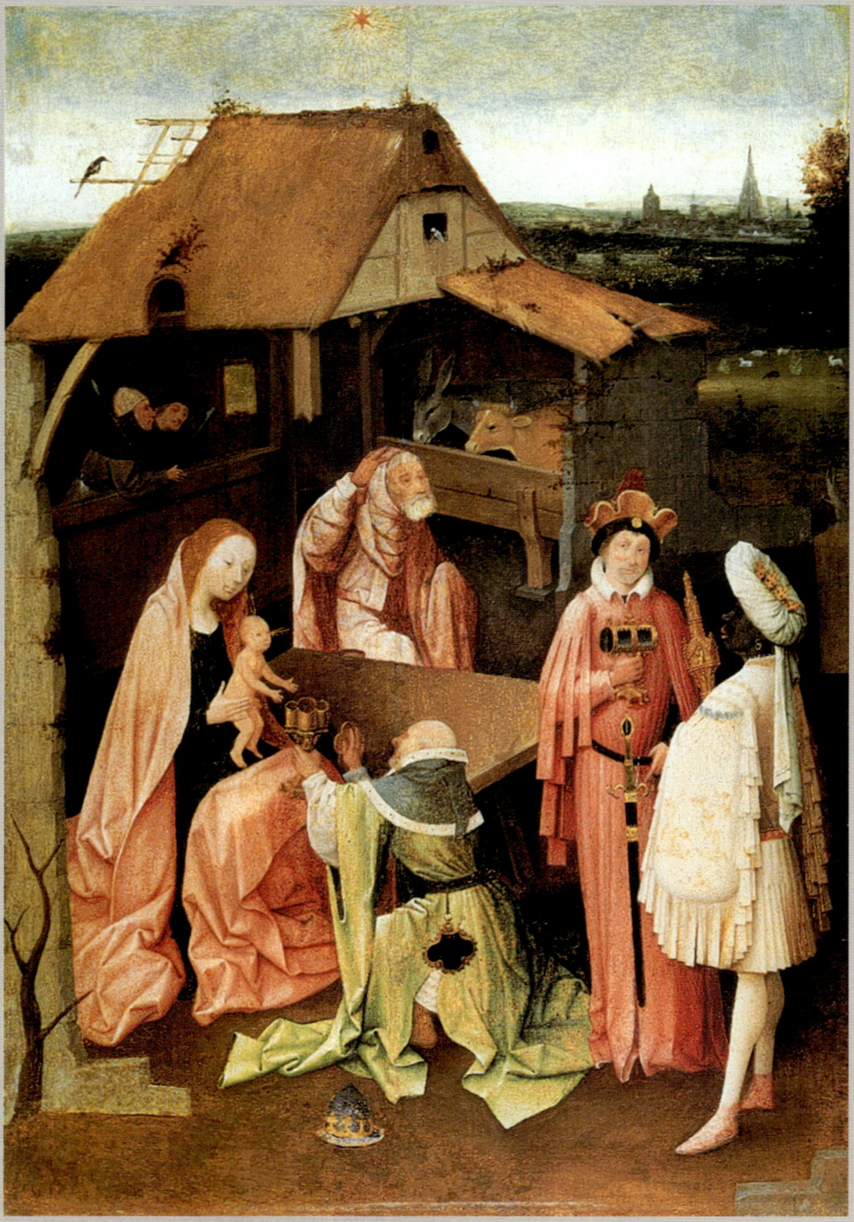

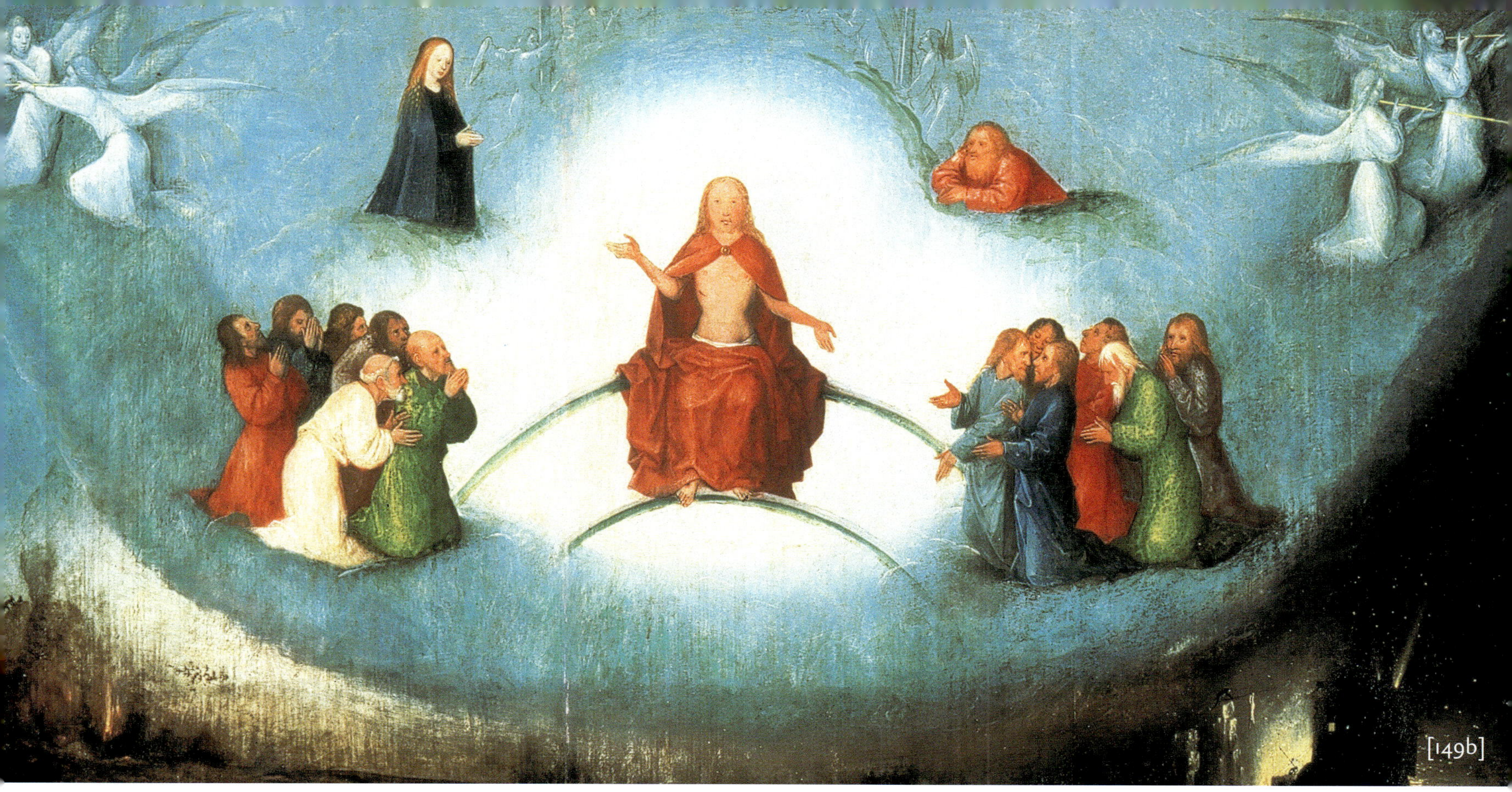
[149b]

Christi, hat mit Ausnahme eines spätgotischen, aus Kalkstein gearbeiteten Christuskopfes von außergewöhnlich hoher Qualität nichts überdauert. Das Heilige Grab mit den zugehörigen Skulpturen war vermutlich von Lodewijk Beys gestiftet worden, dem angesichts seiner beiden Pilgerreisen und des damit erworbenen Status als Grabritter gewiss ein ganz spezielles Interesse und die nötige Motivation für eine solche Stiftung unterstellt werden darf.

Abb. 31

In den Schöffenakten von 's-Hertogenbosch ließ er seinen Namen ausdrücklich um den Zusatz *eques auratus terrae sanctae* (goldener Ritter des Heiligen Landes) ergänzen. Der Luxus, mit dem sich Beys sonst umgab, stimmt mit der Qualität der Skulptur überein. Seine Wohnung am Markt der Stadt war derart repräsentativ, dass Kaiser Maximilian I., als er mit seinem Sohn Philipp dem Schönen im Winter 1504/05 in 's-Hertogenbosch weilte, seine *nieuwe huysvrou, die keyserinne genaemt vrou Blancke Maria, des hartogen dochter van Milanen … wert gelogeert aen die Merct … te weten in Loey Beys huys …* (neue Gemahlin, die Kaiserin, genannt Frau Blancke Maria [Bianca Maria Sforza], Tochter des Herzogs von Mailand … am Markt einquartierte … und zwar im Haus von Lodewijk Beys). Dessen Stadtresidenz *De Leeuweburg* lag nur einige Häuser von Boschs Wohnstätte entfernt. Der Kaiser logierte mit seinem Sohn im nahen Dominikanerkloster, von wo aus sie den Krieg gegen Geldern führten.

Abb. 51

Im September zuvor hatte Herzog Philipp an Bosch 36 Pfund als Vorschuss für den Auftrag eines *Jüngsten Gerichts* auszahlen lassen. Merkwürdig ist, dass die Restsumme auf den Vorschuss in den Rechnungen des burgundischen Hofes nicht verbucht wird. Das bestellte *Jüngste Gericht* scheint mit keiner der erhaltenen Versionen identifizierbar zu sein. Es ist zwar nicht gänzlich auszuschließen, dass es sich bei diesem *Jüngsten Gericht* um das Triptychon in Wien handelt; wahrscheinlicher ist hingegen, dass es sich um ein ähnliches Triptychon handelte. Dass ein Maler wie Lucas Cranach d.Ä. das *Jüngste Gericht* bereits um 1520 maßstabsgerecht und getreu kopiert hat, zeigt jedenfalls, dass sich Boschs Werk schon früh im Besitz jener Adelskreise befand, für die der deutsche Maler tätig gewesen ist. Möglicherweise erfolgten 1504 deshalb keine weiteren Zahlungen, weil sich der Auftrag zerschlagen hatte; vielleicht hatte Philipp der Schöne die Angelegenheit auch während seines Winterquartiers in 's-Hertogenbosch geregelt, ohne dass die Verwaltung die Aufwendungen mit Name und Zuname verbuchte. In jedem Fall scheint es undenkbar, dass es seinerzeit zwischen Hieronymus Bosch, dem jungen Herzog, dem Kaiser und Bianca Maria Sforza keine Kontakte gegeben haben soll.

Faszinierend ist die freilich bislang nicht verifizierte Vermutung, dass auch das einzige andere religiöse Gemälde, das – soweit bekannt – von Philipp dem Schönen angekauft wurde, von Bosch stammt. 1505 erwarb er ein Triptychon, das als Geschenk für seinen Vater Maximilian I. bestimmt war: *une grande table de platte paincture faicte à huile de l'histoire de Saint-Anthoine, avec plusieurs histoires y adjoustées tant à deux feulletz de ladicte table que ailleurs richement faictes* (ein großes und in Ölfarbe reich gemaltes Triptychon mit der Geschichte des hl. Antonius als Hauptszene und außerdem verschiedenen Szenen [mit Antonius?] auf den Flügeln). Dies muss ein bedeutendes Werk gewesen sein, denn der Herzog zahlte dafür nicht weniger als 312 Pfund. Weder Name noch Herkunft des Malers sind im Zusammenhang mit diesem stattlichen Posten verzeichnet. Die Versuchung des hl. Antonius wurde von Bosch mehrfach aufgegriffen. Auch in der Kunstsammlung der Margarete von Österreich, Philipps Schwester, befand sich 1516 eine mittelgroße Tafel eines hl. Antonius, *qui est fait de Jheronimus Bosch* (die von Hieronymus Bosch hergestellt war); ihre Nichte Eleonora, eine Tochter Philipps und Johannas von Kastilien, die ihrem Mechelner Hof angehörte, hatte ihr das Werk geschenkt. Auch Margarete weilte im Winter 1504/05 in 's-Hertogenbosch, und die Stadtrechnungen vermelden, dass ihr vom Magistrat ein Weingeschenk zuteil geworden ist. 1511 hielt sie sich erneut in der Stadt auf, wo sie ihre

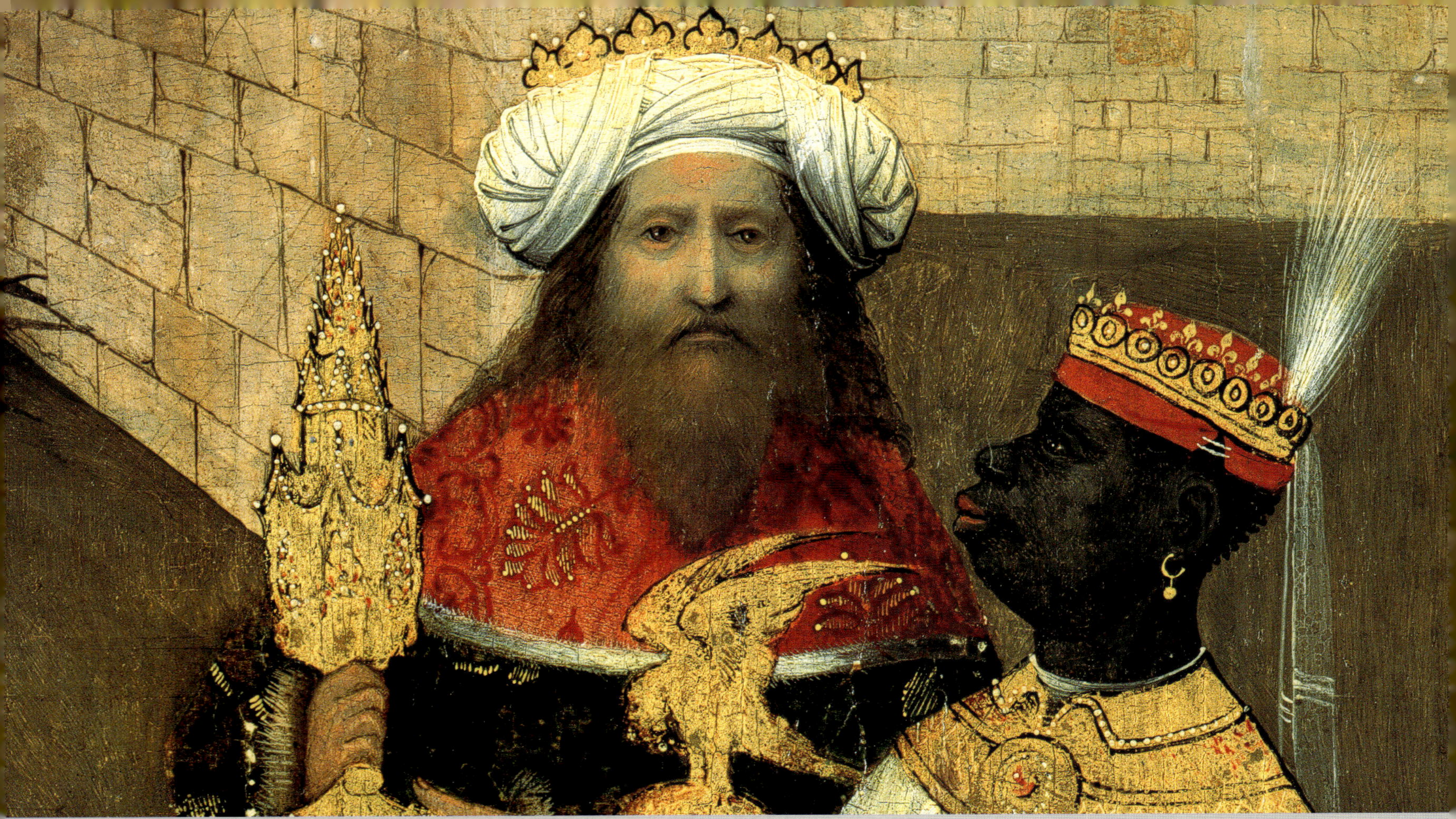

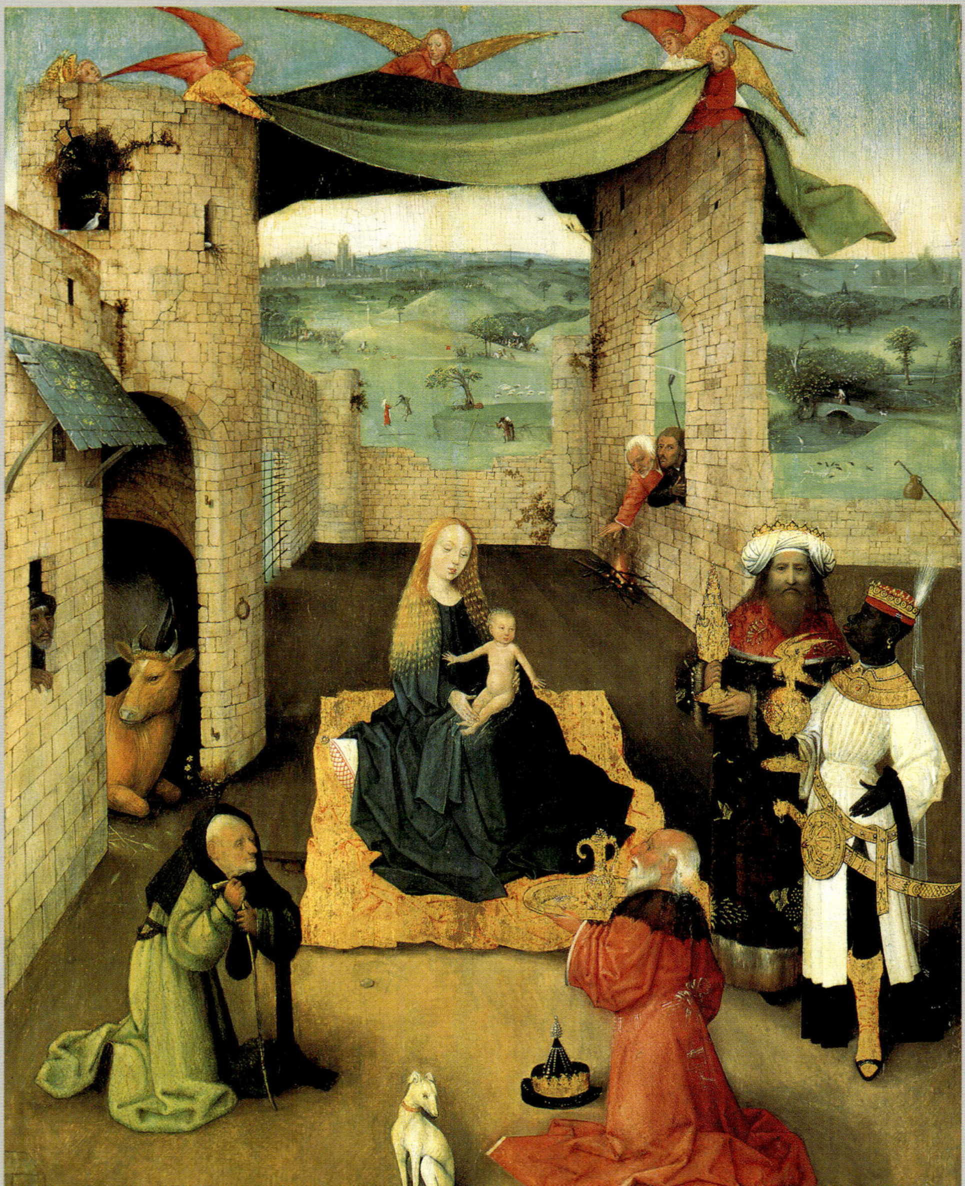

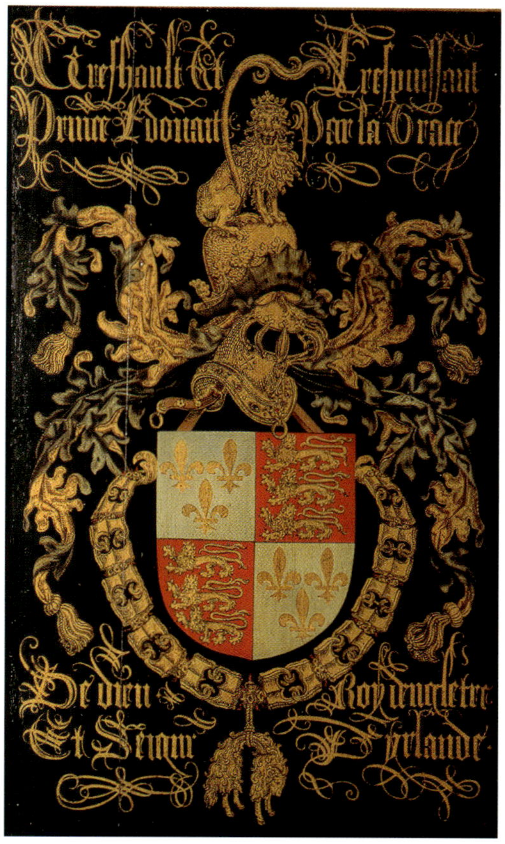

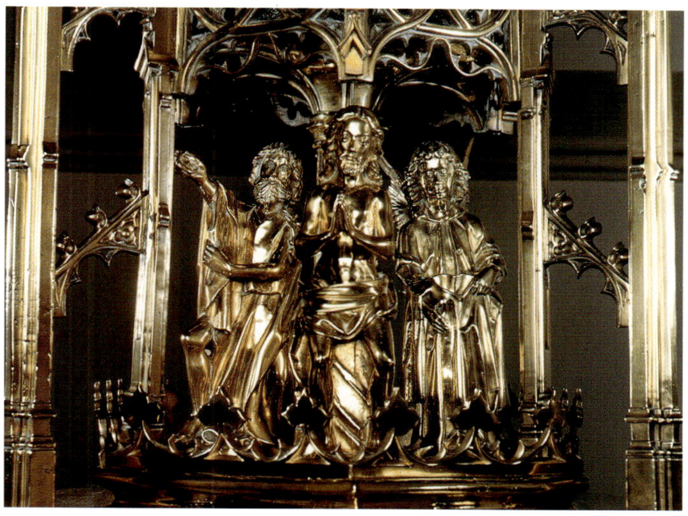

Abb. 34 Umkreis des Hieronymus Bosch und/oder Werkstatt, *Die Anbetung der Könige*, um 1475 oder später; Mischtechnik auf Holz, 71,1 x 56,5 cm; New York, The Metropolitan Museum of Art, John Stewart Kennedy Fund

Abb. 35 Pieter Coustain, Wappenschild König Eduard IV. von England, 1481 aus Anlass der Versammlung des Ordenkapitels des Goldenen Vlieses in der Johanneskirche zu 's-Hertogenbosch gemalt; Öl auf Holz, 110,7 x 67,5 cm; 's-Hertogenbosch, Noordbrabants Museum (Leihgabe des Amsterdamer Rijksmuseum)

Abb. 36a Aert van Tricht, Taufbecken, Maastricht 1492; Messing, Höhe 360 cm; (a) *Die Taufe Christi im Jordan*; 's-Hertogenbosch, Sint-Janskathedraal

Halbschwester Barbara Disquis besuchte – eine natürliche Tochter ihres Vaters Maximilian I., die in das vornehme Gertrudenkloster eingetreten war. Bei beiden Gelegenheiten kann Margarete Werke von Hieronymus Bosch kennen gelernt haben.

Ab dem frühen 14. Jahrhundert sind uns einige Hundert Maler namentlich bekannt, die in 's-Hertogenbosch wohnten oder dort arbeiteten. Sie fertigten Tafelbilder oder Tüchlein, bemalten Fahnen und Banner, Wappen und Schilde oder fassten Skulpturen und andere Objekte. In dem sonst reichen Archiv von 's-Hertogenbosch sind nur verhältnismäßig wenige dieser Arbeiten dokumentiert. Die überlieferten schriftlichen Quellen – zumeist behandeln sie direkt oder indirekt finanzielle Angelegenheiten – zeigen deutlich, dass jene Maler, die wir heute Künstler nennen würden, in ihren Werkstätten auch alltägliche Malerarbeiten verrichteten. Betrachten wir diesbezüglich Bosch, so stoßen wir kaum je auf dergleichen Arbeiten. 1487 fertigte er für den Großen Saal des *Geefhuis* ein Leinwandbild und bemalte außerdem *enen hertshoren* (ein Hirschgeweih). Zweifellos handelt es sich hier um den Geweih-Leuchter, der ein halbes Jahrhundert zuvor von seinem Großvater, Jan van Aken, für das *Geefhuis* gefasst worden war. Jan hatte damals eine Zahlung erhalten für *van 1 beelde staende op ten hoeren ende van den hoeren te malen* (eine Skulptur, die sich auf dem Horn befindet, und ein zu bemalendes Horn, 1439/40). Bei dem rätselhaften Gegenstand, der bemalt wurde, muss es sich um einen dekorativen Kronleuchter gehandelt haben, der aus einem Hirschgeweih hergestellt und mit einer Holzskulptur sowie eventuell Kerzenhaltern versehen war. Aus dem 15. Jahrhundert sind drei südniederländische Beispiele solcher Geweih-Leuchter bekannt: ein außergewöhnlich schönes Exemplar mit der Darstellung des hl. Georg als Drachentöter sowie zwei Wappenschilde mit jeweils 24 Kerzenhaltern aus Diest, von denen sich je eines heute in Brügge und in Lüttich befindet. 1491/92 ließ die Liebfrauen-Bruderschaft für die eingeschworenen Brüder eine *taeffel*, das heißt ein neues Namensschild, herstellen, zu dem auch Hieronymus Bosch einen Beitrag leistete. Wir wissen zwar nicht, wie sein Beitrag aussah, doch vermutlich hat er das Schild verziert. Dafür bezahlte man lediglich 18 Stüber, *boven dat Joen der op gemaict heeft, dair hi niet af en nam ende der voirs. scencken woude* (abgesehen von dem, was Hieronymus darauf gemacht hat, wofür er nichts berechnete, und das er der Bruderschaft schenken wollte). 1503/04 entlohnte die Bruderschaft *Jheronimus knechten* (den Knecht des Hieronymus), und zwar für die Bemalung dreier Schilder von prominenten und sehr wohlhabenden Mitgliedern der Bruderschaft aus 's-Hertogenbosch, die eventuell vor der Bruderschaftskapelle an die Stäbe des von ihnen gestifteten Gitters aufgehängt wurden. Möglicherweise handelte es sich dabei um Bronzeschilde, die einem im Fußboden der Kapelle ausgegrabenen Exemplar ähnelten. Interessant ist dabei, dass die Bezahlung an den *knecht* von Hieronymus erfolgte, denn dies ist ein direkter Hinweis darauf, dass es eine Werkstatt gab, über deren Struktur wir indes nicht unterrichtet sind.

Bei vielen größeren und komplizierteren Aufträgen arbeiteten die Vertreter verschiedener kunsthandwerklicher Schaffensbereiche zusammen. Wir werden sehen, dass sich Hieronymus Bosch an solchen kollektiven Projekten beteiligte. Ein schönes Beispiel einer solchen Zusammenarbeit ist das sog. *Oordeelspel* (Urteilsspiel), das 1513 im Turm der Johanneskirche in der Marienkapelle installiert wurde. Diese astronomische Uhr wurde von Peter Woutersz angefertigt. Der einfallsreiche Feinschmied-Uhrmacher muss für dieses Spektakelstück mit Bildschnitzern, Musikinstrumentenbauern und Malern zusammengewirkt haben. Es handelte sich um eine fantastische Konstruktion, die Beschreibungen zufolge Szenen heraufbeschwor, die uns an Bosch erinnern. Zu festgesetzten Zeiten ließen zwei gekrönte Engel ihre Posaunen erschallen, Türen öffneten sich und die drei Könige kamen zum Vorschein, um der Gottesmutter Geschenke darzubringen. Dann erfolgte erneut ein Posaunensignal, und zwar so laut,

Abb. 36b-c Aert van Tricht, Taufbecken, Maastricht 1492, (b) Trägerfiguren (c) Gottvater in seinem Zelt; 's-Hertogenbosch, Sint-Janskathedraal

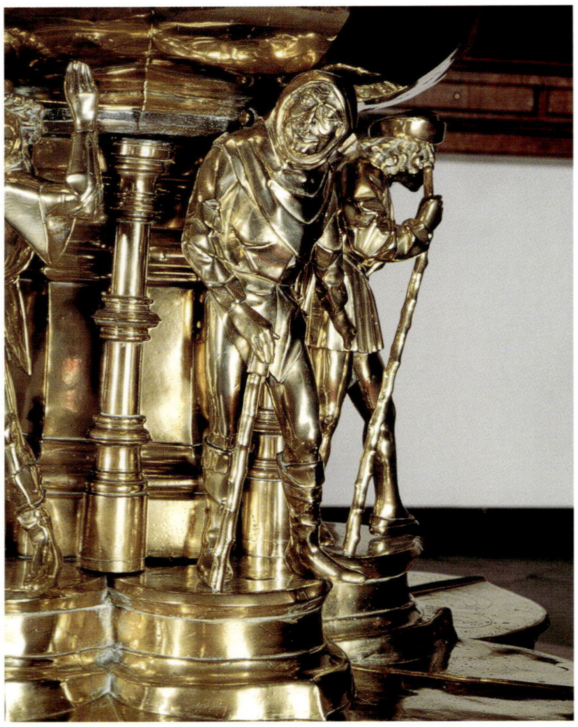

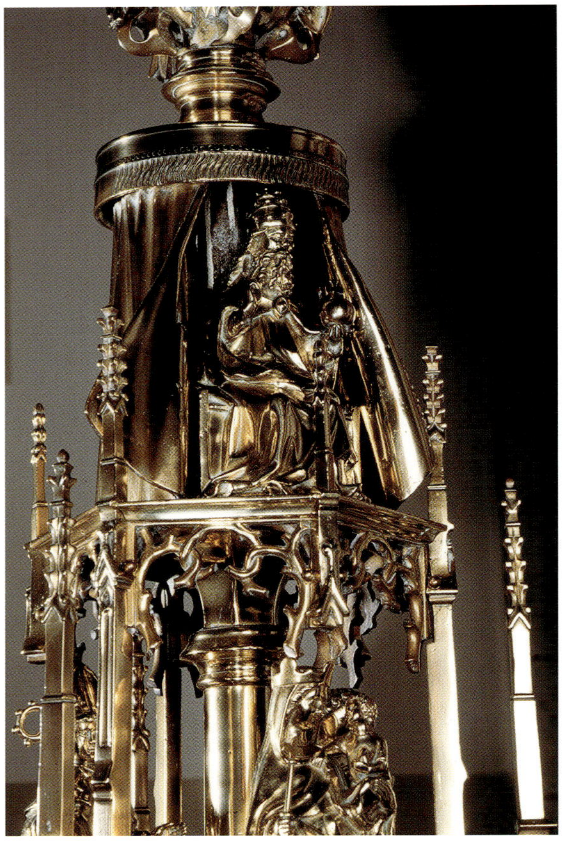

dass er in der ganzen Kirche und selbst auf dem Kirchhof zu hören war. Die Flügel öffneten sich nochmals, und es erschien ein Jüngstes Gericht, mit Christus als Weltenrichter, den Heiligen, mit den aus ihren Gräbern steigenden Toten, den Auserwählten, die von je zwei Engeln begleitet in den Himmel auffuhren, und schließlich den Verdammten, die von Teufeln in die Hölle gezerrt wurden. Unter neuerlichem Posaunenschall wurden die Türen wieder geschlossen. Erhalten geblieben sind hiervon einzig der das Uhrwerk krönende, spätgotische Turm mit einer Bedienungsmechanik für ein kleines Glockenspiel und zwei Türen. Die Türen wurden 1949 in der irrigen Annahme, dass es sich um eine Arbeit von Bosch handelte, unsachgemäß restauriert. Sie zeigen in Lebensgröße Johannes den Evangelisten und Maria, die Schutzpatrone der Kirche; auf den Rückseiten waren vier Engel mit den *Arma Christi* dargestellt, die während der Restaurierung vollständig zerstört wurden. Die Zuschreibung an Hieronymus Bosch ist keinesfalls haltbar, obwohl die Malereien zu seiner Zeit und in seiner Stadt entstanden sind – vielleicht sogar in der Werkstatt der Van Aken am Markt. Sie sind von großem dokumentarischen Wert, denn es handelt sich hier um beidseitig bemalte *Tüchlein* aus dem Jahre 1513.

In niederländischen und spanischen Archivalien ist mehrfach von Leinwandbildern die Rede, die als Werke Boschs galten. Solche Leinwände oder Tüchleinbilder waren meistens billiger als Tafelbilder; mitunter war die Wahl des textilen Bildträgers allerdings von spezifischen Faktoren abhängig, so auch etwa beim *Oordeelspel*. Der Grund für die Verwendung von Leinwand anstelle von Holz ist in diesem Fall offensichtlich: Es handelte sich um große Flügeltüren, die automatisch geöffnet und geschlossen wurden, sodass die Konstruktion so leicht wie möglich sein musste.

Aufträge auswärtiger Künstler

Obwohl innerhalb der Stadtmauern alle künstlerisch handwerklichen Berufszweige vertreten waren, suchte man für größere und wichtige Prestigeaufträge häufig berühmte auswärtige Meister. Die Vorsteher der Johanneskirche
Abb. 41 beispielsweise ließen 1484 eine große Monstranz von einem Kölner Silberschmied nach einem Stich von Alart Du Hameel anfertigen. Das neue, monumentale Taufbecken der Kirche wurde 1492 von dem Maastrichter Gelbgießer Aert van Tricht gegossen, der für diese Kirche und die Kapelle der Liebfrauen-Bruderschaft einige Gitterstäbe sowie ein Gitter zum Schutz des wundertätigen Marienbildes goss. Wenige Jahre später ließ man Messingarbeiten in Mechelen ausführen, denn die Gießer dieser Stadt galten inzwischen als tonangebend. Anders sah es im Hinblick auf die Wappenschilder des Goldenen Vlieses aus, die 1481 anlässlich der 14. Kapitelversammlung des Burgundischen Ritterordens über dem Chorgestühl der Johanneskirche angebracht wurden. Diese Wappen wurden für gewöhnlich nicht von lokalen Künstlern gemalt, sondern
Abb. 35 in Brüssel oder Brügge von Pieter Coustain gefertigt, dem offiziellen Hofmaler des Burgunderherzogs. Vier der Wappenschilde sind erhalten, die offenbar Boschs Gemälde
Abb. 28 *Das Steinschneiden* beeinflusst haben, wo solche Wappenmalereien ja parodiert bzw. ins Gegenteil verkehrt werden. Mitte des 16. Jahrhunderts erwarb die Johanneskirche für den Altar der von der Fischhändlergilde genutzten Petrus-und-Paulus-Kapelle ein Altarbild mit der Beweinung Christi, das wahrscheinlich von dem Utrechter Maler Jan van Scorel stammte.

Nicht allein vergab man Aufträge an auswärtige Künstler, sondern holte diese auch nach 's-Hertogenbosch; ebenso importierte man Kunstgegenstände direkt. Die Liebfrauen-Bruderschaft entschied sich 1475 nach reiflicher Überlegung
Abb. 62 und einer Voruntersuchung, den Auftrag für ihr neues, kostbares Altarretabel nicht an einen Antwerpener Bildschnitzer zu vergeben, sondern Adriaen van Wesel aus

Abb. 37 Jacob Cornelisz van Oostsanen, *Samson-Colen-Triptychon*, Amsterdam 1518; Öl auf Holz 118,5 x 83,5/167 cm; Innenseite: *Der edle Joris Samson aus 's-Hertogenbosch und der hl. Georg, Maria mit Kind von musizierenden Engeln umgeben, Engelken Colen und Anna-Selbdritt*; Uden, Museum voor Religieuze Kunst

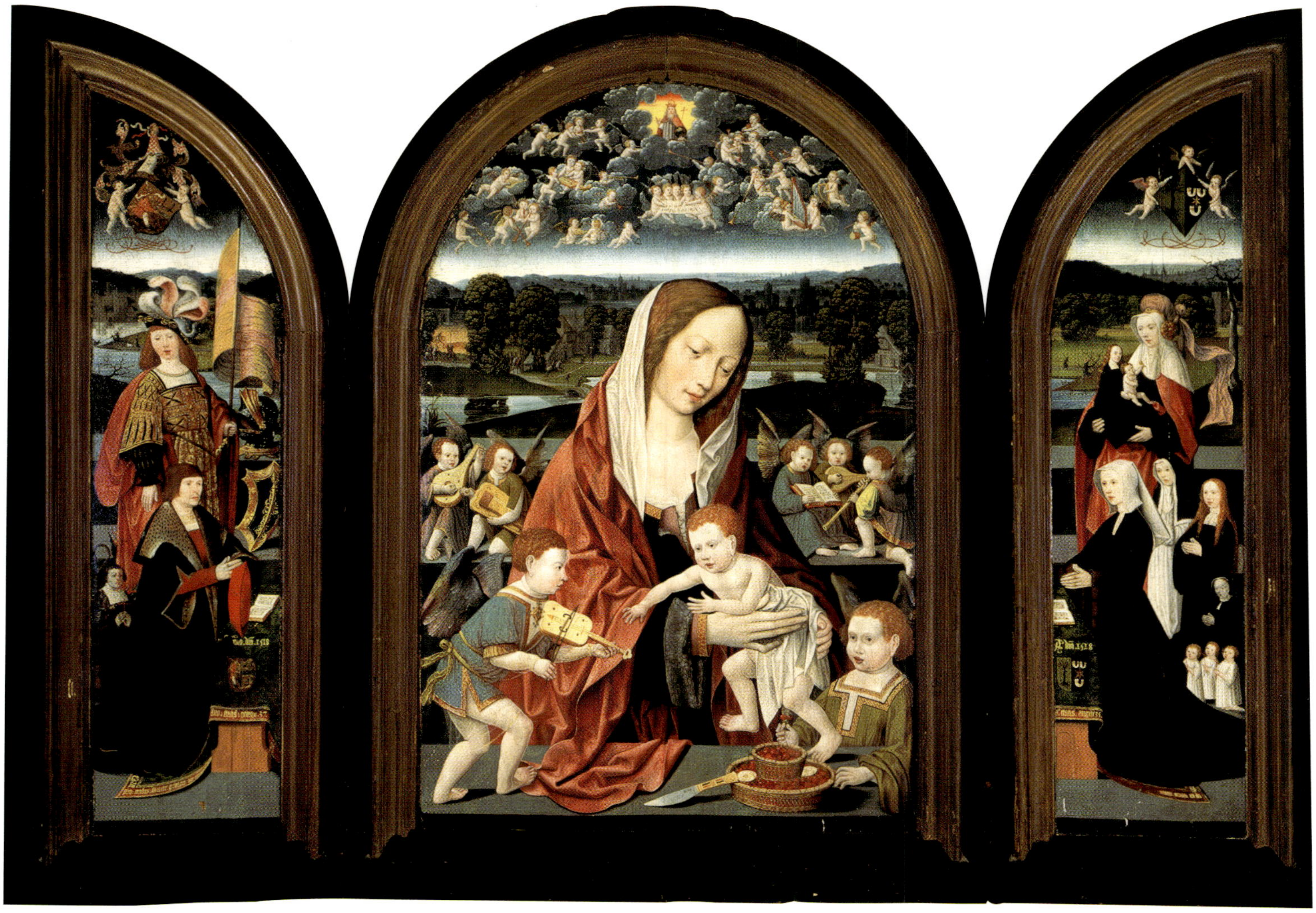

Utrecht. Bei der anschließenden Besprechung mit Van Wesel in 's-Hertogenbosch wurden *Thonys den maelder ende syn soenen* (der Maler Anthonius van Aken und seine Söhne) einbezogen, und es ist wahrscheinlich, dass auch Hieronymus Bosch an den Beratungen teilnahm.

1456/57 hatte die Bruderschaft *enen patroen van ons vrouwen* (einen Entwurf für ein Marienbild) bei niemand Geringerem als *meester Rogier tot Brussel* (Meister Rogier [van der Weyden] aus Brüssel) erbeten. In Brügge erwarb die Bruderschaft im zweiten Viertel des 16. Jahrhunderts ein Gesangbuch, bei Petrus Alamire in Mechelen vier Musikhandschriften. Jener aus Nürnberg stammende Komponist, Kalligraph, Instrumentenhändler und später auch als Spion tätige Alamire hatte seine Laufbahn in den südlichen Niederlanden 1496/97 in 's-Hertogenbosch mit der Anfertigung dreier papierener Musikhandschriften für die Liebfrauen-Bruderschaft begonnen. Initialen und vor allem Bordürenschmuck der reich verzierten Notenbücher, die von ihm bzw. seinem Skriptorium gefertigt wurden, ist der Einfluss von Hieronymus Bosch deutlich zu erkennen. Schließlich muss an dieser Stelle noch das wohl bedeutendste Kunstwerk erwähnt werden, das in der Renaissance nach 's-Hertogenbosch gelangte: ein 1518 geschaffenes Triptychon, das der erfolgreiche Amsterdamer Maler Jacob Cornelisz van Oostsanen im Auftrag von Joris Samson malte, einem vermögenden Bürger aus 's-Hertogenbosch. Joris Samson war Vorsteher einer Hospitals und seit 1505/06 eingeschworenes Mitglied der Liebfrauen-Bruderschaft, als deren Propst er 1525-27 amtierte.

Er begünstigte die Bruderschaft mit verschiedenen kostbaren Schenkungen. Zusammen mit seinem verstorbenen Sohn ist er auf der Innenseite des linken Flügels zu Füßen seines Schutzheiligen, des hl. Georg, porträtiert. Auf dem rechten Flügel erscheint seine Ehefrau, Engelken Colen, gemeinsam mit ihren sechs Töchtern, von denen drei schon in der Wiege gestorben waren; die älteste der übrigen Töchter war damals bereits in das Gertrudenkloster eingetreten. Hinter Engelken Colen erkennt man die hl. Anna Selbdritt, die Schutzheilige der guten Geburt, des Familienlebens und einer gesunden Nachkommenschaft. Die im Rahmen einer Restaurierung (1999/2000) durchgeführten Untersuchungen haben jüngst gezeigt, dass das Bildnis des Sohnes, der hinter der Stifterfigur erscheint, erst nach Vollendung des Triptychons hinzugefügt wurde; schon mit bloßem Auge ist erkennbar, dass die Gestalt nachträglich auf die Malfläche aufgebracht wurde.

Es ist beinahe unglaublich, dass sowohl dieses Renaissancegemälde als auch das noch spätgotische *Ecce Homo*-Triptychon

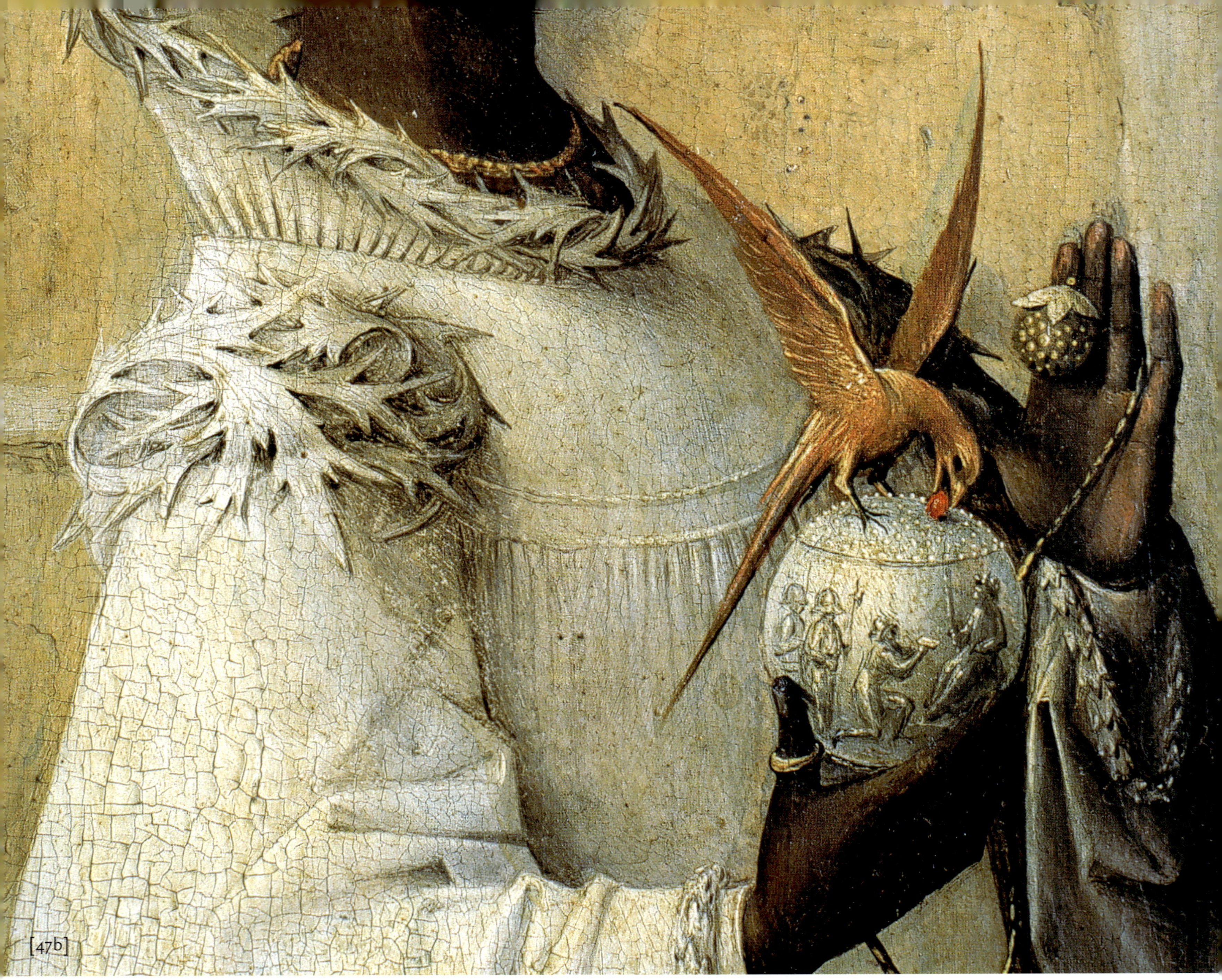

[47b]

in Boston nahezu gleichzeitig im Auftrag von Angehörigen derselben städtischen Elite aus 's-Hertogenbosch entstanden, die – ausweislich ihrer prominent ins Bild gesetzten Insignien – zugleich eingeschworene Mitglieder der Liebfrauen-Bruderschaft waren.

Zwei Stadt- und Zeitgenossen

Hieronymus Bosch war zweifellos der größte Künstler seiner Stadt, so mysteriös die Situation um viele der von ihm ausgeführten Werke auch erscheint. Neben ihm waren freilich zwei weitere Meister tätig, die erstaunliches Talent besaßen: Alart Du Hameel und Michiel van Gemert. Beide übten das Metier des Kupferstechens auf hohem Niveau aus, obwohl sie, was erstaunen mag, weder diese Profession noch die des Malers hauptberuflich wahrnahmen. Du Hameel war in erster Linie Baumeister und Bildhauer – er leitete etwa zwanzig Jahre lang den Baubetrieb rund um die spätgotische Johanneskirche. Michiel van Gemert war Goldschmied und ein geschickter Graveur von Messern, Kannen und anderen metallenen Gegenständen. Die beiden vielseitigen Künstler, vor allem aber Du Hameel, standen mit dem Maler Hieronymus Bosch und einem weiteren der hier erwähnten Künstler in enger Beziehung, nämlich dem in Maastricht tätigen Gelbgießer Aert van Tricht.

Abb. 38 Alart Du Hameel (1449?-1507), *Der hl. Petrus*; Kupferstich, 25,6 x 10,1 cm; München, Staatliche Graphische Sammlung

Abb. 39 Alart Du Hameel (1449?-1507), Rankenblätterornament und Blumenknospen, 's-Hertogenbosch um 1500; Kupferstich, 28,2 x 18,8 cm; Bologna, Pinacoteca Nazionale, Gabinetto dei disegni e delle stampe

Abb. 40 Alart Du Hameel (1449?-1507), Ornament aus Distelblättern; Kupferstich, 8,7 x 19,7 cm; Dresden, Staatliche Kunstsammlungen, Kupferstich-Kabinett

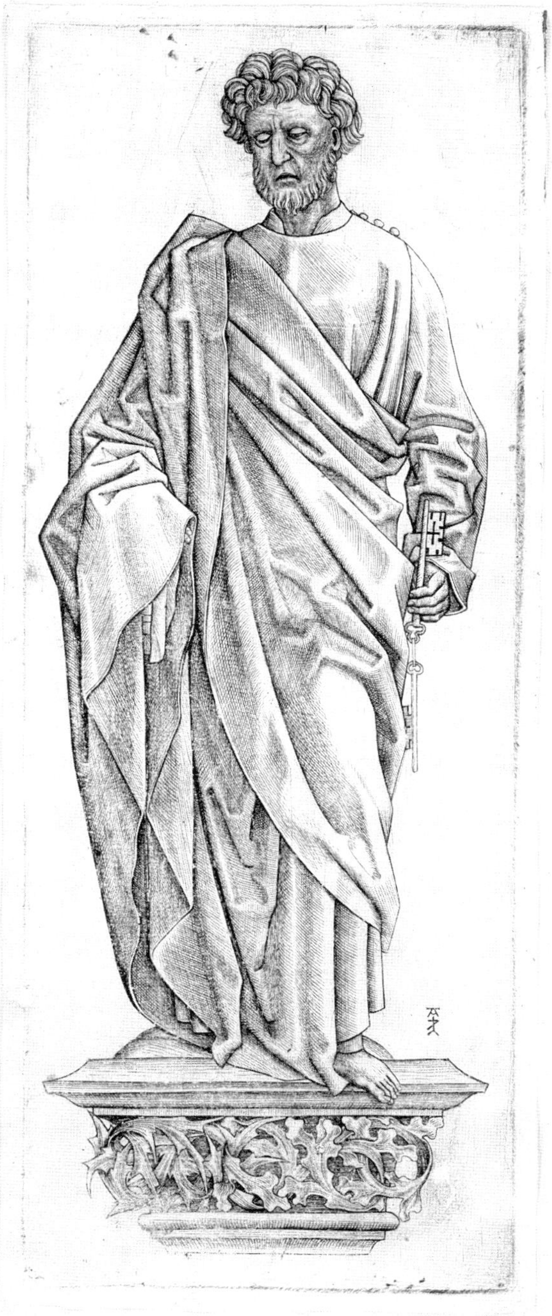

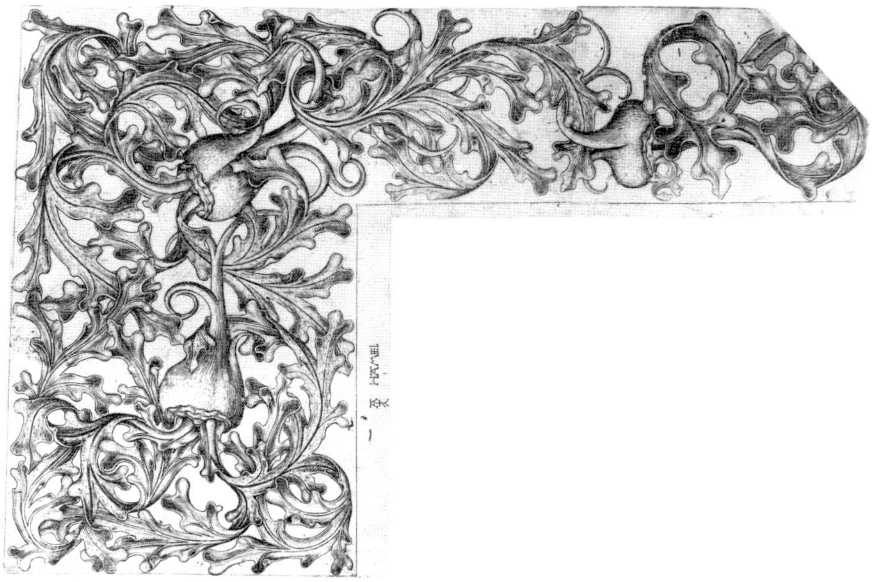

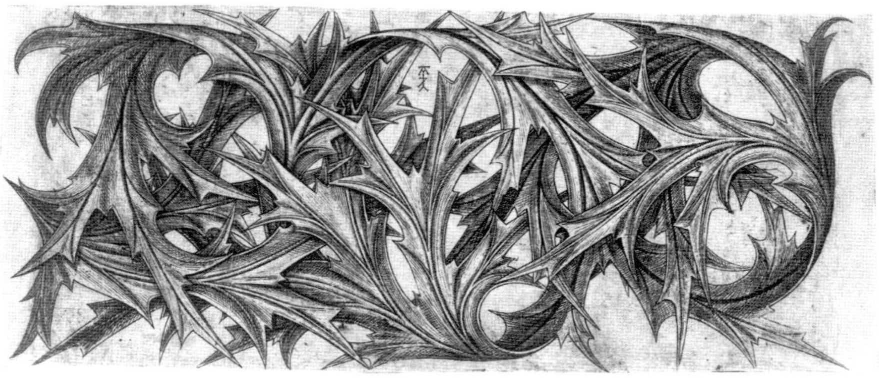

Alart Du Hameel
Alart Du Hameel war als Baumeister und Bildhauer an der Johanneskirche tätig. Sein Beitrag erstreckt sich auf das Mittelschiff und die Kapelle der Liebfrauen-Bruderschaft sowie vielleicht auf die nicht-figürlichen Wimpergdekorationen. Möglicherweise war er sogar an den Skulpturen der Strebebögen beteiligt. In der Literatur wird behauptet, dass die Stadt 's-Hertogenbosch Alart Du Hameel 1504 mit einem Bildnis Herzog Philipps des Schönen beauftragt habe. Soweit überprüfbar, wurde der Auftrag nie ausgeführt. Sehr konkret sind dagegen die archivalischen Nachrichten zu Entwürfen, die Du Hameel für die bronzenen Gitterstäbe der Johanneskirche lieferte, die dann von Aert van Tricht aus Maastricht gegossen wurden. Außerdem verfertigte er den Entwurf eines Gitters zum Schutze des wundertätigen Marienbildes, für das Van Tricht 1493 bezahlt wurde. Den absoluten Höhepunkt seines überlieferten Œuvres bildet das monumentale Taufbecken, das Van Tricht 1492 für 's-Hertogenbosch gegossen hat. Einige Stiche von Du Hameel stehen Boschs Œuvre sehr nahe, und auch die Skulpturen der Strebebögen nähern sich dessen Sphäre, während einige Güsse von Aert van Tricht wiederum an Du Hameel anschließen. Die Gestalt Gottvaters auf dem Taufbecken steht dem Schöpfergott auf der Außenseite von Boschs *Garten der Lüste* sehr nahe, während die Abb. 141a
Trägerfiguren sehr stark an Boschs vagabundierende Abb. 36b
Habenichtse erinnern. Die Narrengestalt auf dem *Brunnen*- Abb. 8
Stich von Du Hameel, das Rankenwerk desselben Blattes sowie die Brunnenbekrönung mit der tordierten Säule, auf der ein frühes Männeken Piss steht, ähneln wiederum den Gussarbeiten Van Trichts. Zwangsläufig erinnert der Narr auch an Bosch, und zwar nicht nur wegen des in seine Kappe gesteckten Löffels: Mit seiner rechten Hand hebt er die Röcke der jungen Frau hoch und gibt damit dem Lautenspiel ihres charmanten Liebhabers eine erotische Note. Alles in allem lässt diese Figur auch an den mit einem Holzlöffel geschlagenen Narren auf der Madrider Tafel der *Sieben* S. 15
Todsünden denken.
Aufgrund der Dokumente in Bezug auf den Guss des Bronzegitters von Van Tricht nach einem Entwurf von Du Hameel kann nicht ausgeschlossen werden, dass man von 's-Hertogenbosch aus auch andere Muster und Entwürfe nach Maastricht lieferte, die Du Hameel und Bosch stilistisch nahestanden. Es ist verlockend, hier einen weiteren Rechnungsposten heranzuziehen, der mit einem Entwurf von Bosch für einen Kronleuchter zusammenhängt. 1512/13 bezahlte die Liebfrauen-Bruderschaft einen Betrag *aan*

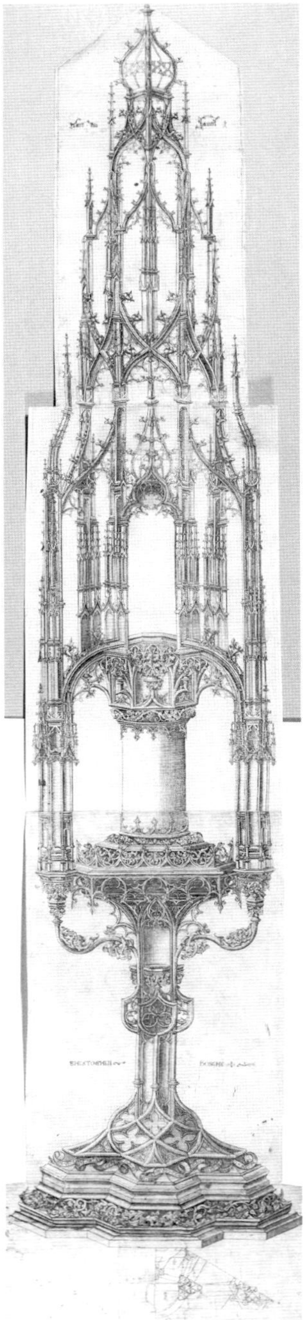

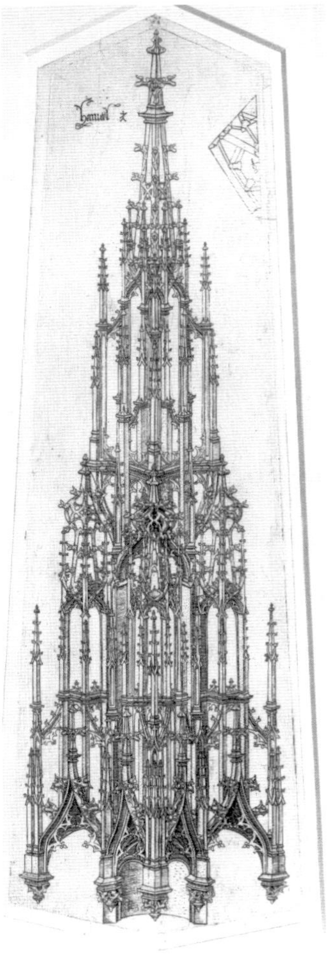

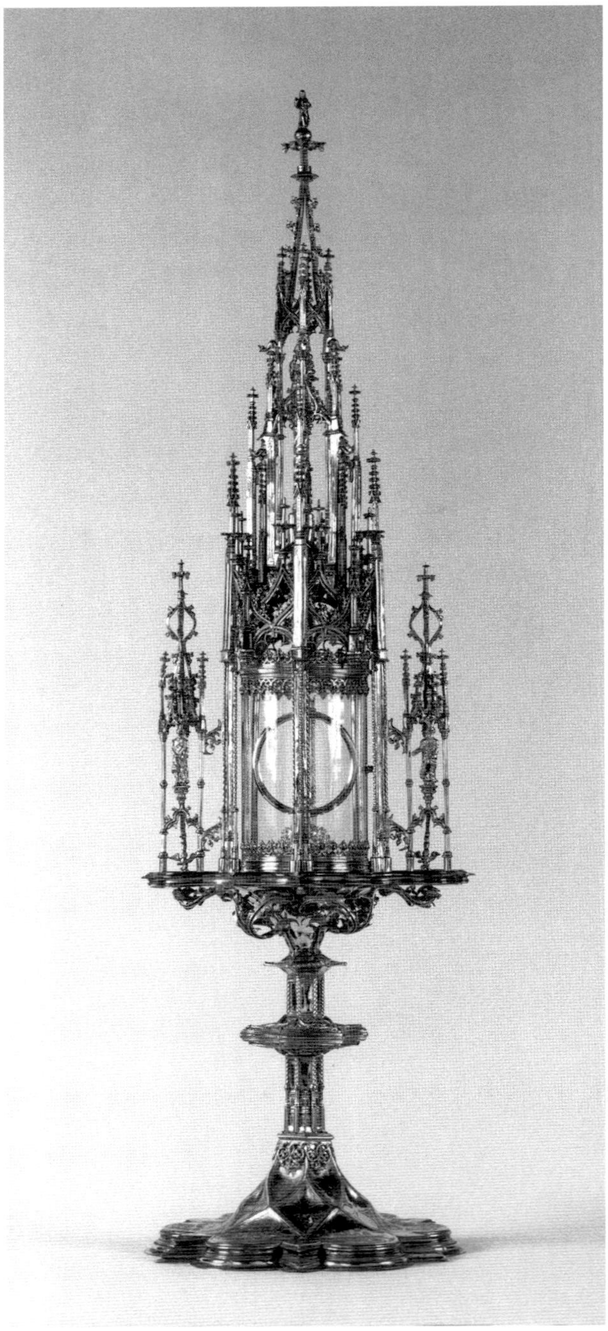

Jheronimo den maelder voor het patroen vanden croenen twelcke hij gemaect heeft (an Hieronymus dem Maler für den Entwurf des Kronleuchters), der seinen Mitbrüdern eine beträchtliche Summe nachließ. Sollte dieser von verschiedenen *confratern* finanzierte Kronleuchter nicht gleichfalls von Aert van Tricht oder dessen Werkstatt gegossen worden sein, die 1520 von dessen Sohn *Arnoldo, dicto de luchtmaker juniori* (von Arnold, genannt der Leuchtermacher, der Jüngere) geleitet wurde? Spätere Rechnungseinträge, die sich wahrscheinlich auf denselben Kronleuchter beziehen, zeigen, dass hier ein Leuchter mit einer Skulptur entstand. 1550/51 lesen wir über *een beeldt op die croen gebroken ende weder laten zouderen* (eine Skulptur, die aus der Krone gebrochen war und wieder gelötet wurde); die Reparatur erfolgte anscheinend nicht besonders sorgfältig, denn einige Jahre später, im Juni 1554, entlohnt man *Iasparen de geelgieter van Mechelen van ons metalen croen schoen te maken ende repareren ende tgeene daer aan verlooren was weder an te maken* (Jasper, den Gelbgießer von Mechelen, um unseren Kupferkronleuchter zu reinigen und zu reparieren sowie das, was abhanden gekommen ist, wieder zu befestigen). 1580/81 wurde die *metale croon* (der Kupferkronleuchter) erneut gereinigt, und zwar zusammen mit anderem Kupferwerk aus der Kapelle, das *seer swart ende onreijn* (sehr schwarz und schmutzig) geworden war.

Alart Du Hameel war auch mit Innenausstattung der Johanneskirche betraut. Nach seinem Entwurf wurde 1493 das Sakramentshaus errichtet, zweifellos in der damals gängigen Form eines fein gearbeiteten steinernen Turms, der einer riesenhaften Monstranz glich. Monstranzen aus 's-Hertogenbosch, von denen einige Exemplare aus dem späten 15. und frühen 16. Jahrhundert erhalten sind, stehen Entwürfen nahe, die Du Hameel im Kupferstichen dargestellt hat. Die Johanneskirche ließ 1484 eine monumentale Monstranz nach einem Entwurf von „Meister Alart" anfertigen – mehr als einen Meter hoch und ungefähr dreizehn Kilo schwer. Deren Ausführung oblag dem aus 's-Hertogenbosch stammenden und in Köln tätigen Silberschmied Hendrik de Borchgreve. Vermutlich stimmte dieser Entwurf mit einer Zylindermonstranz auf dreieckigem Fuß überein, die auf einem Stich Du Hameels – einem Unikat – dargestellt ist. Dieser Stich konnte, wie im Falle der *monstrancie oft cyborie* (Monstranz oder Ziborium) der Johanneskirche, als Modell für eine eucharistische Monstranz dienen, aber auch als Muster einer Reliquienmonstranz; erstere zeigte in einem gläsernen bzw. kristallenem Zylinder die Hostie, letzere eine Reliquie. In

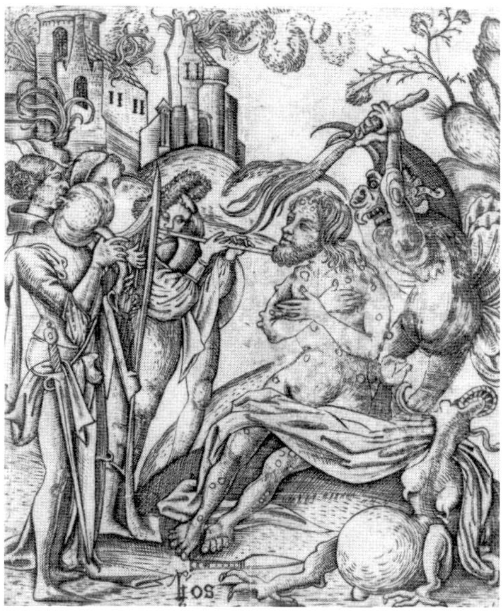

Abb. 41 Alart Du Hameel, Entwurf einer Monstranz, 's-Hertogenbosch 1478-1494/95; Kupferstich, 110,3 x 15,1/25,6 cm; Wien, Graphische Sammlung Albertina

Abb. 42 Alart Du Hameel, Entwurf eines gotischen Baldachins, 's-Hertogenbosch 1478-1494/95; Kupferstich, 39 x 12,7 cm; Wien, Graphische Sammlung Albertina

Abb. 43 Meister mit dem geflügelten Teufel, Altarmonstranz, 's-Hertogenbosch 1514/15; Silber, vergoldet, 75 x 22 cm; Loon op Zand, Pfarrkirche St. Jans' Onthoofding

Abb. 44 Monogrammist ‚*bos* mit dem Messer' (Michiel van Gemert?), *Hiob wird von Musikanten getröstet*, 's-Hertogenbosch 1500-25; Kupferstich, 9,4 x 7,8 cm; Oxford, Ashmolean Museum

Abb. 45 Monogrammist ‚*bos* mit dem Messer' (Michiel van Gemert?), *Der hl. Sebastian* (spiegelbildliche Kopie nach Albrecht Dürer), 's-Hertogenbosch 1500-25; Kupferstich, 9,7 x 6,6 cm; Köln, Wallraf-Richartz Museum

Abb. 46 Monogrammist ‚*bos* mit dem Messer' (Michiel van Gemert?), *Die Taufe Christi*, 's-Hertogenbosch 1500-25; Kupferstich, 15,7 x 10,8 cm; Boston, Museum of Fine Arts, gift of Paul J. Sachs

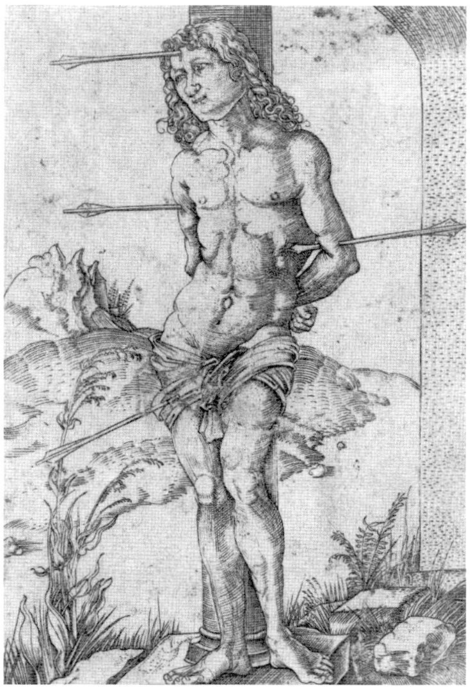

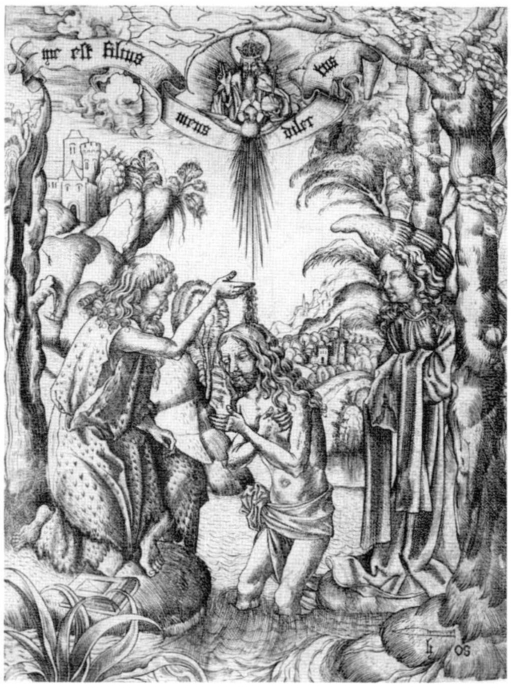

seinem überlieferten Œuvre hat Bosch ein einziges Mal einen solchen transparenten Reliquienzylinder abgebildet: auf der Madrider *Anbetung der Könige* wird das rechte Bein des (Abb. 47b) rätselhaften vierten und falschen (?) Königs davon umschlos- (Abb. 50) sen: Die blutende Wunde an dem vorgestreckten nackten Bein des dekadenten Fürsten wird so stark betont, ja geradezu zum Kultgegenstand. Eine einfacher gestaltete Reliquienmonstranz, deren Form ebenfalls in 's-Hertogenbosch nachweisbar ist, erscheint auf der Brüsseler Tapisserie mit dem *Heuwagen*; auf (Abb. 113) den beiden *Heuwagen*-Triptychen in Madrid und im Escorial taucht dieses Detail nicht auf. Dagegen wird es in der Beschreibung einer weiteren Fassung erwähnt, die sich um 1600 im Schloss der Herzöge von Croÿ zu Heverlee bei Löwen befand: *où ung homme d'église donne à baiser ung reliquaire* (wo ein Prälat einen Reliquienbehälter zum Kuss anbietet).

*Der Monogrammist „*bos *mit dem Messer" alias Michiel van Gemert*

Im Kielwasser von Alart Du Hameel arbeitete in 's-Hertogenbosch ein weiterer Kupferstecher, der den Notnamen Monogrammist „*bos* mit dem Messer" erhielt, der sich aus dessen Signatur ableitet. Die Identität des Anonymus ist bis heute unbekannt. Sein Monogramm deutet unmissverständlich auf 's-Hertogenbosch, das im späten 15 und im 16. Jahrhundert für die Klingenproduktion weithin berühmt war. Messer aus 's-Hertogenbosch wurden bis nach Spanien exportiert, sie waren nach ihrem Herkunftsort benannt, und niemand Geringerer als der Florentiner Ludovico Guicciardini hob in seiner Beschreibung der Niederlande die groß angelegte Produktion hochwertiger Messer in 's-Hertogenbosch nachdrücklich hervor. Es liegt daher auf der Hand, die Identität dieses Künstlers vor dem Hintergrund jener Messerindustrie zu eruieren, ohne dabei freilich das Goldschmiedehandwerk aus den Augen zu verlieren, das ja viele frühe Kupferstecher erlernt hatten, so etwa Martin Schongauer und Albrecht Dürer. Ein Großteil der Messer aus 's-Hertogenbosch hatte Handgriffe mit gravierten Schmuckformen, eine damals übliche Praxis. Das *besteeken tzy in koopere, silvere ende diergelycke … hegten off kruynen* (Gravieren des Kupfers, Silbers und dergleichen … der Handgriffe oder der abschließenden Beschläge) wurde nicht von den Messerschmieden, sondern außerhalb deren Werkstätten von Spezialisten durchgeführt. Bei diesen Fachleuten handelte es sich um Goldschmiede, jedenfalls wenn ein hohes Qualitätsniveau gefragt war. Es ist sehr wahrscheinlich, dass der Monogrammist „*bos* mit dem Messer" in diesem Umfeld anzusiedeln ist. Die Rechnungsbücher der Liebfrauen-Bruderschaft liefern hier erneut interessante Informationen. In den Jahren 1509/10, 1510/11 und 1516/17 ließ die Bruderschaft insgesamt 29 Messergriffe gravieren, unter anderem mit der Devise der Bruderschaft sowie einem Sinnspruch. Die Messer waren teils für den Eigenbedarf, teils als Gunstbeweise und teils zum Verkauf bestimmt. Beauftragt wurde stets *Michiel van Gemert, goutsmit* (Michiel van Gemert, Goldschmied), der in der Vughterstraat wohnte. Außerdem erteilte die Bruderschaft Michiel van Gemert 1510/11 den Auftrag, die Bruderschaftsdevise in 45 Trinkkannen zu gravieren. Van Gemert war ein geschickter Gold- und Silberschmied, allerdings kennen wir weder seine Arbeiten noch sein Meisterzeichen. In der Woche, in der Hieronymus Bosch gestorben ist, am 7. August 1516, schloss Van Gemert einen Vertrag über die Anfertigung einer fast zwei Kilo schweren Monstranz, die vermutlich jener Form glich, die der Stich Du Hameels abbildet. Als Handwerker war Van Gemert eine Ausnahmegestalt, denn als er am 12. August in die „neue Kartei" der Silberschmiedzunft eingeschrieben wurde, wich man verschiedentlich von den Regeln ab; obwohl aus der Fremde kommend, erhielt er die Freimeisterschaft, ohne dass er die verbindlich vorgeschriebene Lehrzeit von vier Jahren sowie zwei Gesellenjahre absolviert hatte; vielmehr wurde er „aus besonderen Gründen zugelassen". Ausdrücklich hielt man fest, dass dies keinen Präzedenzfall darstellen solle. Hinsichtlich jener „besonderen Gründe" können wir heute schlussfolgern, dass er nicht nur Goldschmied war, sondern auch Kupferstecher und Drucker: Dies geht aus den Vorbereitungen zur Stadtlotterie von 1522 hervor, über welche die Stadtrechnungen von 's-Hertogenbosch detailliert Rechenschaft geben. Für ein kleines Vermögen erwarb man bei Jan van Nijmegen, einem Antwerpener Goldschmied und Juwelier, größere Preise; der Goldschmied Frans Vuchts aus

Abb. 47a-b Hieronymus Bosch, *Die Anbetung der Könige*, 1485-1500, Triptychon; Öl auf Holz, 138 x 72/144 cm; Außenseite: (a) *Gregorgsmesse*; Innenseite: (b) *Stifter mit hl. Petrus, Anbetung der Könige, Stifter mit hl. Agnes*; Madrid, Museo Nacional del Prado

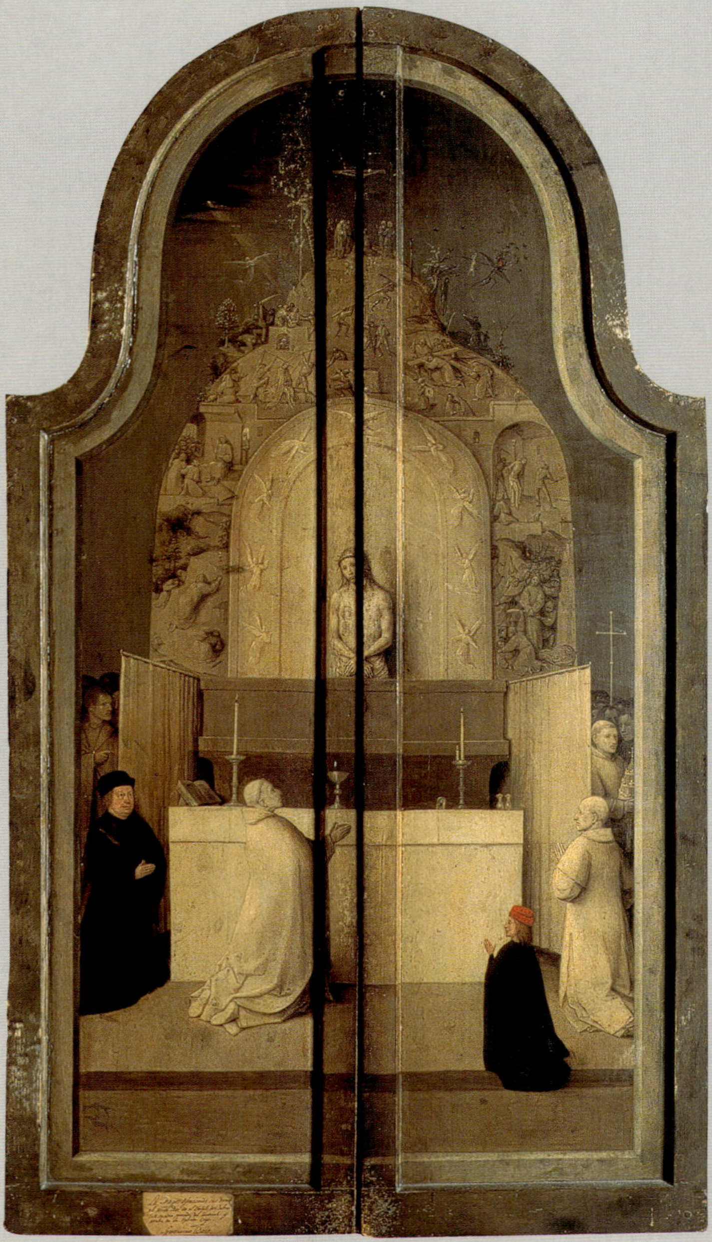

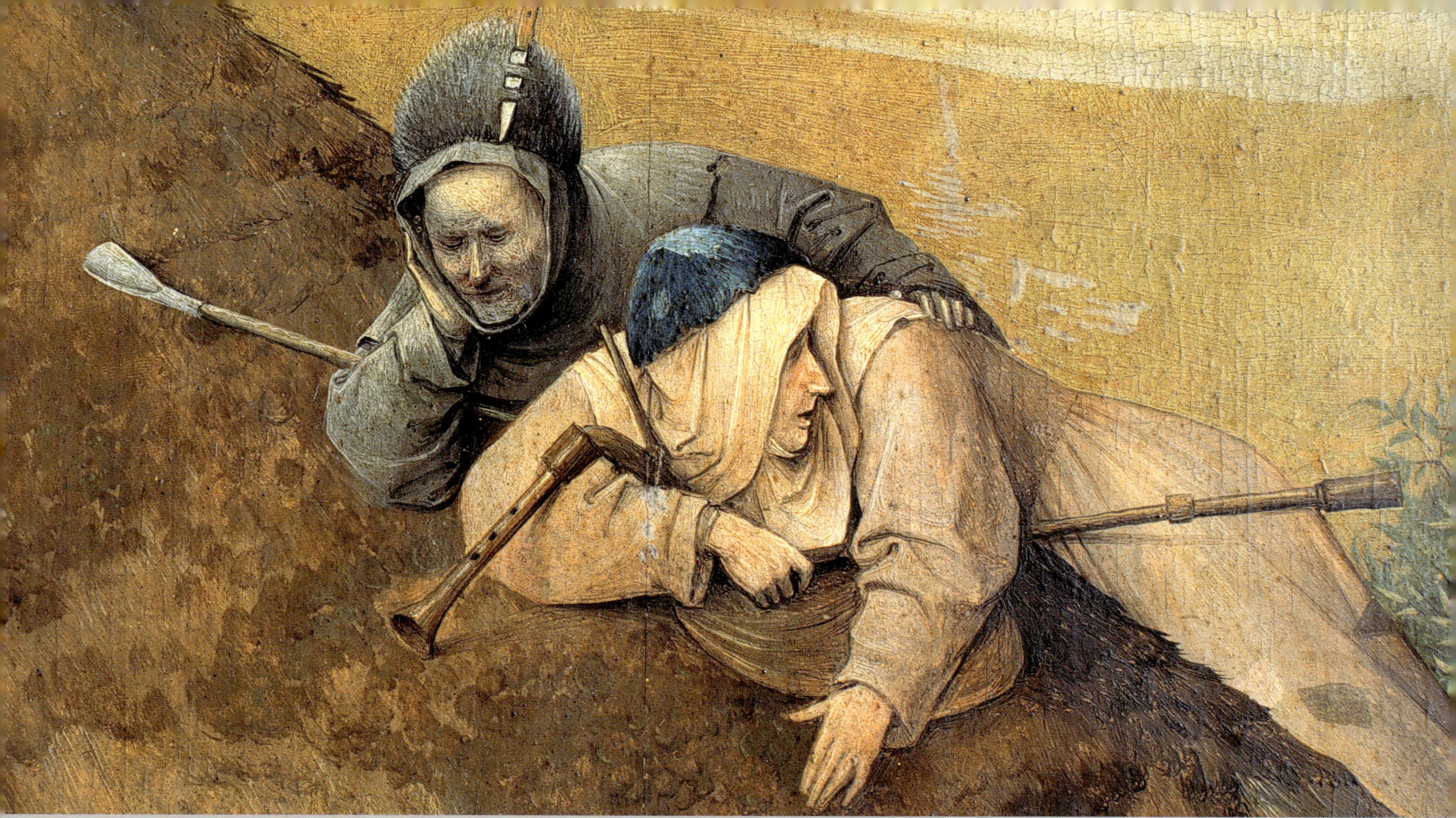

49

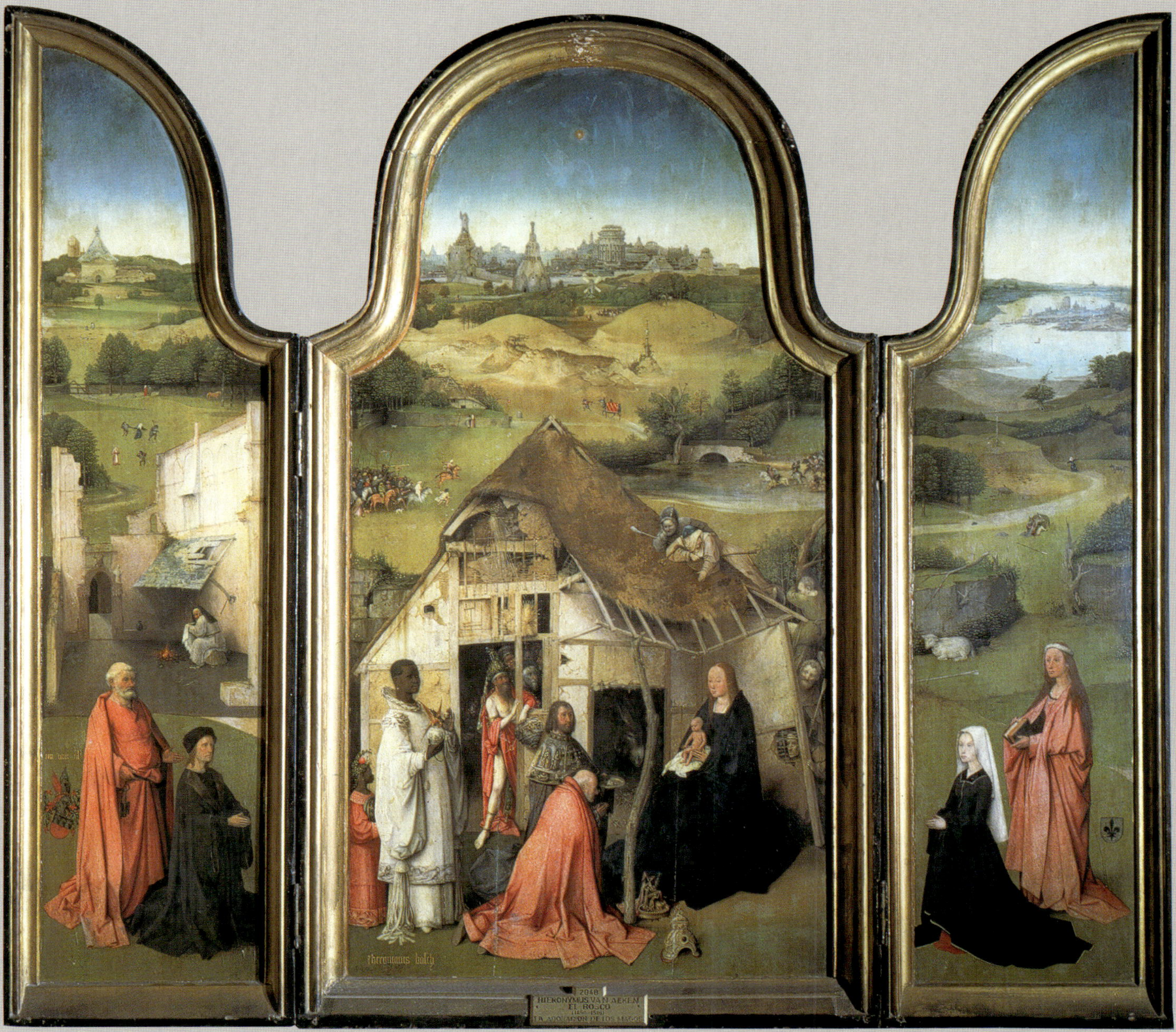

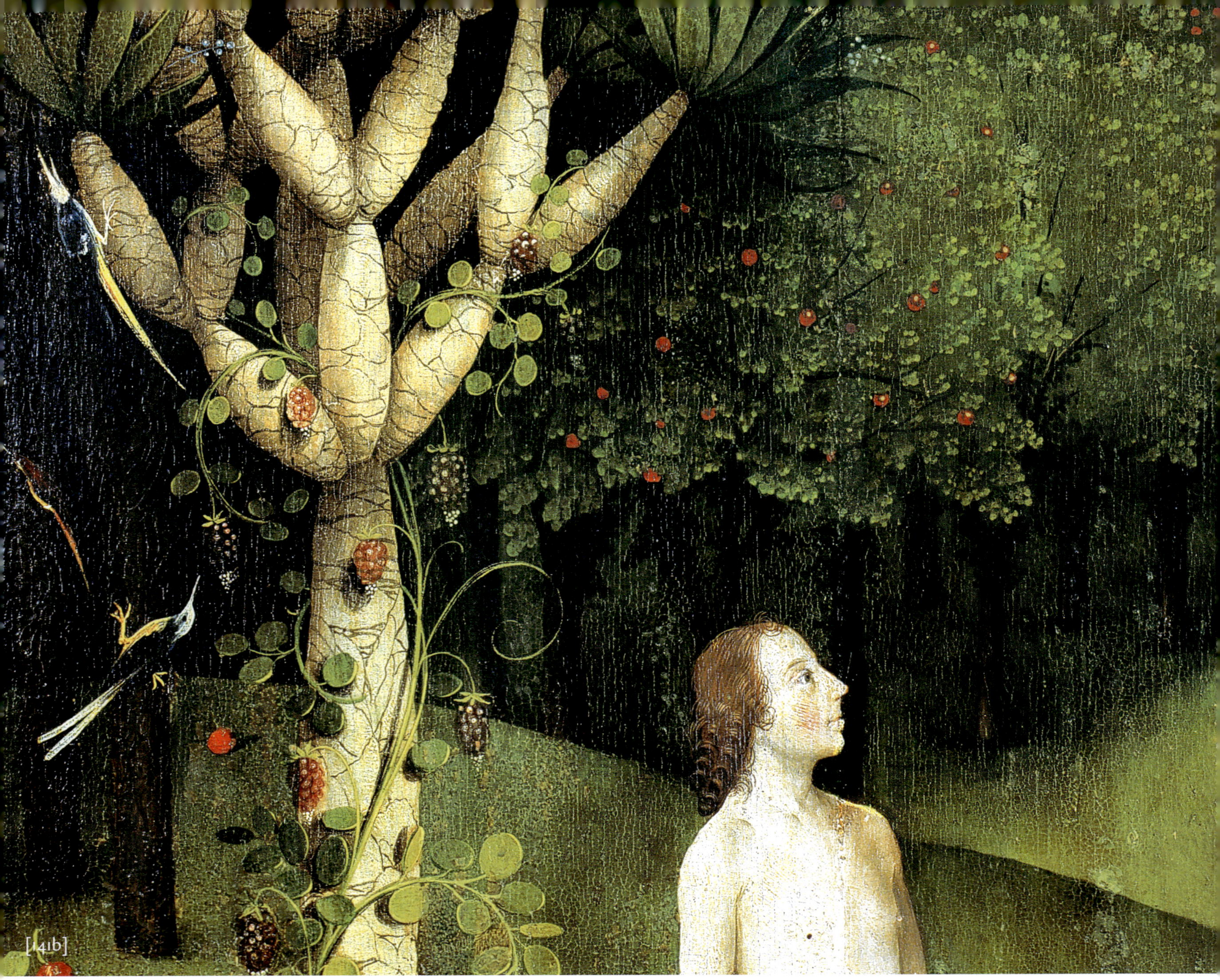

[141b]

's-Hertogenbosch lieferte zusätzlich mehrere Schmuckstücke. In den Rechnungen heißt es dann: *Item Michielen die goutsmit om die juwelen ende prijsen opt papier te ontwerpen, om die zelve alsoe te doen prenten ende drucken, betaelt XX st* (Ebenfalls an Michiel der Goldschmied, um die Juwelen und Preise auf Papier zu entwerfen, um dieselben dann zu stechen und zu drucken, bezahlt XX St[über]). Demnach zeichnete Michiel van Gemert die als Preise ausgesetzten Stücke der anderen, und zwar so, dass sie als Lotteriestich – quasi als Werbezettel – gedruckt werden konnten. Für die anderen Druckerzeugnisse, die Lotteriekarten und die Listen mit den ausgeschriebenen Preisen, zog man den Buchdrucker Laurens Hayen heran. Fügt man die Indizien zusammen, so scheint es gerechtfertigt, den Monogrammisten „*bos* mit dem Messer" mit dem Goldschmied, Messergraveur und Kupferstecher Michiel van Gemert zu identifizieren, der mindestens von 1502 bis 1522 in 's-Hertogenbosch tätig gewesen ist. Er war im gleichen Zeitraum wie Bosch für die Liebfrauen-Bruderschaft tätig, und der Maler muss durchaus mit seinem Werk vertraut gewesen sein, und sei es nur über dessen gravierte Trinkkannen.

Abb. 44 Seit 1914 wird ein Bezug zwischen dem Kupferstecher und Hieronymus Bosch über einen Stich definiert, der Hiob auf dem Dunghaufen zeigt; Hiob wird von Musikanten getröstet, wofür er sie mit dem Schorf seiner Schwären entlohnt, der sich in Goldstücke verwandelt. Ein Original der *Prüfungen des Hiob* ist nicht überliefert; doch lassen einige Gemälde, die von Bosch-Nachfolgern stammen oder in dessen Umgebung entstanden sind, berechtigter Weise darauf schließen, dass einst ein solches Werk von Bosch existierte. Von besonderer
Abb. 80ab Bedeutung ist hier natürlich das Brügger *Hiob*-Triptychon, dessen auf der Außenseite der Flügel angebrachtes Stifterwappen in unmittelbarer Beziehung zu 's-Hertogenbosch steht. Wie auf dem Kupferstich musiziert der vorderste Spielmann hier auf einem *blaas-pijp*, wobei Michiel van Gemert den Dudelsack realistisch darstellte, wohingegen der Bosch-Nachfolger, womöglich unter Einfluss von Dürers Stich der Satyrfamilie (1505), daraus ein gerades „Blasrohr" machte.

Auch Van Gemerts ikonografisch im übrigen nicht ungewöhn-
Abb. 46 licher Stich der *Taufe Christi*, auf dem ein Engel dessen Kleid so bieder im Arm hält, lässt sich wiederum mit einer Szene des Taufbeckens von 's-Hertogenbosch assoziieren: Dort steht dem Täufer ein ähnlicher Engel gegenüber.

Eine exakte Kopie, die Van Gemert vermutlich nach einem zwischen 1475 und 1485 entstandenen Ornamentstich Martin Schongauers angefertigt hat, schließt sich an ähnliche Arbeiten

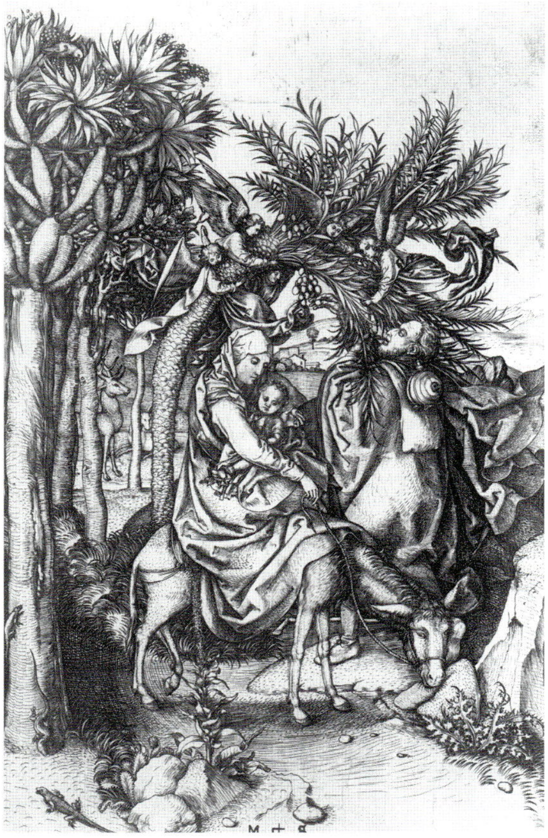

Abb. 48 Martin Schongauer, *Die Flucht nach Ägypten*, 1472; Kupferstich, 25,5 x 16,9 cm; Rotterdam, Museum Boijmans Van Beuningen

Abb. 49 Meister der Magdalenenlegende, linker Flügel des sog. Melbourne-Triptychons, Außenseite: Detail der *Flucht nach Ägypten*, Brüssel 1492-95; Öl auf Holz; Melbourne, The National Gallery of Victoria

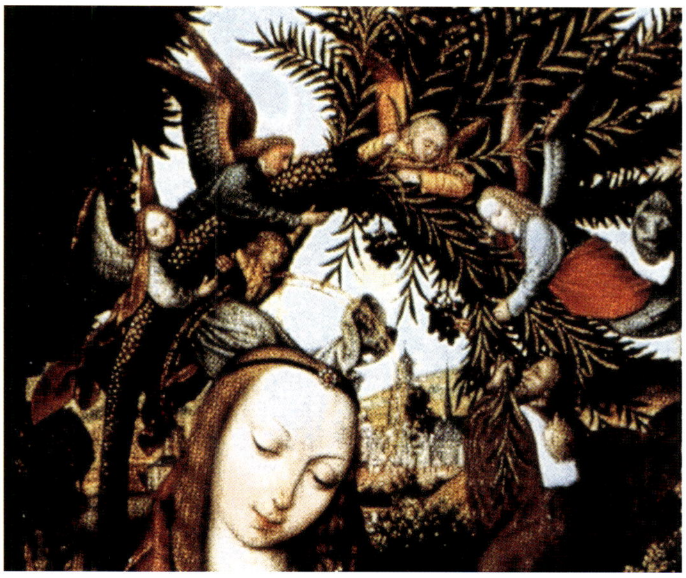

von Alart Du Hameel an; zugleich belegt sie, dass Schongauers Grafik in 's-Hertogenbosch zirkulierte. Die Analogie zwischen Schongauers *Greif* (1475/85) und Boschs Tierdarstellung auf der Mitteltafel des *Gartens der Lüste* verdeutlicht dies übrigens ebenso wie dessen auf dem Paradiesflügel gemalter Drachenbaum, der seinerseits auf Schongauers berühmten Stich *Flucht nach Ägypten* (1472) zurückgeht. Das exotische Gewächs hat auch Dürer auf seinen gleichnamigen Stich abgebildet und wie finden es um 1495 auch auf einem Triptychon des Brüsseler Meisters der Magdalenenlegende. Michiel van Gemerts Kupferstich nach Dürers *Hl. Sebastian* (1498/99) galt aufgrund der Ortsangabe *bos* bereits im 19. Jahrhundert als ein Werk von Alart Du Hameel. Dass Dürers Druckgrafik in 's-Hertogenbosch bekannt war, wird niemanden überraschen. Konkret und aktuell zeigt dies ein Graduale, das 1515 von den Dominikanern der Stadt kopiert und illuminiert wurde: eine historisierende Initiale wiederholt Dürers *Auferstehung* von 1512 getreu, eine andere Initiale folgt Dürers *Dudelsackpfeifer* von 1514. Beim *Jüngsten Gericht* in Wien könnte Hieronymus Bosch selbst für die Figur des auf dem Regenbogen thronenden Weltenrichters auf einen Holzschnitt Dürers von 1509/10 zurückgegriffen haben, der dasselbe Thema zeigt. Die Gestalt des Weltenrichters ist freilich ziemlich konventionell, und es lassen sich daher noch andere Parallelen benennen, unter anderem mit einem kleinen Stich eines niederrheinischen Anonymus von 1490, der den Weltenrichter ganz ähnlich zeigt.

Abb. 45

Nur wenige Jahre nach Boschs Tod besuchte der damals schon berühmte Albrecht Dürer auf seiner Niederländischen Reise auch 's-Hertogenbosch. Am 20. November 1520, so notiert er in seinem Tagebuch, traf er in *Herzog Pusch* ein. Von Nimwegen aus war er per Schiff über die Wal nach Zaltbommel gefahren, von wo aus er seine Reise zu Pferd fortsetzte. Bündig hält Dürer fest: *Pusch ist ein hübsche statt, hat ein aussbündige schöne Kirchen und überfest* [= gut gebaut]. *Do verzehrt ich 10 stüber, wiewohl Meister Arnolt das Mahl für mich zahlet. Und kamen Goldschmied zu mir und die täten mir viel Ehr.* Die Goldschmiede in 's-Hertogenbosch wussten offensichtlich, wen sie vor sich hatten, denn sie behandelten den Nürnberger mit allem Respekt. Es ist nicht unwahrscheinlich, dass auch Michiel van Gemert – der Goldschmied, Graveur und Radierer, der bereits Drucke von Dürer besaß – an diesem Treffen teilnahm.
Wie in den meisten anderen Orten, die Dürer aufsuchte, verlor er auch hier nur wenige Worte über den kurzen Aufenthalt in 's-Hertogenbosch. Seine Spesen und die Mahlzeit, die ihm angeboten wurde, scheinen ebenso wichtig gewesen zu sein, wie das, was er zu sehen bekam; in Brügge erwähnt er weder Hans Memling noch Gerard David, in 's-Hertogenbosch verliert er kein Wort über Hieronymus Bosch.

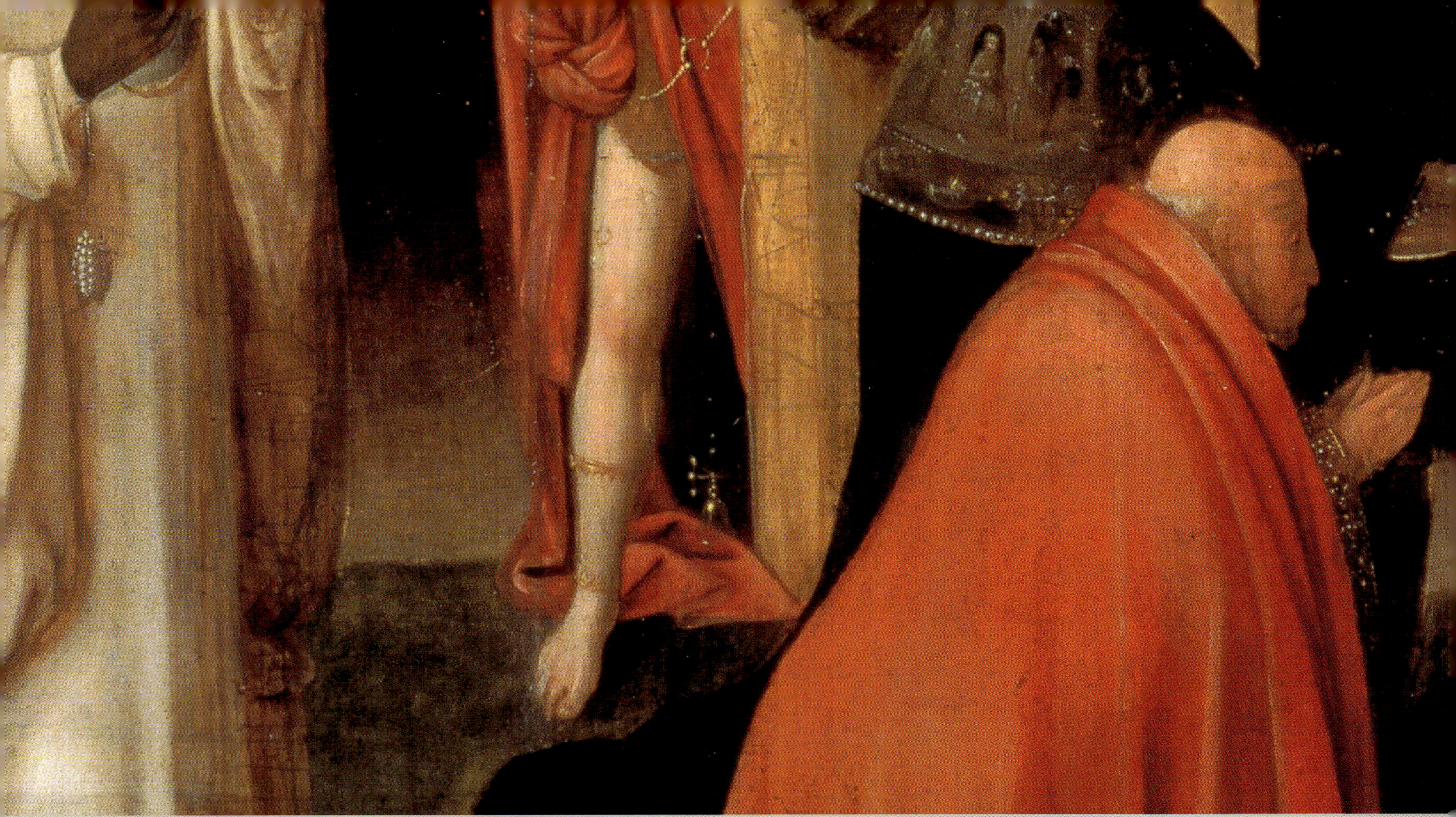

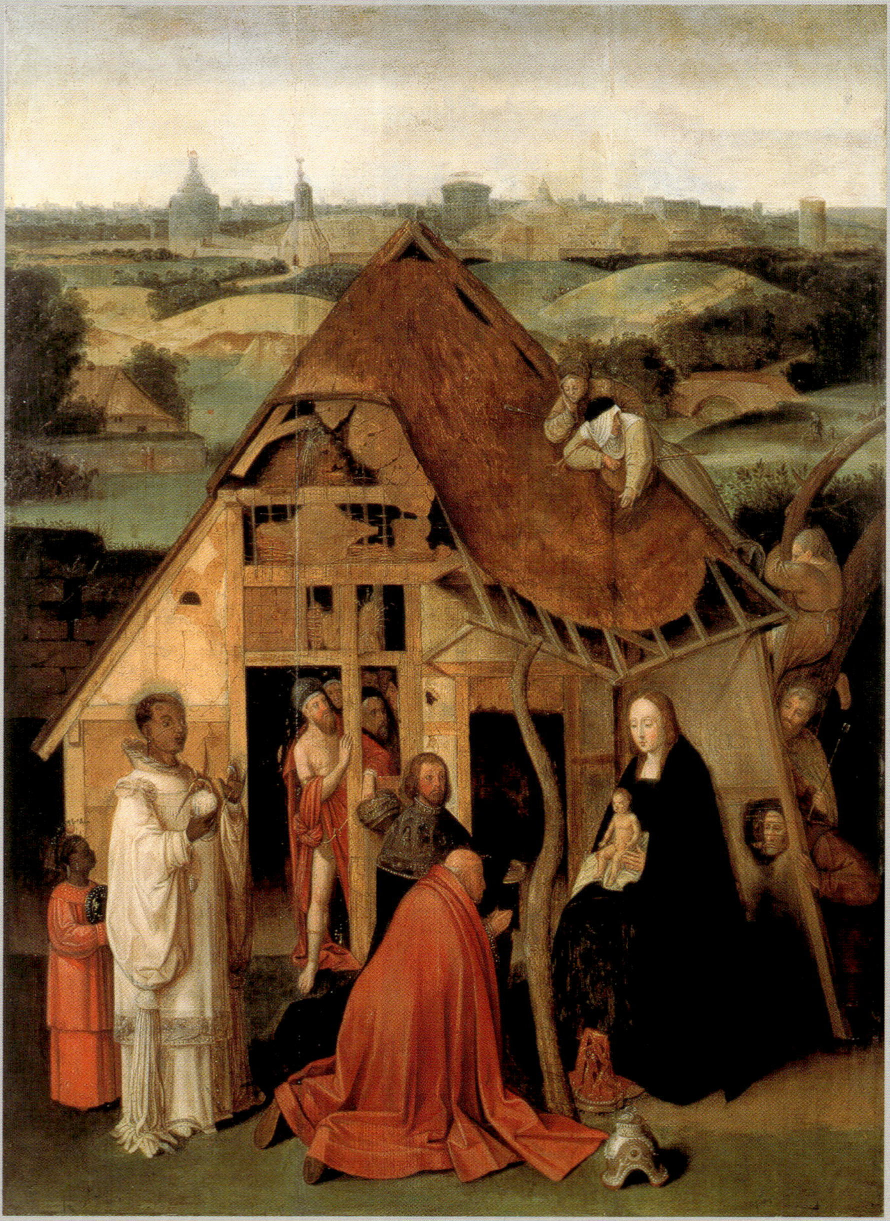

52

Leben und Tod des Hieronymus Bosch

Abb. 50 Kopie nach Hieronymus Bosch, *Die Anbetung der Könige*, um 1540 oder später; Öl auf Holz, 113 x 82 cm; Aachen, Suermondt-Ludwig-Museum

Tod und Begräbnis

Über die Geburt um 1450 und die Jugend von Hieronymus Bosch ist kaum etwas bekannt. Erst nachdem er sich als eine besondere Persönlichkeit hervorgetan hatte, begann man in verschiedenen Dokumenten mehr über ihn festzuhalten. Insofern ist die Berichterstattung über die letzte Ehre, die man ihm erwies, ein bedeutendes Indiz für den Status, den er sich als „Kunstmaler", vielleicht auch vermittels seiner Heirat, zu erwerben verstanden hatte. Er war seinem eigenen Milieu, dem der besser gestellten Handwerker, entwachsen und in die Elite des städtischen Bürgertums aufgenommen worden.
Anfang August 1516 starb Hieronymus Bosch in seiner Geburtsstadt 's-Hertogenbosch. Die Liebfrauen-Bruderschaft besorgte seine Totenmesse, so wie dies beim Tod eines „eingeschworenen Bruders" in dieser Konfraternität üblich war. In der an der Nordseite der Johanneskirche gelegenen Bruderschaftskapelle zelebrierte man die feierliche Messe für den Verstorbenen. Über die Kosten im Zusammenhang mit dieser Totenmesse berichten die Rechnungsbücher der Bruderschaft. Wie üblich wird festgehalten, dass die Zahlungen hierfür strenggenommen nicht unter die Ausgaben der Buchhaltung fallen: seine „Freunde", womit Boschs Mitbrüder gemeint sind, bezahlten für diese letzte Ehrenerweisung. *Ter lester exequie van Jeronimus van Aken maelder IXa Augusti heren Willem Hameker deken 1 1/2 st., want hy die misse gesongen heeft ende voer zyn presentie 1/2 st., diaken ende subdiaken elcken 1 st., allen anderen priesteren, sengheren, costeren, bastonieren, graftmekeren, beyerman, orgenblaeser, elcken 1/2 st., den choralen elcken 1 oert ende den armen voer tchoer elcken 1d. tot III st. toe, videlicet XXVII st. die de vrienden betaelt hebben, daroom hier niet* (Für die letzten Exequien von Jeronimus van Aken, Maler, am 9. August, an Willem Hameker, Dekan, 1 1/2 Stüber, denn er hat die Messe gesungen und 1/2 Stüber für seine Anwesenheit, für den Diakon und den Subdiakon je 1 Stüber, alle anderen Priester, Sänger, Küster, Kirchendiener, Totengräber, Glockenläuter, Organist, je 1/2 Stüber, für jeden Chorsänger 1 Ort und für jeden Armen vor der Kapelle 1 Heller bis zu einem Betrag von insgesamt 3 Stüber [also maximal 24 Arme], macht 27 Stüber, welche die Mitbrüder bezahlt haben, und die deshalb hier nicht aufgeführt werden). Die „Freunde" sammelten sogar etwas zuviel, sodass die Bruderschaft *einen* Stüber als Einnahme verbuchen konnte. Dem verstorbenen Maler wurde also in einem levierten Hochamt gedacht, wobei wir uns den Priester, den Diakon und den Subdiakon in schwarzer Trauerkasel und -dalmatika vorstellen müssen; viele andere trugen durch ihre Anwesenheit zur würdevollen letzten Ehrung bei. Selbst die Armen, die sich vor dem Gitter befanden, das die Bruderschaftskapelle (*tchoer*) vom Kirchenraum trennte, wurden mit einem kleinen Almosen bedacht. Die Totengräber verrichteten ihre Arbeit zweifellos auf dem Kirchhof an der Nordseite der Johanneskirche, der vom nördlichen Querschiff der Kirche, das nahezu oder gänzlich an die Bruderschaftskapelle angrenzte, unmittelbar zugänglich war. In der Bruderschaftskapelle selbst und im Chor der Kirche setzte man Verstorbene nur in seltenen Ausnahmefällen bei; Querschiff und Mittelschiff der Johanneskirche waren damals noch nicht überwölbt, und auch die Westseite des Chores muss eine große Baustelle gewesen sein. Wo genau Hieronymus Bosch beigesetzt wurde, ist unbekannt. Weder ein Testament noch ähnliche Dokumente sind überliefert. Chroniken aus 's-Hertogenbosch erwähnen 1516 und 1517 *een ververlycke siecte … daer mennich mensch af storff oft pestilencie geweest hadde* (eine gefährliche Krankheit, an der manch einer starb, als wenn es sich dabei um die Pest gehandelt hatte). Vielleicht fiel auch Hieronymus Bosch dieser Krankheit zum Opfer.

Elternhaus

Aufgrund verschiedener Archivstücke, in denen Hieronymus Bosch Erwähnung findet, steht zu vermuten, dass er Mitte des 15. Jahrhunderts geboren sein muss; das genaue Geburtsdatum ist freilich nicht überliefert. Sein Vater, Anthonius van Aken, war Maler – ebenso wie dessen Vater Jan van Aken. Um 1426 war Jan van Aken, ein Sohn des Malers Thomas van Aken, von Nimwegen nach 's-Hertogenbosch gezogen. Im Februar 1462 hatte Anthonius van Aken ein steinernes Haus erworben, das an der Ostseite des Marktes stand. Im 16. Jahrhundert hieß dieses Haus *In Sint Thoenis* – benannt vielleicht nach dem Namenspatron von Hieronymus' Vater. Den Anlass für die Neubenennung des Hauses bot vermutlich der Wiederaufbau, der nach dem großen Stadtbrand im Sommer 1463 erfolgte. Dass das Haus und die Werkstatt der Malerfamilie Van Aken von dieser Feuersbrunst ebenfalls beschädigt worden war, ist aus der Baugeschichte des Häuserblockes ersichtlich, dessen spätmittelalterliche, aneinander angrenzende Firstbalken nach 1463 datieren. Vom Inventar konnte man einiges retten, wie aus dem folgenden, dokumentarisch gut belegten Auftrag hervorgeht. 1462 war ein skulptiertes Altarretabel aus der Bruderschaftskapelle in die Werkstatt eines gewissen Claes van Schoenhoven gebracht worden; die Flügel sollten in der Werkstatt des Anthonius van Aken bemalt werden. Anthonius erhielt 33 Gulden Vorschuss *opt stofferen van den deuren der tafelen* (für das Bemalen der Flügel). Als die Feuersbrunst ausbrach, wurde der Retabelschrein größtenteils zerstört, die Flügel blieben hingegen erhalten. Boschs Vater hatte sie bereits grundiert. Die Pröpste der Bruderschaft beschlossen ihm hierfür 12 Gulden zuzuerkennen. Am 17. August 1464 gelobte Anthonius in einer offiziellen Erklärung, die restlichen 21 rheinischen Gulden zurückzuzahlen. Anschließend erhielt Anthonius doch noch 10 Gulden „für das Bemalen der Flügel" – was offenbar wesentlich einfacher als ursprünglich geplant erfolgte. Im folgenden Rechnungsjahr wird die Angelegenheit abgeschlossen: *Item vanden dueren der verborder taeffelen tot Thonis die Maelre te halen ende op dat wulfsel te setten …* (Ebenfalls für das Auffrischen der Flügel des verbrannten Altaraufsatzes bei Anthonius dem Maler und diese auf das Gewölbe zu bringen). Die Bruderschaft verwendete den Raum oberhalb des Gewölbes als eine Art Lager. Auch die überflüssig gewordenen Flügel des verbrannten Altaraufsatzes wurden dort aufbewahrt. Viele Jahre später, im Jahre 1481/82, sollte sein Sohn Hieronymus diese *doeren van onser liever vrouwen alde taeffel* (Flügel des alten Marienretabels) von der Bruderschaft erwerben, zweifellos um die Tafeln wiederzuverwenden. Den Stadtbrand im Juni 1463 muss der

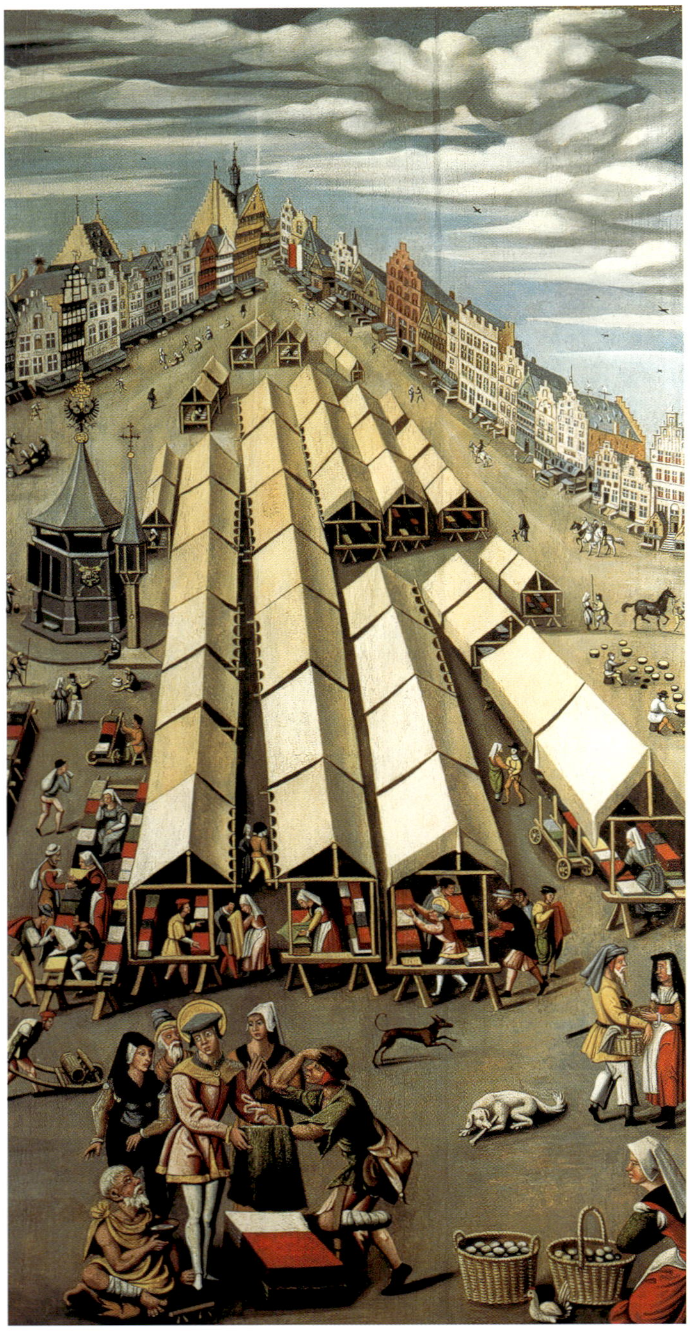

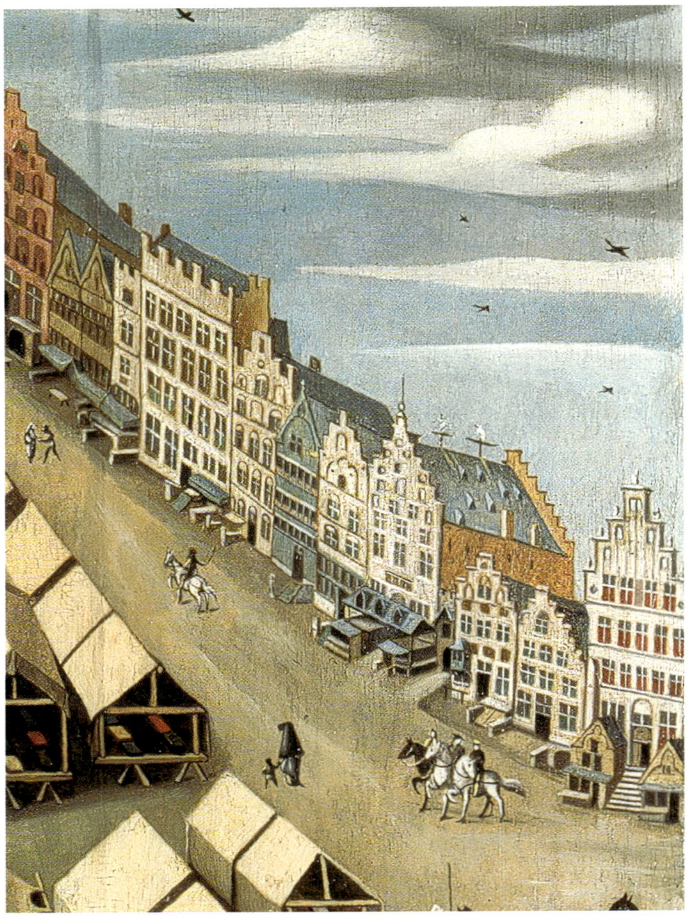

Abb. 51 Anonym, *Ansicht des Marktplatzes von 's-Hertogenbosch*, 's-Hertogenbosch um 1530; Öl auf Holz, 126 x 67 cm; 's-Hertogenbosch, Noordbrabants Museum. Das Detail zeigt die Nordseite des Marktplatzes. Im siebten Haus von rechts wohnte Hieronymus Bosch; das vierte Haus wurde von Lodewijk Beys bewohnt.

Abb. 52a-b Nachfolger von Hieronymus Bosch, (a) *Jesus unter den Schriftgelehrten*, um 1545 oder später; Öl auf Holz, 75 x 60 cm; Privatbesitz; (b) Zustand nach der Restaurierung, welche die zuvor übermalte Stifterfigur eines Klerikers freilegte; ehem. Sammlung Burg, Šternberk (Tschechien)

junge Hieronymus bereits bewusst miterlebt haben – eine Katastrophe, die Hunderte anderer Häuser und einen Teil des Rathauses zerstörte. Sein Elternhaus *In Sint Thoenis* wurde von der Malerfamilie auch noch im späten 15. und frühen 16. Jahrhundert als Wohnung und Werkstatt benutzt, was auch danach noch für geraume Zeit so bleiben sollte. Aus Steuerdokumenten geht hervor, dass sowohl Hieronymus' Brüder *Goeswinus die Maelder* (Goeswinus der Maler) und *Jan die Maelre* (Jan der Maler) als auch seine Mutter in diesem Haus lebten. Die Erwähnung zweier Maler in dieser Werkstatt/Wohnung ist überaus interessant, da dies ganz konkret auf einen von mehreren Meistern genutzten Arbeitsplatz hindeutet. Vermutlich arbeiteten dort noch weitere Maler wie seine Neffen, die Maler Johannes (1470-1537) und Anthonius (1478-1516), beides Söhne von Goessen. Außerdem ist es wahrscheinlich, dass auch Hieronymus noch hier arbeitete, nachdem er das Elternhaus um 1480 verlassen hatte, um sich nur etwas weiter oben am Markt niederzulassen. Vielleicht können gründliche Untersuchungen über die verschiedenen Künstlerhände bei der Unterzeichnung und bei der Bemalung der überlieferten Tafelbilder der Künstlergruppe um Hieronymus Bosch zukünftig mehr Aufschluss über diesen Werkstattzusammenhang bieten.

Selbstständigkeit

Am 5. April und 26. Juli des Jahres 1474 wird Hieronymus Bosch erstmals in notariellen Dokumenten erwähnt. Im ersten Eintrag taucht er gemeinsam mit seinem Vater, der Schwester und beiden Brüdern auf, im zweiten allein mit dem Vater. Aus dem Zusammenhang geht freilich nicht klar hervor, ob *Jeronimus gezegd Joen* (Hieronymus, genannt Joen) zu diesem Zeitpunkt möglicherweise schon volljährig war. Im Juni 1481 scheint der Maler sich verheiratet zu haben, und zwar mit Aleid van de Meervenne, einer Tochter aus einer recht vermögenden Familie. Damals war Bosch ungefähr dreißig Jahre alt und wohnte zum Zeitpunkt seiner Heirat im Haus *In Sint Thoenis*, das an der Ostseite des Marktes zwischen sechs anderen Häusern stand, deren Breite je ungefähr vier Meter maß.
In gewissem Sinne lebte die Elite der Stadt am Marktplatz, nämlich die Oberschicht vermögender Handwerker, die dort zugleich auch ihre Werkstätten betrieben. Durch seine Hochzeit mit Aleid van de Meervenne gelangte Hieronymus Bosch in den Besitz des Hauses *Inden Salvatoer*, das an der vornehmeren Nordseite des Marktes von 's-Hertogenbosch gelegen war. Aleid war 1453 in 's-Hertogenbosch in einem Haus in der Nähe des Marktes geboren worden und aufgewachsen. Hieronymus und Aleid kannten sich zweifellos von Kindes-

beinen an, obwohl das Mädchen aus einer sozial besser gestellten Kaufmannsfamilie stammte, die in der Stadt selbst und in der Meierei von 's-Hertogenbosch zu ansehnlichen Besitztümern gelangt war. Für Hieronymus und seine Frau lieferte deren Erbteil am Familienbesitz feste Einkünfte, wobei das Eigentum persönlich bei Aleid verblieb und nach ihrem Tod an ihre Familie zurückfiel. In regelmäßigen Abständen vertrat Hieronymus seine Frau in geschäftlichen Angelegenheiten, woraus wir freilich nicht folgern dürfen, dass er persönlich vermögend war. Das Ehepaar wohnte am Marktplatz von 's-Hertogenbosch in einem Haus von nicht ganz fünfeinhalb Metern Breite. Zu beiden Seiten grenzten erheblich größere Gebäude an, in denen reichere Bürger sowie einige Edelleute lebten, die meistenteils in gehobenen Positionen der Verwaltung von Stadt und Umland tätig waren. Wir müssen anmerken, dass im Spätmittelalter die großen Wohnbauten dieses seit frühester Zeit bewohnten Stadtteils neben Gebäuden auf schmaleren Parzellen lagen, die eine niedrigere Traufhöhe besaßen. Dieses Phänomen erklärt sich aus der Stadtentwicklung: Nach und nach wurden nämlich die Durchgänge zwischen den alten, ursprünglich freistehenden Häusern bebaut. In den schmaleren Gebäude wohnten Familien, deren Besitz zwar kleiner bemessen war, die aber ebenfalls noch zur Oberschicht der Stadt zählten. An der Nordseite des Marktplatzes befanden sich zwischen den vornehmeren Herrenhäusern die Werkstätten unterschiedlichster Handwerker; zahlreiche Keller und Hinterhäuser waren zu Gewerbe- oder Wohnzwecken vermietet. Es fällt auch auf, dass verschiedene Häuser am Markt als Gasthäuser dienten, während gleichzeitig die größten und repräsentativsten Gebäude von Zeit zu Zeit prominente Besucher der Stadt beherbergten. Bianca Maria Sforza, die Gemahlin Kaiser Maximilians I., übernachtete 1504 im Haus *De Leeuwenburg*, das dem wohlhabenden Kaufmann Lodewijk Beys gehörte und das nur wenige Häuser weit von der Wohnung Hieronymus Boschs entfernt lag.

Aleid van de Meervenne wohnte nach dem Tod von Hieronymus im August 1516 sechs weitere Jahre in ihrem Haus *Inden Salvatoer*. Etwa ein halbes Jahr nach dem Ableben des Malers, am 1. Dezember 1516, erklärten dessen Erben – die Schwester Herberte und seine Neffen, der Bildhauer-Maler Johannes und der Maler Anthonius Goessensz –, dass ihnen von der Witwe *al sulcken huysraet ende gueden* (der gesamte Hausrat und die Güter), die Bosch mit in die Ehe gebracht und danach angeschafft hatte, übergeben worden sei. Offenbar musste man den Besitz nicht eigens spezifizieren und ging daher mit

55

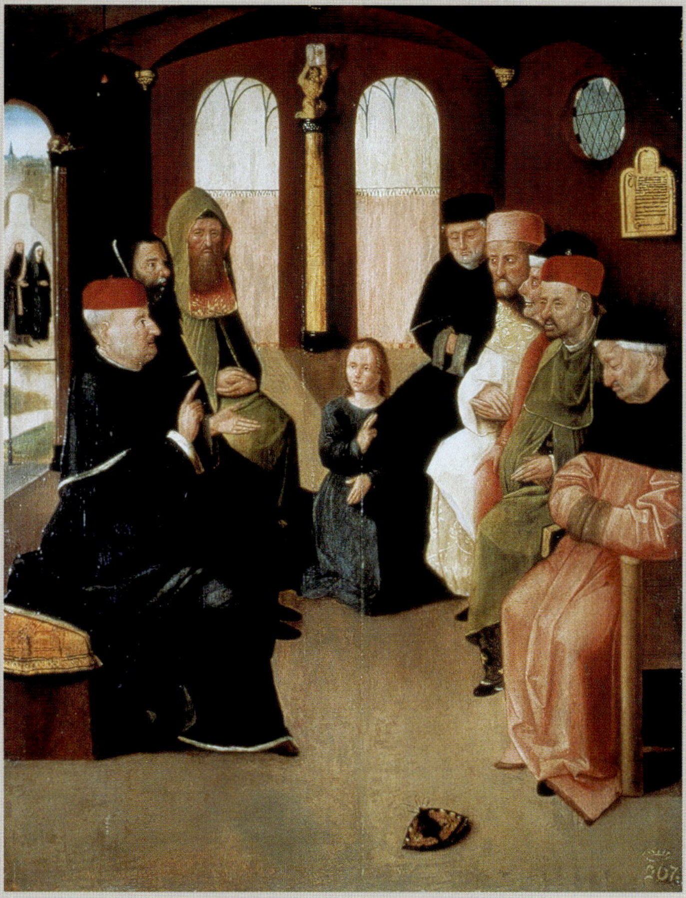

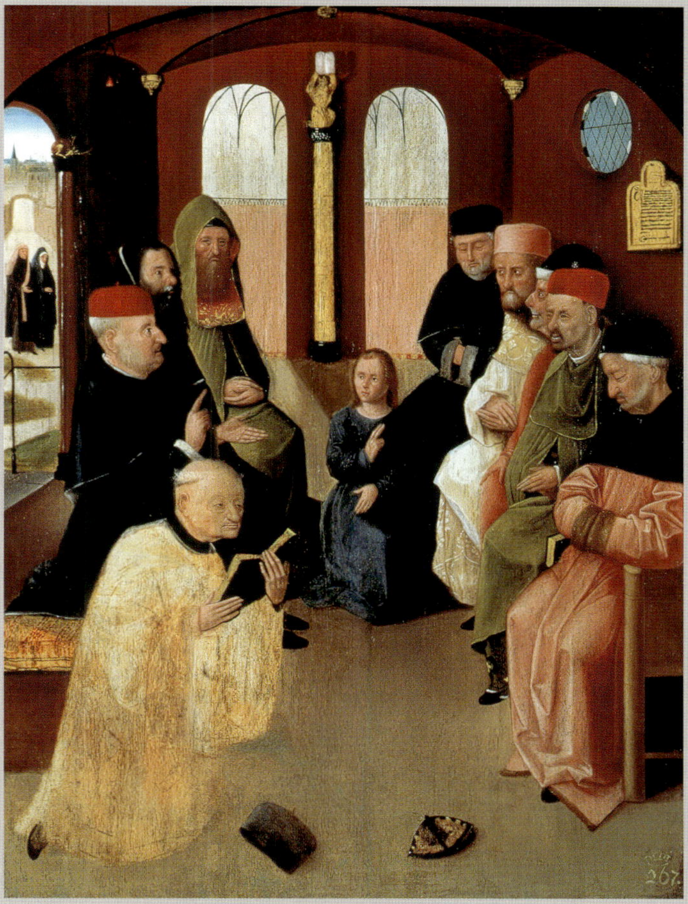

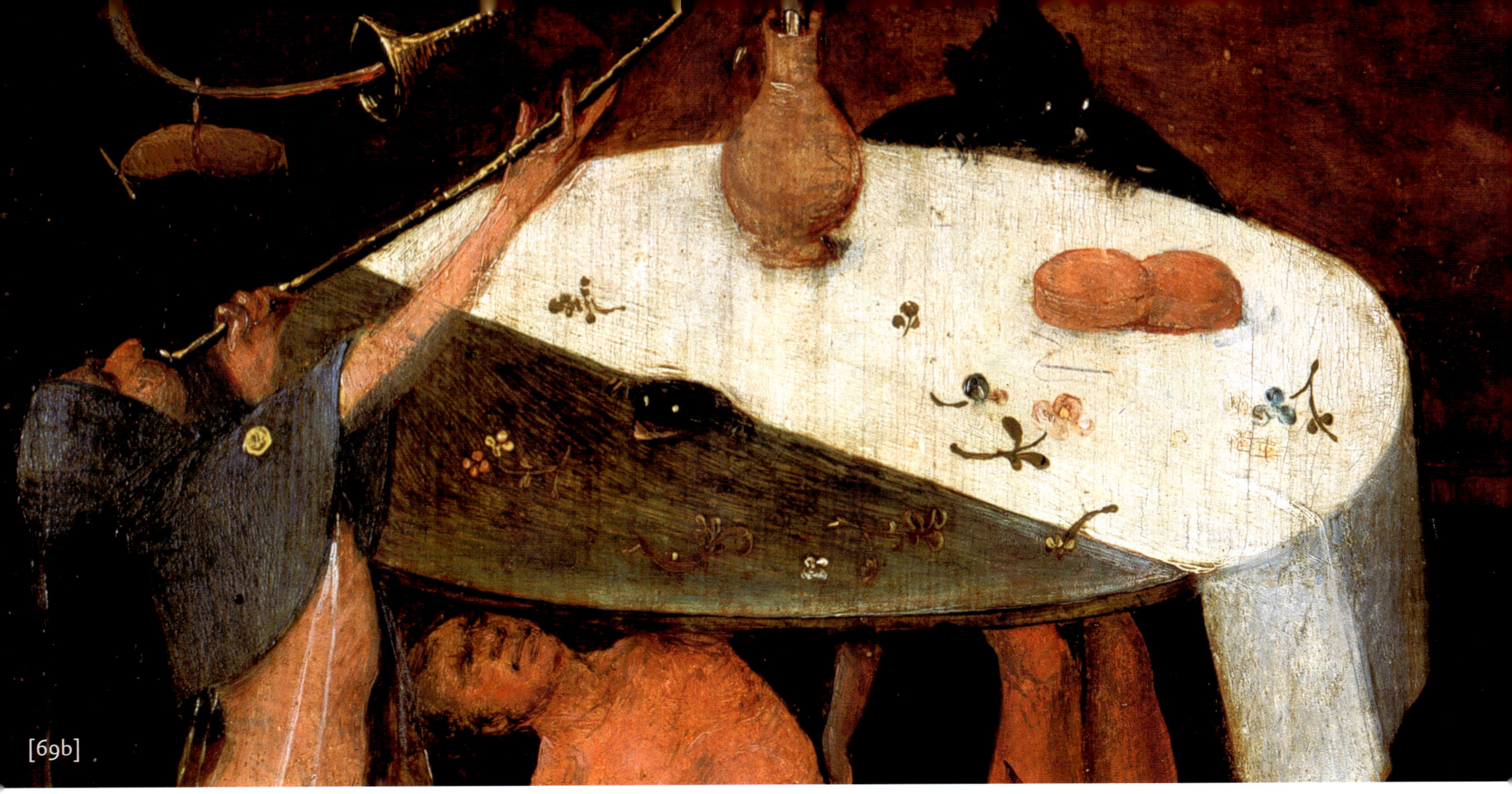

[69b]

keinem Wort auf das Inventar der Werkstatt oder auf vollendete oder unvollendete Gemälde ein. Möglicherweise können wir hierin ein Indiz dafür sehen, dass Bosch seiner Profession auch nach der Hochzeit noch in der Familienwerkstatt auf der anderen Marktseite nachging. Ebenfalls unerwähnt bleiben die unbeweglichen Güter: Bosch selbst hatte offenbar keinen Besitz. Diese Vermutung wird auch durch die Tatsache bestätigt, dass der Maler in den im Notariatsarchiv von 's-Hertogenbosch – einem gründlich geführten, reichen Archiv – aufbewahrten Akten nie als Eigentümer erwähnt wird. Sein Name taucht dort allein im Verbund mit Finanzangelegenheiten auf, wobei es sich um Transaktionen handelte, die er stellvertretend für seine Frau vornahm bzw. die mit seinem Erbteil am Elternhaus *In Sint Thoenis* zusammenhingen. Zweimal wird ihm sodann in notarieller Gegenwart eine beachtliche Summe zugesagt. Am 31. Januar 1492 versprachen fünf Männer, ihm an Allerheiligen 58 Gulden zu zahlen, und am 29. März 1515 sagten zwei Brüder zu, dem Maler zu Weihnachten 68 Gulden zu übergeben. Unklar ist, wofür sie Bosch das Geld schuldeten. Es mag sich um größere Aufträge oder um den Verkauf von Tafelbildern bzw. Triptychen gehandelt haben. Auffällig ist freilich, dass die Namen dieser Schuldner sich nicht unter den Angehörigen der 's-Hertogenboscher Oberschicht wiederfinden. Es gibt womöglich eine andere Erklärung: Wie aus einem Zahlungseid vom 6. März 1494 hervorgeht, erklärten fünf Männer, Bosch an Allerheiligen den Betrag von 51 Gulden zahlen zu wollen; hier ging es um Holz, das die Männer von Bosch erworben hatten. Etwas früher, am 1. Juli 1493, hatte auch der Maler Goessen van Aken, Boschs Bruder, Holz im Wert von 72 Gulden an Laurentius de Timmerman verkauft. Daraus kann man womöglich folgern, dass die Maler eine Holzlieferung erworben hatten, Bretter für ihre Tafelbilder auswählten und den Rest des Holzes anschließend weiterverkaufen.

Hieronymus Bosch als Mitglied der Liebfrauen-Bruderschaft
Jheronimus Anthonissen van Aken schrieb sich im Rechnungsjahr 1486/87 als reguläres Mitglied der Liebfrauen-Bruderschaft von 's-Hertogenbosch ein. Zusammen mit 353 weiteren Gläubigen, die aus den Niederlanden und dem deutschen Grenzgebiet stammten, entrichtete er zwischen dem 17. Juni 1486 und dem 22. Juni 1487 eine Opfergabe an jene große Gemeinschaft der Marienverehrung. Deren Verehrung sollte ihm im Leben wie im Tod den ganz speziellen Schutz der Gottesmutter sichern; eingeschriebene Mitglieder erhielten jährlich eine Kerze für Mariä Lichtmess (2. Februar), und sie konnten von den Ablässen profitieren, welche die Bruderschaft zu erwerben wusste. Außer der großen Zahl „auswärtiger Mitglieder" – um 1500 zählte man etwa 14.000 bis 15.000 (!) –, besaß die Bruderschaft einen Kern von „eingeschworenen" Mitgliedern sowie „Schwanenbrüdern". Bei den eingeschworenen Brüdern handelte es sich gemeinhin um Kleriker, worunter im weitesten Sinne Geistliche zu verstehen sind, bzw. Mitglieder, die mindestens die niederen Weihen empfangen hatten. Die Schwanenbrüder hatten den gleichen Status wie die eingeschworenen Brüder; sie gehörten mit Sicherheit der städtischen Oberschicht an, waren aber Laien. Ihren Namen verdankten sie dem Brauch, wonach aus ihrem Kreis der Bruderschaft für das alljährliche Festmahl Schwäne geschenkt wurden. In den Jahren um 1500 zählte man etwa hundert eingeschworene Brüder und einige Schwanenbrüder. Hieronymus Bosch wurde vermutlich am Neujahrstag 1488 eingeschworener Bruder. Sein Name findet sich handschriftlich auf der Abrechnung des Schwanenmahls, an dem er damals teilnahm: Sechs andere Teilnehmer wurden hier eingeschworen oder waren gesellschaftlich aufgestiegen. Der gleiche Schreiber vermerkte am Rand (!) den Zusatz *Jeroen maelder* („Hieronymus der Maler"). Von diesem Zeitpunkt an führte Hieronymus Bosch, wie schon berichtet, verschiedene Tätigkeiten für „seine" Bruderschaft durch – auf

Abb. 53 Kopie nach Hieronymus Bosch, *Die Hochzeit zu Kana*, um 1560 oder später; Öl auf Holz, 93 x 72 cm; Rotterdam, Museum Boijmans Van Beuningen

eine besondere Arbeit, deren Ergebnis bewahrt blieb, wollen wir am Schluss unseres Beitrages zurückkommen.
Die Kernmitglieder der Bruderschaft genossen pro Jahr acht bis zehn gemeinschaftliche Essen, von denen nur *eines*, das Schwanenmahl nämlich, im Bruderschaftshaus an der Hinthamerstraat eingenommen wurde. Die anderen Mahlzeiten wurden von verschiedenen Brüdern in deren Haus ausgerichtet, wobei diese Pflicht jedes Mitglied alle zehn bis fünfzehn Jahre traf. Zweimal hat Hieronymus Bosch die eingeschworenen Mitbrüder in seinem Haus bewirtet, ein weiteres Mal war er Gastgeber im Bruderschaftshaus. Das erste Essen fand im Juli 1488 in seinem Haus statt, nur kurz nach seinem Beitritt. Genau ein Jahrzehnt später war er Gastgeber des Schwanenmahls im Bruderschaftshaus: *daer Jheronimus van Aken scilder dat laken dede* (wo der Maler Hieronymus van Aken den Tisch deckte; Rechnungsjahr 1498/99). Einer der aufgetragenen Schwäne war vom Verwalter gestiftet worden, die anderen hatte Bosch gekauft. Wieder zehn Jahre später, am 10. März 1510, speisten die eingeschworenen Brüder ein zweites Mal im Hause Bosch. Es war dies ein besonderes Essen, das am Sonntag *Laetare Jerusalem* stattfand, dem vierten Sonntag der Fastenzeit. Nach der Frühmesse in der Bruderschaftskapelle gingen *die gezworen bruderen twee ende twee, paer ende paer … vuyt der kercke inden huise ons mede bruders Jheronimi van Aken scilder ofte maelder, die hem selver scrift Jheronimus Bosch* (die eingeschworenen Brüder jeweils zu zweit, paarweise, von der Kirche zum Hause unseres Mitbruders Hieronymus van Aken, Maler, der selbst mit Hieronymus Bosch signiert). Während der Messe hatte man Ritter Jan Back, des Herrn von Asten, gedacht, der 1494 das Amt des Bürgermeisters von 's-Hertogenbosch versehen hatte und viele Jahre Schöffe gewesen war. Dieser Schwanenbruder war am 10. Februar des vorhergehenden Jahres verstorben, und die Bruderschaft hatte seiner am 12. März 1509 mit einem Requiem gedacht. Die Witwe des Verstorbenen, Adriana van Wylack, hatte ein doppeltes Jahrgedächtnis gestiftet, das an seinem Todestag wie auch an jenem Fastensonntag zelebriert wurde, wobei sich bei letzterer Feier die beschriebene Prozession und das gleichfalls von ihr gestiftete Essen im Haus eines der Mitbrüder anschloss. Hieronymus Bosch war der erste, der sein Haus hierfür zur Verfügung stellte. Vom üppigen Fischessen und dem hierzu gereichten

57

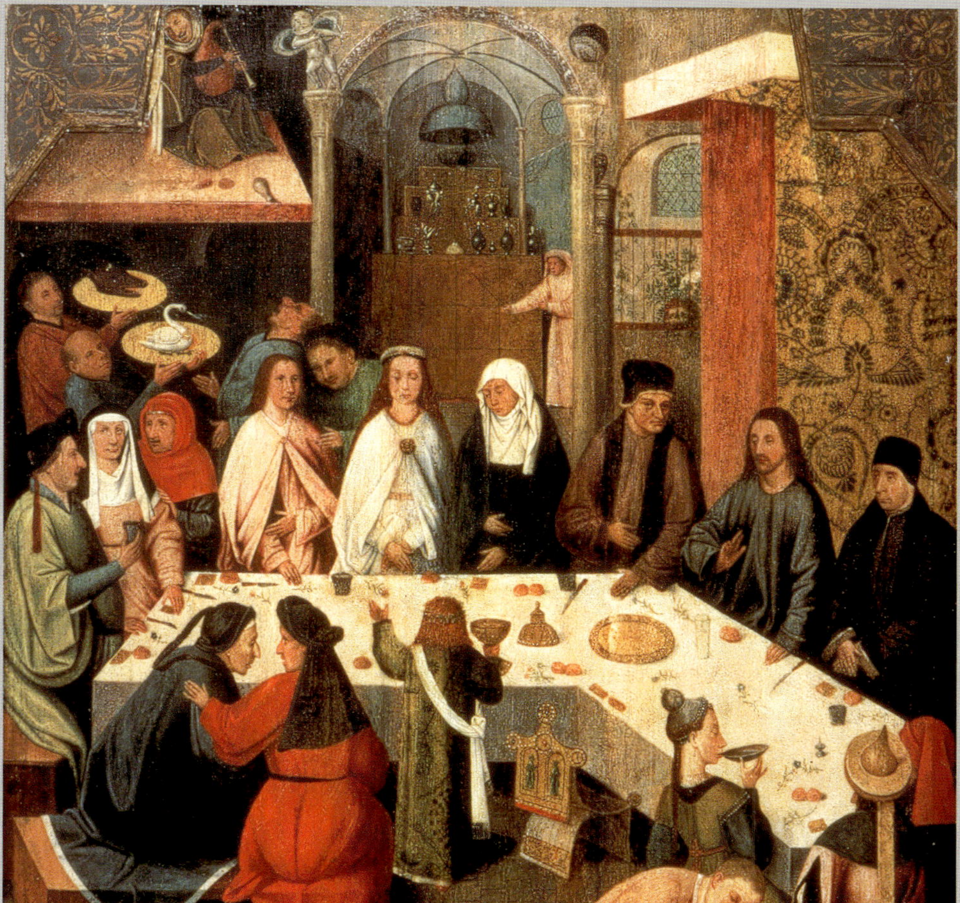

Abb. 54 Hieronymus Bosch, *Die Dornenkrönung*, um 1485 oder später; Öl auf Holz, 73,7 x 58,7 cm; London, National Gallery

Wein berichten die Bruderschaftsrechnungen akribisch: Das Essen wurde von Bosch bezahlt, der Wein von *vroue backx* (Frau Back), und die *maegden des voirscreven Jeronimi* (Dienstmägde des erwähnten Hieronymus) erhielten nach altem Brauch ein Trinkgeld.
Die Totenmesse, welche die Bruderschaft für Hieronymus Bosch abhielt, wurde bereits erwähnt; unklar ist freilich, ob es sich hier tatsächlich um ein Begräbnis handelte – worauf die Erwähnung der *graftmekeren* (Totengräber) hinweist – oder vielmehr um eine Gedenkfeier für den noch nicht lange zuvor beerdigten Bruder. Denn für gewöhnlich fand diese Gedächtnismesse geraume Zeit nach dem Hinscheiden des jeweiligen Konfraters in der Bruderschaftskapelle statt. Da das Sterbedatum von Hieronymus Bosch nicht überliefert ist, muss dieser Punkt unklar bleiben. Nach einem halben Jahrhundert, um 1565, wurde sein Name in das Register der verstorbenen Mitbrüder so aufgenommen: *Obitus fratrum* (1516): *Jheronimus Aquenis alias Bosch, insignis pictor* (Verstorbener Bruder, 1516: Hieronymus van Aken alias Bosch, berühmter Maler).

Der Maler: Berühmt aber auch gelehrt?

Drucke und Bücher

1488 wurde Hieronymus Bosch in die Kerngruppe der Liebfrauen-Bruderschaft aufgenommen, eine erlesene Gesellschaft von ungefähr hundert Brüdern, von denen die überwiegende Mehrheit aus der städtischen Elite von ’s-Hertogenbosch stammte (zu etwa 85 %). Eingeschworene Brüder, denen diese Ehre schon in jungen Jahren widerfuhr, verdankten dies dem gesellschaftlichen Ansehen ihrer Eltern, d.h. dem des Vaters bzw. jenem der Familie der Schwiegereltern. Erfolgte die Aufnahme im fortgeschrittenen Alter, so war indes die eigene Karriere ausschlaggebend. Im Falle von Hieronymus Bosch scheinen sowohl seine eigenen Verdienste als Maler als auch der Status der Familie seiner Frau die Aufnahme begünstigt zu haben. Mehr und mehr bewegte sich Bosch in den Kreisen der administrativen Elite aus städtischem Adel, Schöffen und anderen Beamten, verkehrte mit Kirchenleuten wie den Kanonikern des Johanneskapitels sowie mit reichen Kaufleuten. Somit dürfte feststehen, dass Beziehungen zwischen diesem Milieu, dem ja auch seine Auftraggeber angehörten, und dem intellektuellen und theologischen Gehalt seiner Werke bestanden haben. Schwieriger ist es indes, solche

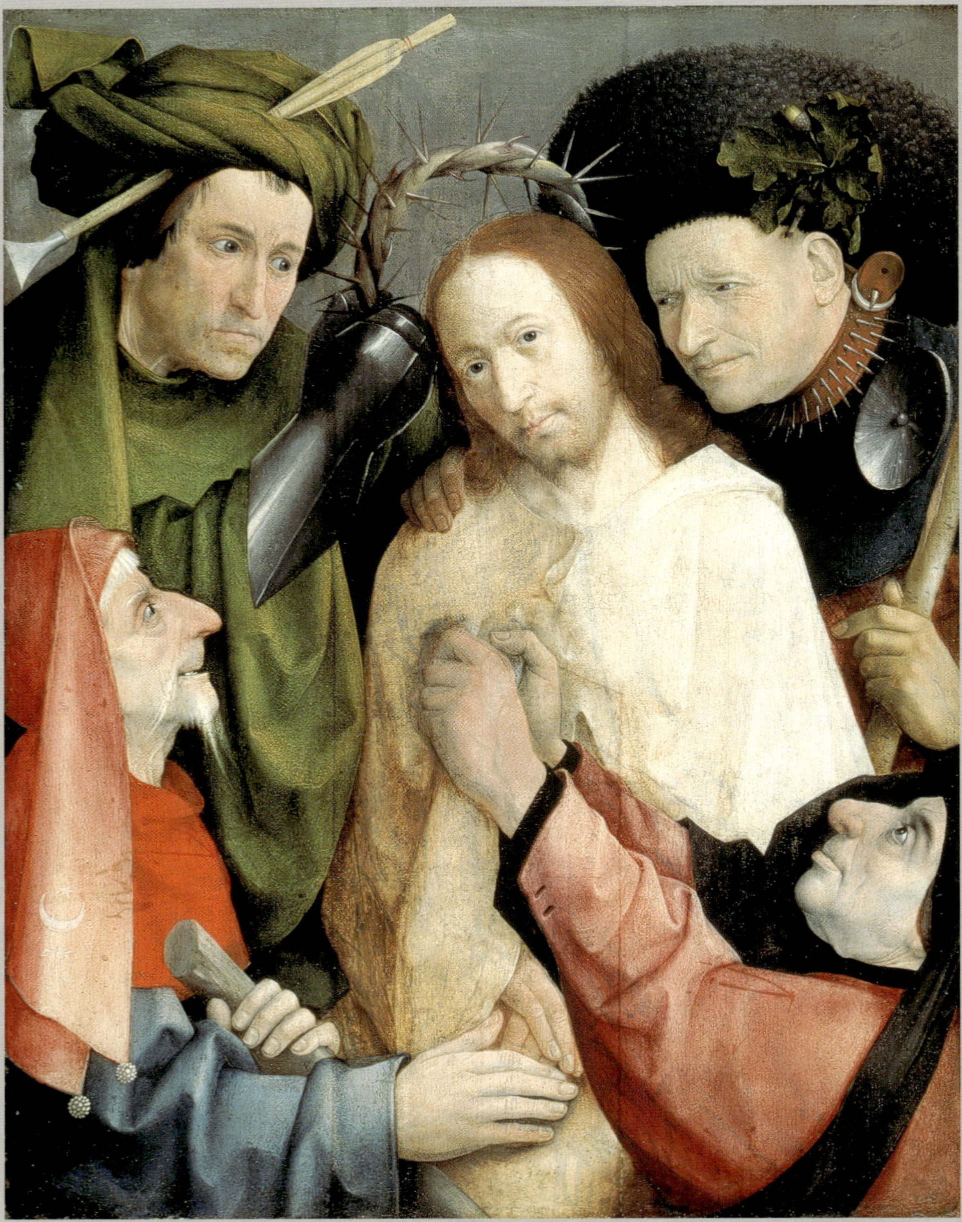

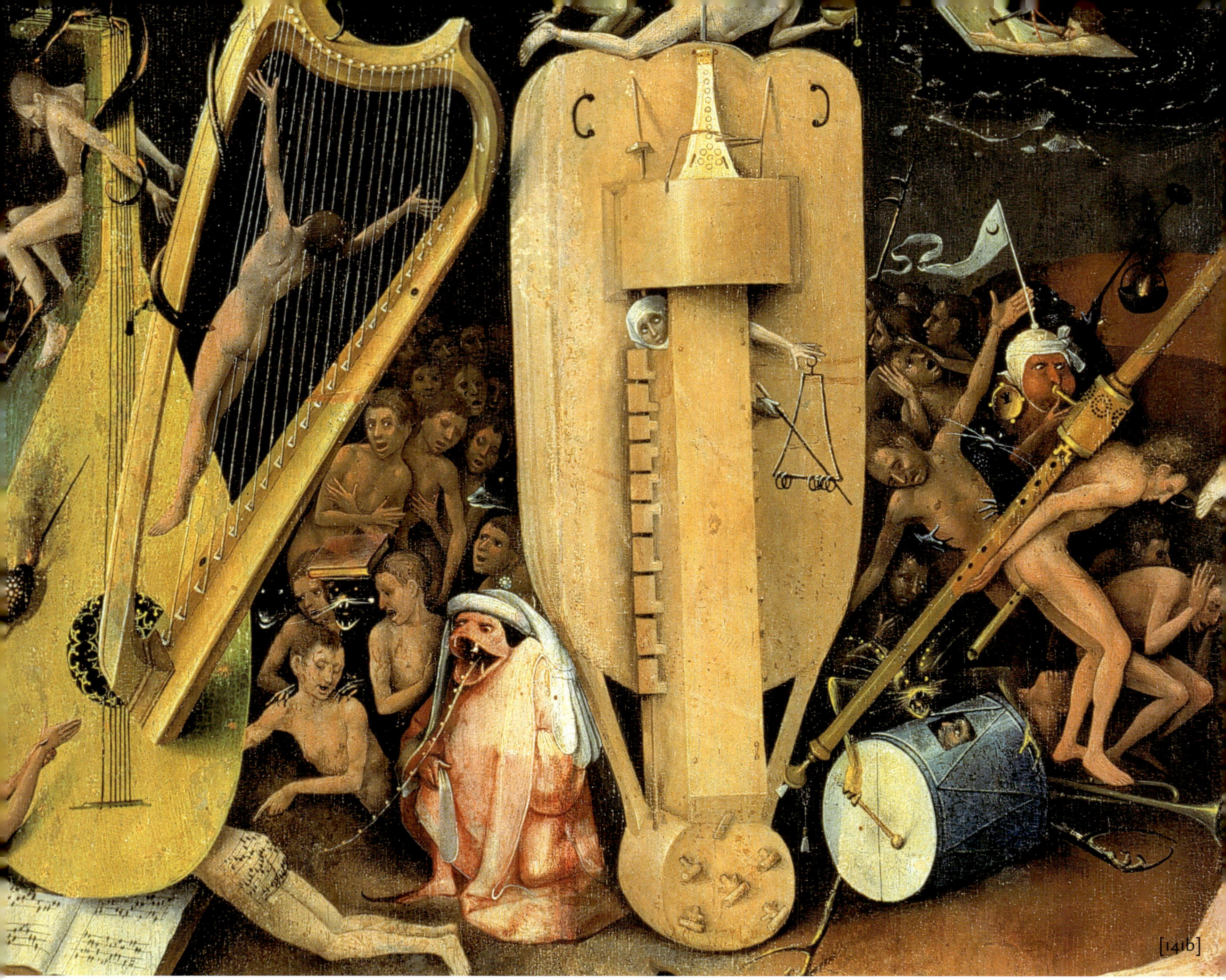

[141b]

Bezüge anhand konkreter Beispiele fundiert aufzuzeigen. Schon zu seinen Lebzeiten gibt es Indizien, welche die Wertschätzung seines Werkes veranschaulichen – die ja selbst in die allerhöchsten Kreise reichte (Philipp der Schöne, Margarete von Österreich, Hendrik von Nassau). Aber auch aus den als authentisch zu erachtenden Gemälden Boschs können wir schließen, dass er für höhere Kreise malte. Es liegt daher auf der Hand, Verbindungen zu den gebildeteren Zirkeln von 's-Hertogenbosch herzustellen. Wir haben bereits von den Buchdruckern und Buchhändlern rund um die Kerkstraat berichtet, ebenso von den verschiedenen Klöstern mit ihren Skriptorien und Bibliotheken. Auf intellektuellem Gebiet war vor allem das Fraterhaus der Brüder vom gemeinsamen Leben von großer Bedeutung, da dort Bücher entstanden – sie wurden dort verfasst, abgeschrieben, illuminiert, gedruckt und gebunden –, die wiederum unmittelbar in den Unterricht der Lateinschule einbezogen wurden.

Das Fraterhaus trug zweifellos zur Verbreitung des aufkommenden Humanismus in 's-Hertogenbosch bei, wenngleich sicher nicht aktiv, sondern wider Willen und unfreiwillig, nämlich allein schon durch den Besitz bestimmter Bücher. Denn der Geist der *Devotio moderna* oder Thomas von Kempens *De imitatio Christi* (Über die Nachfolge Christi) Abb. 55 war dem des Bibelhumanismus verwandt. Bosch stand solchen Einflüssen nicht nur räumlich nahe – die Entfernung seines Hauses am Markt zu dem Fraterhaus betrug kaum fünfhundert Meter, die Lateinschule in der Kerkstraat befand sich praktisch um die Ecke; die Frömmigkeitsbewegung muss den Maler auch inhaltlich interessiert haben. Konkret lässt sich eine Beziehung über Simon van der Couderberch († 1526) herstellen, den ersten Rektor der Lateinschule, der kurze Zeit vor Bosch eingeschworenes Mitglied der Liebfrauen-Bruderschaft geworden war. Neben seiner Tätigkeit als Schulmeister war er auch Stadtsekretär und Notar sowie Sänger und Organist der Bruderschaft; seine Bibliothek, die auch Schriften von Boethius und Petrarca enthielt, vererbte er teilweise der Bruderschaft. Die Bildsprache und Themenwahl von Boschs Gemälden – selbst die der Details –, die Wahl von Bildform und Aufbau sowie schließlich die Originalität, mit denen der Maler an die Tradition anknüpft und davon zugleich in subtiler Weise abweicht: All dies zeugt von einer umfassenden Bildung. In den Details seiner Gemälde zeigt sich, dass Bosch sich nicht nur einzelne Kupferstiche oder Holzschnitte zum Vorbild nahm, sondern auch Handschriften und gedruckte Bücher. Die Giraffe etwa, die auf dem Paradiesflügel des *Gartens der Lüste* Abb. 56 ebenso wie auf der *Sintflut*-Tafel erscheint, hat Bosch Abb. 75b

Abb. 55 Thomas von Kempen, *De navolging van Christus* – Von der Nachfolge Christi, Titelseite mit der Darstellung von Christus als Salvator Mundi, der auf einen im Rand abgebildeten Traubenpflücker blickt, Antwerpen 1505; Holzschnitt; Utrecht, Museum Catharijneconvent

Abb. 56 Cyriacus d'Ancona, Bericht der Reise nach Ägypten, spätes 15. Jh.; Feder, in Braun, laviert, Papier, 22 x 14,5 cm; Florenz, Biblioteca Medicea-Laurenziana

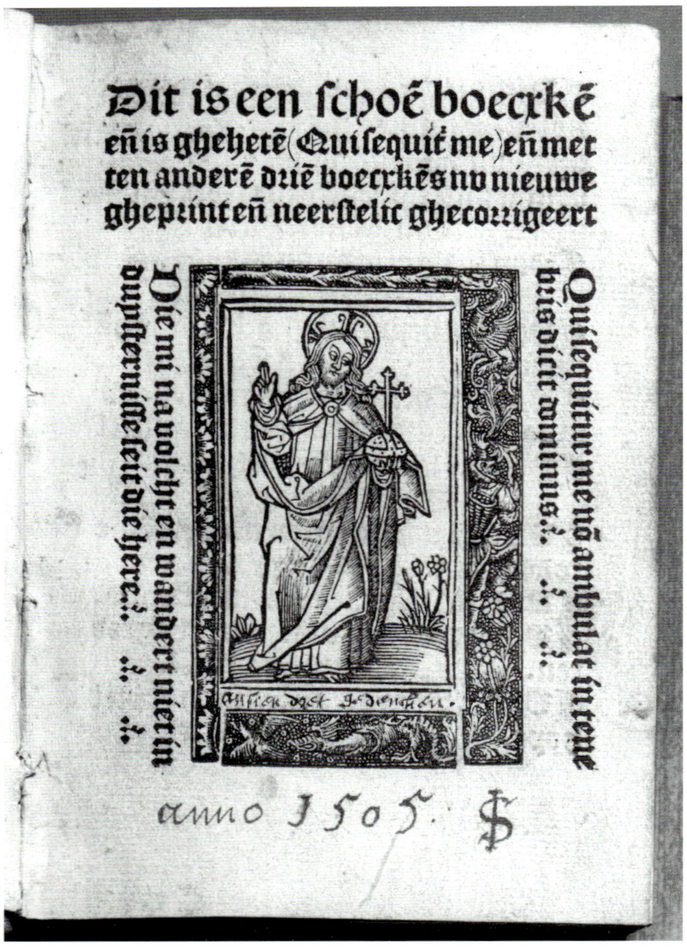

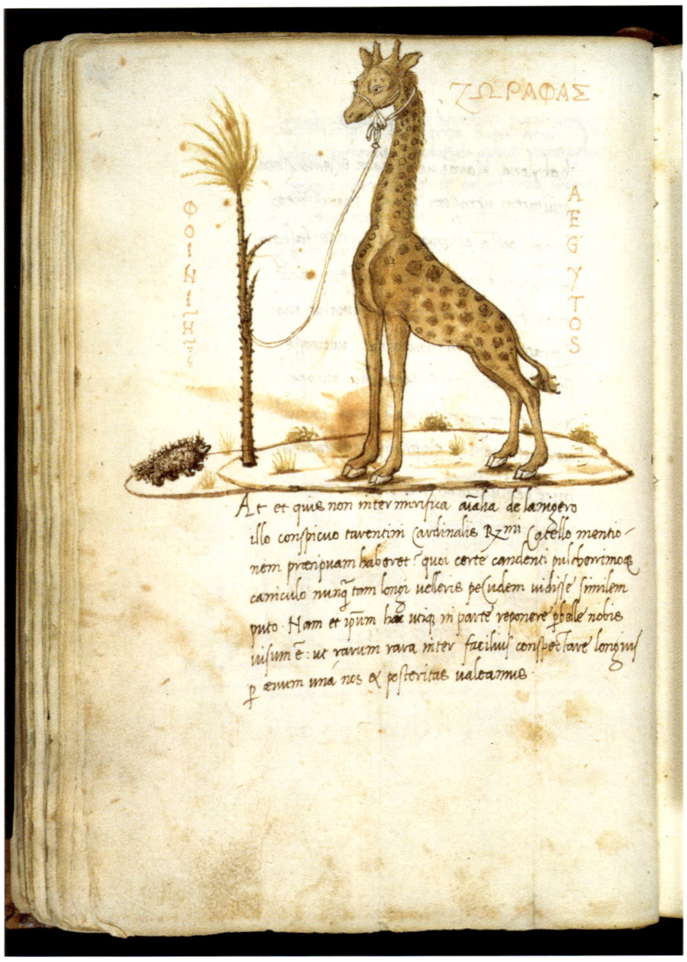

unmittelbar einer der illustrierten Abschriften von Cyriacus d'Anconas Reisebericht aus Ägypten entlehnt. Die Schöpfung des ersten Menschenpaares, der Sündenfall und die Vertreibung aus dem Paradies sind als Einzeldarstellungen, oder aber als Reihe aus der Überlieferung illustrierter Handschriften entlehnt; womöglich sogar aus der Frühform des gedruckten Buches, den Blockbüchern nämlich. Der nackte Reiter auf dem galoppierenden weißen Einhorn mit einem merkwürdig verzweigten Horn, den Bosch rechts auf der Mitteltafel des *Gartens der Lüste* abbildet, scheint auf eine etwa 1475 zu datierende Kaltnadelradierung des Hausbuchmeisters zurückzugehen, die einen Wilden Mann auf einem Einhorn zeigt. Die Gruppe mit dem Sünder und dem Mönch, der ihm die Beichte abnimmt – sie ist auf der Außenseite des rechten
Abb. 69b Flügels der *Versuchung des hl. Antonius* in Lissabon abgebildet – variiert ein um 1485 entstandenes Liebespaar des Hausbuchmeisters oder greift auf ein gemeinsames Vorbild in der flämischen Buchmalerei zurück. Der bärtige Mann in der dunklen Öffnung unterhalb der Brunnenkugel im Zentrum
S. 167 des *Gartens der Lüste*, der eine nackte junge Frau schamlos an ihrem intimsten Körperteil berührt – dieses Motiv hingegen wurde *so* möglicherweise aus einer Brügger Buchmalerei entlehnt, einer Illustration der antiken Sittengeschichte des Valerius Maximus, die ein römisches bzw. burgundisches Badehaus zeigt und etwa um 1470 entstanden ist.

Den Elefanten und den Seehund auf dem Paradiesflügel des *Gartens der Lüste* hat Bosch wohl, wie auch andere Tiere, nach der Natur gezeichnet und gemalt. Über die sporadische Anwesenheit echter Elefanten zu Lebzeiten von Bosch sind wir durch Dokumente gut unterrichtet; auf dem Markt von 's-Hertogenbosch wurde nicht nur regelmäßig Seehundfleisch und -pelz feilgeboten, die Tiere selbst waren dort vor dem Schlachten zu bestaunen. Bei anderen Kreaturen griff Bosch dagegen wieder auf Vorlagen aus illustrierten Büchern zurück: Das Einhorn links auf der Mitteltafel des *Gartens der Lüste* scheint der Holzschnittillustration eines Kräuterbuches des Jahres 1485 entlehnt zu sein, wobei Bosch aus einem Hirschen mit inwendig gebogenen Enden des Geweihs ein Fabelwesen formte.

Verschiedene Gegenstände, wie die Musikinstrumente auf dem Höllenflügel des *Gartens der Lüste,* gab Bosch äußerst realistisch wieder. Auch Kannen, Krüge, Messer und dergleichen „porträtierte" er meist überaus exakt. Gerade hinsichtlich dieses Realitätsgrades unterscheiden sich Kopien nach Werken von Bosch von dessen eigenhändigem Œuvre: Die Gegenstände sind dort nur noch schematisch wiedergegeben.

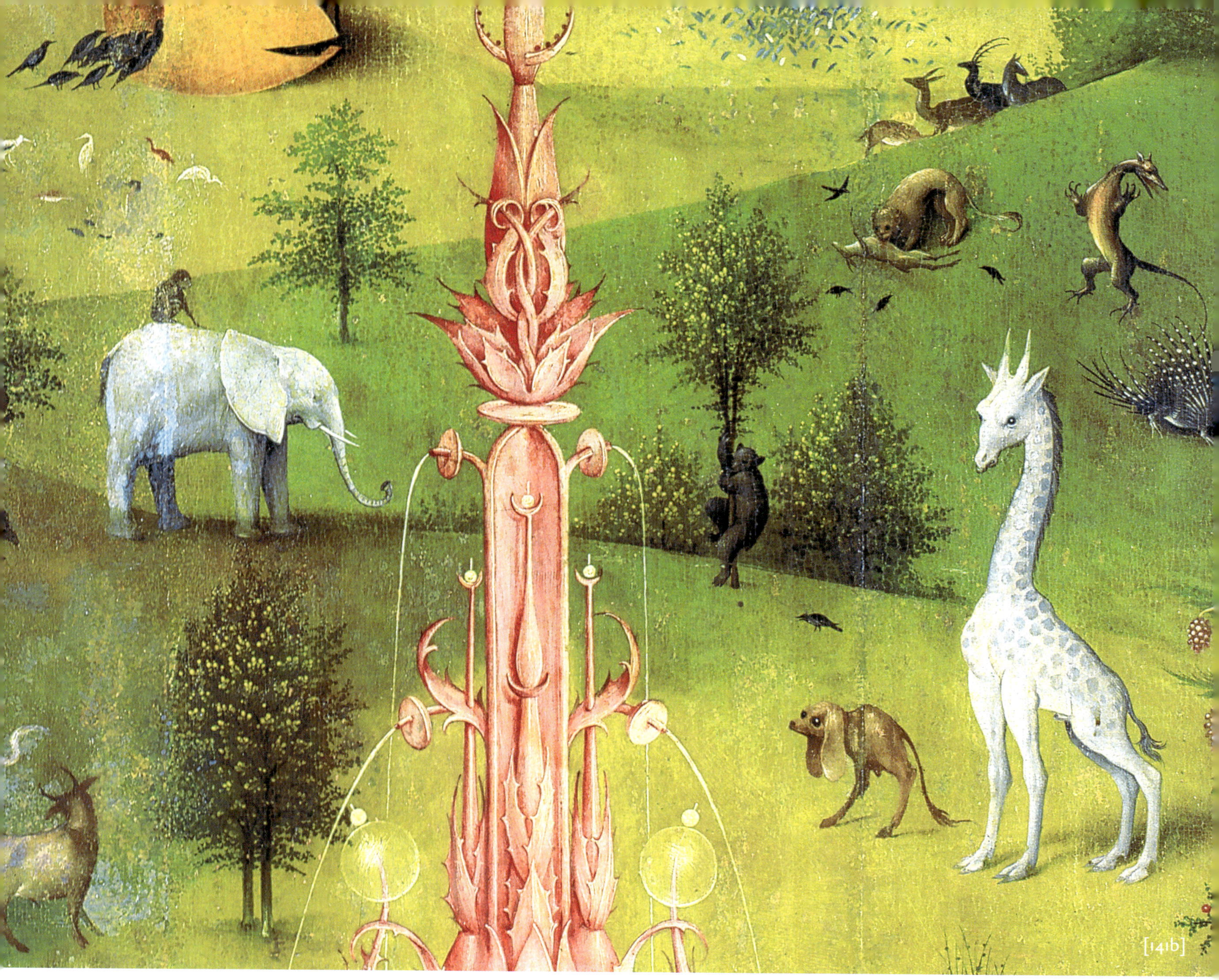
[141b]

In seiner Darstellung der Schöpfung auf der Außenseite des *Gartens der Lüste* spielt Bosch mit der Form der Erde, indem er eine Weltlandschaft der noch unbewohnten Erdoberfläche in eine Kristallkugel einschließt. Was genau wir hier sehen, ist so einfach nicht zu erklären. Bosch lässt eine runde, flache Erdscheibe im Wasser treiben; die Aussicht auf die Erde unter dem Firmament zeigt die Welt nach Ablauf des vierten Schöpfungstages. Denn hier ist die Schöpfung, nicht eine realistische Ansicht der Weltkugel, ins Bild gesetzt. Soweit bekannt, wurde der erste Globus 1492 in Nürnberg hergestellt; der Nürnberger Rat finanzierte das Projekt. Bosch mochte davon unmittelbar von den Handelsdelegationen erfahren haben, die Jahr für Jahr von 's-Hertogenbosch nach Nürnberg fuhren. Ältere Weltkarten stellten die drei „alten" Weltteile Europa, Asien und Afrika gewöhnlich bereits in Kreisform dar, die schematisch angedeutet oder aus der Vogelperspektive gezeigt wurde. Solche Karten verschwanden zwar gegen Ende des Mittelalters gänzlich, doch Bosch scheint noch auf sie zurückzugreifen. Als Gerard Mercator im Jahre 1569 seine berühmte Weltkarte veröffentlichte, rechtfertigte er seine Kenntnisse des Nordpolargebietes, indem er auf das *Itinerario* des Jacob Cnoyen aus 's-Hertogenbosch verwies! Dieser rätselhafte Jacob Cnoyen *van Tsertogenbosche*, so geht aus

Abb. 141a

einer anderen Quelle hervor, hatte Mitte des 14. Jahrhunderts ganz Asien, Afrika und den Norden bereist. Kurz nach der Mitte des 16. Jahrhunderts besaß der Antwerpener Kartograph Abraham Ortelius den Reisebericht Cnoyens, der seither spurlos verschwunden ist. Dass der in niederländischer Sprache verfasste Bericht zur Zeit von Bosch in 's-Hertogenbosch noch bekannt war, ist keineswegs unwahrscheinlich. Eine Abschrift des „Berichts des Reisenden aus 's-Hertogenbosch über das, was er in den Ländern der Ungläubigen hörte und sah" befand sich außerdem vermutlich in der Bibliothek der Gudulenkirche zu Brüssel.

Um 1500 veränderte sich das Weltbild von Bosch und seinen Zeitgenossen tiefgreifend. Entdeckungsreisen bestätigten Theorien darüber, wie Welt und Schöpfung wirklich waren. 1492 hatte Columbus Amerika entdeckt, und kurz nach 1500 verbreitete sich die Nachricht, dass ein neuer Erdteil entdeckt war. Bis zu diesem Zeitpunkt symbolisierten die Heiligen Drei Könige, die gekommen waren, um das Jesuskind zu ehren, für Hieronymus Bosch nicht allein die drei Lebensalter des Menschen, sondern auch die ganze bekannte Welt: Der junge schwarze König Caspar repräsentierte Afrika und schenkte Weihrauch; Melchior, von mittlerem Alter und von weißer Hautfarbe, überreichte Gold und stand für Europa; der alte

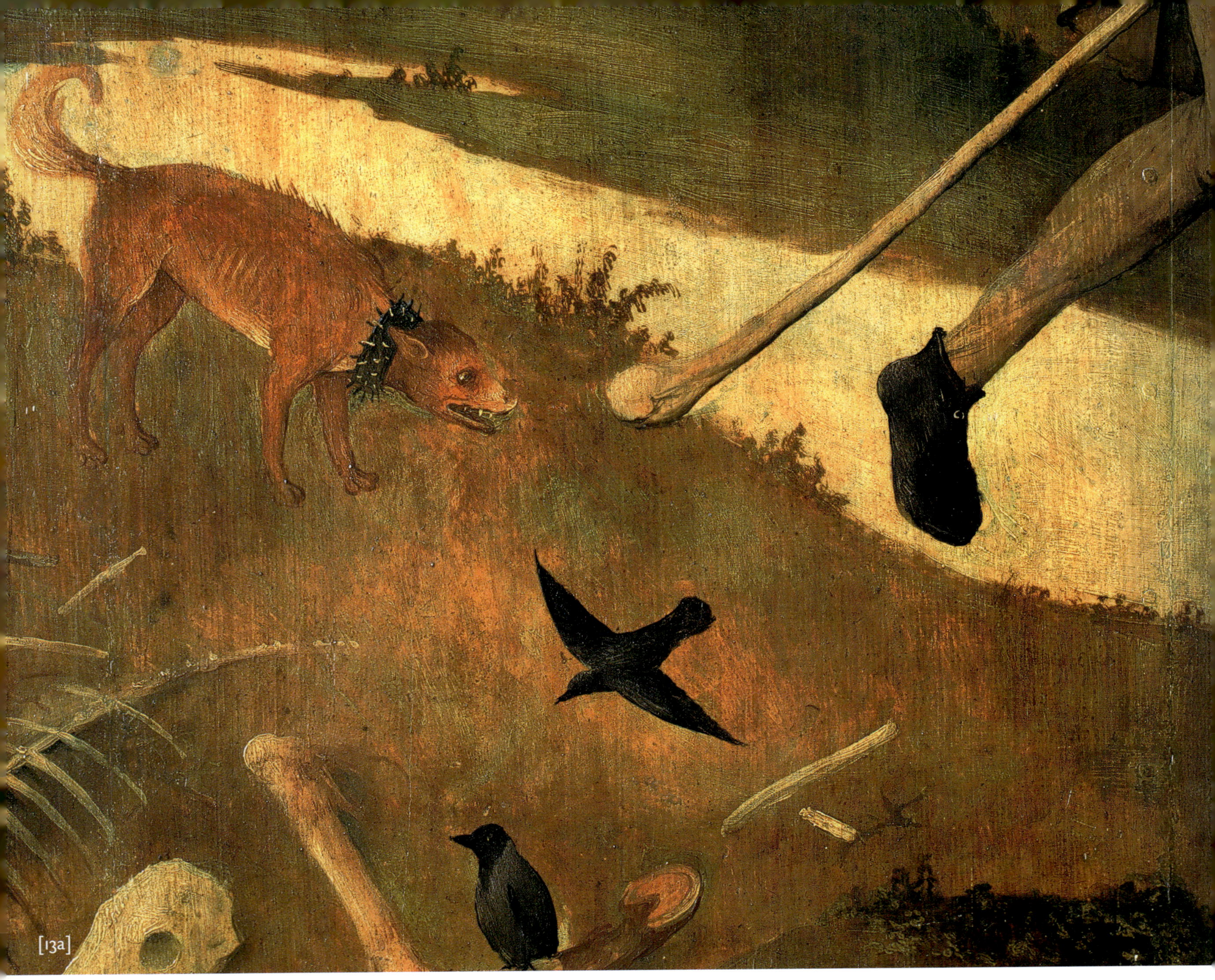

Balthasar, mit gelbem Antlitz, kam aus dem Osten Asiens und hatte Myrrhe als Geschenk. Fügte Hieronymus Bosch auf dem Madrider Triptychon mit der *Anbetung der Könige* den neuen, geheimnisvollen und nichtchristlichen Kontinent der traditionellen Dreizahl hinzu? Der geheimnisvolle vierte König mit seinem Gefolge ist bereits anwesend, steht aber abseits und wird zur Verehrung und Darreichung der Geschenke nicht zugelassen. Das Weltbild war dabei, sich zu verändern, was für die ikonografische Überlieferung, die dadurch ja aufgebrochen wurde, unmittelbar Konsequenzen zeitigte.

Abb. 47b

Devotio moderna

Der sog. *Verlorene Sohn*, ursprünglich die Außenflügel eines Triptychons, sowie die drei berühmtesten Bilder von Bosch – *Der Heuwagen*, *Der Garten der Lüste* und *Das Jüngste Gericht* – sprengen die traditionelle Ikonografie. Zusammen sind die drei Triptychen und der *Verlorene Sohn* (bzw. *Landstreicher* oder *Hausierer*) meines Erachtens ganz deutlich von Gedankengut und Heilsbotschaft der *Devotio moderna* geprägt. Die Reformbewegung rief jeden Gläubigen eindringlich dazu auf, das Christentum persönlich zu erleben und durch die individuelle Nachfolge Christi auszufüllen. Die Verantwortung oblag dem Einzelnen und sollte nicht länger auf die großen christlichen Vorbilder der Bibel und der Heilsgeschichte geschoben werden. Auf die Fürsprache Mariens, der Apostel oder der Heiligen sollte der Mensch sich nicht länger verlassen. Vielmehr galt es, deren Vorbild nachzufolgen und das christliche Leben selbst in die Tat umzusetzen. Jedes Individuum hatte im vollen Bewusstsein seiner Sündhaftigkeit selbst die immerwährende Wahl zwischen Gut und Böse. Dies galt sowohl für jeden Einzelnen als auch für die gesamte Menschheit. Erst durch tiefste Überzeugung von der menschlichen Fehlbarkeit war ein Streben nach Rettung möglich und zugleich notwendig.

Die Figur des Hausierers oder Landstreichers, die sowohl auf den Außenflügeln des *Heuwagen*-Triptychons in Madrid als auch auf der achteckigen Tafel des *Verlorenen Sohnes* in Rotterdam auftaucht, verbildlicht ein Thema allegorischer Abhandlungen, welche die gesamte menschliche Existenz als eine Pilgerreise begreifen. Einer der frühesten und einflussreichsten Texte jenes mystischen Substituts einer wirklichen Pilgerfahrt ist die *Pelerinage de la vie humaine* des Zisterziensermönchs Guillaume de Déguilleville, die 1330/31 entstanden ist. Aus dem 15. Jahrhundert kennen wir verschiedene Bearbeitungen der Schrift, und eine mittelniederländische Ausgabe erschien 1486 in Haarlem unter dem Titel *Boeck van den pelgherym* (Buch des Pilgers). Dort heißt es explizit, dass *alle*

Abb. 13a
Abb. 21a

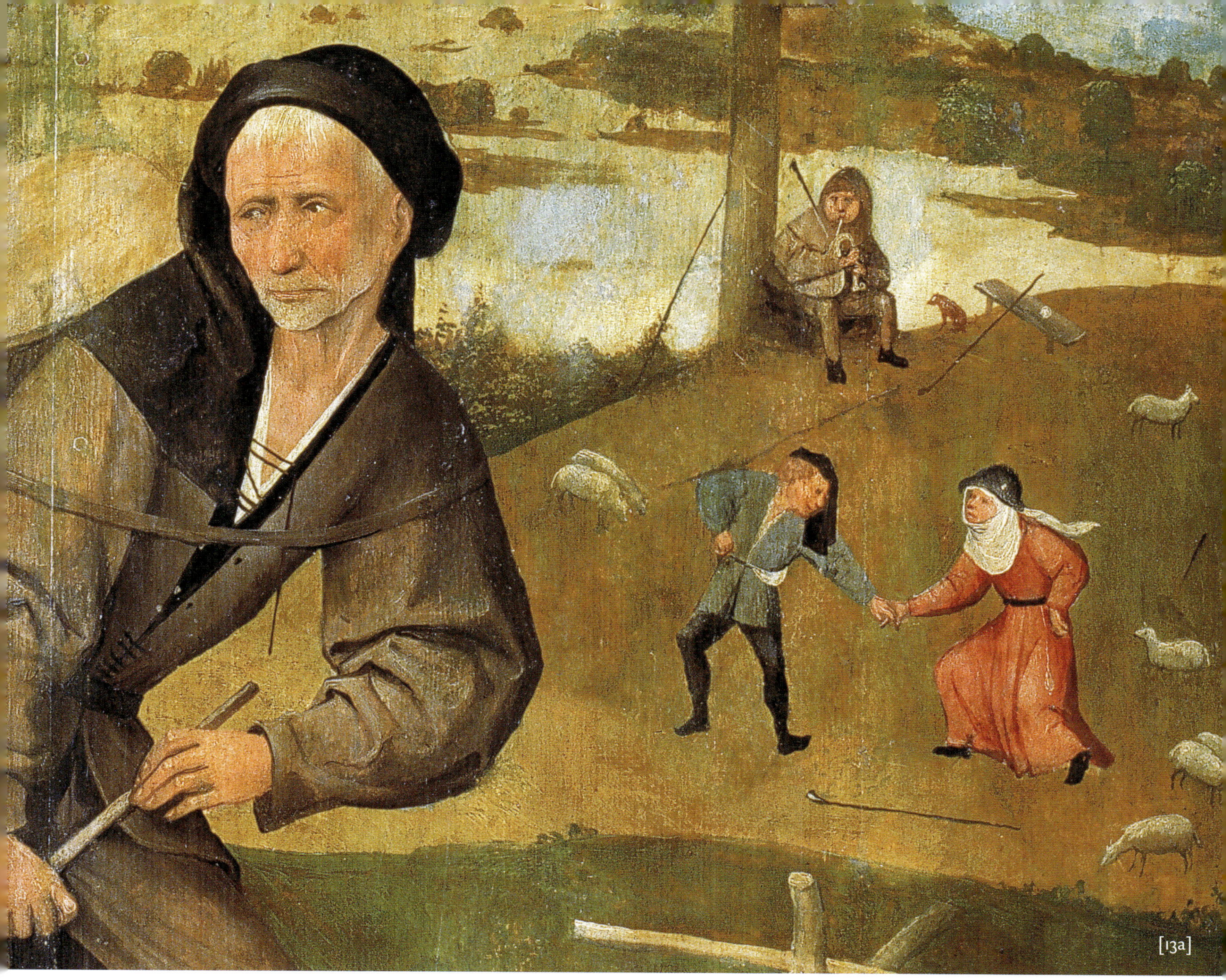
[13a]

Menschen Pilger auf dem Weg zum Himmlischen Jerusalem seien; auch andere Autoren des 15. Jahrhunderts vertreten diesen Gedanken. Nun hat Bosch jedoch seinen *Hausierer* oder *Landstreicher* ganz bewusst nicht mit allfälligen Attributen ausgestattet, die einen Pilger auszeichneten. Die negativen Vorstellungen, die Boschs Zeitgenossen mit umherziehenden Pilgern verbanden, die ohne Umweg – oder auch nicht – einem bestimmten Wallfahrtsort zustrebten, sollten sich gerade nicht auf diesen „Lebenspilger" beziehen lassen. In anderen Werken hat Bosch dagegen typische Pilger dargestellt: so auf einer Zeichnung eines Bettlers mit einem Pilgerzeichen aus dem norddeutschen Wallfahrtsort Wilsnack, so auf der Mitteltafel des *Heuwagens* die Pilgergestalten links oder den hl. Jakobus auf den Seitenflügeln des Wiener *Jüngsten Gerichts*, der sich als Pilger auf dem Weg zu seiner eigener Wallfahrtsstätte in Santiago de Compostela befindet.

Abb. 149a

Indem Bosch den Menschen auf seiner Lebenspilgerreise darstellte, verwies er nicht auf die zahllosen echten Wallfahrer, sondern auf die sich fortquälende Menschheit im Allgemeinen. Mit Gottes Hilfe muss der Mensch als frommer Gläubiger selbst den richtigen Weg beschreiten und ist deshalb mit einem derben Knüppel ausgerüstet. Bosch stellt diesen Knüppel gerade nicht als den typischen, langen Pilgerstab dar, weil er konkrete Assoziationen vermeiden will. Der keulenartig auslaufende Knüppel in der rechten Hand des Reisenden, der damit den drohenden Hund fernhält, zeigt aber dennoch, dass es sich hier um einen Wanderer handelt, einen Pilger, der seinem Weg treu bleiben muss. Buchstäblich scheint Bosch hier eine Passage aus der mittelniederländischen Bearbeitung des *Speculum humanae salvationis* verbildlicht zu haben. Der Text handelt davon, dass ein Pilger vielerorts *achterweghen* (Umwege) gehen muss, wobei er seinen Stock benötigt, um bösartige Hunde fernzuhalten. Der Stock versinnbildlicht den Glauben, der dem Menschen Halt bietet, um nicht vom rechten Weg abzuweichen, und ihn gegen Bedrohungen (*die honden* [die Hunde] und *helsche honden* [Höllenhunde]) wappnet.

In der Darstellung von Bosch hat der Mensch sein Hab und Gut in einem hohen Weidenkorb auf den Rücken geschultert und schleppt diese irdische Last auf seinem Lebensweg mit sich. Die in der Literatur häufig unterstellte Vermutung, der Korb impliziere, dass hier ein umherziehender Kaufmann, ein Hausierer, zu sehen sei, ist nicht zu erhärten. Wir müssen stattdessen eine spezifische Interpretation verfolgen, denn es geht darum, dass jeder Christ, gebückt unter der Last seines irdischen Daseins, seinem Lebensweg folgen muss. In der Nachfolge Christi führt er sein Leben; von Tag zu Tag und von

Stunde zu Stunde dessen Vorbild gedenkend, trägt er seine Last. Diese Deutung der beiden sich fortschleppenden Landstreicher Boschs findet sich durch das Titelblatt des berühmten Buches *De Imitatio Christi* (Von der Nachfolge Christi, Antwerpen 1505) von Thomas von Kempen bestätigt.

Abb. 55 Der Titelholzschnitt zeigt den segnenden Christus als *Salvator Mundi*; neben der Abbildung steht sowohl in Latein als auch in Mittelniederländisch ein Zitat aus dem Neuen Testament: *Die mi navolcht en wandert niet in duysternsse seit die here* (Wer mir nachfolgt, wird nicht in der Finsternis umhergehen, sprach der Herr; Johannes 8,12). Diese Worte, mit denen der Text beginnt, sind typisch für die gesamte Bewegung der *Devotio moderna*. Sie bilden das Leitmotiv der Schrift des Thomas von Kempen, das auch für Boschs Darstellung der beiden Landstreicher bzw. Hausierer Gültigkeit besitzt. Genau dies ist auf dem Titelblatt dargestellt: Der segnende Christus schaut auf einen Menschen hinab, der sich zwischen den Mustern und Ranken der Umrahmung dieses Holzschnitts abmüht. Die Übereinstimmung mit Boschs Landstreichern ist augenfällig; allerdings ist der Korb hier mit Trauben gefüllt, die jene Figur zuvor gepflückt hat – die eucharistische Symbolik ist ganz offensichtlich.

Von den übrigen überlieferten Triptychen Boschs brechen die erwähnten Werke *Der Heuwagen*, *Der Garten der Lüste* und *Das Jüngste Gericht* so fundamental mit der konventionellen Ikonografie, dass die beiden erstgenannten regelmäßig als „häretisch" oder „profan" angesehen werden. Doch betrachten wir diese Triptychen zusammen, die, wie J.K.Steppe 1967 hervorhob, auch im Bildaufbau einander eng verwandt sind, so kommt ein ganz anderes Bild zum Vorschein. Dann nämlich wird deutlich, warum ich es für denkbar halte, dass eine Variante des *Gartens der Lüste* einst den Hochaltar der Johanneskirche von 's-Hertogenbosch schmücken konnte. In geöffnetem Zustand zeigt jedes der drei Triptychen ein nahezu vollständiges Bild der christlichen Heilsgeschichte, und zwar mit dem Paradies und der Hölle. Stets ist der große Kontrast zur paradiesischen Welt inszeniert, die unvermeidlich auf den Sündenfall und auf die ewige Strafe der beim Jüngsten Gericht verdammten sündigen Menschheit hinausläuft. In einer das Triptychon insgesamt durchziehenden Landschaft wird jedes Mal durch diese beiden Extreme sowie die dazwischen situierte Hauptszene aufs Neue die gleiche mahnende Botschaft vermittelt: „Mensch, schau auf dich selbst und dein Verhalten, schau, wie du dein Leben hier auf Erden führst, halte dich lieber an das Gottvertrauen wie auch an die Nachfolge Christi …". Der Mensch verfiel selbst der Sünde, und die Strafe wird fürchterlich sein. Rettung wird nur dann möglich, wenn der Mensch sich seiner eigenen Schlechtigkeit bewusst wird und sich von der Sünde abwendet.

Abb. 141b Auf dem Triptychon *Der Garten der Lüste* zeigt der Paradiesflügel nur die Schöpfung des ersten Menschenpaares, dessen *Noch-Unschuld* hier das eigentliche Thema ist. Der Löwe, der einen Hirschen reißt, und die Katze mit der Maus im Maul verweisen sowohl auf jenen theologischen Disput, wonach die Tierwelt niemals frei von Sünden war, als auch auf das Unvermeidliche des Sündenfalls. Die Mitteltafel zeigt die Menschheit in wollüstiger Unschuld. Schamlos und friedlich ist hier die Vision eines paradiesischen Zusammenlebens noch vor dem Sündenfall dargestellt; der war jedoch unabwendbar, was in dieser lyrischen Szenerie implizit ebenfalls ausgedrückt worden zu sein scheint. Unvermeidlich und unwiderruflich verfiel die Menschheit der Sünde – die gesamte Menschheit trägt hier die Last der Erbsünde und ist schuld am Sündenfall. Die Verdammnis zur Hölle, die großartig auf dem rechten Flügel dargestellt ist, stellt für jedes sündige Individuum Konsequenz und reale Bedrohung dar.

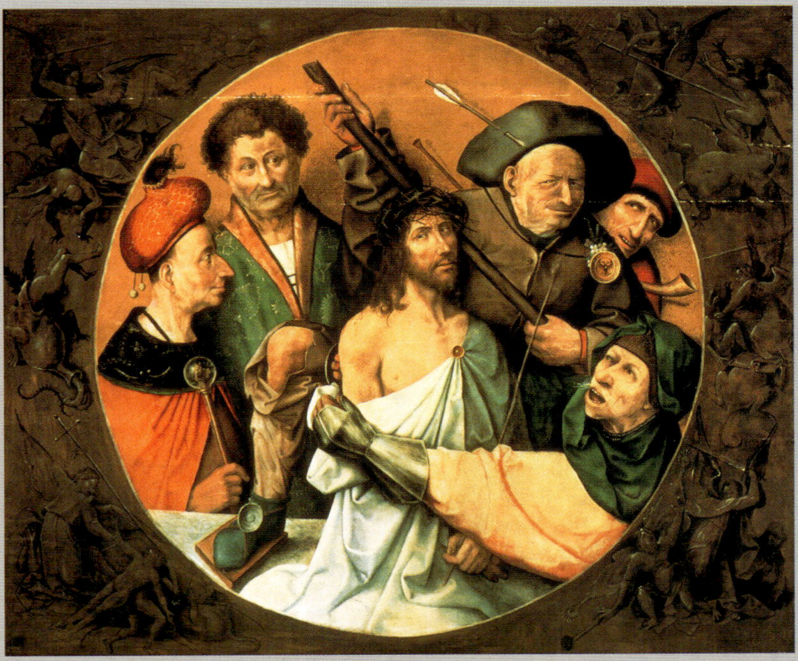

Abb. 57 Nachfolger von Hieronymus Bosch, *Die Dornenkrönung*, um 1533 oder später; Öl auf Holz, 165 x 195 cm; Monasterio de San Lorenzo de El Escorial

Abb. 58 Nachfolger von Hieronymus Bosch, *Die Dornenkrönung*, aus der Grabkapelle der Mencía de Mendoza, Ehefrau Hendriks III. von Nassau, im Dominikanerkloster zu Valencia, Antwerpen (?) um 1530, Triptychon; Öl auf Holz, 151 x 335 cm; Valencia, Museo Provincial de Bellas Artes

Auf dem *Heuwagen*-Triptychon wird die Schöpfung des ersten Menschenpaars im Paradies gerade deshalb weit entrückt im Hintergrund des linken Flügels gezeigt; im Mittelgrund ist der Sündenfall zu sehen, und im Vordergrund werden die der Sünde verfallenen Ureltern aus dem Paradies vertrieben; das sündige Menschenpaar ist hier das wichtigste Element. Sündenfall und Vertreibung werden durch den Kampf, der sich hoch oben im Himmel zwischen Gut und Böse abspielt und die Vertreibung bereits ankündigt, noch gesteigert. Auf der monumentalen Mitteltafel wird die Fortsetzung der Vertreibung aus dem Paradies geschildert, indem die kleine Gestalt des auferstandenen Christus in den Wolken auf den Lauf der Welt weist: Der sündige Fortgang der menschlichen Existenz wird in Form des fahrenden Heuwagens verdeutlicht. Dieser fährt selbstverständlich in Richtung Hölle, die hier abermals den drohenden Bestimmungsort des sündigen Menschen darstellt. Abb. 13b

Das *Jüngste Gericht* gibt auf dem linken Flügel ebenfalls das Paradies wieder: Hier ist die Schöpfung des ersten Menschenpaars wieder in den Vordergrund gerückt. Dem Sündenfall wird ein zentraler Platz zugewiesen, die Vertreibung aus dem Paradies ist im Hintergrund in weiter Ferne zu erkennen. Das erste Menschenpaar wurde bereits vor dem schon in der Schöpfung angelegten Fehltritt verurteilt. Wiederum spielt sich über diesem Geschehen, vor den Augen des Schöpfers, der Fall der aufständischen Engel ab. Hoch oben in der Luft treibt der Erzengel Michael mit seiner Engelschar Luzifer und die Seinen in die Tiefe, und auf Erden verbannt er Adam und Eva aus dem Paradies. Die vertriebenen Sünder bestimmen größtenteils das Geschehen auf der Mitteltafel, auf der das Jüngste Gericht dargestellt ist. Die Erde ist vollständig von Sündern bevölkert, die von Teufeln und Ungeheuern übermannt werden; die Gebäude in der Ferne stehen in Brand, und der Himmel wird unterhalb der linken Hand des als Richter erscheinenden Heilands schwarz. Auf dem rechten Flügel setzen sich Finsternis und Weltenbrand fort, die Verdammten verschwinden in der Hölle. Abb. 149b

Die drei Triptychen zeigen zwar die traditionelle Heilsgeschichte, jedoch nicht in der herkömmlichen Weise, sondern setzen einen besonderen Akzent. Als Hauptthema erscheinen nicht die Erlösungstat Christi oder das positive Beispiel eines heiligen Märtyrers bzw. Bekenners; es geht hier also nicht um die Hilfe der Fürsprecher der Menschheit. In diesen Werken Boschs geht es vielmehr zentral um den Weg, den die Seele des einzelnen Gläubigen zurücklegen muss. Dieser Weg führt auf dem *Garten der Lüste*, dem *Heuwagen* und dem *Jüngsten Gericht* beinahe ausschließlich in die Hölle. Ohne jegliche Hoffnung wird der Betrachter mit seiner eigenen Sündhaftigkeit konfrontiert und dementsprechend gänzlich auf sich selbst zurückgeworfen. Stets geht es um die Schöpfung, und um das, was der Mensch daraus gemacht hat; ferner um das, was ihn erwartet, wenn er an dem ihm inhärenten, sündhaften Handeln festhält, das ja Teil der Schöpfung war. Gott schuf den Menschen und sieht dessen Scheitern zu; denn alles geschieht unter dem Auge Gottes. Hoch oben über dem Heuwagen gibt Christus, indem er auf seine Wunden deutet, zu verstehen, dass für denjenigen, der seine Nachfolge antritt, eine Rettung möglich ist. Der Maßstab der Christusgestalt ist von großer Bedeutung: Paradoxer Weise wird er nämlich so klein wie möglich und teilweise von den Wolken verborgen dargestellt – denn je größer seine Gestalt hier wiedergegeben worden wäre, desto weniger hätte er den *Weg* verkörpern können, den die gläubige Seele ja *selbst* zurücklegen muss.

Auf der Außenseite des *Heuwagens* – des Triptychons, auf dem am deutlichsten ohne Rücksicht auf individuellen Rang und Stellung von dem sündigen Verlauf der Menschheitsgeschichte berichtet wird – erscheint der Mensch als „Lebenspilger". Beim *Jüngsten Gericht* in Wien zeigen die Außenseiten Figuren, die faktisch genauso zu deuten sind. Auf dem linken Flügel ist der hl. Jakobus d.Ä. als Pilger und Apostel abgebildet: als Verkünder des Wortes und Ideal des christlichen Pilgers (auf dem Weg zu seinem eigenen Grab). Im Hintergrund ist die Metapher vom Lebensweg in zwei kleinen Nebenszenen weiter ausgearbeitet. Eine Szene zeigt den Blinden, der einen Blinden

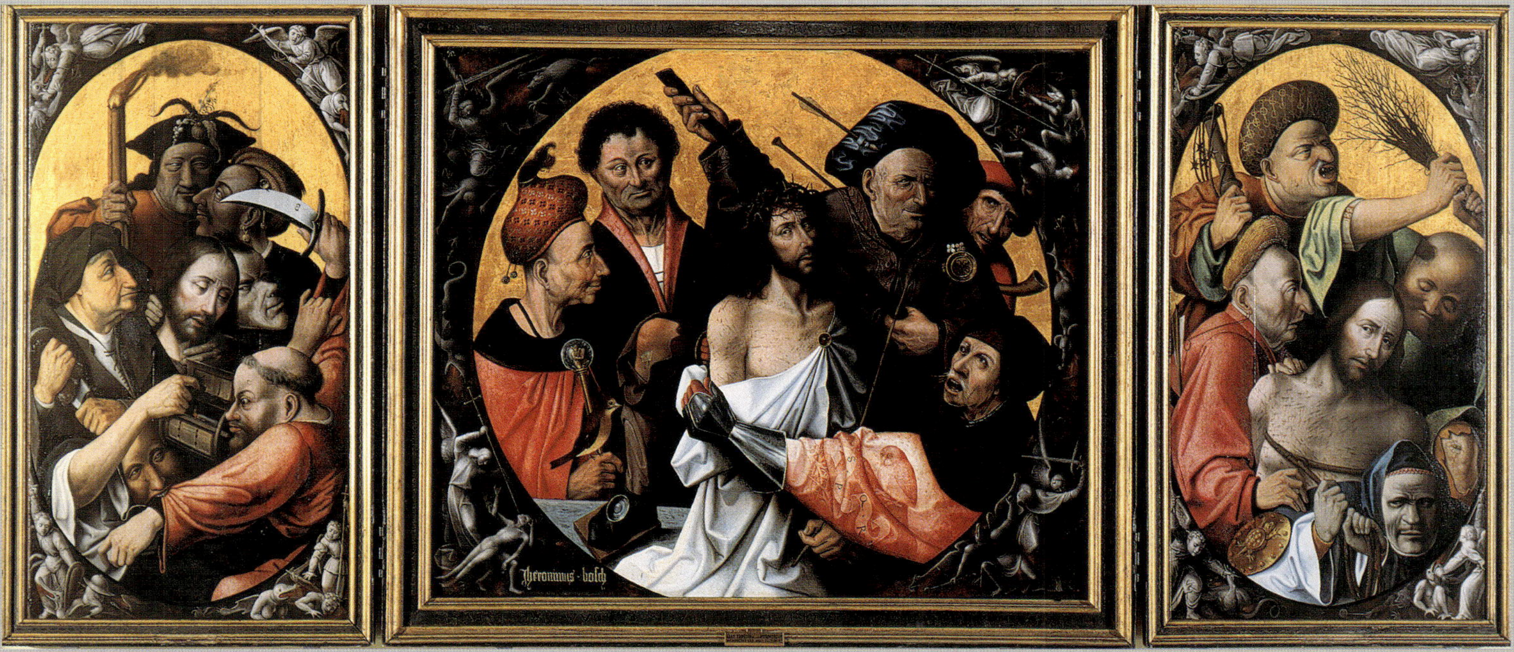

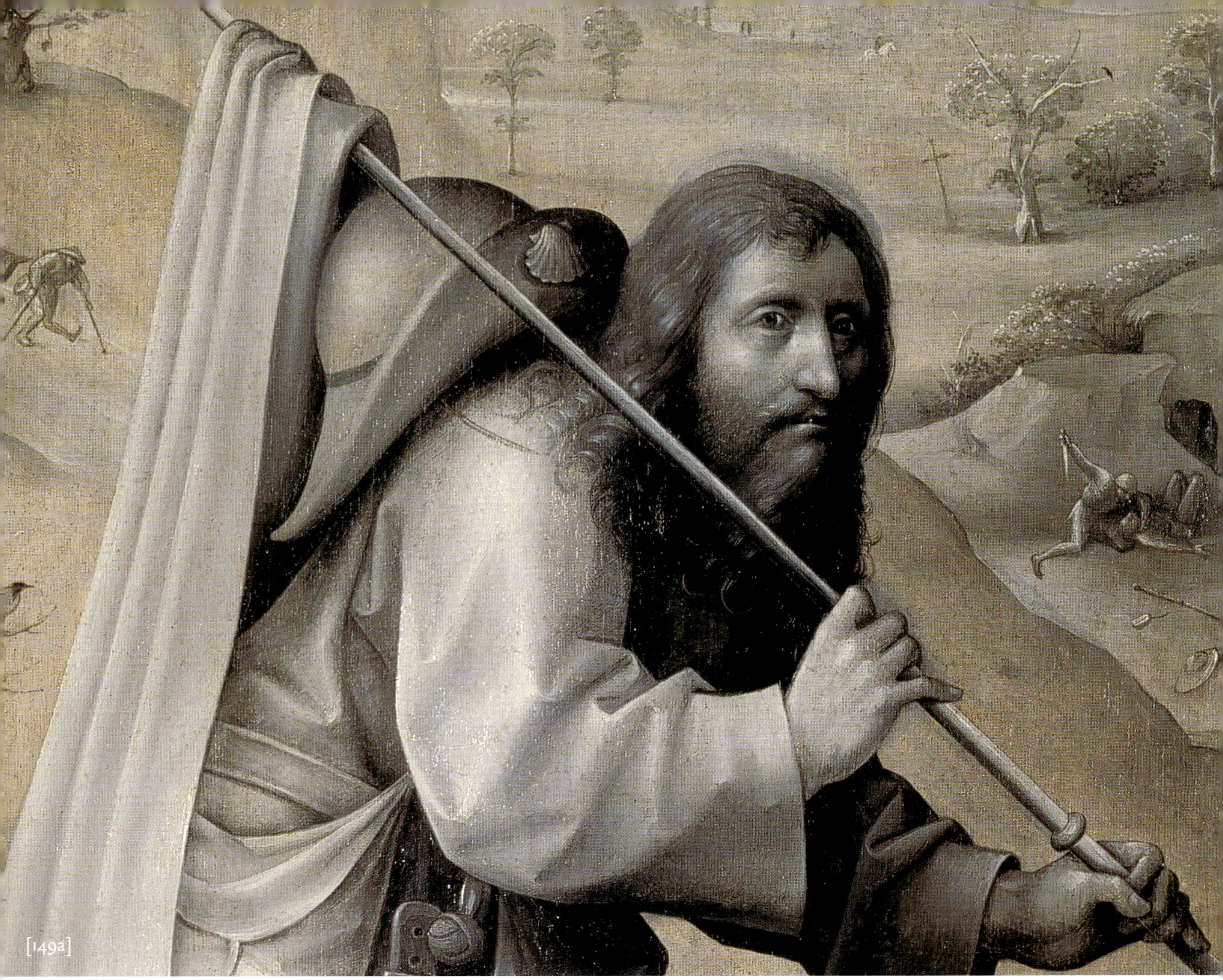

[149a]

führt, ein Sinnbild für den umherirrenden Menschen, der hilflos ist und in Unwissenheit stolpernd vorwärts kommen muss. Weiter rechts wird ein Reisender beraubt, denn es handelt sich dabei um einen gefahrvollen Weg. Der hl. Bavo, der auf dem anderen Flügel dargestellt ist, verteilt Almosen unter den Armen und dient so ebenfalls als ein Vorbild. Zweifellos ist in der Gestalt des hl. Bavo zugleich ein Verweis auf die ursprüngliche Bestimmung oder den Auftraggeber zu erkennen. Dass das Triptychon des *Jüngsten Gerichts* jedoch mit dem einst von Philipp dem Schönen beauftragten Werk zu identifizieren sei, wie die Literatur wiederholt behauptet, lässt sich freilich nicht untermauern. Denn das Argument, dass der – recht selten dargestellte – hl. Bavo als repräsentativer niederländischer Heiliger hier bewusst dem spanischen Schutzpatron Jakobus gegenüber gestellt worden wäre, ist aufgrund von dessen geringer Bekanntheit und seltener Verehrung zweifelsfrei nicht zu belegen. Auf der Außenseite des *Gartens der Lüste* ist schließlich, wie wir bereits sahen, der Beginn der Schöpfung dargestellt: eine desolate Welt, die noch gefüllt werden muss. Der Schöpfergott ist fast soweit, den Menschen in diese Welt hineinzusetzen … danach wird es aufgrund der unveränderlichen Natur des Menschen zum Sündenfall kommen.

Abb. 141a

Die Werke des Hieronymus Bosch in der Johanneskirche

Im Auftrag des Magistrats von ’s-Hertogenbosch verfassten drei gelehrte Schöffen (Everswyn, Loeff und Van Balen) in den Jahren 1606-09 eine Chronik der Stadt. Die *Historia chronologica oppidi Buscoducis* (Die chronologische Geschichte der Stadt ’s-Hertogenbosch) beschreibt die Annalen der Stadt von ihren Ursprüngen bis zum Jahr 1565. Der nie veröffentlichte lateinische Text wurde später von verschiedenen Autoren zu Rate gezogen und zitiert (beispielsweise von Jacobus van Oudenhoven im Jahr 1649 und von J.B. Gramaye im Jahr 1610). Voller Stolz wird darin auch die Innenausstattung der Johanneskirche beschrieben. Fünfzig Altäre soll es im Kirchenbau gegeben haben, „die nicht hinter den Skulpturen des Praxiteles und der Malerei von Apelles zurückbleiben“. Die Altäre des Hochchores und der Maria zählten dabei, so ist in der Chronik zu lesen, zu den kostbarsten Stücken. Die anschließende Passage ist hier von großer Bedeutung. Die Chronik berichtet nämlich weiter: „Vom Altar des Hochchores und dem Marienaltar in der Bruderschaftskapelle sind noch die Tafeln vorhanden, die mit den Darstellungen der außergewöhnlichen Kunst des Hieronymus Bosch versehen sind.

Das erstgenannte Werk stellt das *opus creationis hexameron mundi* (das Sechstagewerk der Erschaffung der Welt) dar, das andere zeigt die Geschichte von Abigail und David sowie Abb. 136 die von Salomon und Bathseba." Ferner heißt es, dass in der Kapelle des Wunder wirkenden Marienbildes ein Altarwerk von Bosch vorhanden sei, das die Darbringung der Geschenke durch die Heiligen Drei Könige abbilde; auf dem Altar des Erzengels Michael befinde sich sodann ein Altaraufsatz mit der in vier Szenen dargestellten Geschichte von Judith und Holofernes (Belagerung von Betulia, Tod des Holofernes, Flucht und Untergang des assyrischen Heeres, Judiths Sieg) sowie der vermutlich in zwei Szenen erzählten Geschichte von Esther (Esther und Mordechai, Triumph des befreiten jüdischen Volkes).

Von den beiden letztgenannten Tafeln, die die alttestamentarischen Heldinnen Judith und Esther verewigten, ist nichts Näheres bekannt. Es ist nicht unwahrscheinlich, dass die von Hieronymus Bosch bemalten Flügel zu einem skulpierten Altarretabel gehörten, denn Historien des Alten Testaments sind als Hauptthema eines christlichen Altares damals noch undenkbar.

Drei Könige

Die von den Schöffen erwähnte Darstellung der Heiligen Drei Könige, die dem Jesuskind Geschenke darreichen, kann vermutlich nicht mit einem der noch erhaltenen Exemplare oder Triptychen Boschs identifiziert werden, die sich diesem Thema widmen. Wahrscheinlich handelte es sich bei dem Werk in der Johanneskirche um eine ähnliche Darstellung, wobei der Akzent offenbar eher auf der Darreichung der fantastischen Geschenke lag, als auf der Anbetung selbst. Insofern erinnert die Beschreibung der Chronisten an das von einem in der unmittelbaren Umgebung, vielleicht sogar in der Werkstatt Boschs tätigen Maler geschaffenen Triptychon, das sich wohl Abb. 60 bereits seit Mitte des 16. Jahrhunderts in der Kirche von Anderlecht befindet. Als ältester der Könige präsentiert Balthasar mit verhüllten Händen (*manu velato*) sein Schiff mit Myrrhe, während das Gefolge der morgenländischen Weisen auf dem rechten Flügel noch eingepackte Waren heranschafft. Auf diesem Triptychon werden besonders die Geschenke

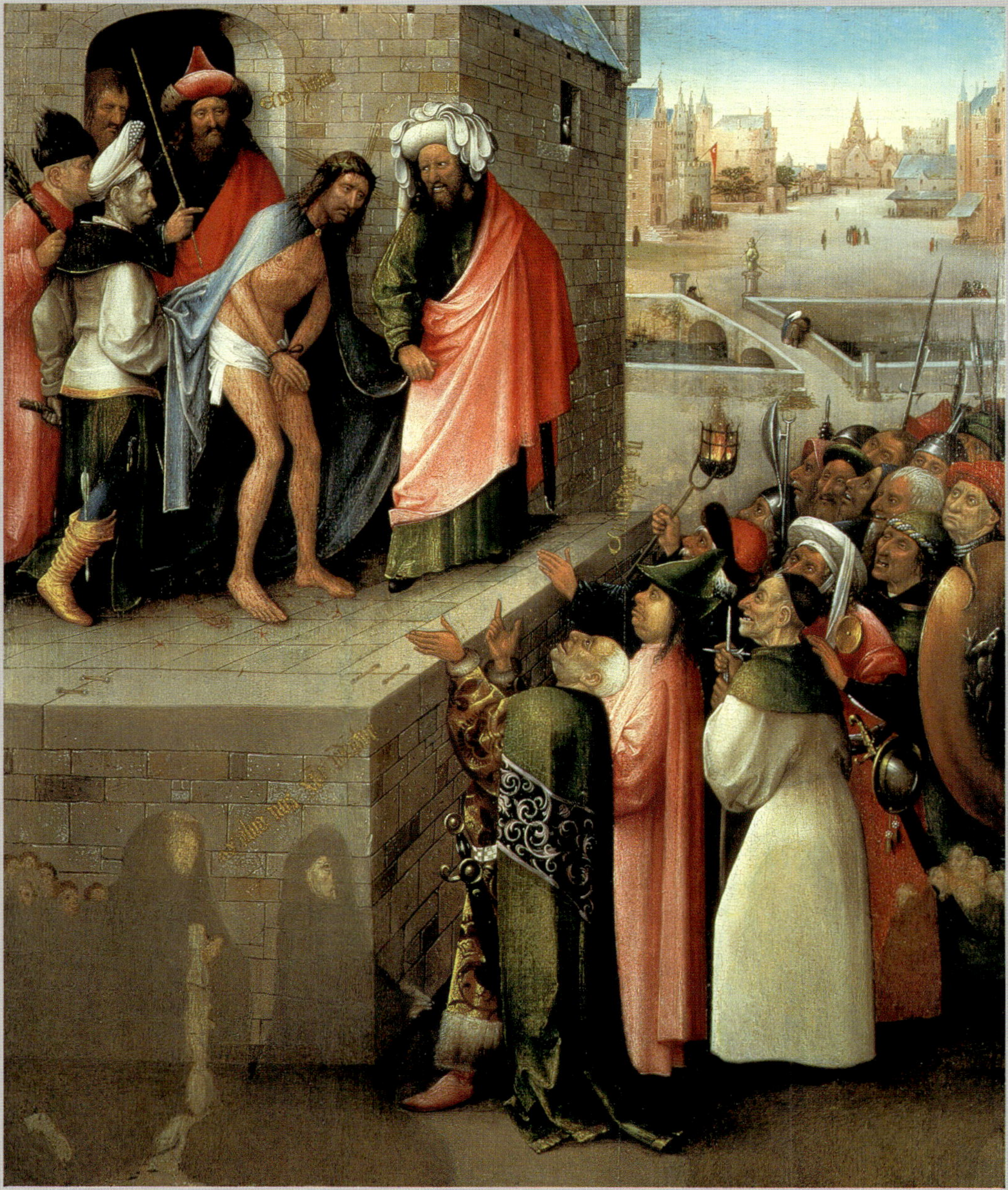

Abb. 59 Hieronymus Bosch, *Ecce Homo*, um 1476 oder später; Öl auf Holz, 61 x 75 cm; Frankfurt am Main, Städelsches Kunstinstitut und Städtische Galerie

Abb. 60 Nachfolger von Hieronymus Bosch, *Die Anbetung der Könige*, 1525-40, Triptychon; Öl auf Holz, 80,5 x 115 cm; Innenseite: *Der hl. Joseph, Die Anbetung der Könige, Das Gefolge mit Geschenken*; Anderlecht, Erasmushaus (Leihgabe der Kollegiatskirche St. Pieter en Guido)

betont, wobei freilich auch bei den früheren Fassungen der Anbetung der Könige, in Rotterdam und New York, gerade deren Darreichung im Mittelpunkt steht. Die Geschenke symbolisierten traditionell Tugenden, meist die drei Kardinaltugenden Glaube, Hoffnung und Liebe. Möglicherweise handelt sich bei einer der überlieferten Fassungen doch um das Exemplar aus der Johanneskirche; mit Sicherheit wird dies jedoch nicht mehr zu ermitteln sein. Als man im September 1566 einige der Kunstwerke dieser Kirche vor den Bilderstürmern in Sicherheit brachte, waren darunter auch Boschs Flügel des Bruderschaftsretabels (hierzu gleich mehr) sowie die *taeffereel van den drie coningen* (Tafel der drei Könige). Als die Gefahr vorüber war, wurden die Kunstwerke wieder in die Kirche zurückgebracht.

Abb. 34

Die Erschaffung der Welt – Der Garten der Lüste

Es ist natürlich höchst bemerkenswert, dass die Chronik von 1606-09 die Tafeln des Hochaltars erwähnt, die sich auf die sechs Schöpfungstage bezogen. Unter ikonografischen Gesichtspunkten ist die Beschreibung indes problematisch, denn was genau haben wir uns darunter vorzustellen?
Die Bezeichnung *opus* lässt vermuten, dass es sich um ein größeres Werk handelte. Eine zweite interessante Quelle, die uns hierüber unterrichtet, entstammt einem ganz anderen Zusammenhang. Vom 14. bis zum 29. Dezember 1615 fanden im Rahmen einer Visitation Gespräche zwischen dem Bischof und den Kanonikern der Johanneskirche statt. Einer von ihnen schlug am 17. Dezember eine Inspektion aller in der Kirche befindlichen Skulpturen und Gemälde vor. Alle unsittlichen oder – da sie zuviel nacktes Fleisch zeigten – schamlosen Darstellungen sollten entfernt werden, namentlich eine Statue der Maria Ägyptiaca – jener legendären Einsiedlerin, die man oft mit Maria Magdalena gleichsetzte –, ein Weltgericht und eine *tabula creationis mundi retro sedem episcopalem extra* (Tafel der Erschaffung der Welt an der Außenseite des Bischofsthrones). Offensichtlich war das Altarbild damals bereits vom Hochchor an die Südseite des Chorumgangs transferiert worden, hinter einen doppelten Bischofs- und

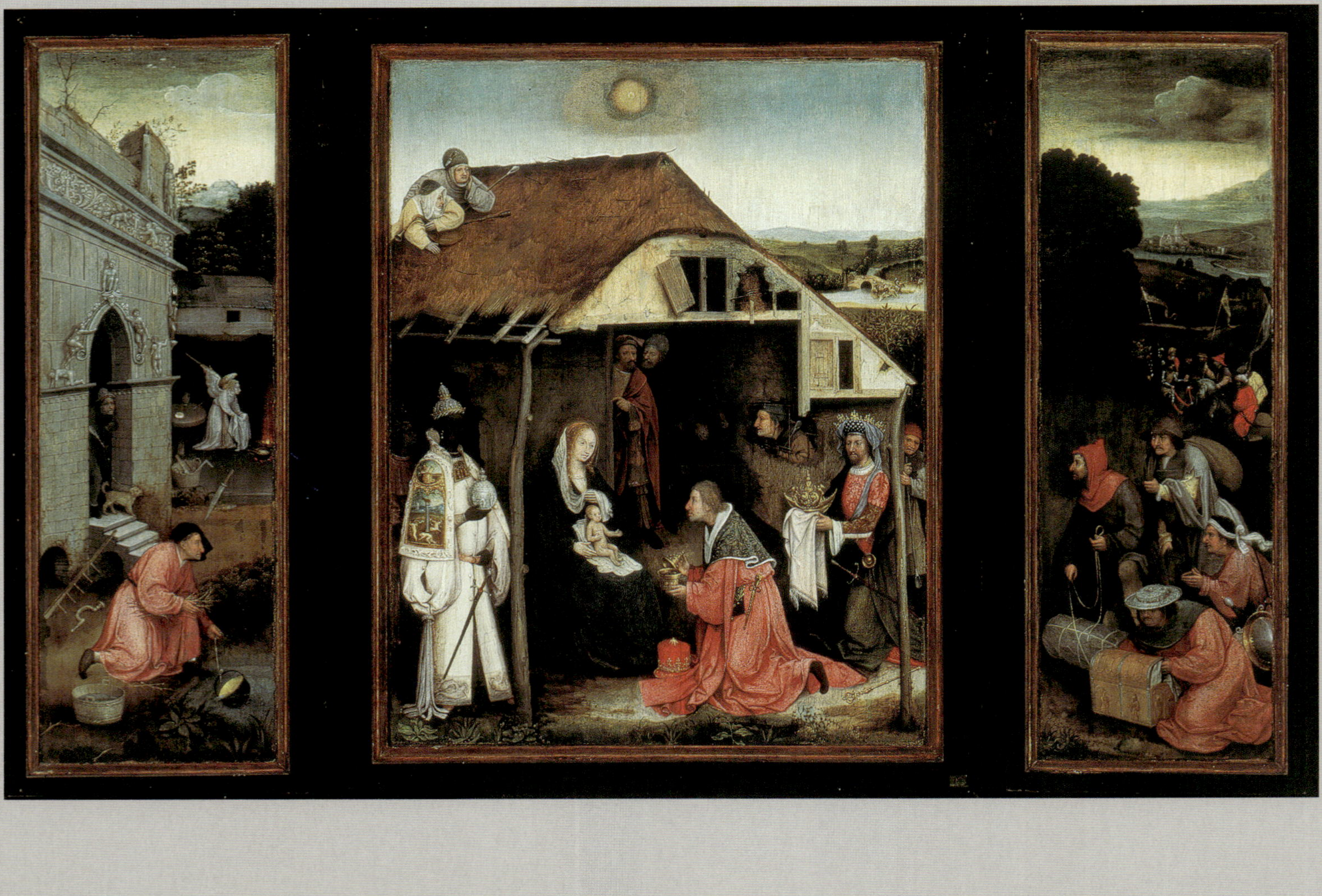

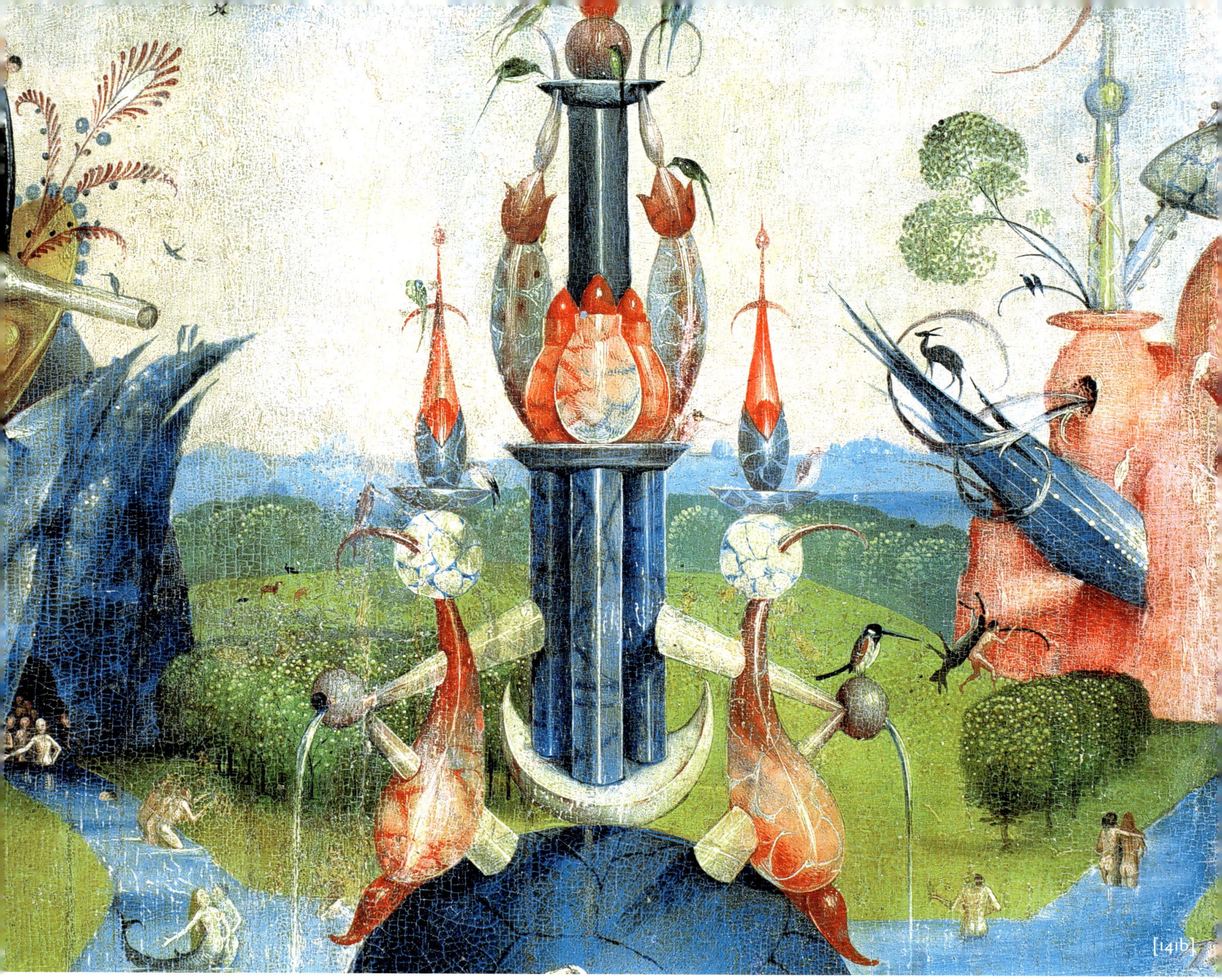
[141b]

Dekansessel. Tatsächlich war kurz zuvor ein neues Gemälde des Utrechter Malers Abraham Bloemaert geliefert worden, das als Altarbild für den vollständig dem damaligen Zeitgeschmack angepassten Hochaltar dienen sollte, den der Antwerpener Bildhauer und Architekt Hans van Mildert 1620 übergab. Sofort setzte man das neue Gemälde auf den alten Altar und stattete es mit einem schützenden Vorhang aus, der gleichzeitig dazu diente, die Darstellung – ebenso wie zuvor schon das umgesetzte Triptychon – vor den Augen der Kirchenbesucher zu verbergen, um es nur an Sonn- und Feiertagen in voller Pracht zu zeigen. Mit dem Wechsel freilich kam man vom Regen in die Traufe, denn während derselben (!) Visitation beklagte sich ein anderer Kanoniker über die Nacktheit der Maria Ägyptiaca auf Bloemaerts Gemälde, was zu einer Diskussion auf höchster theologischer Ebene an der Universität zu Löwen sowie zu Übermalungen der beanstandeten Partien auf dem Gemälde in 's-Hertogenbosch führte. Die als anstößig entfernte „Erschaffung der Welt" passte bereits seit längerem nicht mehr in ihre Umgebung. Ein Jahr später, am 4. Januar 1617, wurden die Flügel des Retabels indes von der Stadt 's-Hertogenbosch erworben: *twee stucken schilderyen, gheweest hebende de deuren vanden hogen Altaer* (zwei Gemälde, die die Flügel des Hochaltars gewesen sind).

Skandalös oder nicht, die Flügel des Triptychons waren offenbar in einer säkularen Umgebung akzeptabel und wurden in das Rathaus von 's-Hertogenbosch verbracht. Um 1550 war das Altarbild des Hochchores bereits in dem „Lobgesang auf die Kirche von 's-Hertogenbosch" beschrieben worden: „Der Altar hier (der mehr oder weniger in der Mitte des Chores aufgestellt wurde) hat ein zweifaches Erscheinungsbild in Form von gemalten Szenen. Des öfteren hat man die Möglichkeit, die auf dem Holz dargestellte Farbenpracht zu betrachten, wo lebensecht gemalte, abscheuliche Wesen abgebildet sind." Es handelte sich um ein Triptychon, das gelegentlich geöffnet wurde, sodass die farbenreiche Festtagsseite zu sehen war, die unter anderem Höllenmonster zeigte. Wenn wir die Quellen auswerten, ist die Schlussfolgerung nahezu zwingend, dass es sich bei dem Werk um eine Variante jenes Triptychons gehandelt haben muss, dass wir heute als *Garten der Lüste* bezeichnen. Es gibt noch eine weitere Quelle, die für das Triptychon der Johanneskirche mit der Erschaffung der Welt relevant ist. Am 30. Juni 1481 versprach Goessen van Aken, der älteste Bruder von Hieronymus Bosch, bei einer Strafandrohung von 50 Gulden, *die twee vlogels der tafelen dienende opten hoghen autaer der kercke van sunt Jans bynnen deser stad van hoeren werck der scilderyen oft portatueren*

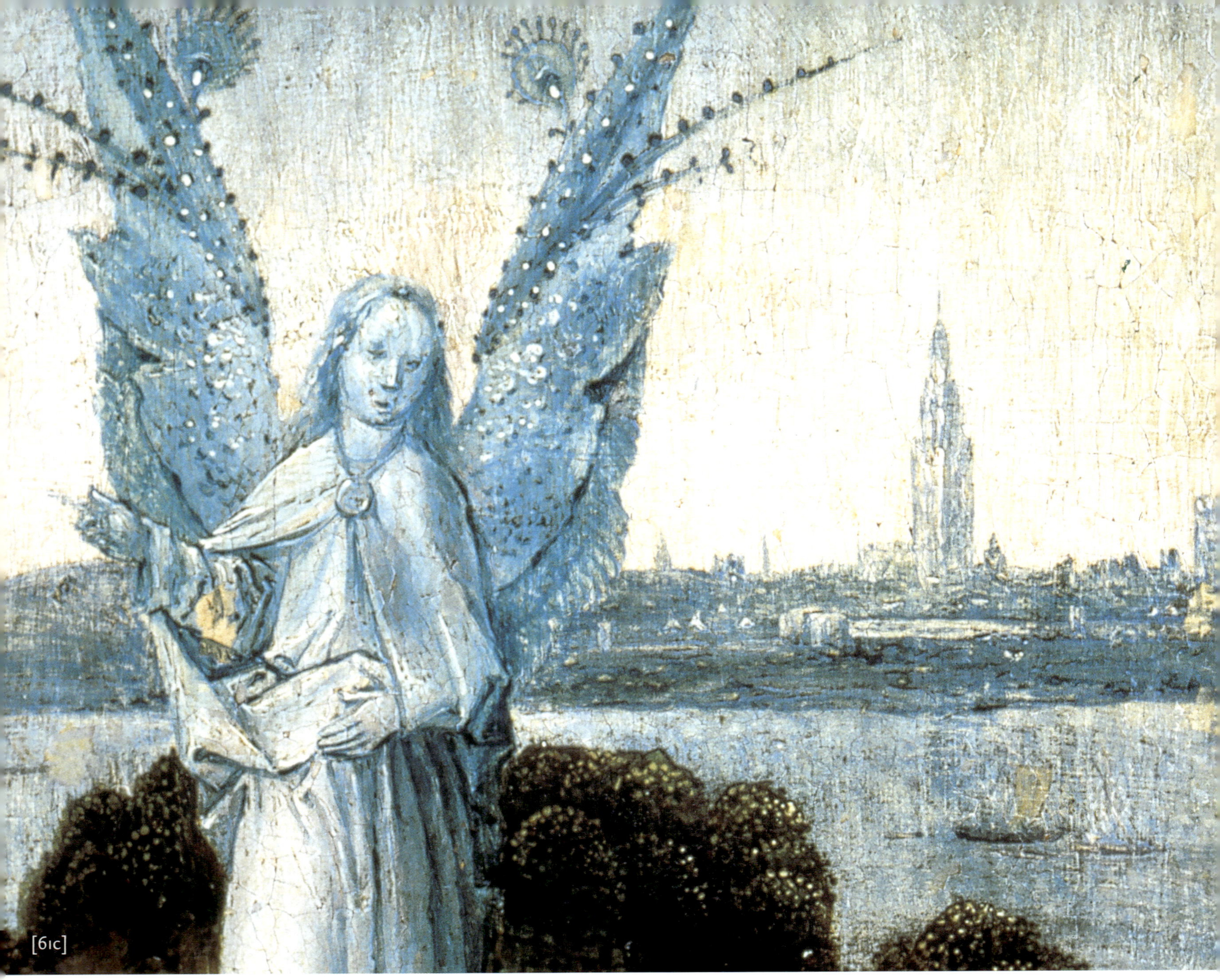

[61c]

aengaende, wael ende lofbaerlyc opbereyden ende gereet maken zall, tussen dit ende Bamiss naestcomende tot hangens toe (die beiden Flügel des Altaraufsatzes, der auf dem Hochaltar der Johanneskirche dieser Stadt in Gebrauch ist, im Hinblick auf seine Malereien oder Porträtierung [Bemalung] gut und ordentlich zu vollenden und einschließlich der Aufhängung herzurichten, zwischen jetzt [30. Juni] und dem kommenden *Bamis* [1. Oktober]). Diese Nachricht korrespondiert mit der aus anderen Gründen vorgeschlagenen Frühdatierung der Fassungen des *Gartens der Lüste* (vgl. den Beitrag von Bernard Vermet). Das Bürgen von Goessen van Aken sowie die unmissverständliche spätere Zuschreibung des Triptychons an Hieronymus Bosch implizieren, dass dieses Retabel unter Beteiligung der Werkstatt entstanden sein muss, in der ja die Mitglieder der Malerfamilie engstens zusammenarbeiteten. Die bisher vorgenommenen stilistischen Untersuchungen der Unterzeichnungen, die bei ein und demselben Triptychon wiederholt verschiedene Hände nachgewiesen haben, weisen ebenso auf einen solchen Werkstattbetrieb, wie zwischen 1462 und 1523 die Wohn- und Arbeitssituation der Familie Van Aken in ihrem Haus *In Sint Thoenis*. An der „Eigenhändigkeit" des *Gartens der Lüste* in Madrid ändert sich dadurch nichts: Bei einem solchen Prestigeauftrag machte sich der beste Maler der Werkstatt an die Arbeit, und das war selbstverständlich Hieronymus Bosch.

Das Altarretabel der Bruderschaft

Die Stadtchronik des frühen 17. Jahrhunderts schreibt die typologischen Szenen von Abigail und David, die mit den Szenen von Salomon und und seiner Mutter Bathseba auf den Flügeln des Altarretabels in der Kapelle der Liebfrauen-Bruderschaft kombiniert wurden, gleichfalls Bosch zu.
Der um 1550 entstandene „Lobgesang auf die Kirche von 's-Hertogenbosch" rühmt dieses Altarbild so: „Ein Altaraufsatz mit einer doppelten Form. Denn an Werktagen zeigt es Malerei, die so kunstvoll ist, dass weder ein Gemälde von Parrhasius noch die Trauben von Zeuxis (die die Vögel aufzupicken versuchten) anmutiger gemalt waren als diese Darstellungen. An Feiertagen veranschaulicht es eine goldene Geschichte." Die Beschreibung bestätigt, was wir über den
Abb. 61 Wandelaltar wissen: In geschlossenem Zustand oder in dem Zustand, bei dem lediglich die Außenflügel geöffnet waren, stellte er sich wie ein vollständiges Triptychon dar; wenn zusätzlich die Innenflügel geöffnet wurden, sah man einen ganz und gar mit Skulpturen ausgestatteten Altarschrein. Die
Abb. 62 Skulpturen, die der Utrechter Bildschnitzer Adriaen van Wesel

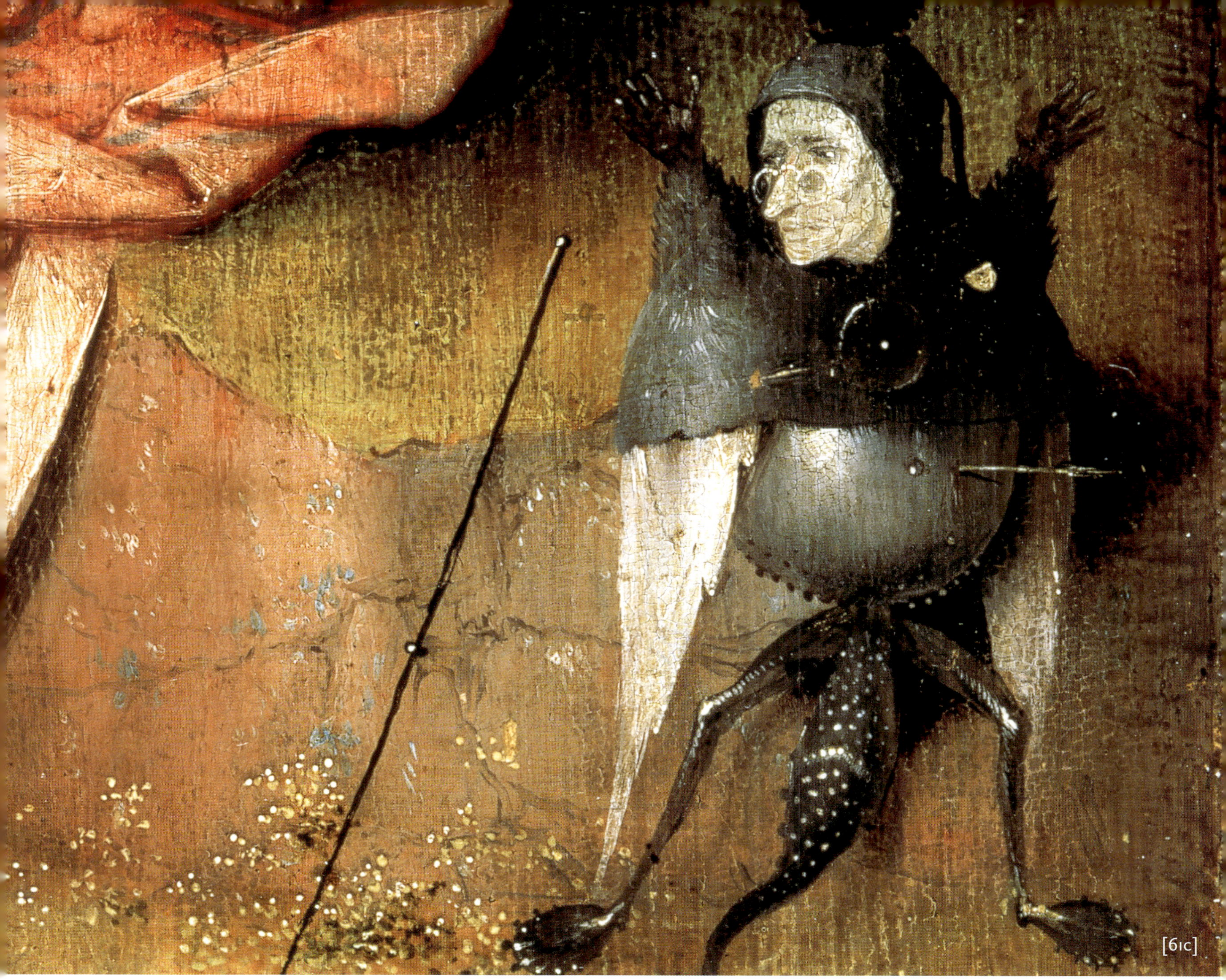

[61c]

1477 geliefert hatte, wurden in den Jahren 1508/09 bis 1510/11 für viel Geld farbig gefasst und mit reichlich Blattgold versehen: Das Retabel wurde buchstäblich in eine „goldenen Geschichte" verwandelt. Hieronymus Bosch beriet die eingeschworenen Brüder zusammen mit Jan Heyns, Alart Du Hameels Nachfolger als Baumeister der Johanneskirche, wie die Arbeiten organisiert werden mussten. Van Wesel lieferte seinen Altaraufsatz ohne die Außenflügel. Die Außenseiten der scharnierten *backen*, der inneren Flügel, waren noch nicht mit gemalten Darstellungen versehen.

1477/78 fügte man Van Wesels Retabel in 's-Hertogenbosch außerdem eine *mekeler* an, das heißt eine Abschlusslatte, die über der Naht zwischen den Flügeln angebracht wurde, um Schmutz und Staub fernzuhalten. Dies war notwendig geworden, da die Bauarbeiten an der Kirche in vollem Gange waren. Ein Jahrzehnt später, 1488/89, vergütete man den Zimmermann „Goyart den cuper" *van twee doren te maken aen onse taeffel diemen soude doen stofferen* (für die Anfertigung von zwei Flügeln für unsere Altartafel, die man bemalen lassen würde). Die Bemalung erfolgte, wie wir noch sehen werden, durch Hieronymus Bosch.

Seit der Fertigstellung des Schreins durch Van Wesel erhielt die Bruderschaft regelmäßig Spenden, um das Retabel polychrom fassen zu lassen. Als Ideal hatte man ein realistisches und mit viel Blattgold und Silber verziertes Altarbild vor Augen, wofür anfänglich jedoch die Mittel fehlten. Van Wesel erhielt für seine Skulpturen 350 Gulden; für die äußerst arbeitsintensive Bemalung zahlte man dreißig Jahre später, 1508-10, mehr als 568 Gulden.

Erst nach etwa zehn Jahren tauchen die bemalten Außenflügel des Retabels erneut in den Rechnungsbüchern der Liebfrauen-Bruderschaft auf. Der eingeschworene Bruder Merten Mertensz de Greve, dessen Schwester mit dem Maler Gielis van den Bossche alias Panhedel verheiratet war, empfing im Jahre 1521/22 vier Mitbrüder in seiner Wohnung hinter dem Rathaus. Sie besprachen dort mit *meester mertens zwager tot Bruessel woonende om te stofferen onser liever vrouwen tafel* (mit dem Schwager von Meister Merten, der zu Brüssel wohnte, den Altaraufsatz des Marienaltars zu bemalen). Unmittelbar darauf bezahlte man einen *screynmeker* (Möbeltischler) für *II borders daer die voirs. meester mertens zwager op schilderen zal aende taefel voirscreven* (zwei Tafeln für den genannten Altar, auf die der genannte Schwager von Meister Mertens malen soll). Im Jahr darauf, 1522/23, wurden von einer oben schon erwähnten, aus Vertretern verschiedener „Kunsthandwerke" gebildeten Kommission die *schilderie van meester gielis geoirdelt*

Abb. 61a-c Hieronymus Bosch, Zwei Flügel des Altarretabels der Liebfrauen-Bruderschaft; Öl auf Holz; (a) *Johannes der Täufer*, 1489 oder später; 48,5 x 40 cm; Madrid, Fundación Lázaro Galdiano; (b) *Passionsszenen* (Außenseite von c); (c) *Johannes auf Patmos*, 1489 oder später; 63 x 43,3 cm; Berlin, Staatliche Museen zu Berlin, Gemäldegalerie

Abb. 62a-b Adrian van Wesel, tätig in Utrecht Zwei Flügel des Altarretabels der Liebfrauen-Bruderschaft, 1476/77; Eichenholz, je ca. 48,2 x 34,5 x 17 cm; (a) *Die Vision des Kaiser Augustus*; (b) *Johannes auf Patmos*; 's-Hertogenbosch, Illustre Lieve-Vrouwe-Broederschap

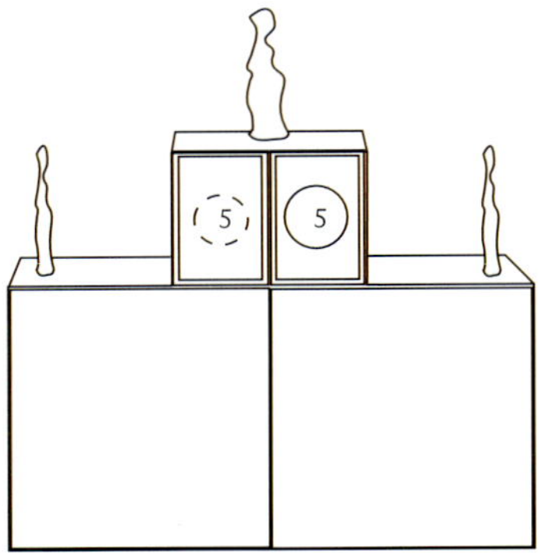

Altarretabel der Liebfrauen-Bruderschaft (Rekonstruktion)

Geschlossener Zustand

5. Hieronymus Bosch, Passionsszenen (Abb. 61b)

Geöffneter Zustand

1. Die alte Marienstatue, 14. oder frühes 15. Jahrhundert
2. Altarschrein mit Skulpturen von Adriaen van Wesel, 1476/77
3. Große Altarflügel, innen mit Skulpturen von Adriaen van Wesel, 1476/77
4. Kleine Altarflügel, innen mit Skulpturen von Adriaen van Wesel, 1476/77 (Abb. 62a-b)
5. Kleine äußere Altarflügel, bemalt von Hieronymus Bosch, 1488/89
   Außenseite rechts: Passionszenen (Abb. 61b)
   Innenseite rechts: Johannes auf Patmos (Abb. 61c)
   Außenseite links: unbekannt (Kindheit und Jugend Christi?)
   Innenseite linke: Johannes der Täufer (Abb. 61a)
6. Große innere Altarflügel, bemalt durch Gielis Panhedel, 1521/22

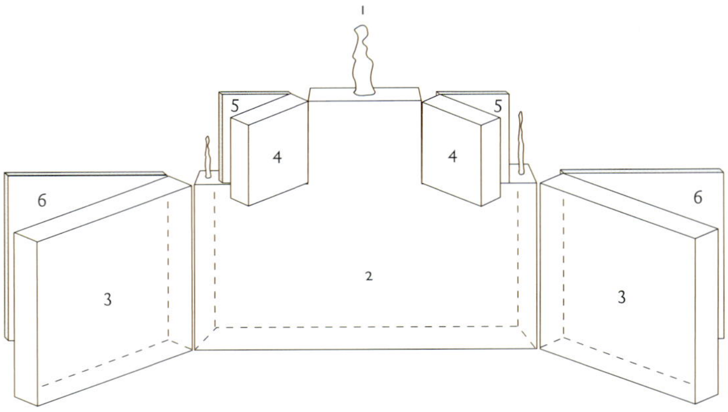

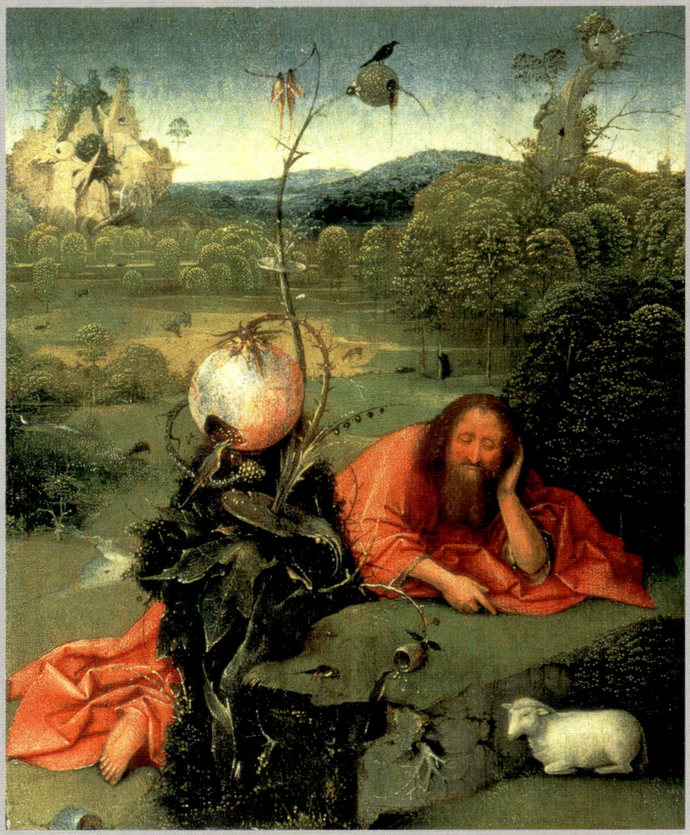

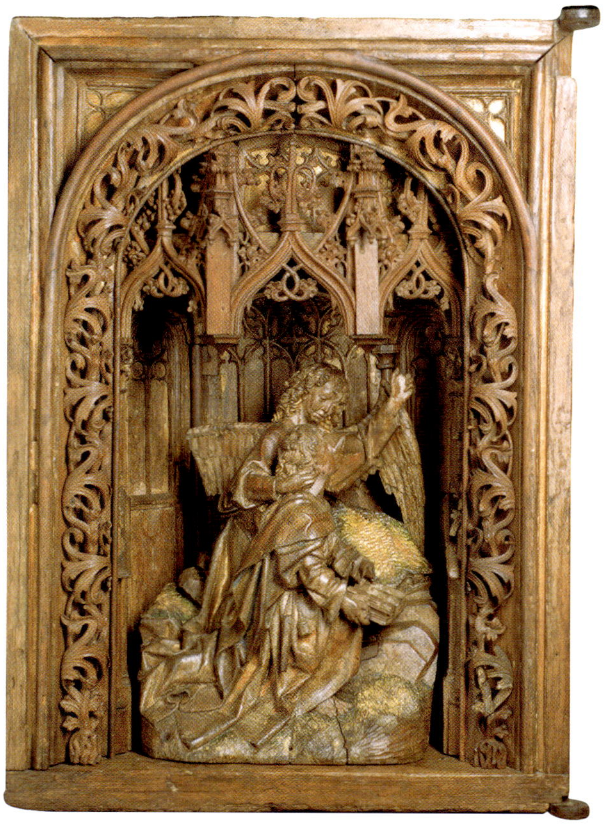

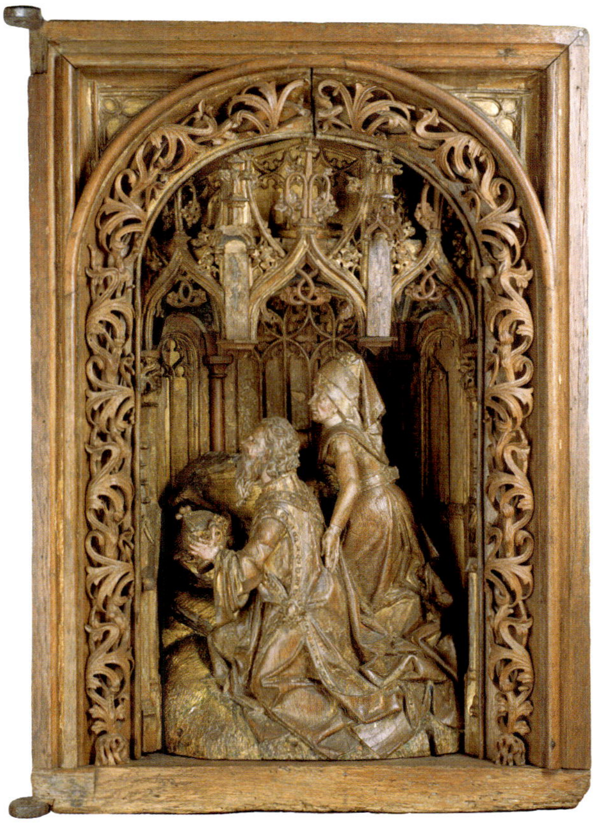

73

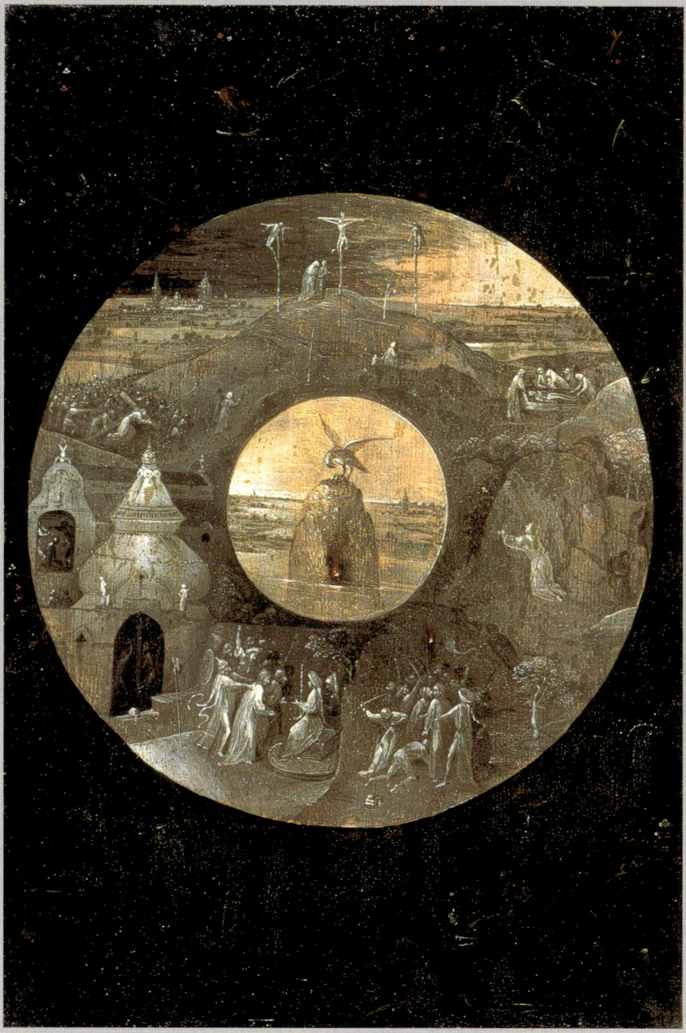

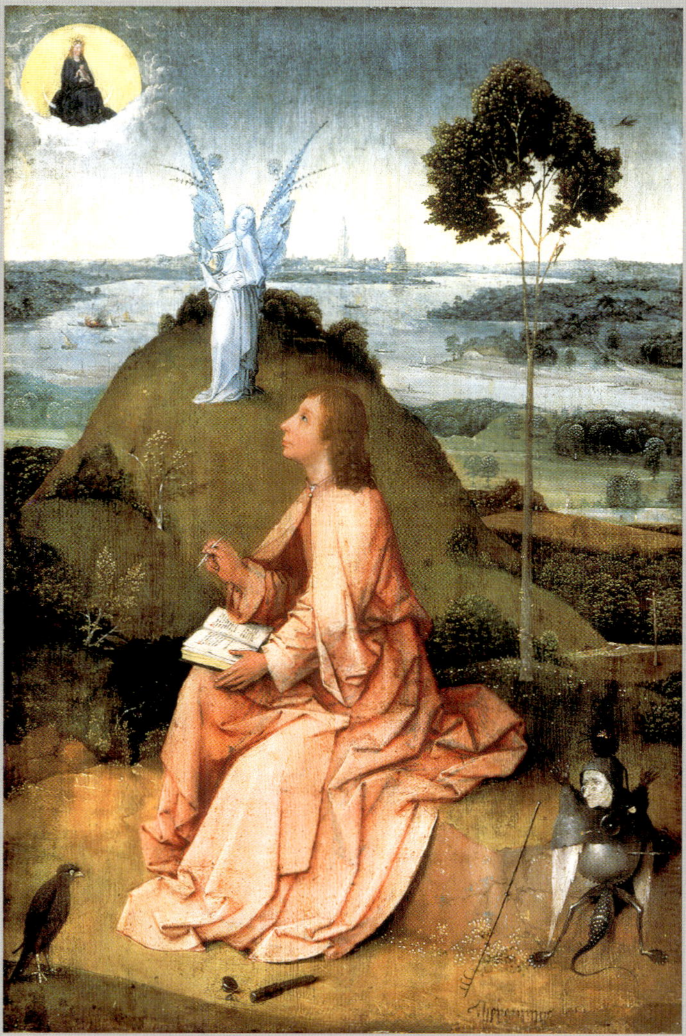

Abb. 63a-b Hieronymus Bosch, (a) *Spielendes Kind* (Außenseite von b); (b) *Die Kreuztragung*, um 1500 oder später; Öl auf Holz, 57,2 x 32 cm; Wien, Kunsthistorisches Museum, Gemäldegalerie

ende gevisiteert (Gemälde von Meister Gielis begutachtet und inspiziert). Offenbar war man mit der Arbeit zufrieden, denn unmittelbar darauf wurde der dafür vorgesehene Betrag an *Meester Gielis Panhedel van Bruessel schilder tot Bruessel vanden nyeeuwen percken van den taefelen te schilderen* (Meister Gielis Panhedel aus Brüssel, Maler zu Brüssel, für das Malen der Tafeln des Altarbildes) verbucht. Als die Flügel fertiggestellt waren, erfolgte schließlich noch eine Zahlung an *Ghysbrecht van Campen, maelder, want hy den lysten vander tafel voirscreven verghult heeft* (Ghijsbrecht van Campen, Maler, da er die Leisten des genannten Altarbildes vergoldet hat).
Die Rechnungsposten veranschaulichen, wie der 1477 von Adriaen van Wesel gelieferte, mit Skulpturen versehene Flügelaltar in zwei sukzessiven Phasen mit bemalten Flügeln versehen wurde, welche die scharnierten *backen* mit den Utrechter Skulpturen auf zwei Ebenen hinterfingen. Mit diesen Informationen ausgestattet, müssen wir zu verstehen versuchen, was genau nun von Hieronymus Bosch und was von Gielis Panhedel gemalt wurde. 1545/46 wurde das Gemälde restauriert: *Item doen wasschen ende vernissen die geschilderde deuren van der tafelen staende op Onser liever Vrouwen autair geschildert by meester Jeronimus. Ende des gelycken oyck die dueren bynnen geschildert by gielis vanden Bossche tot Brussel wonende* (Ebenso die bemalten Flügel des Altaraufsatzes, der auf dem Altar Unserer lieben Frau steht und der von Meister Hieronymus bemalt wurde, säubern und firnissen lassen. Und ebenso auch die Türen, die auf der Innenseite von Gielis van den Bossche, wohnend in Brüssel, bemalt wurden). Aufgrund der Datierung des Holzes, der Abmessungen (vgl. den Beitrag von Bernard Vermet) und der Ikonografie, kann mit an Sicherheit grenzender Wahrscheinlichkeit davon ausgegangen werden, dass die aus ihren Rahmen genommenen Tafeln
Abb. 61a der zwei ältesten Flügelpaare erhalten sind: *Johannes der Täufer*
Abb. 61c in Madrid und *Johannes auf Patmos* in Berlin. Diese Tafeln waren außen an den in 's-Hertogenbosch erhaltenen *backen* befestigt. Hieronymus Bosch bemalte sie beidseitig; nur
Abb. 61b der rechte Flügel in Berlin besitzt noch die nahezu in Grisaille gehaltene Rückseite. Kreisförmig wird rings des Pelikans, der sich für seine Jungen aufopfert, die Passionsgeschichte dargestellt. Die Rückseite des Madrider Flügels muss ähnlich ausgesehen haben und zeigte in einem Kreis vermutlich

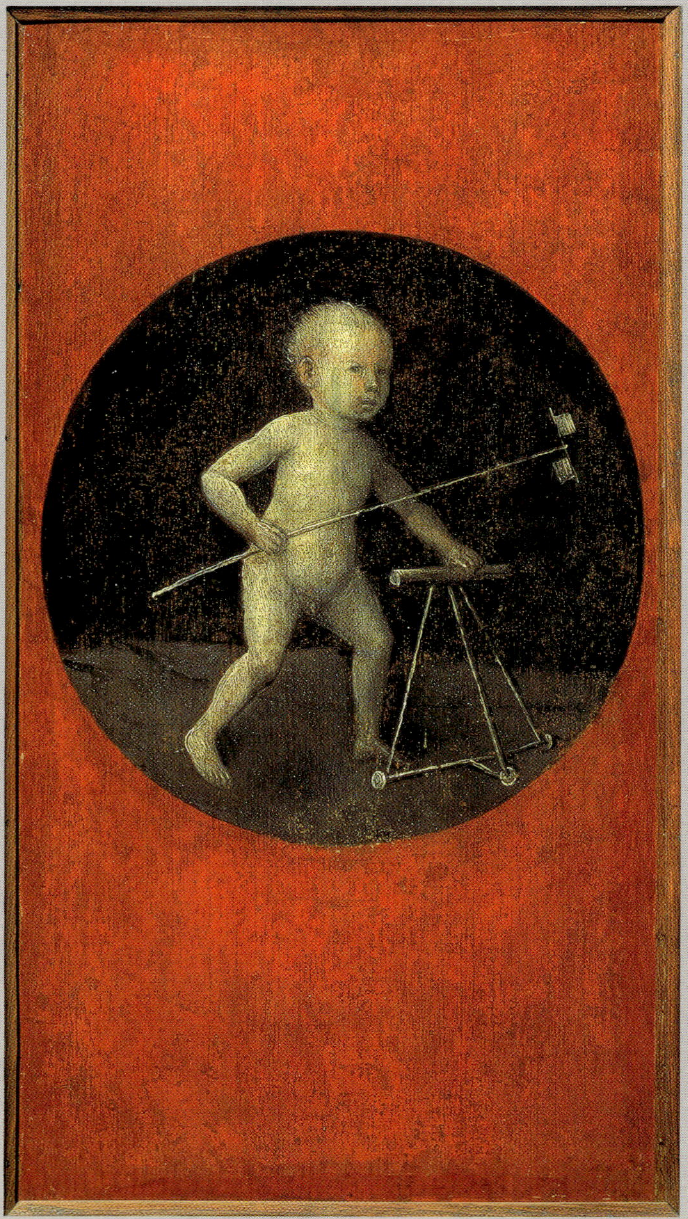

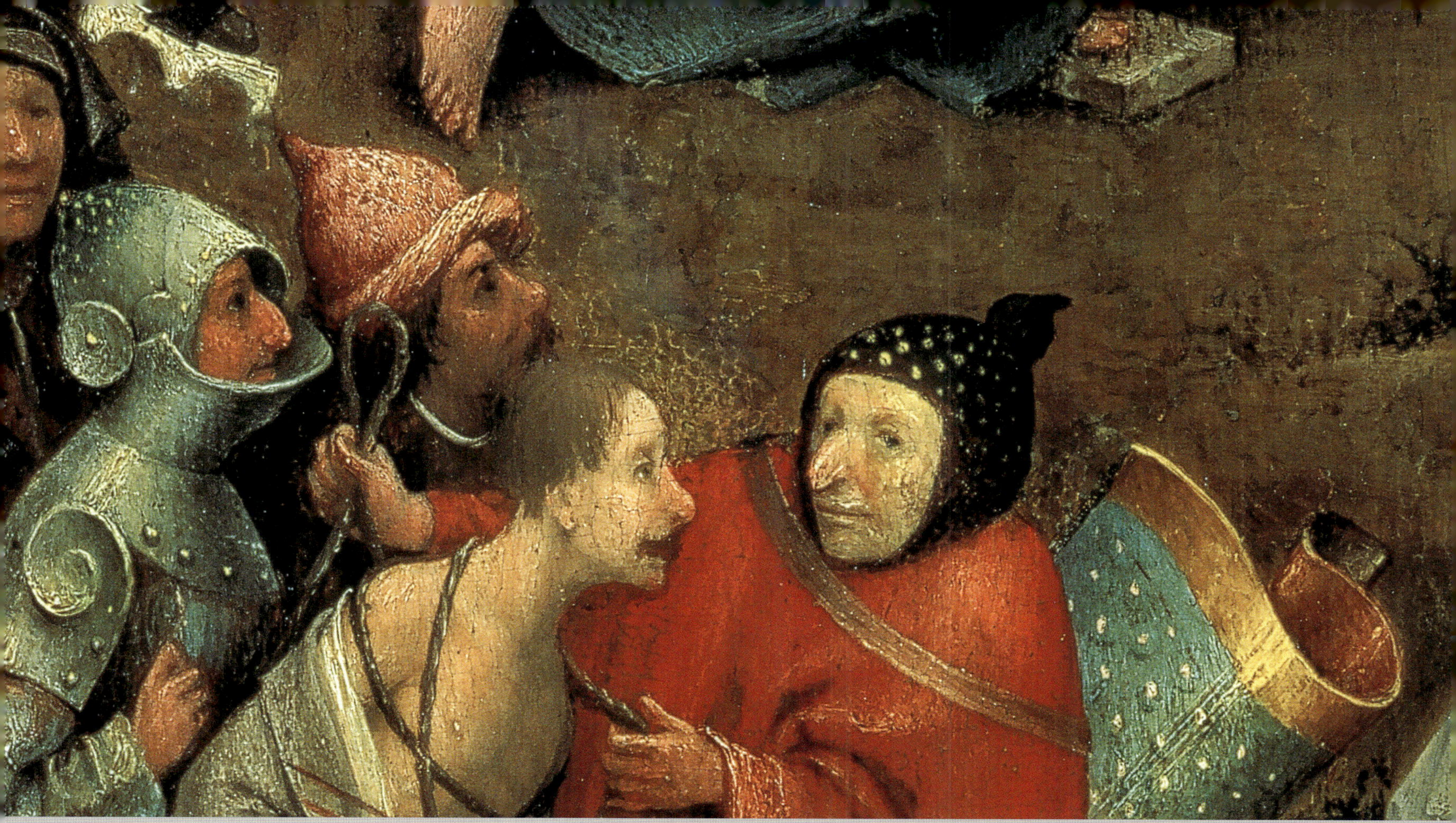

75

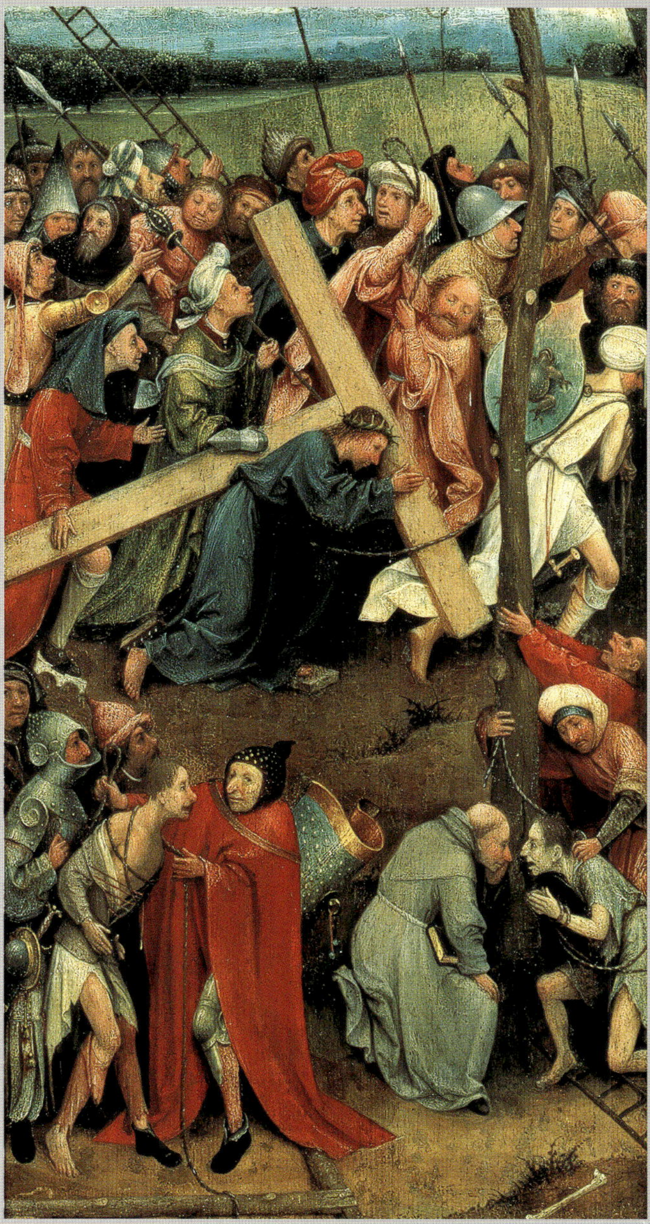

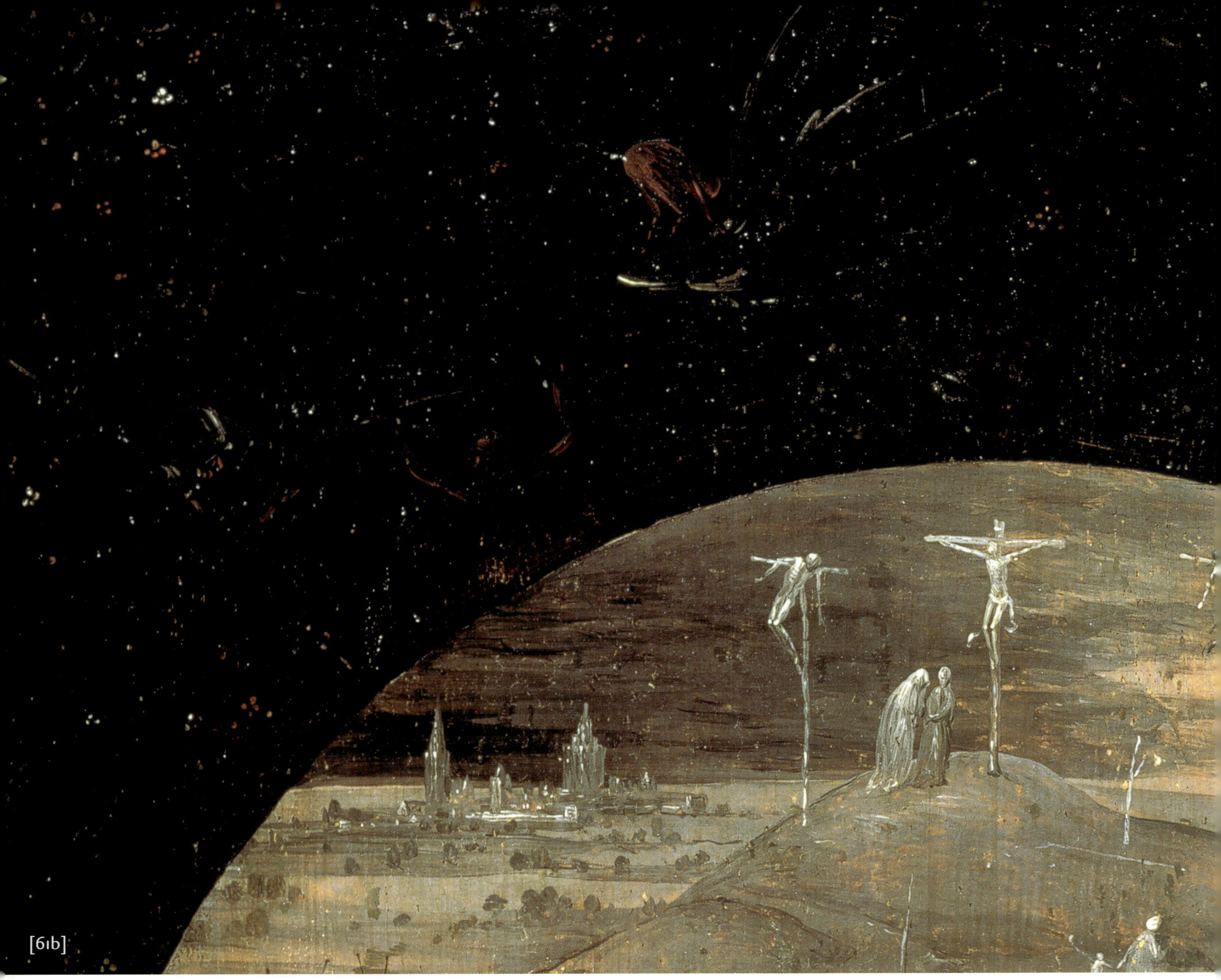

[61b]

Szenen der Geburt und Kindheit Jesu. Auch dort dürfte Maria, welcher der Altar geweiht war, mehrfach dargestellt gewesen sein, so, wie wir sie in den drei oberen Szenen des Passionskreises vorfinden. Im Zentrum des Kreises muss eine Entsprechung zu dem Pelikan zu sehen gewesen sein. Aufgrund von Form und Inhalt liegt es dabei auf der Hand, dass es sich um den aus der Asche auferstehenden Phönix gehandelt haben muss. In den *Bestiaria,* den Tierbüchern, stand zu lesen, dass der Phönix stirbt und wiederaufersteht, so wie auch Christus auf die Erde kam und erneut kommen wird. Nach rechts gewandt, mit ausgebreiteten Flügeln aus dem Feuer auf dem Gipfel einer Felsgruppe auferstehend – so wie er häufig dargestellt wurde – wird dieser mythische Vogel auch formal das perfekte Gegenstück zu dem Pelikan gebildet haben. Auf beiden Flügelaußenseiten hätte dann ein Vogel als Sinnbild Christi im Mittelpunkt gestanden: der Phönix, die Ankunft und die Wiederkehr betonend, dabei von Szenen von der Verkündigung an Maria bis zur Kindheit Jesu umgeben; auf der anderen Seite der von Szenen der Passion bis zur Grablegung umrahmte Pelikan, der für den Opfertod des Gottessohnes stand. Der letztgenannte Zyklus muss von rechts nach links gelesen werden, die Erzählung auf dem linken Flügel lief dagegen sicher von links nach rechts. Öffnete man diese Flügel, erschien links Johannes der Täufer in einer idyllischen Landschaft; vor ihm – dies hat eine 1996 publizierte Infrarotuntersuchung gezeigt – war ein männlicher Stifter dargestellt, der sich dem Zentrum des Retabels zuwandte und bald mit dem fantastischen Distelgebilde übermalt wurde. Der rechte Flügel zeigte den gleichfalls zur Mitte hin orientierten Evangelisten Johannes auf Patmos. In der liturgischen Praxis verehrte man die beiden Johannes als Schutzpatrone der Kirche von ’s-Hertogenbosch, die apokalyptische Vision des Evangelisten galt als *das* Bild der Liebfrauen-Bruderschaft. Das

Abb. 30 gleiche Sujet finden wir auf dem Rückenkreuz der um 1460 von Maarten Monicx der Bruderschaft gestifteten Kasel sowie in

Abb. 29 einem Ablassbuch von 1518/19. In der Bruderschaftskapelle gab es noch eine weitere Darstellung des Johannes auf Patmos, die laut einer Rechnung von 1516/17 von *Willem die Maelder* (Willem dem Maler) polychrom gefasst worden war. Der eingeschworene Bruder Everaert Everaertsz van de Water, der 1599 verstarb, vererbte seinem Schwager laut Testament *zijnn taffereel daer St. Jan in Pathmos geschildert is* (sein Gemälde, auf dem Johannes von Patmos gemalt ist). Aus der gleichen Zeit wie Boschs Johannes-Darstellungen, nämlich aus dem späten 15. Jahrhundert, stammen die prachtvollen Reliefs in der Vorhalle des Südportals der Johanneskirche. Abermals werden

Abb. 64 Hieronymus Bosch und/oder Werkstatt, *Die Kreuztragung*, um 1498 oder später; Öl auf Holz, 150 x 94 cm; Monasterio de San Lorenzo de El Escorial

hier die Kirchenpatrone dargestellt, darunter wiederum die Szene der auf Patmos aufgezeichneten apokalyptischen Vision. Die Wiederholung eines als essentiell befundenen Themas wurde innerhalb des ikonografischen Gesamtprogramms der Kirche gewiss nicht gescheut.

Mutmaßungen über die Darstellungen *zwischen* Boschs Johannes-Flügeln, also die auf den Rückseiten der erhaltenen Innenflügel des Schreins gezeigten Szenen, müssen Spekulation bleiben. Entscheidend an unserer Rekonstruktion ist jedoch, dass rechts oben stets die Vision des Johannes auf Patmos zu sehen war, sei es auf Boschs Gemälde, sei es im Zusammenspiel von Van Wesels Gruppe auf dem rechten Flügel mit dem mitten auf dem Altaraufsatz stehenden „alten Marienbild" der Bruderschaft.

Johannes der Täufer dürfte außerdem der Namenspatron von Boschs Auftraggeber gewesen sein, der später – vielleicht im Laufe des 17. Jahrhunderts, als die Tafel nicht mehr zum Altaraufsatz gehörte –, unter der für unseren Maler so typischen Distel verschwand. Als Stifter kommt mehr denn je der eingeschworene Bruder Jan van Vladeracken in Frage, der zu der Zeit, als man die Bretter für die Außenflügel 1488/89 auf Kosten der Brüder von einem Zimmermann bezog, als Propst amtierte. Dass die Stiftung – wie später bei Gielis Panhedel – erst dann erfolgte, als die Bemalung, was übrigens in den Bruderschaftsrechnungen nirgendwo erwähnt wird, tatsächlich finanziert werden konnte, liegt auf der Hand. Der hier als Stifter dargestellte, angesehene Bürger wird wohl die Kosten getragen haben, es sei denn, dass Hieronymus Bosch – als soeben anerkannter und eingeschworener Bruder – die Arbeit kostenlos ausführte. Jan van Vladeracken war viele Jahre lang Schöffe von 's-Hertogenbosch und wurde 1475 eingeschworenes Mitglied der Liebfrauen-Bruderschaft, deren Propst er für vier Jahre war; 1532 starb er hochbetagt. Van Vladeracken residierte in dem herrlichen *Hooghuis van Vladeracken* an der Nordseite des Marktes, nur wenige Häuser von Boschs Haus *Inden Salvatoer* entfernt. Jan van Vladeracken und der Maler müssen miteinander nicht nur als Nachbarn, sonder auch als Bruderschaftsmitglieder verkehrt haben: Als Hieronymus Bosch während des Schwanenmahls am Neujahrstag 1488 eingeschworenes Mitglied wurde, gehörte Meister Jan van Vladeracken zu den Gastgebern, da er *syn*

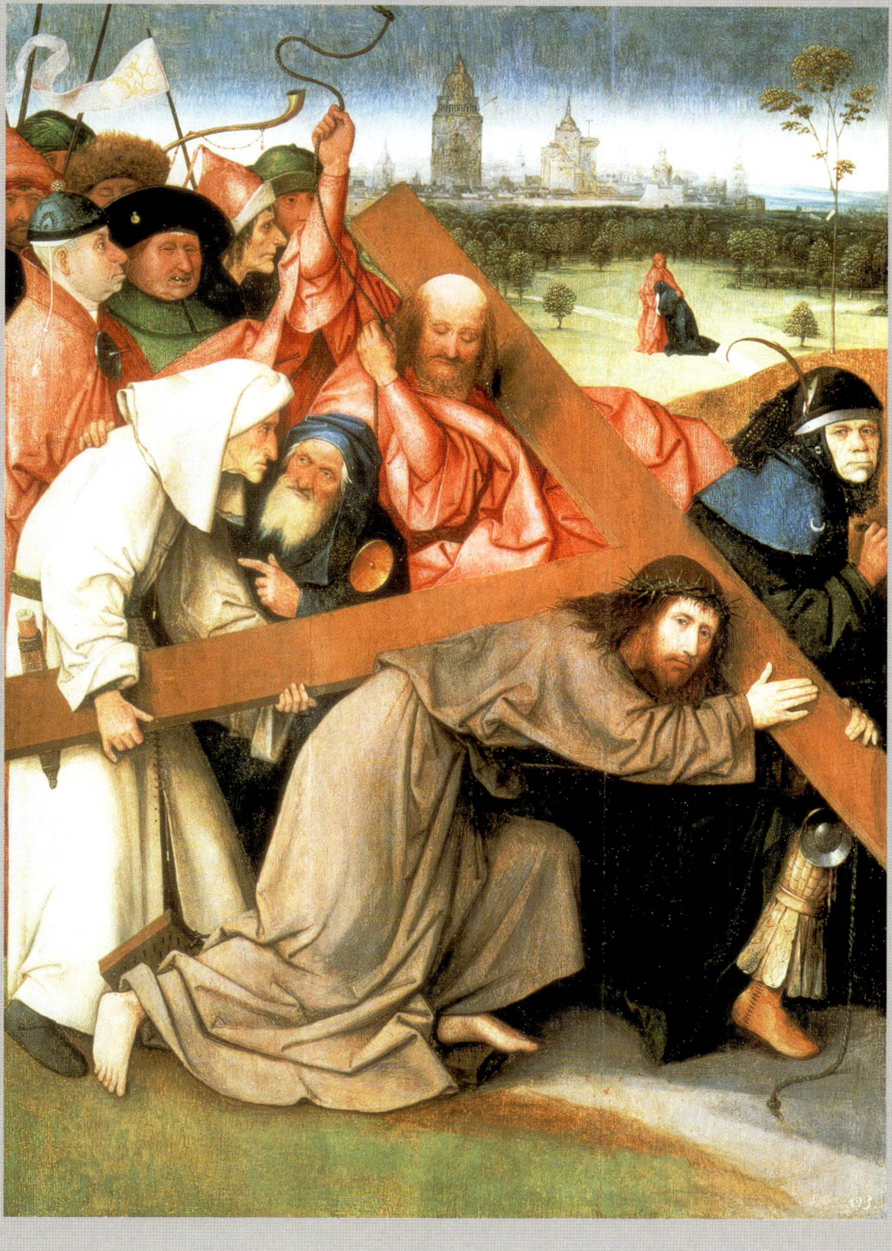

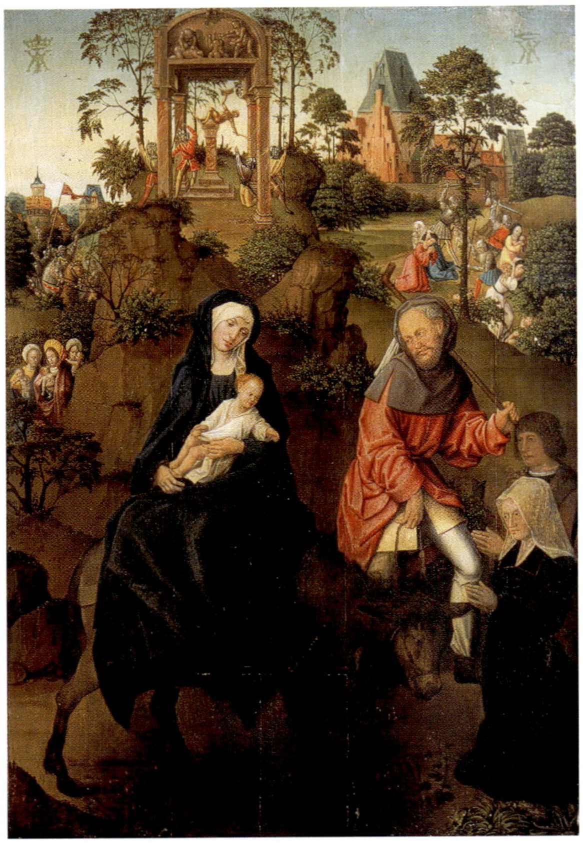

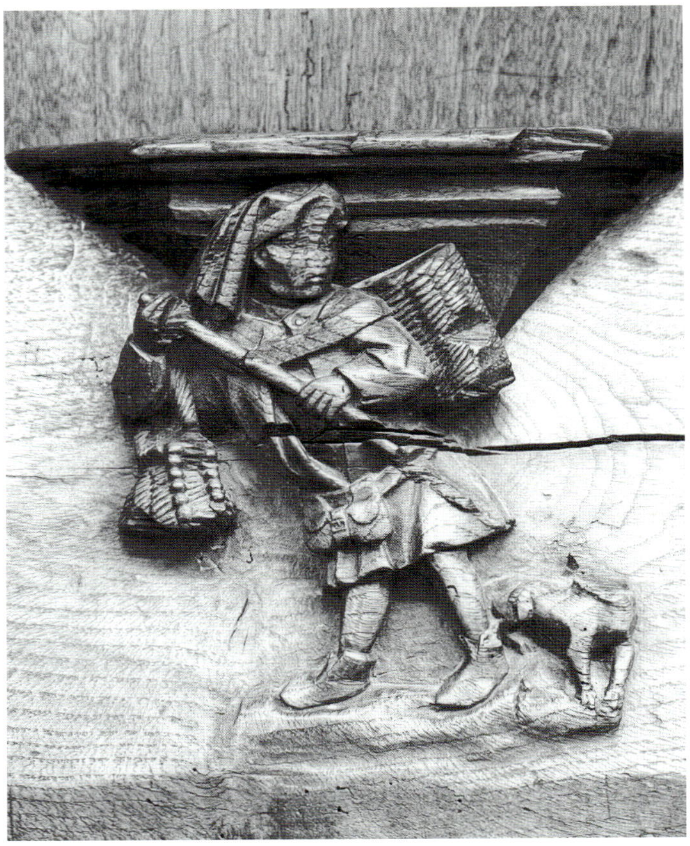

huysvrou genomen (geheiratet hatte). Wenig später malte Bosch die beiden oberen Flügel des Retabels. Von diesen signierte er die „Ikone" der Bruderschaft, den *Johannes auf Patmos*, sehr selbstbewusst mit *Jheronimus bosch*. Ist es Zufall, dass er die Signatur unter eines seiner schönsten und charakteristischsten Fantasiewesen setzte, das in einen Umhang mit einem schildförmigen Abzeichen gehüllt ist und Gesichtszüge aufweist, die wir nur allzu gut von verschiedenen anderen Werken Boschs kennen?

Wie berichtet, erhielt die untere Hälfte des Marienretabels der Bruderschaft 1521/22 *dueren*, die 1522/23 von Gielis Panhedel bemalt wurden. Die Rückseiten der damals hinzugefügten Flügel müssen, in Analogie zur Außenseite des Berliners Johannes-Flügels, einfach und nahezu einfarbig gewesen sein. *Einmal* geöffnet, zeigte das Retabel auch in diesem Bereich mehrere gemalte Darstellungen: Der skulpierte Retabelschrein des Adriaen van Wesel war Schätzungen zufolge drei Meter breit, in geöffnetem Zustand verdoppelte sich die Breite auf sechs Meter. Beschreibungen des Altaraufsatzes berichten,
Abb. 136 dass es die von Bosch gemalten Szenen von Abigail und David sowie von Salomon und Bathseba gab. Von diesen Tafeln fehlt jede Spur, aber verkleinerte Kopien späteren Datums, die inzwischen ebenfalls verschwunden sind, sind uns wenigstens aufgrund von Fotografien bekannt. Die alttestamentlichen Szenen werden auf den Rückseiten der großen *backen* zu sehen gewesen sein, die innen Skulpturen zeigten. Es gibt eine merkwürdige Beschreibung dieser Szenen, die ungefähr 1633 entstanden ist und in der beinahe alle der von Bosch dargestellten Figuren als Porträts eingeschworener Brüder identifiziert werden – was selbstverständlich gänzlich fantasiert ist. Aus dem Bericht geht indes hervor, dass sich die lebhafteste Szene – Abigail, die mit Geschenken vor David kniet – an der Nordseite, also links, befand; Salomon – der vor seiner Mutter Bathseba in die Knie geht – war hingegen auf dem südlichen, dem rechten Flügel zu sehen. Ob die Originale tatsächlich von der Hand Boschs stammten oder von einem Mitglied der Familienwerkstatt ausgeführt wurden, wird sich wohl nie klären lassen; die stilistischen Übereinstimmungen etwa mit der Darstellung *Der zwölfjährige Jesus unter den Schriftgelehrten* oder der lediglich aus Repliken bekannten *Hochzeit zu Kana*, sind evident. Meines Erachtens ist es unwahrscheinlich, dass beide Tafeln und die gesamte Gruppe an Gielis Panhedel zugeschrieben werden können, der 1523/24 aus Brüssel nach 's-Hertogenbosch kam, um die Innenseiten der unteren Flügel zu bemalen; Gielis jedenfalls muss in der Brüsseler Tradition verwurzelt gewesen sein, da auch sein Vater bereits in jener Stadt tätig war.

In diesem Zusammenhang ist eine Tafel mit der *Heiligen Familie auf der Flucht nach Ägypten* von Bedeutung, die sich heute in Šternberk befindet und als Arbeit eines „Brüsseler Meisters, um 1500" gilt. Die Gestalt des Josef auf dieser Tafel weist überraschende Analogien zu Boschs *Hausierer* auf, worauf Paul Vandenbroeck schon 1981 aufmerksam gemacht
Abb. 21a hat. Die Gestalt des *Hausierers* in Rotterdam und, etwas freier,
Abb. 13a auf der Außenseite des *Heuwagens* in Madrid gehören zu einer Gruppe recht manieriert dargestellter, sich vorwärts schleppender Männerfiguren, die in Handschriften, Stichen und Gemälden aus dem letzten Viertel des 15. Jahrhunderts auftauchen. Meist handelt es sich dabei um Josef, der Maria und das Kind nach Ägypten führt, manchmal werden so aber auch Hausierer oder der Verlorene Sohn verbildlicht. Auch Dürer verarbeitete das Motiv des sich umblickenden Josef auf seinem Holzschnitt *Flucht nach Ägypten* in dem überwiegend zwischen 1500 und 1505 entstandenen und 1511 veröffentlichten *Marienleben*-Zyklus, der wiederum eine ganze Reihe von Kopien und Nachahmungen zur Folge hatte. Einer der spätgotischen Chorgestühlbänke, der sog. Misericorden, in der Grote Kerk von Breda zeigt einen von einem Hund bedrohten Landstreicher, wie er auf der Tafel in Rotterdam zu sehen ist. Das Chorgestühl aus Breda entstand wohl um 1460, unmittelbar nach der Vollendung der Chorwölbung. Die Parallelen zu Boschs *Hausierer* sind verblüffend; hier wird

Abb. 65 Anonym (Gielis Panhedel?), *Die hl. Familie auf der Flucht nach Ägypten* – Die Haltung des hl. Josef stimmt mit der des Hausierers von Bosch überein (Abb. 13a, 21a, 23a), Brüssel um 1500; Öl auf Holz, 102 x 78 cm; Šternberk, Sammlung Burg Šternberk, (Tschechien)

Abb. 66 Anonym, Chorgestühl, Detail: Ein sich umschauender Hausierer mit Hund, Brabant, um 1460; Eichenholz; Breda, Grote Kerk

Abb. 67 Hieronymus Bosch oder Nachfolger, *Die Kreuztragung*, 1510-35; Öl auf Holz, 76,7 x 83,5 cm; Gent, Museum voor Schone Kunsten

wiederum deutlich, dass eine gemeinsame Quelle oder eine Gruppe von Vorbildern zirkuliert haben muss.
Aus stilistischen Gründen ist die *Heilige Familie auf der Flucht nach Ägypten* aus Šternberk bereits früher mit einem Brüsseler Gilden-Altar in Zusammenhang gebracht worden, der das Martyrium der hll. Crispinus und Crispinianus zeigt (Teile des Altars befinden sich heute in Warschau, Brüssel und Moskau). Es ist das Schlüsselwerk für die Rekonstruktion des Œuvres von Aert van den Bossche alias Panhedel, dem Vater von Gielis. Das Altargemälde wurde 1490 bei Aert van den Bossche in Auftrag gegeben, der mit einem anonymen Brüsseler Maler zu identifizieren ist, der den Notnamen „Meister der Barbaralegende" trägt. Verschiedene Faktoren stellen zudem die Beziehung zu einer Gruppe unbekannter Maler her, die während des späten 15. und frühen 16. Jahrhunderts in Brüssel tätig waren und unter die Gruppe um den sog. „Meister der Katharinenlegende" und den „Meister der Barbaralegende" – alias Aert van den Bossche – eingeordnet werden. Letzterer arbeitete unter anderem an einem Triptychon mit, das um 1492/95 entstand und sich heute in Melbourne befindet. Das Hauptthema dieses Triptychons ist die *Wundersame Brotvermehrung*, für das Aert den rechten Flügel mit der *Auferweckung des Lazarus* malte. Der linke Flügel mit der *Hochzeit zu Kana*, gemalt vom sog. Meister der Fürstenbildnisse, weist unverkennbar Parallelen mit jener Gruppe der Bosch-Nachfolger um die *Hochzeit zu Kana* auf. Außerdem erinnern die Melbourner Darstellungen mit ihren realistischen Porträts identifizierbarer Personen an die Tafeln des Bruderschaftsretabels, die *David und Abigail* sowie *Salomon und Bathseba* zeigten. Auf der Außenseite des Flügels mit der *Hochzeit zu*
Kana findet sich in Melbourne die *Ruhe auf der Flucht nach* Abb. 49
Ägypten. Die hinsichtlich der Landschaftsdarstellung eng an
Schongauers 1472 entstandenen Stich anschließende Dar- Abb. 48
stellung wird dem anonymen „Meister der Magdalenenlegende" zugeschrieben. Links im Bild kopierte er Schongauers Drachenbaum, jenen merkwürdigen *Draecena Draco*, den

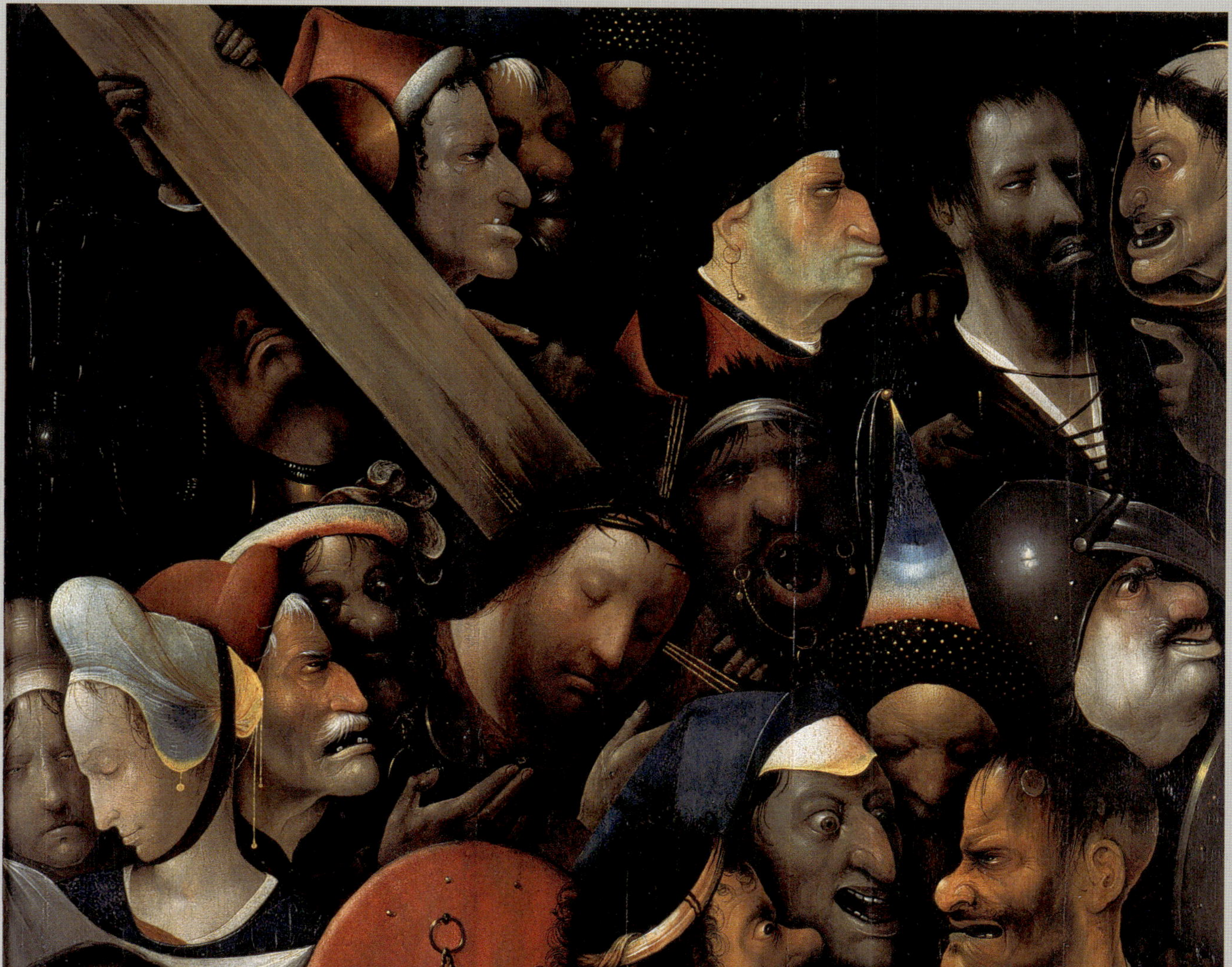

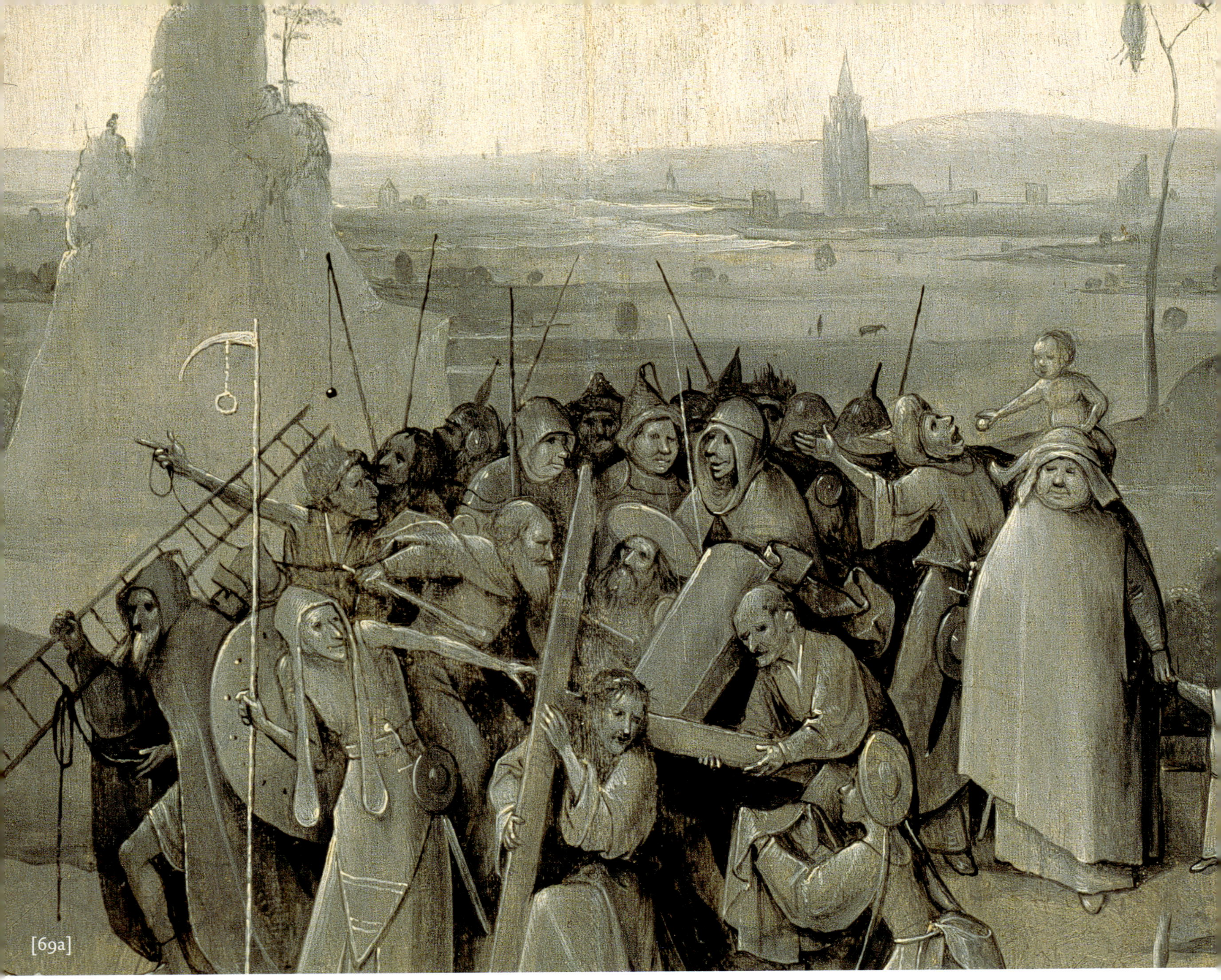

[69a]

Hieronymus Bosch aus demselben Stich sehr präzise für seinen *Garten der Lüste* übernahm! Auf seiner *Flucht nach Ägypten* plazierte Dürer das exotische Gewächs übrigens auf der rechten Seite und rückte ihn weiter in den Hintergrund. Die Brüsseler Werkstatt der fünf Meister, die das Melboruner Triptychon malten – unter ihnen Aert van den Bossche alias Panhedel alias Meister der Barbaralegende – repräsentiert zweifellos die künstlerischen Wurzeln von dessen Sohn Gielis, der 1522/23 in 's-Hertogenbosch das mehrflügelige Werk von Adriaen van Wesel und Hieronymus Bosch vollendete. Die besprochenen Gemälde zeigen freilich, dass zwischen den Brüsseler Malerwerkstätten und Hieronymus Bosch (und umgekehrt) Beziehungen bestanden haben müssen, die es verdient hätten, genauer untersucht zu werden. Ein – nicht näher bekanntes – Hochaltarbild von Hieronymus Bosch für die Dominikaner in Brüssel, mit dem für die Klosterbrüder *nota bene* die Verpflichtung verbunden war, ein Jahrgedächtnis für das Seelenheil des Malers aus 's-Hertogenbosch abzuhalten, mag hierzu einen weiteren Anhaltspunkt bieten.

In der Welt berühmt und in 's-Hertogenbosch vergessen

Die erwähnte *tabula summi altaris* (Hochaltarbild) von Hieronymus Bosch befand sich noch um 1628 im Besitz der Brüsseler Dominikaner. Der aus 's-Hertogenbosch stammende Dominikaner Michael Ophovius, der am 13. September 1626 in Antwerpen zum Bischof seiner Heimatstadt geweiht worden war, versuchte vergeblich, den monumentalen „Bosch" von seinen Ordensbrüdern für seine Bischofsresidenz „zurückzukaufen". Merkwürdiger Weise waren erst kurz vor der Ankunft von Ophovius in 's-Hertogenbosch – in den Jahren 1615-17 – die Tafeln des Hochaltarbildes von Bosch demontiert und aus der inzwischen zur Episkopalkirche aufgewerteten Johanneskirche entfernt worden. Über die Motive von Ophovius, erneut ein Hochaltarbild von Bosch erwerben zu wollen, können wir nur spekulieren. In seiner Geburtsstadt waren kaum noch Werke des großen Meisters vorhanden, der inzwischen berühmt geworden war. Nach 1629 sollten auch die letzten Relikte von Boschs Wirken, etwa die Flügel des Bruderschaftsretabels und weitere Gemälde schnell verschwinden, die sich noch in der Johanneskirche, in Klöstern, Kapellen oder in Privatbesitz befanden. In den Archivalien von 's-Hertogen-

bosch aus den Jahrhunderten nach Boschs Tod finden sich nur äußerst selten Nachrichten über den Maler. Die meisten Chronisten erwähnen bis etwa 1629 – dem Zeitpunkt, als ’s-Hertogenbosch calvinisiert wurde – hauptsächlich die ihm zugeschriebenen Gemälde in der Johanneskirche. Im Laufe des 16. Jahrhunderts wurde sein Ruhm außerhalb von ’s-Hertogenbosch so groß, dass man mit seinem Namen eher eine bestimmte Bildgattung von Höllenszenen verband und als dessen Œuvre ansah. In Antwerpen, den südlichen Niederlanden, in Venedig und vor allem auch in Spanien wurde sein Werk, das dort überaus faszinierte, schnell sehr geschätzt. In seiner Heimatstadt, deren Namen er angenommen hatte, fiel er jedoch bis weit ins 19. Jahrhundert der Vergessenheit anheim. Die Sichtung von Inventaren, Verzeichnissen, Testamenten usw., die ab dem späten 16. Jahrhundert aufgesetzt wurden, brachten bis heute nicht mehr als zwei Erwähnungen von Bosch zugeschriebenen Tafeln zum Vorschein. Eine der Tafeln ist erhalten, stammt jedoch nicht zweifelsfrei von Hieronymus Bosch. Die zweite Tafel kennen wir dagegen allein aus einer Beschreibung vom April 1664: *een schildeije op paneel wesende de kruijssinghe Christi, gedaen door Jeronimus Bosch met den houte lijst* (ein Gemälde auf Holz, die Kreuzigung Christi darstellend, gemalt von Hieronymus Bosch, mit einem Holzrahmen). Wir stellen uns darunter natürlich eine Tafel vor, die der *Kreuzigung mit Stifter* im Brüsseler Museum ähnelte. Abb. 68
Bei der ersten Tafel hingegen handelt es sich um eine *Versuchung des hl. Antonius* nach Bosch, die eventuell im Laufe des 16. Jahrhunderts entstand und heute im Koninklijk Museum von Antwerpen aufbewahrt wird. Sie befand sich im dritten Viertel des 18. Jahrhunderts im Besitz von Martin Bowier (1750-1830), einem hohen Beamten aus ’s-Hertogenbosch.
Ein neuerliches, seriöses Interesse an Bosch erwachte in ’s-Hertogenbosch erst wieder in den siebziger Jahren des 19. Jahrhunderts. Auf nationaler, ja auf europäischer Ebene war der Name Bosch jedoch stets geläufig. Im späten 16. und frühen 17. Jahrhundert wurde er in den Kunsthistoriografien von Lampsonius, Guicciardini und Van Mander erwähnt, vor allem deswegen, weil Künstler wie Pieter Bruegel d.Ä., Jan Mandijn oder Frans Verbeeck, von seinen Werken und fantastischen Bilderfindungen beeinflusst worden waren.
Übersichtswerke aus dem 18. und 19. Jahrhundert, so etwa von

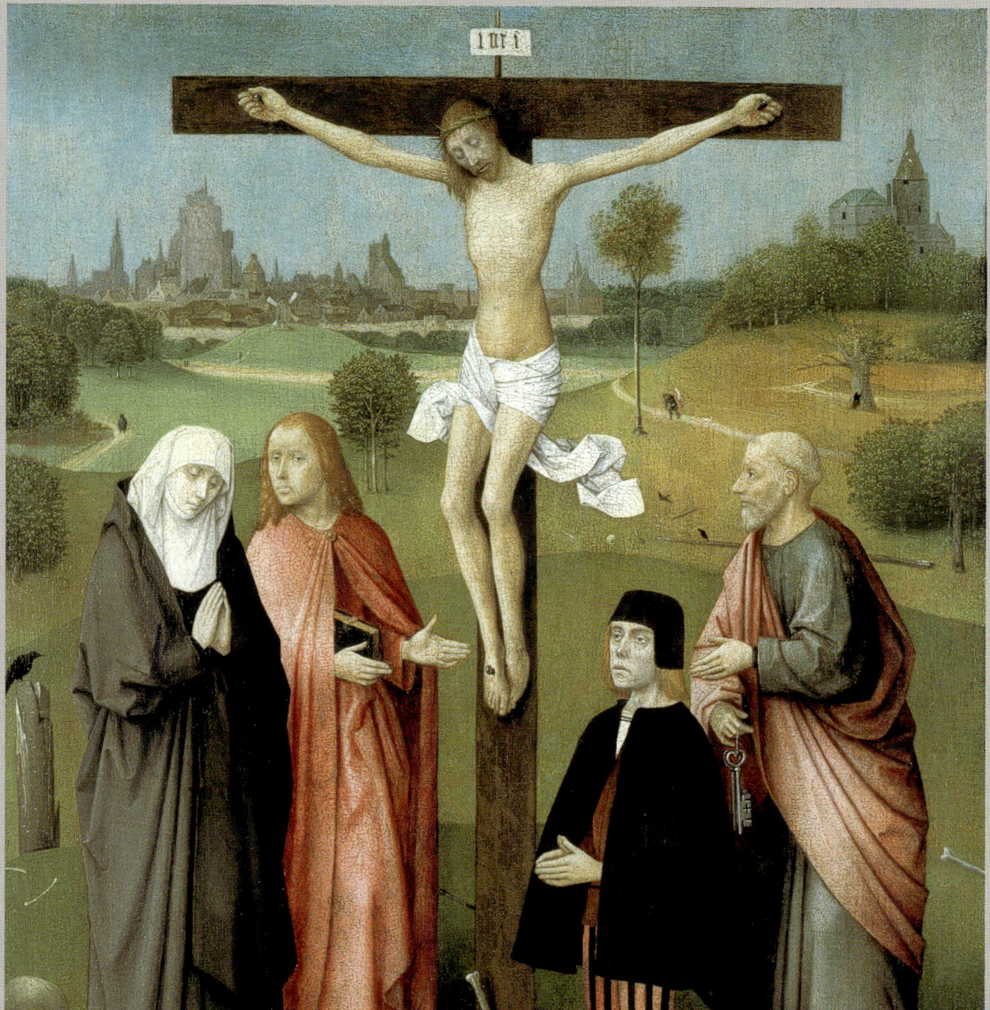

Abb. 68 Hieronymus Bosch, *Kreuzigung mit Stifter*, um 1483 oder später; Öl auf Holz, 70,5 x 59 cm; Brüssel, Koninklijk Museum voor Schone Kunsten

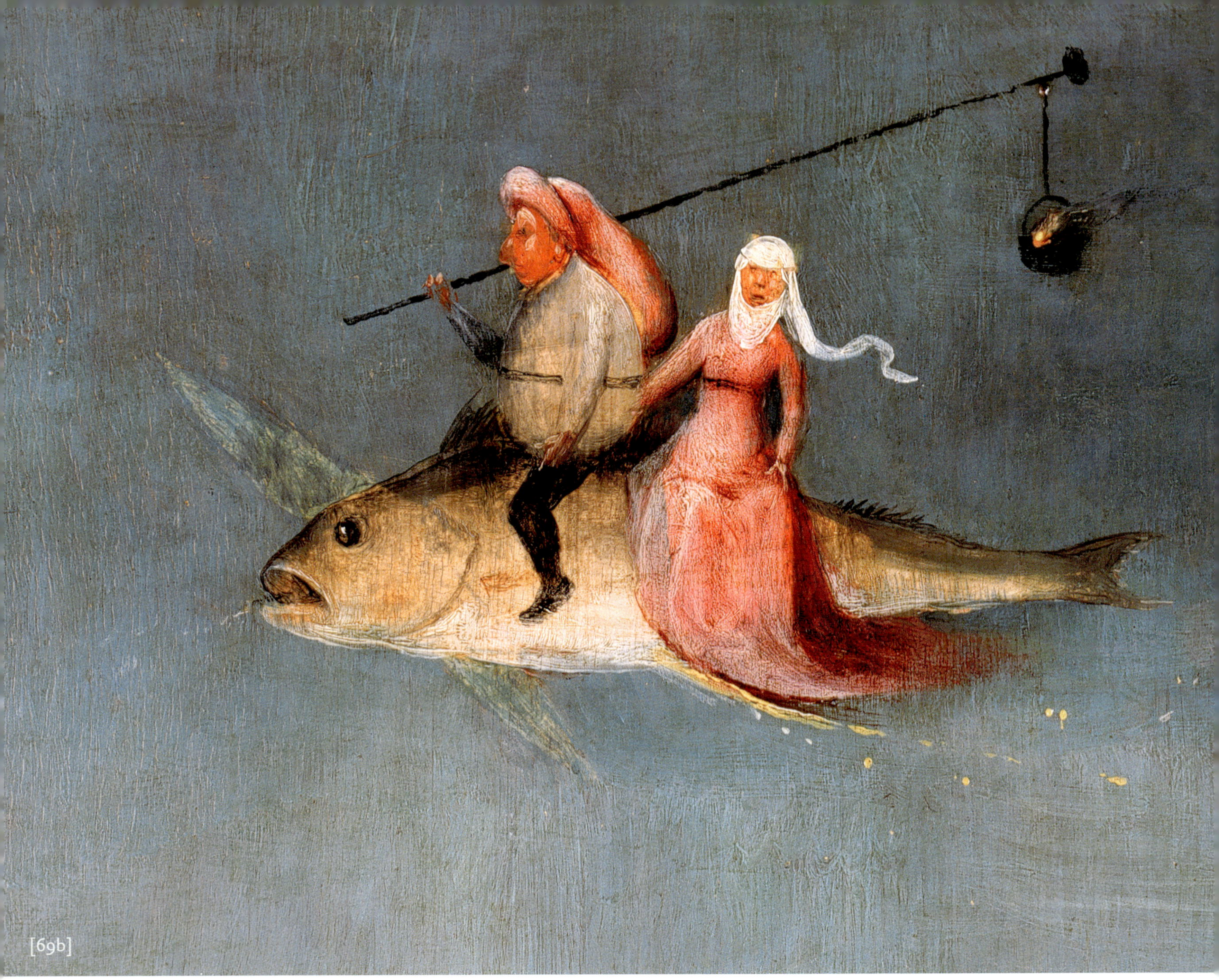
[69b]

J.B. Descamps (1753) oder Immerzeel (1842), schlossen größtenteils an diese Schriftsteller an. Auch zahlreiche Halbwahrheiten und Gerüchte kursierten über Bosch – so beispielsweise, dass der große Meister im Escorial, der ja erst nach seinem Tode errichtet wurde, Studien betrieben habe! Um Dichtung und Wahrheit voneinander zu trennen, begann der Archivar J.C.A. Hezenmans die kirchlichen und städtischen Archive von 's-Hertogenbosch nach dem Maler zu durchforsten. In mehreren Artikeln und Büchern zeichnete er ein zwar romantisierendes, aber dennoch bewundernswertes Bild von Hieronymus Bosch, wodurch der Maler gleichsam in seine Heimatstadt zurückkehrte. Von dort war er fortan nicht mehr wegzudenken, wenngleich, wie Hezenmans 1874 beinahe zähneknirschend konstatierte, „in seiner Geburtsstadt und in seinem gesamten Vaterland kein Pinselstrich von ihm mehr zu finden" war. Es blieb daher nicht aus, dass geschickte Fälscher mit dem begannen, wovor der Spanier Felipe de Guevara bereits kurz nach der Mitte des 16. Jahrhunderts gewarnt hatte: vor gefälschten Bosch-Signaturen und durch Kaminrauch künstlich gealterten Gemälden! Vor dem Hintergrund von Hezenmans Archivforschungen und der damit einsetzenden Neubewertung Boschs verfertigte der Zeichner und Maler M.J.C. Weegenaar (1834-1909) aus 's-Hertogenbosch eine Reihe von Fälschungen, darunter eine – nun spurlos verschwundene – Porträtzeichnung von Alart Du Hameel mit der Bildunterschrift *Aetatis 55 anno 1504. Meester Allart du hameel loedzemeester van der Bossche. Jeronimus Bosch fecit* (Im Alter von 55 Jahren im Jahre 1504. Meister Alart Du Hameel, Baumeister von 's-Hertogenbosch von Hieronymus Bosch gemacht). Ein ähnliches Porträt (Iconografisch Bureau, Den Haag) fertigte Wegenaar von dem Schöffen Dirck de Borchgreve († 1519) aus 's-Hertogenbosch an, der bereits seit 1471 eingeschworenes Mitglied der Liebfrauen-Bruderschaft war und in diesem Zusammenhang auch Bosch gekannt haben muss. Dieses Blatt signierte der Fälscher auf eine Weise, die eine Reise Boschs durch Spanien oder Italien vortäuschen sollte: *Dierck de Borchgrave in Busco. Jeronimo da Busco 1506.* Fälschungen wie diese sind das deutlichste Indiz für den aufs Neue begründeten Ruhm und die Anerkennung von Hieronymus Bosch. Sein Œuvre war auch ohne wirkliche Fälschungen, allein durch die enorme Flut von Nachahmern und Schulwerken unüberschaubar angewachsen. Hunderte von Tafeln, vor allem Darstellungen mit Ungeheuern und Höllenszenen, wurden dem Maler weltweit zugeschrieben. Seit dem 16. Jahrhundert stand der Name „Bosch" weniger für eine individuelle Künstlerpersönlichkeit als vielmehr für ein

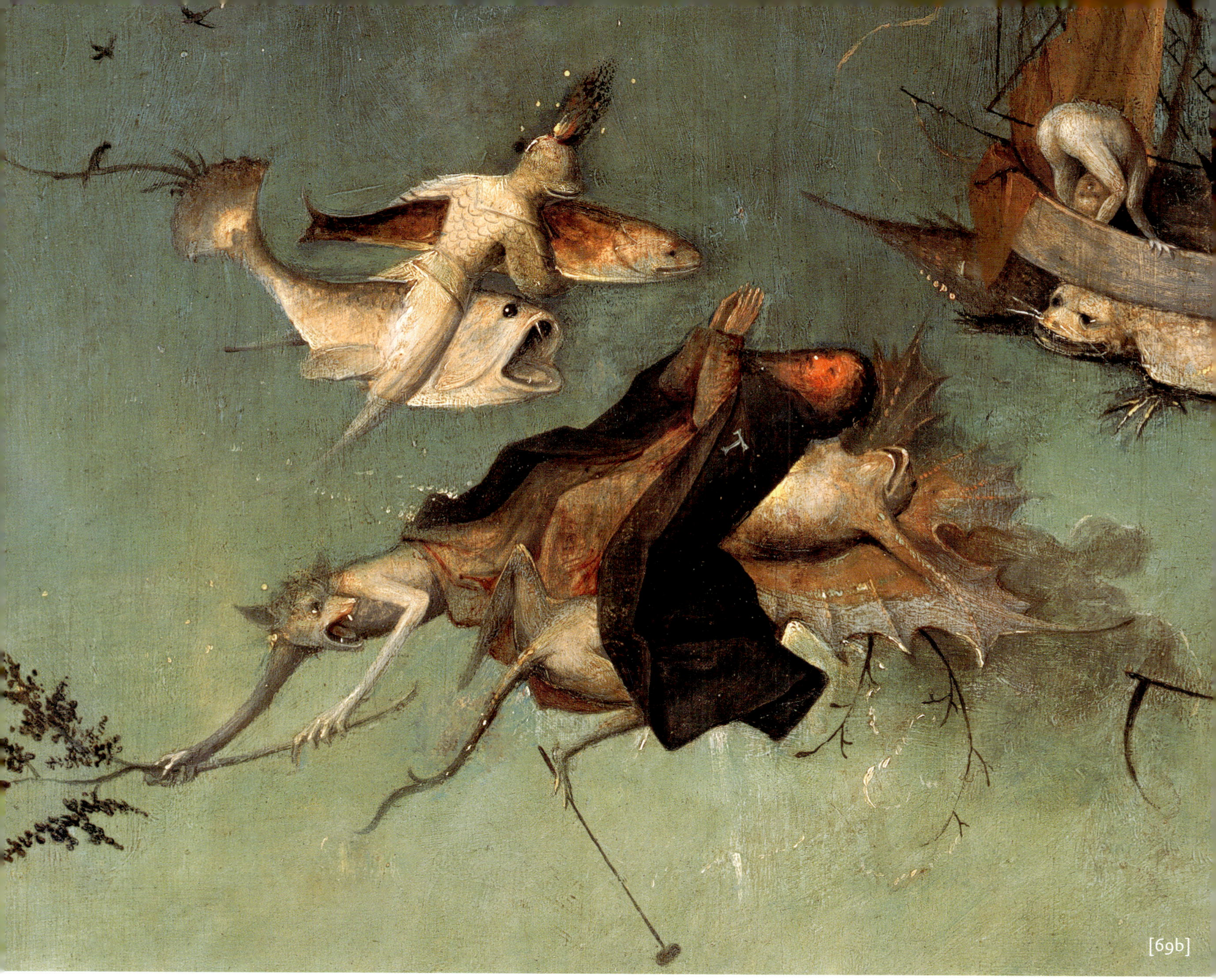

[69b]

eigenes Bildgenre. Die neuere Forschung hat das eigenhändige Werk mittlerweile auf eine kleine, aber immer noch sehr heterogene Werkgruppe reduziert. Noch wissen wir zu wenig über die praktische Arbeitsteilung in der Bosch-Werkstatt, zu wenig über die Zusammenarbeit mehrerer Maler innerhalb des Malerateliers am Markt von 's-Hertogenbosch, ganz abgesehen von den Anfängen der Rezeption von Bosch innerhalb und außerhalb von 's-Hertogenbosch. Um in der Forschung weiterzukommen, müssen als erstes die Unterzeichnungen, Zeichnungen, die verwendeten Farben sowie die Bildträger aus Eiche untersucht werden. Die materialtechnischen Analysen, gemeinsam mit weiteren Archivuntersuchungen sowie mit neuen ikonografischen Fragestellungen und der systematischen Erforschung der Auftraggeber der Gemälde dürften künftig erheblich dazu beitragen, ein deutlicheres Bild von einem der am meisten mystifizierten Maler, Hieronymus Bosch, zu zeichnen.

Bernard Vermet

Hieronymus Bosch: Maler, Werkstatt oder Stil?

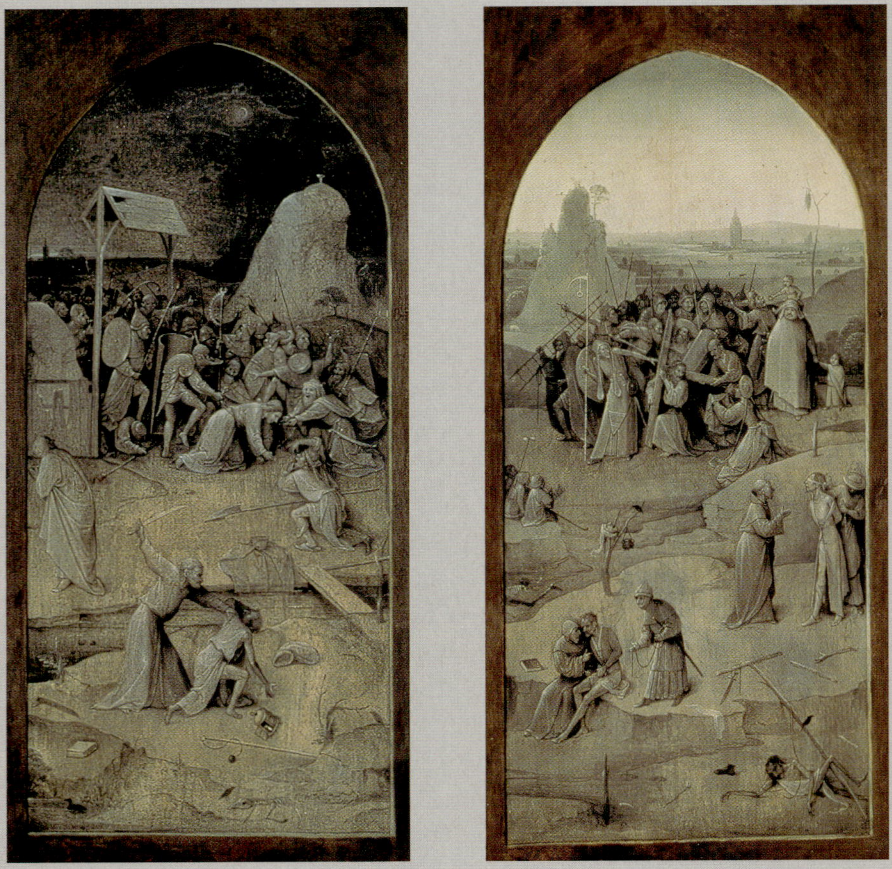

Abb. 69a-b Hieronymus Bosch, *Die Versuchung des hl. Antonius*, um 1501 oder später, Triptychon; Öl auf Holz, 131 x 119/238 cm; Außenseite: (a) *Die Gefangennahme Christi, Die Kreuztragung*; Innenseite: (b) *Die Versuchung des hl. Antonius;* Lissabon, Museu Nacional de Arte Antiga

Bereits seit mehr als einem Jahrhundert versuchen Kunsthistoriker, das Œuvre von Hieronymus Bosch zu ordnen. Zuschreibungen und Datierungen variieren im Laufe der Jahre nicht nur von Autor zu Autor, sondern auch innerhalb der Veröffentlichungen ein und desselben Spezialisten. Ein Problem besteht darin, dass kein Werk mit letzter Sicherheit an Bosch zugeschrieben werden kann und dass kein einziges Werk inschriftlich datiert ist. Jede Rekonstruktion von Boschs Œuvre beruht deshalb auf vagen stilistischen Argumenten sowie auf subjektiven Vorstellungen von Qualität und künstlerischer Entwicklung. Seit der Studie von Unverfehrt (1980) scheint jedoch darüber Konsens zu herrschen, dass ca. 25 bis 30 Werke von der Hand Boschs stammen. Es sind diese Werke, auf die hier in erster Linie näher eingegangen werden soll.

Die Problematik

Durch folgende Probleme gestalten sich Zuschreibung und Datierung besonders schwierig:

- Kein Werk ist datiert, und von den wenigen datierten Aufträgen, die uns bekannt sind, wissen wir nicht, auf welche Bilder sie sich beziehen.
- Wir wissen, dass Boschs Vater Anthonius (um 1420-1478), drei seiner Onkel, der ältere (!) Bruder Goessen (um 1444-1498) sowie dessen Sohn Anthonius Goessenz (um 1478-1516) Maler waren und in einer Werkstattgemeinschaft gearbeitet haben müssen (vgl. den Beitrag von Jos Koldeweij). Hieronymus Bosch war nicht der Gründer der Werkstatt, sondern arbeitete umgeben von Malern, die ja bereits einen eigenen Stil entwickelt haben mussten, bevor sie vom außerordentlichen Talent des Hieronymus Bosch überragt wurden.
- Die beachtlichen Qualitätsunterschiede, die selbst innerhalb eines Werkes zu beobachten sind, deuten auf eine Werkstattgemeinschaft hin; dadurch sind Kriterien für eine Zuschreibung und/oder Datierung nur schwer definierbar.
- Wir wissen zwar, dass es von vielen Kompositionen mehrere Fassungen gibt (bzw. gab); ob die überlieferte Version den

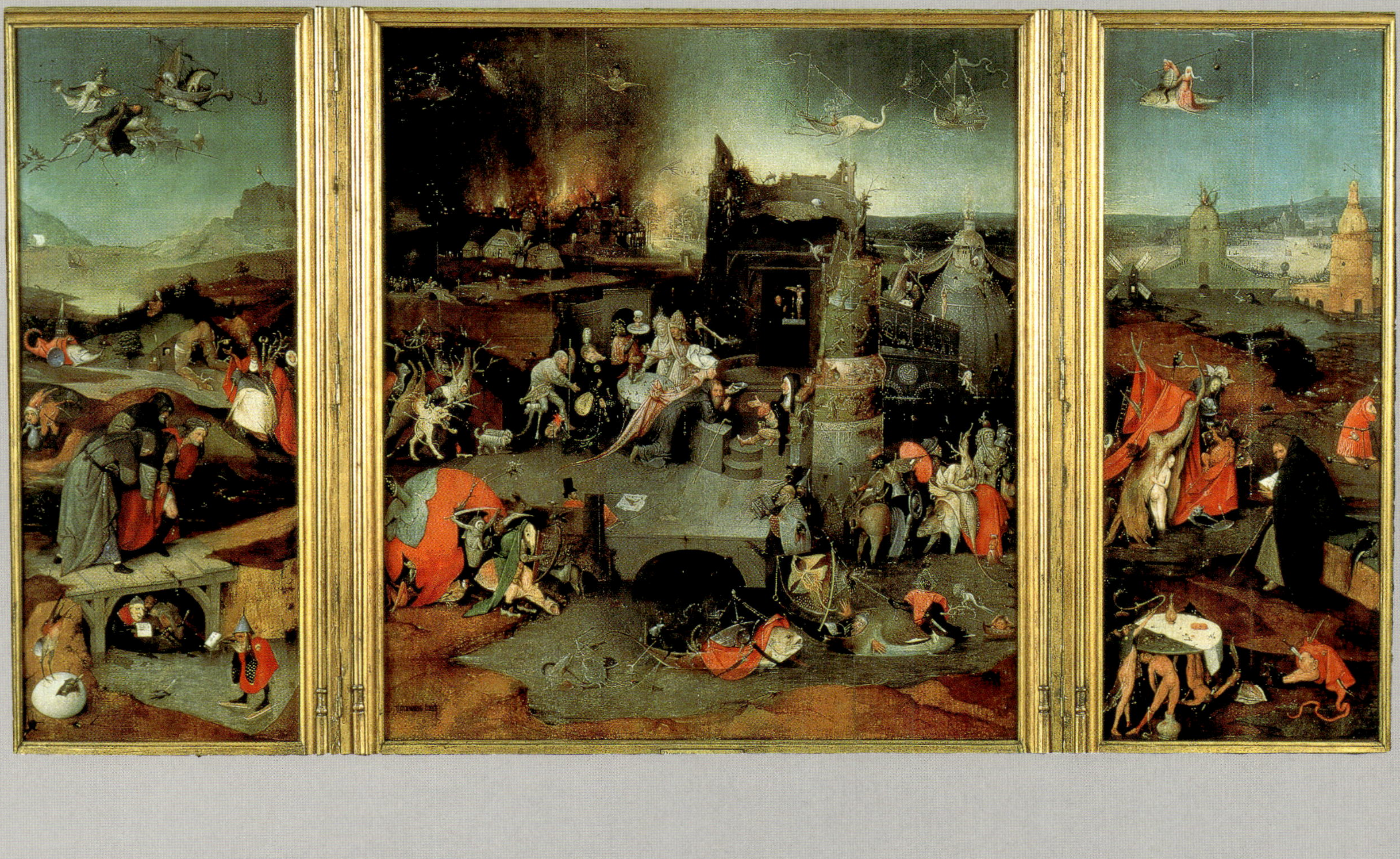

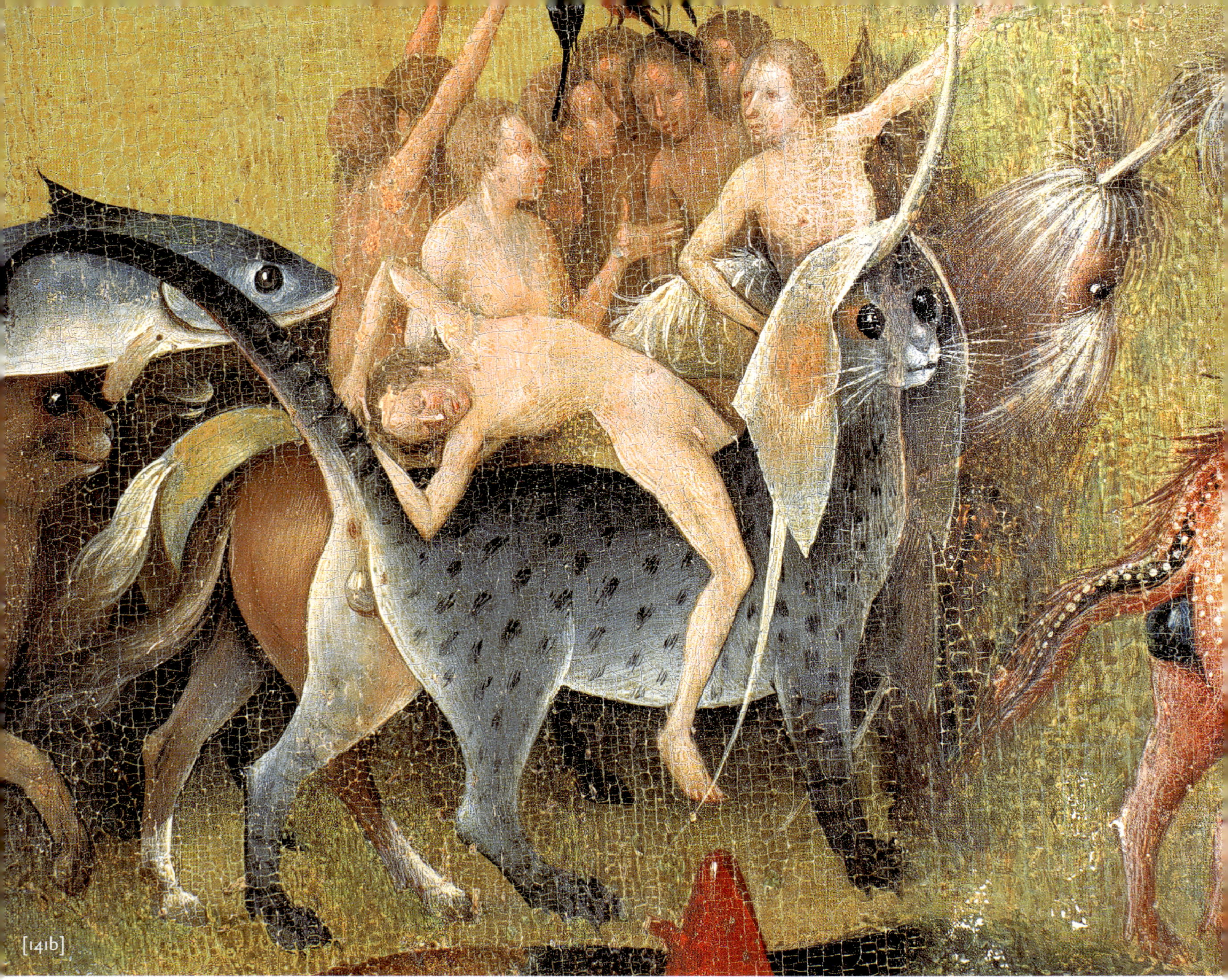

[141b]

Prototyp bildet oder diesem sehr nahe kommt, ist kaum jemals sicher.

– Boschs Werke waren bereits im 16. Jahrhundert so populär, dass sie oft kopiert, imitiert und verfälscht wurden. Der Spanier Felipe de Guevara erwähnt um 1560 einen sehr begabten Schüler (*discipulo*), der seinen Lehrer nicht nur präzise nachahmte und mit *Jheronimus Bosch* signierte, sondern der auch bei der Ausführung „genauer und geduldiger" war als jener. Selbst qualitativ hochrangige Gemälde mit Boschs Signatur können deshalb nicht unbedingt als eigenhändig gelten.
– Und schließlich hat Boschs Ruhm dazu geführt, dass sein Œuvre sehr früh bereits restauriert sowie im Laufe der Zeit regelmäßig retuschiert und übermalt wurde; Vergleiche von Stil und Maltechnik werden dadurch nicht eben leichter.

Technologische Hilfswissenschaften

Die unterschiedlichen Erhaltungszustände der Gemälde erschweren deren Beurteilung. So war De Tolnay aufgrund der
Abb. 21c großen Farbunterschiede überzeugt, dass die *Allegorie der Gier*
Abb. 21b nicht der ursprüngliche untere Teil des *Narrenschiffs* sei. Durch Röntgenaufnahmen konnte jedoch bewiesen werden, dass die übermalten Details am unteren Rand des *Narrenschiffs* – links Blätter und rechts ein Knie – ursprünglich unmittelbar an einen Zweig und ein Bein am oberen Rand der *Allegorie* anschlossen. Durch Röntgen ist es möglich, unter der Malfläche ältere Farbschichten – und vor allem Bleiweiß – sichtbar zu machen. Auf diese Weise lässt sich erkennen, ob – unmittelbar oder nachträglich – Änderungen durchgeführt wurden.

S. 18/19 Mit Hilfe der Infrarotfotografie, und seit den siebziger Jahren vor allem der -reflektografie, können auch die vorbereitenden Unterzeichnungen (teilweise) sichtbar gemacht werden, die etwas über den individuellen Zeichenstil eines Künstlers verraten. Weicht die Unterzeichnung eines Werkes außerdem von dessen malerischer Ausführung ab, veranschaulicht dies Planänderungen und weist mithin auf einen kreativen Prozess hin; in solchen Fällen handelt es sich in der Regel nicht um eine Kopie.

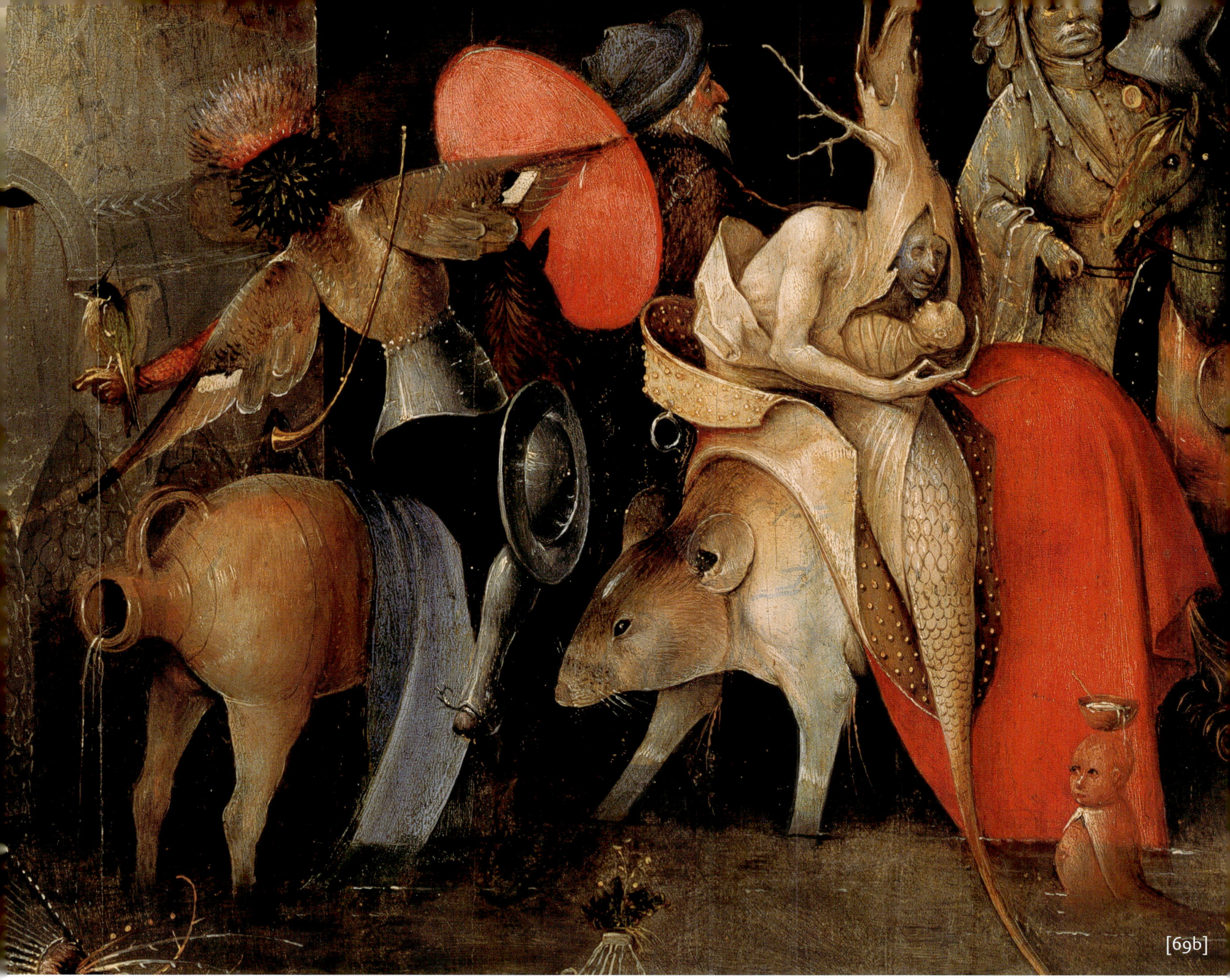

[69b]

Daneben werden Pigmentuntersuchungen durchgeführt, mit deren Hilfe man etwa feststellen kann, welche Farben ein Künstler verwendete. Schließlich lässt sich durch die Dendrochronologie anhand der Jahresringe des hölzernen Bildträgers das maximale Alter einer Tafel bestimmen.
Die Dendrochronologie definiert einen *terminus post quem*, einen Zeitpunkt, *nach* dem etwas entstanden sein muss. Wie lange danach, darüber freilich sagt die Altersbestimmung des Holzes nichts aus, und so ist die Aussagekraft der Dendrochronologie eingeschränkt. Dennoch steht uns erstmals ein objektives Hilfsmittel zur Verfügung, zumindest etwas über das Alter eines Tafelbildes zu sagen. Deshalb wurde eine größtmögliche Anzahl an Werken von und nach Bosch von dem Hamburger Holzbiologen Peter Klein dendrochronologisch untersucht. Seinen Ergebnissen vor allem ist es zu danken, dass wir uns erneut dem an Hieronymus Bosch zugeschriebenen Œuvre zuwenden.

Dendrochronologische Ergebnisse

Zum besseren Verständnis müssen die nachfolgend verwendeten Jahreszahlen näher erläutert werden. Aufgrund von Klimaschwankungen (Temperatur und Feuchtigkeit) wachsen Bäume nicht jedes Jahr gleichmäßig. Jahresringe variieren entsprechend in ihrer Breite, was sich in einer Wachstumskurve darstellen lässt; durch den Vergleich solcher Kurven kann man das Alter des jüngsten Jahresringes bestimmen. Bei den als Bildträger der Gemälde gebräuchlichen Eichentafeln wurde allerdings das junge, besonders weiche, und somit unbrauchbare Splintholz weggeschnitten, sodass hier mindestens neun und durchschnittlich fünfzehn Jahresringe fehlen. Außerdem muss man Holz vor der Verarbeitung mindestens zwei Jahre zum Trocknen lagern, oft lagert Holz aber auch länger. Ist etwa der letzte Jahresring auf 1500 datierbar, dann wurde die entsprechende Tafel nicht vor 1511 (1500 + 9 Jahre Splintholz + 2 Jahre Lagerzeit) und durchschnittlich nicht vor 1517 (1500 + 15 + 2) bemalt. Beide Daten sind für die in der folgenden Übersicht nach jedem Gemälde angegebenen Jahreszahlen ausschlaggebend.

Abb. 70 Hieronymus Bosch, Eremitenaltar, um 1493 oder später, Triptychon, Innenseite: *Die hll. Antonius, Hieronymus und Eligius*; Öl auf Holz, 86,5 x 60/120 cm; Venedig, Palazzo Ducale

Die dendrochronologischen Ergebnisse der wichtigsten Werke sehen wie folgt aus:

Das Jüngste Gericht[3], München, Alte Pinakothek: 1442/48
Der Garten der Lüste, Kopie des linken Flügels, Escorial: 1449/55
Der Garten der Lüste[1,2], Madrid, Museo del Prado: 1460/66
Hl. Antonius[3], Madrid, Museo del Prado: 1462/68
Die Anbetung der Könige, New York, Metropolitan Museum: 1468/74
Ecce Homo[1,2], Frankfurt, Städelsches Kunstinstitut: 1470/76
Johannes der Täufer[1,2], Madrid, Fundación Lázaro Galdiano: 1474/80
Das Jüngste Gericht[1,2], Wien, Akademie der Bildenden Künste: 1476/82
Hl. Hieronymus[1,2], Gent, Museum voor Schone Kunsten: 1476/82
Kreuzigung mit Stifter[1,2], Brüssel, Koninklijk Museum voor Schone Kunsten: 1477/83[4]
Die Dornenkrönung[1,2], London, National Gallery: 1479/85
Das Jüngste Gericht, Brügge, Groeningemuseum: 1480/86
Visionen aus dem Jenseits[1,2], Venedig, Palazzo Ducale: 1484/90
Das Narrenschiff[1,2], Paris, Musée du Louvre: 1485/91
Der Eremitenaltar[1,2], Venedig, Palazzo Ducale: 1487/93
Der Hausierer[1,2], Rotterdam, Museum Boijmans Van Beuningen: 1487/93
Der Tod des Geizhalses[1,2], Washington, National Gallery of Art: 1488/94
Das Steinschneiden[3], Madrid, Museo del Prado: 1488/94
Ecce Homo, Boston, Museum of Fine Arts: 1489/95
Die gekreuzigte Märtyrerin[1,2], Venedig, Palazzo Ducale: 1491/97
Johannes auf Patmos[1,2], Berlin, Gemäldegalerie: 1489/95
Hl. Christophorus[1,2], Rotterdam, Museum Boijmans Van Beuningen: 1490/96
Die Kreuztragung[1,2], Escorial: 1492/98
Die Anbetung der Könige[1], Philadelphia, Johnson-Collection: 1493/99
Madonna mit Kind, Privatsammlung: 1494/1500
Die Versuchung des hl. Antonius[1,2], Lissabon, Museu Nacional de Arte Antiga: 1495/1501
Der Gaukler[3], St-Germain-en-Laye, Musée Municipal: 1496/1502
Der Heuwagen, Escorial: 1498/1504
Triptychon mit den Prüfungen Hiobs, Brügge, Groeningemuseum: 1501/07
Die Sintflut[1,2], Rotterdam, Museum Boijmans Van Beuningen: 1508/14
Der Heuwagen[2], Madrid, Museo del Prado: 1510/16
Die Dornenkrönung[1,2], Escorial: 1527/33
Die Hochzeit zu Kana[3], Rotterdam, Museum Boijmans Van Beuningen: 1555/61
Ecce Homo, Philadelphia, Johnson-Collection: 1557/63
Die Geburt Christi[3], Köln, Wallraf-Richartz-Museum: 1562/68
Die *Allegorie der Gier*[1,2] in New Haven bildete ursprünglich den unteren Teil des *Narrenschiffes*, worauf später eingegangen wird; sie wurde daher nicht eigens untersucht. Aus technischen Gründen konnten die *Anbetung der Könige*[1,2] und die Tafel der *Sieben Todsünden*[1,2], beide im Prado, sowie die *Kreuztragungen*[1,2] in Gent und Wien nicht dendrochonologisch datiert werden.

Eine vollständige Übersicht findet sich in Peter Kleins Beitrag im Essayband „Hieronymus Bosch" (Rotterdam 2001)
1. Von Unverfehrt (1980) als eigenhändig betrachtet
2. Von Marijnissen (1987) als eigenhändig betrachtet
3. Von Marijnissen (1987) als zweifelhaftes Original betrachtet
4. Untersucht von Pascale Fraiture, Université de Liége, Groupe interdisciplinaire d'Archeometrie, Laboratoire de Dendrochronologie

Aufgrund der Untersuchungsergebnisse steht fest, dass manche Werke definitiv nicht von der Hand Boschs stammen können, weil der Bildträger erst nach dessen Tod bemalt worden sein kann.
Die *Dornenkrönung* (Escorial; nach 1527/33), der *Ecce Homo* (Philadelphia; nach 1557/63), die *Hochzeit zu Kana* (Rotterdam; nach 1555/61) und die *Geburt Christi* (Köln; nach 1562/68) sind die bedeutendsten Gemälde, die somit aus dem Œuvre ausscheiden. Es ist kein Zufall, dass drei der Bilder nicht vor Mitte des 16. Jahrhunderts entstanden sein können. Die große Popularität der gemalten Kopien scheint zeitlich mit jener der zahlreichen Drucke nach Bosch zusammenzufallen.
Der *Heuwagen* stellt einen problematischen Sonderfall dar. Unverfehrt (1980) galt nicht nur die Fassung im Escorial, sondern auch der *Heuwagen* im Prado als nicht eigenhändig. Die späte Datierung des Holzes (nach 1510/16) bietet tatsächlich Anlass zu Zweifeln, aber zahlreiche Veränderungen in der Unterzeichnung und *Pentimenti* im Malvorgang deuten auf ein Originalwerk, das freilich nicht von Bosch selbst stammen muss. Um den Prototyp scheint es sich hier indes keinesfalls zu handeln.
Ein weiteres, sehr konkretes Ergebnis der Untersuchung besteht darin, dass nun sicher ist, dass *Der Hausierer* (Rotterdam) ursprünglich die Außenseite eines Triptychons bildete, dessen Flügel innen links das *Narrenschiff* (Paris), darunter die *Allegorie der Gier* (New Haven) sowie rechts den *Tod des Geizhalses* (Washington) zeigten; die Flügel wurden schlicht zersägt. Dies wurde zwar schon oft vermutet, zuletzt in einem noch unveröffentlichten Artikel von Johannes Hartau, war aber bislang unbewiesen. Obwohl bereits Filedt Kok (1972) darauf hingewiesen hatte, dass die Unterzeichnungen dieser Darstellungen einander verwandt sind, sahen die meisten Autoren die kleinen, ein wenig karikaturhaften Figuren der einstigen Innenflügel als Beispiele für Boschs Frühstil an, während ihnen der imposante *Hausierer* als ein Höhepunkt im Spätwerk galt.

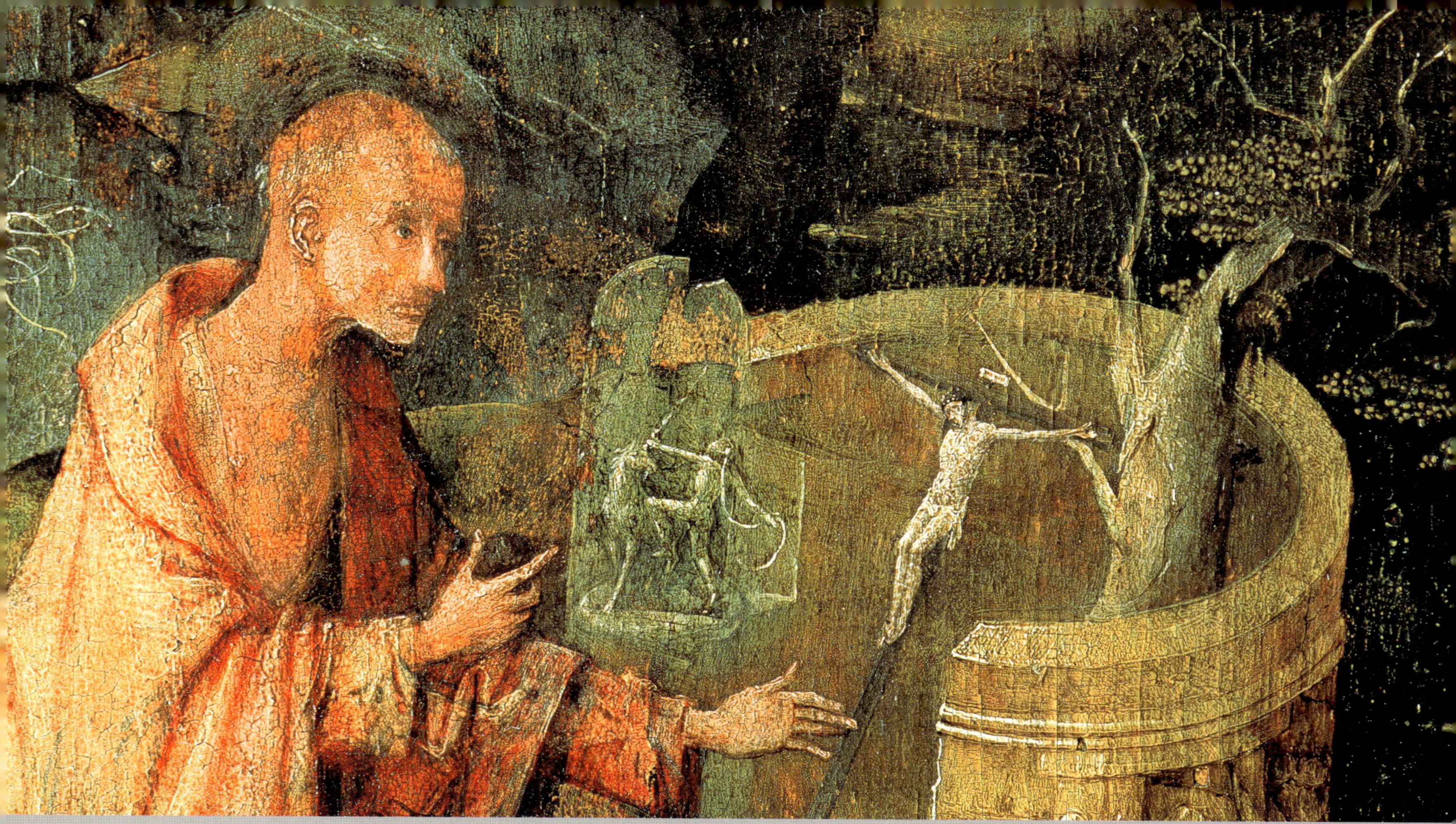

89

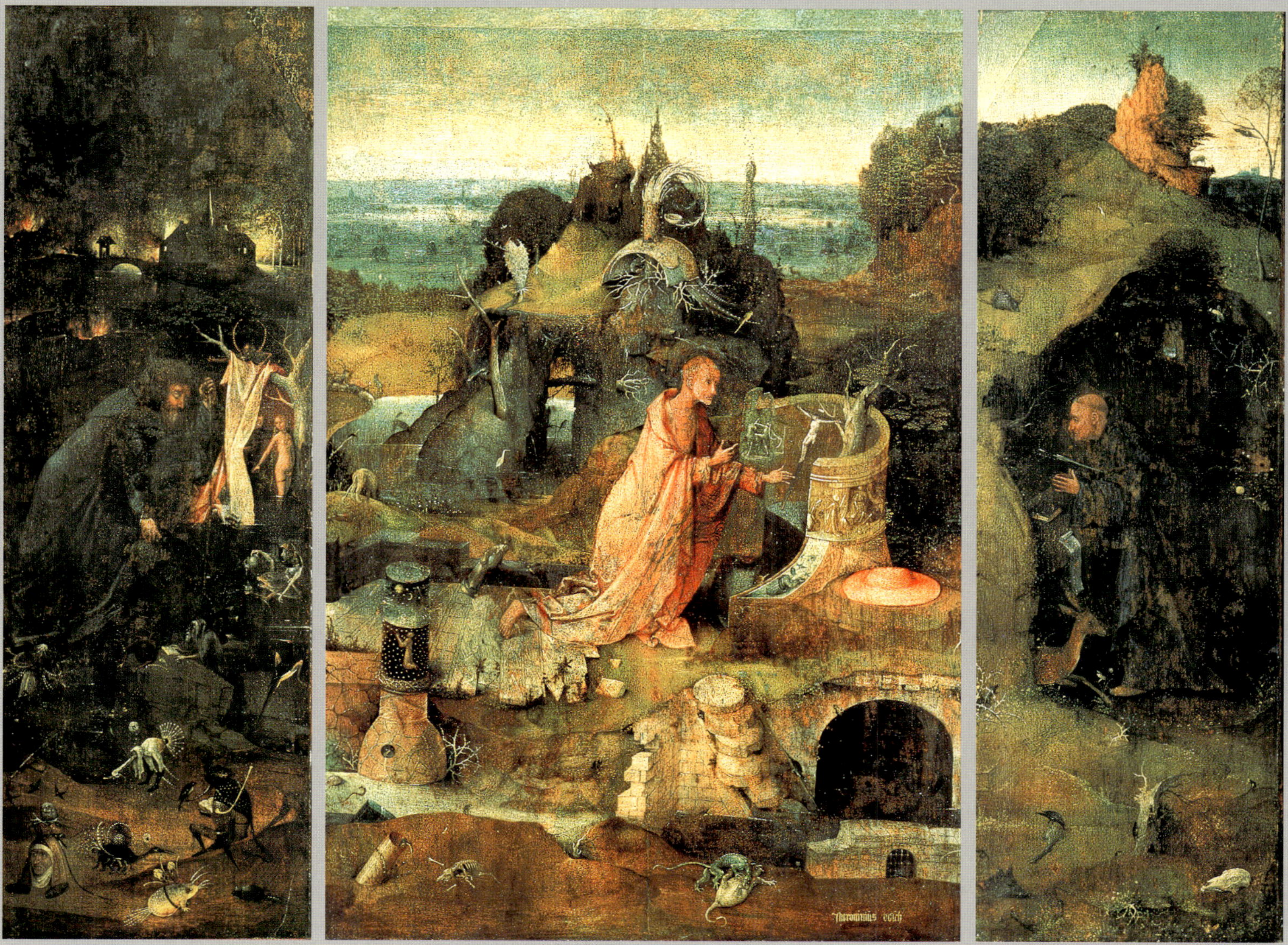

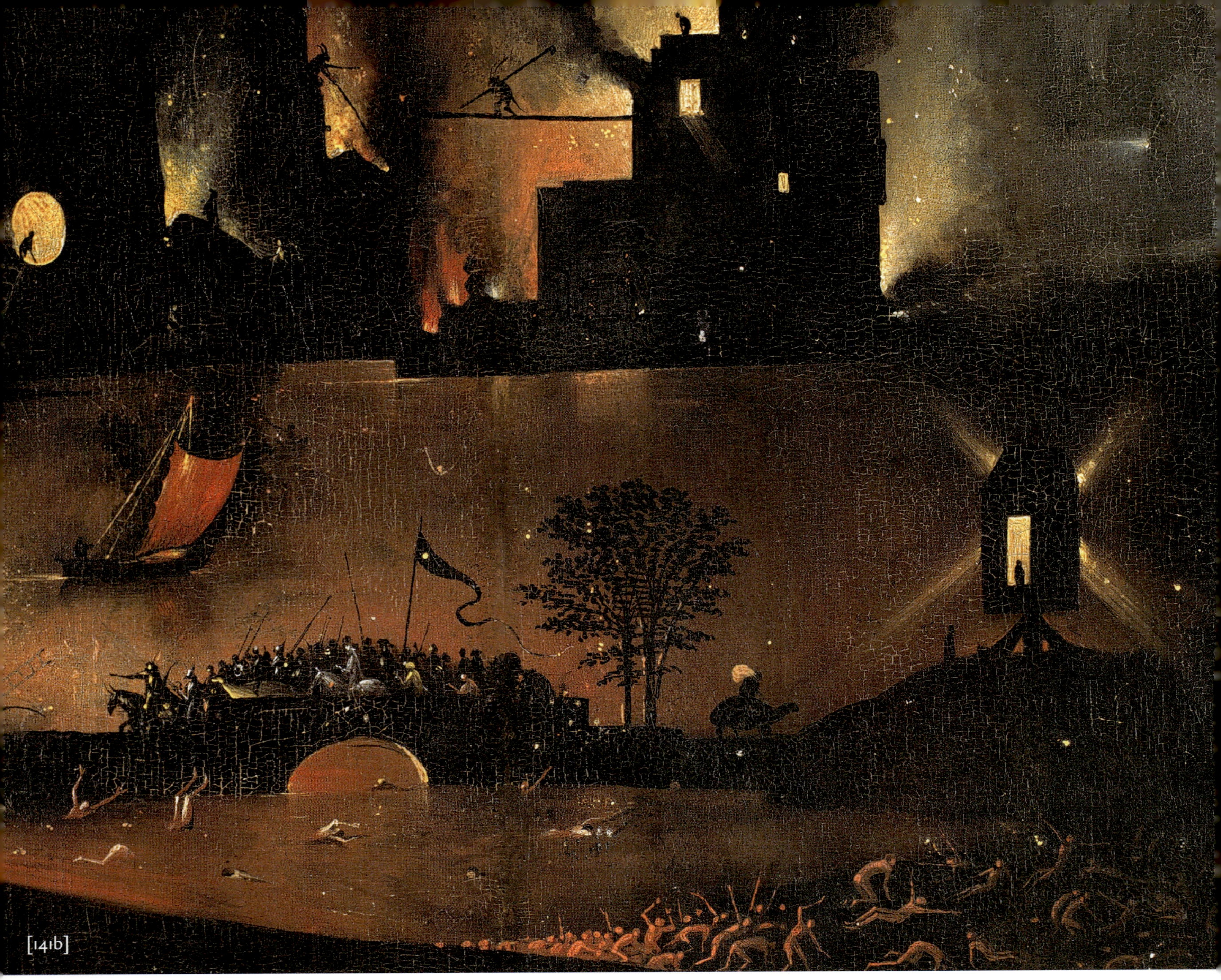

[141b]

Schritte zu einer neuen Chronologie und Zuschreibungspraxis

Frühe Meisterschaft?

Die Beweiskraft der Dendrochronologie ist, wie bereits fest-
Abb. 158 gestellt, beschränkt. Dass es sich beim Münchner *Jüngsten Gericht* um das früheste bekannte Gemälde von Bosch handeln könnte (nach 1442/48), ist aus stilistischen Gründe höchst unwahrscheinlich. Unverfehrt schrieb es einem anonymen Künstler der Zeit um 1520 zu, der unter anderem auch das Gemälde *Christus in der Vorhölle* in Philadelphia geschaffen hat. Dagegen ist es ein faszinierender Gedanke, dass es sich beim
Abb. 141 *Garten der Lüste* um ein frühes Werk (Klein: nach 1460/66; um 1480?) handeln könnte. Warum jedoch wird das Triptychon weiterhin nach 1500 datiert? Die Vorbilder und Quellen, die man hier benannt hat, entstanden entweder sehr früh (Van Eyck, Gebrüder Limbourg) oder überzeugen nicht wirklich (Prüss 1483, Breydenbach 1486, Schedel 1493, Dürer 1493 und
S. 61 1504). Nur ein Beispiel: die Giraffe aus dem *Garten der Lüste* hat Bosch sicher nicht Breydenbachs *Peregrinationes in Terram Sanctam* (Mainz 1486) entlehnt, wie oft behauptet wird; sie wurde vielmehr nach einer Darstellung kopiert, die auch dem Miniaturisten einer italienischen Handschrift mit einer
Abb. 56 Abschrift von Cyriacus d'Anconas Reisebericht aus Ägypten aus dem Jahr 1443 als Vorbild gedient hat. Abgesehen davon scheinen weitere Tiere, ebenso wie die Felsformationen, enger an frühe (nord-)italienische Vorbilder (Grassi, Cossa) angelehnt zu sein, als an deren (uns bis heute bekannten) Bearbeitungen in Nordeuropa.* Dass Hendrik III. von Nassau, der mögliche Stifter, das Triptychon erst ab 1504 bestellt haben kann, ist ebenfalls kein schlüssiger Beweis für die traditionelle Datierung. Denn auch dessen Onkel und Vorgänger Engelbrecht II. war ein bedeutender Kunstliebhaber und, genau wie Bosch, eingeschworenes Mitglied der Liebfrauen-Bruderschaft in 's-Hertogenbosch.

Vergleicht man sodann die flache, perspektivlose Landschaft
Abb. 141 und die stereotypen Bäume beim *Garten der Lüste* mit den
Abb. 13b verblüffend modernen Landschaften beim *Heuwagen* oder
Abb. 69 der *Versuchung des hl. Antonius*, dann ist schwer vorstellbar, dass diese Gemälde nahezu gleichzeitig – kurz nach 1500
S. 86-87 nämlich – entstanden sein sollen. Vor allem die *Versuchung des*
S. 90-91 *hl. Antonius* übertrifft den *Garten der Lüste* hinsichtlich Raumgliederung und Naturnähe in jeder Beziehung.

Die dendrochronologisch gewonnenen Daten bezeichnen indes lediglich das frühest mögliche Entstehungsdatum der Gemälde. Selbst wenn man Grenzfälle außer Acht lässt,

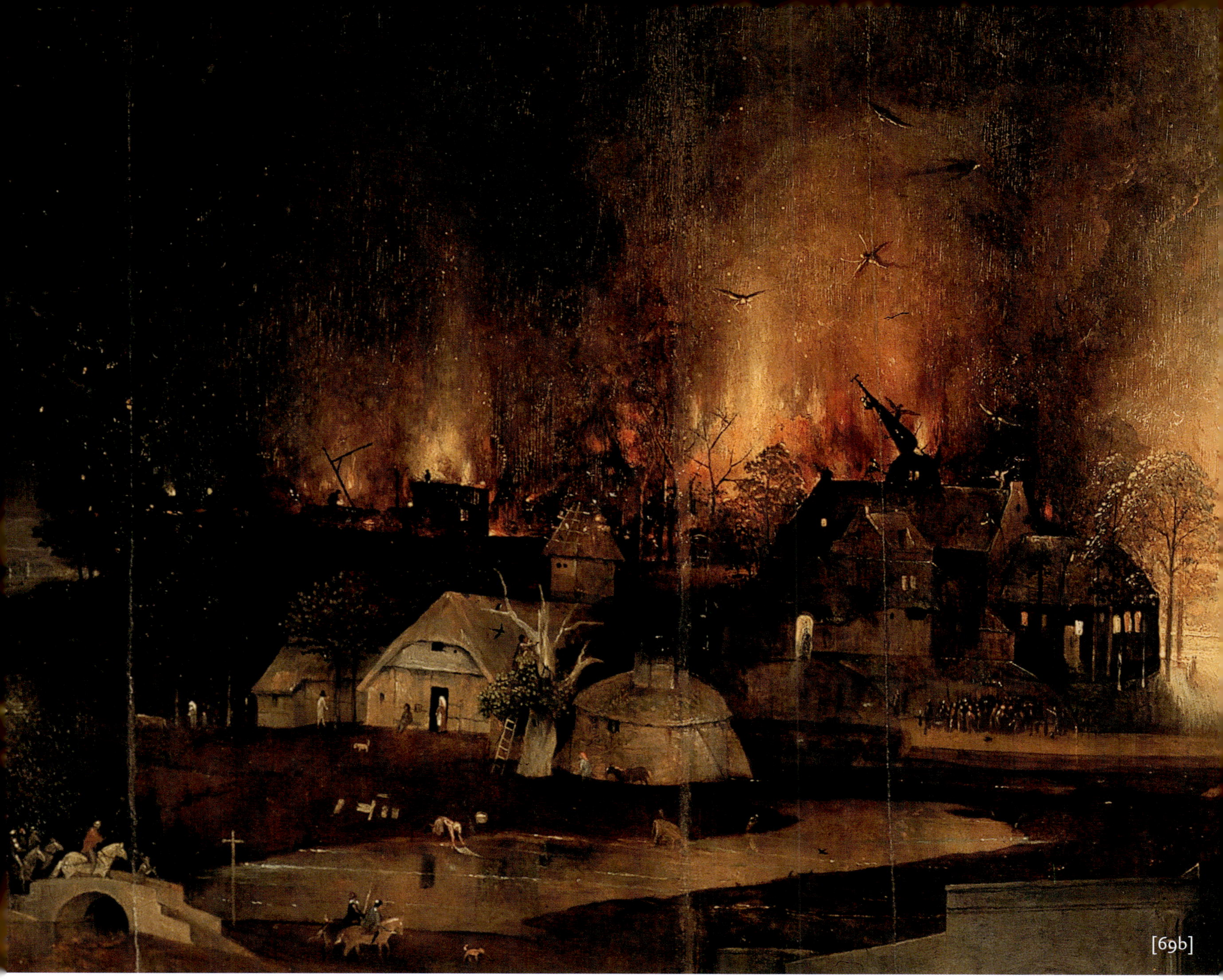
[69b]

beträgt die durchschnittliche Differenz zwischen den jüngsten Jahresringen der unterschiedlichen Bretter eines Tafelbildes immer noch mehr als ein Jahrzehnt. Je mehr Bretter eine Tafel bilden, desto größer kann diese Differenz ausfallen. Der Altersbefund hat also stets etwas Zufälliges: Bezieht man nur ein Brett mehr oder eines weniger in die dendrochronologische Analyse ein, so kann die Altersdifferenz sich auf gut zehn Jahre belaufen – und zwar nach beiden Seiten. Beim *Garten der Lüste* wurden jedoch nicht weniger als sechs Bretter untersucht, die zudem von drei verschiedenen Bäumen stammen. Dennoch beträgt deren maximaler Altersunterschied lediglich sieben Jahre. Zum Vergleich: von beiden Fassungen des *Heuwagens* sowie der *Versuchung des hl. Antonius* wurden je vier Bretter untersucht, die maximal 19, 21 bzw. 31 Jahre voneinander abwichen. Theoretisch könnten bei allen für den *Garten der Lüste* verwendeten Brettern ungewöhnlich viele Jahresringe dem Verschnitt geopfert worden sein; sie könnten auch von derselben Holzlieferung stammen, die dann dreißig bis vierzig Jahre zum Trocknen gelagert wurde. Dies würde freilich eine ungewöhnliche Häufung von Sonderfällen bedeuten.
Es gibt weitere Argumente, die für eine frühe Datierung des *Gartens der Lüste* sprechen. Denn auch die im Escorial aufbewahrte Kopie des linken Flügels kann früh entstanden sein (nach 1449/55). Und das Gemälde, das dem *Garten der Lüste* stilistisch am nächsten steht, das *Jüngste Gericht* in Wien nämlich, kann aufgrund der Dendrochronologie potentiell zu den Frühwerken gezählt werden (nach 1476/82).

Abb. 149

Die engen stilistischen Bezüge zum *Jüngsten Gericht* in Wien stellen dabei das wohl schwächste Glied in der Beweiskette für die Frühdatierung des *Garten der Lüste* dar. Die Gründe, aufgrund derer das Wiener Gemälde mit dem von Philipp dem Schönen im Jahr 1504 bestellte Exemplar identifiziert wird, wiegen schwer. Den Argumenten (vgl. auch Elsig 2001) ist noch hinzuzufügen, dass bei der Einbeziehung eines Rahmens sowie einer allfälligen (nicht notwendig bemalten) Predella die Gesamtmaße nur geringfügig hinter den vertraglich geforderten 9 x 11 Fuß zurückbleiben, und auch das Verhältnis von Höhe zu Breite davon kaum abweicht. Wenn das Wiener *Jüngste Gericht* indes 1504 datiert, dann muss der *Garten der Lüste* ebenso in dieser Zeit entstanden sein. Doch selbst wenn man an der traditionellen Datierung des Madrider Triptychons festhält, so steht fest, dass der Großteil des als eigenhändig erachteten Œuvres (weit) vor 1500 entstanden sein könnte. Vieles deutet darauf, dass Bosch bereits in jungen Jahren ein hohes künstlerisches Niveau erreicht hat. Darin freilich stellt er keine Ausnahmeerscheinung dar, denn dies trifft bekanntlich

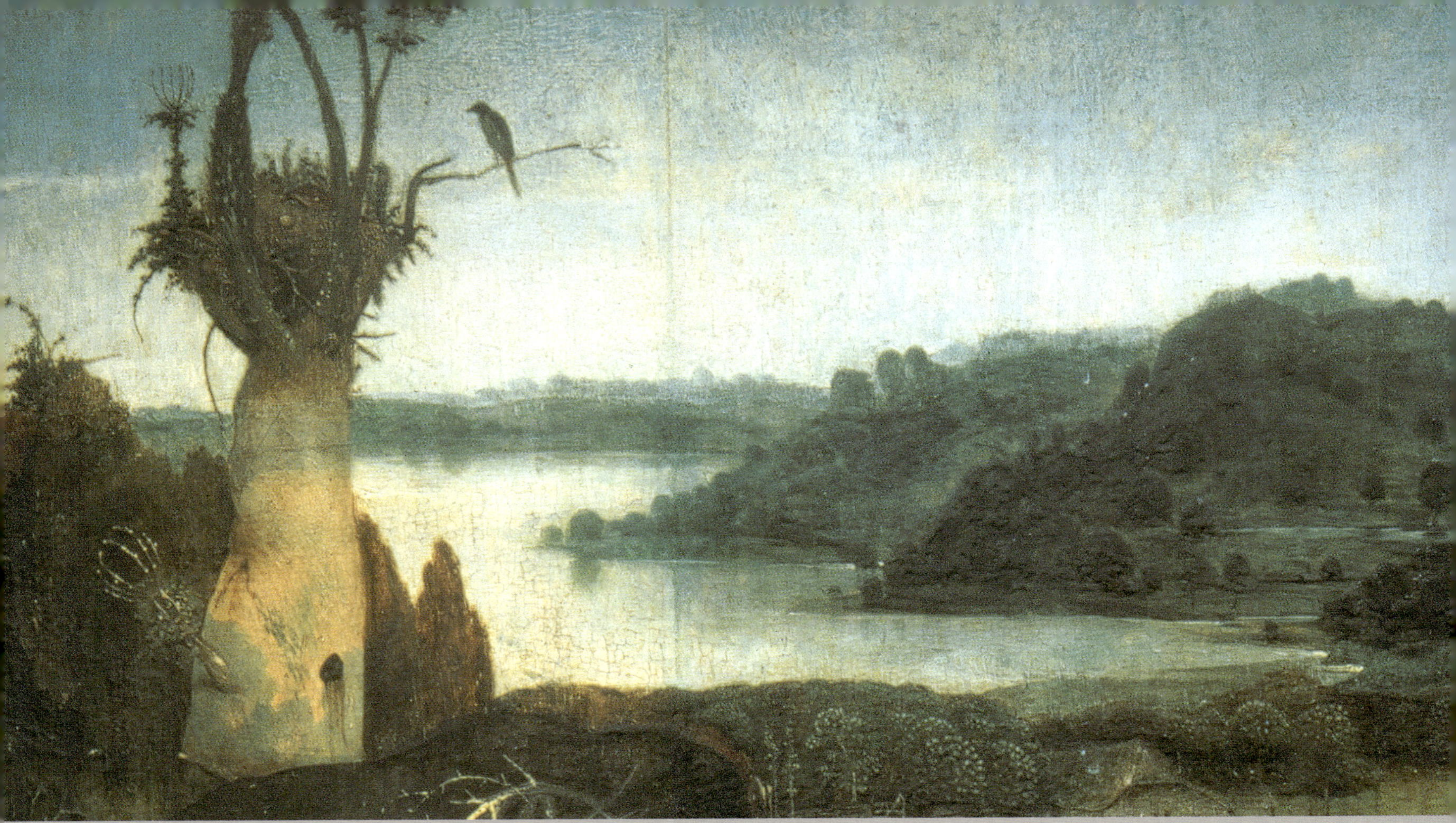

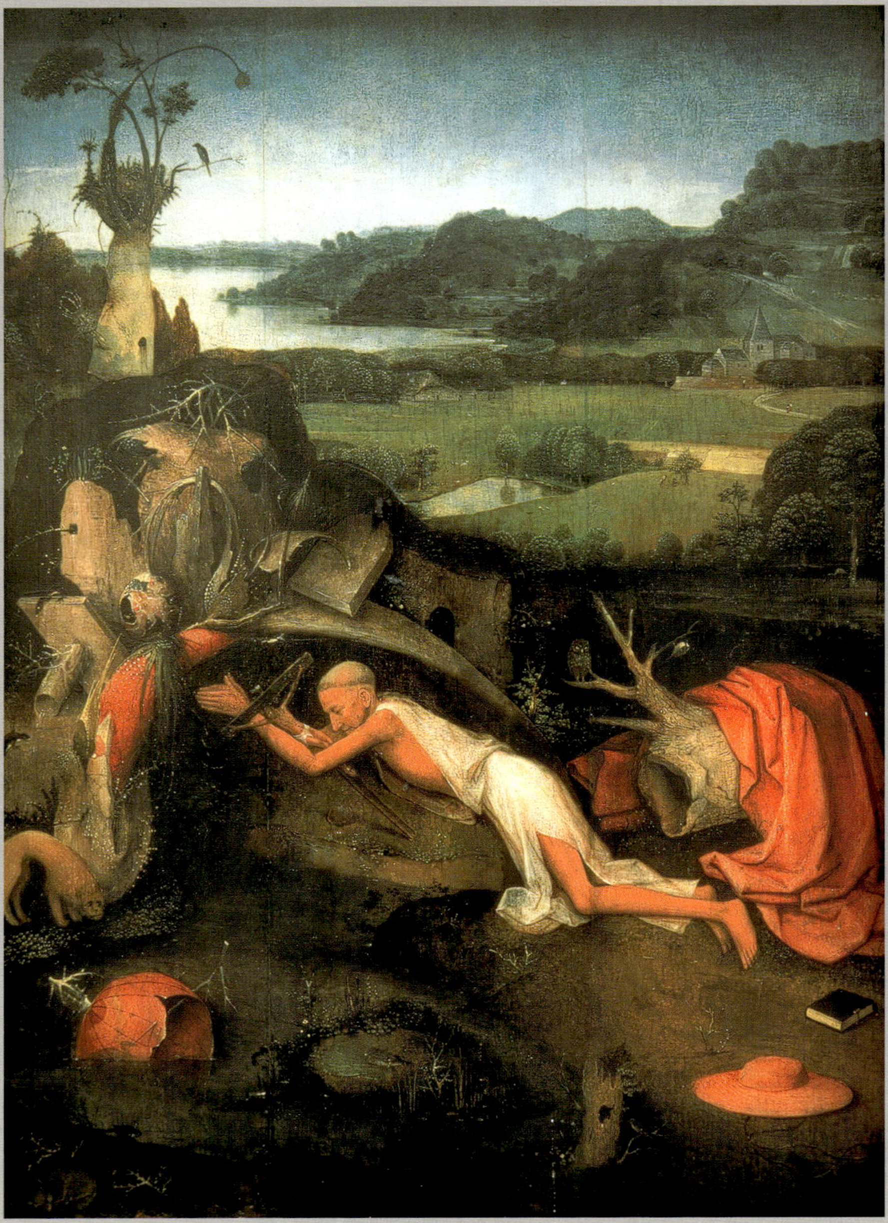

Abb. 71 Hieronymus Bosch, *Der hl. Hieronymus*, um 1482 oder später; Öl auf Holz, 77 x 59 cm; Gent, Museum voor Schone Kunsten

auch auf seine berühmtesten Vorgänger und Zeitgenossen – Jan van Eyck, Hans Memling, Lucas van Leyden und Albrecht Dürer – zu.

Meister und Werkstatt?

Die Vorstellung vom schwächeren, unausgereiften Jugendwerk diente auch dem Zweck, einen Teil des um Bosch gruppierten Œuvres dem Meister selbst zuschreiben zu können. Bei der *Anbetung der Könige* in Philadelphia und dem *Gaukler* in Saint- Abb. 33
Germain-en-Laye treffen wir indes (zumindest teilweise) auf Abb. 32
Originale, die aber aufgrund der Holzdatierung (nach 1493/99 bzw. nach 1496/1502) kaum mehr als Jugendwerke von Bosch gelten können. Hier handelt es sich vermutlich um Tafeln, die im unmittelbaren Umfeld des Meisters entstanden sind und so die Hypothese eines Werkstattverbundes stützen.

Die traditionell frühe Datierung – und damit auch die Eigenhändigkeit – der Madrider Darstellung *Steinschneiden* wurde Abb. 28
angesichts der modernen Landschaftsauffassung sowie der Renaissanceornamente des Tischfußes bereits bezweifelt. Kleins Untersuchung bestätigt nun eine spätere Datierung (nach 1488/94), doch gerade dies lässt die vermeintlichen Unzulänglichkeiten des Bildes für viele Spezialisten noch weniger akzeptabel erscheinen. Ich selbst habe solche Bedenken nie begriffen, sondern zähle die Figuren, in ihrer ganzen Schlichtheit, zum Anziehendsten, was Bosch je geschaffen hat. Immerhin ist zu bedenken, dass die Tafel kein kostbares Altargemälde war. Vielmehr haben wir hier ein Genrestück vor uns, und zwar eines der ersten in der Kunstgeschichte. Welches waren die Kriterien bei der Fertigung eines solches Gemäldes, für wen wurde es geschaffen, was war seine Bestimmung? Die Überlegung jedenfalls, wonach Boschs Werkstatt Anteil am *Steinschneiden* hat, scheint hier doch weniger problematisch als in den anderen Fällen.

Ein weiteres Werk, dass durchweg zu den frühesten Werken gezählt wird, ist die Tischplatte mit den *Sieben Todsünden* im Abb. 153
Prado. Aufgrund der Konstruktion – der Rahmen ist nicht von der Platte zu trennen – war die dendrochronologische Analyse bis jetzt unmöglich. Dennoch ist klar, dass es sich nie und nimmer um ein Jugendwerk handeln kann: Einige der dargestellten Gewänder kamen nämlich erst um 1500 in Gebrauch. Die primitiven Landschaften und Bäume sowie die strenge Aufteilung, für die ein Lineal verwendet worden ist, lassen zudem kaum an Bosch denken. Schließlich erscheint die Signatur zu grob und überproportioniert, gerade auch im Vergleich mit der Position und Art der übrigen Aufschriften. Von den vier Medaillons gehen allein die *Sündenstrafen* auf Bosch zurück.

Schon Guevara schrieb die *Sieben Todsünden* dem *discipulo* zu, dem oben erwähnten Schüler. Der Spanier bespricht das Werk unmittelbar nach der Erwähnung von dessen „genauer und geduldiger" ausgeführten allegorischen und moralisierenden Darstellungen – ohne dabei indes mit einer neuen Zeile zu beginnen, womit er gewöhnlich ein neues Thema einführt. Dessen ungeachtet haben die meisten Autoren wider besseren Wissens behauptet, dass Guevara hier mit der Beschreibung des Bosch'schen Œuvres fortfährt. Tatsächlich scheint mit den *Todsünden* vielmehr ein weiterer, neben dem Meister wirkender Mitarbeiter Gestalt anzunehmen.

Die einzigen Gemälde, die bis hierher noch als eigenhändig gelten und aufgrund der Altersbestimmung des Holzes zu den Jugendwerken gerechnet werden können, sind die kleinformatige *Versuchung des hl. Antonius* im Prado (nach 1462/68) Abb. 72
und der Frankfurter *Ecce Homo* (nach 1470/76). Die Malweise, Abb. 59
die Ungeheuer, die Bäume: alles weicht in der *Versuchung des hl.Antonius* freilich von dem ab, was wir von Boschs anderen Originalen kennen. Der *Ecce Homo* bleibt damit mutmaßlich das einzige authentische Jugendwerk. Unter anderem erkennen wir dort ein prachtvolles, subtil gemaltes Stadtbild sowie sehr ausdrucksvolle Gesichter, doch wirken die Figuren insgesamt fast hölzern. Sowohl die Abmessungen als auch die Holzdatierung der Frankfurter Tafel stimmen nahezu mit denen der *Anbetung der Könige* in New York (nach 1468/74) überein. Abb. 34
Dort ähnelt etwa der Kopf des mittleren Königs sehr dem des Frankfurter Pilatus. Das Mauerwerk auf beiden Gemälden ist nahezu austauschbar. Zu anderen Gemälden, etwa dem Bostoner *Ecce Homo* (nach 1489/95) und der Rotterdamer *Anbetung der Könige* (nach 1536/42), bestehen deutliche Unterschiede. Deshalb halte ich es für denkbar, dass jene beiden Werke ursprünglich zu einem Leben-Jesu-Zyklus gehört haben. Der markante Qualitätsunterschied kann dabei angesichts der mindestens ebenso ausgeprägten maltechnischen und kompositorischen Differenzen zwischen beispielsweise dem linken Paradiesflügel und den mittleren Tafeln sowohl beim *Heuwagen* als auch beim Wiener *Jüngsten Gericht* nicht als Gegenargument gelten. Dass Maler von unterschiedlichem Talent gleichberechtigt zusammenarbeiteten, muss zur Alltagspraxis der Familienwerkstatt von Bosch gehört haben. Im Metropolitan Museum gilt die *Anbetung der Könige* als ein *Pasticcio* aus der Zeit um 1550, obwohl die Abweichungen von Unterzeichnung und Ausführung gegen eine Kopie sprechen, und der massive Gebrauch des Goldes sowie die einfache Komposition eine frühe Datierung legitimieren können. Die New Yorker *Anbetung* zeigt weitreichende Analogien zu der des Prado. Der weißgekleidete König und Elemente wie das Schiefervordach mit den gelblichen Flechten, die Brücke mit dem Baum, die Reiter und das tanzende Paar erkennt man auch dort. Man hat deshalb vermutet, dass die schwache New Yorker *Anbetung der Könige* dem Meisterwerk des Prado nachfolgt. Abb. 47b
Aber wenn der junge Hieronymus tatsächlich innerhalb des familiären Werkstattmilieus geprägt wurde, dann kann das Verhältnis beider Werke auch umgekehrt gedeutet werden; Bosch selbst mag für bestimmte Partien des New Yorker Bildes verantwortlich gewesen sein.

Die Dendrochronologie der Madrider *Anbetung der Könige* steht noch aus. Das Werk wird überwiegend mit einer 1567 von den Spaniern in Brüssel konfiszierten *Anbetung* identifiziert, die auf den Flügeln außen die Familienwappen der Bronchorst und Bosschuyse zeigte – allerdings zu Unrecht. Denn die Wappen finden sich hier innen und gehören zudem nicht jenen Familien. Die Landschaft ist schematisch begriffen und im Ton hell gehalten. Sie steht dem *Garten der Lüste* und dem Frankfurter *Ecce Homo* näher als der anschließend zu betrachtenden Werkgruppe. Außerdem ähnelt das Gemälde, vor allem in der Darstellung von Stadt und Landschaft, der Brüsseler *Kreuzigung mit Stifter*, einem Werk, das ebenfalls schon früh entstanden sein mag (nach 1477/83). Laut Van Schoute und Verougstraete entspricht der Originalrahmen der

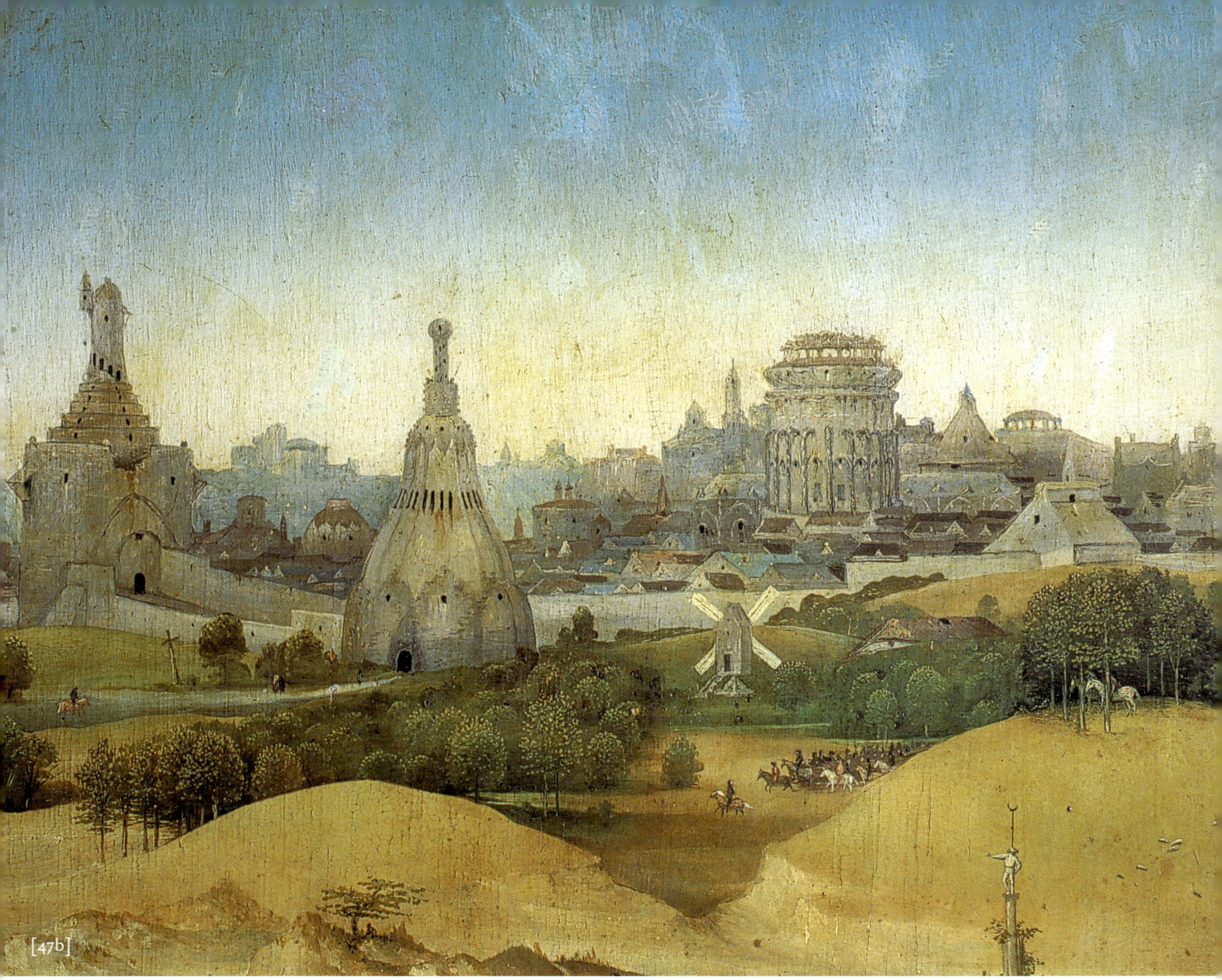

[47b]

Madrider *Anbetung* zwar einem um 1500 in Brüssel gebräuchlichen Typus; dennoch würde ich das Gemälde aufgrund der Holzdatierung der Brüsseler Tafel so früh wie möglich ansetzen wollen, vorzugsweise noch in den achtziger Jahren. Für die Brüsseler *Kreuzigung* selbst mit ihren schwächeren Figuren scheint neben einer frühen Datierung auch die Partizipation der Werkstatt nicht ausgeschlossen.

Ein datierter Auftrag?

Abb. 61a Im Hintergrund des *Johannes des Täufers* in Madrid findet sich eine merkwürdige Felsformation. Sie gleicht derjenigen im *Garten der Lüste*, doch ist sie minder bizarr und farbenprächtig, und die Bäume erscheinen weniger stereotyp. Die Landschaft steht zwischen jener der Madrider *Anbetung* und den stattlichen blaugrünen Panoramalandschaften einer im Anschluss zu diskutierenden Werkgruppe. Unter der großen Pflanze im Vordergrund befand sich ursprünglich ein kniender Stifter, der übermalt wurde. An der Unterkante ist das Gemälde beschnitten, sodass der Figur die Beine fehlen. Da hier der unbemalte Außenrand fehlt, müssen die ursprünglichen Abmessungen der Tafel nahezu mit denen des Berliner Abb. 61c *Johannes auf Patmos* übereingestimmt haben, an den das Werk auch stilistisch und thematisch anschließt. Beide Gemälde dürften daher einst die Außenflügel eines Triptychons gebildet haben. Es könnte sich dabei um das Altarretabel der Liebfrauen-Bruderschaft in der Johanneskirche zu ’s-Hertogenbosch gehandelt haben: 1488/89 wurden bei einem Möbeltischler hierfür Bretter bestellt, die anschließend von Bosch bemalt worden sein sollen. Die ursprüngliche Breite der beiden Werke von 43 cm korrespondiert mit den dort möglichen Maßen, und es gibt auch inhaltliche Argumente, um beide Gemälde mit jenem Retabel zu verknüpfen (vgl. Koldeweij, S.70).

Dies hieße, dass wir erstmals zwei Tafeln von Hieronymus Bosch exakt datieren können. Die Schwachstelle der oben angeführten Identifikation ist die Altersbestimmung der Tafel des *Johannes auf Patmos*; denn die Identifizierung mit den Flügel des Altarretabels ist aufgrund der Holzdatierung zwar möglich (nach 1489/95), der Zeitrahmen ist aber eng bemessen und lässt Raum für Zweifel.

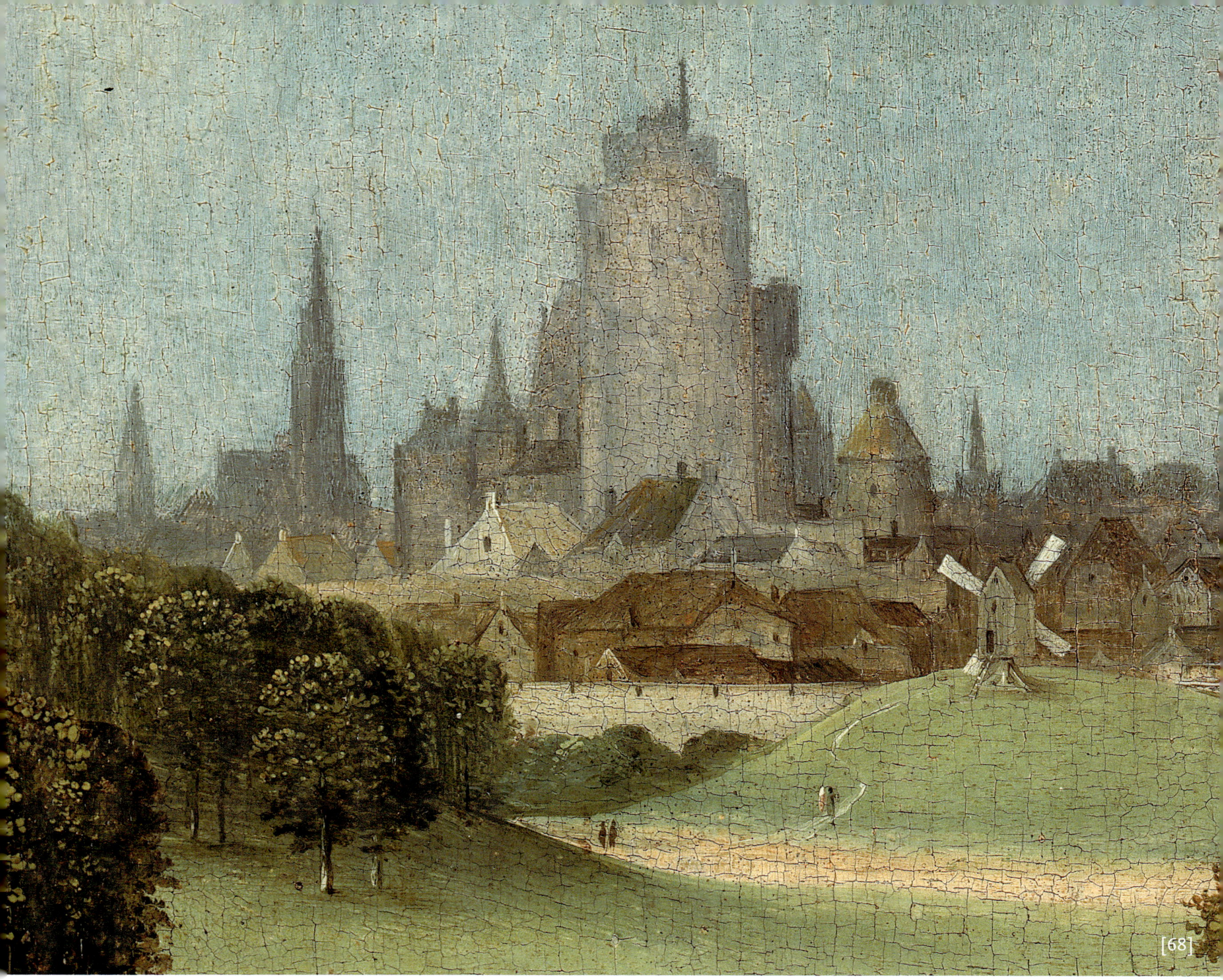

[68]

Signaturen
Zahlreiche Nachfolger, darunter der *discipulo*, signierten mit *Jheronimus Bosch*. Die Signatur besagt deshalb wenig und ist selten ein Thema der Kritik gewesen. Möglicherweise erlaubt aber dagegen das Fehlen der Signatur Schlussfolgerungen. Von den als eigenhändig beanspruchten Werken sind, in dendrochronologischer Abfolge, folgende Werke signiert: *Die Anbetung der Könige*, Madrid (undatiert), der *Eremitenaltar*, Venedig (1487/93), *Johannes auf Patmos*, Berlin (1489/95), *Der hl. Christophorus,* Rotterdam (1490/96), *Die gekreuzigte Märtyrerin*, Venedig (1491/97), *Die Versuchung des hl. Antonius*, Lissabon (1495/1501) und (eventuell) *Der Heuwagen*, Madrid (1510/16).
Diesen Werken sind moderne, stattliche und stimmungsgeladene Landschaften zu eigen sowie zumeist große und oft porträthaft aufgefasste Figuren. Daneben sind dort verfremdete oder beklemmende Elemente wie Ungeheuer, ein fliegender Fisch, ein Überfall dargestellt, oder ein Bär, der an einem Baum aufgehängt wird. Mit dieser Werkgruppe nähern wir uns dem Kern des an Hieronymus Bosch zuzuschreibenden Œuvres.
Von den heute unsignierten Gemälden haben einige ihre Signatur möglicherweise im Laufe der Zeit verloren. Von den ursprünglichen Triptychen mit dem *Hausierer*, der *Sintflut* (Rotterdam), der *Kreuztragung* (Wien) und den *Visionen aus dem Jenseits* (Venedig) sind lediglich Fragmente erhalten. Warum die Signatur auf dem Genter *Hl. Hieronymus* fehlt, ist unklar; dennoch gehört auch diese Tafel zu jenem Werkkomplex.
1504 lesen wir zum ersten Mal von *Jeronnimus Van aeken dit bosch*, also von „Hieronymus van Aeken, genannt Bosch" (vgl. Koldeweij, S.21). Seit wann Hieronymus den Namen Bosch führte, wissen wir nicht; doch dass seine frühesten Werke noch nicht so signiert wurden, kann nicht unbedingt erstaunen. Das *Jüngste Gericht* in Brügge ist zwar signiert, wird aber durchweg zu den Werkstattarbeiten gezählt. Das Triptychon ähnelt sehr dem *Garten der Lüste* und dem *Jüngsten Gericht* in Wien; es ist als einziges dieser drei Werke signiert, ist dendrochronologisch das jüngste (nach 1480/86) und weist als einziges Werk eine stattliche Panoramalandschaft auf. Deshalb würde ich das Brügger Triptychon mit Paul Vandenbroeck und trotz der zum Teil abweichenden Technik Bosch viel näher zuordnen, als dies bislang geschehen ist.

Abb. 72 Hieronymus Bosch oder Nachfolger, *Die Versuchung des hl. Antonius*, 1500-25; Öl auf Holz, 70 x 51 cm; Madrid, Museo Nacional del Prado

Abb. 73 Hieronymus Bosch, *Der durch Christus errettete Mensch*, Detail der Unterzeichnung des untersten Medaillons auf der Außenseite der Sintflut-Tafel (Abb. 75a), um 1514 oder später; Infrarotreflektographie-Montage; Rotterdam, Museum Boijmans Van Beuningen

Karikatur

Die Frage ist nun, inwieweit die übrigen signierten Werke eigenhändig sind. Die *Kreuztragung* des Escorial stammt aus einer Zeit, in der wir eine Signatur erwarten dürfen (nach 1492/98), sie zeigt aber keine Verfremdungen und das Landschaftliche ist einfach gehalten. Die Figuren sind groß, wirken fast plump und besitzen karikaturistisch überspitzte Gesichtszüge. Einige Physiognomien allerdings sind weicher und individueller begriffen. Dabei fällt auf, dass die fratzenartigen Köpfe meist im Profil erscheinen, die weicheren Gesichter dagegen zumeist von vorn. Es handelt sich hier um eine Konstante in Boschs Œuvre, die sich, ausgehend vom Frankfurter *Ecce Homo*, über die *Gekreuzigte Märtyrerin* in Venedig bis zu den Rotterdamer *Sintflut*-Tafeln verfolgen lässt; dort wurde das Gesicht des knienden Mannes bereits in der Unterzeichnung in diesem Sinne abgeändert. Man darf sich fragen, ob sich hierin eine spezifische Form der Arbeitsteilung innerhalb der Werkstatt erkennen lässt, bei der Hieronymus Bosch vielleicht die Ausführung der anspruchsvolleren Köpfe vorbehalten blieb.

Abb. 64

Abb. 54

Auch die Köpfe der Londoner *Dornenkrönung* weisen die Ambivalenz zwischen Zerrbild und Porträt auf. Die Tafel ist unsigniert, was an der verhältnismäßig frühen Entstehung liegen mag (eventuell ab 1479/85). Natürlich kann das Fratzenhafte dabei nicht ausschließlich als ein Indiz für Werkstattbeteiligung gelten. Denn wie in der *Ecce Homo*-Tafel und anderen Werken wird durch verzerrte Physiognomien die Verdorbenheit der Menschen ganz bewusst mit der Menschlichkeit Jesu konfrontiert. Besonders auffällig ist in diesem Zusammenhang der individuell gestaltete Kopf des (somit mitleidenden!) Mannes oben rechts.

Dem Unterschied zwischen Zerrbild und Bildnis begegnen wir erneut und in noch deutlicher Weise auf der Genter *Kreuztragung*. Selbst der leidende Christus hat hier etwas Unnatürliches an sich. Es scheint undenkbar, dass dieses Werk und die Londoner Tafel vom gleichen Maler stammen. Zudem befremdet die Farbigkeit der Genter Tafel, die an die Manieristen der dreißiger Jahre des 16. Jahrhunderts denken lässt.

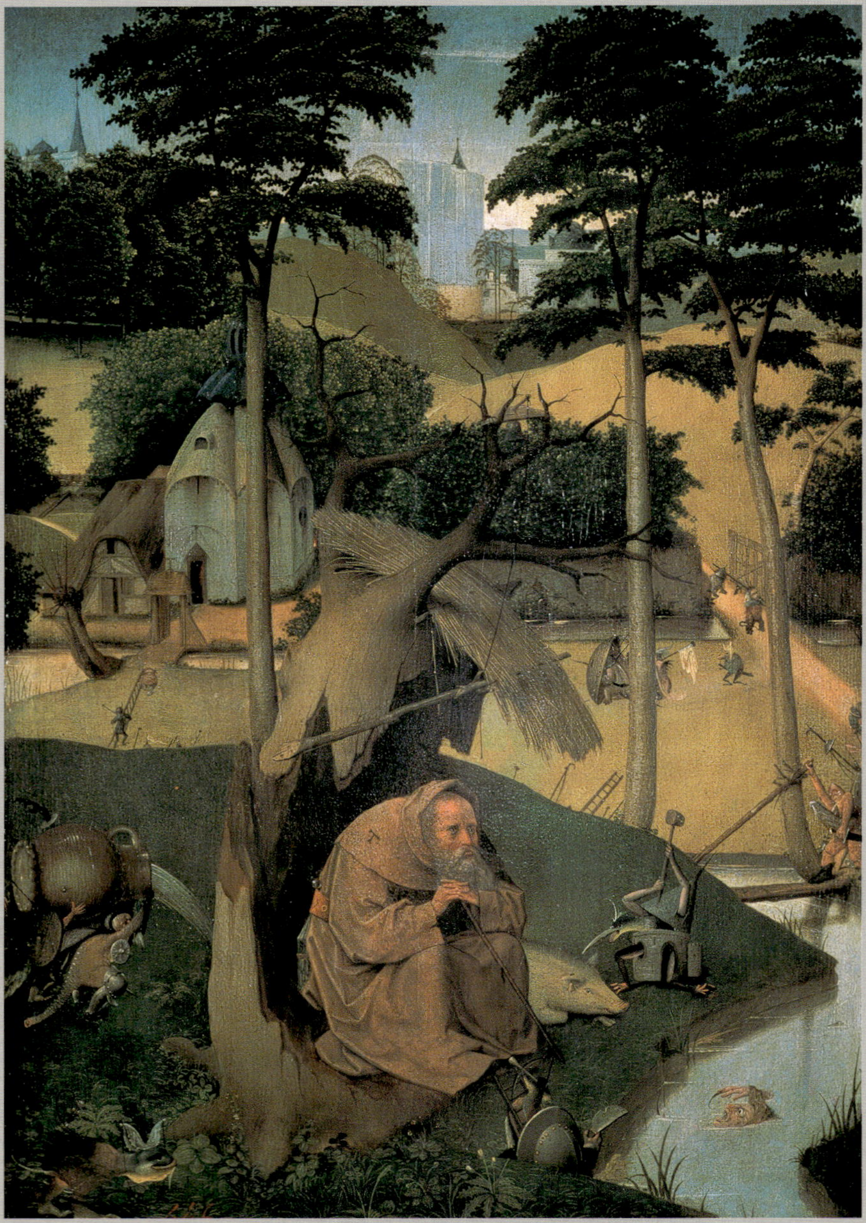

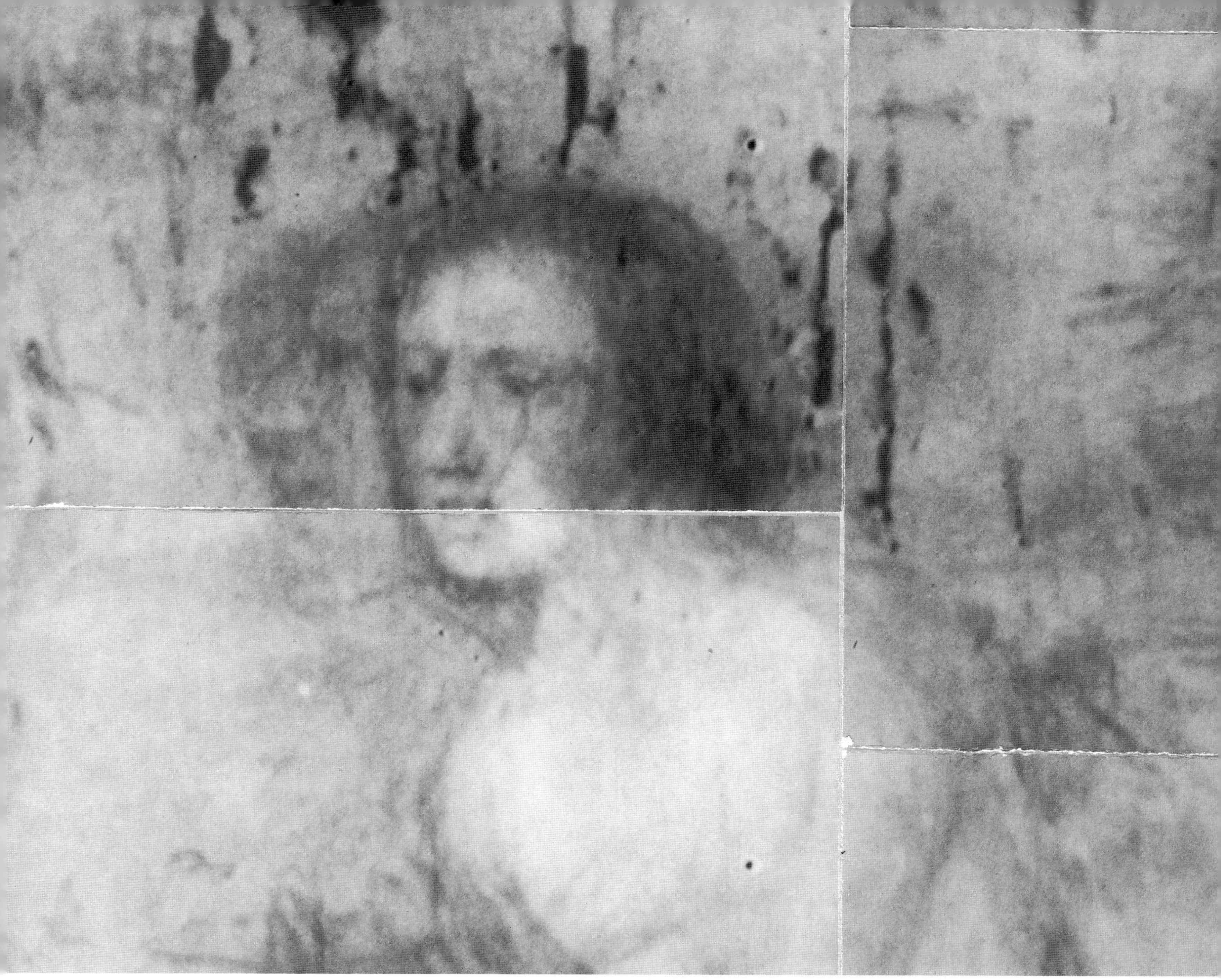

Während die Londoner *Dornenkrönung* früh entstanden sein könnte, ist die *Kreuztragung* in Gent spät, vermutlich sogar zu spät zu datieren. Spätwerke, wie die *Sintflut* in Rotterdam (nach 1507/14) geben jedenfalls kaum Anlass, dieses Werk in Boschs Entwicklung einzubinden.

Dennoch steht die Genter *Kreuztragung* dem Œuvre von Bosch nahe und ist auch kein Einzelstück. Es gibt eine Gruppe von Werken, die alle kurz nach dem Tod des Malers entstanden sein dürften und die sich gleichermaßen durch „große Köpfe" auszeichnen. In der *Dornenkrönung* des Escorial (nach 1527/33) hat man den Einfluss der Schule von Quentin Massys vermutet. Im *Passions*-Triptychon in Valencia – als Epitaph für das Grab von Mencia de Mendoza (†1554), Witwe von Hendrik III. von Nassau, bestimmt – wird die *Dornenkörnung* mit Darstellungen auf den Flügeln kombiniert, die sich wiederum mit weiteren Gemälden, darunter *Christus vor Pilatus* in Princeton, verknüpfen lassen.

Abb. 67
Abb. 57
Abb. 58

Gielis Panhedel (um 1490-nach 1545)

Außer den Mitgliedern seiner Familie kennen wir womöglich einen weiteren Maler namentlich, der in Boschs unmittelbarer Nähe wirkte. 1522 erhielt Gielis Panhedel (alias Van den Bossche) den Auftrag, zwei bemalte Flügel für das erwähnte Retabel der Liebfrauen-Bruderschaft anzufertigen. 1545 sprechen Dokumente vom Reinigen und Firnissen der Bilder Boschs und von den *deuren binnen geschilderd van Gielis van den Bossche tot Brussel wonende* (Innentüren bemalt von Gielis van den Bossche, wohnhaft zu Brüssel). 1608 werden die Altarflügel als *David und Abigail* sowie *Salomon und Bathseba* bezeichnet und gelten als Werke Boschs. Aus den oben angeführten Gründe glauben wir indes, dass Bosch für diesen Altar *Johannes den Täufer* und *Johannes auf Patmos* geschaffen hat. Stammten die beiden alttestamentlichen Szenen ebenfalls von ihm oder waren sie Schöpfungen von Gielis Panhedel? Beide Darstellungen sind in je einer Kopie überliefert, und obwohl deren Zuverlässigkeit natürlich fraglich ist, scheint dort die Kleidung der Assistenzfiguren eher in die Zeit *nach* als *vor* 1516 zu weisen. Unter stilistischen Gesichtspunkten scheinen diese Kopien allein an einige nur in späten Fassungen überlieferte Gemälde anzuschließen, etwa an *Jesus und die Ehebrecherin* (Philadelphia), *Jesus und die Schriftgelehrten* – u.a. in

Abb. 136
Abb. 61ac
Abb. 52

Šternberk/Gstatt (nach 1539/45) und dem Louvre (nach
Abb. 53 1555/61) – sowie eventuell auch an die *Hochzeit zu Kana* z.B. in Rotterdam (nach 1555/61). Für diese Werke sind nicht allein keine (potentiellen) Originale von Bosch bekannt, sie weichen zudem auch von dessen übrigem Œuvre ab, so wie es sich uns nun darstellt. Ist es denkbar, dass es sich bei diesen Werken um Bilderfindungen handelt, die ursprünglich auf Gielis Panhedel zurückgehen?
Gegen diese Vermutung lässt sich vor allem ein Argument anführen: Gielis nämlich war der Sohn von Aert Panhedel, alias Aert van den Bossche, alias Meister der Barbaralegende (vgl. Koldeweij, S. 79). Dieser Maler arbeitete ausschließlich im Stil der Brüsseler Spätgotik und war noch 1505 am Leben, als der Sohn 15 Jahre alt wurde. Wenn unsere Hypothese stimmt, dann malte Gielis indes in einer eng an Bosch angelehnten Manier. Dies scheint freilich nur dann möglich, wenn er seine Lehre bei Bosch absolviert hätte. Schon der Name verrät, dass die Familie Panhedel aus 's-Hertogenbosch kam. Gielis war mit der wohlhabenden Yken de Greve verheiratet, die ebenfalls von dort stammte. 1522 bestellte Ykens Bruder, der Stadtsekretär Merten Mertensz de Greve, die Bemalung der beiden Altarflügel „bei seinem Schwager". Dass Gielis nach 1505 zunächst als Lehrling und später als Mitarbeiter in Boschs Werkstatt arbeitete, widerspricht zwar der gängigen Zunftpraxis, ist deshalb aber keineswegs unmöglich. Zu bedenken ist dabei nicht zuletzt, dass Hieronymus Bosch ein bis in die Brüsseler Hofkreise bekannter Maler war, und dass sowohl er wie auch Gielis Panhedel gesellschaftlich über dem Milieu der Maler verkehrten. Wenn die Argumentation zutrifft, dann liegt es auf der Hand, dass Gielis nach dem Tod von Bosch nach Brüssel zurückkehrte, um dort den Namen seines verstorbenen Meister weiterhin zu versilbern.

Werkstatt

Wenn wir schließlich noch einige Gemälde betrachten, die wahrscheinlich aus Boschs Werkstatt stammen, dann steht an erster Stelle eine bis heute nahezu unbekannt gebliebene *Madonna mit Kind*. Dieses Werk ist besonders schön signiert und kann nach 1494/1500 entstanden sein. Anklänge und Parallelen existieren hinsichtlich verschiedener Tafeln von Bosch, darunter der *Hochzeit zu Kana* und der *Versuchung des hl. Antonius*. Neben prachtvoll gemalten Details fällt die einfache Landschaft auf. Das Werk wirkt, ebenso wie die konventionelleren Paradiesflügel des *Jüngsten Gerichts* und des *Heuwagens*, sehr traditionell und lässt dadurch vielleicht eher die Handschrift von Mitarbeitern als die von Bosch selbst erkennen.
Drei frühe Triptychen gehören unumstritten zur Werkstattproduktion: der *Ecce Homo* in Boston (nach 1489/95) und die
Abb. 80b *Prüfungen des Hiob* in Brügge (nach 1501/07) – deren Stifter identifizierbar sind und die aus 's-Hertogenbosch stammten bzw. mit dieser Stadt in Beziehung standen – sowie die
Abb. 60 *Anbetung der Könige* in Anderlecht. Bei diesen drei Werken fallen beachtliche Unterschiede hinsichtlich Qualität und Stil auf, die sich über die einzelnen Bestandteile erstrecken. Bei dem Bostoner Triptychon hat man mindestens drei verschiedene Hände zu identifizieren versucht – die von Bosch selbst ist nicht darunter. Bei diesen Gemälden erweist sich Boschs Atelier als ein Betrieb, der auf Bestellung lieferte. Auch in dieser Hinsicht unterscheidet sich seine Werkstatt nicht von der damals üblichen Praxis.

Abb. 74 Hieronymus Bosch, *Der hl. Christophorus*, um 1496 oder später; Öl auf Holz, 113 x 71,5 cm; Rotterdam, Museum Boijmans Van Beuningen

Schlussbemerkung

In diesem Beitrag wurde das Œuvre von Hieronymus Bosch fast ausschließlich unter dem Gesichtspunkt der neuen dendrochronologischen Ergebnisse behandelt. Weitere Aspekte wurden dagegen stark vernachlässigt. Dennoch sind einige Schlussfolgerungen möglich. Es erscheint als zwingend, in Bosch einen früh zu künstlerischer Reife gelangten Meister zu erkennen und somit einige der bislang umstrittenen Gemälde definitiv abzuschreiben.
Die hier vorgestellte Entwicklungslinie seines Œuvres stützt sich auf Boschs Fortschritte in der Landschaftsgestaltung. Dies ist aber nur ein Aspekt und es bleibt schwer vorstellbar, dass es sich beim *Garten der Lüste* um ein Frühwerk handeln könnte. Deshalb muss hier und dort die Beteiligung der Werkstatt als *deus ex machina* angerufen werden, um alles in die richtigen Bahnen zu lenken.
Allein weitere Untersuchungen werden mehr Licht auf die künstlerische Entwicklung des Malers werfen, und zu Fortschritten in der Identifikation einzelner Mitarbeiter und Nachfolger führen. Wie beispielsweise die unterschiedlichen Techniken in Unterzeichnung und Malvorgang zu interpretieren sind, ist eine kaum im Ansatz beantwortete Frage. Eigentlich kann man überlegen, ob es denn überhaupt so wichtig ist, verschiedene Hände gültig zu bestimmen. Denn die Werkstatt Bosch war ein Kollektiv, das aus verschiedenen Malern mit eigenen Identitäten bestand, und dem – zumindest – *ein* Genie angehörte, das mitunter ein eigenhändiges Werk beisteuerte und mit *Jheronimus Bosch* signierte.

* vgl. Bax 1961, S.59-61 und Vandenbroeck 1987, S.178-181; wenn Bosch tatsächlich in Italien gewesen ist, dann doch wohl eher vor 1480 als erst um 1500.

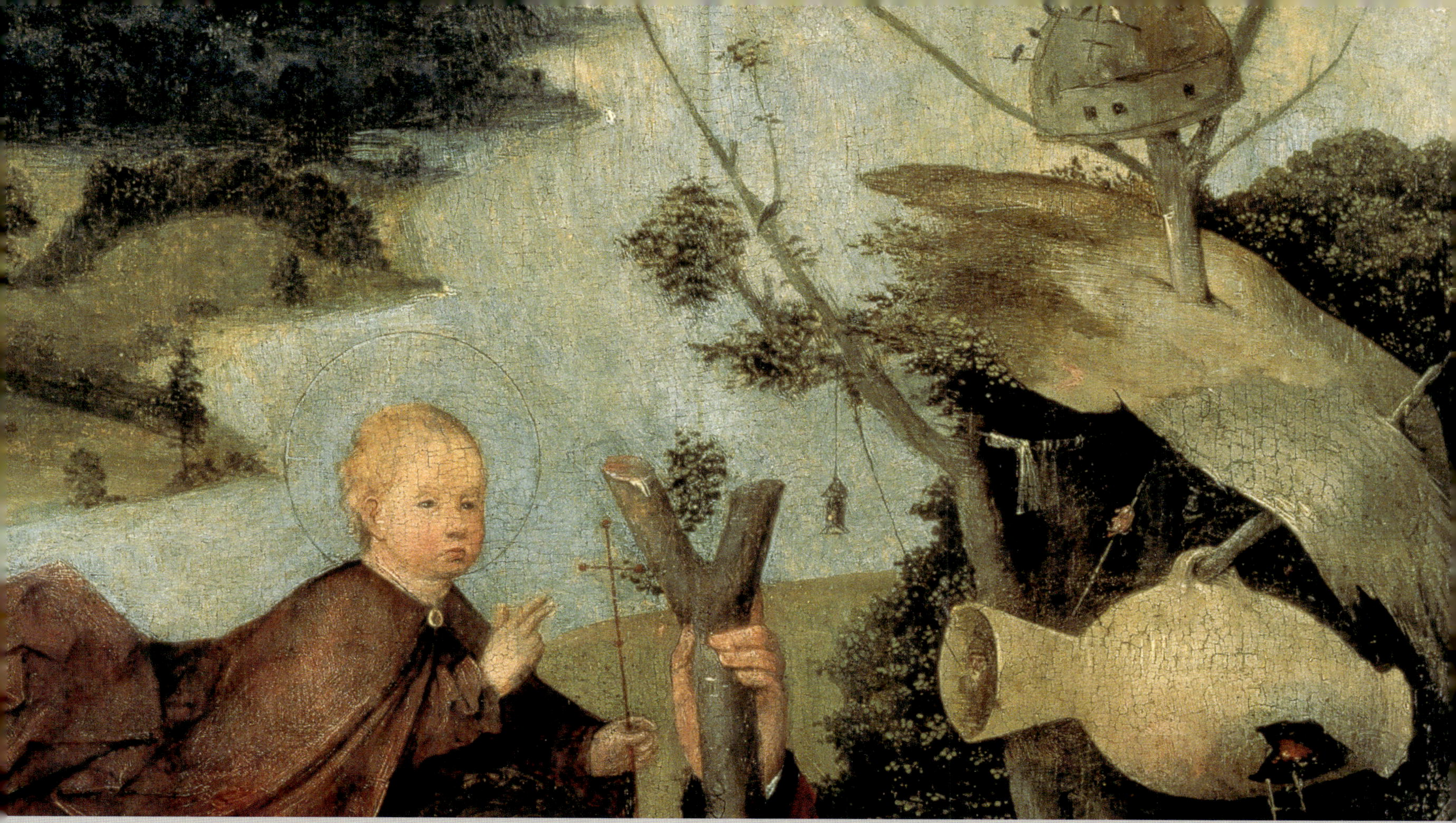

99

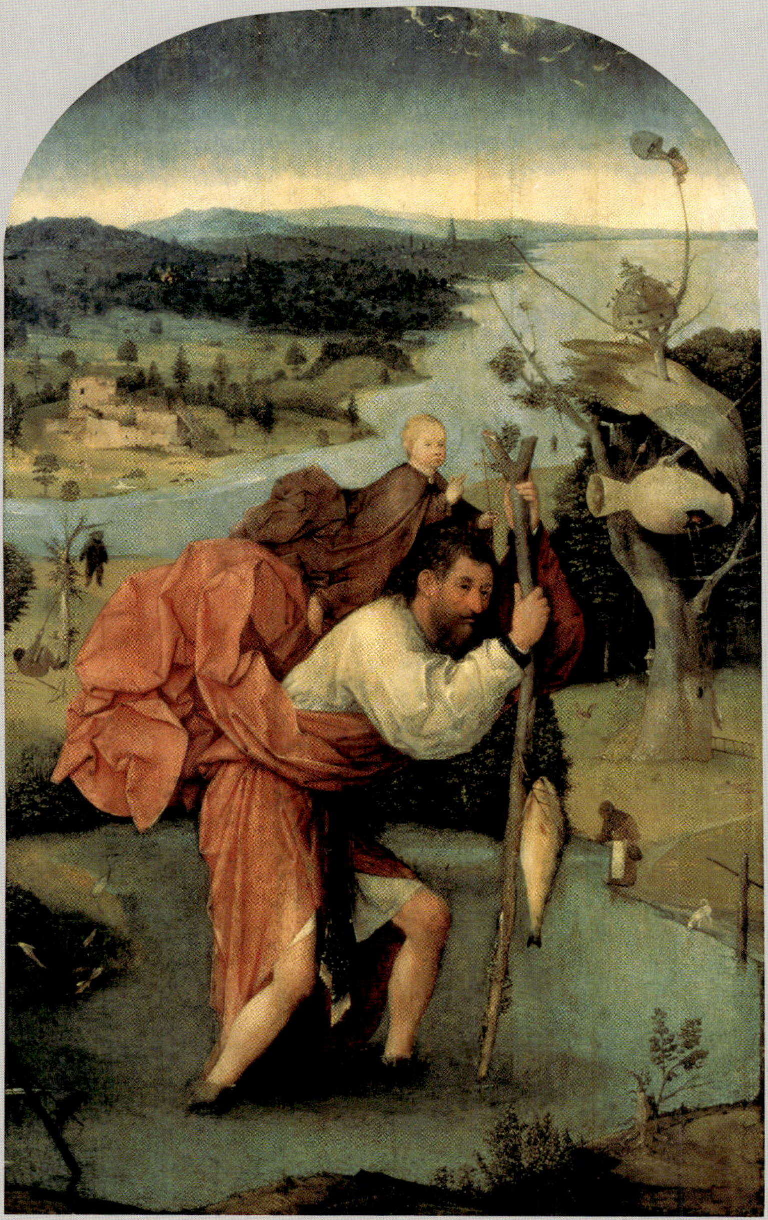

Paul Vandenbroeck

Hieronymus Bosch: Des Rätsels Weisheit

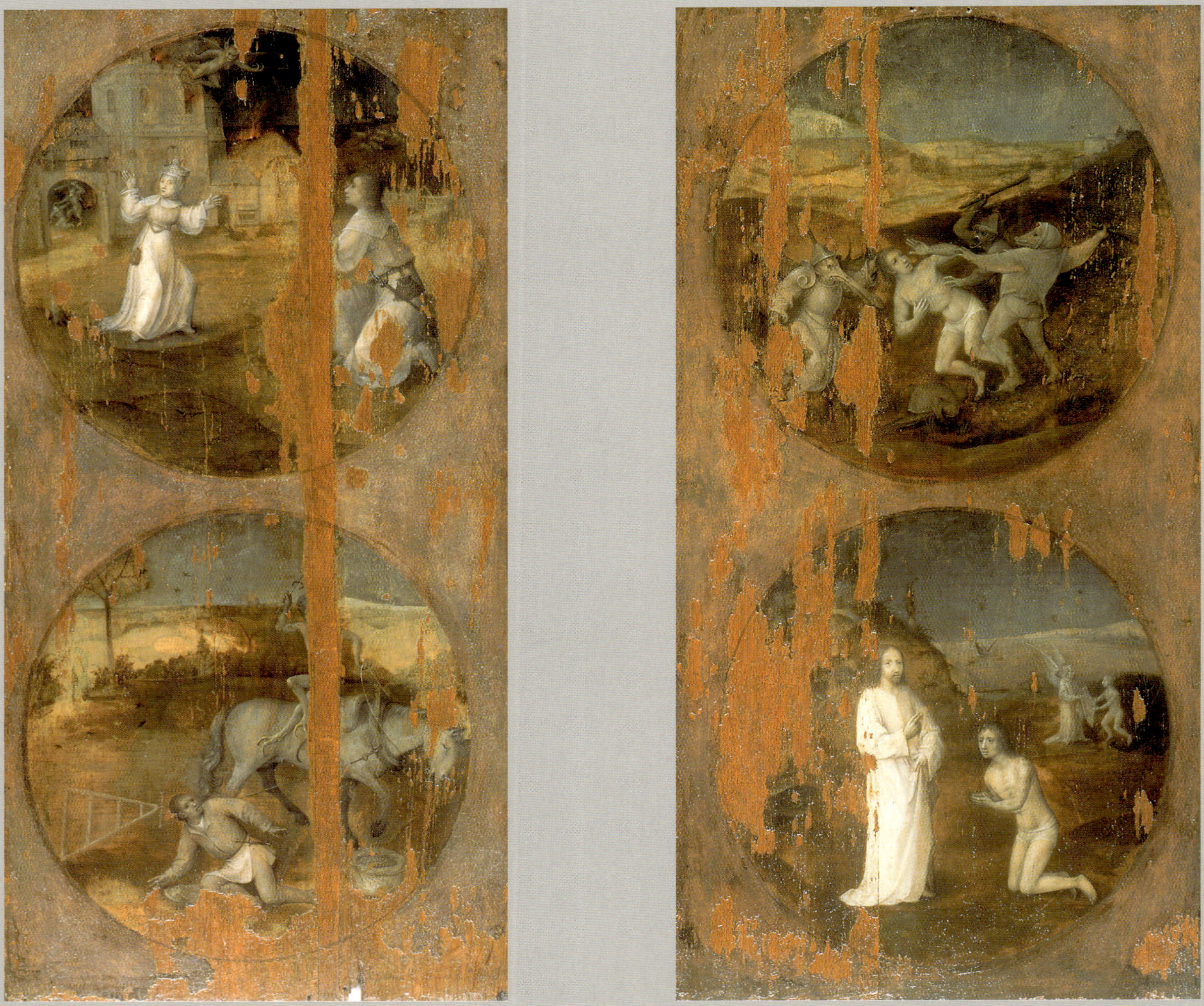

Kein niederländischer Künstler des 15. Jahrhunderts ist so vielseitig, keiner aber auch so düster wie Hieronymus Bosch. Seine religiösen Werke atmen eine Atmosphäre, durch die er sich sehr von seinen Zeitgenossen unterscheidet. Oftmals weicht selbst sein Bildgegenstand von dem ab, was zu seiner Zeit üblich war. Immer wieder tauchen seltsame Elemente auf, die eine beunruhigende Wirkung auf den Betrachter ausüben. Bosch hat mehrere monumentale Triptychen geschaffen: den *Garten der Lüste* (ein moderner Titel, der eigentlich durch „Gral" oder „Das falsche Paradies" ersetzt werden sollte), den *Heuwagen*, die *Versuchung des hl. Antonius* und das *Jüngste Gericht*. Ein Triptychon war fast immer für einen Altar bestimmt – aber Boschs gemalte Meditationen über das Böse können unmöglich auf einem Altar gestanden haben, da ein Altaraufsatz stets ein positives Exempel ins Bild setzte. Neben den bekannten und dennoch zutiefst kryptischen Gemälden hat Bosch zahlreiche profane Darstellungen geschaffen. Viele davon sind verloren gegangen bzw. lediglich durch Drucke oder Kopien überliefert. Zudem gibt es noch Schöpfungen, von denen sich, außer in archivalischen oder literarischen Erwähnungen, jede Spur verloren hat: einzelne Altaraufsätze der Johanneskirche in 's-Hertogenbosch und Werke aus spanischen Sammlungen des 16. Jahrhunderts.

Abb. 75a-b Hieronymus Bosch, *Die Sintflut*: (a) Medaillons mit allegorischen Szenen (Außenseiten von b); (b) *Die Welt vor und nach der Sintflut*, um 1514 oder später; Öl auf Holz, 69,5 x 39 cm u. 69 x 36 cm; Rotterdam, Museum Boijmans Van Beuningen

Für wen und warum hat Bosch diese sehr heterogenen Werke geschaffen? Einige Tafeln aus dem Zeitraum zwischen 1500 und 1520, die in seinem Umfeld entstanden, wurden von reichen Bürgern aus 's-Hertogenbosch bestellt. Ab etwa 1500 war Bosch beim Adel und den niederländisch-burgundisch-spanischen Hofzirkeln populär. Auf Originalwerken Boschs – dem *Jüngsten Gericht* (Wien), der *Gekreuzigten Märtyrerin* (Venedig), dem *Johannes der Täufer* (Madrid) und der Frankfurter *Ecce Homo*-Tafel – wurden Bildnisse der Auftraggeber übermalt, in den meisten Fällen vielleicht sogar vom Künstler selbst. Das Verhältnis zwischen Bosch und seiner Klientel scheint sich demnach nicht spannungsfrei gestaltet zu haben. Von den Adressaten des größten Teils seines Œuvres wissen wir hingegen nichts.

Obwohl die Themen seiner Gemälde stark differieren, scheint

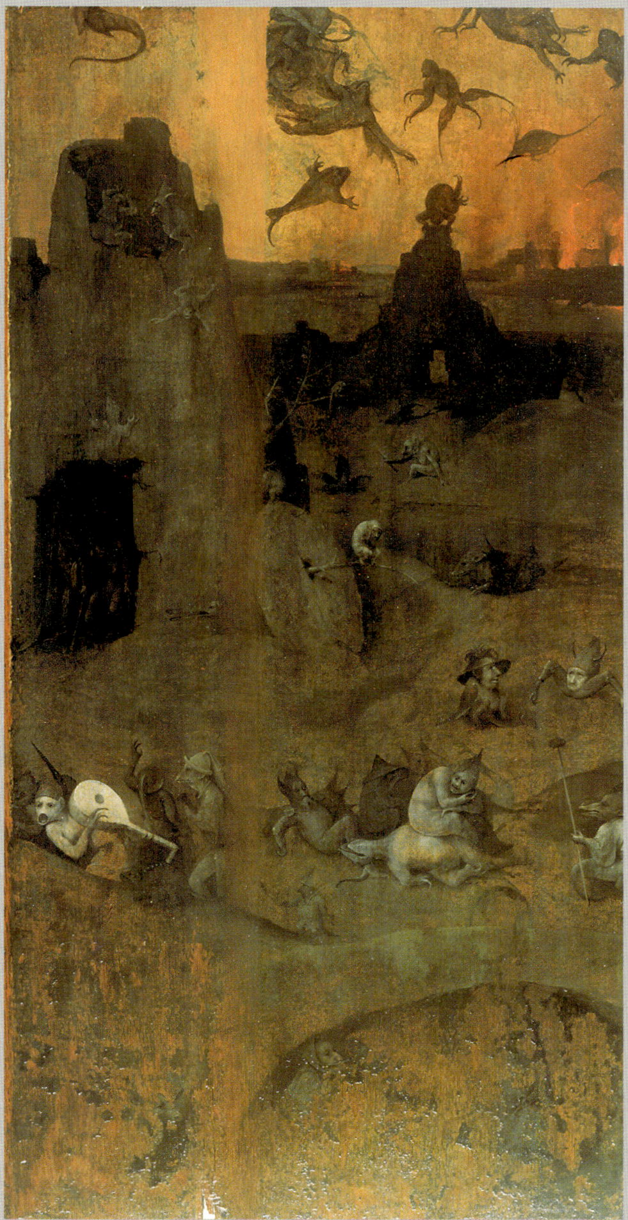

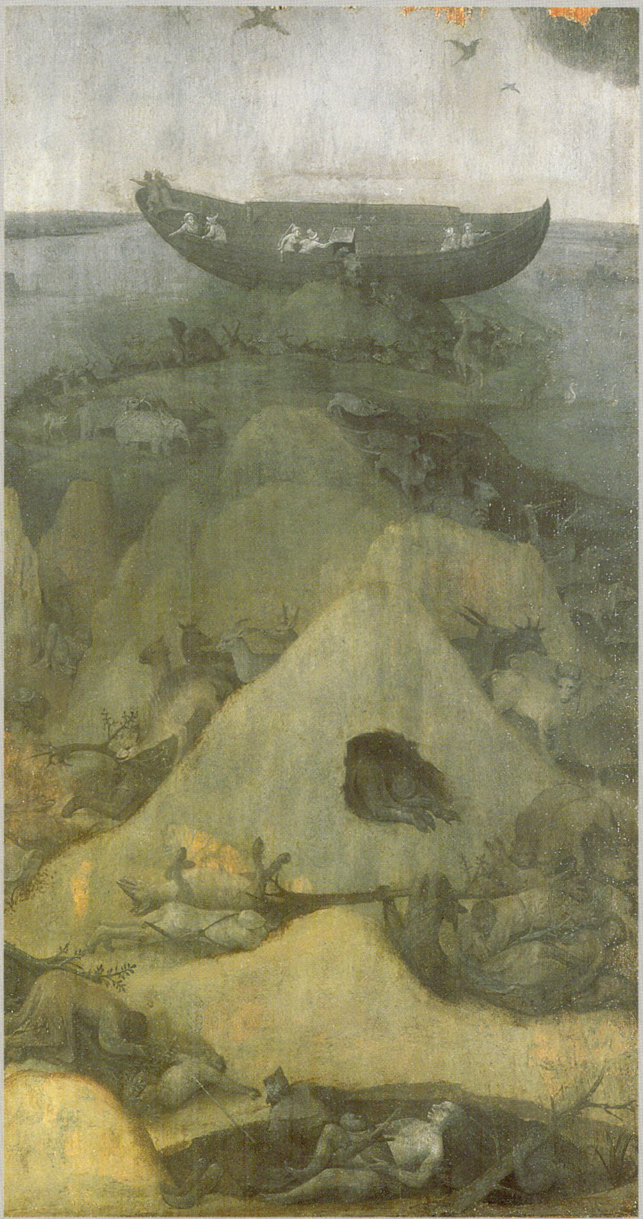

dies nur bedingt eine Folge unabhängig voneinander erteilter Aufträge unterschiedlicher Personen zu sein. Dennoch besteht ein innerer Zusammenhang im Œuvre Boschs. Dieser wird freilich erst vor dem kulturellen Hintergrund des Stadtbürgertums seiner Zeit deutlich. Was beschäftigte die wohlsituierten Städter damals? Wie sah ihr Blick auf Natur und Gesellschaft aus, auf das Verhältnis zwischen Frauen und Männern, auf Sünde und Genuss, auf Geld und Güter? Mit allen diesen Fragen hat sich Bosch in seinem Œuvre auseinandergesetzt und sie wie kein anderer Künstler dieser Epoche vielseitig kommentiert.

Der Mensch und seine Natur

Das Wesen der Natur ist ein Thema, das Bosch immer wieder faszinierte. In seinen Landschaften wimmelt es von wundersamen Pflanzen und Früchten. Sie sind prachtvoll, aber mit ihren Stacheln und Aushöhlungen zugleich beängstigend. Für Bosch gibt es in der Natur eindeutig Kräfte, die *unheimlich* sind. Solche Kräfte haben nichts mit dem Menschen zu schaffen; sie existierten bereits, als Gott die Welt schuf. Das
Abb. 141a lässt sich deutlich an der Außenseite des sog. *Gartens der Lüste* erkennen. Wir erblicken dort die Welt als eine Halbkugel, die von einer zweiten Hemissphäre als Firmament überwölbt wird. So sah die Welt dem spätmittelalterlichen Volksglauben gemäß aus. Dargestellt ist das Schöpfungswerk der ersten drei Tage (Genesis 1,3-13). Links oben erscheint Gottvater als Schöpfer. In der Mitte darüber steht der Text: *Ipse dixit et facta sunt. Ipse mandavit et creata sunt* (Psalm 33,9 und 148,5) – „Er sprach und alles wurde erschaffen. Er gebot und sie wurden geschaffen". In der wüsten und unbewohnten Weltlandschaft entdeckt man kugelförmige Früchte, hohle Schalen, rohrartige Pflanzen und dornige Wucherungen. Dies steht in Übereinstimmung mit dem biblischen Schöpfungstext (Genesis 1,11) über die Fortpflanzung und mit Boschs Blick auf diese Kraft der Natur. Auch andere Künstler waren mit solchen Kräften befasst. Zahlreiche Wandteppiche, Drucke, Wandmalereien und Skulpturen stellen eine phantasmagorische Natur vor, in der Menschen und Tiere, wilde Männer und Frauen, Meerjungfrauen und Seeritter die Liebe und die körperlichen Begierden versinnbildlichen. Stets geht es um Trieb und Selbstbeherrschung, Natur und Zivilisation, Freiheit und Zwang sowie darum, wie Liebe zwischen solchen Extremen erlebbar ist. Es geht um den Kampf mit wilden Tieren und behaarten Wilden, das Zähmen des Mannes durch die Edeldame, um die unbeherrschbar wuchernde Natur gegenüber der Selbstdisziplin und der Kunst des Höflings. Immer lautet die Frage „Wie verhalte ich mich, was kann ich tun und was muss ich lassen?" Es ist der ewige Kampf zwischen Natur und Kultur, der in diesen Werken ebenso wie bei Bosch zum Thema wird. Um 1500 standen solche Sujets im Mittelpunkt bürgerlichen Interesses. Die zahllosen Darstellungen von Wilden, Exoten, Narren und – seit etwa 1500 – Bauern setzten die aristokratischen und bürgerlichen Werte und Normen über erwünschtes Verhalten ins Bild.
Gleiches gilt auch für die der Antike entlehnten erotischen Darstellungen: mythologische Szenen, Nymphen, Venusgöttinnen, Sirenen und dergleichen. Teils wurden diese wegen ihrer stimulierenden Wirkung dargestellt, teils als Warnung

Abb. 76 Hieronymus Bosch, *Die gekreuzigte Märtyrerin*; Innenseite: *Der hl. Antonius, Die gekreuzigte Märtyrerin, Soldat (von Mönch geführt)*, um 1497 oder später, Triptychon; Öl auf Holz, 104 x 119 cm; Venedig, Palazzo Ducale

vor Trieben und Leidenschaften sowie deren Folgen oder aber – ganz im Gegensatz dazu – als Empfehlung zur Selbstbeherrschung. Mit Hilfe der Bilder versuchte der Betrachter zur Selbsterkenntnis zu gelangen – und sie beiläufig ein wenig zu genießen. Bei Bosch ist es indes nicht die antike (Bilder-)Welt, die ihm als Vorbild dient. Es sind vielmehr christlich-religiöse Themen, die er in eine neuartige Profanikonografie einbettet.
Die Darstellung sonderbarer Pflanzen, die hierher gehören, beschränkt sich nicht auf den *Garten der Lüste*, sondern findet sich auch auf dem *Heuwagen*, *Johannes dem Täufer*, dem *Hl. Hieronymus*, dem *Eremitenaltar* und dem Triptychon mit der *Versuchung des hl. Antonius*. Auf den vier letztgenannten Werken wächst diese Flora inmitten teuflischer Versuchungen. Diabolisch ist dieses Wuchern auch auf den rings um die *Dornenkrönung* des Escorial gruppierten Szenen und auf den Tafeln der *Sintflut* (Rotterdam). Auf dem linken Flügel des *Gartens der Lüste*, des *Heuwagens* und des *Jüngsten Gerichts* (Brügge) ist die bizarre Vegetation hingegen wiederum Bestandteil der paradiesischen Natur. Gleiches gilt für die in Boschs Umkreis anzusiedelnden Darstellungen des *Irdischen Paradieses* in Chicago und Wien. Die absonderliche Flora ist also keineswegs auf ein bestimmtes Thema zu beziehen, sondern formt einen Teil des Bosch'schen Weltbildes. Die irdische Natur – selbst in ihren anorganischen Teilen – ist im Grunde sexuell und sie ist dies seit den Tagen der Schöpfung. Bereits die materielle Welt an sich ist wegen ihrer nahezu unbeherrschbaren Natur bereits selbst gefährlich. Auch für Bosch ist dies das Drama der Menschheit und ihrer Geschichte: Von Anbeginn ist der Mensch „erblich vorbe-
Abb. 141b lastet". Diese Auffassung liegt dem sogenannten *Garten der Lüste* zu Grunde. Den Bosch-Exegeten hat das Triptychon bereits einiges Kopfzerbrechen bereitet; die Szenen der mittleren Tafel stellen für manche eine Darstellung des Paradieses dar, für andere eine der Unzucht. Beide Interpretationsansätze, die einander freilich ausschließen, haben einiges für sich. Ist Boschs eigentümliche Darstellung womöglich unauflösbar ambivalent?
Auf dem linken Flügel werden Fortpflanzungsgedanke und Schöpfungswort mit dem Thema der paradiesischen Hochzeit verflochten. Hier erscheint Gottvater als Schöpfer, als „Wort", durch das alles geschaffen wurde. Der Maler folgt hierin der damals konventionellen Darstellungsform: Gott segnet die paradiesische Hochzeit von Eva und Adam, wobei der Segenswunsch der Vermehrung ausgesprochen wird (Genesis 1,28). Das Paar, so glaubte man, war von vollendeter Schönheit. Die paradiesische Hochzeit galt als Urbild des Ehebundes und wurde dementsprechend auf zahllosen Haushaltsgegenständen abgebildet. Das Konzept der paradiesischen Hochzeit beinhaltete das Beherrschen der Sexualität, die einzig der Fortpflanzung zu dienen hatte. Wesentlich für ein angemessenes Verständnis des linken Flügels ist der Paradiesbrunnen in dessen Mitte. Er ragt aus einem schwarzen Schutthaufen mit

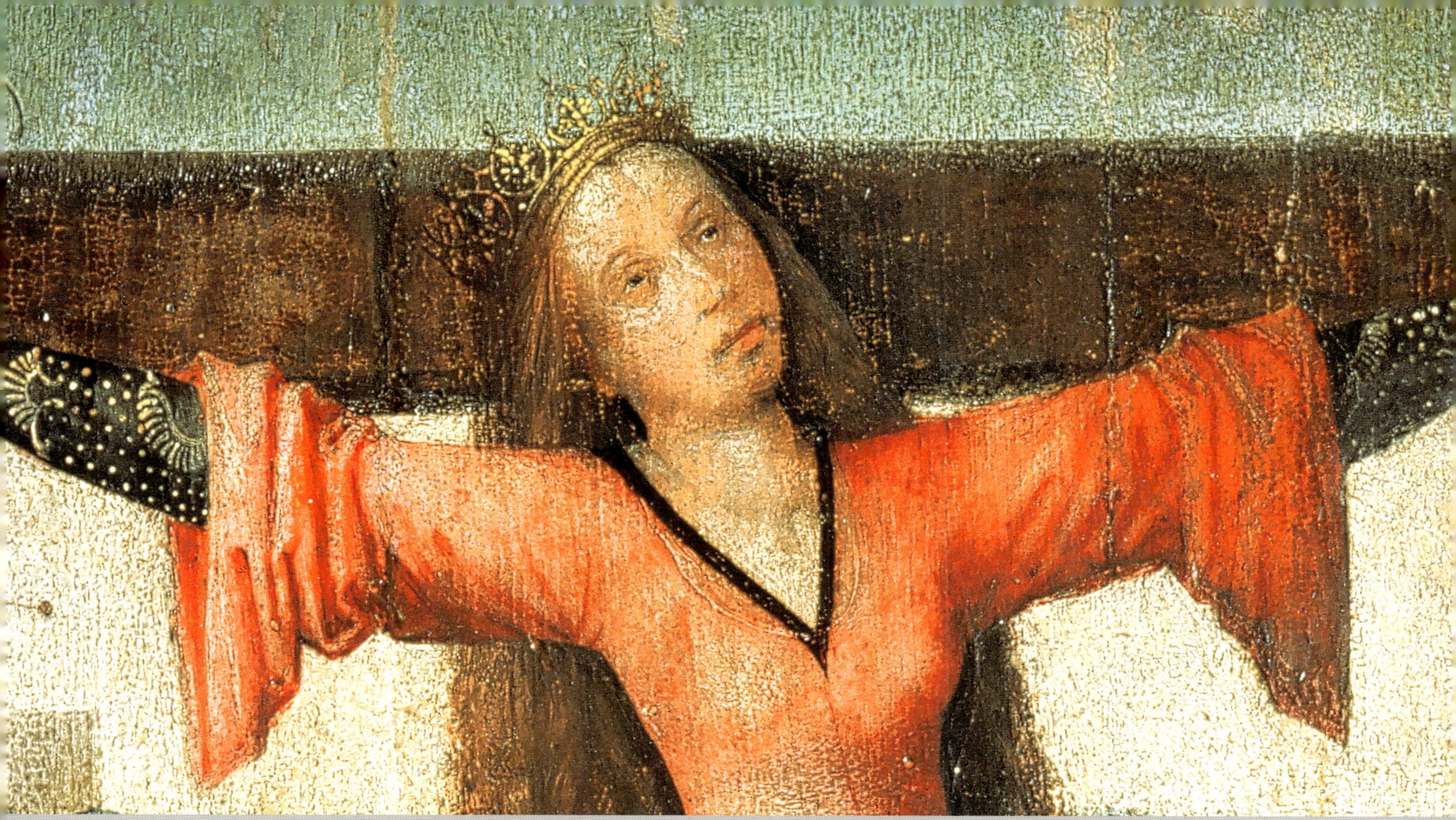

103

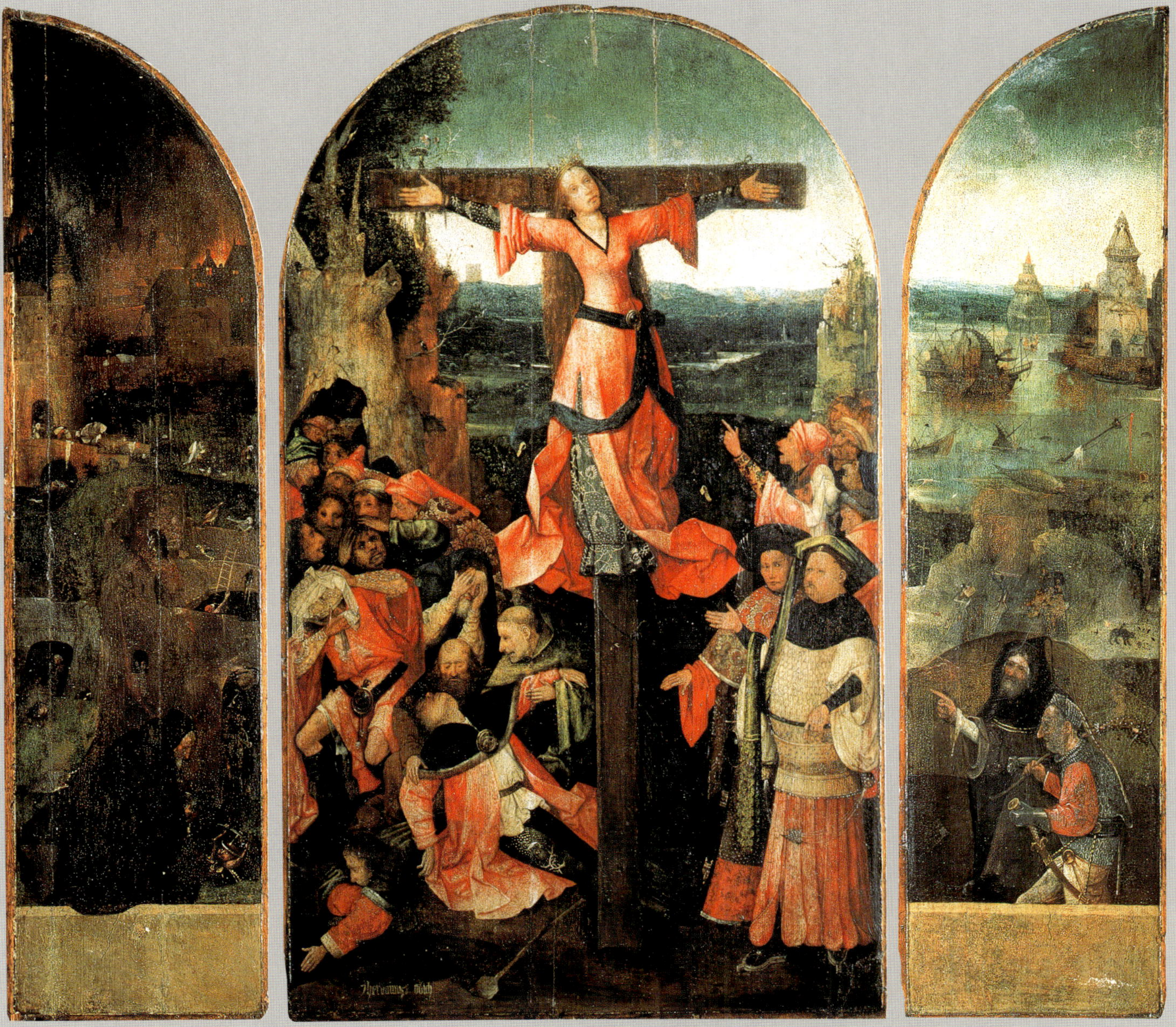

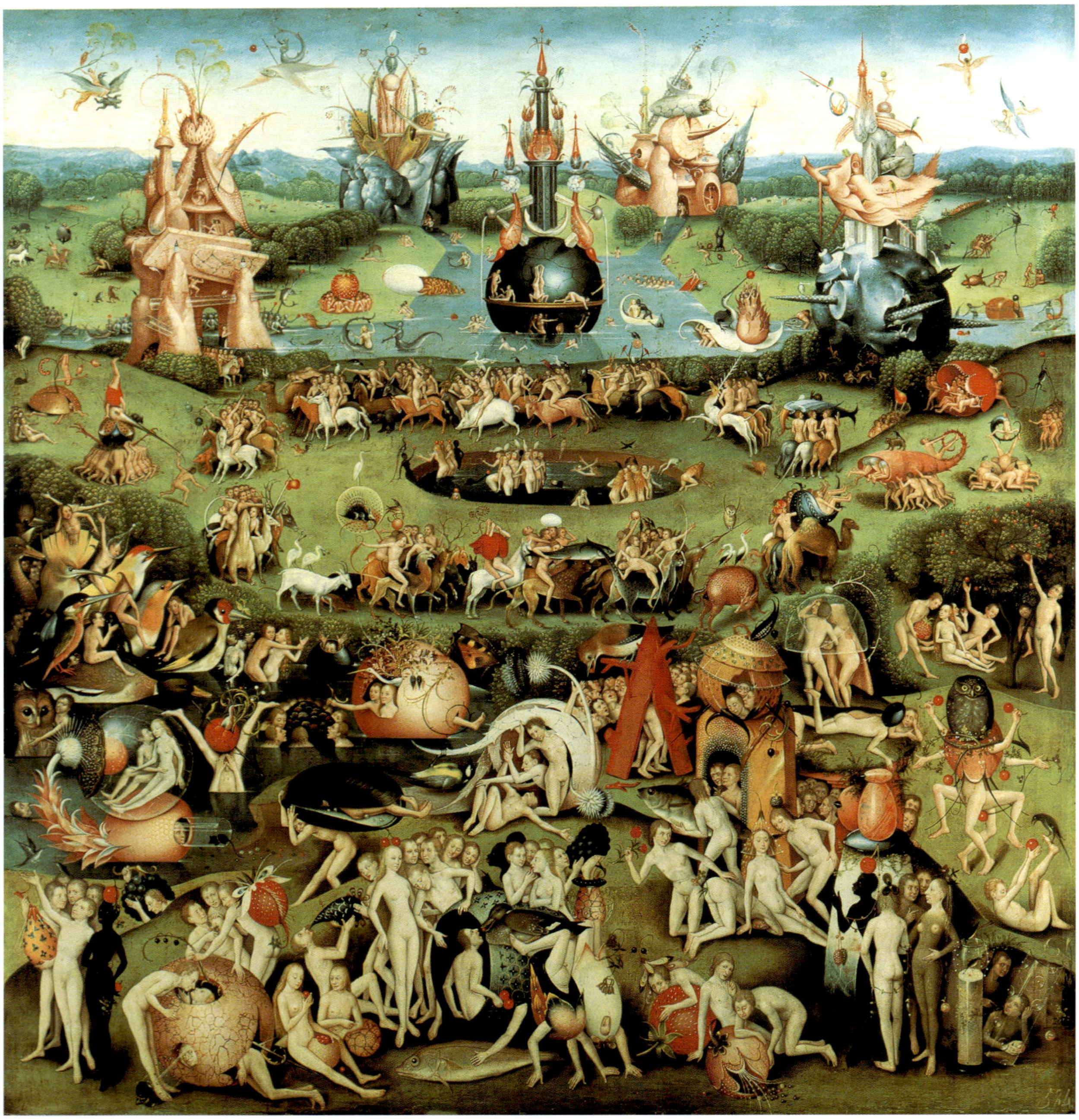

104

Edelsteinen hervor – vielleicht ein Bild immerwährender
S. 69 Schöpfungskraft – *creatio continua* – der Natur. Der Paradiesbrunnen ähnelt einer Pflanze, aber seine Farbe und Symmetrie wirken künstlich. Er gleicht einem Korallenbaum-Brunnen, der bereits seit alters her als Sinnbild des Lebens, der Fruchtbarkeit und der Fortpflanzung galt. So bildet er das Zentrum eines irdischen Paradieses, das im Zeichen der Hochzeit steht. Um 1500 konnte solch eine natürliche Konstruktion (bzw. ein künstlicher Organismus) das *opus naturae*, das Werk der Natur also, verkörpern. Boschs Brunnen ähnelt der fantasievollen Kleinarchitektur und Goldschmiedekunst seiner Zeit (etwa Sakramentshäusern und Monstranzen). Beide galten als künstlerische Höhepunkte, als Quintessenz von Kunst. Falls auch Bosch diese Assoziation hatte, dann hat er hier *ars* mit *natura* gleichgesetzt: das „Werk der Natur" als wahre Schöpfungskunst, der in diesem Fall indes ein sexueller Charakter eigen ist.

Auf dem Schnittpunkt der Diagonalen und in der Mitte des Brunnens sitzt ein Steinkauz, der von Vögeln umgeben ist, und auf der Bergspitze am Horizont entdeckt man eine zweite Eule, die Dutzende Vögel umflattern. Die Eule steht bei Bosch für das Schlechte, Lichtscheue und Törichte. Hier wird sie von Vögeln umringt – überdies bei der (paradiesischen) Hochzeit!

Das Motiv der Eule, auf die Vögel zufliegen, ist der Vogelfängerpraxis entlehnt. Dabei fungierte die Feindschaft zwischen Eule und anderen Vögeln oder – beim Vogelfang – das Locken mit der Eule als Kern des Bildmotivs. Bei Bosch trifft letzteres zu. Die Eule, welche die Vögel anlockt, gleicht der Versuchung durch das Böse, das sich in betrügerischer Absicht unschuldig gibt, und verbildlicht es. Die Eule sitzt in einer dunklen Öffnung. Sie ist das Symbol der Sünde/Torheit oder des sündigen/törichten Menschen, der dem Licht der Tugend/Weisheit entflieht. In diesem Sinne erscheint das Tier auf zahlreichen Darstellungen des Sündenfalls. Dieser galt als der Fall in die Sexualität – so schildert es wenig später auch Jan Gossaert in seinen Paradiesszenen. Deshalb ist das Motiv „Eule-mit-Vögeln" ein Sinnbild sexueller Verlockung. Dem frauenfeindlichen Denken der Zeit Boschs gemäß ging die Versuchung selbsverständlich von der Frau aus. Das weibliche Geschlecht trug Verantwortung für erlaubte und unerlaubte Verführung.

Ein Refrain aus der Gedichtsammlung des Jan van Styevoort (um 1524) verknüpft diese Assoziationen ebenfalls miteinander und hilft, das Bosch-Motiv zu deuten: Die Ehe, wie sie Gott eingeführt hat, wurde und wird von denjenigen korrumpiert, die Gottes Wunsch „seid fruchtbar und mehret euch" im Sinne

Abb. 77 Michiel Coxcie (zugeschrieben), Kopie der Mitteltafel des *Gartens der Lüste*, vor 1568; Öl auf Holz, 184 x 178 cm; Privatbesitz

Abb. 78 Unbekannte Brüsseler Werkstatt, *Der Garten der Lüste*, 1550-70 (Entwurf vor 1542); Tapisserie, Gold, Silber, Seide und Wolle, 288 x 490 cm; Madrid, Patrimonio Nacional, Palacio Real

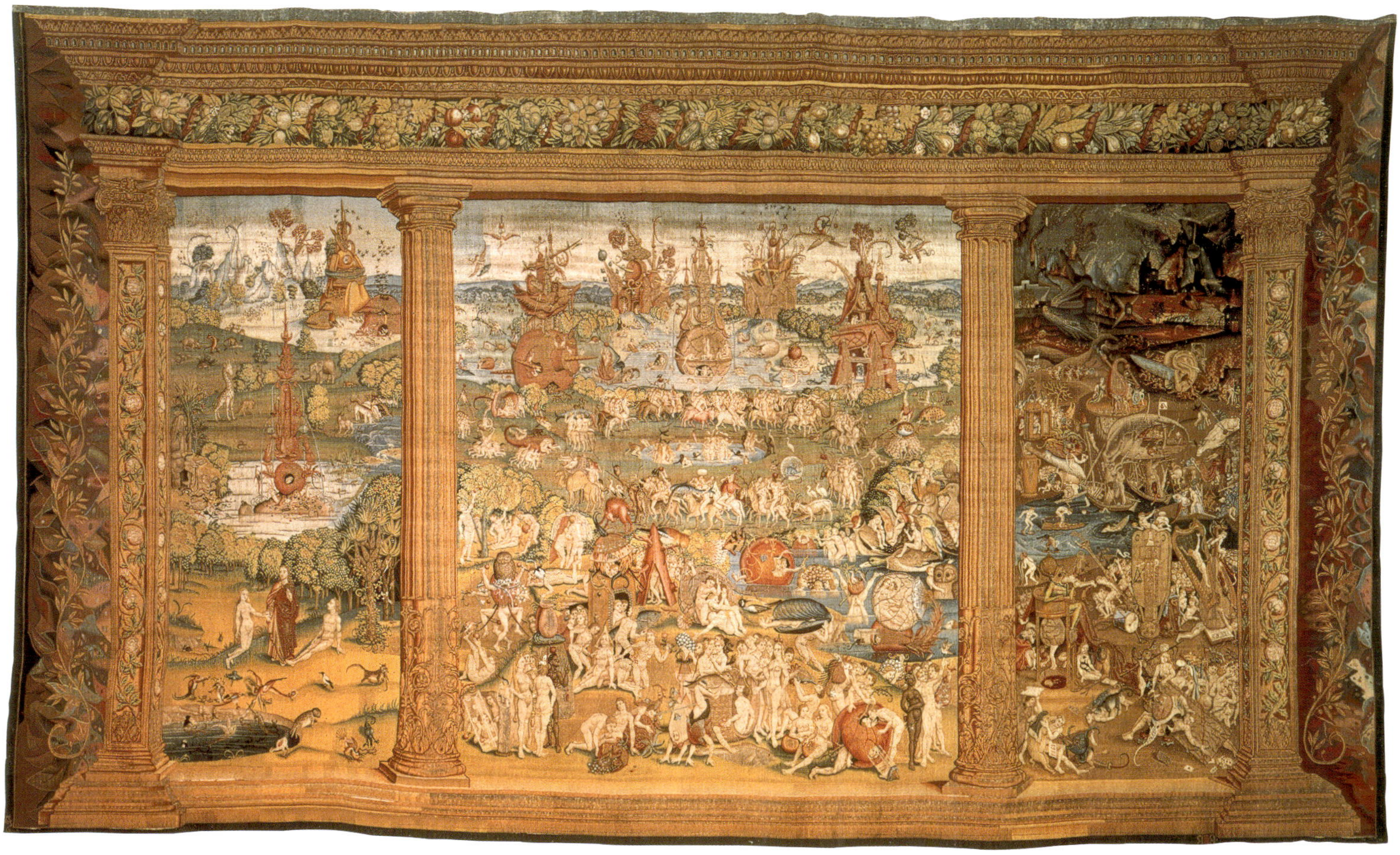

eines ungebundenen Lebens voller Wollust umgedeutet haben. Sie handeln so, wie der „über das Tageslicht erboste Steinkauz":

Ghelyc die steenuuls opden dach verbolghen
hen selven berghen voer tschijn der sonnen
Soe doen dees liefkens die niet en volghen
thuwelic alsoot eerst was begonnen

„Wie die Steinkäuze, die, über das Tageslicht erbost,
sich vor dem Sonnenschein verbergen,
so betragen sich auch die Geliebten, die sich nicht
an die Ehe halten, wie sie ursprünglich eingesetzt wurde"

Was aber ist auf der mittleren Tafel des Madrider Triptychons dargestellt? Beschreibungen aus dem 16. und 17. Jahrhundert schweigen hierüber. Dies bedeutet, dass es vor der damals gängigen Bilderwelt und Ikonografie nicht begreifbar bzw. „lesbar" war. Inwiefern hat Bosch dann ein Rätsel geschaffen? Welche Elemente bieten uns bei der Suche nach einem besseren Verständnis des Werkes einen Anhaltspunkt?
So weit der Blick reicht, sind in einer stattlichen Landschaft schöne, nackte junge Menschen mit verschiedenen „Spielen" beschäftigt: Sie reden, berühren einander, essen riesige Früchte und umarmen Tiere und Pflanzen. Greise und Kinder werden nicht dargestellt. Im Zentrum der Tafel baden Frauen in einem runden Weiher und zeigen sich einer Gruppe von Männern, die in wildem Ritt auf den verschiedensten Tieren das Gewässer umkreisen. Im Hintergrund befinden sich vier sonderbare Gebilde, halb organisch, halb künstlich, die in Form eines Rechtecks angeordnet sind. In deren Mitte befindet sich ein weiteres turmartiges Gebilde, das einen Brunnen oder eine Quelle darstellt. Das Wasser fließt in einen See, der sich in vier Flüsse teilt, die wiederum die übrigen Gebilde durchfließen.
Auf der mittleren Tafel nehmen Schwarze, behaarte Wilde, Meerjungfrauen und Seeritter eine herausragende Stellung ein. Bei den behaarten Menschen handelt es sich um „Wilde", über die im Mittelalter zahllose Geschichten und Mythen erzählt wurden. Bei Bosch waren die „Wilden" vor allem Frauen. Von wilden Frauen erwartete man wilde, ungezügelte Sexualität. Wilde stellten das Gegenteil dessen dar, was man sich unter „Zivilisation" vorstellte, und das Gegenteil von dem, was man selbst als Teil eines auf zwingenden sozialen Normen beruhenden Ganzen zu sein glaubte. Wilde wohnten dort, wo der zivilisierte Mensch nicht lebt oder leben kann. Also auch in

Abb. 79 Hieronymus Bosch (?), *Frauenkopf*, Öl auf Holz, 13 x 5 cm; Rotterdam, Museum Boijmans Van Beuningen

fernen, mythischen Zeiten: der Urzeit, dem Goldenen Zeitalter zu Beginn der Menschheit. In der profanen Kunst des 15. und 16. Jahrhunderts nahm der Wilde bei Themen, die von Liebe und dem Umgang der Geschlechter handelten, die zentrale Stellung ein. Die Schwarzen, von Boschs Zeitgenossen „Mohren" geheißen, standen für die Fremdheit ferner, unbekannter Weltgegenden mit ihren heidnischen Bräuchen. Von jeher sprach der Nordeuropäer ihnen etwas *Unheimliches*, sogar etwas Teuflisches zu – das mittelniederländische Wort „nikker" (von lat. *niger*, schwarz) als Bezeichnung des Teufels erinnert daran. Seeritter und Meerjungfrauen gehörten im 15. Jahrhundert zu den *personnaigen van liefden* (Figuren der Liebeskunst). Verbreitet war allgemein auch die Symbolik der Meerjungfrau als Sinnbild verführerischer Fleischeslust, des scheinbar tugendhaften, aber seinem Wesen nach sündigen Menschen bzw. des Bösen, das den Menschen durch vorgeblich Angenehmes ins Verderben stürzt. Diesen *Topoi* ist die Assoziation des asozialen, kulturlosen Lebens mit dem Triebhaften gemein, und zwar vor allem auf dem Gebiet des Geschlechtslebens.

Auf der mittleren Bildebene werden die Vorstellungen von Wildheit, Trieben und Versuchung weiter vertieft. Für den Rundritt um den Weiher konnte sich Bosch von volkstümlichen Rundläufen inspirieren lassen, die anlässlich von Hochzeiten oder Fruchtbarkeitsriten veranstaltet wurden. In diesem Fall kam dem in Richtung der Sonnenbahn umkreisten Objekt eine positive Bedeutung zu. Bosch freilich kehrt diese Symbolik um. In der Moralliteratur seiner Zeit galt der Rundlauf als Sinnbild für Sünde, Triebhaftigkeit und Weltlichkeit sowie insbesondere für Wollust und Genusssucht. Dementsprechend besitzt bei Bosch eines der Reittiere eine eindeutig phallische Gestalt. Die Tiere selbst geben die tierische Natur des Menschen wieder. Die Männer führen ihre Reittiere nicht, vielmehr werden sie von ihnen geführt, werden also von ihren niederen Instinkten fortgezogen. Die Komposition ist hier nicht ohne Bedeutung. Der Weiher bildet einen Kreis, der einen Machtbereich formt: Frauen innerhalb dieses Kreises nämlich ziehen außerhalb weilende Männer in ihren Bann. Der Weiher bildet dabei zugleich den Mittelpunkt des Rundritts. Das Motiv eines festen Zentrums und eines sich um diesen drehenden Kreises zählt zu den *Topoi* der Liebeslyrik des 16. Jahrhunderts. Auch Bosch veranschaulicht das Objekt der (männlichen) Begierde als unbewegliches Zentrum, um welches das Verlangen kreist. Dasselbe Schema findet man im 15. und 16. Jahrhundert beim sog. „Moriskentanz", einem zumeist erotischen Tanzspiel. Die exhibitionistische Haltung der Frauen im Weiher stimmt mit der damaligen Moralvorstellung überein: Sie nutzen jeden Teil ihres Körpers als verführerische Schlinge, um Männer zu fangen. Verführung, Sinnenfreude, Schauen und betrachtet werden, darum dreht es sich in dieser (männlichen) Vorstellung von der Kraft der Anziehung. Die Gebilde im Hintergrund führen uns zu der bereits auf dem linken Flügel verbildlichten Vorstellung von Natur zurück. Sie bestehen aus Elementen, die auch auf anderen Gemälden Boschs auftauchen, und bei denen es sich um sexuelle Metaphern handeln kann. Halb künstlich, halb natürlich, verstofflichen sie das geschlechtliche Wesen der Natur. Für Bosch ist zwar auch die Natur eine Künstlerin – da aber ihre Kunst sexuell gefärbt ist, wird sie zugleich mit dem Bösen assoziiert, zumindest jedenfalls als bedrohlich erachtet. Gerade diese Kunst fasziniert den Menschen. Dies erklärt die „Wunder der Natur" auf Boschs Tafel: Der Mensch lässt sich verführen, um in der Natur aufzugehen, statt sie mit Vernunft zu beherrschen. Gleichwohl beschwören die Konstrukte im Hintergrund das Bild vom Paradies. Die weißen, rosaroten

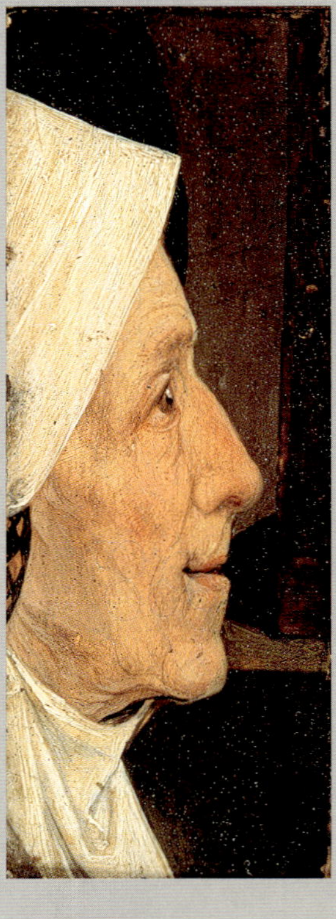

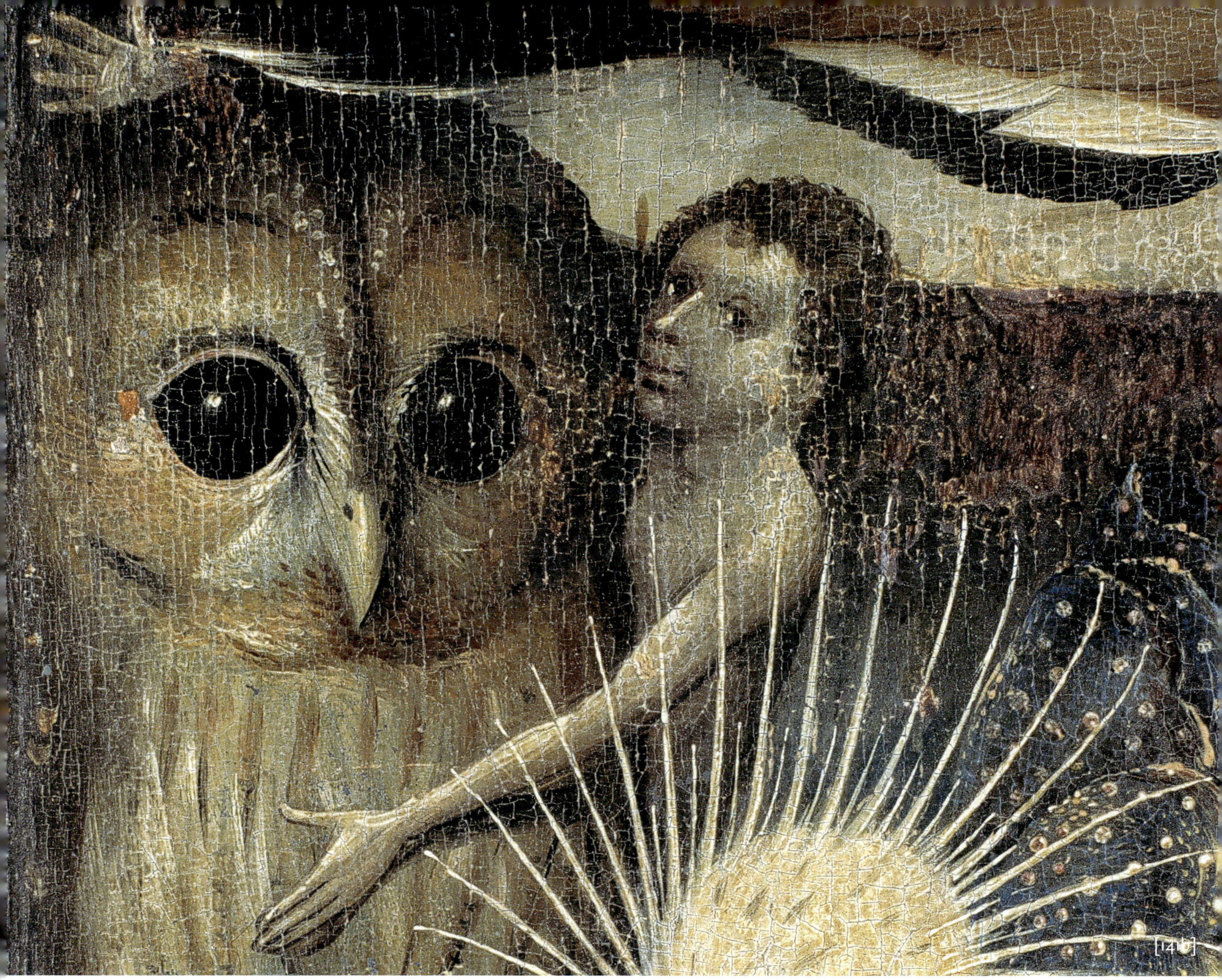

[14b]

und blauen Architekturen erinnern an das himmlische Paradies des *Genter Altares* von Jan van Eyck, gemahnen an zahlreiche mittelalterliche Beschreibungen des Paradieses. Auch der Brunnen in der Mitte und die vier Ströme sind wesentliche Kennzeichen des Paradieses.
Dies scheint dem zuvor Gesagten zu widersprechen: Wie kann, dem rechtgläubigen Weltbild der Zeit Boschs zufolge, ein „natürliches", sexuell gefärbtes Paradies möglich sein? Hier muss es sich zweifellos um ein „falsches" Paradies handeln, was die Höllenszenerie auf dem rechten Flügel erklärt. Die Vorstellung des unechten Paradiesgartens ist in der mittelalterlich-allegorischen Liebesliteratur sehr verbreitet. Der im Laufe dreier Jahrhunderte sehr populäre *Rosenroman* (*Roman de la Rose*) von Guillaume de Lorris und Jehan de Meung aus dem 13. Jahrhundert behandelt den Unterschied zwischen dem echten, himmlischen Paradies und dem falschen Paradies der Liebe, in dem Lust den Platz des höchsten Mysteriums einnimmt. Wie das blutende Lamm Gottes in Van Eycks Genter Polyptychon im Zentrum des himmlischen Paradieses erscheint, so steht die Brunnenkugel, in der ja sogar sexuelle Handlungen stattfinden, im Mittelpunkt des Bosch'schen Paradieses. Hier ist freilich nicht nur eine allegorische Szene dargestellt. Bosch hat sich auch vom damaligen Geschichtsbild und den Volksmythen inspirieren lassen. Die mittelalterliche Historiografie teilte die Geschichte in Zeitalter ein. Das erste erstreckte sich von Adam bis zur Sintflut. Das Leben vor der Sintflut war paradiesisch. Die Menschheit ernährte sich fleischlos und lebte in einem angenehmen Klima. Die Erde war fruchtbar und brachte enorme Ernten hervor. Der Mensch jedoch war dem Bösen zugeneigt und folgte seinen natürlichen Trieben in einem Leben grenzenloser Unzucht. In der Sammlung des Erzherzogs Ernst († 1593) zu Brüssel befand sich ein Werk von (oder eine Kopie nach) Bosch, die genau dieses Thema darstellte: *Sicut erat in diebus Noe*, „so, wie es in den Tagen von Noachs war". Dieses Zitat ist dem Matthäusevangelium (24,37-39) entlehnt, das warnt: „Denn wie es in den Tagen des Noach war, so wird es bei der Ankunft des Menschensohnes sein. Wie die Menschen in den Tagen vor der Flut aßen und tranken und heirateten, bis zu dem Tag, an dem Noach in die Arche ging; und nichts ahnten, bis die Flut hereinbrach und alle wegraffte, so wird es auch bei der Ankunft des Menschensohnes sein." Niederländische Maler haben um 1580-1600 genau dieses Thema verschiedentlich dargestellt, und in ihren Werken erkennt man immer wieder eine Landschaft mit nackten Menschen, die sich Sinnenfreuden hingeben. Es ist denkbar, dass sie Boschs Triptychon

Abb. 80a-b Werkstatt des Hieronymus Bosch, *Die Prüfungen des Hiob*, um 1507 oder später, Triptychon; Öl auf Holz, 98,3 x 72,1/132,5 cm; Außenseite: (a) Wappen; Innenseite: (b) *Der hl. Antonius, Die Prüfungen des Hiob, Der hl. Hieronymus*, Brügge, Groeningemuseum

dabei von ihren eigenen, späteren Moralvorstellungen aus interpretierten, ohne dass jenem selbst diese Bibelworte vor Augen gestanden hatten. Denn deren Vision erinnert auch stark an Vorstellungen, die im 16. Jahrhundert hinsichtlich des Goldenen Zeitalters der Urzeit (*Aetas aurea*) herrschten: das Goldene Zeitalter, in dem die Menschheit ohne Sorgen und Scham vor Liebe und Sinnenfreude in einer paradiesischen Natur lebte. In der Vorstellungswelt des Mittelalters und des 16. Jahrhunderts flossen Fantasien über Urzeit und Goldenes Zeitalter, Sexualität und Paradies, über Freiheit und Lust ineinander. Dieses Genussparadies war für Bosch und seine Zeitgenossen freilich nur als sündhaft vorstellbar. Und Bosch bildete das unbekümmerte Verhalten einer Menschheit ab, die glaubt, allein durch sündige Umdeutung des bei der Einsetzung der paradiesischen Ehe von Gott gesprochenen Segenswunsches ein Goldenes Zeitalter sowie ein irdisch-himmlisches Paradies zu schaffen. Solches Gebaren lässt den Menschen wie in der Endzeit leben, die als eine Wiederholung der Urzeit („in den Tagen Noachs") begriffen wurde. Deren „Natürlichkeit" bedeutete für Bosch freilich, dass der Mensch sich nicht über die Vorgaben der Natur (Primitivismus!) erhebt, sondern kulturlos seinen ungezügelten Geschlechtstrieb auslebt. Die Strafe hierfür ist kategorisch: die Hölle.

Ein Vorbild für sein falsches Paradies fand Bosch in der Folklore: im Mythos vom Venusberg bzw. vom Gral. Dieser Gral bezieht sich nicht auf die kostbare Schale der mittelalterlichen Artus-Romane. In der volkstümlichen Vorstellung galt jener Gral als ein heidnisches, irdisches Paradies der Sinnenfreude und Liebe. Um 1478 schrieb Gert van der Schueren, Sekretär des Herzogs von Kleve, dass der Held aus der Schwanenrittersage, Elyas, aus dem „irdischen Paradies, das manche Gral nennen" käme. Dieses Gralsparadies wurde in der folkloristischen Überlieferung oft in einem hohlen Berg oder aber in einer lieblichen Ebene angesiedelt, in der manchmal Paläste von „sonderbarer Struktur" errichtet waren (wie in der *Otia imperialia* des Gervasius von Tilbury aus dem 12. Jahrhundert). Seit Mitte des 15. Jahrhunderts nannte man den Gral dann

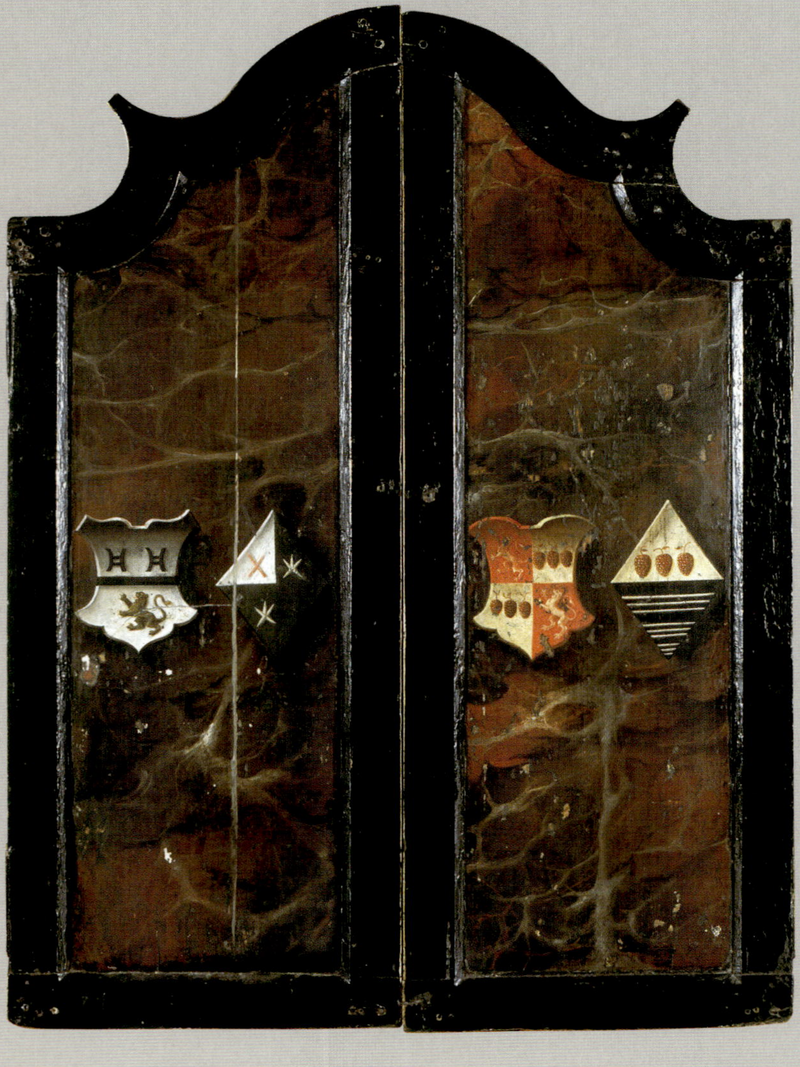

„Venusberg". Die Literatur hat das Thema oft behandelt, beispielsweise in Andrea da Barberinos *Guerino il Meschino* (um 1400), Antoine de la Sales *Le paradis de la reine Sibylle* (15. Jahrhundert) oder in der Sage vom Tannhäuser. Man zählt in der deutschen und niederländischen Literatur des 15. und 16. Jahrhunderts etwa fünfzig Verweise auf diesen Mythos. Sie stammen ausnahmslos von Gelehrten, welche die „Torheit" des Mythos angeprangert haben – obwohl manche durchaus an die Existenz des Venusberges glaubten, verwarfen sie ihn dennoch als teuflische Illusion. Gert van der Schueren schrieb 1478: „Aber dies ist nicht das himmlische Paradies, sondern ein sündiger Ort, zu dem man durch seltsame Mittel Zugang erhält und von dem man unmöglich entkommen kann, es sei denn, durch ein sonderbares und unerhörtes Glück." Der Gral befand sich zwischen der weltlichen Existenz und dem Jenseits: Man konnte ihn betreten, ohne gestorben zu sein – wenn man jedoch länger als ein Jahr verweilte, wurde man dazu verdammt, dort bis an das Ende der Zeiten zu verharren. Bosch muss dieser in den Niederlanden und in Deutschland verbreitete Aberglauben an ein Paradies auf Erden bekannt gewesen sein, ein Paradies, in dem alle körperlichen Begierden – vor allem die sexuellen – erfüllt wurden. Toponymien bezeugen bis ins 20. Jahrhundert hinein den Volksglauben an einen solchen Ort. Von der Kirche und Gelehrten wurde er als falsches Paradies, als sündig und teuflisch gebrandmarkt: die dort Weilenden würden beim Jüngsten Gericht der Verdammnis anheimfallen. Genau dies ist es, was Bosch in seinem Triptychon darstellt. Seine Quelle war ein lebendiger Aberglaube, den er aufs Stärkste verurteilte.

Es existiert ein Text, den Bosch zwar sicherlich nicht als Quelle nutzte, der aber eine ähnliche Intention verfolgt: *Triumphus Veneris* (Der Triumph der Venus, 1509) des deutschen Humanisten Heinrich Bebel (1472-1518). Bebel gab an, dass er seinen Stoff Volkserzählungen entlehnt hat, die er aus ästhetischen Gründen – *pro varietate et dignitate compositionis* – ausgeschmückt habe. Sein Buch berichtet davon, wie alle Lebewesen der Liebeslust teilhaftig werden. Ein Zug von Luft-, Land- und Meerestieren, von Menschen aus allen Orten und Ständen veranschaulicht diese Lebenshaltung. Bebels Text ist ein „Weltgericht": Alle Zeitalter, alle Lebewesen, ja selbst die Erde, folgen dem Naturtrieb. Das ist unvermeidlich und zugleich moralisch tadelnswert. Düstere Vorzeichen künden den Menschen die göttliche Strafe. Die Zukunft der Welt liegt im Ungewissen, das Goldene Zeitalter wird von der Apokalypse überschattet. Wie der Text Bebels handelt Boschs Triptychon von der Weltgeschichte, von der dramatischen Abb. 141b

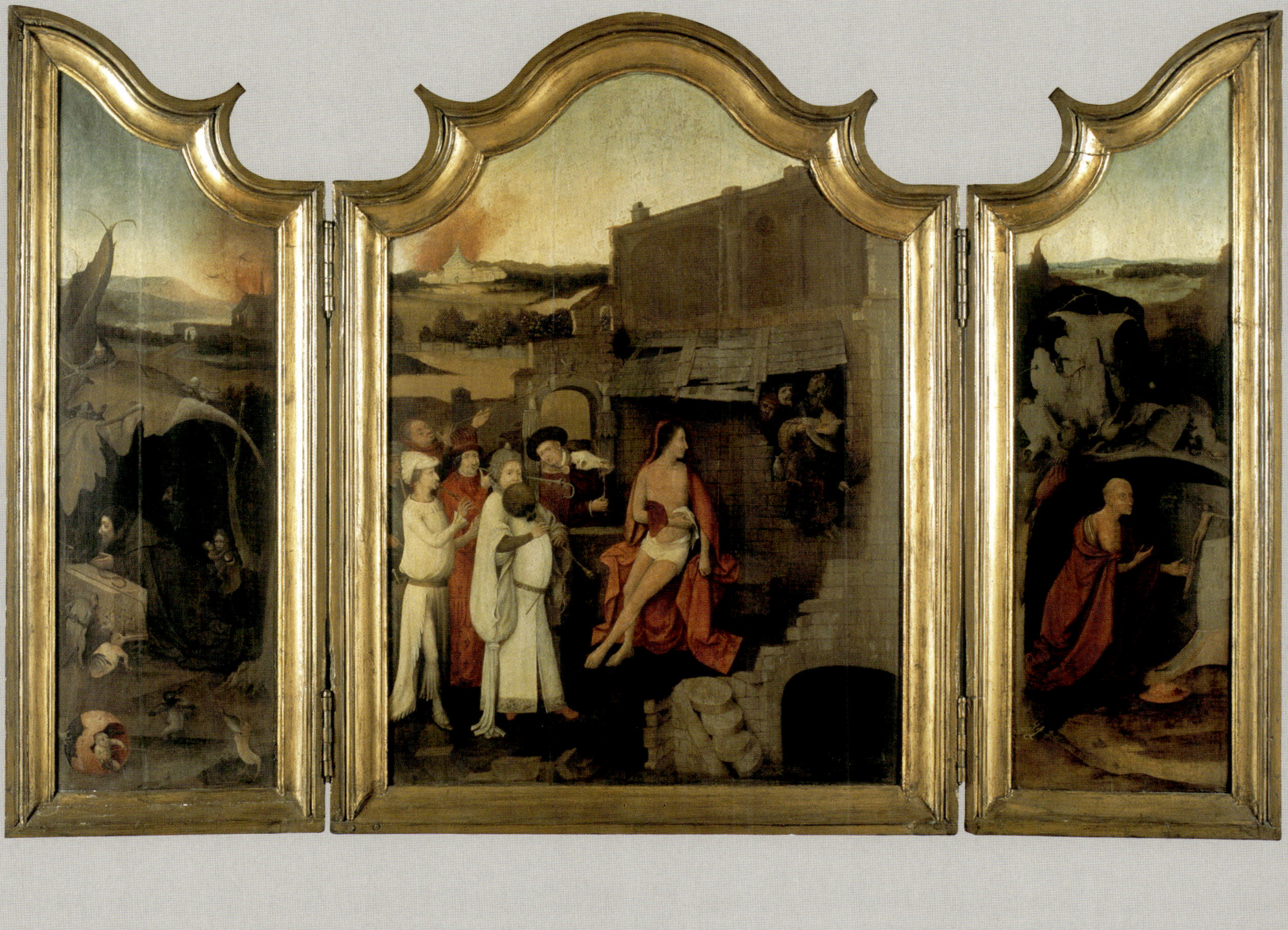

Abb. 81 Hieronymus Bosch (?), *Krüppel*; Feder, in Braun, 26,5 x 19,9 cm; Brüssel, Koninklijke Bibliotheek van België, Prentenkabinett

Abb. 82 Hieronymus Bosch, *Krüppel*; Feder, in Braun, 28,5 x 20,8 cm; Wien, Graphische Sammlung Albertina

menschlichen Spannung zwischen Naturtrieb und Moral, zwischen Lust und Ehe. So sah es um 1500 auch das Bürgertum. Insofern ist das Werk ein Ehespiegel – man denke an die paradiesische Hochzeit auf dem linken Flügel – und zugleich eine Warnung vor deren sexueller Pervertierung.
Seit den Forschungen J.K. Steppes (1962) ist bekannt, dass dieses Werk – das *Triptychon des Grals* oder des *Falschen Paradieses* – sich spätestens seit 1517 im Brüsseler Palast der Nassauer befand. Dort war seit 1504 Hendrik III. Schlossherr. Hatte er das Triptychon 1504 aus Anlass seiner ersten Hochzeit oder zu seiner zweiten Heirat 1511 bestellt? War es gar sein Onkel Engelbrecht II. (1452-1504) gewesen, der das Werk einst gekauft hatte?
Neueste Untersuchungen der Holztafeln, auf die das Triptychon gemalt wurde, haben ergeben, dass die Bretter schon um 1470-80 bemalt worden sein können. Die Maltechnik des Triptychons ist äußerst solide. Die Perspektive der verschiedenen Ebenen stimmt dagegen nicht. Vielleicht handelt es sich deshalb doch um ein sehr frühes Werk. Wer aber war dann der Auftraggeber? War es tatsächlich Engelbrecht II., oder war es eine uns unbekannte Person, der es das Haus Nassau später abkaufte? Oder hat Bosch das Werk gar aus eigener Initiative geschaffen – dies wäre freilich ein Umstand, der in der Kunst des 15. Jahrhunderts keine Parallele findet. Haben Engelbrecht oder Hendrik das Triptychon vom Künstler selbst erworben, als sich dessen Ruhm in den Adelskreisen der Niederlande verbreitete?

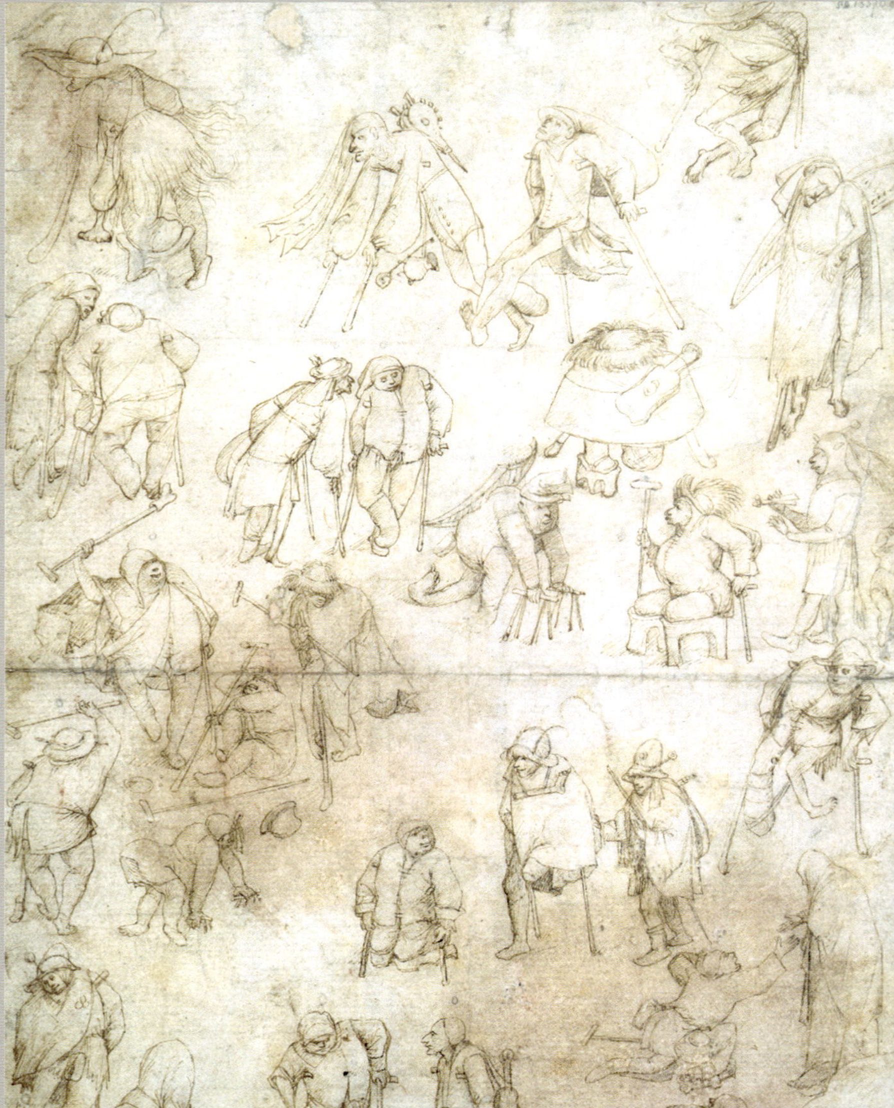

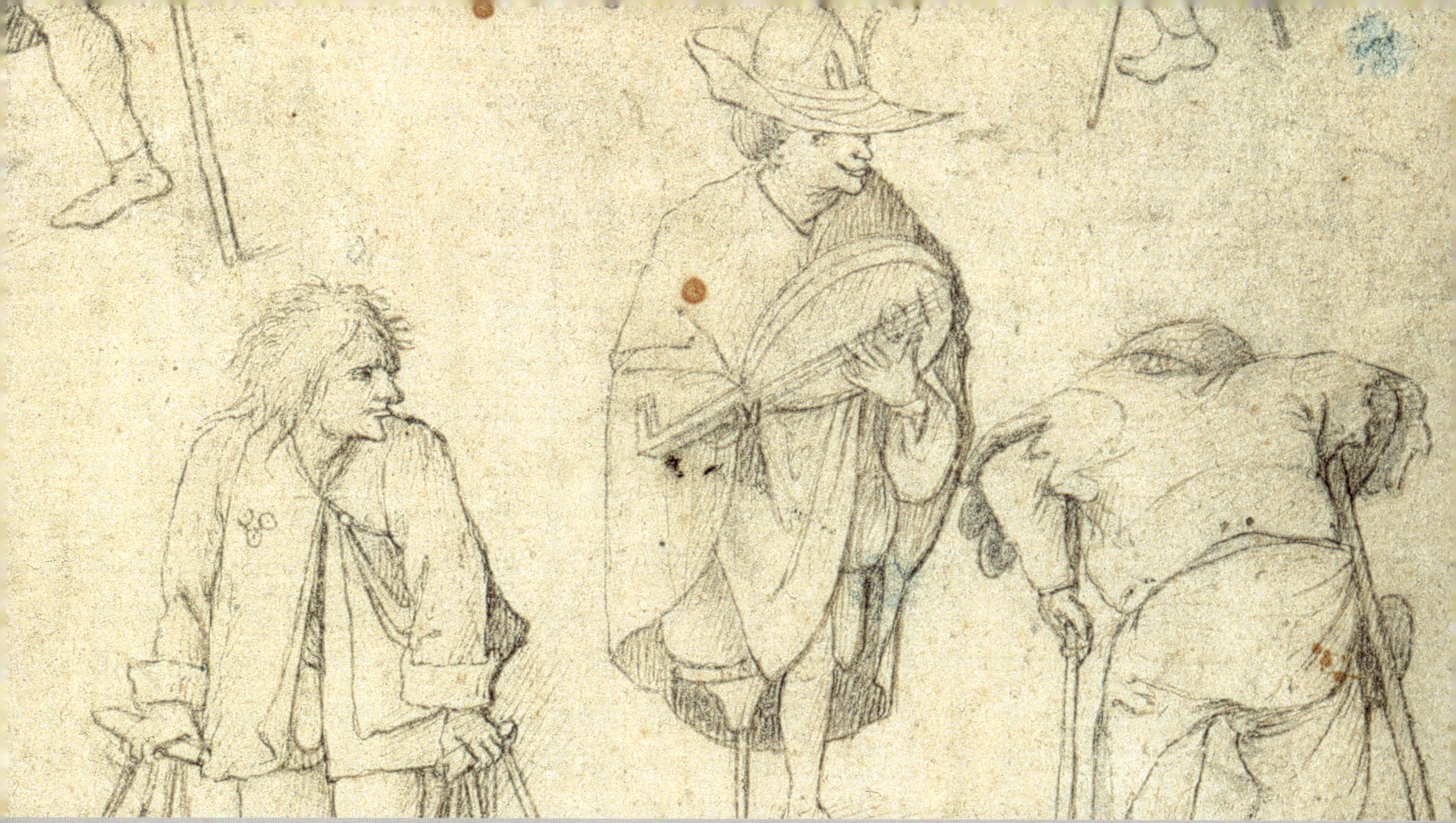

III

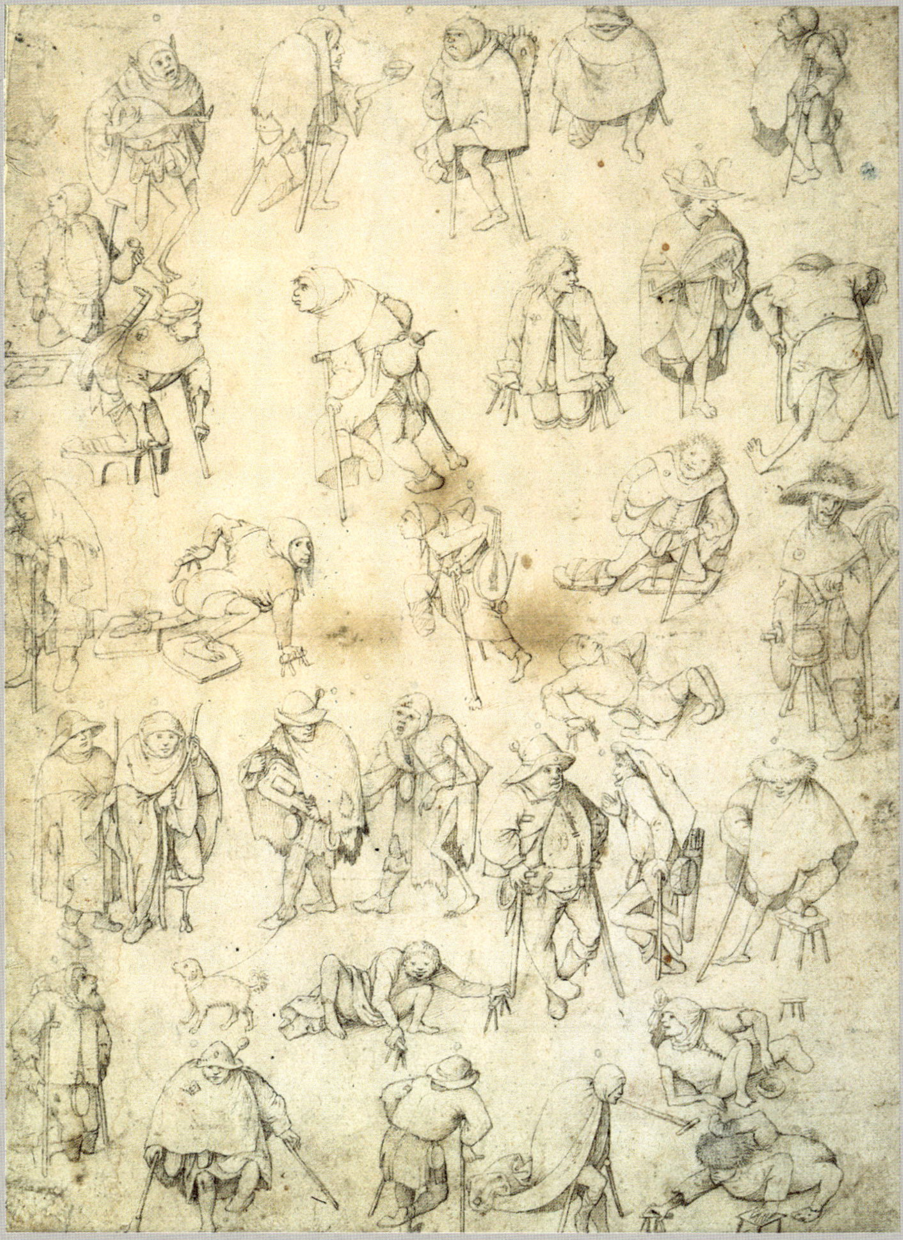

Der Mensch ist des Menschen Feind. Boschs Sicht auf die Gesellschaft

Bosch war der erste Künstler in den Niederlanden, der in seinem Werk immer wieder soziale Themen aufgriff. Von hier aus – aber auch in unzähligen Details des gesamten Œuvres – wird sein Verhältnis zur Gesellschaft deutlich. Boschs Auffassung von Gut und Böse war kein theoretischer Kommentar, sondern wurzelte in seiner Wahrnehmung sozialen Handelns sowie in den (Vor-) Urteilen derjenigen Gesellschaftsgruppe, der er selbst angehörte: dem urbanen Bürgertum. Bosch beschäftigten vor allem das schwierige Verhältnis der sozialen Gruppen untereinander sowie Probleme von Ausgrenzung und Marginalisierung. Bettler, Arme und andere gesellschaftliche Randexistenzen nehmen dementsprechend in seinem Œuvre eine Sonderstellung ein. Manche Werke sind speziell ihnen gewidmet, in anderen wird man ihnen in zahllosen Details gewahr. Boschs Blick auf die gesellschaftlichen Verhältnisse ist nicht von seinen moralischen Auffassungen zu trennen. Viele sündhafte Torheiten assoziiert er mit Mitgliedern der untersten sozialen Schichten und den Randgruppen. Wer sein Leben nicht nach den herrschenden Normen, nämlich denen des Bürgertums, führte, wird als Sünder, Narr und zu entfernendes Element gebrandmarkt. Im Mittelalter standen Arme und Bettler, zumindest in der offiziell-kirchlichen Auffassung, in einem nicht schlechten Licht. Sie waren es, die den Menschen zur Barmherzigkeit anspornten und ihm das Armutsideal vor Augen hielten. Im 15. und 16. Jahrhundert begann man jedoch, Betteln und Hilfsbedürftigkeit als Normenverstoß zu begreifen: Die meisten Armen seien zu faul, um zu arbeiten. Nur die Gebrechlichen sollten unterstützt werden; Nichtsnutze und Verschwender hingegen würden durch Unterstützung lediglich ermutigt, ihren verwerflichen Lebensstil fortzusetzen. So unterschied man zwischen „guten" und „schlechten" bzw. „arbeitswilligen" und „arbeitsscheuen" Armen. Andererseits bezeugte man gerne, dass alle Armen durch eigenes Verschulden in ihre missliche Lage geraten waren.

Abb. 83a-b Hieronymus Bosch, (a) *Bettler und verschiedene Skizzen*; (b) *Der Wald hat Ohren, das Feld hat Augen*; Feder, in Braun, 20,2 x 12,7 cm; Berlin, Staatliche Museen zu Berlin, Kupferstichkabinett

Abb. 84 Unbekannte Brüsseler Werkstatt, *Ein Heiliger verlässt die Stadt*, 1550-70 (Entwurf vor 1542); Tapisserie, Gold, Silber, Seide und Wolle, 300 x 369 cm; Madrid, Patrimonio Nacional, Palacio Real

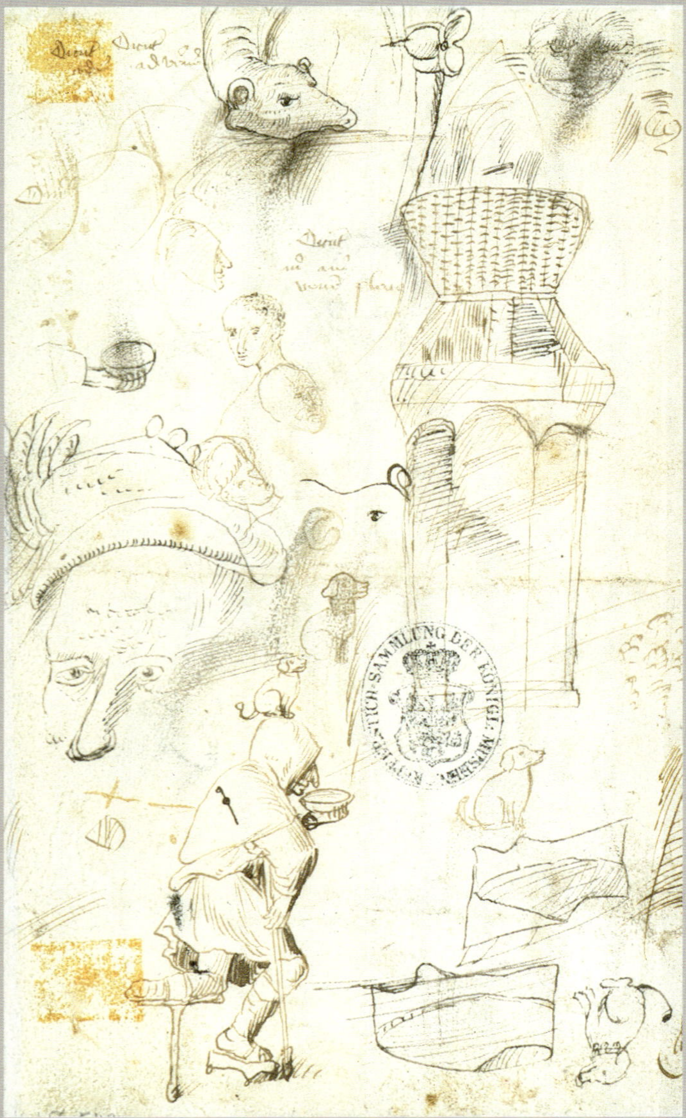

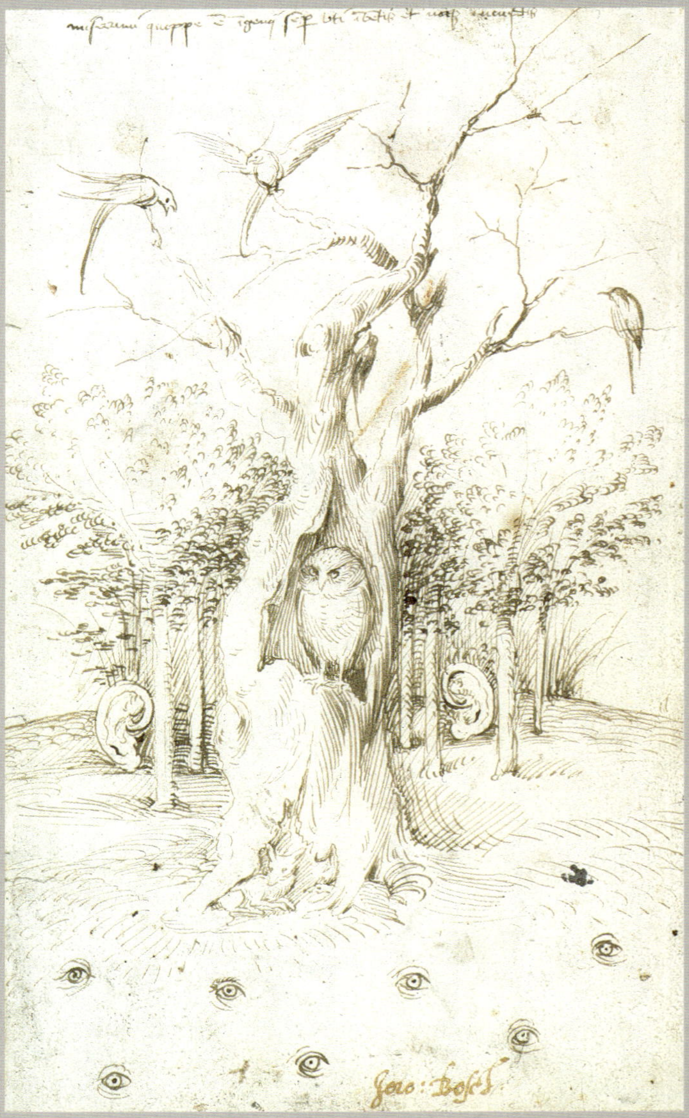

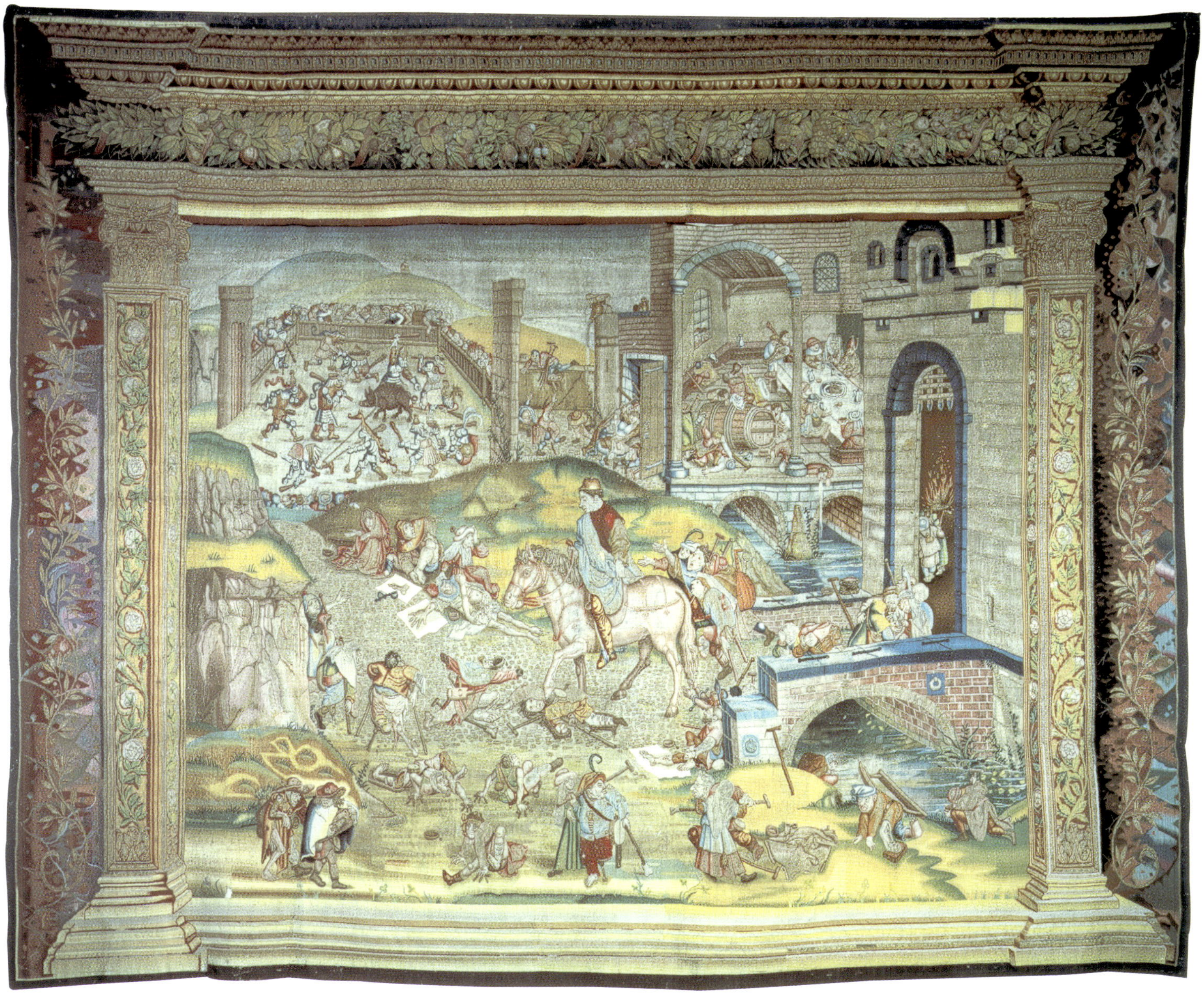

Seit Beginn des 16. Jahrhunderts versuchte man, das Fürsorgesystem zu reformieren und eine Umerziehung der „Asozialen" durchzuführen. Kennzeichnend für die Neuerung ist Luis Vives' erfolgreiche Schrift „Über die Unterstützung der Armen" (*De subventione pauperum*, 1526). Vives' Thesen und Forderungen illustrieren den Unterschied zur Armenfürsorge des 15. Jahrhunderts: Die politischen Instanzen sollen nach Vollbeschäftigung streben sowie eine Armenspeisung, Krankenhäuser und ein öffentliches Bildungssystem aufbauen. Es soll eine zentrale, städtische Aufsicht der Armenfürsorge eingerichtet werden. Landstreicher und Bettler sollen zur Arbeit in Zuchthäusern verpflichtet werden. Auch Thomas Morus (1477-1535) und Erasmus von Rotterdam (1466-1536) artikulierten ihre Missbilligung der Bettelei und der „Gefährdung der öffentlichen Ordnung". Ein Text von Thomas Morus verdeutlicht die bürgerliche Furcht vor einer Aufruhr:
„… unter dem Vorwand der Reform … werden sie nach einer Neuverteilung von jedermanns Grund und Mitteln streben, und nicht ruhen … bis sie alle zu Bettlern gemacht haben, wie sie selbst welche sind, und schließlich das ganze Reich zu Grunde richten …"
Die von Bosch missbilligte Gesellschaftsgruppe umfasst nicht nur Bettler, sondern alle Personen, die aufgrund ihrer „Nutzlosigkeit" in den Augen der Städter und der Obrigkeit verdächtig schienen. Hierzu zählte man neben echten Nichtstuern auch Wucherer, Verführer von Frauen und Kindern, Ehebrecher, anstössig oder sittenlos lebende Strolche sowie weitere Arten von Spitzbuben. Sich der „Nutzlosigkeit" schuldig zu machen, dies war gleichbedeutend mit einem gefährlichen Einfluss auf die Gemeinschaft und deren gute Sitten durch Menschen, die ihr Brot nicht auf ehrliche und ordentliche Weise verdienten. Je weiter sich die bürgerliche Ideologie einer soliden Existenz, der Arbeit und des Familienlebens entwickelte, desto schärfer wurden die Attacken auf jene, die dieser Norm nicht entsprachen.
Aus dem 15. Jahrhundert stammen verschiedene Gedichte, die vom Leben der Herumtreiber, ihrem Wesen und ihren Praktiken handeln. Der erste bedeutende und umfangreichere Text ist der „Gaunerspiegel" (*Speculum cerretanorum*), der alle Arten von betrügerischen Bettlern, ihre Sprache sowie die von ihnen zur Bestreitung des Lebensunterhaltes benutzten Arglisten beschreibt.
Aus Deutschland bzw. den Niederlanden sind fünfzehn Handschriften des Textes „Über die Ordnung der Halunken" (*De vagorum ordine*) bekannt, der das schäbige, verschwenderische und faule Leben derjenigen beschreibt, deren einzige

Abb. 85 Jan Verbeeck (Mecheln, 2. Hälfte 16. Jh. – Anfang 17. Jh.), *Blinde, die das Schwein schlagen*; Feder, in Braun, 19,5 x 28,3 cm; Paris, École des Beaux-Arts

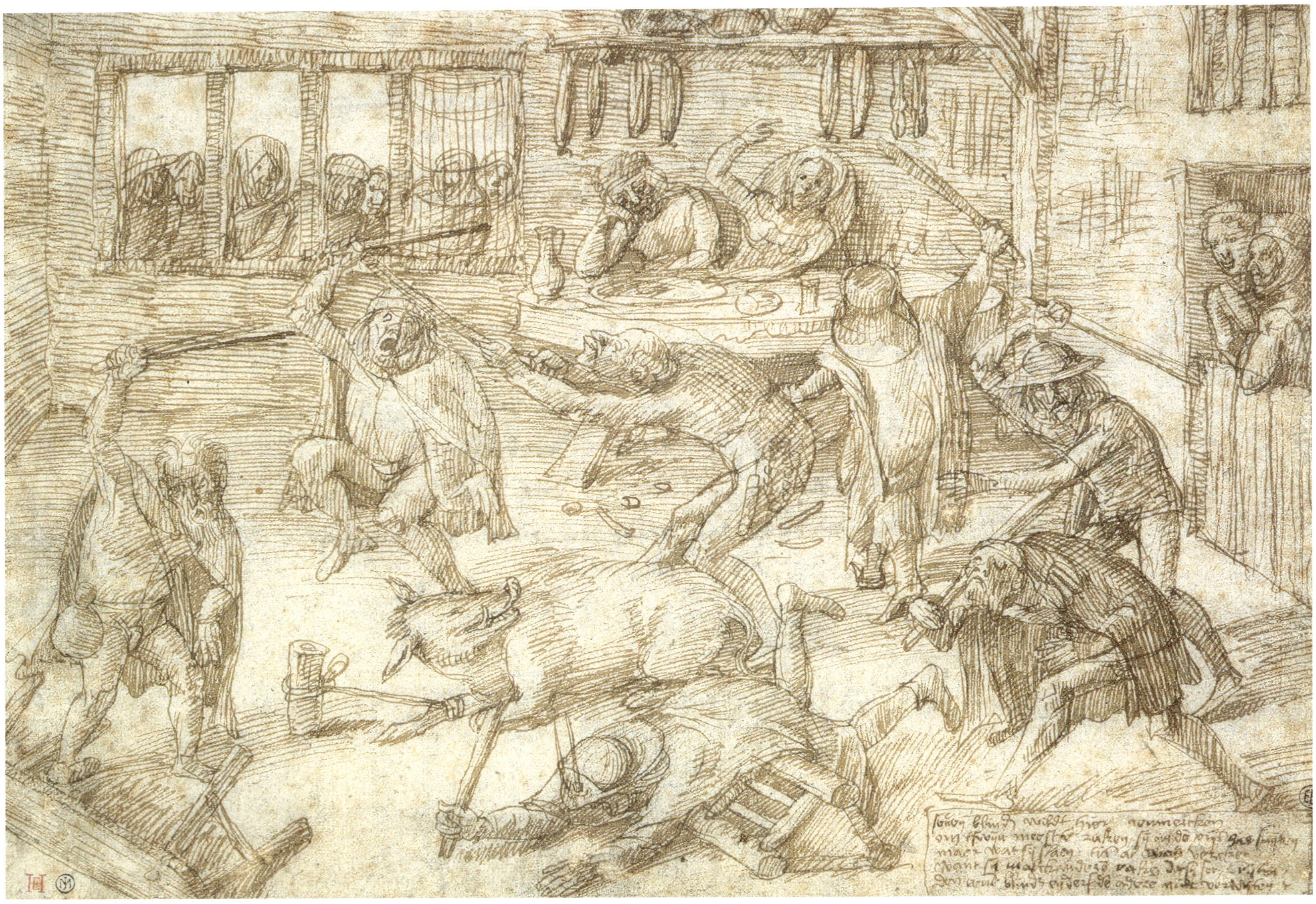

Heimstatt das Wirtshaus ist. Auch Johannes von Ambergs Schrift „Über das Leben der Herumtreiber" (*De vita vagorum*), welche die Armut und die Pein der Vagabunden behandelt, schildert ihre Versuche, mit allerlei Kunststückchen einen Lebensunterhalt zu bestreiten. „Die Spitzbubenordnung" (*Der boiffen orden*) ist eine späte Bearbeitung des niederländischen Gedichts aus dem 15. Jahrhundert: „Die Ordnung von Aernouts armen Brüdern" (*De regel van Aernouts arme broeders*, 1510); ein von Jakob Köbel um 1520 gedrucktes Gedicht behandelt betrügerische Praktiken umherziehender Berufsspieler und anderen „Gesindels". Die Absicht ist utilitaristisch: „Durch mich soll jedermann lernen, wahrnehmen und erkennen, welch äußerst betrügerische Praktiken von allen möglichen Bettlern ins Leben gerufen werden". In der Einleitung verbirgt der Autor seine Ansichten nicht, er will: „jeden Bettler einen Sünder nennen, damit man ihn besser erkennen könnte". *Der boiffen orden* sieht sie „nicht bei Verstand". Es seien Huren und Spitzbuben, „von denen alle Bosheit ausgeht", und die sich fortwährend im Laster vervollkommnen. Ihre vagabundierende Existenz füllten sie mit Unkeuschheit aus, mit Genuss, Schmarotzertum, Gefräßigkeit und Trunksucht, Fluchen, Herumtreiben, Spielen und Raufen. Sie seien nicht sesshaft, vermieden jegliche Arbeit und verdienten ihr Brot mit arglistigen Kunststücken und Wahrsagerei. Die meiste Zeit brächten sie in Gasthäusern zu, wo sie alles, was sie besitzen, verprassen. Dies genau sind die von Bosch missbilligten Verhaltensweisen.

Boschs Zeichnungen mit Bettlerskizzen tragen keine Titel. Anders ein von dem Antwerpener Kupferstecher und Verleger Hieronymus Cock herausgegebener Kupferstich, der auf die Wiener Zeichnung mit den Bettlern zurückgeht. Dieser besagt: Bettler betrügen, sie haben gar keine Gebrechen; sie sind gerne Bettler und haben ein gutes Auskommen, sind schlecht und leben nicht so, wie es sich gehört. Ein verlorenes Werk Boschs,
Abb. 84 das lediglich durch die Tapisserie *Ein Heiliger verlässt die Stadt* bekannt ist, widmet sich der Armenproblematik: Ein junger Mann verlässt zu Pferd eine Stadt. Um ihn herum gehen, sitzen, liegen oder kriechen zahllose Bettler, die ihn um Almosen angehen. Hinter ihm, im Stadttor, stehen weitere Arme um ein loderndes Feuer. Oben rechts bieten einige Klosterbrüder Bettlern ein Fass Wein oder Bier an, über das diese sich ausgelassen hermachen. Links oben ist ein grausames Volksvergnügen der Zeit dargestellt, das Schweineknüppeln: Ein Eber oder Ferkel wurde festgebunden und einige Blinde mussten sodann versuchen, das Tier niederzuknüppeln, wobei sie zum Vergnügen des Publikums natürlich

Abb. 86 Anonym, Antwerpen, ‚Hieronymus bos inventor', verlegt bei Hieronymus Cock, *Der hl. Martin im Hafen*; Kupferstich, 34,5 x 42,7 cm; Rotterdam, Museum Boijmans Van Beuningen

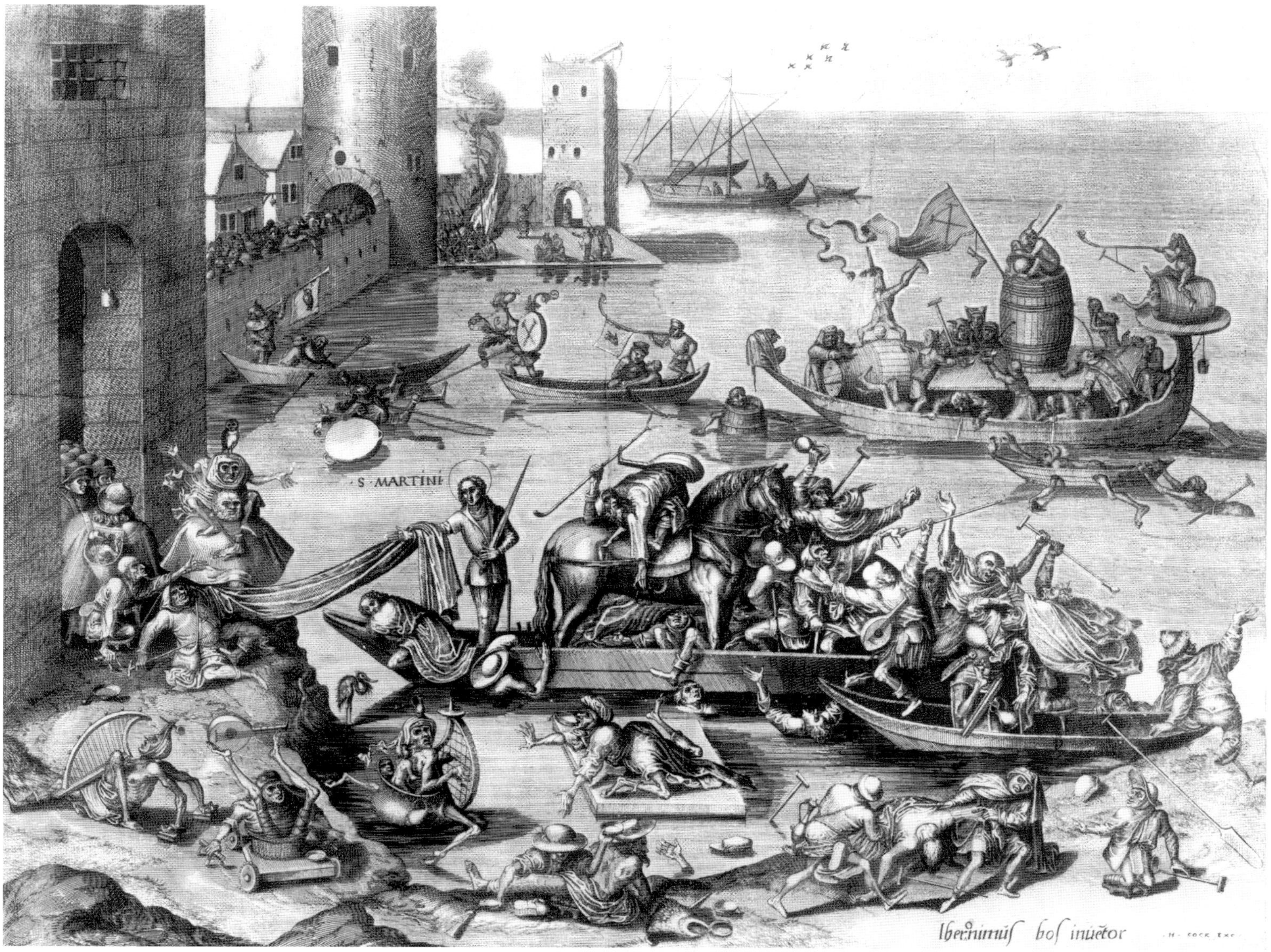

wiederholt aufeinander einschlugen. Gelang es ihnen, das Schwein zu erschlagen, dann durften sie es verzehren. Diese Szenerie wurde Bosch oder einem Nachfolger zum eigenständigen Thema: ein Tüchlein mit „Blinden, die das Schwein jagen" befand sich im 17. Jahrhundert in der Sammlung der spanischen Könige. Auch der Mechelner Maler Jan Verbeeck zeichnete dieses Ritual. Unklar bleibt, welchen Heiligen der junge Mann auf der Tapisserie darstellen soll. Sein hellblauer Mantel entspricht nicht der spätmittelalterlichen Mode, sondern ist ein historisierendes Kleidungsstück vergangener Zeiten. Ist es der hl. Antonius, Schutzpatron der Armen und Gebrechlichen, oder der hl. Martin, der seinen Mantel mit einem Bettler teilte? Das Feuer mag auf das Antonius-Feuer verweisen, eine gefürchtete Krankheit, die man heute Ergotismus nennt und vor der man sich durch die Anrufung des Heiligen zu schützen suchte. Es kann aber auch das traditionelle Sankt-Martins-Feuer gemeint sein, wobei sich das Trinkgelage auf den Sankt-Martins-Weins bezöge, der alljährlich an Arme und Bettler ausgegeben wurde. Nach J.K.Steppe schenkte man in dem berühmten Kloster Saint-Antoine in der Dauphiné an Bettelpilger einen Sankt-Antonius-Wein aus. Unnatürlich verkrampft wirkt die Handhaltung des Reiters; sie erhielte erst dann einen Sinn, wenn er ein Schwert umgriffe – die Vorlage der Tapisserie hat vermutlich dies gezeigt. Ließ der Kopist das Detail aus, weil ihn das Zusammentreffen des hl. Martin mit zahllosen Krüppeln und Armen befremdete? Wie dem auch sei, das eigentliche Thema dieser Darstellung sind die Exzesse des Bettelvolkes.

Abb. 85

Gleiches gilt für eine weitere Bilderfindung Boschs, *Der hl. Martin im Hafen*. Das Original ist verloren, aber Hieronymus Cock hat nach Boschs Werk einen Kupferstich verlegt. Im Untertitel des Druckes heißt es, dass Bettler ein faules, streitsüchtiges und schlechtes Gesindel seien, das lieber Geld als den Mantel des Heiligen erhielte. Die Ikonografie des Stiches spricht eine deutlichere Sprache. Einige der Armen werden in irrealen Situationen dargestellt. Man erkennt eine Frau in einem Kessel, einen Mann in einem Fass, ein anderer streckt Arme und Beine aus den Öffnungen des Rumpfes eines Kahns heraus, während er nach einer Trinkkanne greift. Daneben entdeckt man noch neun, teilweise große Trink- oder Schenkkannen. Diese gehörten nicht, wie Bettelnapf und Kalebasse, zu den Alltagsutensilien der Bettelei, sie sind vielmehr sinnbildlich zu verstehen. Kessel, Fass und Trinkkannen verweisen auf Gefräßigkeit und Trunksucht. Auch durch die oben rechts im Schiff dargestellten Figuren soll

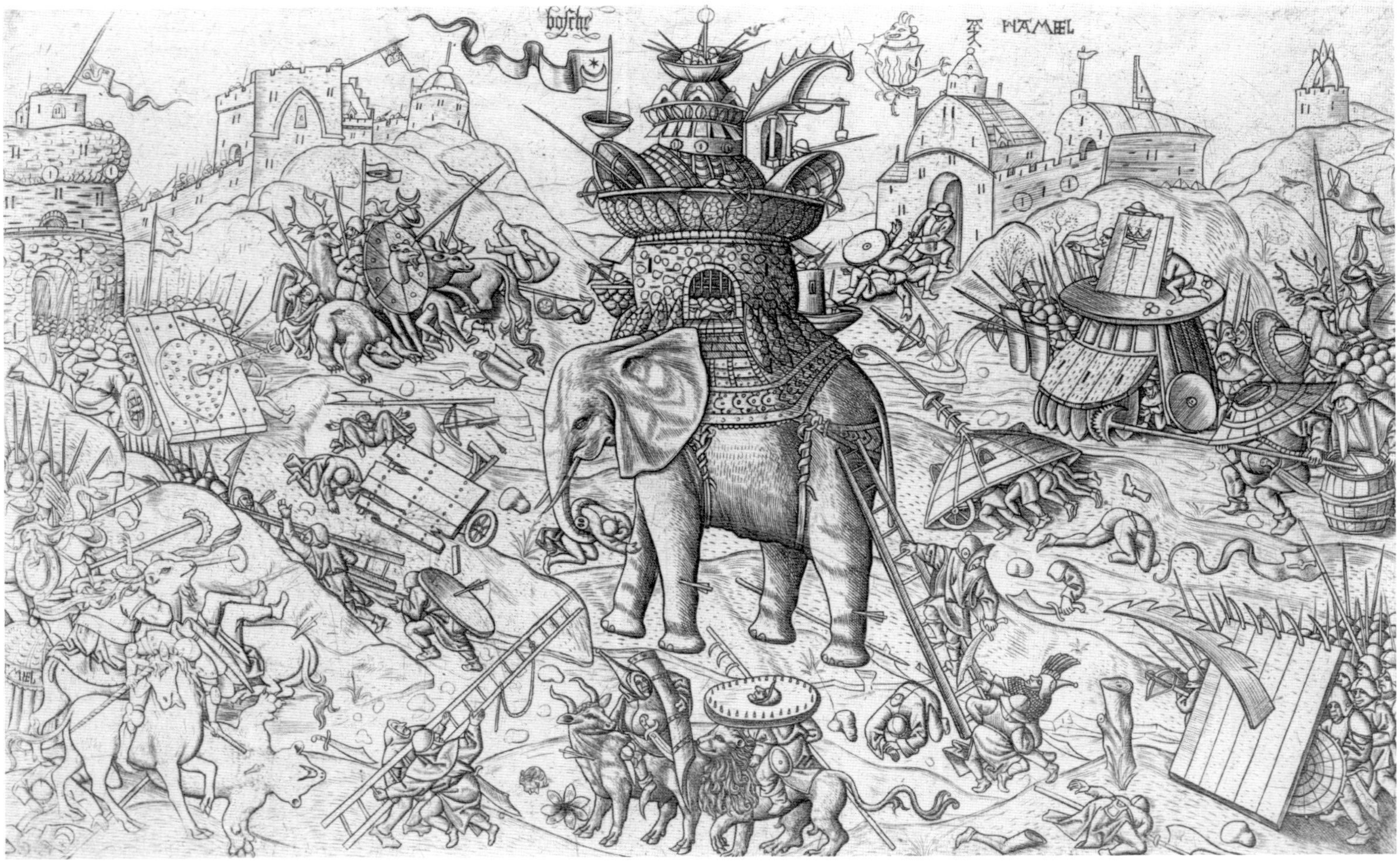

Abb. 87 Alart Du Hameel nach Hieronymus Bosch, *Der Elefant*, 's-Hertogenbosch 1478-94; Kupferstich, 20,4 x 33,5 cm; Wien, Graphische Sammlung Albertina

ungezügeltes Übermaß angeprangert werden. Aus einem Fass fließt Bier oder Wein, man trinkt aus Schenkkannen, zwei Männer erbrechen sich über den Schiffsrand. Ein weiterer Mann liegt oder fällt zu Boden, ein anderer steht Kopf: ein kopfstehender Akrobat stellt in der Ikonografie von Bosch ebenfalls ein negatives Element dar. Die beiden Eulen verweisen auf Torheit, Lichtscheue und Schlechtigkeit, das Wasserturnier und der Dudelsackspieler auf zügelloses Vergnügen. Es herrscht dieselbe Atmosphäre wie auf dem besagten Wandteppich.

Da mehrere Figuren dem Bild des betrügenden Bettlers entsprechen – auf dem Wandteppich ist dies die Gruppe, die Ketten und Gliedmaßen zur Schau trägt, auf dem Stich eine von einem „Irren" geführte Meute –, kann man mutmaßen, dass Bosch die Armen als Schwindler erachtete. Vielleicht geschah es ja unbewusst, dass er Bettler stets außerhalb der Stadtmauern darstellte, aber es entspricht in jedem Fall dem Wunsch der Bürger – und manchmal auch deren Praxis –, das Bettelvolk aus der Stadt zu verjagen. Auf Boschs Darstellungen der Bettelei fällt die Zahl der Krüppel auf. Auch Krüppel waren für den damaligen Betrachter kein neutrales Thema. Dem Aberglauben galten Hinkende oder Krüppel als Zeichen des Bösen, des Teufels (*le diable boiteux!*) oder der Hexen; einem Hinkenden zu begegnen, war ein schlechtes Omen.

An dieser Stelle möchten wir kurz darauf hinweisen, dass Bosch einige Teufel des Engelssturzes auf dem Wiener
Abb. 149b *Jüngsten Gericht* und dem *Heuwagen* als Bettler typisierte.
Abb. 13b Hunderte von Heiligenversuchungen von Bosch-Nachfolgern des 16. Jahrhunderts sind von verkrüppelten, bettelnden und herumziehenden „Teufeln" bevölkert.

Bosch prangerte nicht nur das asoziale Leben der Armen an, sondern auch Feindseligkeiten und Aggressionen innerhalb der Gesellschaft. Beides gilt Bosch als Folge des Eigennutzes, der die Gemeinschaft bedroht. Ein verlorenes Werk des Malers gestaltet dieses Thema. Es ist der *Elefant*, der durch einen Stich von Alart Du Hameel überliefert ist sowie durch dessen spätere Kopien, die zwischen 1550 und 1600 erschienen. Ein Elefant trägt eine Festung auf dem Rücken, die von Soldaten gegen ihre auf verschiedenen Reittieren nahenden Angreifer verteidigt wird. Deren Flaggen zeigen Zunftembleme: Webschiffchen, Rad, Schuh, Holzschuh, Schere, Hammer. Die Tiere stehen bei Bosch für die Triebe: Reiten auf wilden Tieren kommt, vom *Garten der Lüste* abgesehen, allein auf dem *Elefant*
Abb. 70 vor. Boschs *Eremitenaltar* aus Venedig zeigt auf einem „heidnischen" Thron ein Relief mit einem nackten Mann, der ein Einhorn – eine Metapher für Unzähmbarkeit – zu zähmen und

Abb. 88 Nachfolger von Hieronymus Bosch, nach Alart Du Hameel, *Der Kriegselefant*, südniederländisch, 1558; Wasserfarbe auf Tüchlein, 153 x 233 cm; Corella, Privatbesitz

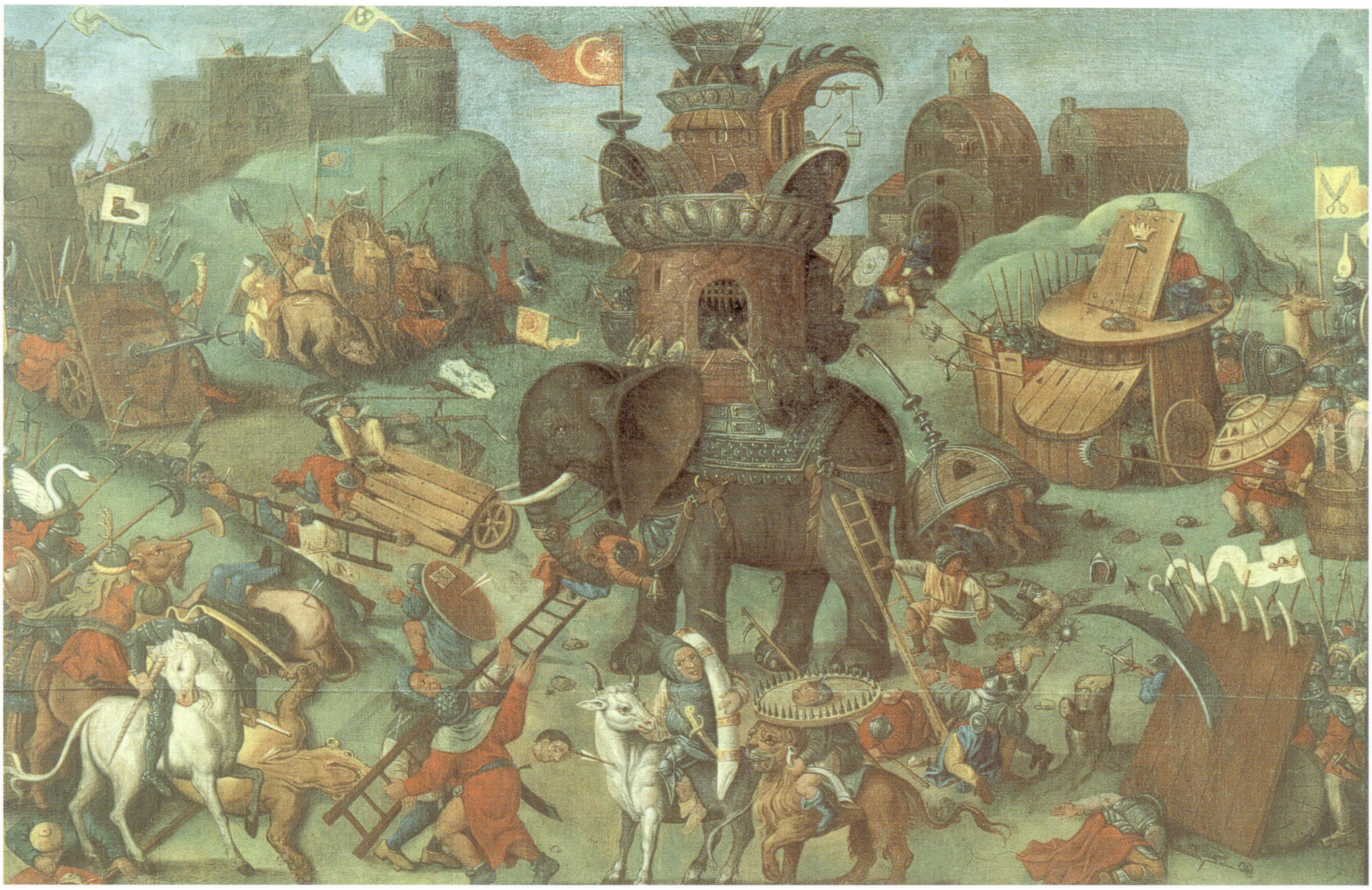

zu reiten versucht. Das Tier symbolisiert dort die durch den hl. Hieronymus zu überwindenden Leidenschaften. Die Handwerksleute auf ihren Reittieren könnten auf dem Stich also die städtischen Zünfte verkörpern, die egoistischen Interessen verfolgen. Interessant ist ein Vergleich mit einer Zeichnung von Frans Verbeeck, die *Anklage der Geldgier und der gegenseitigen Feindschaft unter den Ständen und Berufen*. Auf einer Plattform, um die man sich habgierig drängt, und die sogar mit Leitern bestürmt wird, liegt ein Geldsack. Davor befinden sich die kämpfenden Vertreter der verschiedenen Berufe mit ihrem Handwerkszeug. Auch sie tragen Schilde und Flaggen mit Berufsemblemen.

Abb. 89

Bei Verbeeck steht Geld im Mittelpunkt, in Boschs Bild ein Elefant. Welche Bedeutung hatte der Elefant für den Maler? Das Motiv des bewehrten Elefanten findet man in der Kunst des 15. und 16. Jahrhunderts mehrfach als Sinnbild für Stärke. Der Kampf gegen den Elefanten wurde unterschiedlich gedeutet: als Belagerung der Liebesburg oder aber als politische Allegorie. Nur die zweite Möglichkeit kommt hier in Betracht. Der Untertitel auf zwei späteren Stichen lautet: „Die Impulse der Unbesonnenheit sind ebenso plötzlich wie heftig: Durch ihren Anstoß wird der menschliche Geist aus seinem Gleichgewicht gebracht, und ist nicht mehr in der Lage, auf die eigenen Gefahren Acht zu geben und anderer Leute Taten gerecht zu beurteilen." Das Bild hat demnach eine doppelte Bedeutung. Es warnt vor den Folgen von Unbesonnenheit und weltlicher Leidenschaft. Gesellschaftspolitisch betrachtet klagt es die Zünfte an, die sich gegen die „Stärke" – nämlich die der zentralen Obrigkeit – auflehnen. Tatsächlich stehen bei Bosch beide Parteien am Pranger: die Fahne des Elefanten zeigt Mondsichel und Stern, die Flaggen der Angreifer zeigen einen Halbmond, eine Trinkkanne, einen Schwanenkopf, eine Laute und Maie sowie ein Wein- bzw. Bierfass – Objekte, die auf Genusssucht verweisen. Rechts schwebt über dem Geschehen ein Teufel mit einem flammenden Wappenschild. Er liefert sozusagen den „übergeifenden Kommentar", nämlich die Klage über soziale Unruhe zwischen den kleinen Bürgern und der Obrigkeit. Bosch ergreift nicht Partei, sondern hält beiden Seiten ihre streitsüchtige Haltung vor – dem Volk aber zudem Zügellosigkeit, Trunk- und Genusssucht. Der Maler verurteilt beide Gesellschaftsgruppen nicht an sich, sondern kritisiert, dass sie sich gleichermaßen unbesonnen als Widersacher gegenübertreten und damit das friedliche Zusammenleben gefährden.

Ein nur in der Druckgrafik überliefertes Werk Boschs, die

Abb. 89 Frans Verbeeck, *Anklage der Geldgier und der gegenseitigen Feindschaft unter den Ständen und Berufen*, Mechelen um 1550-70; Feder, in Braun, laviert, 19,5 x 28,2 cm; London, Victoria and Albert Museum

Abb. 90 Hieronymus Bosch (?), *Schiff in Flammen*; Feder, in Braun, 17,6 x 15,3 cm; Wien, Akademie der bildenden Künste

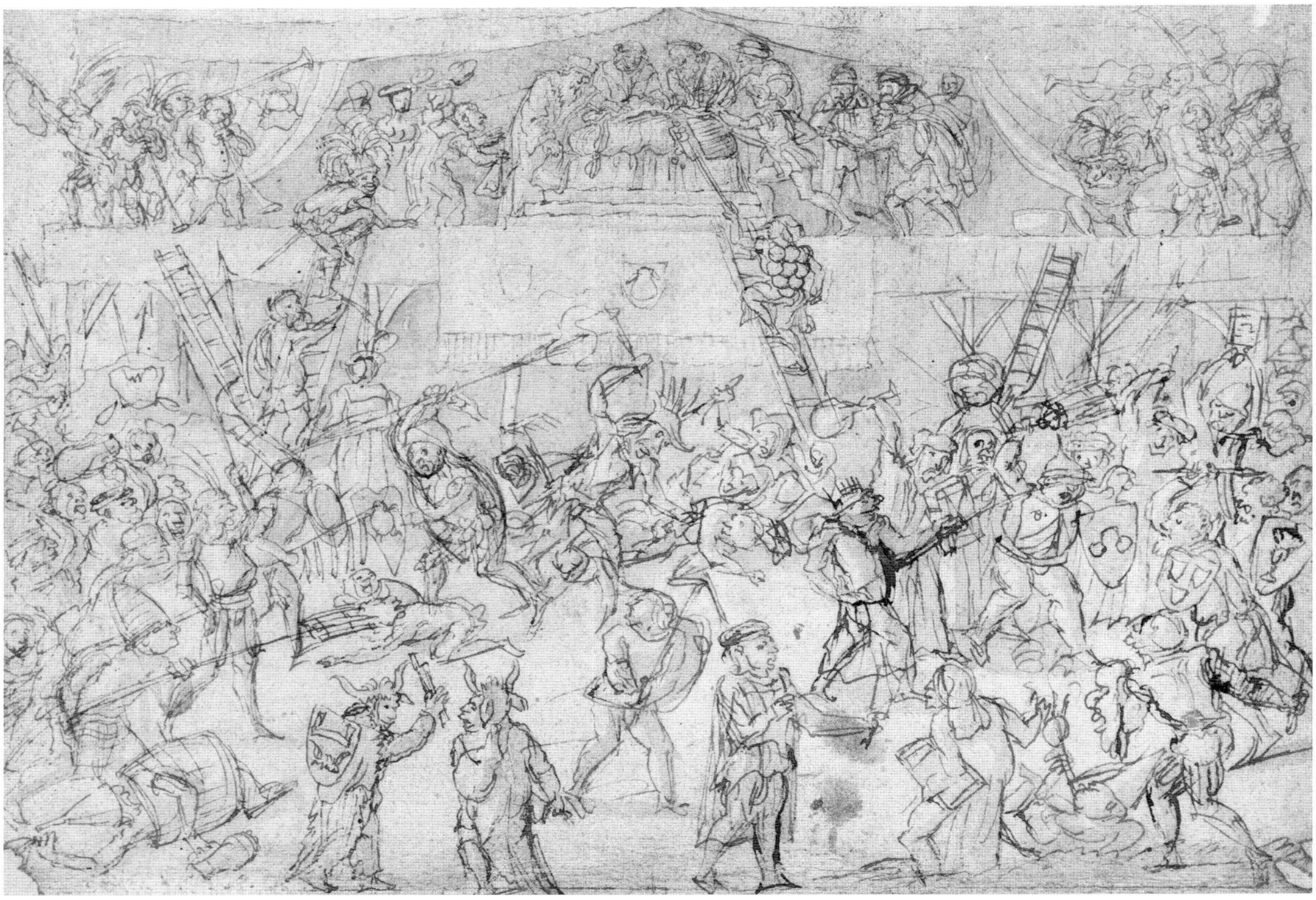

Schmähung auf Kriegsleute und spaßende Habenichtse, zeigt eine ähnliche Botschaft. Laut Bosch machen sich beide Seiten der Streitlust, Zügellosigkeit, Gefräßigkeit und Trunksucht schuldig. Auch hier bleibt Bosch insofern unparteiisch, indem er beide Gruppen kritisiert. Der Klage über die Soldaten und den bürgerlichen Hang zur Zurückhaltung schließt sich die Verurteilung von Aggression und Streit an. In einem mittelniederländischen Text, dem *Meliboeus*, liest man: „Es gab niemals einen weisen Mann, der gerne den Kampf aufnahm. Denn es ist eine große Torheit, sich in Todesgefahr etwas einzubrocken, mit dem man eigentlich nichts zu schaffen haben möchte."
Das ist eine Haltung, die aus der Not der gesellschaftlich schwächeren Gruppen begreifbar wird, die eine öffentliche Konfrontation mit den Herrschenden fürchten. Aus Gründen der Selbsterhaltung wählt man stattdessen den Weg vorübergehender Anpassung, der Flucht oder des Untertauchens, denn: „Die großen Fische fressen die kleinen". Der bekannte, gleichnamige Stich von Pieter Bruegel d.Ä. geht vielleicht auf eine Vorlage von Bosch zurück. Der Untertitel des von Hieronymus Cock verlegten Blattes erwähnt Bosch als *inventor*, den „Erfinder". Thematisch passt es zu den Umgangsnormen der Bürger, die sich nicht länger unter der willkürlichen Gewalt des Adels und der Soldaten ducken wollen.

Abb. 9

Das Bürgertum kannte zur Ahndung asozialen Verhaltens um 1500 strenge Strafen. Ein verschollenes Werk Boschs hieß *Rechtsprechung*. Es befand sich bis ins frühe 17. Jahrhundert im Besitz der spanischen Krone. Vielleicht stellte es ein umfangreiches Panorama von Folterungen und Bestrafungen dar. Dergleichen Szenen kennen wir von anderen Künstlern dieser Epoche, man denke nur an Pieter Bruegels d.Ä. berühmten Stich der *Justitia*.
Die Haltung des Stadtbürgertums gegenüber all denjenigen, die gegen Gesetz, Ordnung und soziale Normen agierten, wird auch in einigen literarischen Texten deutlich. Sie handeln von einer bunten Personengruppe, die zu Schiff oder mit dem Wagen abreisen. Wohin? In jedem Falle weg von der geordneten Gesellschaft. Diesen „Emigranten" ist die Missbilligung der ökonomischen und moralischen Normen der Gesellschaft gemein. Sie werden auf satirische Weise gepriesen oder durch eine – von ihnen selbst ausgehende, sogenannte – „Spottverordnung" als Orden bzw. Gilde des Abschaums, der Schelme und Nichtsnutze dargestellt. Von der damaligen Einschätzung sozialer Abweichung ist all dies nicht zu trennen.
Die Entwicklung der bürgerlichen Ideologie von Arbeit, Familienleben und einem festen sozialen Gefüge begünstigte Angriffe auf Randgruppen. Diese wurden symbolisch aus der

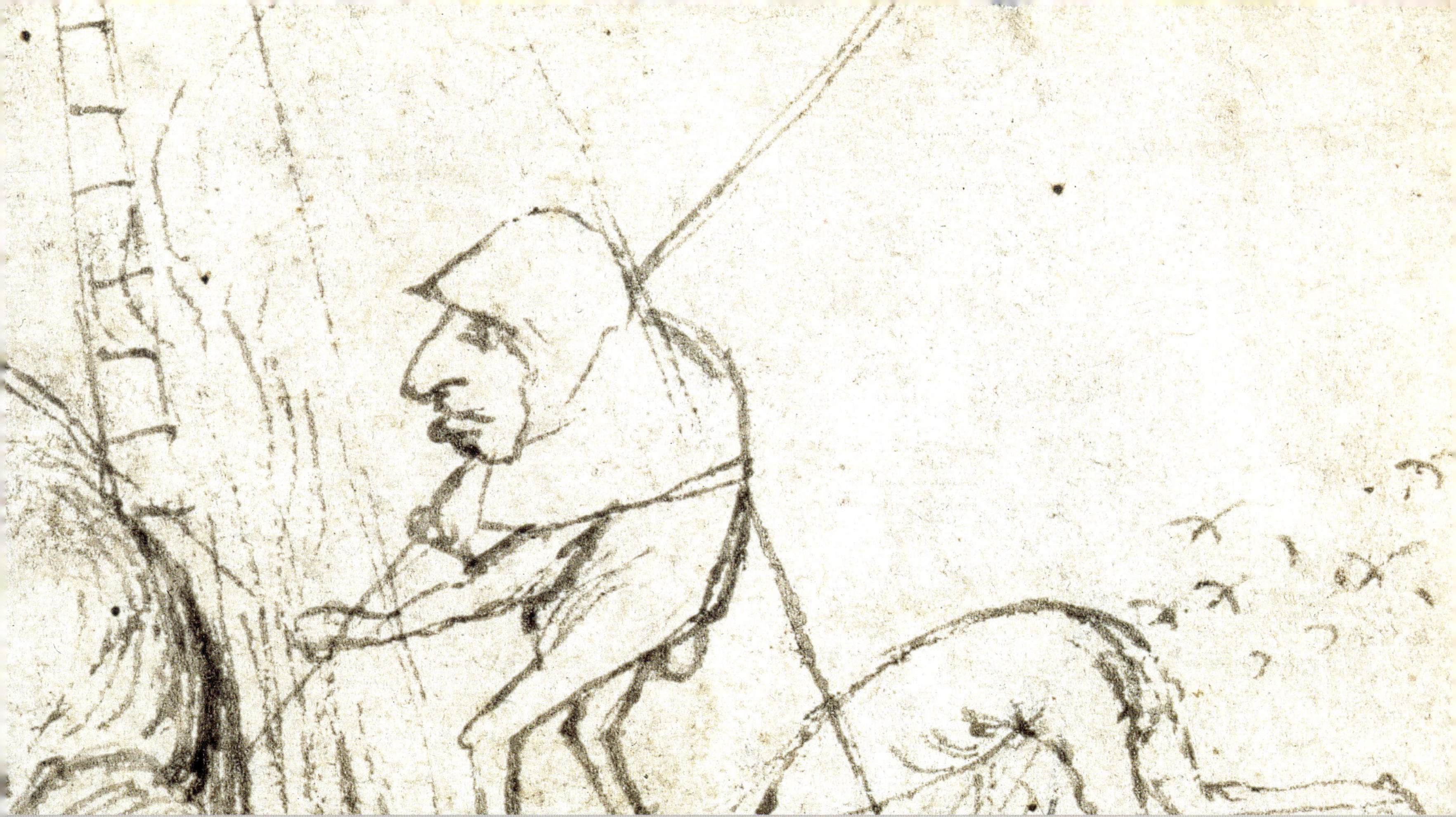

119

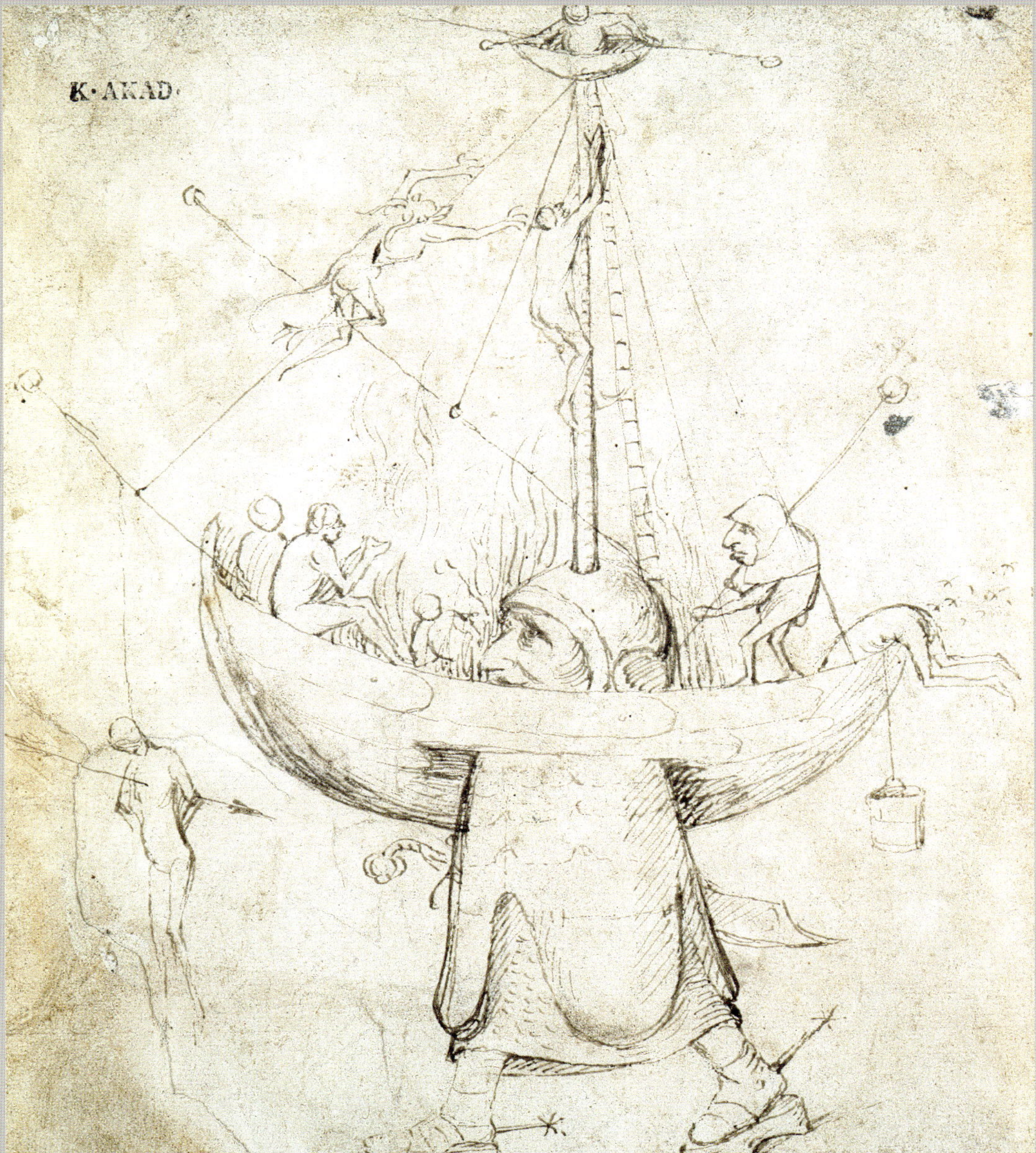

Abb. 91 Pieter van der Heyden, ‚Hieronijmus bos inventor … H. Cock exc.', *Die blaue Schuyte*, 1559; Kupferstich, 23 x 29,7 cm; Rotterdam, Museum Boijmans Van Beuningen

Abb. 92 Pieter van der Heyden, ‚Heronimus bos inve … H. Cock exc.', *Spaßmacher in einer Muschel auf See*, 1562; Kupferstich, 19,9 x 28,8 cm, Rotterdam, Museum Boijmans Van Beuningen

Abb. 93a-b Hieronymus Bosch, (a) *Gestalt in einem Bienenkorb und ein Ungetüm*, (b) *Eine Hexe und Gestalt mit entblößtem Hintern in einem Bienenkorb sowie weitere Figuren*; Feder, in Braun, 19,2 x 27 cm; Wien, Graphische Sammlung Albertina

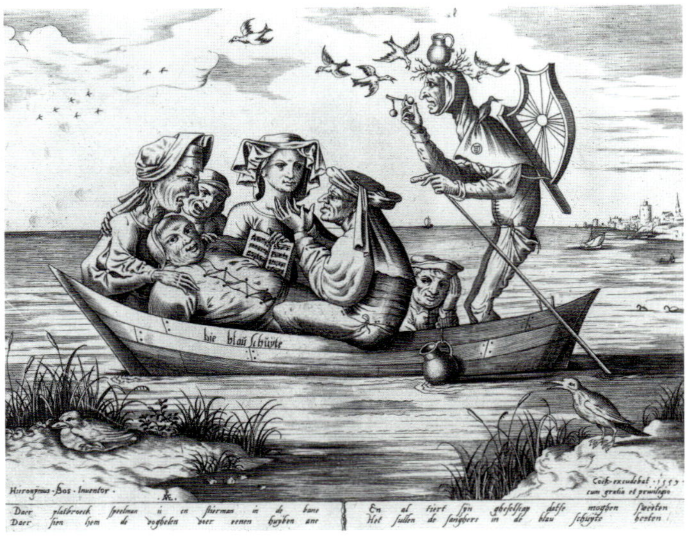

Gemeinschaft entfernt: wohl aufgrund von Angst und Aversion, die sie bei den Städtern evozierten, aber auch deshalb, weil jene keine Lösung für dieses Problem der Gesellschaft fanden. In dem Gedicht „Vom langen Wagen und seiner leichten Fracht" (um 1500) ist ein Vehikel mit sittenlosen Frauen und Kupplerinnen beladen, mit schlampigen Hausfrauen, alten Frauen (!) und Hexen, heruntergekommenen Geistlichen, Spielern, Prassern, Krüppeln und Kranken (!), Trunkenbolden, Quacksalbern und infamen Berufen, Herumtreibern und Rabauken, Dieben sowie schließlich – mehr als allgemeine Typen – mit Narren und Närrinnen. Die Besatzung weist kaum nur zufällige Parallelen mit den zu entfernenden Gruppen bei Bosch auf, vor allem mit den als Narren gekennzeichneten Mitgliedern des untersten Sozialmilieus. Durch Verschwendungssucht, Zügellosigkeit, Betrug, Faulheit und Unproduktivität sind sie verarmt und leben nun auf Kosten der arbeitenden Bürger. Die Moral, die hinter der Kunst steht, ist formalistisch: sie bezieht sich auf das, was der gesellschaftliche Standpunkt – und zwar der des Bürgertums – als Sünde und Laster definiert. Den zeitgenössischen Schriften gleich führt Bosch in seinen Höllen- und Versuchungsszenen umfangreiche Listen von Personen, die von der Gesellschaft auszuschließen sind.
Er knüpft noch an das traditionelle Denken in Ewigkeitszusammenhängen an, wenn er, ebenso wie in der mittelniederländischen Schrift *Truwanten* (Gauner), die zu entfernenden Gruppen der Asozialen konsequent in der Hölle oder in der Gesellschaft des Teufels unterbringt.
Nur ausnahmsweise sieht Bosch die Dinge positiver. Hierzu gehört der *Nährvater*, ein verschollenes Gemälde. In der Sammlung von Herman de Neyt (Antwerpen, 1642) wurde „eine Tafel eines Nährvaters von Bosch" aufbewahrt. Im Nachlass des Antwerpener Malers Jan Snellinck aus dem Jahre 1638 befand sich ein *Nährvater* von Frans Verbeeck, und Jan Brueghel d.Ä. erwähnt im Jahre 1627 ein ähnliches Werk seines Vaters Pieter Bruegel d.Ä. Man vermutet, dass die von Jan Brueghel d.Ä. und Pieter Brueghel d.J. überlieferten Fassungen des *Besuch eines Nährvaters im Bauernhof* das Werk

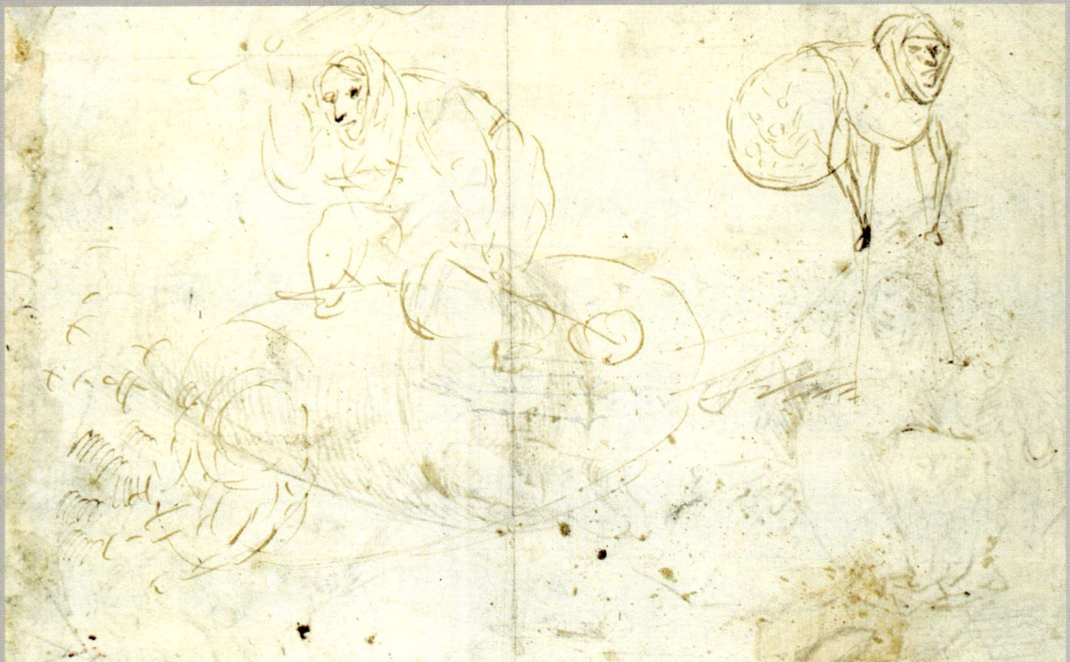

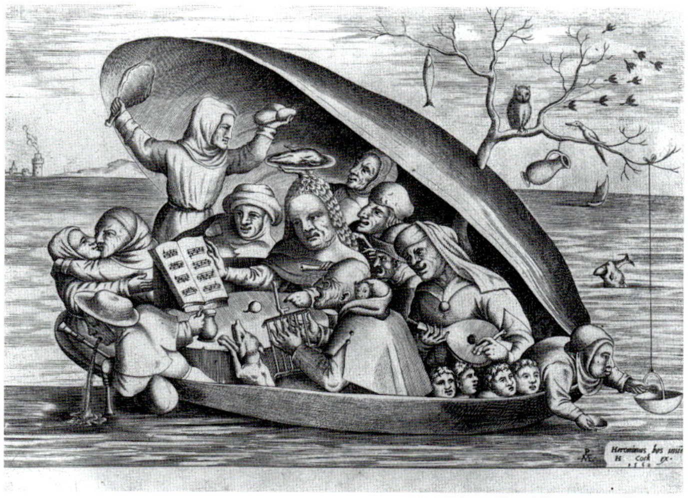

ihres Vaters widerspiegeln. Falls dies tatsächlich stimmt, und falls jenes Werk ebenfalls auf Boschs Gemälde zurückgeht, dann lässt sich vor dem Hintergrund damaliger Auffassungen von Armenfürsorge Folgendes über den *Nährvater* bemerken: Das geschäftige Treiben auf dem Bauernhof sticht ins Auge. Mit Ausnahme des Essenden am Tisch sind alle Erwachsenen eifrig bei der Arbeit. Dass sie aber der Beachtung des Bürgerpaares überhaupt wert sind, ist ganz bestimmt ihrem Fleiß zu danken. Bei den hier dargestellten Bauern handelt es sich um die „guten Armen", die durch ihre Arbeitswilligkeit ein besseres Los verdienen.

Was tun, was lassen?

Sowohl in den Details wie in den zentralen Themen seiner Werke wendet sich Bosch gegen einige „Sünden", die er durch symbolische Elemente als „Torheiten" charakterisiert. Die nicht-religiöse, also die gesellschaftliche Ideologie Boschs beinhaltet die Ablehnung körperlicher und sexueller Triebhaftigkeit, von Vergnügen und Zügellosigkeit, von Faulheit und Verschwendung, aber auch von Raffgier, von Unbesonnenheit und Aggression sowie von Marginalität und Unstandhaftigkeit. In positiven Sinnbildern verteidigt Bosch Selbstbeherrschung und Zucht, ernsthafte Sittsamkeit, Arbeit und einen wohlüberlegten Umgang mit Geld und Gütern, Zurückhaltung und Vorsicht und plädiert für die Einsetzung eines festen und kontrollierten sozialen Gefüges.
Wir sahen bereits, dass für Bosch der Sexualtrieb eine weltumspannende Kraft bedeutet, die das Seelenheil und die Würde des Menschen bereits seit den Schöpfungstagen gefährdet. Es ist im eigentlichen Sinn eine kosmische Gefahrenzone. Andere Sünden sind für Bosch weniger fundamental, sondern vielmehr an Umstände gebunden. Dennoch wiegen auch sie schwer, denn sie bedrohen neben der Seele auch die Gesellschaftsordnung. Die *ordo* bezog sich auf die Beziehungen zwischen den Geschlechtern, das „natürliche" Verhältnis von Arbeit und Vergnügen, von Pflicht und Freiheit, sowie schließlich auch auf ein „natürliches" Maß körperlicher Freuden.
Mit diesen Ansichten steht Bosch nicht allein. Die introvertierte, nicht auf religiöse Argumente gestützte Ablehnung von Vergnügen, Feiern und Genuss war Teil der bürgerlichen Moral des 15. und 16. Jahrhunderts. Dies äußerte sich einerseits auf Gebiet amtlicher Maßnahmen zur Regelung des öffentlichen Lebens: Tausende von städtischen Verordnungen wurden gegen Volksfeste und andere volkstümliche Ereignisse, wie Theater, Spiel oder Tanz erlassen. Fast hat man den Eindruck, die Stadträte und Obrigkeiten seien während Spätmittelalter und Neuzeit von der Angst vor dem Vergnügen und dessen Abweisung besessen gewesen; bei ihrer Sorge um die

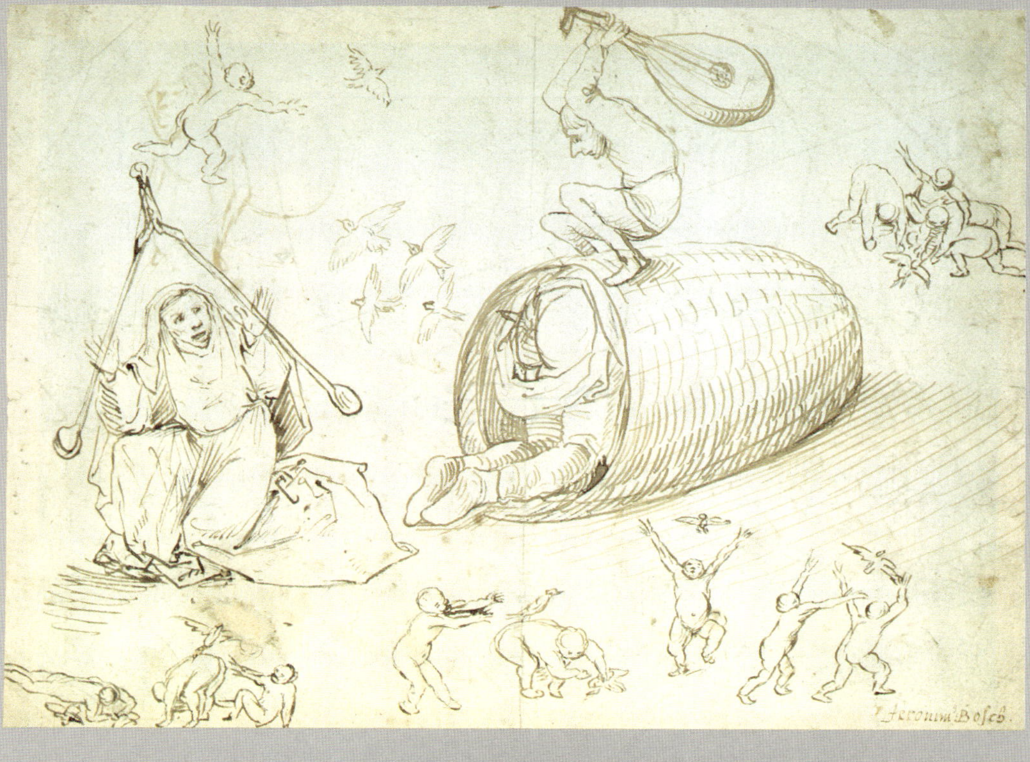

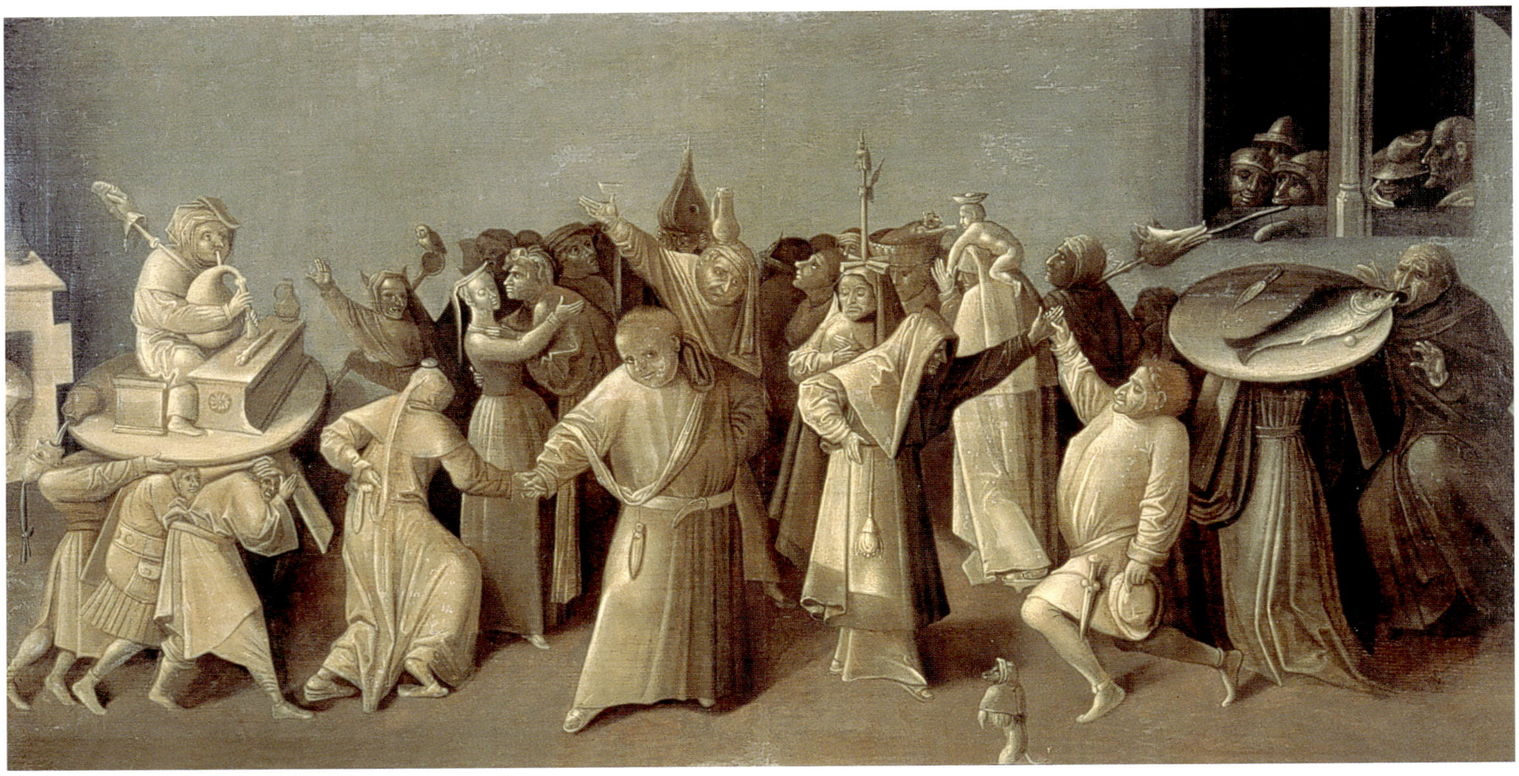

122

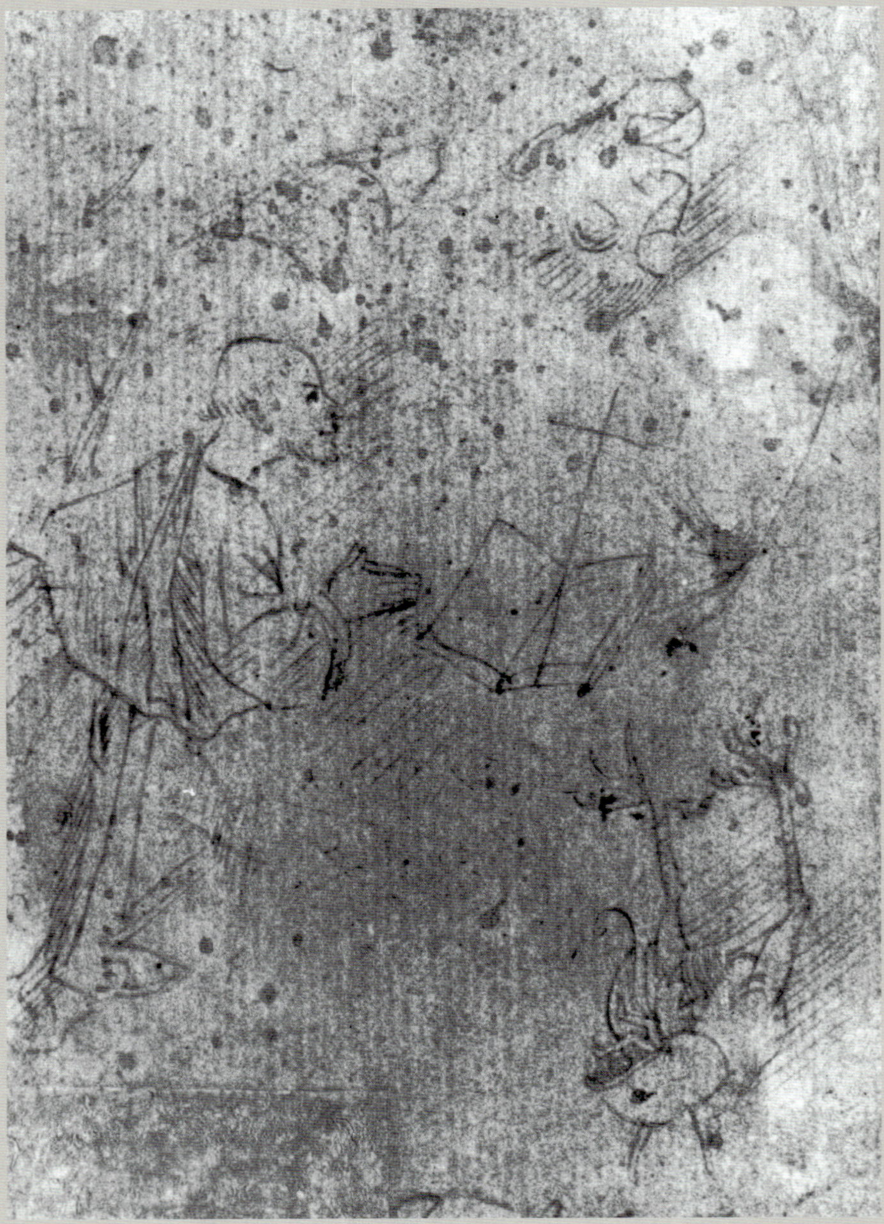

Abb. 96 Nachfolger von Hieronymus Bosch, *Fastenzeit und Karneval*, südniederländisch, um 1555 oder später; Öl auf Holz, 59 x 11,5 cm; 's-Hertogenbosch, Noordbrabants Museum

Abb. 94 Anonym, *Fastnachtsordnung*, das rechte Wappen in der Mitte ist das von ‚Keyenborch' und zeigt das Steinschneiden, Jutphaas oder Umgebung, Mitte 16. Jh.; Papier, 26,8 x 20,5 cm; Den Haag, Rijksmuseum Meermanno-Westreenianum / Museum van het boek

Abb. 95 Nachfolger von Hieronymus Bosch, *Der kniende hl. Petrus, ein Monster und ein Männerkopf*; Feder, in Braun, 11,2 x 8,1 cm; Amsterdam, Sammlung P. und N. de Boer

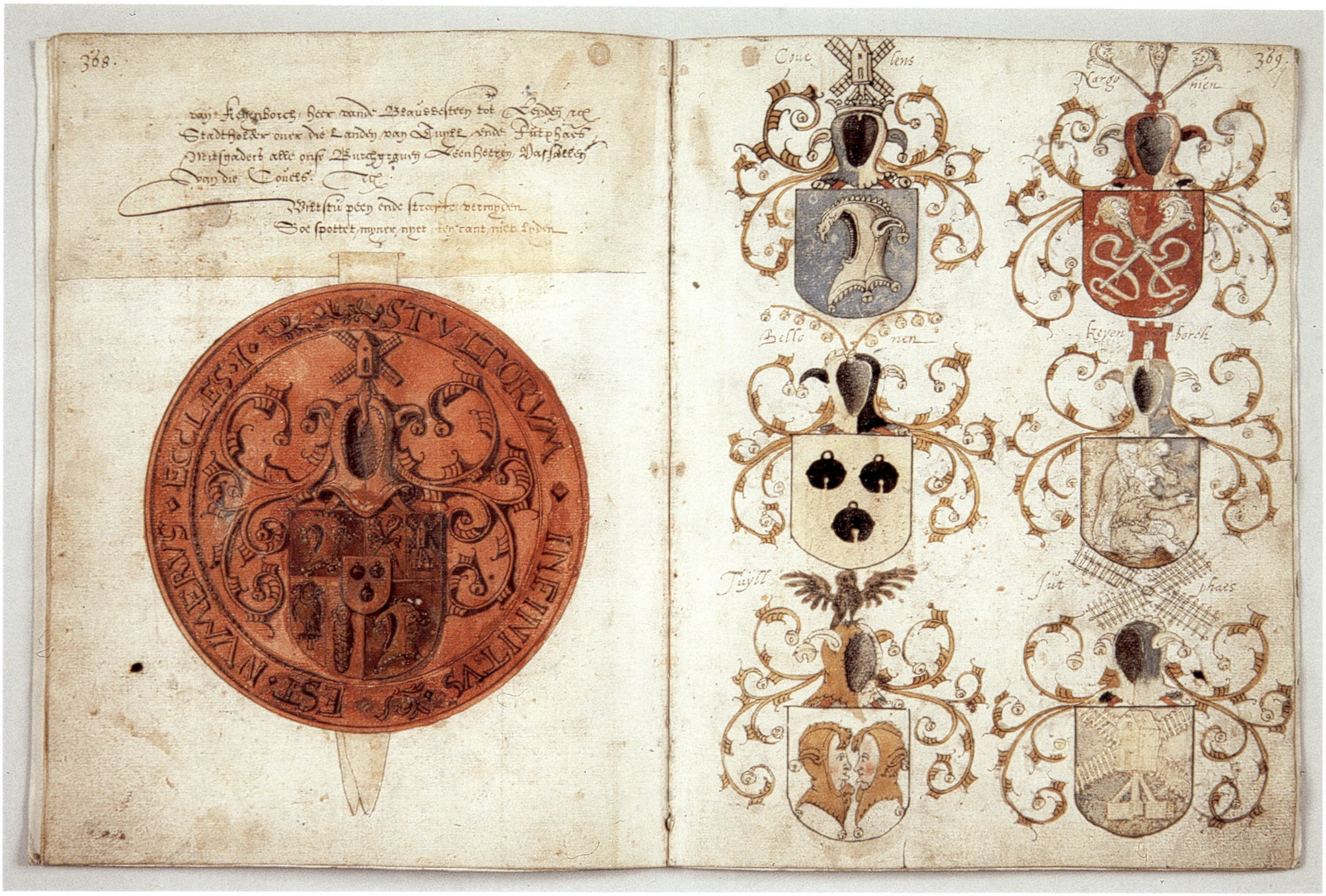

Aufrechterhaltung der Ordnung spielten wohl auch sozio-politische Ziele mit. Ablehnung von Vergnügen und Genuss wurde freilich auch auf literarischem Gebiet geäußert. Dies war besonders in den spätmittelalterlichen „Moralitäten" vieler Rederijkerspiele der Fall sowie in Fastnachtstexten, die durch Komik und Satire ein Verhalten empfahlen, dass man vermeiden sollte. Das gebildete Bürgertum stand hinter der Obrigkeit, um alle Ausprägungen der Volkskultur zu kontrollieren oder zu verbieten.

Die Ablehnung von Vergnügen und Lust äußert Bosch in profanen Themen, etwa in der *Allegorie der Gier*, dem Abb. 21c
Narrenschiff (die beide ja ursprünglich zusammengehörten), Abb. 21b
den nur in Kopien tradierten Werken *Fastenzeit und Karneval*, *Konzert im Ei*, *Spottturnier auf dem Eis* und *Gasthausszene*, den Abb. 155
Zeichnungen mit dem *Baummensch* und den *Hexen* (die vielleicht Feiernde der Fastnacht darstellen) sowie den lediglich als Abb. 103/138
Druck bekannten Gemälden *Blaue Schuyte* und *Spaßmacher in* Abb. 91
einer Muschel auf See. Weitere Werke sind verloren, nur Kopien Abb. 92
und Stiche vermitteln jene Bilderfindungen Boschs.

Sie erzählen davon, wie der Mensch dem schlechten Benehmen verfällt, wenn er sich den sinnlichen Impulsen öffnet. Dies entspricht dem Standpunkt des Humanisten Jodocus Badius Ascensius in dessen Werk *Stultiferae naves* (Narrenschiffe). Badius glaubte, dass Sünde/Torheit aus einem falschen Gebrauch der fünf Sinne resultiere, gab die Schuld also der Körperlichkeit. Dazu ist anzumerken, dass die Sinne auch in Wandteppichen von etwa 1500 an eine wichtige Rolle spielen. Dass das Individuum manipulierbar ist, war damals anscheinend ein brisantes Thema. Hieran knüpfte die Überzeugung an, der Mensch solle sich gegen die Außenwelt verschließen, eine Überzeugung, die mit der Furcht vor moralischer Verunreinigung und dem Glauben an individuelle Verletzlichkeit zusammenhing.

Interessant in diesem Kontext ist ein verlorenes Werk, *Fastenzeit und Karneval*, das nur in Kopien überliefert ist. Links wird ein Dudelsack spielender Dicker auf einem runden Tisch getragen. Seine Attribute (Kanne, Tierpfote, umgefallener Krug) weisen auf Trunksucht, Verschwendung und Zügellosigkeit hin. Rechts sieht man eine magere Frau in langem Gewand, die ihren Kopf unter einem runden Tisch verbirgt, auf dem ein Messer und ein Fisch liegen, den ein Mönch (?) eben verzehren will. Zwar wird die Fastenzeit stets als dürre, langgewandete Person dargestellt, deren wichtigstes Attribut der Fisch als Sinnbild des Fastens ist. Bosch weicht hier von der konventionellen Ikonografie des Themas ab, obwohl das Motiv der Fastenzeit, welche die

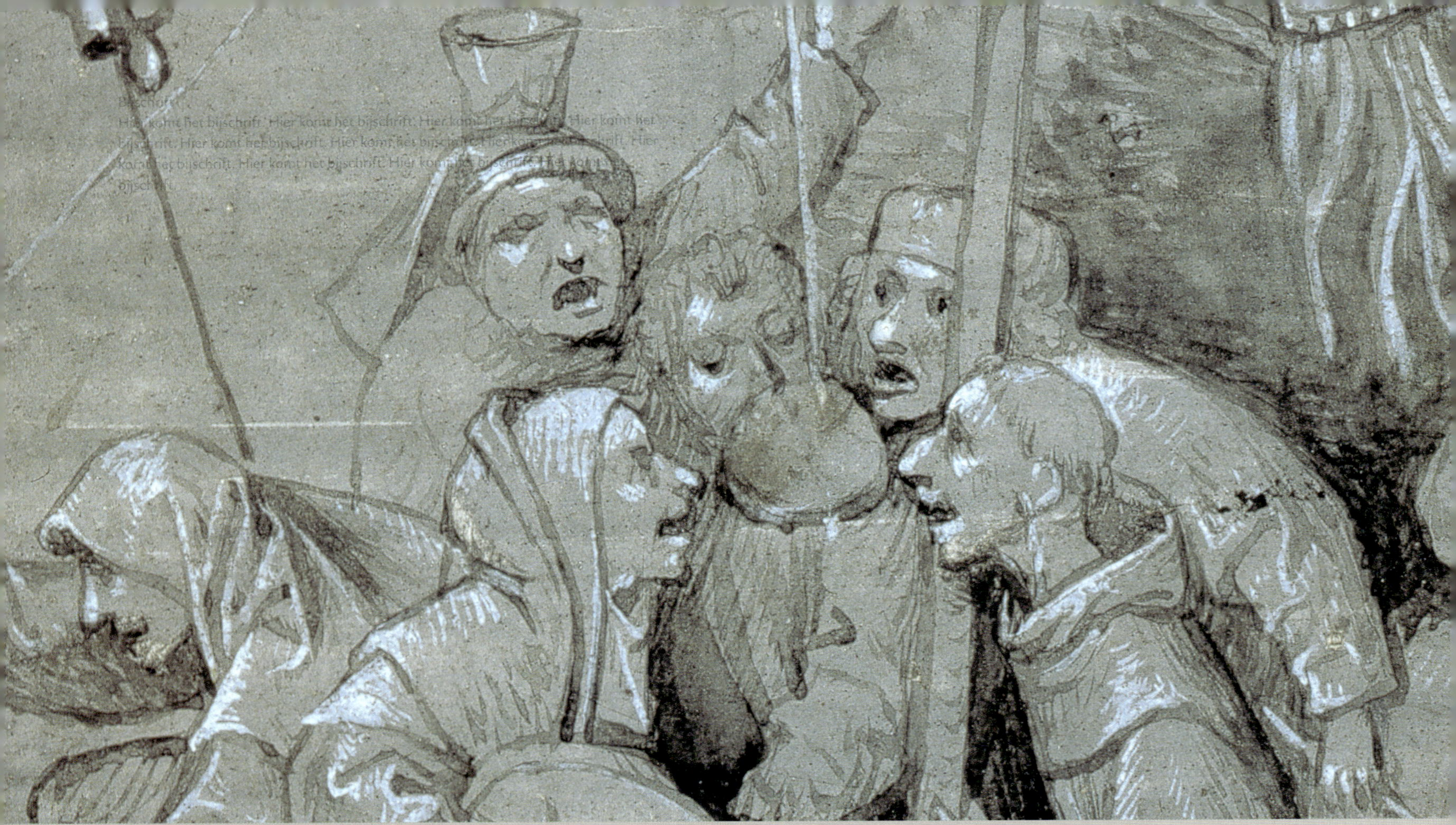

Bijschrift
Hier komt het bijschrift. Hier komt het bijschrift. Hier komt het bijschrift. Hier komt het bijschrift. Hier komt het bijschrift. Hier komt het bijschrift. Hier komt het bijschrift. Hier komt het bijschrift. Hier komt het bijschrift. Hier komt het bijschrift. Hier komt het bijschrift.

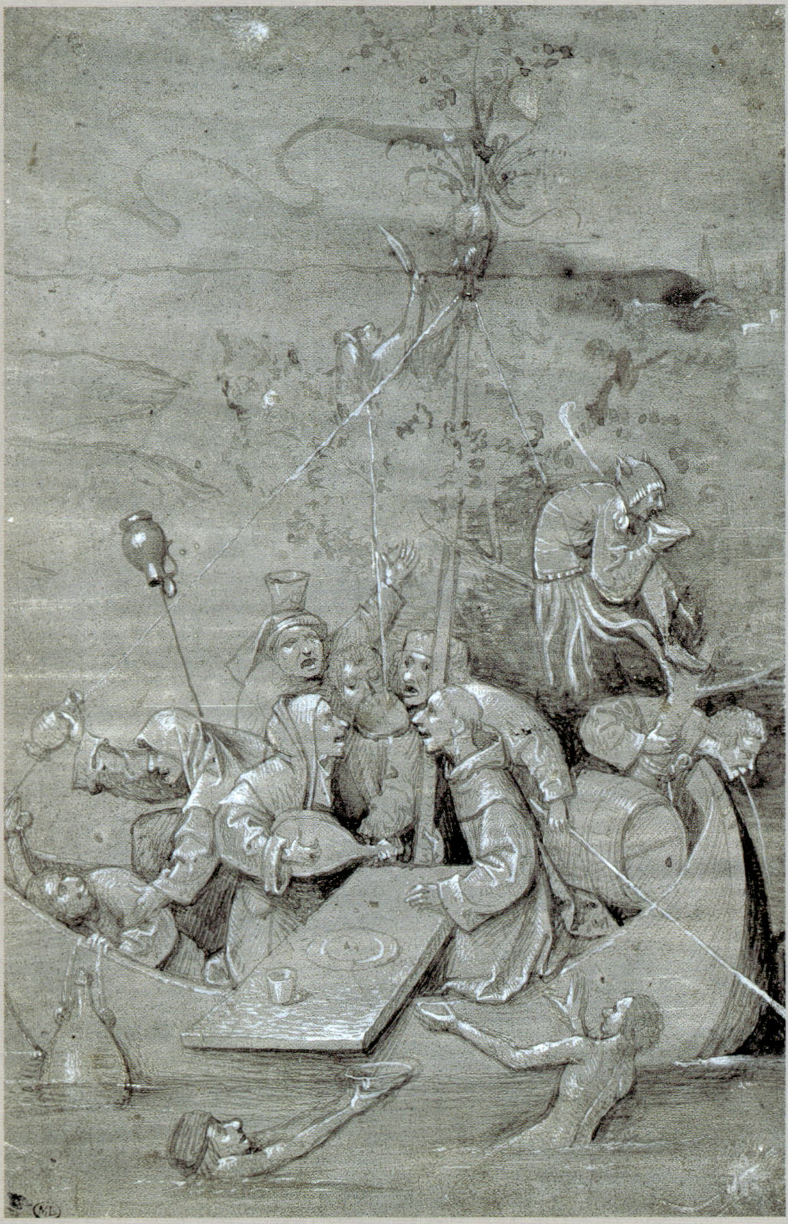

Fastnachtsteilnehmer besucht, in Schauspielen des 16. Jahrhunderts vorkommt. Der Kampf zwischen Fastenzeit und Karneval beruht auf einem uralten Ritual, dessen Kern stets der Tod bzw. die Vertreibung von Unerwünschtem (Winter, Tod u.a.) und das Eintreffen von Ersehntem (Frühling, Leben u.a.) bildet; es kann auch um Tod und Wiederauferstehung gehen. Das Vertreiben der (Personifikation von) bösen Kräften aus der Gemeinschaft ist eine Zeremonie, die auch in außereuropäischen Kulturen periodisch stattfand. Die Gegensätzlichkeit beider Elemente wird dabei meist durch einen Kampf versinnbildlicht, und der Kampf zwischen Winter und Sommer bot Anlass für ein eigenes literarisches und dramatisches Genre. Seit dem 13. Jahrhundert existiert das Thema des Kampfes zwischen Fastenzeit und Fastnacht. Spätestens seit 1450 wurde deren Gegensatz dramatisiert und formte einen wichtigen Bestandteil städtischer Fastnachtsfeiern, wobei der Höhepunkt des Genres zwischen 1450 und 1600 liegt. Anfänglich siegte einmal die Fastenzeit, dann wieder die Fastnacht, manchmal blieb der Ausgang unentschieden. Seit ungefähr 1500 behält die Fastenzeit stets die Oberhand. Während die Fastenzeit anfangs noch als „Spielverderber" auftrat, so sollte man später die Fastnacht als eine Bedrohung von Ordnung und Moral begreifen.

Bildliche Darstellungen weichen von den Texten insofern ab, als sie auch nach 1500 die Fastenzeit nicht als Sieger zeigen. Der eigentliche Gegensatz bleibt jedoch erhalten, der Ausgang des Kampfes ungewiss. Bosch zeigt hingegen keinen echten Kampf, sondern vielmehr das Ritual, in dem die Opponenten wie in einer Revue erscheinen. Der Kampf steht als Metapher für zwei widerstrebende Lebenshaltungen: Selbstdisziplin und Enthaltsamkeit gegenüber Festrausch und Genuss. Bosch gestaltete die Szene in einer Zeit, in der sich die ideologische Balance zu Gunsten einer asketischen Grundhaltung verschob. Dennoch wurde dies in den Bildkünsten weniger eindeutig gestaltet als in der Literatur, denn sie kennen keinen Sieg. Obwohl Bosch die Fastnacht als verwerfliches Prinzip charakterisiert, erscheint bei ihm auch die Fastenzeit in negativem Licht. Bosch zeigt sie als eine alte, dürre Frau.

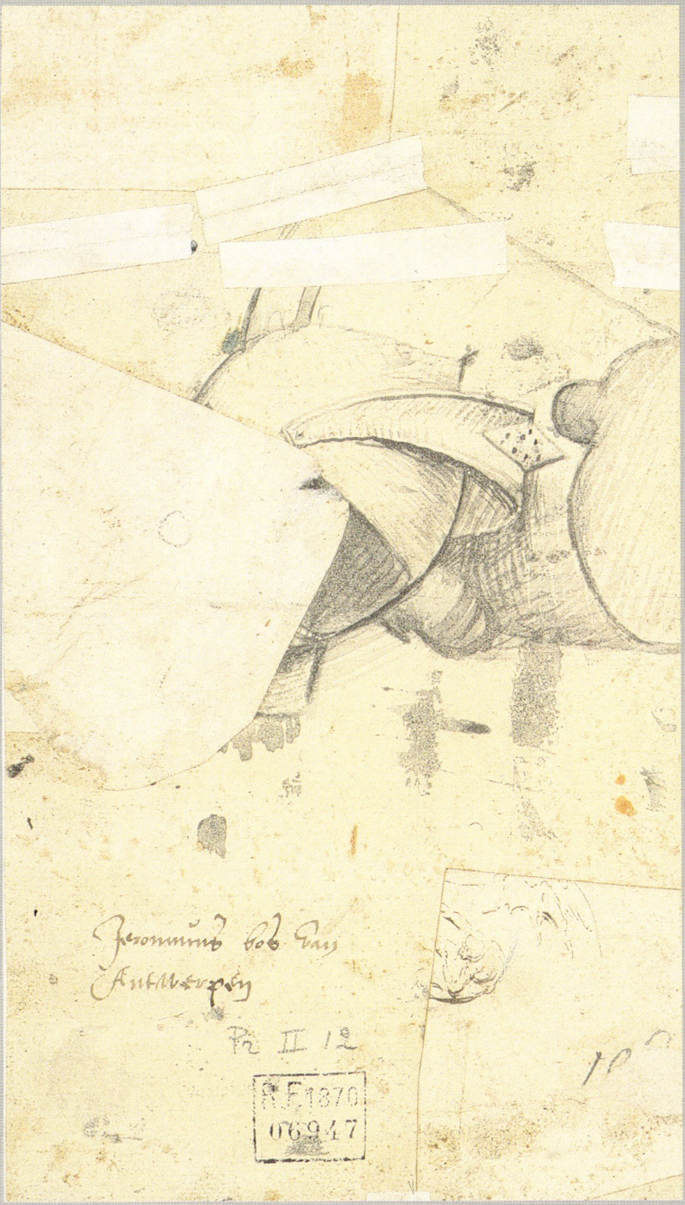

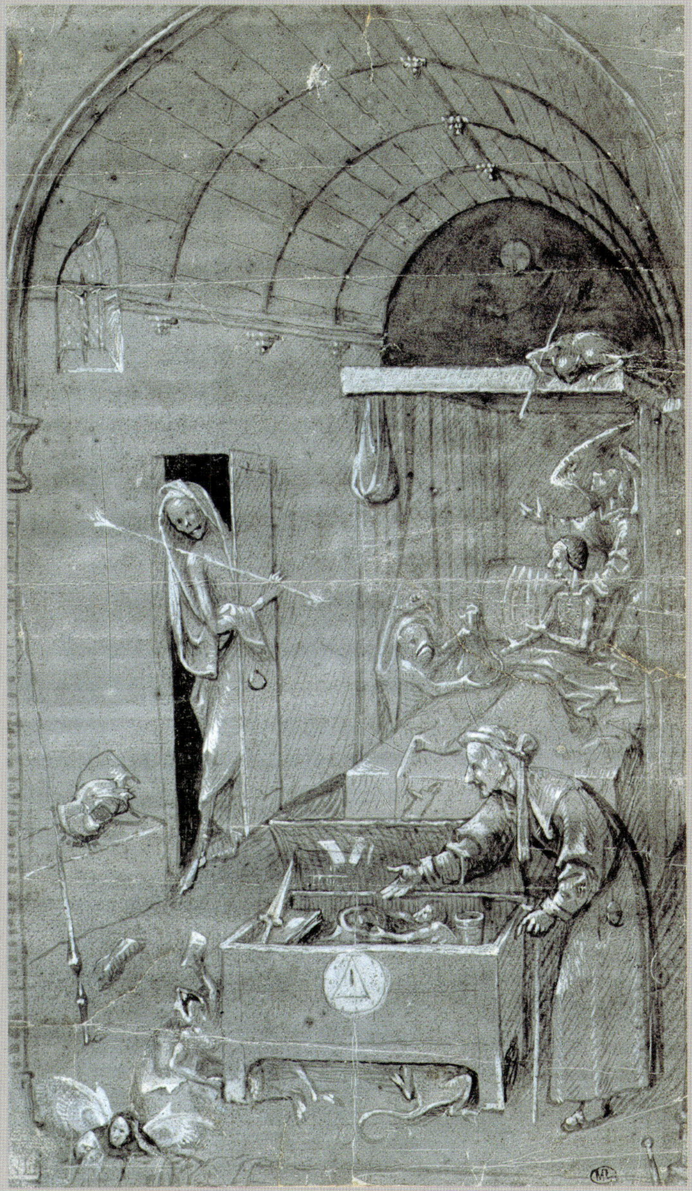

Abb. 97 Kopie nach Hieronymus Bosch, *Das Narrenschiff*; Pinsel, in Braun, weiß gehöht, 25,6 x 16,9 cm; Paris, Musée du Louvre, Département des Arts Graphiques

Abb. 98a-b Kopie nach Hieronymus Bosch, (a) *Helm und Schild*, (b) *Der Tod des Geizhalses*; Pinsel, in Braun, weiß gehöht, 25,6 x 15 cm; Paris, Musée du Louvre, Département des Arts Graphiques

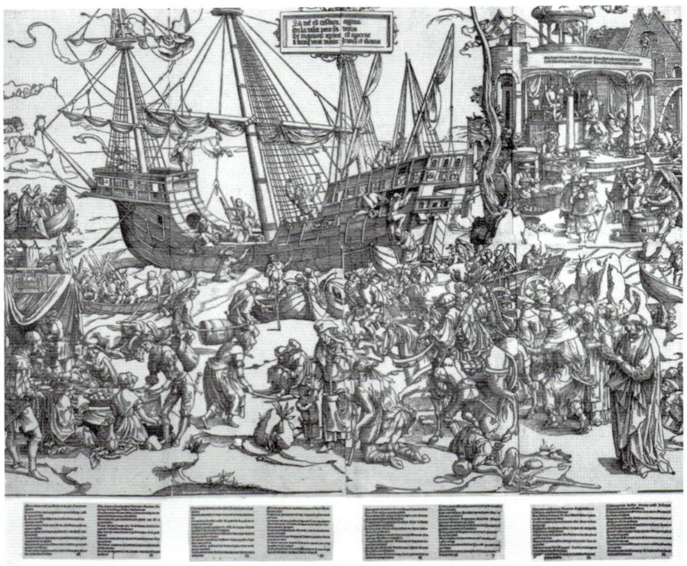

Abb. 99 Aertgen Claesz van Leyden (?), verlegt bei Doen Pietersz, *Das Schiff des hl. Reynuyt*, Amsterdam, um 1530; Buchholzschnitt in acht Teilen; Amsterdam, Rijksprentenkabinet

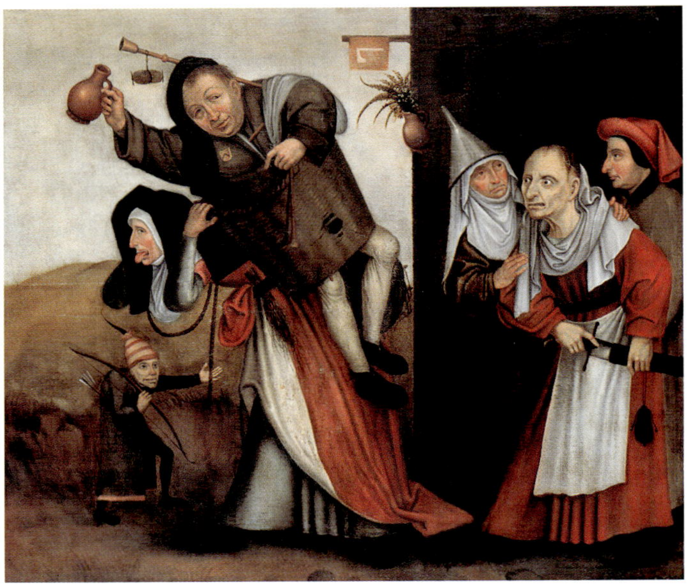

Abb. 100 Nachfolger von Hieronymus Bosch, *Gasthausszene*, südniederländisch, Mitte 16. Jh.; Tempera auf Leinwand, 112,7 x 132,2 cm; Mechelen, Privatbesitz

Ältere und hässliche Frauen gelten in seinen Gemälden wie auch in denen seiner Zeitgenossen als „schlecht". Die Parteigänger der Fastenzeit werden hier also, ebenso wie die der Fastnacht, bewusst verurteilt.

Eine identische Ablehnung des Festrausches und der Überschwänglichkeit finden wir in zwei weiteren Werken, die nur als Stiche tradiert sind und zwischen 1550 und 1560 von
Abb. 91 Hieronymus Cock verlegt wurden: *Blaue Schuyte* und
Abb. 92 *Spaßmacher in einer Muschel auf See.* Auch ein Anfang des 15. Jahrhunderts verfasstes Gedicht von Jacob van Oestvoren trug den Titel „Der blaue Kahn". Satirisch beschreibt es eine bunte Gesellschaft von Sündern und gemeinen Kerlen in einer blauen Schuyte, die von der geordneten Gesellschaft und deren Pflichten wegtreiben. Ein ähnliches Schiff gehörte – jedenfalls in der volkstümlichen Vorstellung – Sint-Reynuyt („das Geld ist alle"), einem fiktiven Spottheiligen, dessen „Schützlinge" sich aus einer Bande von Verschwendern, Zechern und Nichtsnutzen zusammensetzten. Ihre Spezialität war die Umkehrung dessen, wonach rechtschaffene Bürger strebten: Sie verprassten ihre ganze Habe, um krank und mittellos zu sterben. Ein großer, von Doen Pietersz um 1530 herausgegebener Holzschnitt setzt das Schiff und seine Besatzung ins Bild. Eine Kopie einer ebenfalls verlorenen Bilderfindung von
Abb. 116a Bosch, das sogenannte *Konzert im Ei*, zeigt ein verwandtes Sujet: Eine singende Gesellschaft sitzt in einer Eierschale; sie bildet den Eidotter, im mittelniederländischen *dooi* genannt – Bosch inszeniert also ein Wortspiel, denn *dooi* bedeutete zugleich auch „Narr". Ihre Attribute kennzeichnen sie als heruntergekommene, unbekümmerte Trinker. Auch Pieter Bruegel d.Ä. hat dieses Motiv in seinem Täfelchen *Der trinkende Narr auf einem Ei* dargestellt.

Möglicherweise ist eine erst kürzlich entdeckte Gasthausszene eine Kopie eines verschollenen Bosch-Gemäldes. Rechts ist ein Gebäude angedeutet, auf dessen Aushängeschild ein Beil dargestellt ist: die Bezeichnung „in't bylken" (Im Beilchen) war tatsächlich ein gebräuchlicher Herbergsname. Darunter hängt ein Krug mit Farn und Maiglöckchen (?). Auch Krug und „Maie" (d.h. grüne Zweige mit oder ohne Blumen) waren Herbergszeichen. Ein solcher Maikrug hängt auch am Dudelsack des blauen Musikanten – die Farbe zeichnet ihn als
Abb. 13b Betrüger – im *Heuwagen*. In der Tür der Herberge zieht jemand ein Schwert. Diese Person ist merkwürdig androgyn, denn sie trägt Frauenkleider und eine weiße Mütze, die in den Nacken gerutscht ist. Das Gesicht jedoch ist männlich. Der erboste Wirt (bzw. Wirtin) wird von einem alten Weib zurückgehalten,
Abb. 28 das – wie der „Doktor" im Madrider *Steinschneiden* – einen Trichter auf dem Kopf trägt. Hinter beiden Figuren befindet sich ein Mann mit einer altmodischen Sackmütze. Die Wut des Wirts (bzw. der Wirtin) richtet sich gegen einen dicken Mann, der von einer alten Frau weggetragen wird. Er schwenkt eine Trinkkanne und hält – wie der Musikant im *Heuwagen* – einen Dudelsack, an dem eine Wurst befestigt ist. Die Attribute verweisen auf seine Trunksucht und sein sexuelles Interesse. Aber der Mann ist hier buchstäblich „in den Korb gefallen": seine wahre Natur ist enthüllt. Links steht ein sonderbarer kleiner Bogenschütze und greift nach einem Seil, an dem die alte Frau ihren Zecher transportiert. Wie häufig bei Bosch, wirkt die Szenerie äußerst befremdlich. Das Bild stellt eine Anklage gegen Trunkenbolde und übermäßige Schürzenjäger dar. Mit der gleichen Hand, mit der er den leeren Dudelsack festhält, deutet der Mann auf die ihn tragende Frau, als wolle er sie verantwortlich machen. Wofür? Sie hat seine „Pfeife entleert", wie es die Inschrift auf einem dem Bosch-Nachfolger Peter Huys zugeschriebenen Werk um 1550 nennt. Die ganze Geschichte, die sich in dieser Darstellung verbirgt, entgeht uns jedoch vorläufig.

Jene Werke kritisieren alle das Verhalten jener, die sich weigern, dem bürgerlichen Lebensstil zu folgen, und deshalb die Ordnung stören. *Ordo* war ein Schlüsselbegriff in der mittelalterlichen Sicht auf Gesellschaft und Welt. Wider die *ordo*, die man als gottgewollt erachtete, waren weitere Verbrechen möglich. Denn auch das Verhältnis der Geschlechter

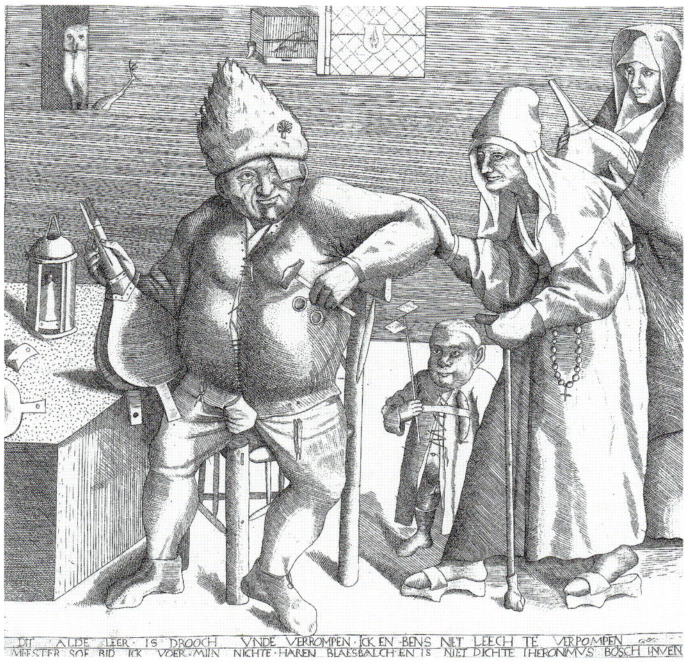

Abb. 101 Anonym, HIERONYMUS BOSCH INVEN, *Blasebalgflicker*, südniederländisch, 1525-50; Kupferstich, 28 x 29 cm; St. Louis, Privatbesitz

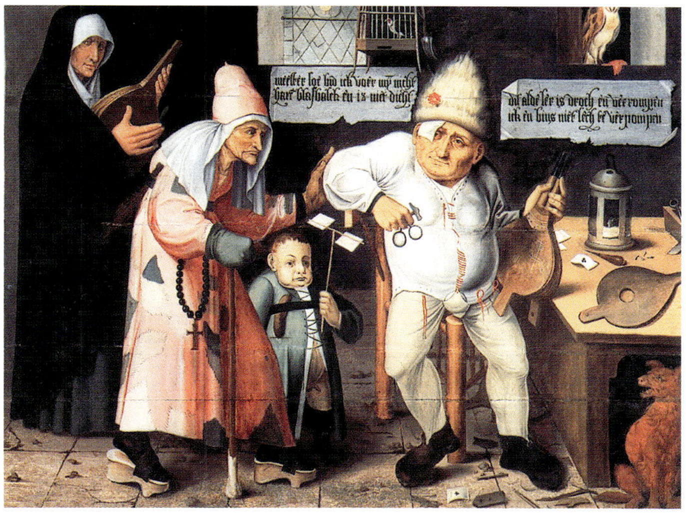

Abb. 102 Cornelis Massys (?) (um 1510-1556/57) nach Hieronymus Bosch, *Blasebalgflicker*; Öl auf Holz, 112 x 151,5 cm; Tournai, Musée des Beaux-Arts

war Teil dieser Ordnung. In jeder traditionellen Gemeinschaft, überall auf der Welt, galt dieses Verhältnis als ewig, unabänderbar und oft als gottgewollt. In den Geschlechterrollen haben Männer meist eine für sie vorteilhafte Bedeutung durchgesetzt und sie darum mit einer Ideologie unterfüttert, die dem männliche Interesse an einem „ewigen" und unveränderlichen System Rechnung trug.

Auf diese Weise war eine den Männern günstige Verteilung der Macht und die Kontrolle über Sexualität gesichert. Im 15. und 16. Jahrhundert baute eine städtische Männerelite von Schriftstellern, Politikern und Gelehrten die neuzeitliche Form eines patriarchalischen Systems aus – die mit einer anschwellenden Propaganda für den gesellschaftlichen Ordnungsfaktor der Ehe einherging. Die Familie war demnach der Kern der Gesellschaft, und das Ausleben der Sexualität außerhalb der Ehe wurde – in der Theorie natürlich – streng missbilligt. In diesem Zusammenhang ist ein gleichfalls verlorenes Werk von Bosch zu nennen, der *Blasebalgflicker*. Verschiedene Fassungen dieses Bildes sind in Dokumenten des 16. und 17. Jahrhunderts erwähnt, darunter spanische Kroninventare. Eine Kopie wird in Tournai aufbewahrt: Eine alte Frau in geflickten Kleidern mit Wanderstab und Rosenkranz, die auf Holzsandalen bzw. -schuhen läuft, richtet an den Blasebalgflicker die Worte: *Meester soe bid ick voer my(n) nicht / Haer(en) blasbalck en is niet dicht*, „Meister, dann bitte ich dich für meine Nichte / ihr Blasebalg ist nicht dicht". Hinter ihr steht die kaum jüngere Nichte in Nonnentracht, die einen Blasebalg hält. Vor ihr steht ein fettes Kind mit einer Wurst im Gürtel und einem Windrad in der Linken: Wurst und Spielzeug verweisen auf Gefräßigkeit und Torheit. Der Handwerker antwortet: *Dit alde ler is droch en verrompen / Ick en bins niet lech te verpompen*, „Dieses alte Leder ist trocken und runzlig / ich habe nicht vor, es zu flicken". Der Text ist in einem ostniederländischen Idiom verfasst, sodass er möglicherweise die originale Inschrift widerspiegelt. Ein ähnliches Sujet kommt in einem Refrain der Sammlung von Jan van Styevoort (um 1500) zur Sprache: eine Alte bittet einen Schuster, ein altes und hartes Lederstück zu befeuchten und meisterhaft zu nähen. Er steht dieser Aufgabe aufgrund der hohen Kosten und des Risikos zunächst ablehnend gegenüber, gibt dann aber nach, wie seine Beschwerde verdeutlicht. Er ist müde vom Nähen, und sein Partner scheint ebenfalls unzufrieden zu sein. Am Ende wird die Alte ihm sein Material vergüten. Nirgendwo wird hier direkt über Geschlechtsverkehr gesprochen. Die deutlichste Anspielung lautet: „ich werde Sie nie mehr nähen". Die Interpretation lässt sich dennoch sicher nachweisen, wenn man weiß, dass in den „Koitusrefrains" der Rederijker das Ausüben des Handwerks (Kürschner, Holzfäller, Schiffer, Weinzapfer, Krämer, Schweinehirt, Gärtner, Hirte) stets als Metapher für den Geschlechtsakt steht.

Im volkstümlichen Brauchtum, vor allem zur Fastnacht und während der Winterfeste, waren alte Frauen ein beliebtes Spottobjekt. Sie wurden als Teufelsfreundin oder Kupplerin dargestellt oder verkörperten ein gefürchtetes Wesen (Krankheit, Tod, Winter, Armut). Die Darstellung einer alten Frau konnte also schon mit negativen Assoziationen seitens des Betrachters rechnen. Die Moral des *Blasebalgflickers* lautet demnach: „hüte dich vor alten Frauen". Deren vermeintliche sexuelle Begierden waren, in den Augen der damaligen Männer, bereits für sich genommen Grund zur Diffamierung. Von einem Moralstandpunkt aus, der Sexualität lediglich im Dienste von Ehe und Fortpflanzung sanktionierte, waren Frauen mit sexuellen Wünchen nach den Wechseljahren wohl nur zu verurteilen. Alte Frauen hatten also keusch und fromm zu sein; waren sie es nicht, dann verdienten sie Spott und Zurechtweisung.

Bosch schuf weitere Gemälde, in denen alte Frauen die Hauptrolle spielten; sie befanden sich in den Sammlungen der spanischen Krone und sind verschollen. Mit dieser Themenwahl stand Bosch keineswegs allein. Im 15. und 16. Jahrhundert entstand in städtischen Kreisen eine regelrechte Hetzideologie gegen alte Frauen, möglicherweise eine Konsequenz der

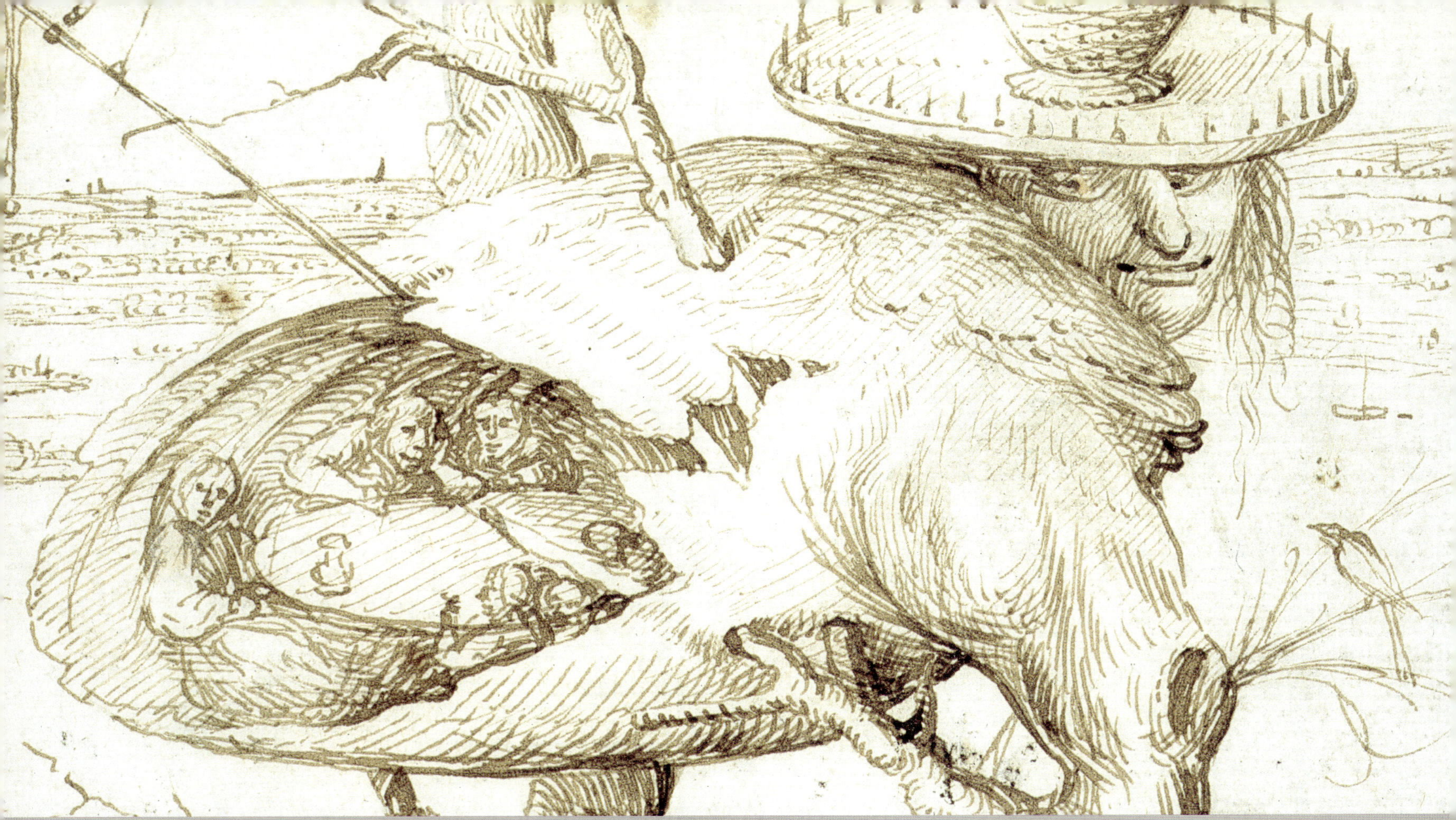

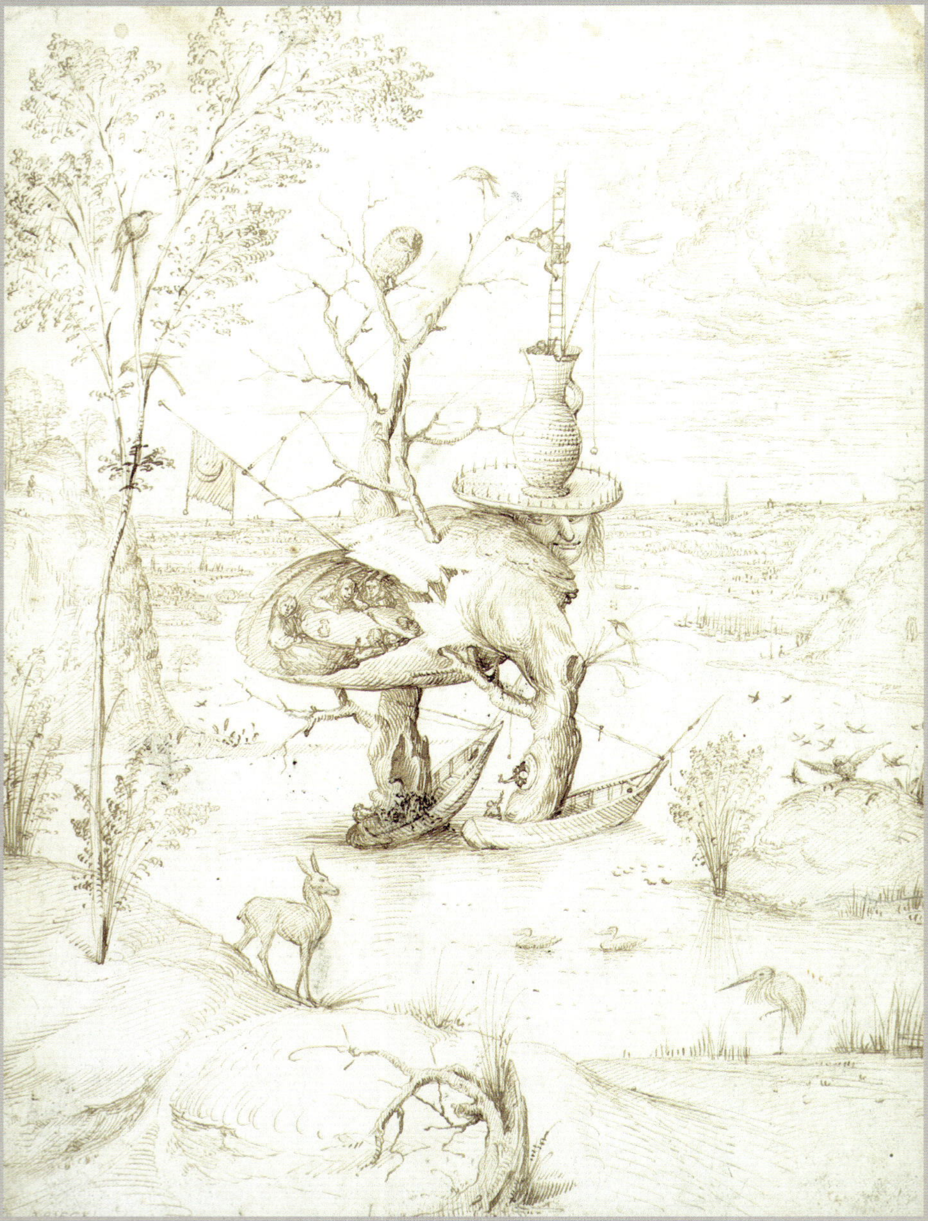

Verstädterung. Im ländlichen Leben erfüllte die Großmutter hingegen eine wichtige Funktion: sie war es, die traditionelles Wissen (z.B. in Märchen, Heilkunde, Magie) und Kunsthandwerk (z.B. Spinnen und Weben) an jüngere Frauen weitergab. Innerhalb der städtischen Gesellschaft beanspruchten jedoch die Männer das Bildungsmonopol und die Kontrolle über das Sozialgefüge. Um ihre „Rivalinnen" in kulturellen Schlüsselpositionen auszuschalten, führten sie generationenlang eine scharfe und brutale Kampagne gegen betagte Frauen – die sich übrigens gegen jede Frau richtete, die für sich selbst sorgte und sich nicht mit der ihr abverlangten, folgsamen Rolle zufrieden gab.

Boschs Frauenbild war zutiefst negativ. Weibliche Heilige stellt er nie dar, mit Ausnahme der bislang nicht identifizierenden Märtyrerin (Venedig, Palazzo Ducale), einer Auftragsarbeit. Abb. 76

In seinen Höllen- und Versuchungsszenen werden Frauen symbolisch als Huren, Bordellwirtinnen, Flittchen, Mannweiber, eitle Verführerinnen u.ä. gekennzeichnet. Abb. 105 Ein Gemälde von Frans Verbeeck (Mechelen, um 1550) liegt ganz auf der Linie solch frauenfeindlicher Satiren. In der Mitte steht ein Narr, der ein altmodisches Lappengewand aus dem zweiten Viertel des 15. Jahrhunderts trägt und das Geschehen um ihn herum verspottet. Links zieht ein Mann seiner Frau eine Hose an, während zwei betagte Spinnweiber billigend zusehen. Wie die Banderole verdeutlicht, seufzt er: *Ach, ist es nicht peinlich und lächerlich, dass ich meiner Frau, die schlecht und dumm ist, um des Friedens Willen die Hose überlassen muss.* Die Hose galt innerhalb einer Familie als Machtsymbol. Rechts hält ein dicker Trottel ein Huhn auf dem Schoß. Es ist der sogenannte „Hennentaster", d.h. ein Idiot, der Hausarbeiten und andere „Frauenaufgaben" verrichtet. In dem Text beklagt sich der Hennentaster über seine unwürdigen Aufgaben. Im Vordergrund kräht eine Henne, und ein Hahn pickt Körner auf – wir erkennen die Illustration eines Sprichwortes: *Dort ist die Welt komplett verdreht, wo der Hahn pickt und die Henne kräht.* Die frühbürgerliche Stadtkultur war fast ausnahmslos frauenfeindlich. Unzählige Schimpftiraden richteten sich gegen die Frauen, um sie ein für allemal zu lehren, wie sie

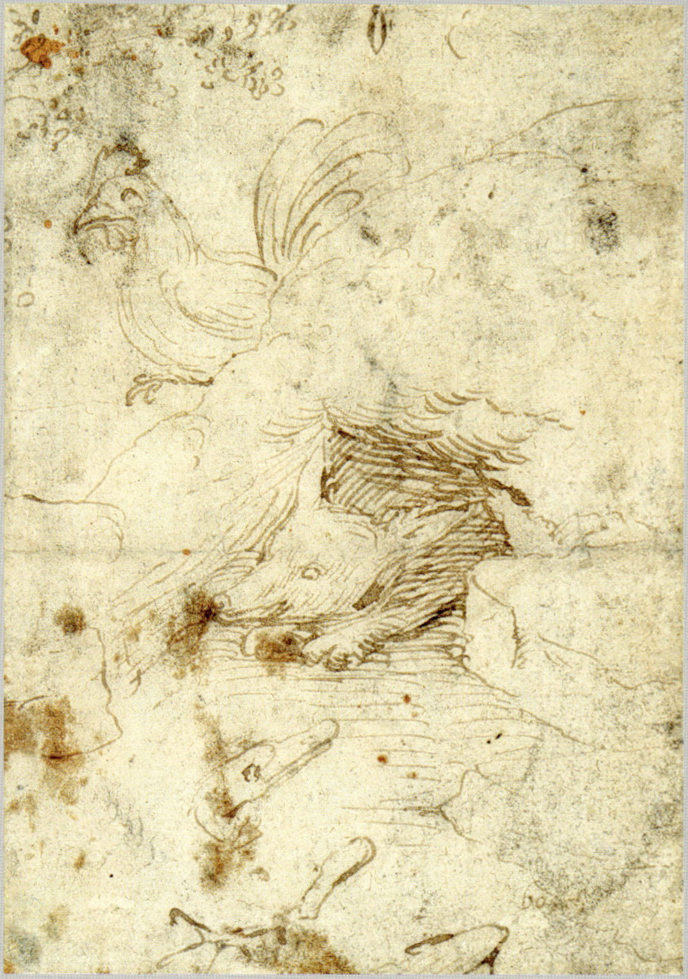

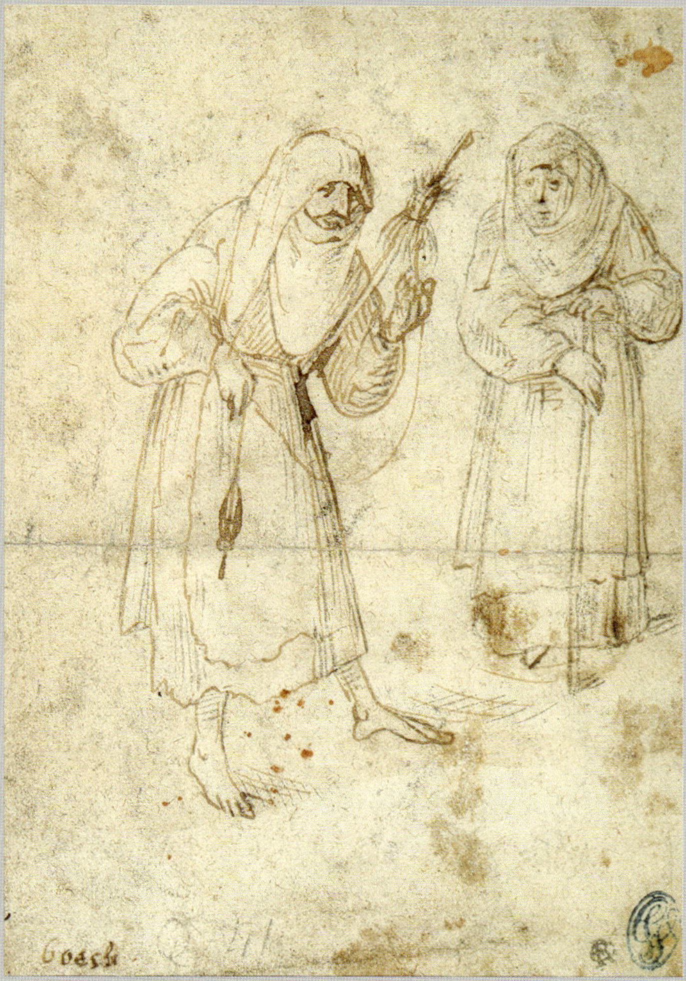

Abb. 103 Hieronymus Bosch, *Der Baummensch*; Feder, in Braun, 27,7 x 21,1 cm; Wien, Graphische Sammlung Albertina

Abb. 104a-b Hieronymus Bosch, (a) *Fuchs und Hahn*, (b) *Zwei Hexen*; Feder, in Braun, 12,5 x 8,5 cm; Rotterdam, Museum Boijmans Van Beuningen

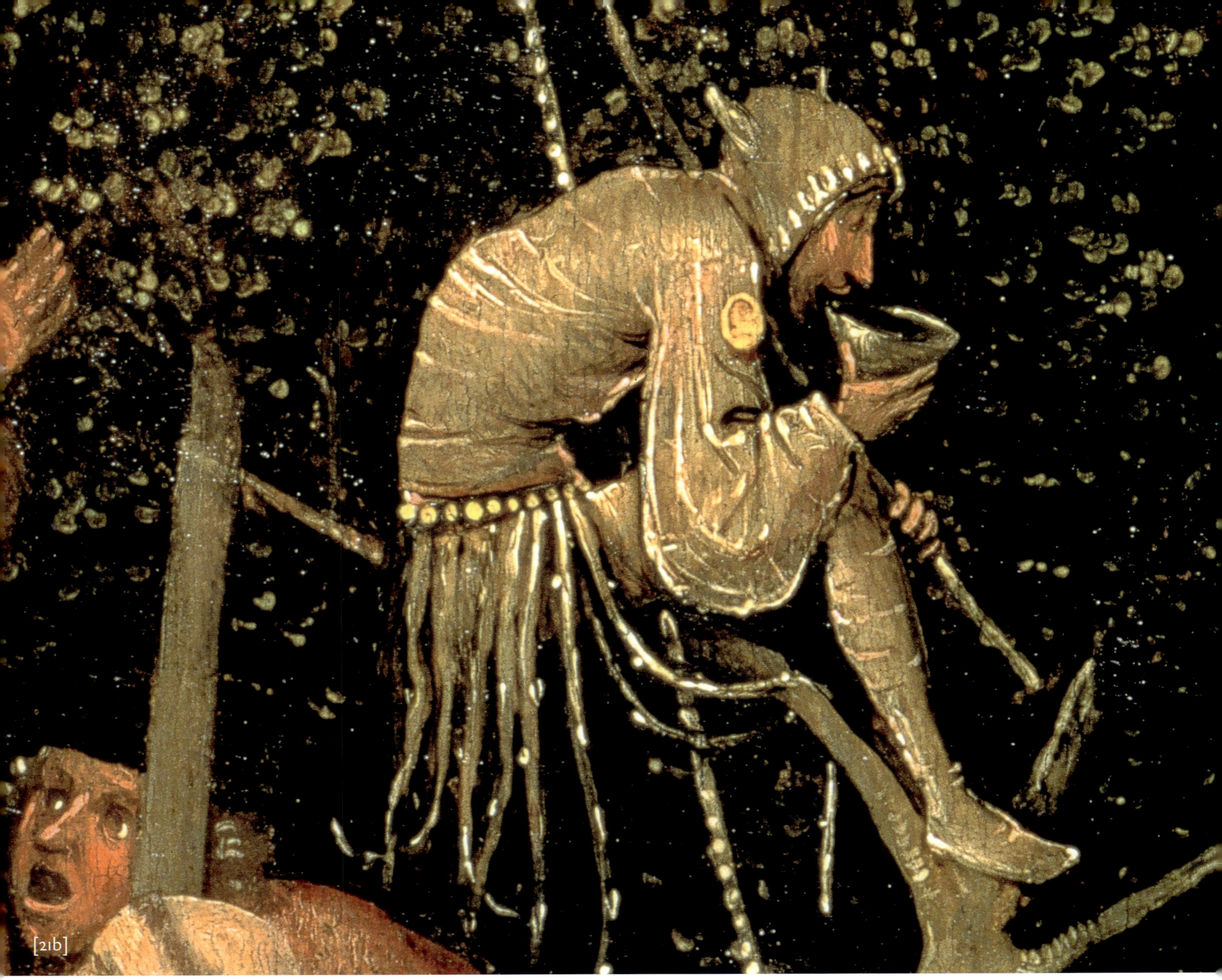

[21b]

sich zu verhalten hätten und welche Fehler sie begingen. Eine ähnliche Kampagne richtete sich gegen die Volkskultur – die damals natürlich nicht so hieß. Dieser Kontext erschließt die gesamte Ikonografie der Bauern und Armen. Unausgesprochen ging es hier um die wichtigen Fragen: Was ist Kultur, was ist Bildung? Das Thema der Bauernhochzeit behandelt das Problem bildlich. Bosch war vermutlich der erste Künstler in den Niederlanden, der dieses später so populäre Genre gestaltete. Ein Leinwandbild mit diesem Sujet befand sich im Jahre 1572 in der Antwerpener Sammlung des Robert van Eeckeren: *een boeren bruyloft op doeck gemaeckt by Jeronimus Bosch* (eine Bauernhochzeit auf Leinwand gemalt von Hieronymus Bosch). Mehrfach taucht ein solches Gemälde in Inventaren der spanischen Könige auf. Im Inventar der Casa Real del Pardo vom 21. Januar 1614 heißt es: „Eine weitere Leinwand, mit Wasserfarbe gemalt, von Hieronymus Bosch, die man ‚Die Hochzeit' nennt …" Vor Ende des 18. Jahrhunderts muss es nach dem Buen Retiro-Palast verbracht worden sein, denn dort hing damals von Bosch „eine Hochzeit und ein Haufen Betrunkener mit komischen Figuren". Ein weiteres (?) Leinwandbild mit dieser Ikonografie wurde 1548 im Inventar der Mencía de Mendoza verzeichnet; diese Markgräfin von Zenete (Valencia, 1554) besaß weitere Werke von Bosch.

Im 17. Jahrhundert ist ein Gemälde Boschs in der Sammlung des Markgrafen von Leganés (Madrid, 1655) nachweisbar: „eine Bauernhochzeit von Bosch mit verschiedenen sonderbaren Figuren auf einer Tafel gemalt". All diese Werke sind verschollen; von ihnen gibt es auch keine Kopien. Wir kennen jedoch sieben Gemälde mit insgesamt fünf verschiedenen Kompositionen, die aus den Werkstätten der Mechelner Malerfamilie Verbeeck stammen. Über Frans Verbeeck weiß Karel van Manders *Schilder-boeck* (1604) zu berichten: „dieser verstand es gut, in Wasserfarbe Sachen in der Art des Hieronymus Bosch zu malen … Von ihm sind auch die humoristischen Bauernhochzeiten und ähnliche Kompositionen, die man hier und da sieht." Vielleicht kann man sich über dessen Werk dem mutmaßlichen Prototyp von Bosch nähern.
Die bauernfeindliche Literatur – vor allem die deutschsprachige – kennt bereits um 1300 das Stereotyp vom Bauern. Er verkörpert unhöfisches Verhalten, später auch unbürgerliche Grobheit. Um 1500 waren die Begriffe „Bauer" und „Narr" synonym, denn beide verkörperten das Gegenbild bürgerlicher Normen. Als Typen gehörten sie denn auch zur Fastnachtsfeier. Am Beispiel von Bauern wurde seit etwa 1300 der Unterschied zwischen vernünftigem bzw. wünschenswertem und dummem bzw. tadelnswertem Verhalten erläutert. Hinter dem

Abb. 105 Frans Verbeeck, *Spottbild auf gebieterische Frauen und Pantoffelhelden*, Mechelen um 1550: Wasserfarben auf Leinwand, 106 x 150 cm; Löwen, Privatbesitz

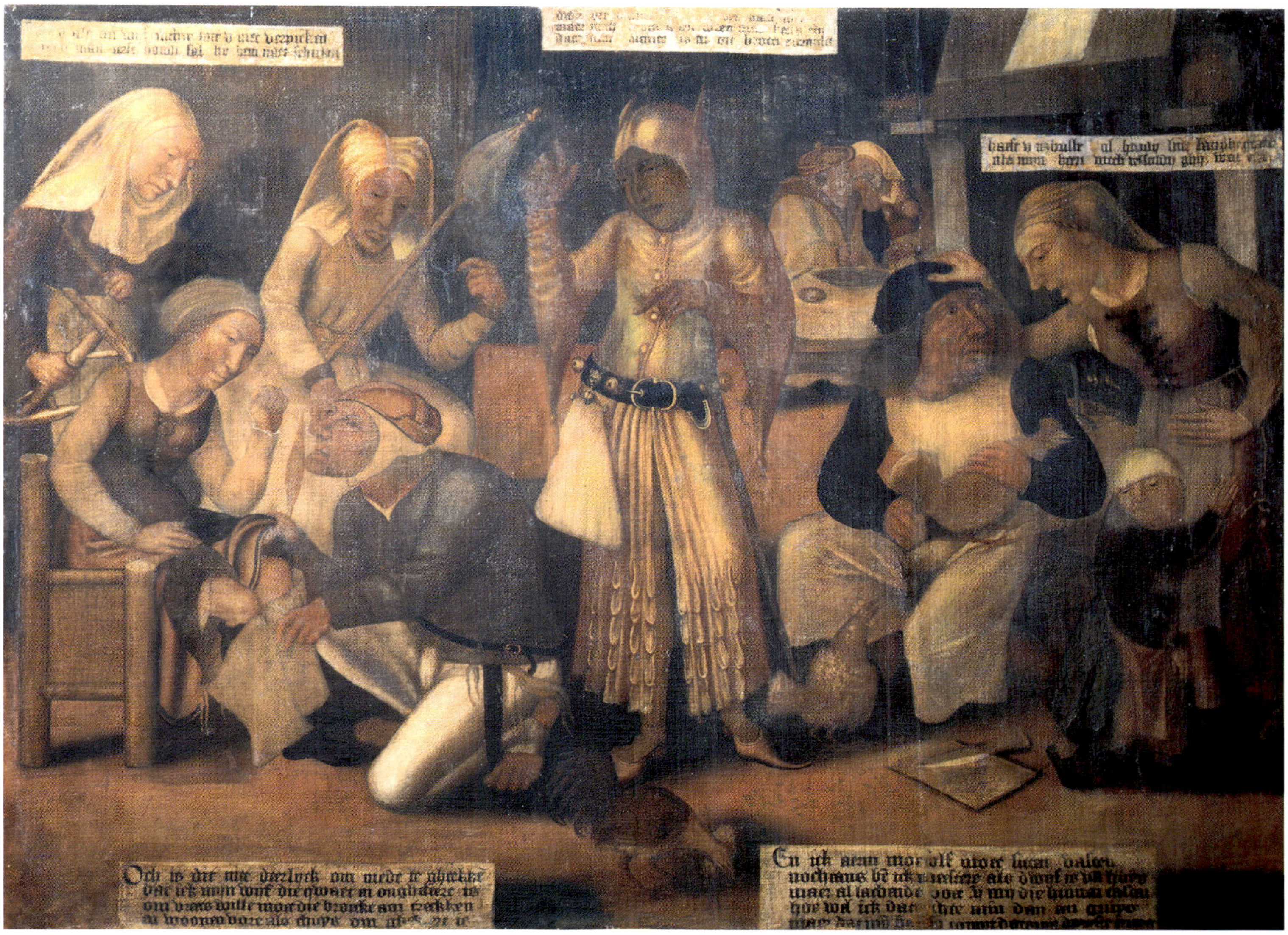

Motiv der Bauernhochzeit – und zwar bis ins 18. Jahrhundert – verbirgt sich dieselbe Absicht. Das Sujet erlaubte eine vor allem vom weltlichen bzw. gesellschaftlichen Standpunkt aus formulierte Kritik an manchen verwerflichen Verhaltensweisen.
Es gab Fastnachtsspiele, in denen formelartig eine schmutzige, bäurische, plumpe und heruntergekommene Braut und/oder deren Bräutigam vorkamen. Analysiert man Texte aus dem 16. und 17. Jahrhundert, welche Bauernfeste behandeln, so zeigt sich, dass sich von den dort regelmäßig angesprochenen Verhaltensweisen einige auf den gemalten Bauernhochzeiten Verbeecks wiederfinden: Trinken, Erbrechen, bacchanalisches Verhalten, tolle Wildheit sowie triebhafte, unkoordinierte Verhaltensweisen. Die Bildlichkeit stimmt mit dem Verhaltensmuster des literarischen Bauerntypus überein.
Die Gemälde von Bosch/Verbeeck weisen jedoch zusätzlich spezifische Merkmale auf. In erster Linie sind dies sinnbildhafte Details, die auf Torheit, Unmäßigkeit, Unwürdigkeit und Unbeherrschtheit verweisen. Auch wird das physische Erscheinungsbild der Bauern zum Zerrbild. Der wichtigste Aspekt ist freilich das Essen: Hier zeigt sich nämlich, dass die Bilddarstellungen eine Parallele zum Genre der „grobianischen" Sittentraktate bilden, die mittels satirischer Verkehrung gerade das Gegenteil der gültigem Tischsitten und Umgangsformen zur Nachahmung empfehlen. Solchen „Grobianismus" assoziierte man mit Unmanier, Dummheit, Immoralität, Chaos und Asozialität.
Man muss mit Nachdruck darauf hinweisen, dass derartige Kritik keineswegs mit religiösen Moralvorstellungen zusammenhing, sondern vielmehr mit ausschließlich weltlichen Verhaltensnormen, die auf den städtischen Vorstellungen von kultivierten und „richtigen" Verhaltensmustern beruhten.

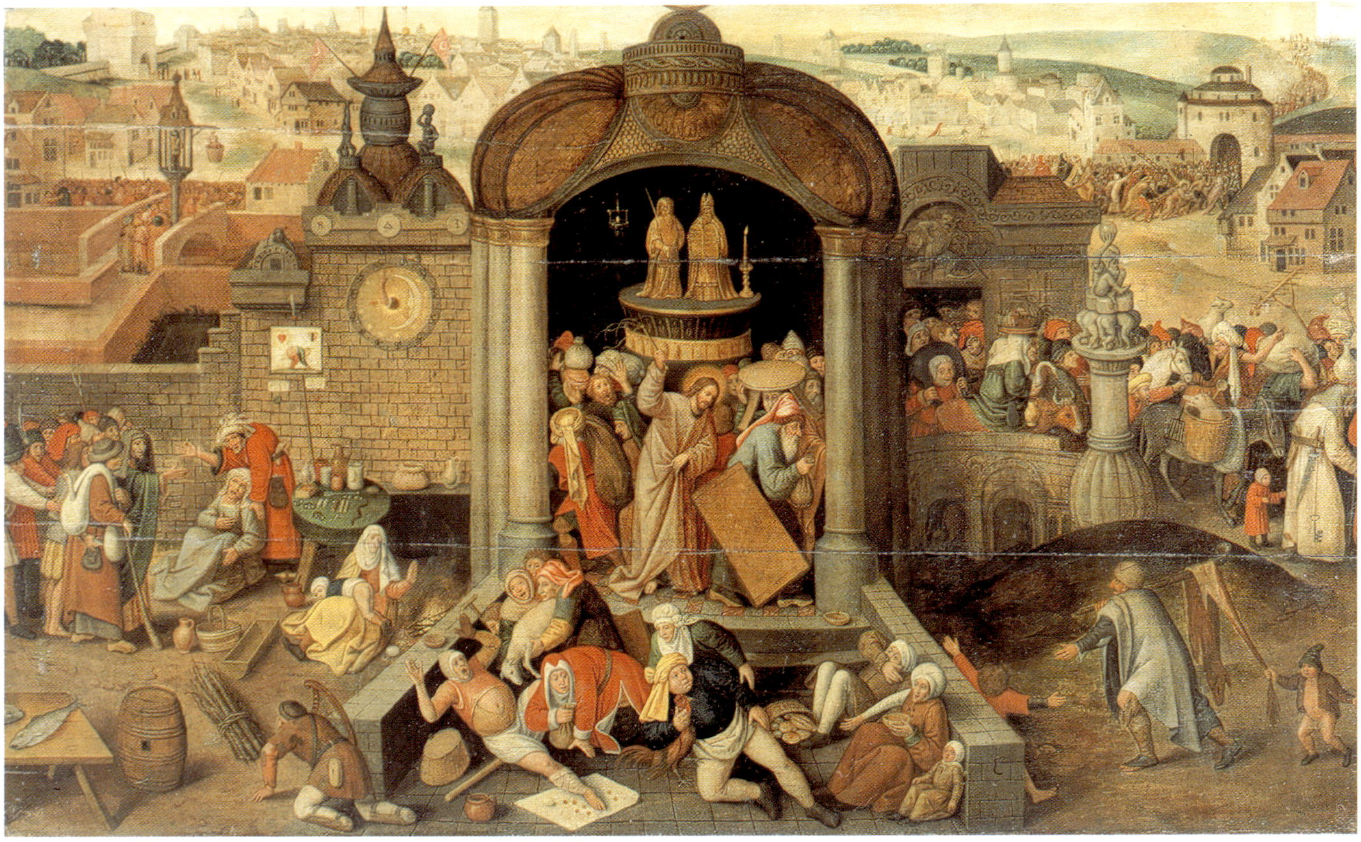

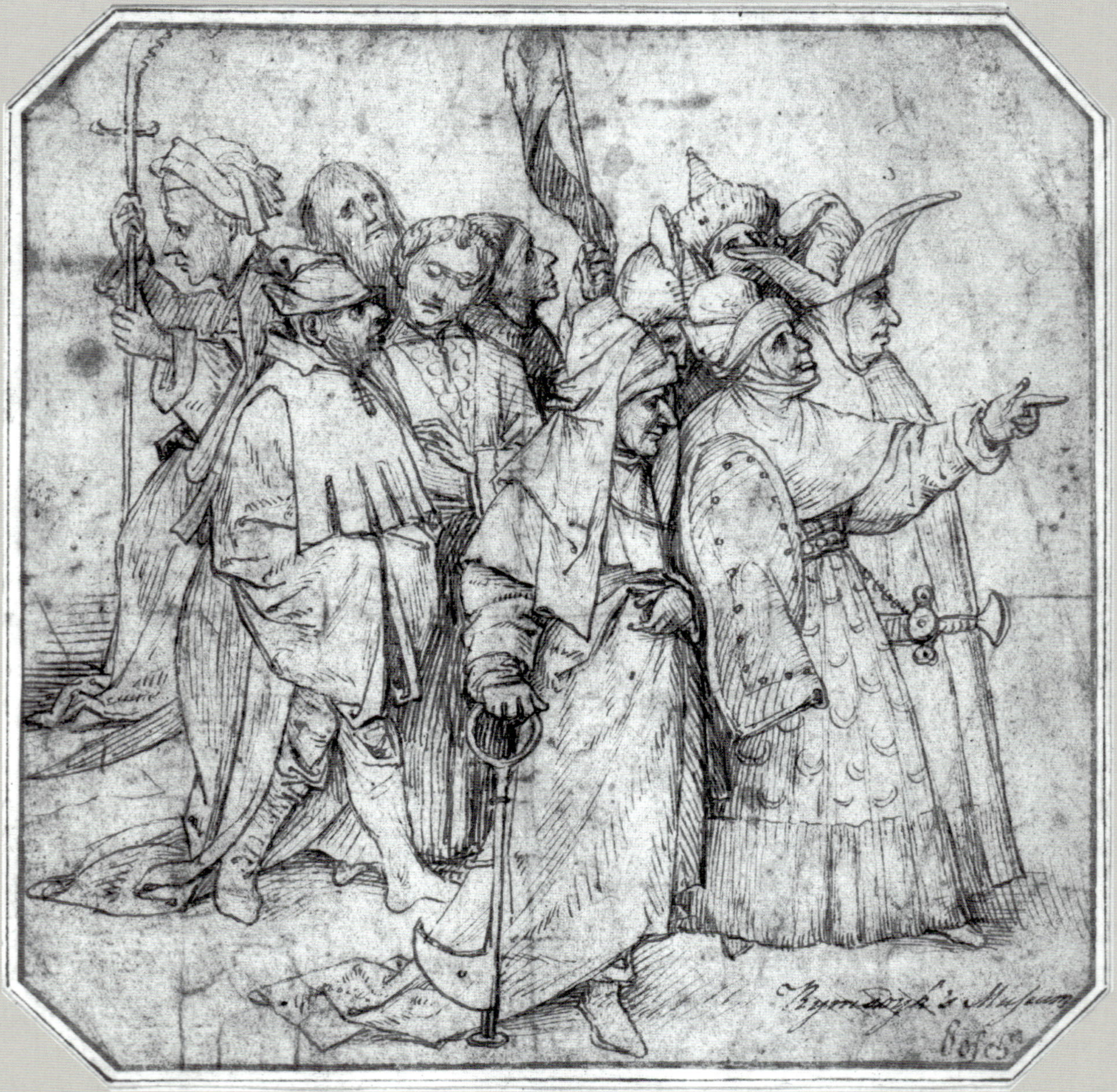

132

Abb. 106 Pieter Brueghel d. J. (?) nach Hieronymus Bosch, *Die Vertreibung der Händler aus dem Tempel*, 1550-75; Öl auf Holz, 91 x 150 cm; Tallinn, Eesti Kunstimuseum

Abb. 107 Hieronymus Bosch (?), *Gruppe von zehn Zuschauern*; Feder, in Braun, 12,4 x 12,6 cm; New York, Pierpont Morgan Library

Abb. 108 Nachfolger von Hieronymus Bosch, *Kreuztragung mit Ecce Homo*; Feder, in Braun, 24,1 x 19,3 cm; Sacramento, Crocker Art Gallery, Sammlung E.B. Crocker

Zwischen Habgier und Verschwendung

Mit Ausnahme von Bosch werden in den uns erhaltenen Kunstwerken des 15. Jahrhunderts alltägliche, materielle Probleme nicht thematisiert. Wie man Arbeit und Nichtstun bzw. Armut und Reichtum gegenüberstand, teilt uns die Kunst nicht mit. Anders Bosch, der sich mehrfach mit solchen profanen Themen beschäftigt hat, meist in Details, manchmal aber auch im Hauptmotiv eines Werkes. Das berühmte Triptychon des *Heuwagens* setzt das Streben nach irdischen Gütern ins Bild. Abb. 13b In der aus Kopien bekannten Darstellung der *Vertreibung der Händler aus dem Tempel* wird Habgier missbilligt. Ein weiteres, lediglich druckgrafisch überliefertes Werk verurteilt das Nichtstun und preist die Arbeit. Im *Tod des* Abb. 21d *Geizhalses* und im *Narrenschiff* werden andere Extreme verbildlicht: Abb. 21b Geiz und Wucher versus Verschwendung. Wie in unzähligen Details seiner Höllen- und Versuchungsszenen lehnt Bosch beides gleichermaßen ab.

Die *Vertreibung der Händler aus dem Tempel* prangert Habgier und Gewinnsucht an. Das Werk ist in drei Kopien überliefert. Dem Original am nächsten scheint die Tafel aus Kopenhagen zu stehen. In der Mitte sieht man dort, wie Jesus die Händler aus dem Tempel hinausprügelt. Eine dicht gedrängte Schar von

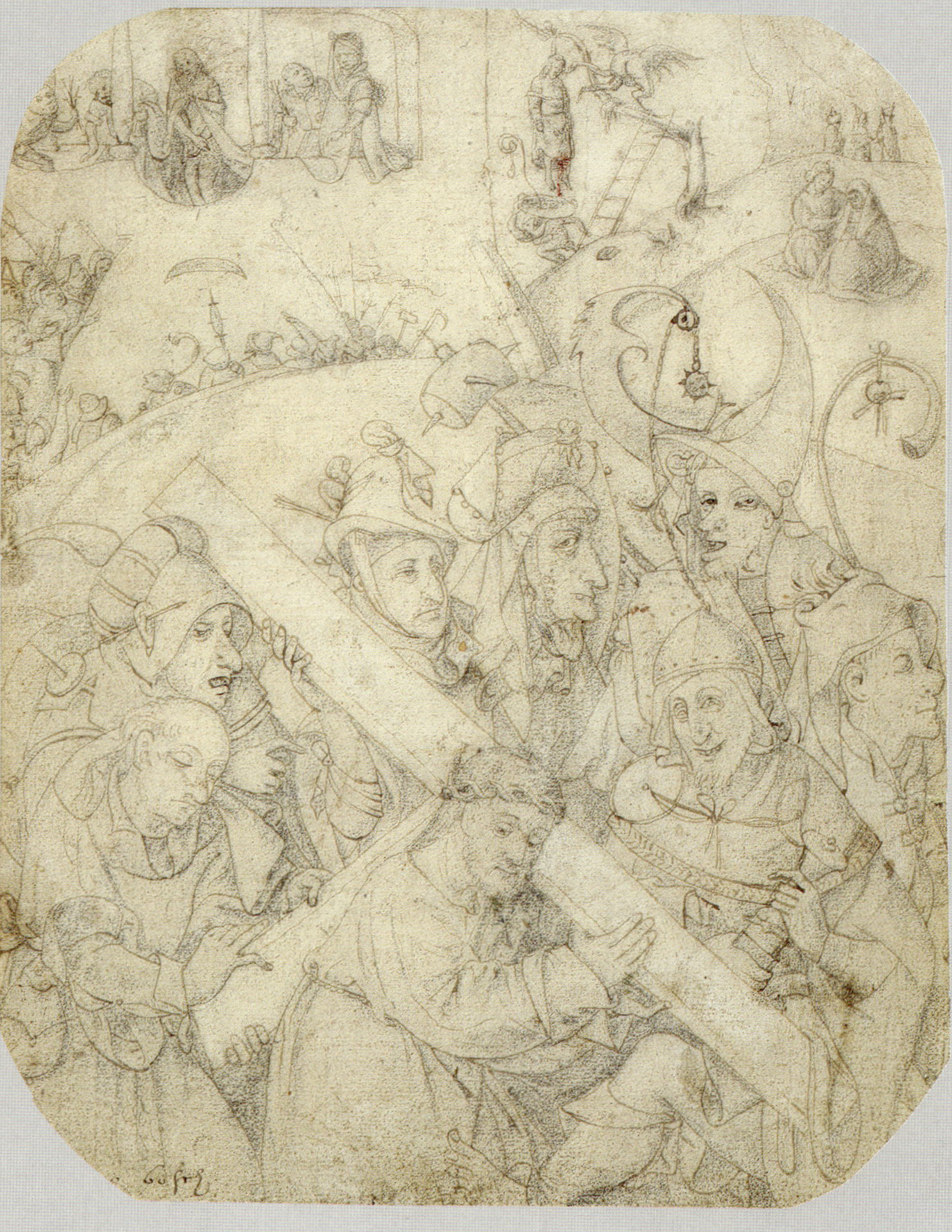

Abb. 109 Frans Hogenberg, verlegt bei Bartholomeus de Mompere, *Alles Heu*, 1559; Radierung, 65,4 x 42,5 cm; Brüssel, Koninklijke Bibliotheek van België, Prentenkabinett

Abb. 110 Anonym, *Der Heuwagen*, 16. Jh.; Kupferstich, 57,2 x 76 cm; Nürnberg, Germanisches Nationalmuseum, Kupferstichkabinett

Abb. 111 Anonym (Frans Hogenberg?), *Christus auf dem Heuhaufen*, 16. Jh.; Radierung; Brüssel, Koninklijke Bibliotheek van België, Prentenkabinett

Abb. 112 Nachfolger von Hieronymus Bosch (?), *Die Grablegung Christi*; Feder und Pinsel, in Braun, 25 x 35cm; London, British Museum

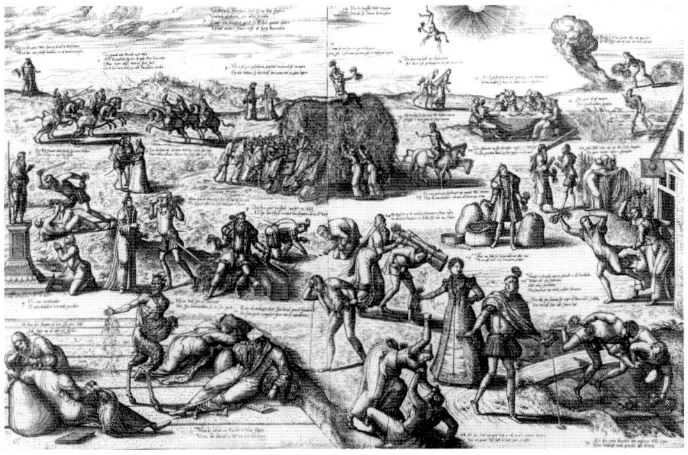

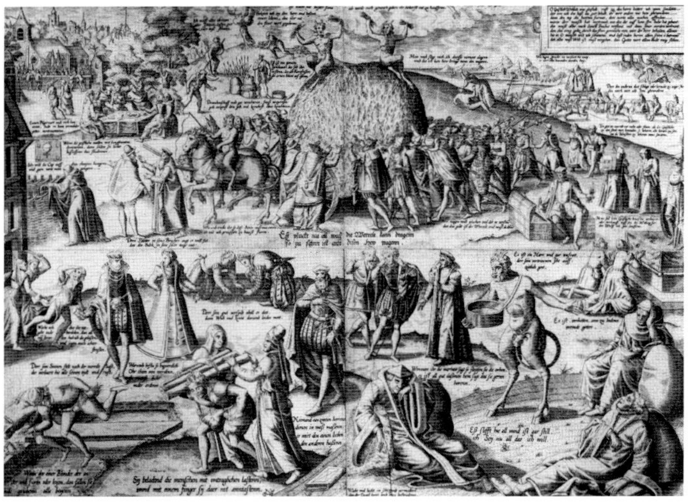

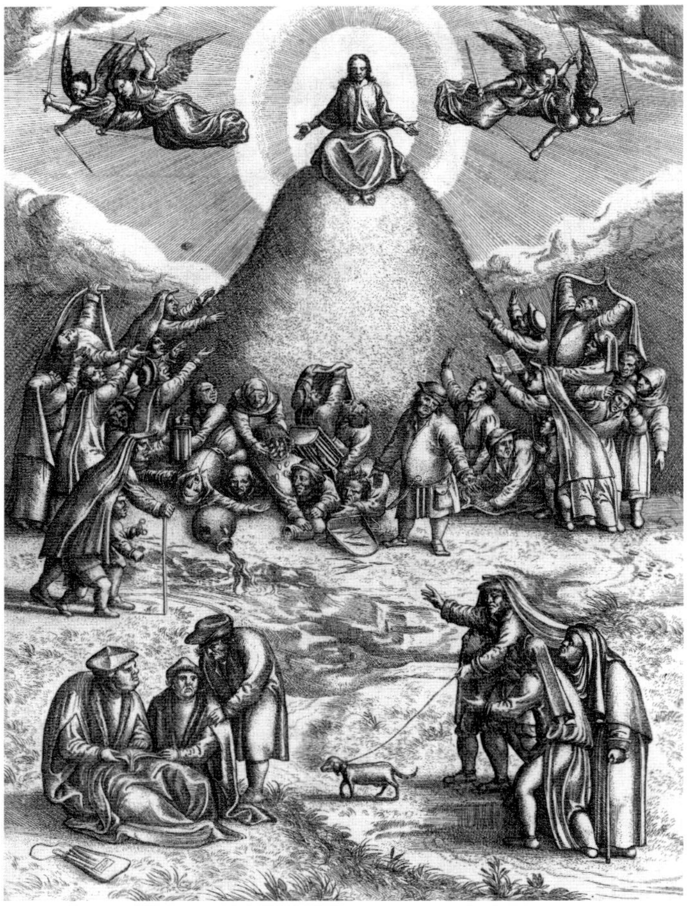

Kaufleuten zwängt sich durch eine Seitentür ins Freie. Vor dem Tempel sitzen einige Bettler, die mit ihren entstellten Gliedmaßen Mildtätigkeit erheischen. Links behandelt ein quacksalbernder Zahnzieher eine Frau, während ein Helfershelfer das Publikum bestiehlt, wie auf Boschs *Gaukler*. Bettler und *varende luyden* (fahrendes Volk) standen bei den Bürgern in schlechtem Ruf, sie galten als unehrlich und, so unterstellte man, trachteten nur danach, ihnen das Geld aus den Taschen zu ziehen.

Abb. 32

Der *Heuwagen*, eines der bekanntesten Werke Boschs, stellt die Kleinlichkeit des gewöhnlichen Menschen in einen weltumspannenden Zusammenhang, der sich zwischen der Schöpfung auf dem linken und dem traurigen Ende in der Hölle auf dem rechten Flügel erstreckt. Dazwischen bewegt sich ein von Teufeln gezogener Wagen, hoch mit Heu beladen. Eine bunte Menge folgt dem Wagen und kämpft mit unerhörter Verbissenheit, um etwas von dem Heu zu erhaschen. Wofür steht hier das Heu, warum erregt es das menschliche Verlangen so sehr? Aus den Wolken blickt Christus auf das wilde Geschehen hinab. Er hebt die Arme, um seine Wundmale zu zeigen. Aber dies erscheint eher als eine Geste der Verzweiflung. Die Menschen kümmern sich weder um ihn noch um den fürbittenden Engel auf dem Heuwagen. Offenbar zeigt das Gemälde, wie der sündige Mensch Gott und dessen Werke vergisst – und damit auch sich selbst und die eigene Bestimmung. Dem menschlichen Vergessen steht jedoch die Erinnerung Gottes gegenüber, der trotz allem seinen Heilsplan realisieren will. Christus erwirkte Erlösung, indem er anstelle der sündigen Menschheit deren Leiden auf sich nahm.

Abb. 13b

Erst durch sein helfendes Mitleid findet der Mensch zu einem neuen Gottesbewusstsein und somit zu sich selbst. Durch das stellvertretende Opfer seines Sohnes „vergisst" Gott die Schuld des Menschen. Dieser Gedankengang wird in den theologischen Schriften dieser Zeit ausführlich behandelt. Vermutlich steht diese Vorstellung auch hinter Boschs Gemälde, das ja immerhin Christus darstellt, der seine Wundmale zeigt. So lenkt er die Aufmerksamkeit auf seinen Opfertod, durch die er die Menschheit aus ihrer „Gottvergessenheit" errettete.

Unterhalb von Christus befindet sich ein blauer Teufel, der auf seinem eigenen Flötenrüssel musiziert. Darüber lockt eine an einen Ast gebundene Eule Vögel an, die sich auf den mit Leim bestrichenen Zweigen niederlassen, und so gefangen werden sollen. Beide Motive sind für das Gesamtverständnis des Gemäldes wesentlich, denn zweimal wird hier die Idee des „betrügerischen Anlockens" formuliert. Die Eule als Locktier beim Vogelfang wurde oft motivisch mit Liebe und Wollust verknüpft. So auch hier: Auf dem Heuwagen befindet sich ein liebkosendes Paar. Der teuflische Spielmann ist komplett in Blau gehalten, der Farbe der Scheinheiligkeit und des Betrugs (so auch auf Bruegels berühmter Tafel *Niederländische Sprichwörter* oder der *Blauen Heuke*). Bei der Antwerpener *Ommegang*-Prozession von 1563 führte man einen Heuwagen mit, auf dem ein Teufel saß, der „Betrügerische Verlockung" hieß. Auf dem Gemälde hat der Teufel einen Flötenrüssel oder *Trompe*, auf dem er musiziert. *Trompen* bedeutete „betrügen", und Spielleute galten par excellence als betrügerische Verführer, z.B. der Jugend. Auch die Gleichsetzung von Teufel und Vogelfänger ist nicht unbekannt. Er ist hier der Vogelfänger, sein Lockmittel das Heu. Was aber meint „Heu"? Heu war im 15. und 16. Jahrhundert in der niederländischen Folklore ein vielseitig verwendetes Motiv, dessen Grundbedeutung die der „Nichtigkeit, Unwichtigkeit" war. Unter dem Einfluss einer religiös-moralischen Tradition, die alles Weltliche als Eitelkeit ansah, wurde Heu in der volkssprachigen Literatur zum Sinnbild irdischen Guts und weltlichen Verhaltens. Durch Menschen, die sich um jeden Preis des Heus bemächtigen wollen, konnte die Jagd auf materiellen Besitz und Sinnenfreuden verständlich dargestellt werden. Freilich führt das menschliche Besitzstreben zu einem fatalen Ende: Denn da es der Teufel selbst ist, der den Menschen betrügt und zu irdischen Begierden verlockt, sind diesem Höllenstrafen gewiss.

Das Motiv des Heuwagens ist keine Erfindung Boschs, sondern war bereits aus Liedern des 15. Jahrhunderts vertraut. Heuwagen wurden außerdem in städtischen Prozessionen mitgeführt, wobei das Gefährt von allegorischen Personifikationen mit Textbanderolen (*Prosen*) begleitet wurde, die jeweils einen bestimmten Aspekt verwerflichen Verhaltens heraufbeschworen. Mehrere Szenen im Vordergrund von Boschs *Heuwagen* sind den *Prosen* solcher Prozessionswagen vergleichbar. Mit „Heu" assoziierte man zudem folgende Verhaltensarten: Gefräßigkeit, Torheit, Unzucht, Habgier und Betrug. Boschs *Heuwagen* stellt demnach einen Schmähspiegel diverser verwerflicher, „närrischer" und sündhafter Formen menschlichen Handelns dar. Hiermit stimmt die älteste Interpretation von Boschs *Heuwagen* überein, und zwar Ambrosio de Morales' (1513-1591) Schrift über die sogenannte *Tafel von Cebes*, ein eventuell aus dem 1. Jahrhundert stammender Text, der Maler im 16. und 17. Jahrhundert mehrfach inspirierte. De Morales erwähnt „ein anderes Gemälde, auf der in unserer Zeit, gleichsam in Nachfolge der Tafel von Cebes,

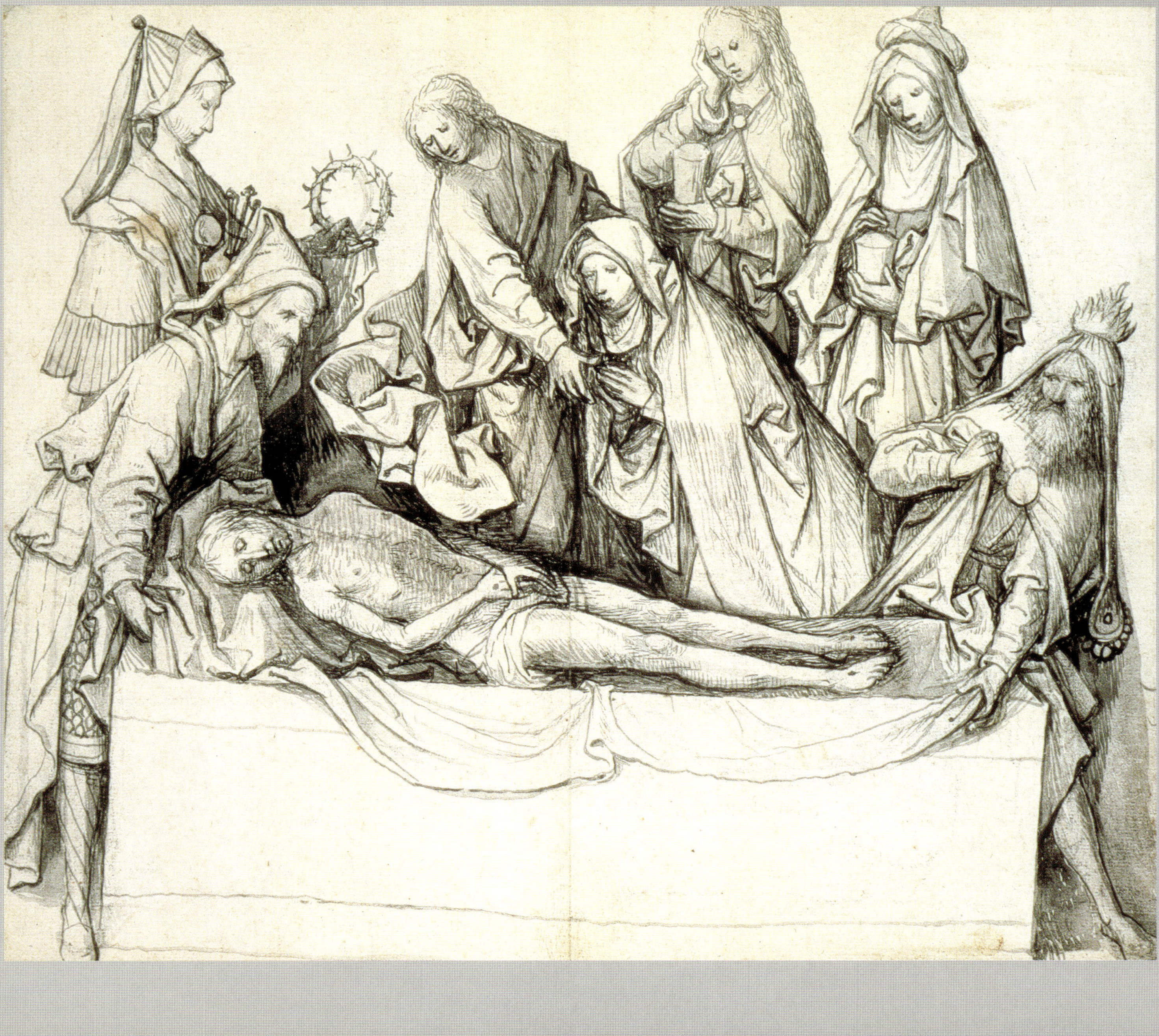

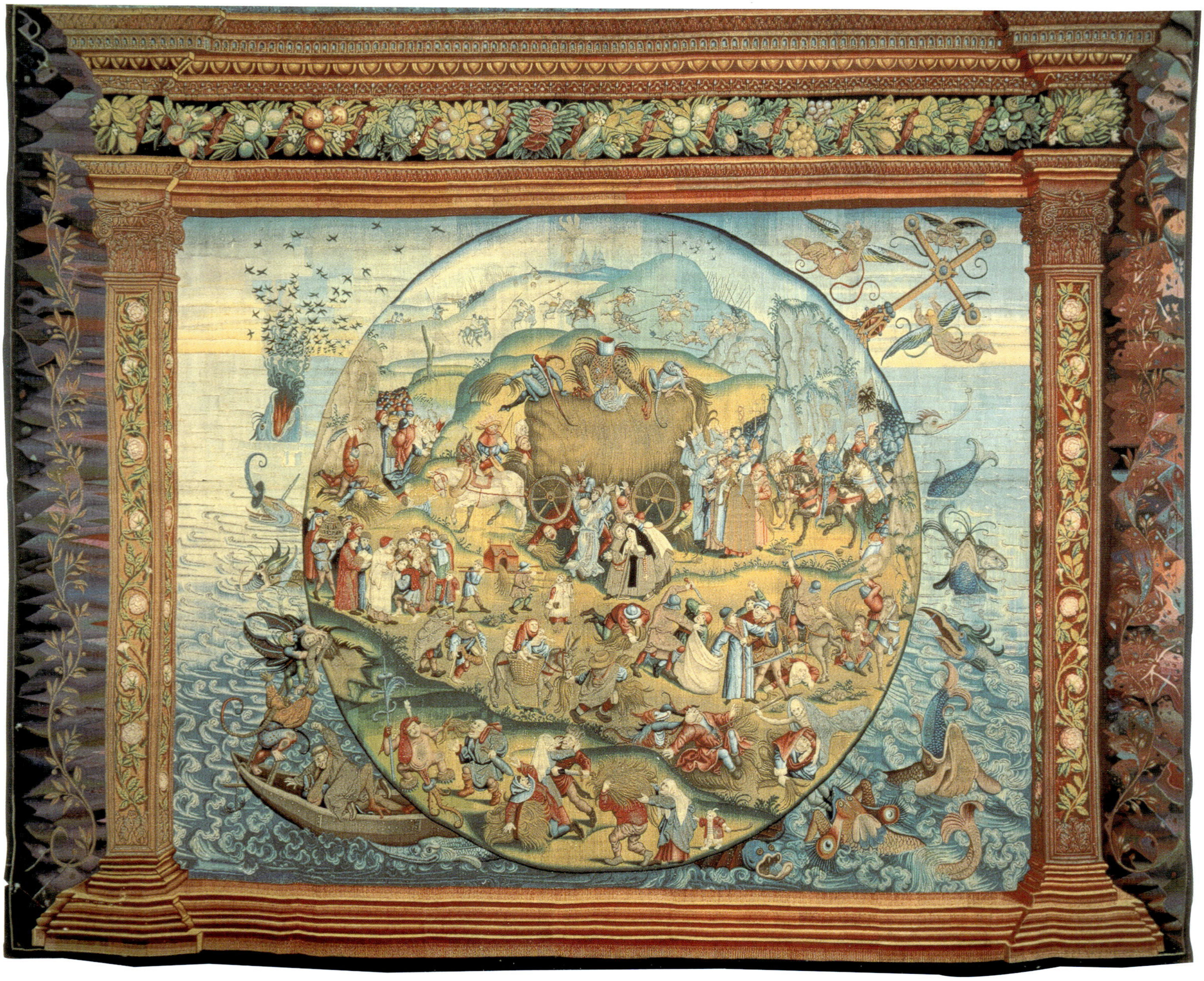

136

mit viel Scharfsinn und Gelehrsamkeit das menschliche Leben dargestellt ist … Er [*Bosch*] hat in diesem Gemälde mit bemerkenswerten geistigen Ratschlägen und äußerster Meisterschaft sehr wohl unser gesamtes elendes Leben und die heftige Verzückung, die wir für dessen Eitelkeiten empfinden, dargestellt … und es ist, im Niederländischen, als ein Heuwagen aufzufassen, was in Kastilien so viel besagt, wie: ein ‚Wagen mit nichtigen Dingen'. Also ist der Wagen mit Heu tatsächlich ein ‚Wagen mit wertlosem Plunder' und stimmt seine Name mit seiner Bedeutung überein …" De Morales' Deutung trifft zu und ist keineswegs ins Bild „hineingelesen". Der Gelehrte kannte sowohl die Bedeutung des niederländischen Titels „Heuwagen" als auch dessen metaphorischen Gehalt. „Heu" konnte im 15. Jahrhundert folgende Assoziationen wecken: irdisches Gut, Habgier, Nichtigkeit, Vergänglichkeit und Betrug. Auf seinem Gemälde stellt Bosch dar, wie sehr der Mensch – unabhängig von Standes- und Landeszugehörigkeit – vom Streben nach unwürdigen irdischen Genüssen und Gütern besessen ist, darin aber zugleich zum Opfer des teuflischen Betrugs und der Versuchung wird. Er vergisst Gott und sich selbst, wodurch ihm ewige Verdammnis droht. Die Tafel kritisiert das Streben nach weltlichen „Eitelkeiten", nicht ausschließlich die Gier nach Geld und materiellem Besitz. Bosch stellt dieses Streben in einen größeren Zusammenhang und vertritt eine quietistische Haltung: Erstrebe nichts Weltliches – Geld, Besitz, Genuss –, denn die Strafe dafür wird die ewige Verdammnis sein. Dieser Gedanke kommt auch im Gemälde *Tod des Geizhalses* zum Ausdruck, das ursprünglich zusammen mit dem *Narrenschiff* und der *Allegorie der Gier* die Flügel eines Triptychons bildete, dessen Außenseite den *Hausierer* (Rotterdam) zeigte, während die Mitteltafel verschollen ist. In der Unterzeichnung hält der Sterbende einen kostbaren Kelch in der Hand, ein Detail, auf das bei der Ausführung des Gemäldes verzichtet wurde. Kelch und Geldsäcke lassen an eine Passage des mittelniederländischen *Boek van Gods voorzienigheid* (Buch der Vorsehung Gottes) denken. In der „Beifügung lehrreicher Exempel" liest man von einem reichen Mann, der auf seinem Sterbebett sagt: „ ‚Bringt mir mein Geld und lasst sehen, ob es mir nicht helfen kann, so wie ich es erhoffe.' Ihm wurde das Geld gebracht, und der reiche Mann sprach: ‚Oh mein Geld, kannst du mir nicht helfen, dass ich jetzt nicht sterbe, denn du weißt doch, wie sehr ich dich geliebt habe, und ich habe mich sehr darum bemüht, dich zu besitzen, wo ich auch war'." Als das Geld nicht zu helfen scheint, lässt er „seine Kleinode und alle seine Silberschalen" holen; als auch das nichts hilft, beißt er in eine Schale und stirbt. In verschiedenen Sterbebüchern (*Ars moriendi*) des 15. Jahrhunderts

Abb. 21

Abb. 113 Unbekannte Brüsseler Werkstatt, *Heuwagen und Weltkugel*, 1550-70 (Entwurf vor 1542); Tapisserie, Gold, Silber, Seide und Wolle, 298 x 373 cm; Madrid, Patrimonio Nacional, Palacio Real

bringt der Teufel den Sterbenden dazu, sich um sein Geld zu sorgen. Ähnliche Darstellungen des Totenbettes findet man in privaten Gebetbüchern des 15. Jahrhunderts, beispielsweise dem Stundenbuch der Katharina von Kleve (wo man im Vordergrund ebenfalls einen Mann erkennt, der etwas in eine Schatzkiste legt bzw. herausnimmt), den *Grandes Heures de Rohan* (wo der Tod mit Pfeil und Sarg unter den Armen das mit einem hölzernen Tonnengewölbe bedachte Sterbezimmer betritt), oder dem Stundenbuch der Margarete von York (Analogien zu Boschs Komposition: das Himmelbett und ein sich tief erstreckender Raum mit hölzernem Tonnengewölbe). Für sein Gemälde hat Bosch sich wohl von einer ähnlichen Miniatur oder einem Holzschnitt inspirieren lassen. Meistens hat man die Darstellung seit jeher so aufgefasst: ein Sterbender zwischen einerseits dem Engel, der auf das im Fenster erscheinende Kruzifix und den von dort ausgehenden Lichtstrahl weist, sowie andererseits dem eintretenden Tod und den Teufeln. Einer der Teufel bietet dem Sterbenden einen Geldsack an, ein zweiter präsentiert ihm ein Dokument, ein dritter verschwindet unter der Schatzkiste, ein nächster sitzt darin, ein fünfter stützt im Vordergrund melancholisch seinen Kopf auf eine Balustrade und schließlich hockt einer der Teufel mit einem Feuergefäß auf dem Baldachin des Bettes. Dass sich Boschs Darstellung auf die Habgier bezieht, war immer deutlich. Problematisch war hingegen die Deutung der verschiedenen Objekte, vor allem der Waffen.

Anne Morganstern hat in einer kurzen Studie überzeugend nachgewiesen, dass hier ein Pfandleiher bzw. Wucherer dargestellt ist. Aus Inventaren von Pfandleihern aus dem 14. Jahrhundert sowie weiteren Dokumenten geht hervor, dass im Wesentlichen Kostbarkeiten, Waffen und Kleidungsstücke zu Pfandleihern getragen wurden. Gerade diese drei Arten von Gegenständen, die hier zunächst funktions- und zusammenhanglos erscheinen, erkennt man auf Boschs Gemälde. Eine auf Bosch zurückgehende (?) Darstellung, die *Sieben Todsünden in einer Weltkugel-Schale*, illustriert die Habgier, Abb. 154
d.h.die *avaritia*, durch einen Pfandleiher, der Kleider, ein

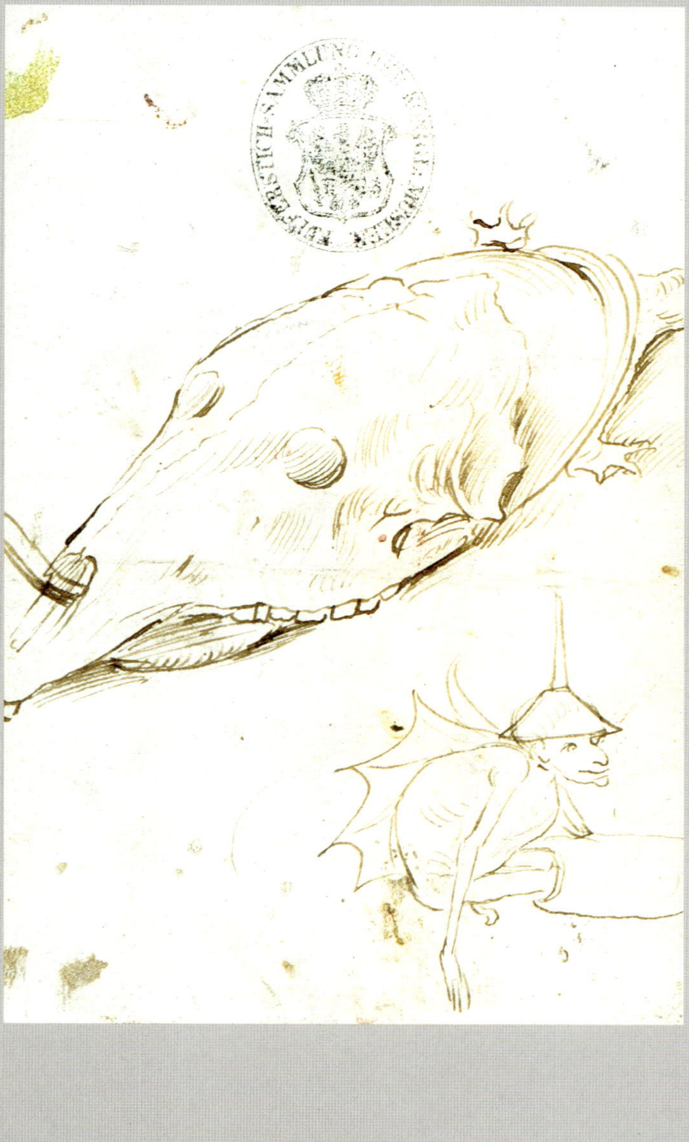

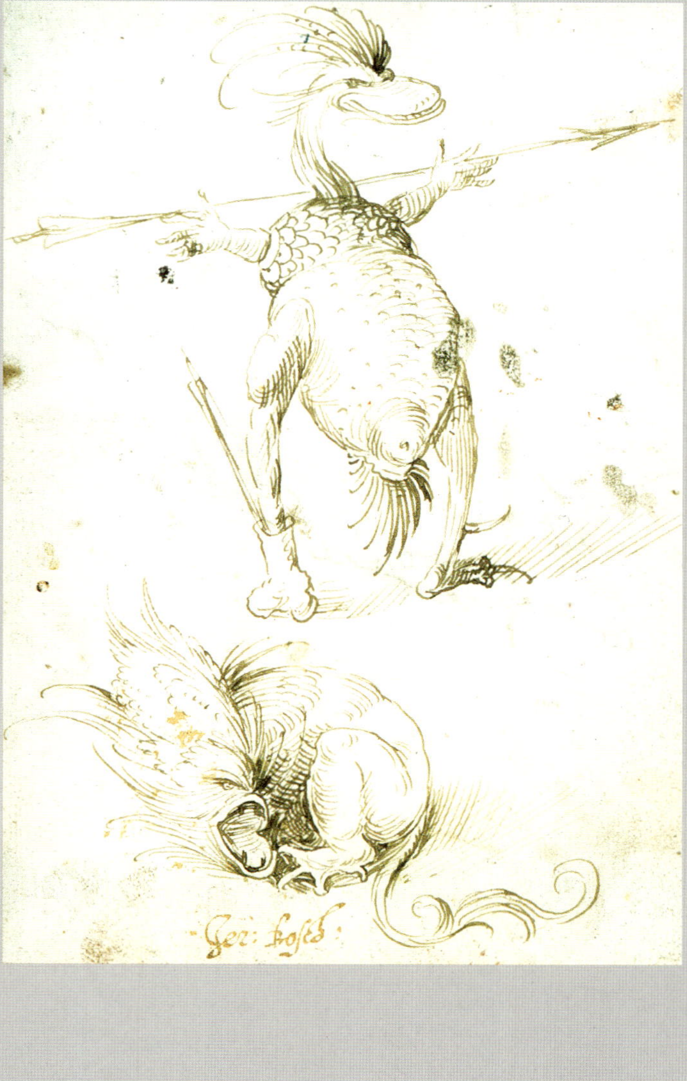

Abb. 114a-b Hieronymus Bosch, (a) *Zwei Fantasiewesen, eine mit einem Schädel als Schild,* (b) *Zwei Monstren, davon eines mit einem Pfeil*; Feder, in Braun, 16,3 x 11,7 cm; Berlin, Staatliche Museen zu Berlin, Kupferstichkabinett

Abb. 115 Anonym, *Ars Moriendi*, Köln, Nicolaus Götz, um 1475; Holzschnitt, 27,7 x 19,2 cm aus einer Inkunabel (fol. 11r); St. Agatha, Stichting Sint Aetgen

Abb. 116a-b Hieronymus Bosch (?), (a) *Das Konzert im Ei*, (b) *Die Versuchung des hl. Antonius*; Feder, in Braun, 25,7 x 17,6 cm; Berlin, Staatliche Museen zu Berlin, Kupferstichkabinett

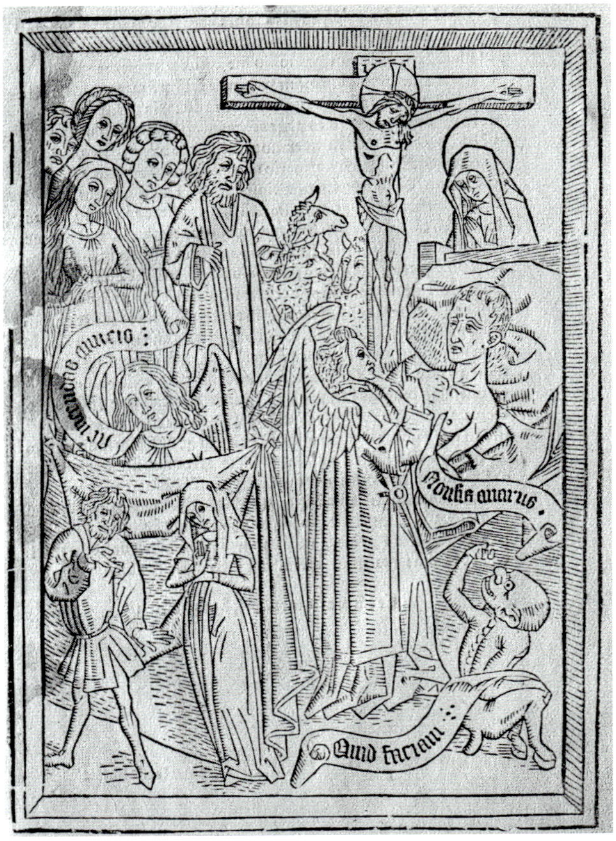

Schwert und Geldstücke um sich aufgetürmt hat und dabei ist, einen Gürtel von einer alten Frau entgegenzunehmen. Der sterbende Geizhals macht sich hier also nicht nur allgemein der Todsünde der Habgier schuldig, sondern sogar deren spezieller Form des Wuchers, der zur Zeit Boschs zutiefst verabscheut wurde. Denn Forderungen von Zins oder Pfand verstießen gegen die Kirchenlehre: Einen Zins zu fordern, hieß, die Zeit, die allein Gott gehörte, zu verkaufen, indem man durch „steriles" Geld Erträge erwirtschaftete. Das biblische Zinsverbot wurde im Alltag oft durch den *cambio seco* umgangen, den trockenen Wechsel, den der Wucherer verwahrte. Bei den in der Truhe des Sterbenden gelagerten Schriftstücken, die ein Teufel ostentativ emporhält, mag es sich vielleicht um solche Wechsel handeln. Der Geizhals macht sich also einer Wucherform schuldig, die auch im

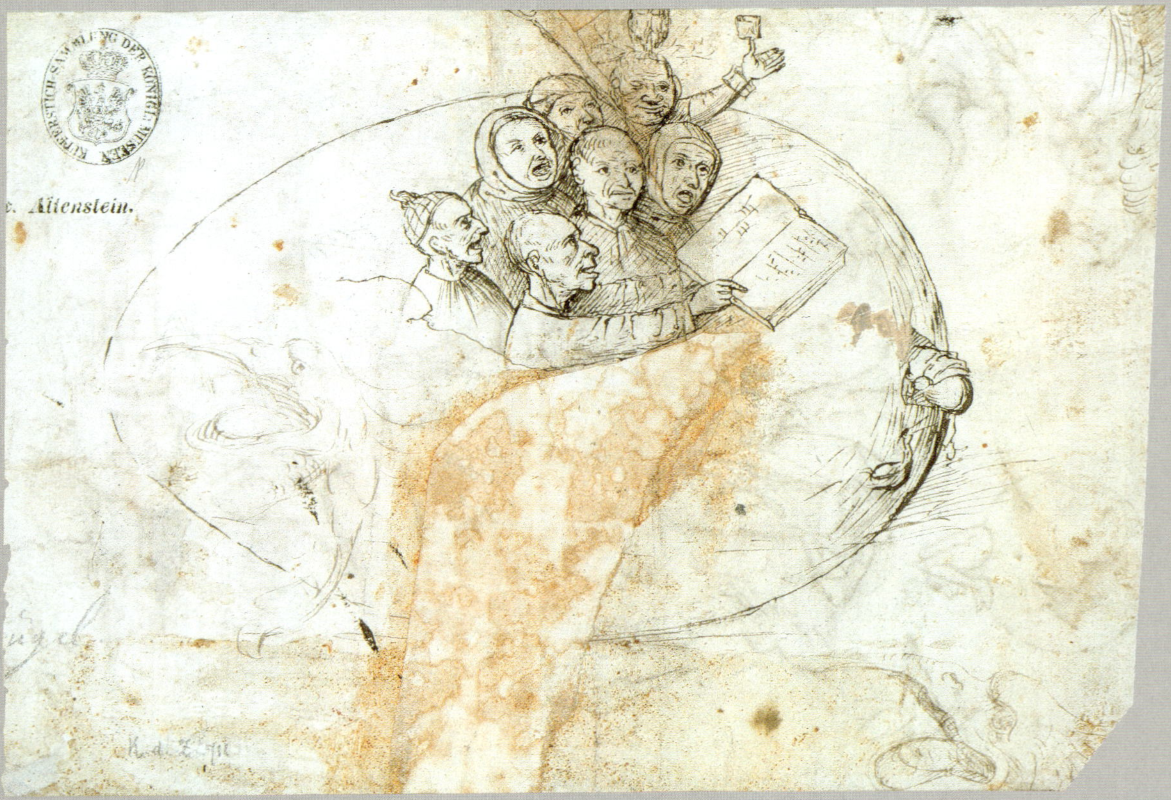

Spätmittelalter – als kirchliche Autoritäten hinsichtlich der sich rasant entwickelnden Wirtschaftspraxis hier recht flexibel reagierten – von der Kirche stets missbilligt wurde. Zugleich könnte man vermuten, dass Bosch hier ein *heimliches* Leihhaus darstellte, da die Pfandgüter in einem gewöhnlichen Schlafgemach aufbewahrt werden, und nicht in Geschäftsräumen. Das Gegenstück zum *Tod des Geizhalses* war, wie gesagt, das sogenannte *Narrenschiff* und die *Allegorie der Gier*, wobei beide Darstellungen ursprünglich eine Tafel bildeten, die irgendwann zersägt worden ist. Diese Bilder formten ursprünglich eine *Anklage zügelloser Festbesucher*. Hier kritisierte Bosch das Gegenteil von Habgier: den Rausch der Verschwendung.
Die Vorstellung von richtigem und maßvollem Umgang mit Geld und Gütern liegt auch dem Erfolg der Texte und Darstellungen des Verlorenen Sohnes zugrunde. Das Thema kam in der Kunst bereits im dritten Viertel des 14. Jahrhunderts vor und fand um 1425 Eingang in die Tapisseriekunst. In der Malerei wurde dieses Sujet indes erst im frühen 16. Jahrhundert geläufig. Dabei fällt auf, dass meist das verschwenderische Leben des Verlorenen Sohnes hervorgehoben wird, und nicht, wie in der neutestamentlichen Parabel, dessen reuige Heimkehr und der Empfang. Dem Menschen des 16. Jahrhunderts ging es offenbar weniger um die evangelische Bedeutung der Geschichte. Der Verlorene Sohn war auch ein beliebtes Bühnenmotiv. Um 1510 schrieb der Humanist Macropedius (1475-1558) in 's-Hertogenbosch das Theaterstück *Asotus* (Verschwender). Vor allem auf Schulbühnen wurde die Geschichte gezeigt, um die Notwendigkeit pädagogisch-moralischer Erziehung der Jugend, und, falls nötig, deren Bestrafung zu demonstrieren. Um 1500 bauten ganze Predigtreihen auf dem Thema auf, die dann, bisweilen mit Holzschnitten illustriert, im Druck erschienen. Soweit uns bekannt, hat Bosch das Thema des Verlorenen Sohnes nicht gemalt; unter dem Gesichtspunkt der moralischen Funktion folgt er jedoch in verschiedenen Szenen seiner Werke über Verschwendung und durch Spielsucht begründete Armut derselben Spur. Die Schriften der Rederijker enthalten zahllose Texte über Schein-Zünfte, deren Mitglieder ebenfalls Prasser und Vergeuder waren.
Das Thema der Verschwendung greift Bosch noch in zwei Zeichnungen auf: auf der einen schlägt ein Mann mit einer Laute auf den entblößten Hintern eines in einen Korb gekrochenen Mannes ein; aus dem Hinter fliegen Vögel empor. Die andere, eine flüchtige Skizze auf der Rückseite des genannten Blattes, zeigt dieselbe Komposition: Hier wurde der Lautenschläger durch eine Frau mit einem Waffeleisen bzw. einem

Abb. 93

139

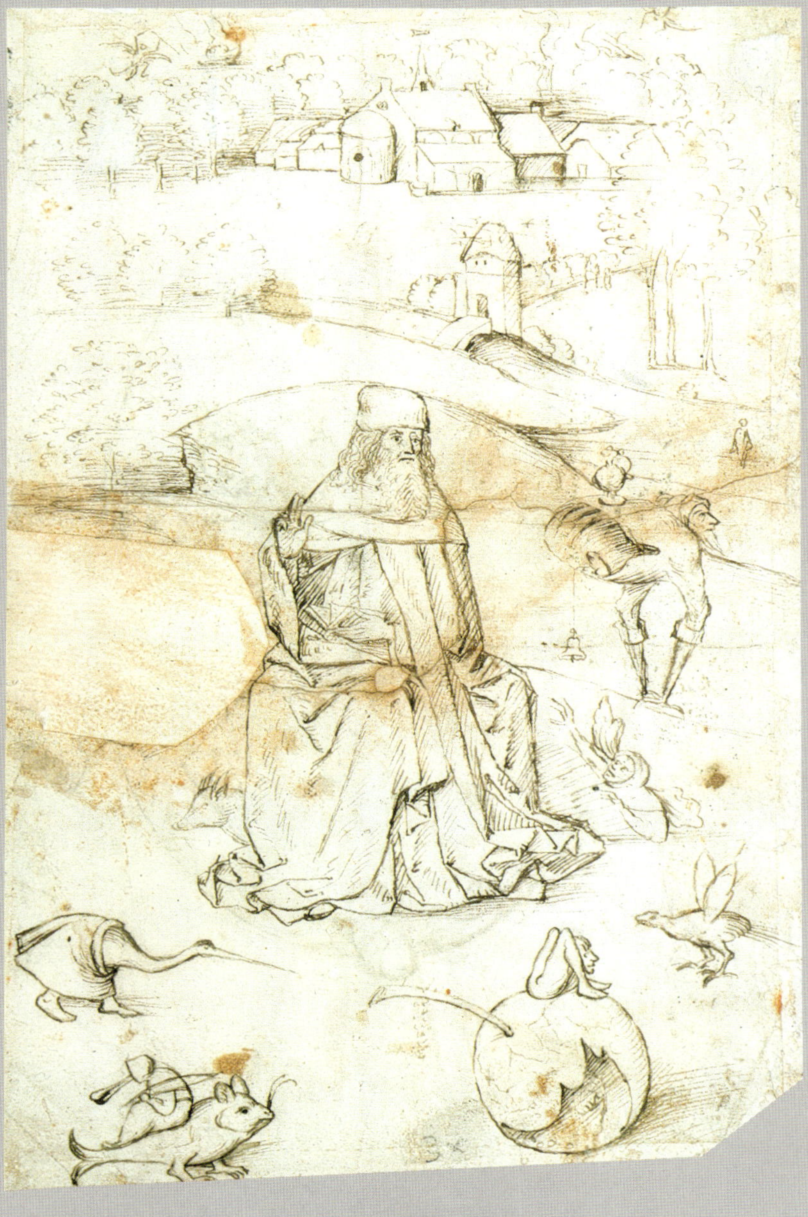

Abb. 117a-b Hieronymus Bosch (?), (a) *Sieben Monstren,* (b) *Monstren und andere Figuren schlagen auf jemanden ein, der auf einem Amboss liegt;* Feder, in Braun, 15,6 x 17,6 cm; Berlin, Staatliche Museen zu Berlin, Kupferstichkabinett

anderen Küchengerät ersetzt, das aus der Ikonografie des Karnevals geläufig ist. Auf mehreren Werken Boschs – den Versuchungsszenen etwa – finden sich ähnliches Szenen.
Die Zeichnung, bei der Vögel aus dem Hintern des Mannes geschlagen werden, illustriert die niederländische Redensart *door de billen slaan* (durch den Hintern schlagen), die nichts anderes besagt als: verschwenden, durchbringen.
Dass Bosch gegen unproduktive Faulheit Stellung bezog, kann nicht erstaunen: Ein Stich des 16. Jahrhunderts spiegelt eines seiner Werke wider, das verschiedene Sprichwörter und Redensarten verbildlicht. Die Darstellung fand bislang kaum Beachtung, denn da ein früher Druck den Namen Cornelis Massys führt, wird sie mitunter im Zusammenhang mit dessen Œuvre erörtert. Dennoch verraten mehrere Motive, dass das Blatt unmittelbar auf Bosch zurückgehen muss: ein Mann mit den dürren Zweigen auf seinem Kopf zur Linken, daneben ein Mann mit Blumenmustern auf dem Mantel; dazu kommen die zahlreichen altmodischen Sackmützen, hennenartige und zweispitzige Frauenkopfbedeckungen sowie das hässliche Kind vorn rechts. Die Gefahr und die Folgen der Faulheit werden unten erläutert: „Ach, das ganze Volk wird nicht sehr reich werden, sondern seine Tage in Armut beenden … Und viele Zeitverschwender mehr sieht man in großer Zahl. Ihren Müßiggang werden sie am Ende sehr beklagen, denn die verlorene Zeit wird nicht wiederkommen. Dies ist die Wahrheit, nach der Erkenntnis des Weisen. Verwendet die Zeit also rechtschaffen und fleißig." Hier propagiert Bosch also Arbeitseifer und rechtschaffene Verwendung der Zeit.
Im Mittelalter hat die theologische Überlieferung Arbeit als von Gott gewollt betrachtet. Die bestehende Gesellschaftsordnung ist von Gott gegeben, und jeder Stand hat daher seine Pflichten zu erfüllen, so schwer diese auch sein mögen. „Arbeit" wird stets als Pflicht und Verpflichtung begriffen, nie als etwas Angenehmes. Sie zielt letztlich auf ewige Seligkeit, nicht auf die Befriedigung materieller Bedürfnisse. „Arbeit" war also kein Wert an sich, wie in den späteren Jahrhunderten, sondern lediglich Pflicht und Mittel eines höheren Zieles. Im Rahmen des stadtbürgerlichen Wertesystems wuchs die Bedeutung von „Arbeit" kontinuierlich. Seit dem 14. Jahrhun-

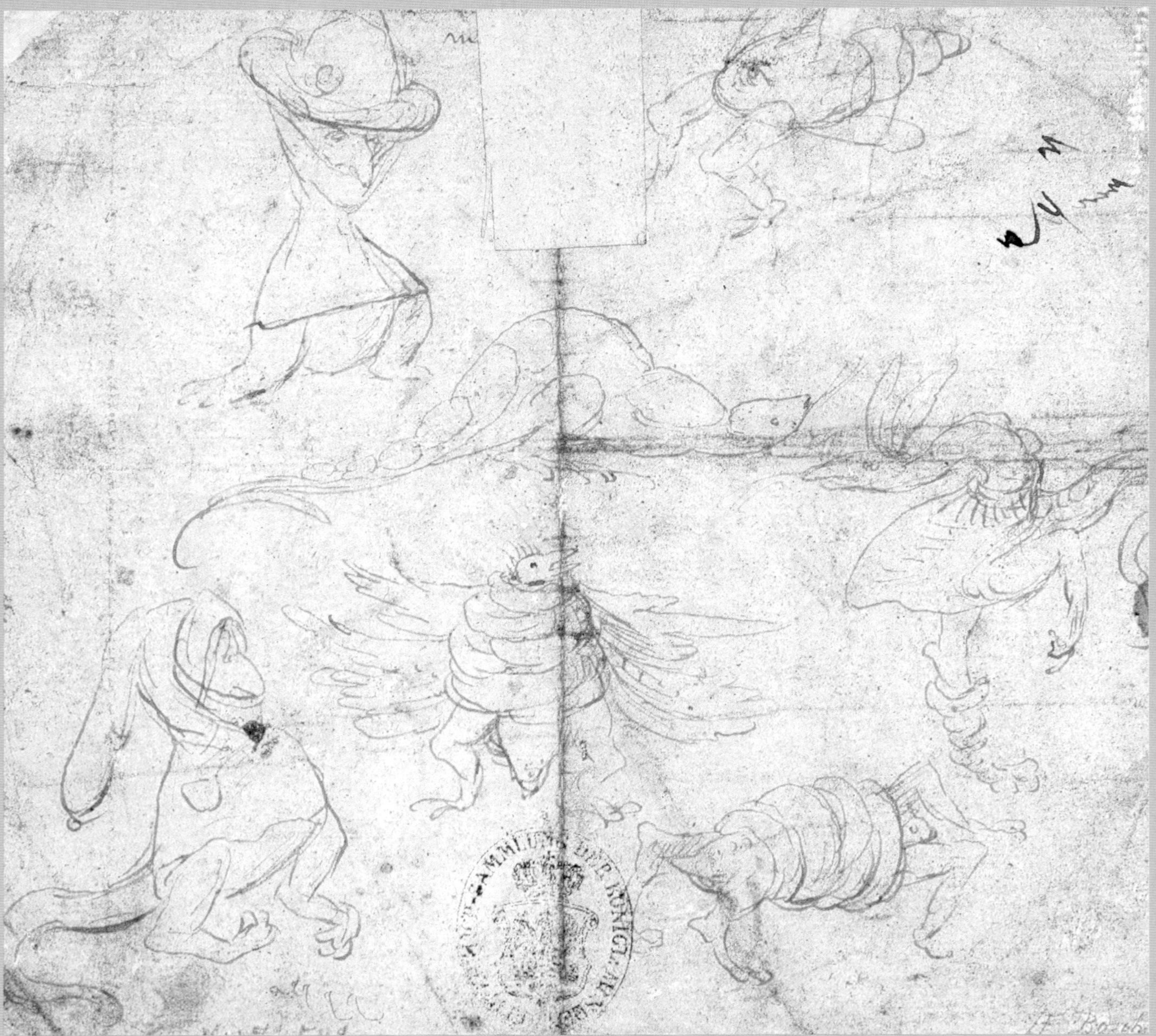

dert war es der „ehrbare, rechtschaffene Bürger", der sparsam, maßhaltend, pflichtbewusst und fleißig seinen Beruf ausübt. Es bestand ein Unterschied zwischen dem archaisch-ländlichen und dem bürgerlichen Arbeitsethos. Ersterer stand im Dienste des Nahrungs- und Kleidungserwerbs für den Verbraucher selbst. Eine Sehnsucht nach dem Schwelgen, von Nahrung im Überfluss, war vielen nicht-städtischen und unbürgerlichen Lebensgemeinschaften eigen. Vor dem Hintergrund einer Überlebensökonomie, die keine Überschüsse kennt, ist dies durchaus nachvollziehbar. Bosch indes schließt sich dieser Vorstellung nicht an. Er weist den übermäßigen Getränke- und Nahrungskonsum entschieden zurück, den er häufig dem „niederen Volk" vorhält. Er propagiert die Lasten und lehnt die Lüste ab.
Ebenso wenig verteidigt Bosch freilich das hemmungslose Anhäufen von Geld und Besitz. Die „Frühkapitalisten" gehörten sozial zu den Großproduzenten und Handelsbürgern (internationaler Handel, Groß- und Geldhandel). Bürgerliche Handwerker dagegen huldigten – und zwar ungeachtet ihres Insistierens auf den Wert von Besitz und der Verwerflichkeit des Faulenzens – einer wirtschaftlich „konservativeren", sich auf das mittelalterliche Zunftsystem stützenden Moral des mäßigen, legitimen Gewinns und lehnten ein ungebremstes Streben nach Reichtum ab. Bosch stellt diese Haltung fast als ein Ideal dar,das auch von einigen Gelehrten, so etwa den Scholastikern des Frühhumanismus, geteilt wird. Zu ihnen zählt unter anderem der elsässische Humanist Sebastian Brant (1457-1521), Autor des berühmten *Narrenschiffes* (1494). Brants Wirtschaftsideal ist eine natürliche Ökonomie, die sich nicht dem internationalen Merkantilismus öffnet, sondern sich auf Landwirtschaft – der Brant, trotz seines Misstrauens den Bauern gegenüber, einen heiligenden Wert zuerkennt –, auf gewissenhafte Handarbeit sowie auf ehrlichen und direkten Warenaustausch stützt. Ein archaisches, geradezu biblisches Ideal. Brant ist Fürsprecher der Kleinproduzenten, Handwerker und Arbeiter. Er verurteilt den Handelskapitalismus auf moralischer Grundlage, und dieses Urteil wird von der niederländischen Rederijkerliteratur geteilt. Dort missbilligt man unrechtmäßigen Besitzerwerb durch Betrug oder unerlaubte Mittel, hortende Geizhälse, Diener des Mammons, aber auch deren Gegenteil. Bereits Jacob van Maerlant widersetzte sich der zu Armut führenden Verschwendung: „Und demjenigen, der sein Gut maßlos zum Fenster herauswirft, kann es nicht anders ergehen, als dass er bald als Narr im Hafen der Armut landet." Vor allem im 15. und 16. Jahrhundert schlägt sich dieser Gedanke im städtischen Bürgertum nieder.

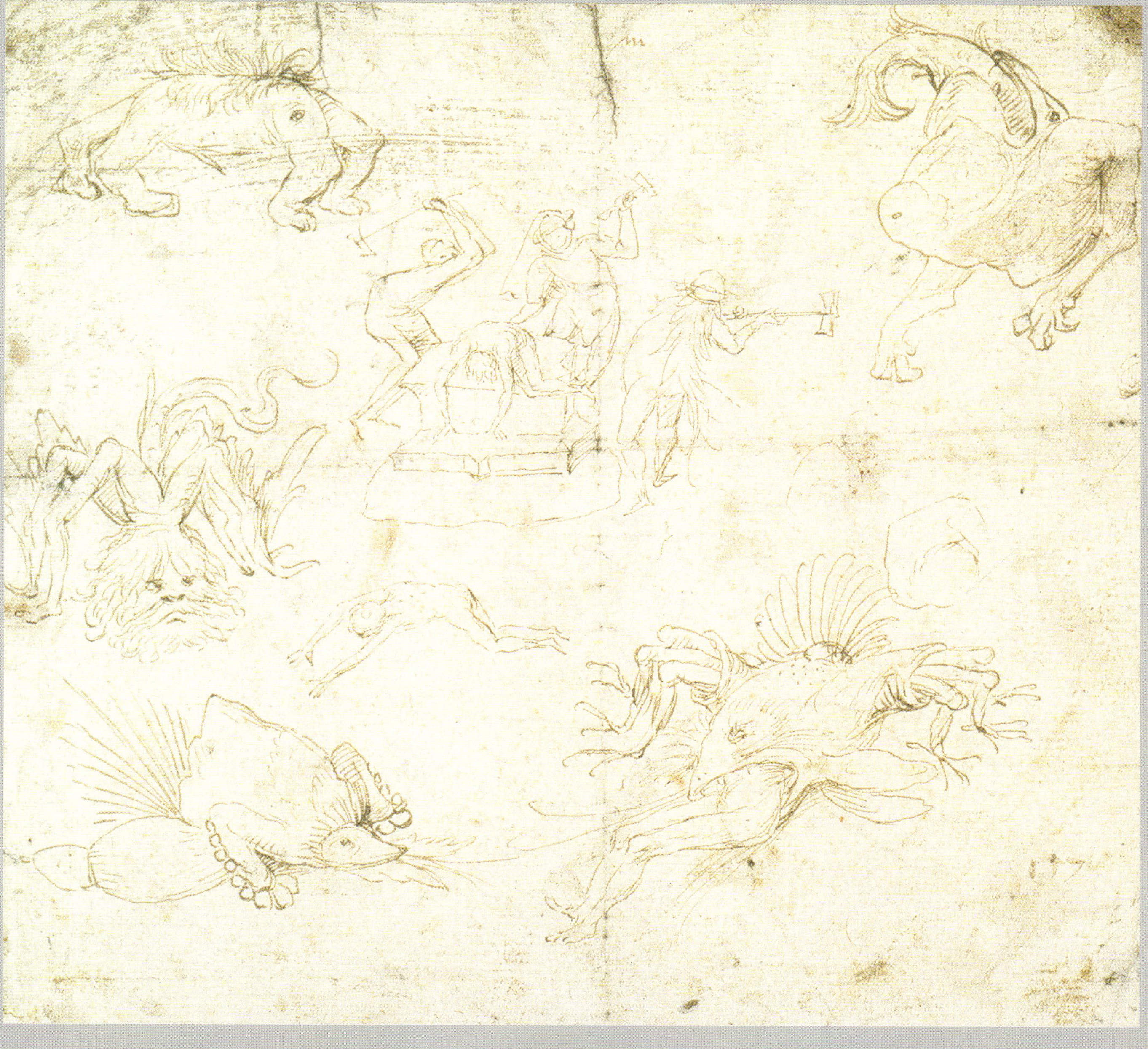

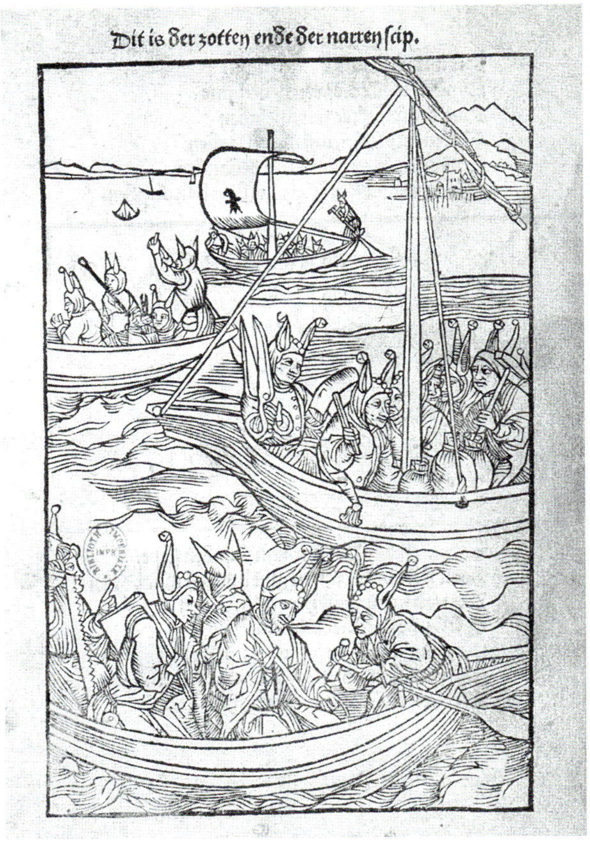

Abb. 118 Sebastian Brant, *Das Narren Schyff*, verlegt bei G. Coopman, Paris 1500; Paris, Bibliothèque Nationale de France

Verschwendung ist eine der Haupttorheiten in den Refrains der Rederijker, welche die fröhlichen, sorglosen Geister rügen, die „lachend arm" werden. Wie diese Dichter missbilligt Bosch die Habgier (*Heuwagen*) und den Wucher (*Tod des Geizhalses*), aber ebenso die Verschwendung und die durch eigene Schuld verursachte Armut (durch Prassen, Verschwenden und Faulheit). Die Werte und Normen, auf denen die Werke Boschs gründen, sind klar: erstens eine gemäßigte Haltung gegenüber Geld und Besitz (weder Habgier noch Verachtung von Besitz; Ablehnung des Wuchers), zweitens der maßvolle und rationelle Gebrauch von Geld und Besitz (weder Geiz noch Verschwendung) und schließlich, drittens, das Lob der Arbeit.
Dass die Wahrung materieller Selbsterhaltung betont wird, fällt ins Auge. Sie geht mit dem Gefühl der konstanten Gefährdung der moralischen Integrität einher. Die Angst vor materiellem Untergang und moralischer Zerrüttung des Individuums ist ein fundamentaler Zug der bürgerlichen Kultur um 1500. Das „Ich" wird als eine äußerst schwache Entität angesehen, die sich fortwährend zur Wehr setzen und standfest bleiben muss. Dies erklärt auch die damalige Wiederbelebung der stoizistischen Wertelehre. Bosch zählte zwar mindestens seit 1500 zu den wohlhabendsten Bürgern seiner Stadt, alles aber deutet darauf hin, dass seine eigenen Ideale vom Wirtschaftsleben nicht denen des Patriziats glichen, sondern vielmehr diejenigen einer subordinierten Gesellschaftsschicht repräsentierten – und zwar jener Gruppe des Handwerkertums, der er selbst entstammte.

Der Mensch als unvernünftiges Wesen

Bosch prangert negative Verhaltensweisen oder Sünden an, manchmal als Hauptthema seiner Darstellungen, manchmal mittels Dutzender von Nebenfiguren des Jüngsten Gerichts, der Höllen- oder Versuchungsszenen. Die Figuren werden oft durch symbolische Attribute als „närrisch", „dumm" oder „vernunftwidrig" gekennzeichnet. Warum sind fast alle Sünder oder Bösewichte bei Bosch „närrisch"? Eine Verbindung zwischen Tugend und Weisheit, Untugend und Unverstand hat man seit alters her erkannt. Später, im 15. Jahrhundert, kehrte man den Bezug um: Man ist so tugendhaft wie klug, man ist so

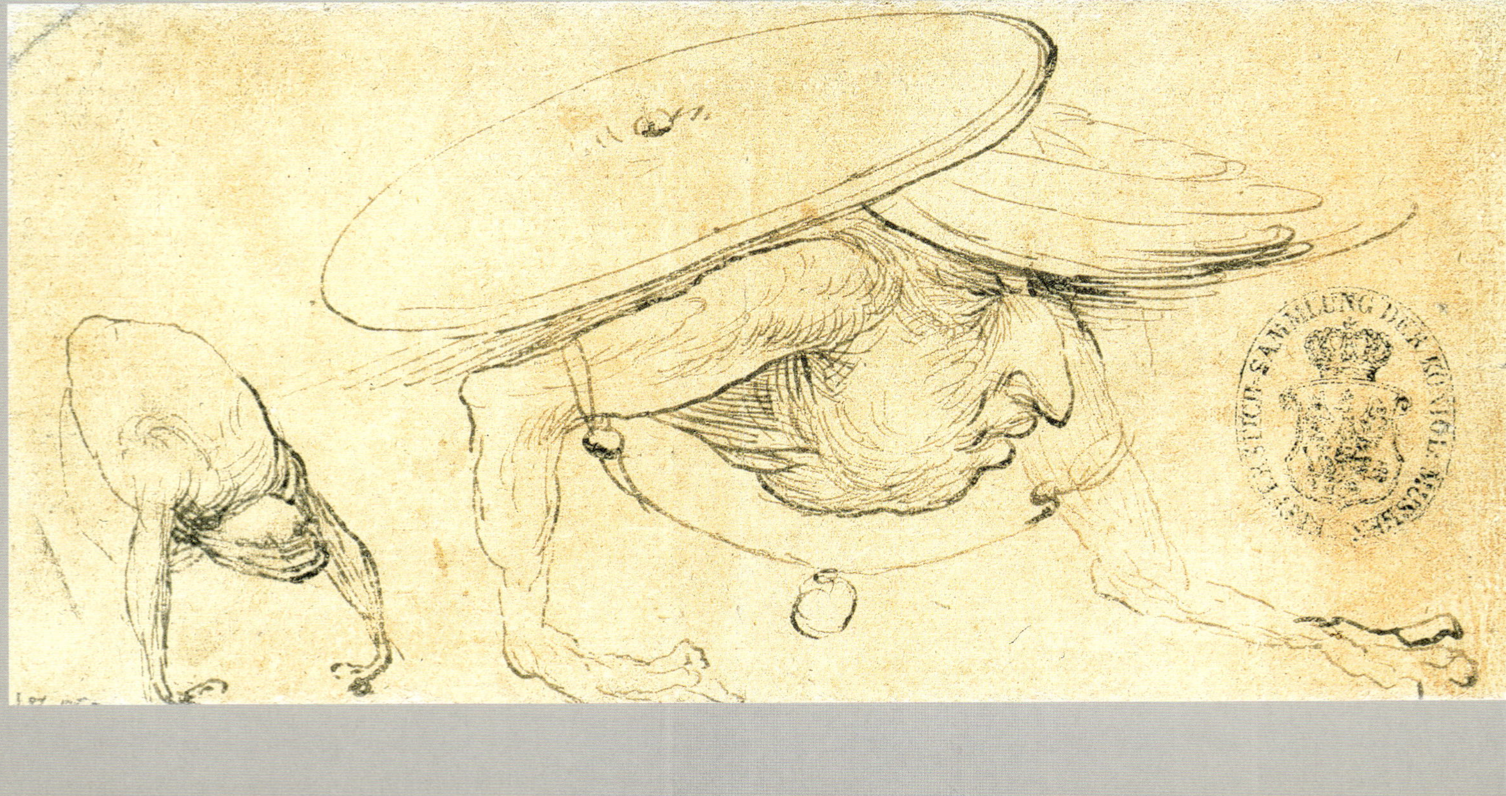

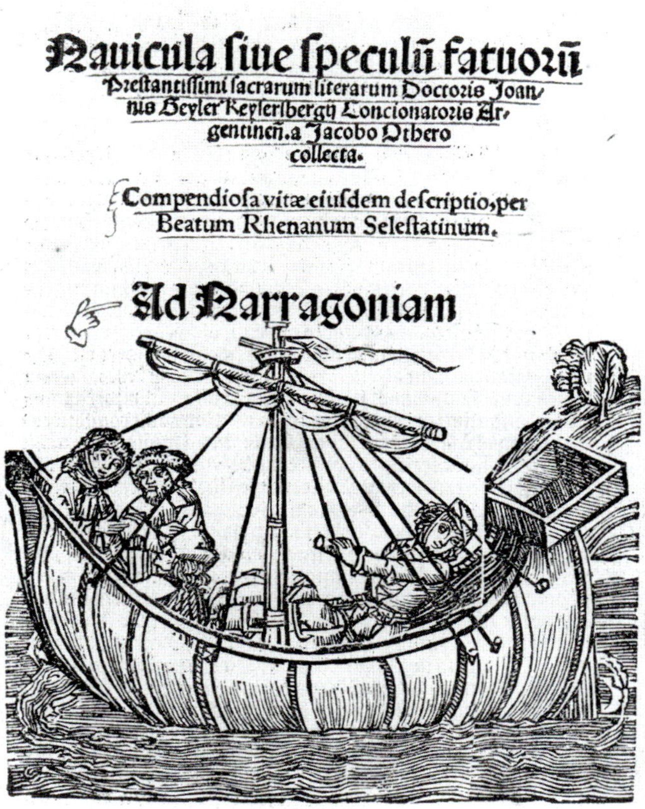

Abb. 119 Johann Geiler von Kaisersberg, *Navicula sive speculum fatuorum*, 1510; Trier, Stadtbibliothek

Abb. 120 Hieronymus Bosch, (a) *Kopffüßler und Ungetüm*, (b) *Zwei Monstren*; Feder, in Braun, 8,6 x 18,2 cm; Berlin, Staatliche Museen zu Berlin, Kupferstichkabinett

lasterhaft wie töricht. Viele moralische und literarische Schriften zeugen von dieser neuen Ethik, die sowohl in den Niederlanden als auch in den Nachbarregionen aufkommt. Am bekanntesten ist sicherlich das schon erwähnte *Narrenschiff*, ein Text des Sebastian Brant. Seitens der Kunstgeschichte hat man mehrmals eine Beziehung zwischen Boschs Tafel im Louvre und dieser Schrift herzustellen versucht, denn man erkannte die formale Analogie: In beiden Werken geht es um ein Schiff mit Narren. Aber die Bosch-Forschung hat sich weder mit dem eigentlichen Inhalt von Brants Text noch mit dem Narrenbegriff selbst beschäftigt. Die niederländischen, niederdeutschen, lateinischen, französischen und englischen Übersetzungen sowie die zahlreichen Nachdrucke, die fast gleichzeitig erschienen sind, veranschaulichen die enorme Popularität, die das Brant'sche *Narrenschiff* einst genoss. Das Werk wurde von den Zeitgenossen offenbar als ein Kristallisationspunkt empfunden, der das in Worten wiedergab, was jedermann beschäftigte. Das Schema des *Narrenschiffes* ist simpel: Als Narren gekennzeichnete Personen schiffen sich mit unbestimmtem Ziel ein. In mehr als hundert kurzen Kapiteln, die mit einigen allgemein-theoretischen Anschauungen durchsetzt sind, werden sie näher beschrieben und die Art ihrer „Narrheit" jeweils erläutert. Die Funktion des Werkes ist klar: „Zum Nutzen und zur heilsamen Lehre, Ermahnung zur und Befolgung der Weisheit, Vernunft und guter Sitten, und auch zur Verachtung und Abweisung von Narrheit, Blindheit, Verirrung und Torheit …". Was Brant Narrheit nennt, stimmt gelegentlich mit dem alten Schema der sieben Todsünden überein, meist ist dies jedoch nicht der Fall. Einige Narrheiten würde man heute als „Torheit" oder „Dummheit" begreifen, bei den meisten jedoch handelt es sich um unmoralische Verhaltensweisen oder Haltungen, die vom gesellschaftlichen Standpunkt aus verwerflich scheinen. In Brants Text vollzieht sich die Verschiebung von religiösen zu ethischen Normen. Für ihn werden Maß und Vernunft zum Kriterium von Moral. Der Narr, der Sünder: Das ist der maßlose und triebhafte Mensch, der – im Gegensatz zum Einsiedler – niemals Ruhe findet. Der Narrentypus selbst verkörpert (ebenso wie der des „Bauern") das Gegenteil vorbildlichen Verhaltens: zügellose Begierde, wildes Gebaren, das Wechselbad gegensätzlicher Gefühlszustände, maßlose Erregung. Dieser ungehemmte,

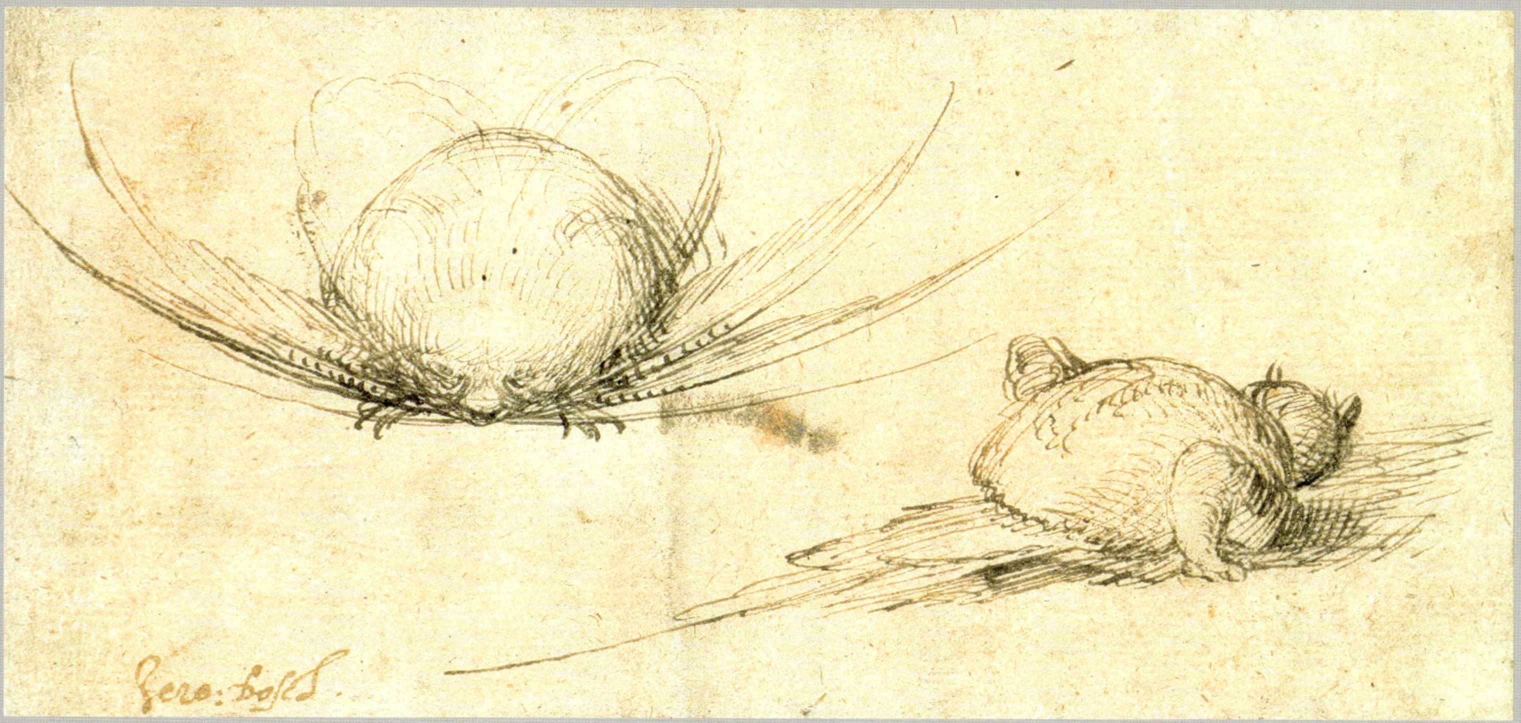

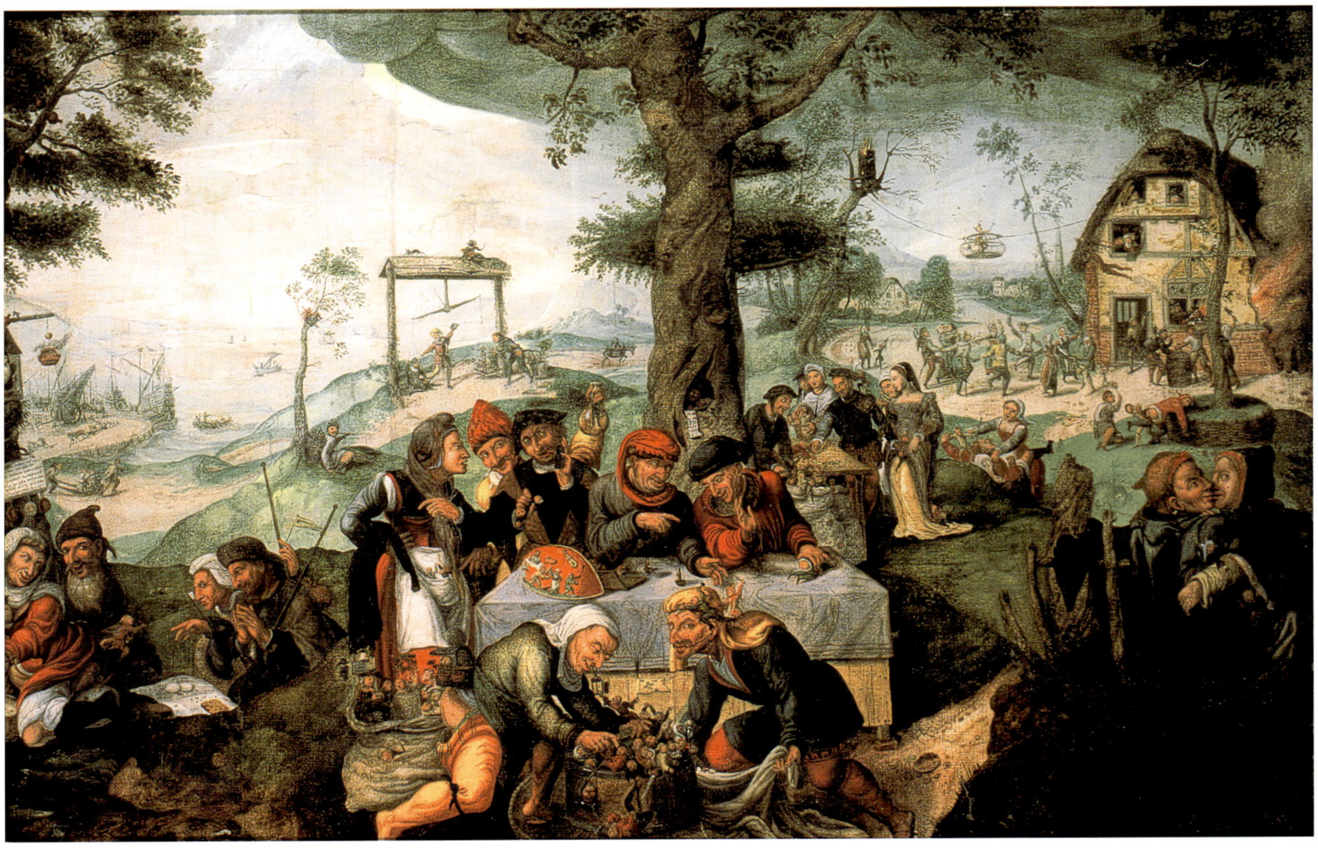

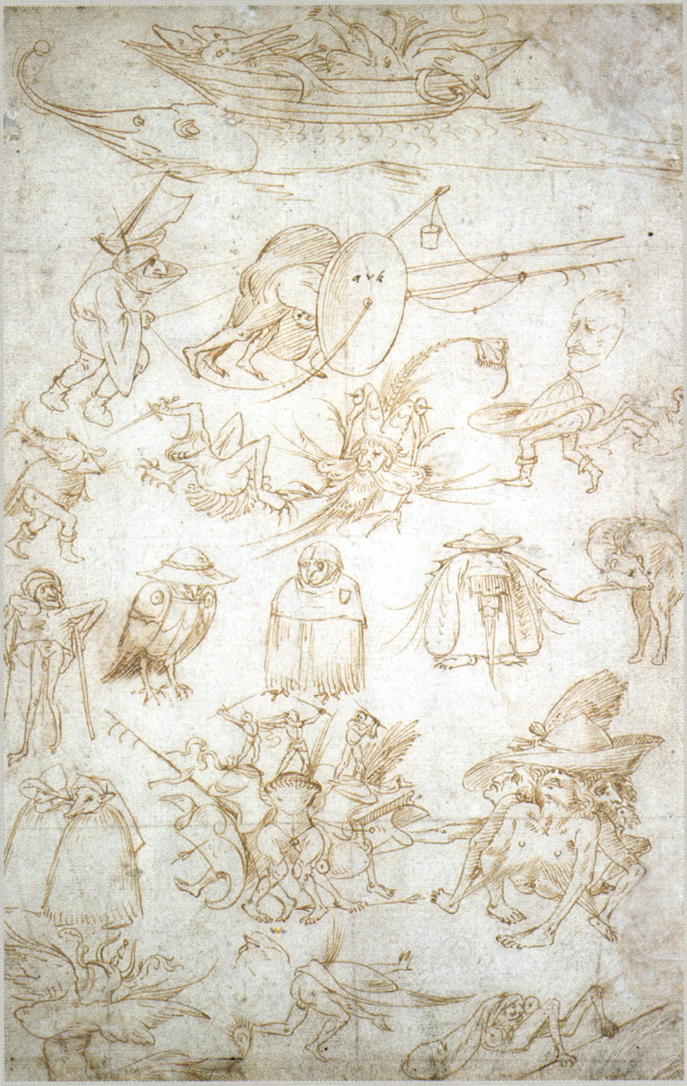

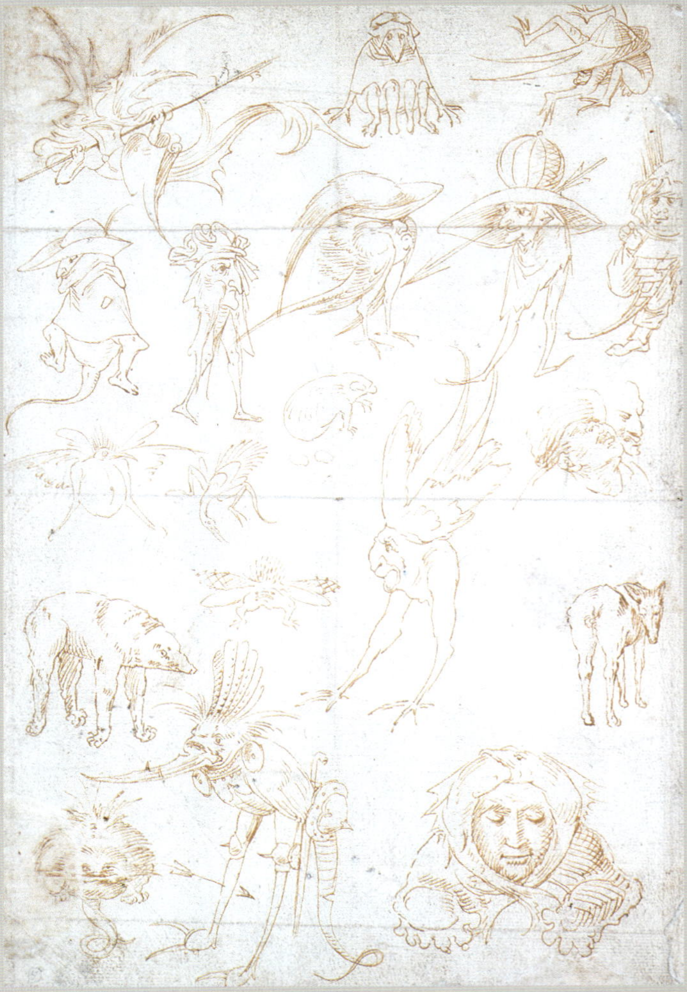

144

Abb. 121 Frans Verbeeck, *Spottbild auf die Torheit*, Mechelen um 1550-70; Öl auf Leinwand, 132 x 186 cm; Privatbesitz

Abb. 122a-b Nachfolger von Hieronymus Bosch, (a) *Fantasiewesen und ein großer Fisch*, (b) *Fantasiewesen und ein Esel*; Feder, in Braun, 31,8 x 21 cm; Oxford, Ashmolean Museum

Abb. 123 Anonym, *Der Weise bleibt standhaft gegen die Störungen von außen*, Gent um 1500; Miniatur auf Pergament aus einer Sammelhandschrift des Raphael de Mercatellis, Prior der Abtei des hl. Bavo in Gent (1478-1508); Gent, St. Baafskathedraal

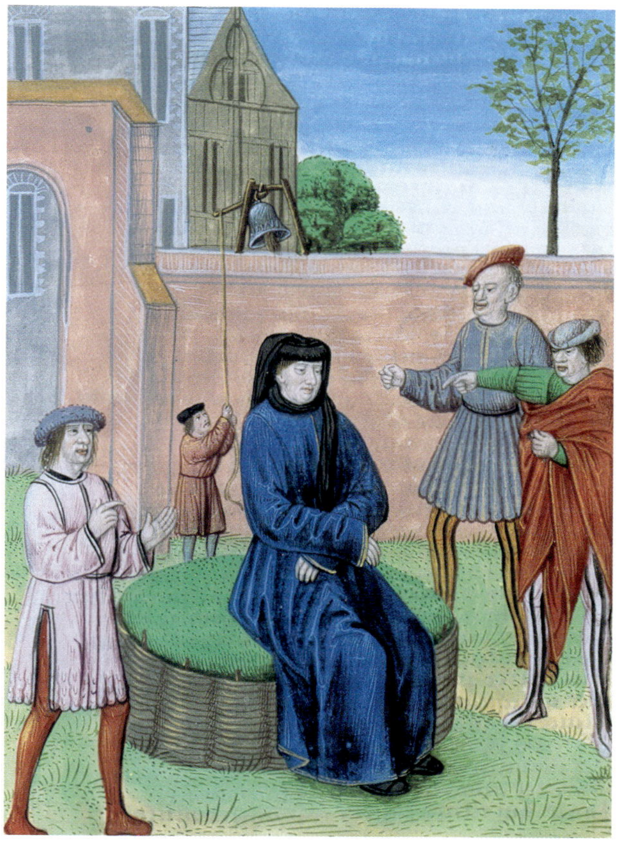

triebbestimmte Typus verkörpert den Gegensatz der propagierten Moral und des gewünschten Verhaltens der Leserschaft. Letzten Endes steht das Verhalten der Narren im Zeichen der „Natur". Der Weise setzt sich gerade dagegen zur Wehr und fragt sich, „warum er der Natur noch anhängt und sein Herz nicht zur Zucht zwingt". Er verlangt Selbstbeherrschung anstelle von spontanem Trieb. Das ist auch der Kern von Boschs Botschaft hinter dem sogenannten *Garten der Lüste*.

Über das Narrenverhalten schreibt der oberrheinische Prediger Geiler von Kaisersberg (1445-1510): „Sie streifen hier und da auf dem Schiff ihrer Begierden und ihres Eigenwillens umher" und an anderer Stelle: „das [Narrenverhalten] bedeutet, dass er [der Narr] unter den irdischen Dingen sein will." Der Narr, gezeichnet von seiner Unbekümmertheit im Bezug auf Wesentliches und in Sorge um wertlose Dinge, hat kein Ziel. Darum ist auch das Narrenschiff ohne Ziel, es sei denn das des Untergangs oder der Ziellosigkeit. Wir verweisen hier auf Brants *Narrenschiff*, das „ohne Sorge, Vernunft, Weisheit und Sinn" abtreibt sowie auf das bei Bosch oft wiederkehrende Motiv eines sinkenden Schiffs mit gebrochenem Mast oder ohne. Dem Narren steht der Weise gegenüber, demMäßigkeit, Zielbewusstsein und Vernunft als Richtschnur dienen. Weisheit setzt klares Bewusstsein und aufmerksame Bedachtsamkeit voraus, die Gefahren erkennt und sich von jeglichem sinnlosen Engagement fernhält – Bosch hat dies in seiner Zeichnung *Der Wald hat Ohren, das Feld hat Augen* formuliert. Abb. 83 Der Blick wird von außen nach innen gerichtet. Liegt diese Haltung Boschs Darstellungen von Einsiedlern zugrunde? Man hat in ihnen mitunter ein vollkommen introvertiertes Dasein im Dienste der Selbsterkenntnis gesehen. Zu ihr kann freilich erst derjenige gelangen, der erkennt, dass er selbst Narrheiten begeht Sebastian Brant konzipiert seinen Text als „Narrenspiegel" (Prolog, Vers 31), der im Dienste der Selbsterkenntnis steht – einer primär irdischen Selbsterkenntnis, die aber zugleich auf ewiges Seelenheil zielt. Durch solche Weisheit gelangt man nämlich auch zu „Reichtum, Gut, Ehre, Heil und Glück". Und während der Ursprung jener Weisheit zwar göttlich ist, ist ihr Ziel indes keineswegs von irdischen Vorteilen zu trennen; diejenigen, die sie verschmähen, sind auf ewig verloren. Durch Selbsterkenntnis begreift der Weise Torheit und unterscheidet sich so von jenen, die in sündiger Blindheit befangen bleiben. Er hält sich abseits, in vollkommenem Selbstbezug und wissender Selbstzufriedenheit. In seiner freiwilligen Distanz ist der Weise unantastbar; sie versetzt ihn in die Lage, sich gesellschaftlich zu behaupten und seine natürlichen Triebe zu bezwingen. Bei Bosch werden unterschiedliche Aspekte jener Vorstellung von Weisheit verbildlicht: Der Sünder/Narr wird von seiner triebhaften „Natur" beherrscht (vor allem von körperlichen Leidenschaften – so im *Garten der Lüste* – von Trunksucht und Gefräßigkeit, Faulheit, Wut) und treibt in vollkommener Richtungs- und Ziellosigkeit ab (so im *Narrenschiff*, den Stichen *Blaue Schuyte* sowie *Spaßmacher in einer Muschel auf See*). Der Weise hingegen muss sich zurückhalten und beherrschen, so in *Der Wald hat Ohren, das Feld hat Augen* und im *Elefant*; er muss von der Welt abgekehrt leben wie in den Eremitendarstellungen und Maß halten, auch auf materiellem Gebiet: keine Armut oder Verschwendung, kein gieriges Streben nach Reichtum und irdischen Gütern.

Laster und Torheit miteinander zu verbinden, ist kein Einfall von Bosch und einigen Schriftstellern. Darstellungen, die Narren mit Sündern gleichsetzen, entstanden bereits um 1460-90 in einem städtisch-bürgerlichen Milieu. Die frühesten Beispiele sind auf Einblattholzschnitten und anderen Drucken zu finden. 1468 erschien in Ulm ein „Acht-Narren-Blatt". Ein „Narr" ist demzufolge jemand, der auf irdische mehr denn auf himmlische Güter achtet, ein Brüllaffe, ein schlechter Zahler, ein hochmütiger und übermütiger Mensch; jemand, der mehr beginnt, als er vollenden kann, ein Vagabund und lügender Betrüger. „Narren" lassen sich sowohl zu törichtem und sozial unerwünschtem Verhalten hinreißen als auch zur Sünde im traditionellen Sinn. Letztere Kategorie wird vor allem auf Drucken wie den *Acht Schalkheiten* vorgestellt, die Beispiele für unehrliche und betrügerische Ausübung bürgerlicher Berufe zeigen. Verwandtes konnte man auf städtischen Festen sehen, auf denen Narren-Teufel bzw. Narren und Teufel gemeinsam auftraten. Das war am Ende des 15. und zu Beginn des 16. Jahrhunderts unter anderem in den Nürnberger *Schembart*-Umzügen der Fall. Die in diesen Zügen mitgeführten Narrenschiffe nannte man *Höll*; sie zeigten Sinnbilder von Torheit und Laster.

Die vernunftbetonte Moral war eine Gruppenmoral des Stadtbürgertums. Boschs schier endlose Darstellungen von Lastern und Torheiten folgen einem literarischen Genre, das sich gänzlich der Aufzählung verschiedenster Narren – einer echten Narrenrevue also – gewidmet hatte (14. und 15. Jahrhundert). Neben französischen Narrenrevuen gab es

Abb. 124 Nachfolger von Hieronymus Bosch, P. BRUEGEL 1556, *Steinschneiden*, 1550-75; Öl auf Holz, 74 x 103 cm; Saint-Omer, Musée de l'hôtel Sandelin

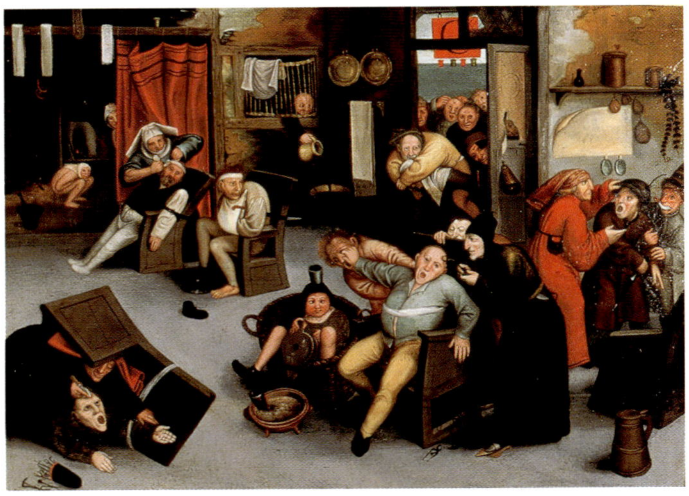

Abb. 125 Anonym, *Narrenschüssel*, Deutschland um 1450-1475; Öl auf Holz; Nürnberg, Germanisches Nationalmuseum

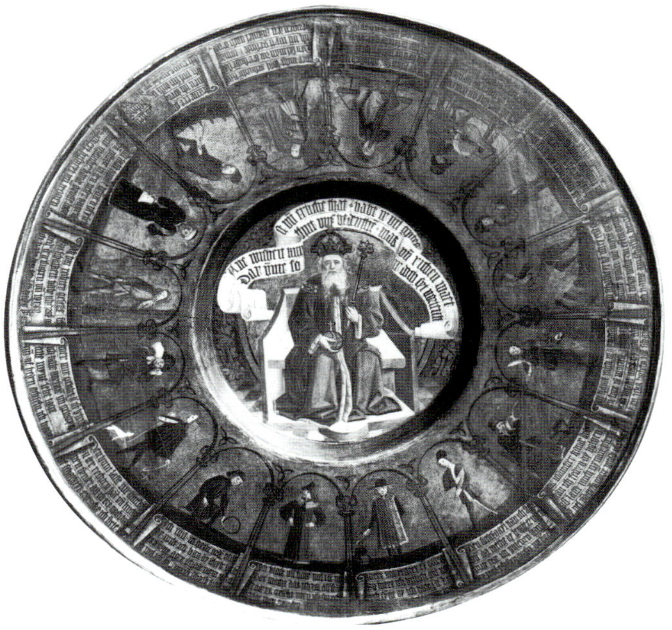

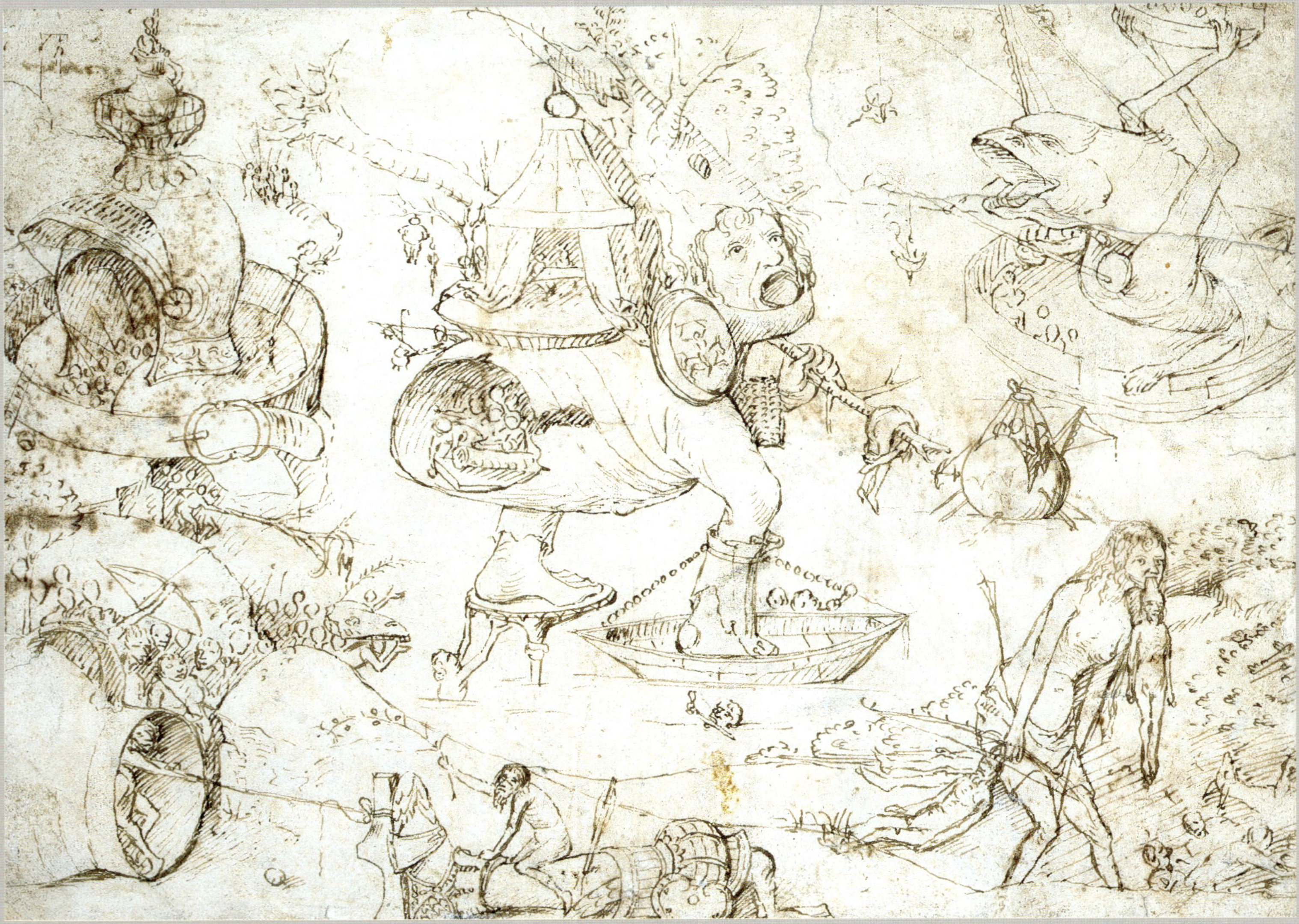

Abb. 126 Kopie nach Hieronymus Bosch, *Steinschneiden*, um 1550; Öl auf Holz, Durchmesser 45 cm; Bailleul, Musée Benoit de Puydt

Abb. 127 Anonym, Narrenschüssel, Deutschland 1528; Öl auf Holz, Durchmesser 79 cm; Schloss Ambras

Abb. 128a-b Nachfolger von Hieronymus Bosch, (a) *Höllenszene mit Paraphrase des Gartens der Lüste*, (b) *Ein Rabbiner*; Feder, in Braun, 19,7 x 27,5 cm; Dresden, Staatliche Kunstsammlungen, Kupferstich-Kabinett

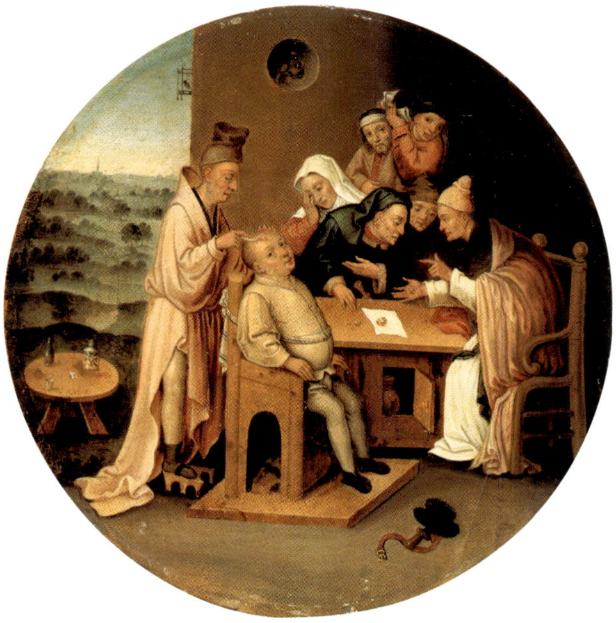

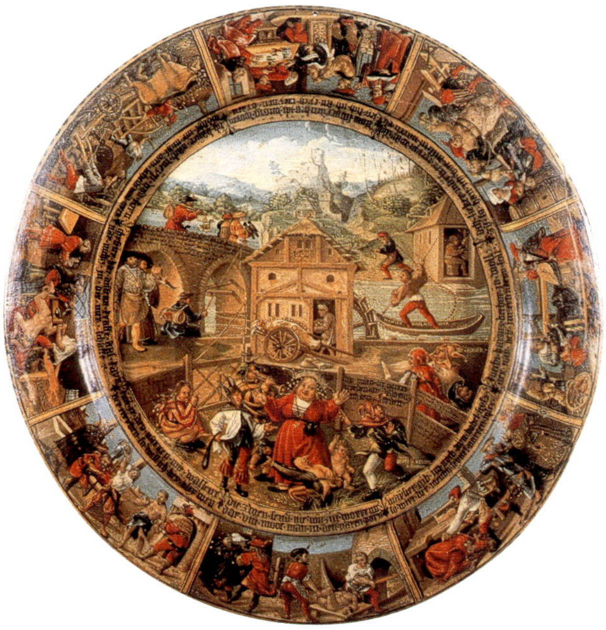

147

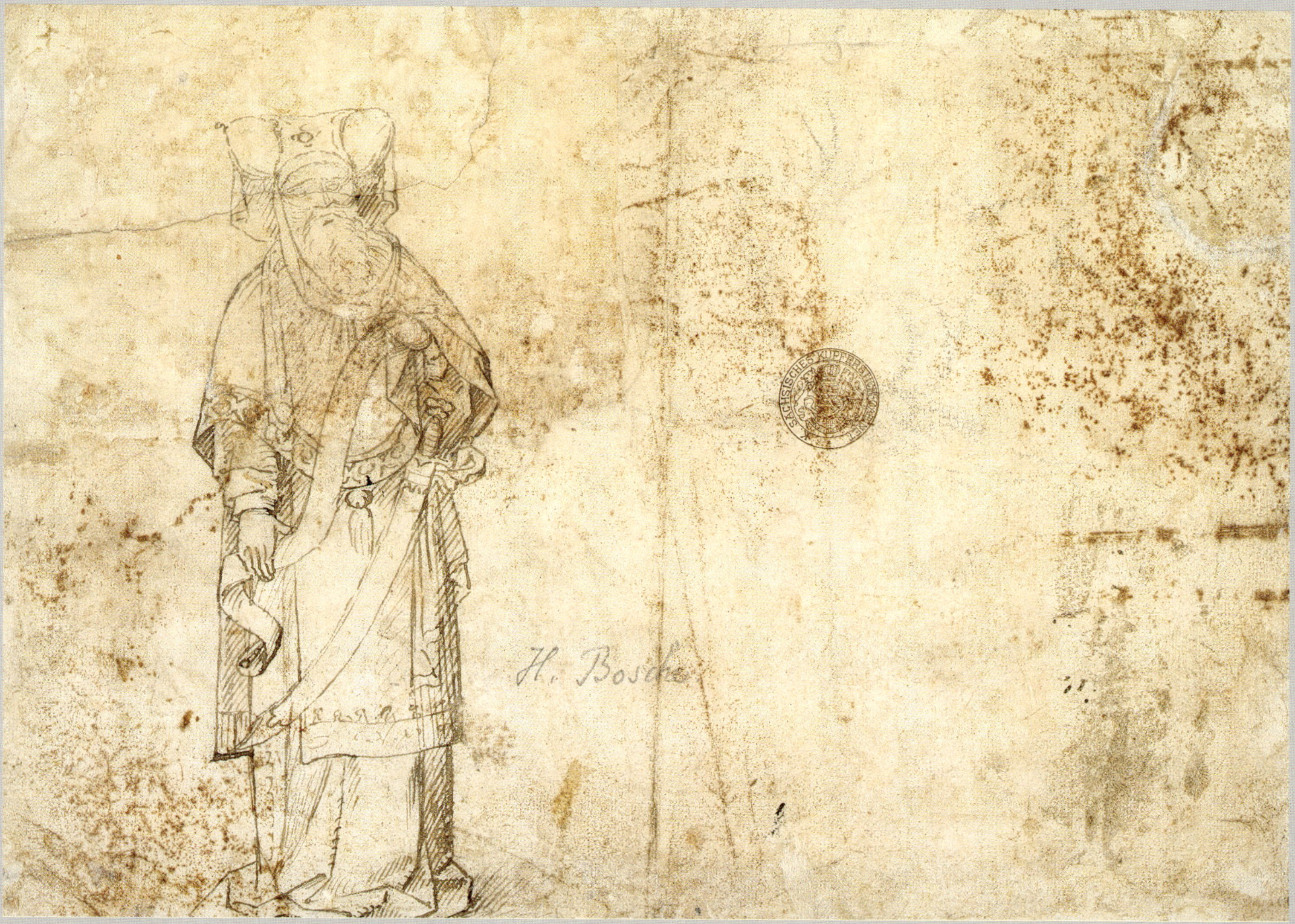

Abb. 129a-b Anonym, (a) *Stehender Mann von hinten*, (b) *Wasserträger*, (früher an Hieronymus Bosch zugeschrieben), niederländisch, Mitte 16. Jh.; Feder in Braun, 13 x 8,4 cm; Rotterdam, Museum Boijmans Van Beuningen

Abb. 130 Hieronymus Bosch, *Das Eulennest*; Feder, in Braun, 14 x 19,6 cm; Rotterdam, Museum Boijmans Van Beuningen

entsprechende englische Texte – etwa die *Remembrance of Lii folys* und John Lydgates' (um 1370 – um 1451) *Ordres of folys*, das 63 Narrheiten aufzählt – sowie zahlreiche deutsche Fastnachtsspiele. Die Narrenliteratur hat ihre Wurzeln in den Sentenz- und Sprichwörtersammlungen (12. und 13. Jahrhundert) und ist im 14. Jahrhundert in nicht-humanistischen Kreisen entstanden. Zur Entfaltung kam es hingegen zwischen 1470 und 1520 in Zirkeln des Frühhumanismus und des städtischen Bürgertums.

Neben allfälligen Details, in denen Bosch Laster und Dummheit kommentiert, existiert ein Werk wie *Das Steinschneiden*, in dem es zentral um die Unheilbarkeit der Torheit geht: Es ist töricht, die Dummen von ihrer Dummheit erlösen zu wollen. Die Geschichte von Boschs Tafel – heute im Prado – ist nicht bekannt; der Maler hat das Thema vermutlich aber in mehreren Fassungen gestaltet. 1529 wird „eine Darstellung von Lubbert Das, dem man den Stein schneidet" im Inventar des Bischofs Philipp von Burgund in dessen Duurstedter Schloss erwähnt. Sodann besaß Felipe de Guevara „eine quadratische Leinwand, auf der man die Dummheit heilt", die im Jahre 1570 zusammen mit fünf weiteren Gemälden Boschs von Philipp II. von Spanien erworben wurde. Am 12. Juni 1600 wird dieses Werk im königlichen Palast zu Madrid wie folgt inventarisiert: „Eine Leinwand von der Hand des Hieronymus Bosch, in schlechtem Zustand, in Wasserfarben gemalt, mit einem Quacksalber, der einen Narren am Kopf behandelt …". Dabei handelte es sich um ein Tüchlein mit den Maßen 124 x 124 cm. Das heute im Prado aufbewahrte Gemälde ist eine in Ölfarben bemalte Holztafel; dies kann also unmöglich dasselbe Werk sein, das einst Guevara und Philipp II. gehört hat. Allerdings befanden sich im 17. Jahrhundert weitere Gemälde Boschs, die dem gleichen Vorwurf folgen, im Besitz von privaten Sammlern in Madrid. Boschs Darstellung zeigt eine Schein-Operation: Ein Mann im Talar – der vornehmen Kleidung der Gelehrten – entfernt mit einem Messer aus dem Kopf eines Mannes einen Gegenstand. Er ähnelt einer Blume, doch dem Untertitel zufolge handelt es sich um einen Stein: *Meester snyt die keye ras | Myne name is lubbert das* (Meister, schneide den Stein

Abb. 28

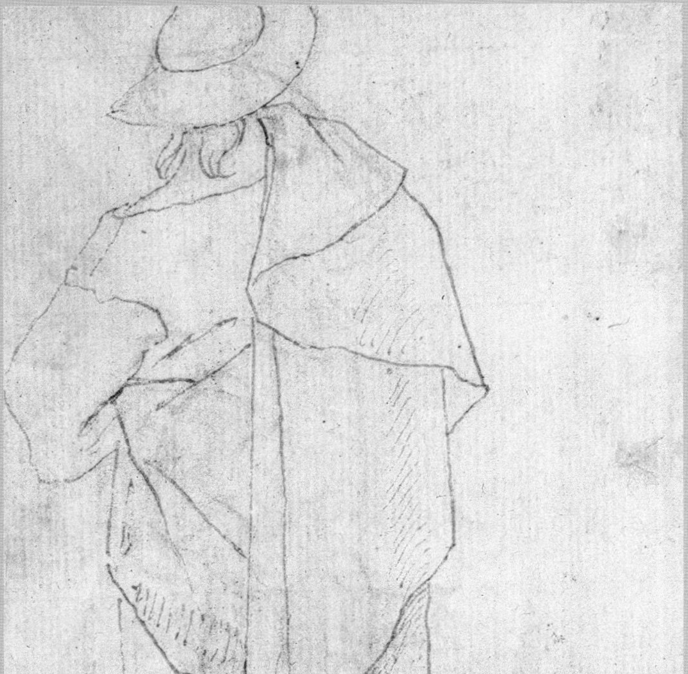

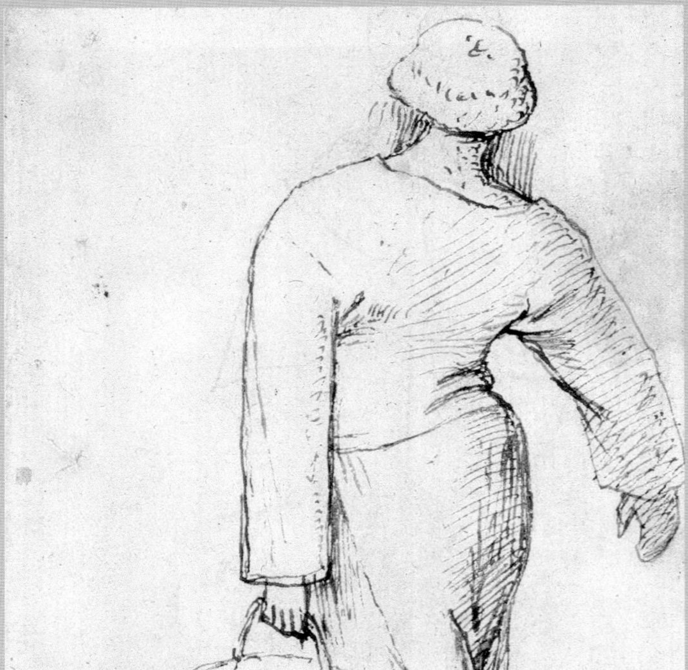

schnell heraus. Mein Name ist *Lubbert Das* [nl. Synonym für Nervensäge]). Der Meister flößt wenig Vertrauen ein; anstelle eines Beutels hängt an seinem Gürtel eine Kanne, auf dem Kopf trägt er einen Trichter. Er ist ein Quacksalber, der – ebenso wie der *Gaukler* – die Dummheit seiner Patienten missbraucht. Ein Mönch und eine Nonne sprechen dem Kranken Mut zu – aber auch sie sind zwielichtige Gestalten. Der Geistliche hält einen Trinkkrug aus Zinn, die Nonne trägt ein Buch auf dem Kopf. In der niederländischen Literatur zwischen 1400 und 1600 – vor allem aber im 16. Jahrhundert – ist der *Stein* ein derart geläufiges Sinnbild für Torheit, dass es unmöglich ist, an dieser Stelle Beispiele aufzuzählen. Deutlich wird indes, in welchem Maße sich Bosch hier eines Gemeinplatzes bzw. *Topos* bedient und ihn bearbeitet. Aus dem 16. und 17. Jahrhundert sind unzählige Darstellungen solcher operativer Eingriffe überliefert. Die Botschaft ist klar: es ist unmöglich, törichte Leute zur Vernunft zu bringen.
Wir verweisen in diesem Zusammenhang auch auf eine *Narrenschüssel* aus dem frühen 16. Jahrhundert in Schloss Ambras. Um eine „Narrenmühle" herum zeigen acht Darstellungen die Sinnlosigkeit des Strebens, Toren von ihrer Narrheit heilen zu wollen; jeder Szene ist ein Distichon zugeordnet. Dort spricht etwa der Patient den „Meister" wie

Abb. 127

folgt an: „Ach lieber mayster treypt waydlich zu, so han ich vor dissem narren ruh"; in anderen kommen die Zuschauer zu Wort: „Mayster gib im noch ayn hobel stosz so wirt der mensch seynes narren loscz". Die Analogien zum Text der Tafel im Prado stechen ins Auge. Man kann die inhaltlichen und formalen Prinzipien des Bosch'schen Werkes am besten durch eine Gegenüberstellung mit jener Narrenschüssel veranschaulichen. Denn das deutsche Artefakt steht vollkommen losgelöst von Bosch und dessen Nachfolgern.
Es handelt sich um eine Holzschüssel, in deren Mitte sich eine „Narrenmutter" mit ihren „Kindern" befindet, die das Abzeichen des „Narrenordens" an einer Halskette trägt und von sieben Narren umringt wird. Einer von ihnen brütet Eier aus, aus denen neue Narren schlüpfen werden – die Narrheit stirbt nicht aus –, ein anderer verkörpert einen Spielmann, zu dessen Klängen die übrigen Narren wild im Stil des Moriskentanzes tanzen. Oberhalb den Figuren stehen im Zentrum des Werkes zunächst eine Mühle, in der ein Mann eifrig damit beschäftigt ist, Narrenköpfe zu schleifen, sowie eine Wassermühle, zu der man die Narren bringt, um sie dort zermahlen zu lassen. Da die Mühle in der Volksmythologie mit Vorstellungen von Tod und Auferstehung assoziiert wurde, spielt die Narrenmühle wohl auf ewige Wiedergeburt an, d.h. auf die

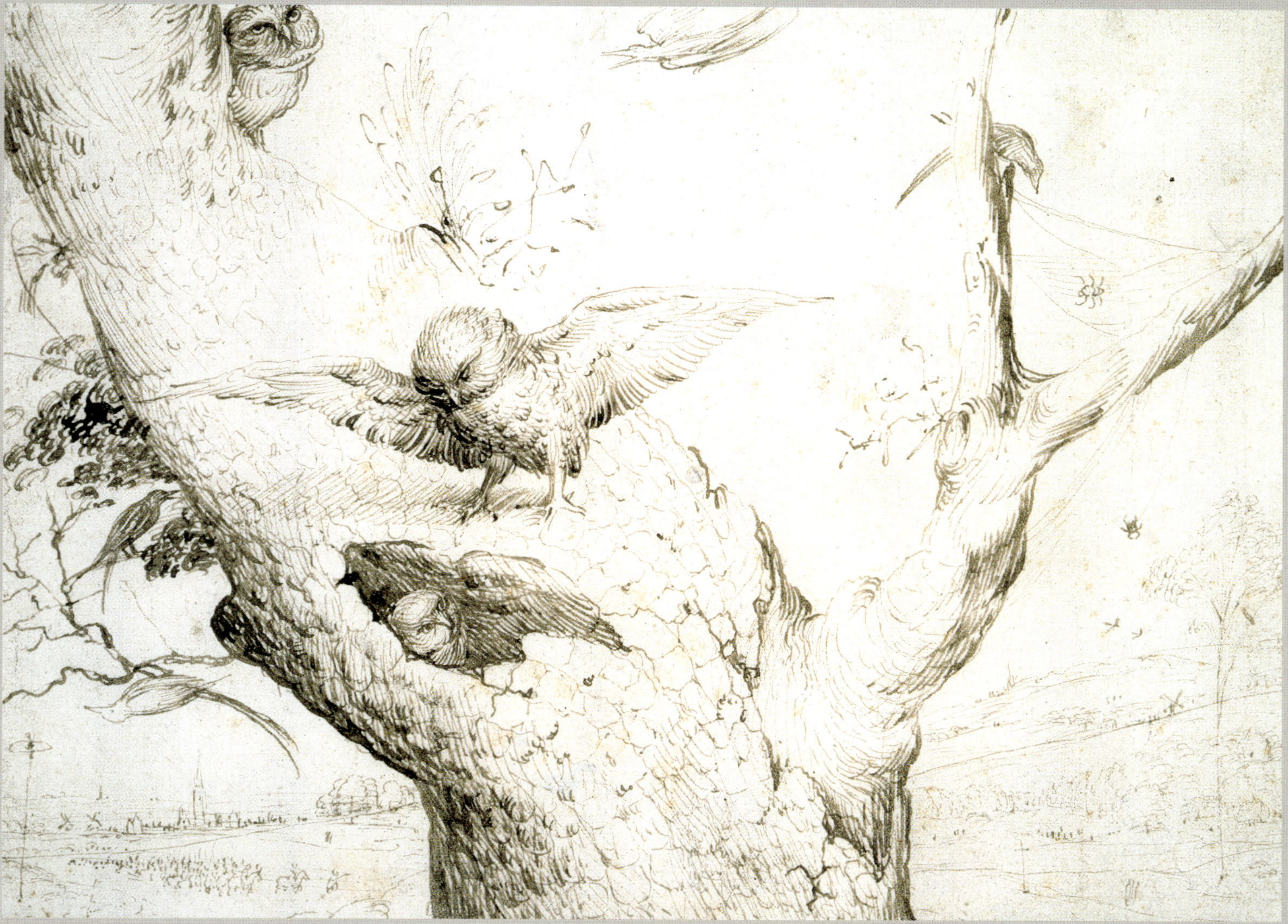

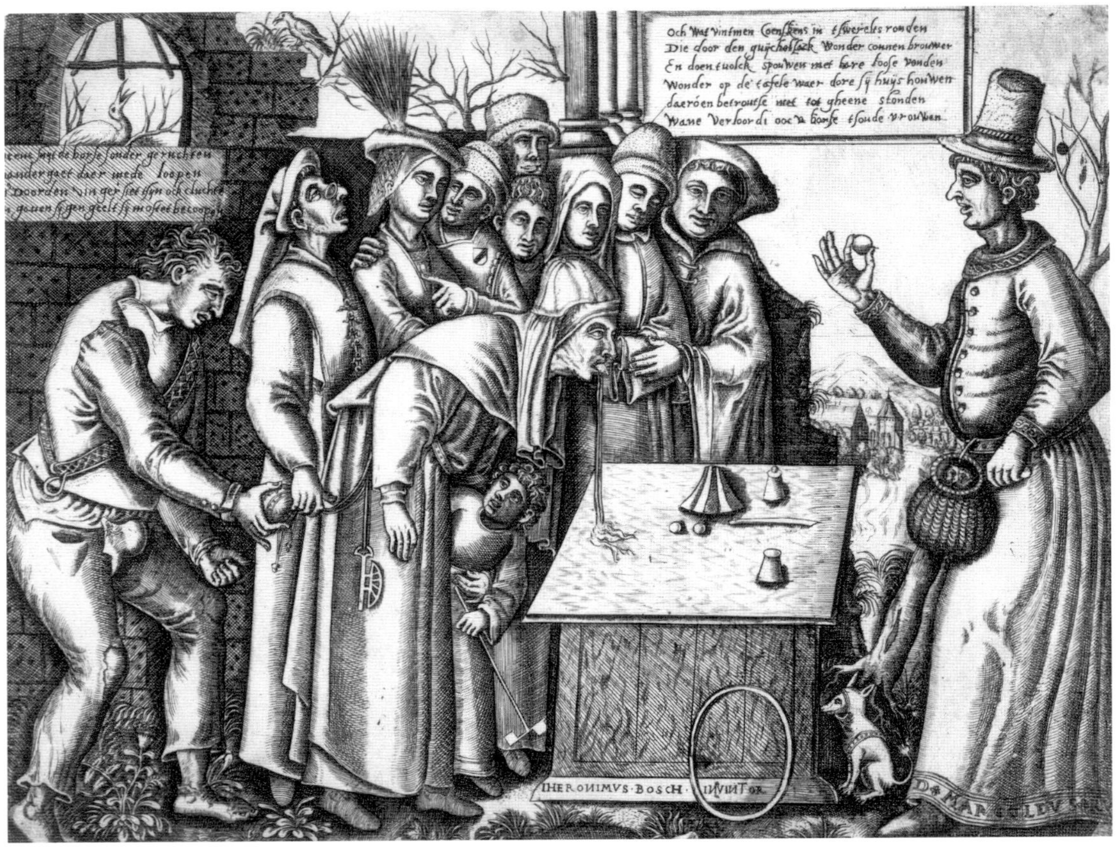

Unausrottbarkeit der Torheit. In den sieben Randszenen werden Narren „behandelt": durch Narrenschneiden, -bohren, -einbinden, -waschen, -ersticken, -klistieren und -hobeln. Dabei sind die Behandelnden bzw. „Heiler", genau wie auch auf Boschs *Steinschneiden*, oft selbst Narren. So wird veranschaulicht, wie töricht der Versuch ist, Dumme von ihrer Narrheit zu heilen zu wollen. Die achte Szene schließlich stellt das „Narrensäen" dar, eine weitere Anspielung auf das immerwährende Aufleben menschlicher Torheit.

Boschs Gemälde *Steinschneiden* steht am Beginn der Narren-Ikonografie des 16. Jahrhunderts. Wie erfolgreich diese Bilderfindung Boschs war, geht aus verschiedenen späteren Versionen hervor, bei denen nicht eindeutig feststeht, ob es sich um Kopien, Bearbeitungen oder Imitationen handelt. Von keinem anderen Profanbild Boschs sind derart zahlreich Varianten überliefert wie vom *Steinschneiden*.

Geistige Blindheit war das Thema eines anderen, allerdings verschollenen Gemäldes von Bosch, das sich einst gleichfalls im Besitz von Felipe de Guevara befand. *Zwei Blinde, von denen der eine den anderen führt und eine blinde Frau hinter ihnen*. Es war eine große Leinwand von 138 x 248 cm, von der es im Inventar der Casa Real del Prado von 1614 hieß: „Eine weitere Leinwand von Hieronymus Bosch, mit Wasserfarben gemalt, die man ‚Die Blinden' nennt". Eine mit Wasserfarben bemalte Leinwand, die 1636 im Palacio Real erwähnt wurde, stellte das gleiche Sujet dar: „Ein weiteres Gemälde in Wasserfarben, von der Hand des genannten Hieronymus Bosch, mit einem alten Blinden, den man führt, und einem anderen Blinden (einer Frau) dahinter …" Möglicherweise wurde in beiden Inventaren das gleiche Werk beschrieben. Ein Kupferstich von Pieter van der Heyden (um 1560) gibt eine veränderte Komposition wieder, in der zwei Blinde einander führen. Zweimal sieht man ein Blindenpaar in Pilgertracht in einen Graben fallen. Die Bildunterschriften lauten: „Ein Blinder bietet sich einem anderen Blinden als Führer an. Man muss bedauern, dass dies nun häufig die Praxis ist. Was bleibt dann übrig? Was, wenn diejenigen, die den Weg – auf dem man das beabsichtigte Ziel erreichen muss – nicht kennen, schließlich alle beide in dem klaffenden Graben landen?" Durch die hier übersetzte lateinische Beischrift wird das Geschehen auf die Gesellschaft bezogen. Der vierte Satz lässt vermuten, dass es der Blinde ist, der den Weg nicht kennt, „auf dem man das Ziel erreichen muss". Man vergleiche dies mit der Metapher vom „Ziel" in Brants *Narrenschiff*: Narren sind diejenigen, die das beabsichtigte Ziel nicht erreichen können. Jener Text ist laut Prolog „zur Verachtung und Bestrafung der Narrheit, Verblendung, Täuschung und Dummheit" von Nutzen. Auch in dem Blinden-Stich geht es um Blindheit und Täuschung. Blindheit steht hier für Mangel an Vernunft, für geistige Blindheit. Auf einem Stich von Pieter van der Heyden nach Hans Bol (1581), der dasselbe Sujet zeigt, liest man: „Wo der eine Blinde den anderen führt, fallen beide in den Graben. Bist du blind? Bekennst du deine Blindheit? Nimm dir keinen Führer oder sei dir seines klaren Blickes sicher. Sonst gerätst du selbst in Not." Aufmerksamkeit hat Selbsterhaltung zum Ziel.

Die Torheit des Menschen und der Missbrauch, den gewissenlose Menschen damit treiben, wird in Boschs Bild vom *Gaukler* zum Thema. Von den unterschiedlichen Versionen dieses Werkes gilt die Fassung in St.-Germain-en-Laye gemeinhin als dasjenige Exemplar, das dem verlorenen Prototyp von Bosch am nächsten kommt. Die Fassungen in Philadelphia und Jerusalem zeigen rechts zusätzliche Szenen, die in ihrer Ikonografie gänzlich auf Bosch zurückgehen und eine sinnvolle Ergänzung des Hauptgeschehens bieten – doch dazu später mehr. Die profane Darstellung der Gaukler und Quacksalber hat sich seit dem 15. Jahrhundert in Wort und Bild zu einem selbstständigen Genre entwickelt, das auf die bürgerliche Sozialtheorie und die Weisheitsregeln zurückgeht. Der *Gaukler* ist die Verkörperung von Betrug, dessen man vor allem umherziehende Zauberkünstler, Bettler und Angehörige der unteren sozialen Schichten bezichtigte. Mit Betrug setzt sich auch der Text in einem im 16. Jahrhundert nach Boschs *Gaukler* gefertigten Stich eingehend auseinander: „Ach, was für Kunststückchen findet man auf dem Erdenrund.

Abb. 32

Abb. 131 Balthasar van den Bosch, IHERONIMUS BOSCH INVINTOR, *Gaukler*, Antwerpen Mitte 16. Jh.; Kupferstich, 23,8 x 32 cm; München, Staatliche Graphische Sammlung

Abb. 132a-b Nachfolger von Hieronymus Bosch, (a) *Groteske Köpfe*, (b) *Soldat*; Feder, in Braun, 17,4 x 11,8 cm; Rotterdam, Museum Boijmans Van Beuningen

Diejenigen, die mit dem Gauklersack Wunder hervorbringen können, lassen das Volk durch ihre Künste sonderbare Dinge auf den Tisch speien. Dadurch landen sie ihren Streich. Traue ihnen also niemals, denn wenn auch du deinen Geldbeutel verlierst, wirst du es bereuen." Und links davon steht: „Der eine schneidet lautlos den Geldbeutel ab, der andere, der durch die Finger schaut, macht sich damit aus dem Staub." In den Texten der Rederijker wird das Volk, das den Quacksalbern Vertrauen schenkt, für „dumm" erklärt. Das Abschneiden der Geldbörsen ist ein stets wiederkehrendes Motiv in Quacksalber- und Gauklerszenen. Gerichtsurkunden belegen, dass schon im 16. Jahrhundert das zu Volksspielen, Prozessionen und Festen herbeiströmende Volk die Taschendiebe auf den Plan rief. Um dem Diebstahl des Geldes vorzubeugen, mahnen die Texte der Rederijker zur Vorsicht. Auf einem Gemälde Boschs, der *Vertreibung der Händler aus dem Tempel*, wird ein durch eine Gans als töricht charakterisierter Mann bestohlen, während er einem Quacksalber beim Zähneziehen zuschaut. Und Bosch selbst ließ auf der im Louvre befindlichen Zeichnung seines *Gauklers* einen Mann die Börse einer Frau stehlen, wobei er mit gespielter Aufmerksamkeit auf den gestikulierenden Gaukler weist. Auf den Exemplaren in Philadelphia und Jerusalem ist im Hintergrund ein Verurteilter unter dem Galgen zu sehen. Hinrichtungen stellte Bosch auch im Hintergrund des sog. *Verlorenen Sohnes* (Außenseite des *Heuwagens*) sowie seiner Zeichnung mit dem *Eulennest* dar. Eine Fassung der *Vertreibung der Händler aus dem Tempel* (Madrid, Kunsthandel, 1970) zeigt links oberhalb der Darstellung eines Zähne ziehenden Quacksalbers eine doppelte Verurteilung: Ein Mann steht am Pranger, ein anderer sitzt in einem Korb über dem Wasser; um sich zu befreien, muss er mit einem Messer das Seil durchtrennen, an dem der Korb hängt – natürlich wird er ins Wasser fallen. Hier wird das übrige Geschehen in geradezu „juristischer" Weise kommentiert: Bösewichte werden ihrer irdischen Strafe nicht entgehen. Gesagt wird damit freilich, dass Betrüger wie Quacksalber und Gaukler allein für den Galgen taugen. An dieser Stelle möchten wir darauf aufmerksam machen, dass

Abb. 106
Abb. 139b
Abb. 13a
Abb. 130

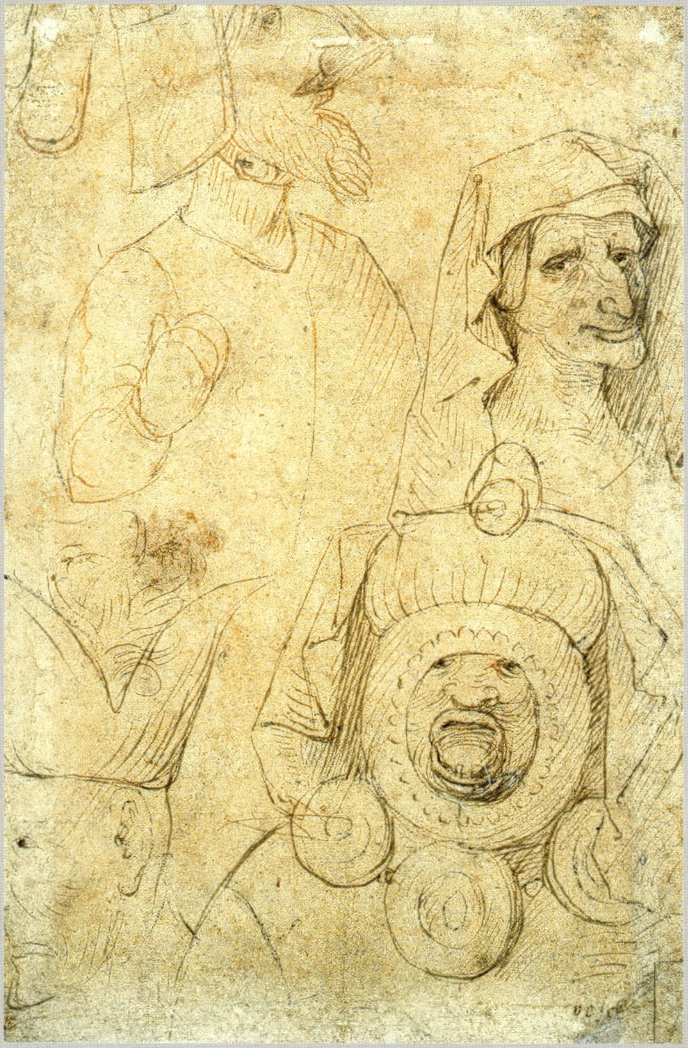

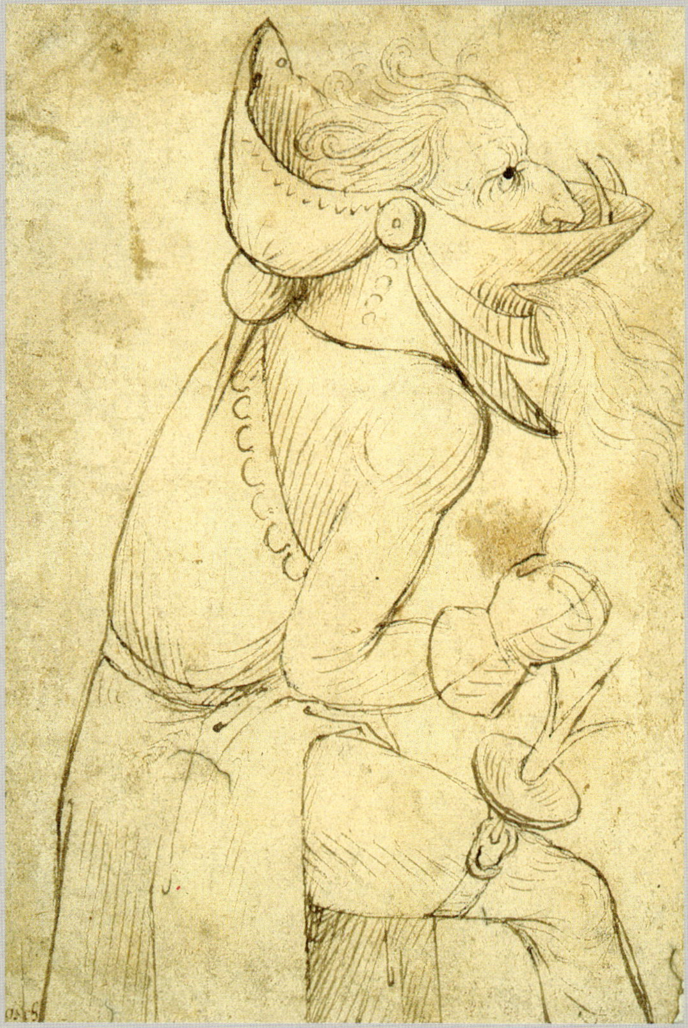

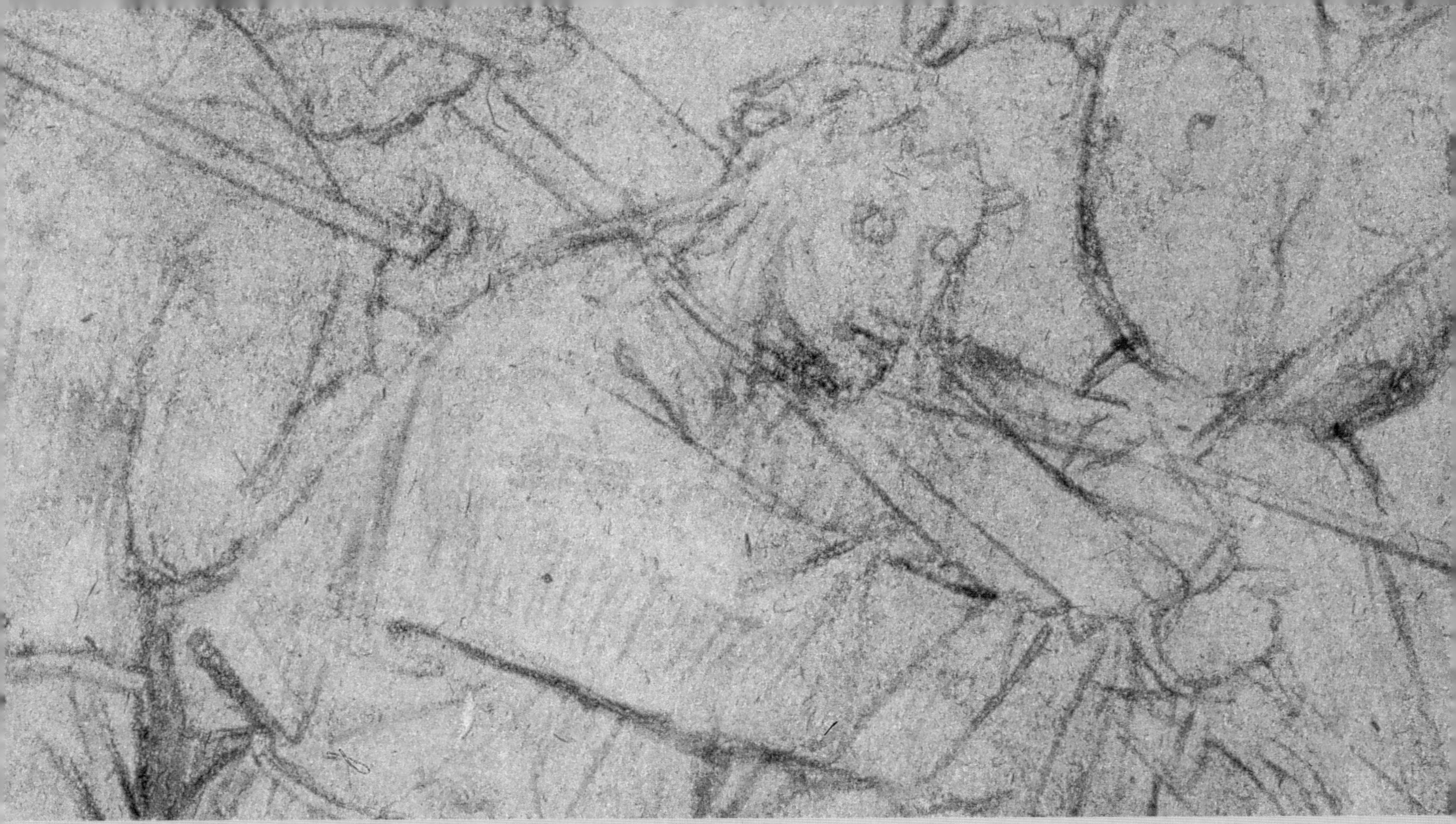

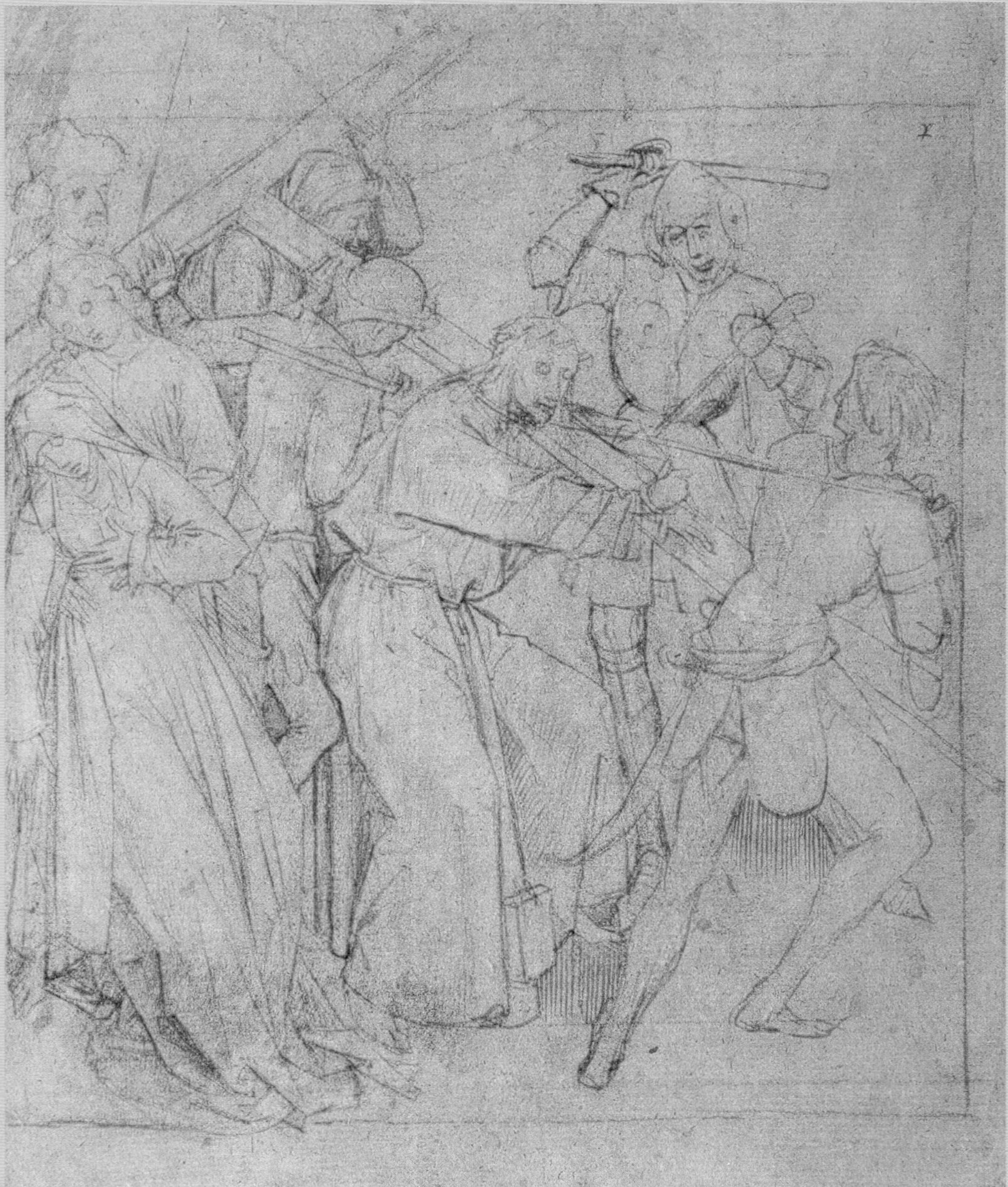

152

auf allen Bildfassungen ein junges Bürgerpaar auftaucht, das sich des scheinbar aufmerksam zuschauenden Diebes bewusst ist. Diesem Paar, das übrigens von all den Beifiguren am schönsten wirkt, scheint die Sympathie des Künstlers gegolten zu haben.

Der Gebrauch des Verstandes ist ein Stützpfeiler in Boschs Menschenbild. Die Lasterhaftigkeit – Sünde, Verbrechen, asoziales Verhalten usw. – gleicht in jeder Hinsicht der Torheit; sie entspringt der Aufgeschlossenheit gegenüber gefährlichen Einflüssen, die den Menschen auf falsche Pfade locken und den Verstand verdunkeln. Menschliche „Dummheit" zeigt sich in vielen Formen: Geschlechtstrieb, Habgier, Verschwendung, Zügellosigkeit, Betrug, Pflichtvergessenheit, Faulheit und unzählige andere Verhaltensweisen, die das menschliche Zusammenleben belasten oder unmöglich machen. Bosch siedelt derartige Verstöße vor allem bei den gesellschaftlichen Randgruppen an: den Armen, Bettlern, Randberufen und jeglichem Volk, das sich in Wirtshäusern und Bordellen aufhält. Nur selten sind begüterte Bürger oder Reiche das Objekt seiner Kritik. Es ist der *Heuwagen*, wo kirchliche und Abb. 13b
weltliche Würdenträger hinter dem Heu herreiten, sowie die Tischplatte mit den *Sieben Todsünden*, auf der Bosch auch Abb. 153
höhere Stände rügt. Wie entkommt der Mensch der Sturzflut der Sünden, Versuchungen und Lasterhaftigkeit? Ist, in Boschs Augen, Errettung möglich?

Der Einzug des Heils –
153 Geburt und Jugend Jesu

Auch wenn Boschs Menschenbild in düsteren Farbe erscheint, so ist er doch kein moderner Existenzialist – denn er glaubt an die Möglichkeit der Rettung. Aber selbst in seiner religiösen Auffassung weicht Bosch entschieden von seinen Zeitgenossen ab. Themen, die den altniederländischen Malern geläufig sind, finden sich bei Bosch kaum. Dagegen kennt sein Œuvre verhältnismäßig viele alttestamentliche Szenen. Aus dem Neuen Testament hingegen stellt Bosch lediglich Szenen aus Kindheit und Jugend Jesu sowie der Passion dar, bei der Ikonografie der Heiligen beschränkt er sich auf die Darstellung von Eremiten. Und schließlich entwirft Bosch einige groß angelegte Triptychen, in denen er die Geschichte der Welt von der Schöpfung bis zum Jüngsten Gericht bzw. der Hölle wiedergibt. Dies sind nicht wirklich religiöse Werke: Bosch kleidet seine höchst individuelle Vorstellung vom Lauf der Welt vielmehr in ein religiöses Schema ein. Da das eigentliche Thema jedoch das Böse ist, können jene Triptychen unmöglich als Altaraufsätze oder Bestandteile eines Altars fungiert haben.

Aus mehreren Dokumenten und Berichten geht hervor, dass einige von Boschs alttestamentlichen Szenen Bestandteile von Altarretabeln waren. Diese Werke sind fast ausnahmslos verloren gegangen. Wenn wir uns indes einen Überblick über Boschs Œuvre verschaffen wollen, müssen sie dennoch erwähnt werden.

Bei einem der ersten großen Werke muss es sich um eine *Schöpfung* gehandelt haben, ein aus mehreren Tafelbildern geformtes Ganzes, das einst den Altaraufsatz des Hochaltars der Johanneskirche von 's-Hertogenbosch bildete. Das Altarretabel wurde 1608 in Jan Baptist Gramayes Schrift *Taxandria* beschrieben, aber möglicherweise schon 1617 aus der Kirche

Abb. 133 Vrancke van der Stockt (Brüssel, um 1420-1495), *Die Kreuztragung* (früher an Hieronymus Bosch zugeschrieben); Feder, in Braun, über schwarzer Kreide auf rot gefärbtem Papier, 23,6 x 19,9 cm; Rotterdam, Museum Boijmans Van Beuningen

entfernt. Gramaye beschrieb zwei weitere, von Bosch gemalte Szenen eines Altarretabels für die Liebfrauen-Bruderschaft in der Johanneskirche, die auf dem ersten Buch Samuel (25,1-35) bzw. dem ersten Buch Könige (2,19) fußten. Darauf war einerseits Abigail dargestellt, die König David Geschenke Abb. 136
überreicht, um die David durch ihren Gatten Nabal zugefügte Beleidigung vergessen zu machen; die andere Szene zeigte König Salomon, der sich vor seiner Mutter Bathseba verneigt, die ihn ihrerseits um einen Gunstbeweis bittet. In der mittelalterlichen Typologie galten beide Historien als Präfigurationen der Rolle Mariens als Mittlerin zwischen Gott und dem Menschen bzw. deren Krönung durch Christus. Boschs Gemälde gehörten tatsächlich zu einem der Gottesmutter geweihten Retabel, das man 1475 bei dem Utrechter Bild- Abb. 62
schnitzer Adriaen van Wesel bestellt hatte. Im Jahre 1488/89 ließ man zwei Seitenflügel anfertigen, die von Bosch bemalt wurden. Zwei weitere Flügel wurden 1522 von dem Brüsseler Maler Gielis Panhedel bemalt, möglicherweise einem Schüler von Bosch. Es ist unklar, ob sich Gramaye auf die Gemälde Boschs oder auf jene des Panhedel bezog. Von beiden Werken existiert je eine Kopie bzw. Replik in Schweizer Privatbesitz. Nach einem Bericht von 1621 soll König David die Gesichtszüge von Bosch, Abigail hingegen die seiner Frau Aleid van de Meervenne gezeigt haben. Weiter heißt es, in beiden Gemälden seien mehrere angesehene, namentlich genannte Mitglieder der Liebfrauen-Bruderschaft nach dem Leben porträtiert. Letzteres mag der Wahrheit entsprechen, denn auf jeder Tafel kommentierten zwei zeitgenössisch gekleidete Personen das biblische Geschehen.

Gramaye zufolge stammte auch das Retabel auf dem Sankt-Michaels-Altar von der Hand Boschs. Dargestellt waren die *Geschichte der Belagerung und Entsetzung von Bethulia, Der Tod des Holofernes, Flucht und Niederlage des assyrischen Heers, Judiths Sieg* und schließlich der *Triumph des Mardochaeus, der Esther und des jüdischen Volkes.* Der Erzengel Michael galt schlechthin als Vorbild des Kampfes gegen das Böse. Auch die alttestamentliche Figur der Judith als *mulier fortis* – als „starke Frau" – verkörperte hier möglicherweise den Kampf gegen und den Sieg über das Böse. Keine dieser Szenen Boschs ist überliefert.

In der altniederländischen Malerei des 15. Jahrhunderts sind alttestamentliche Themen äußerst rar. Kaum *ein* Prozent des überlieferten Bestandes – und dies sind mehr als 5.000 Werke – stellen alttestamentliche Historien vor; zumeist wurden sie wohl allein wegen ihrer typologischen Bezüge zum Neuen Testament aufgegriffen. Erst im 16. Jahrhundert begegnet man, nicht zuletzt in der Druckgrafik, diesen Szenen immer häufiger. Allerdings wurden in der zweiten Hälfte des 15. Jahrhunderts in den Niederlanden und im Rheinland Schauspiele alttestamentlicher Geschichten aufgeführt.

In Deventer führte man zur Fastnacht die *Historia von Esther und Ahasverus* (1474) sowie die von König David (1500 und 1501) auf. 1483 kamen in Ypern Stücke über Judith, David und Abigail, Sisera, Jaël und Esther auf die Bühne, die möglicherweise im Zusammenhang mit einer Folge über

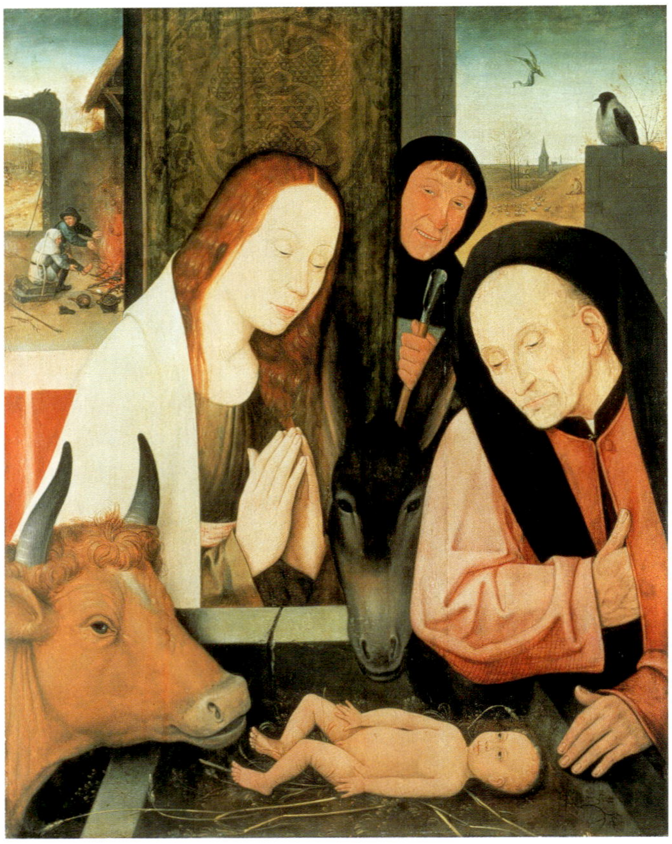

Abb. 134 Nachfolger des Hieronymus Bosch, *Geburt Christi*, um 1568 oder später; Öl auf Holz, 66 x 43 cm; Köln, Wallraf-Richartz Museum

Abb. 135a-b Hieronymus Bosch (?), (a) *Sieben Monstren*, (b) *Monstren und Studien für den hl. Antonius*, 20,5 x 26,3 cm; Feder, in Braun; Paris, Musée du Louvre, Département des Arts Graphiques

vorbildliche Frauen im Alten Testament standen. In den burgundischen Hofkreisen galt Esther als Ideal einer Fürstin. Bosch verwendete die genannten Geschichten des Alten Testaments als positive Exempel für den Triumph des Guten und für die Rolle von Maria als Mittlerin zwischen dem sündhaften Menschen und Gott.

Die Gottesmutter, in der Kunst des 15. Jahrhunderts stets prominent präsent, kommt in Boschs Œuvre so gut wie gar nicht vor. Das ist höchst bemerkenswert. Denn für den mittelalterlichen Menschen verkörperte Maria die konkrete Existenz des Heils in der Welt: Sie hatte es selbst geboren, wodurch sie jedem gepeinigten und sündigen Menschen Zuflucht und
Abb. 47b Trost bedeutete. Bosch stellte sie auf der *Anbetung der Könige*
Abb. 68 im Prado und auf der Brüsseler *Kreuzigung mit Stifter* als eine farblose Puppe dar, von deren Antlitz sich so gut wie gar nichts

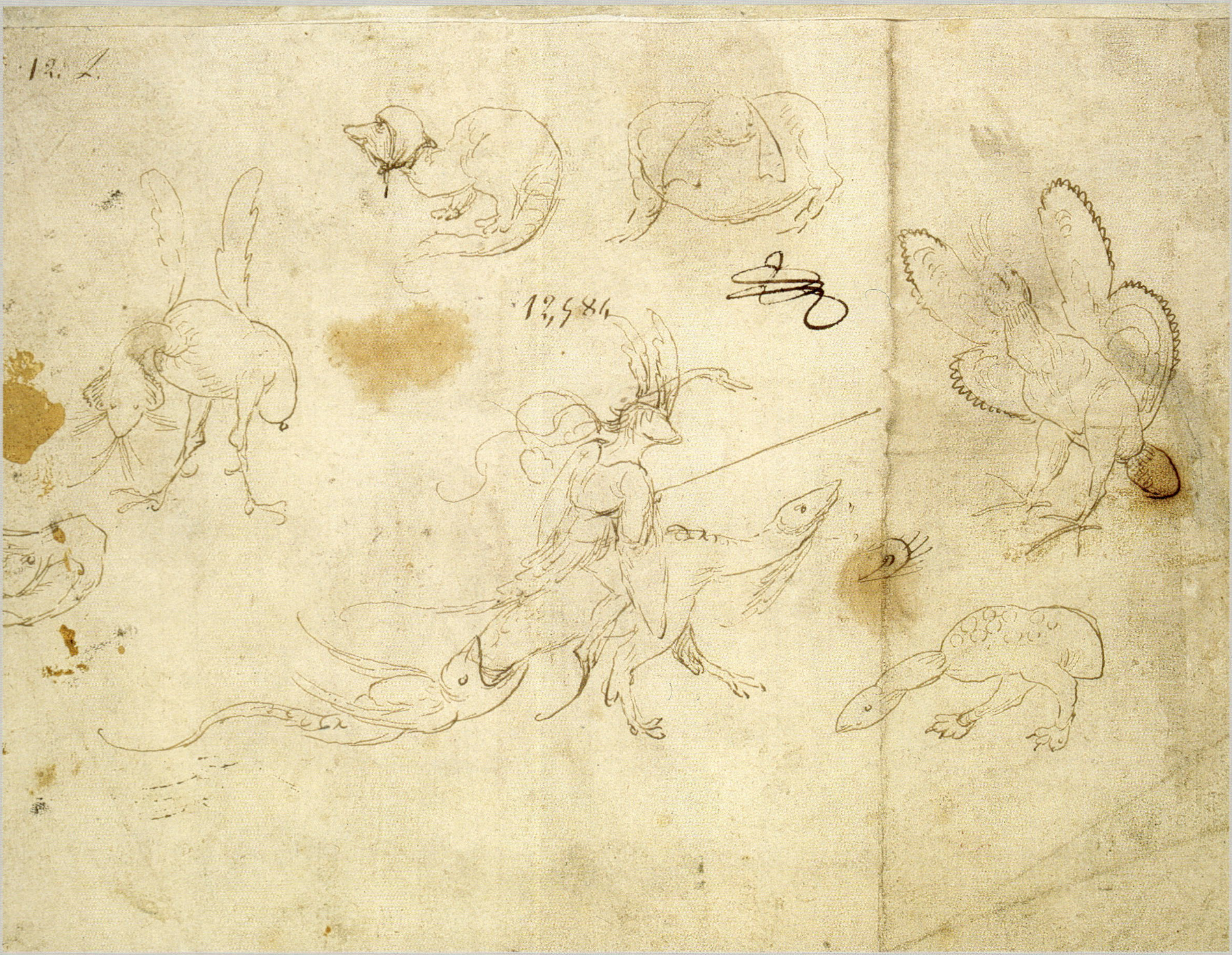

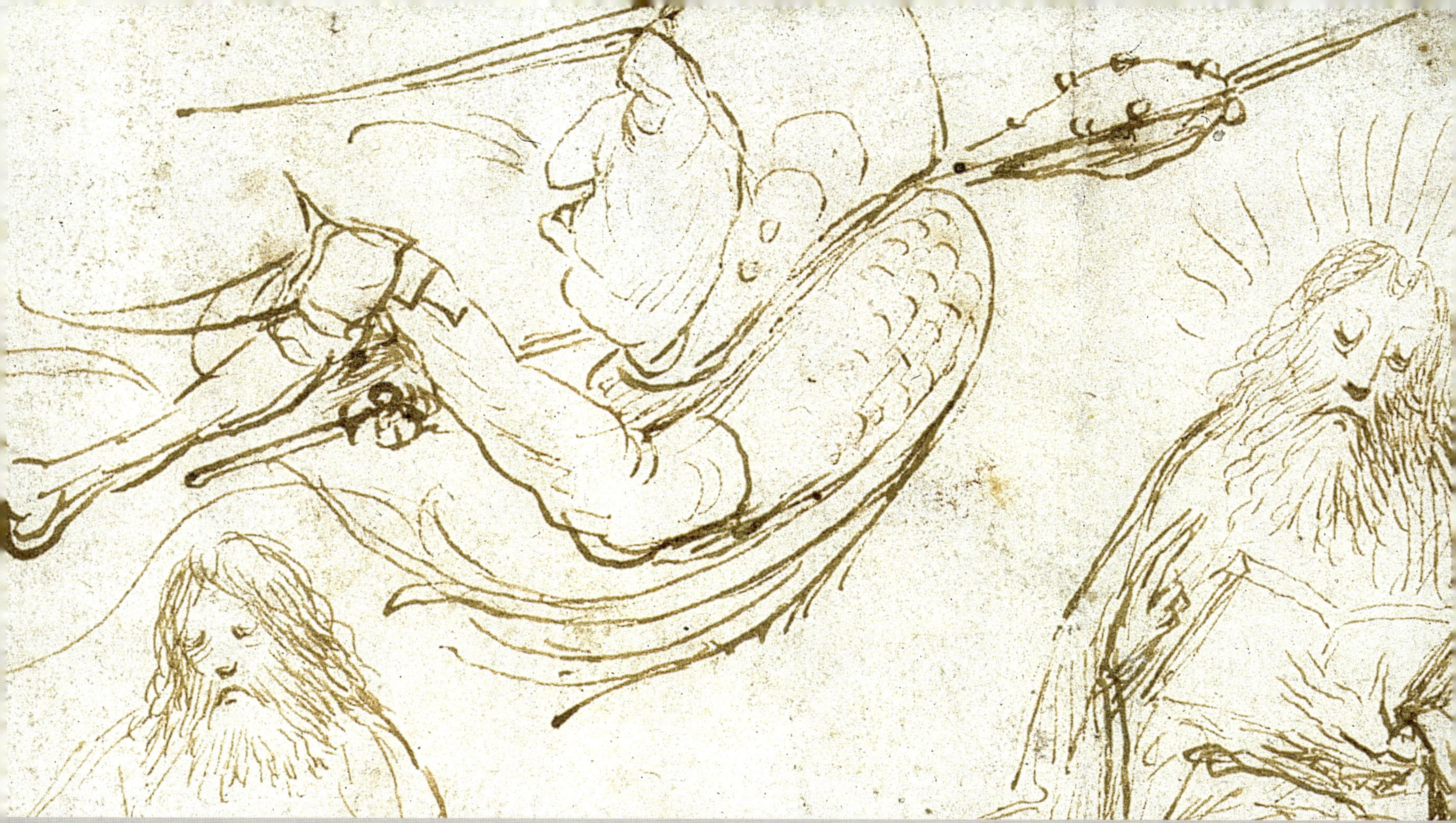

155

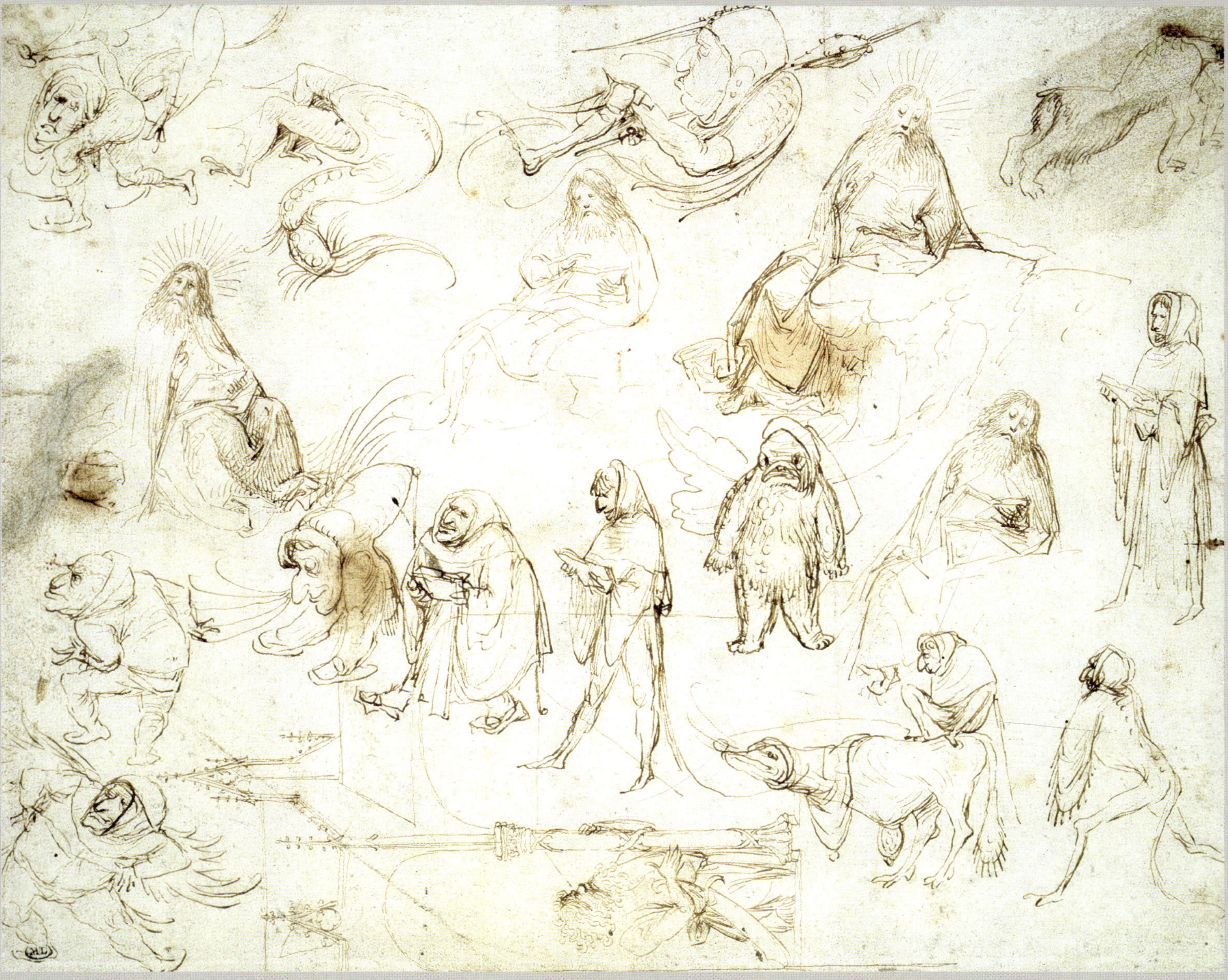

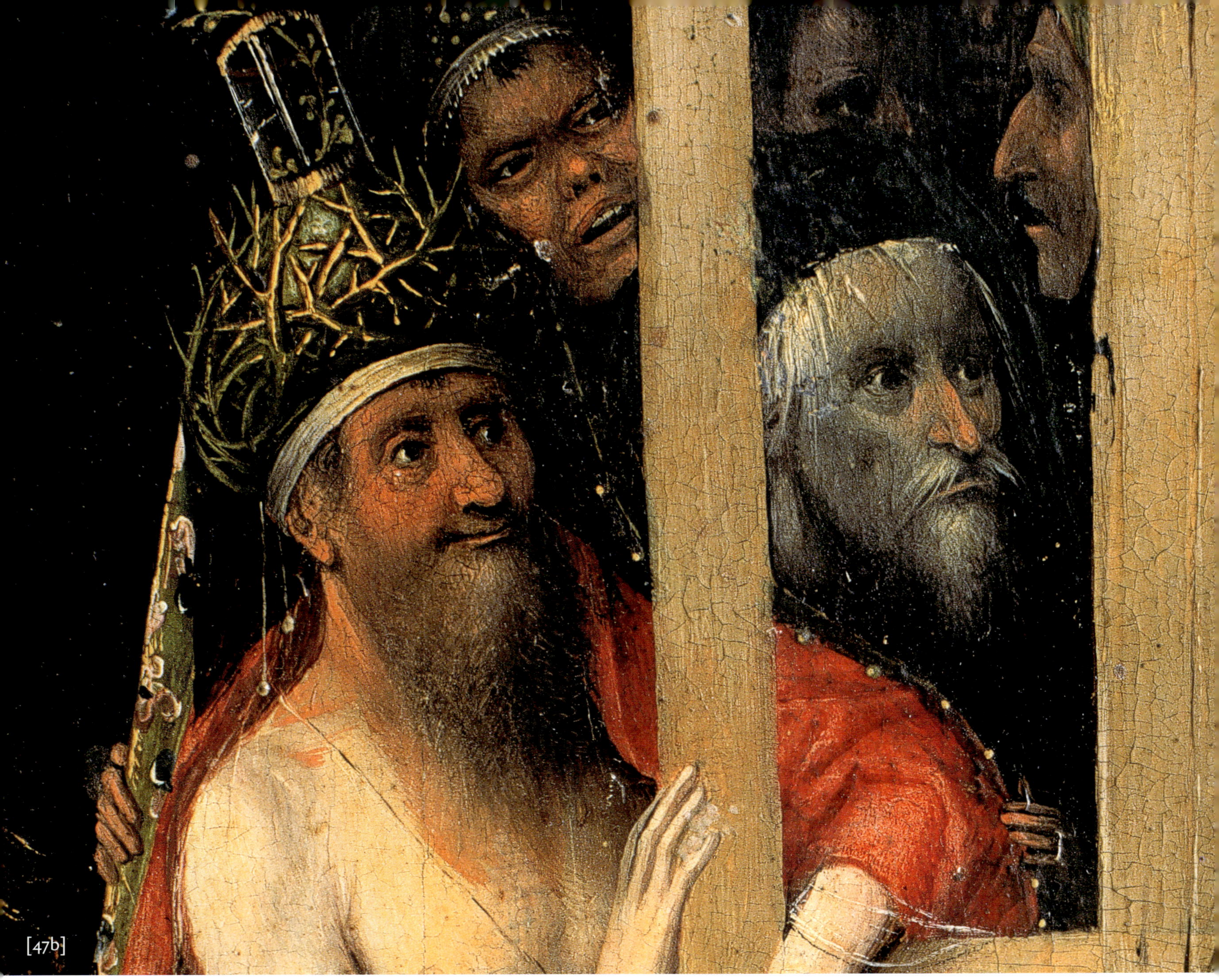
[47b]

Abb. 63b ablesen lässt. Sie fehlt auf Boschs *Kreuztragung* in Wien und in
Abb. 67 Gent, auf der gleichnamigen Tafel im Escorial ist sie als kleine
Abb. 64 Gestalt im Hintergrund dargestellt und am Körper des Evangelisten Johannes mit abgewandtem Gesicht zusammengesunken.

Aus Boschs Umkreis sind kürzlich zwei Darstellungen Mariens bekannt geworden. Einem Privatsammler gehört eine Tafel, die eine *Madonna mit Kind* zeigt, und in Šternberk (Tschechien)
Abb. 65 befindet sich eine *Flucht nach Ägypten*. Beide Tafeln können vielleicht Gielis Panhedel zugeschrieben werden.

Abb. 134 Eine in mehreren Kopien überlieferte *Geburt Christi* geht auf ein verlorenes Original von Bosch zurück. Das Jesuskind liegt dort in einer Steinkrippe, deren Form auf ein Grab verweist. Maria und Josef schauen gesenkten Blickes auf das Kind. Ein grinsender Hirte mit typischem Schäferstab wohnt der Szene mit unbeholfenem Gesichtsausdruck bei. Ein solcher Blick charakterisierte in der Kunst des 15. Jahrhunderts zwar Hirten und einfache Leute, ebenso kennzeichnend war er indes oft für Narren. Eine Elster sitzt rechts auf einer Mauer. Narr/Hirte und der Vogel beschwören eine unwirkliche Atmosphäre herauf, die dieser Darstellung – wie so oft bei Bosch – etwas Beklemmendes geben.

Der Einzug des Heils in die Welt ist das eigentliche Thema von
Abb. 47b Boschs *Anbetung der Könige* im Prado. Die Ikonografie des Triptychons ist eindeutig: die Epiphanie. Die Weisen aus dem Morgenland knien oder stehen vor dem Kind, das auf dem Schoß seiner Mutter thront. Auf dem Boden liegt ein
S. 44 Schmuckstück, eine Goldschmiedearbeit, das Abrahams Opfer zeigt. Als dieser bereit war, Gott seinen einzigen Sohn Isaak zu opfern, verhinderte ein Engel den grausamen Akt, und er brachte stattdessen einen Widder als Opfer dar. Diese Geschichte des Alten Testaments galt im Mittelalter als Präfiguration des Opfertodes Christi. Auf die Passion verweist
S. 94 auch die Stadtansicht von Jerusalem, die durch den an die Grabeskirche angelehnten Rundtempel zu erkennen ist. Die Geburt ereignete sich zwar in Bethlehem, aber die Stadt am Horizont zeigt Jerusalem, jenen Ort, in dem Christus sterben sollte. In der Stallruine selbst erscheint eine befremdliche und Furcht einflößende Gestalt mit ihrem Gefolge. Es handelt sich um einen halbnackten, bärtigen Mann, dessen Gesicht und Teile des Oberkörpers mit roten Flecken bedeckt sind, und an dessen rechtem Bein eine Wunde klafft. Solche Wunden kommen in Boschs Bilderwelt zwar öfter vor, dann aber stets bei lasterhaften, verdorbenen oder teuflischen Figuren. Der rätselhafte Mann trägt eine sonderbare Kopfbedeckung mit verdorrten Zweigen, die wir auch bei einer diabolischen Frau

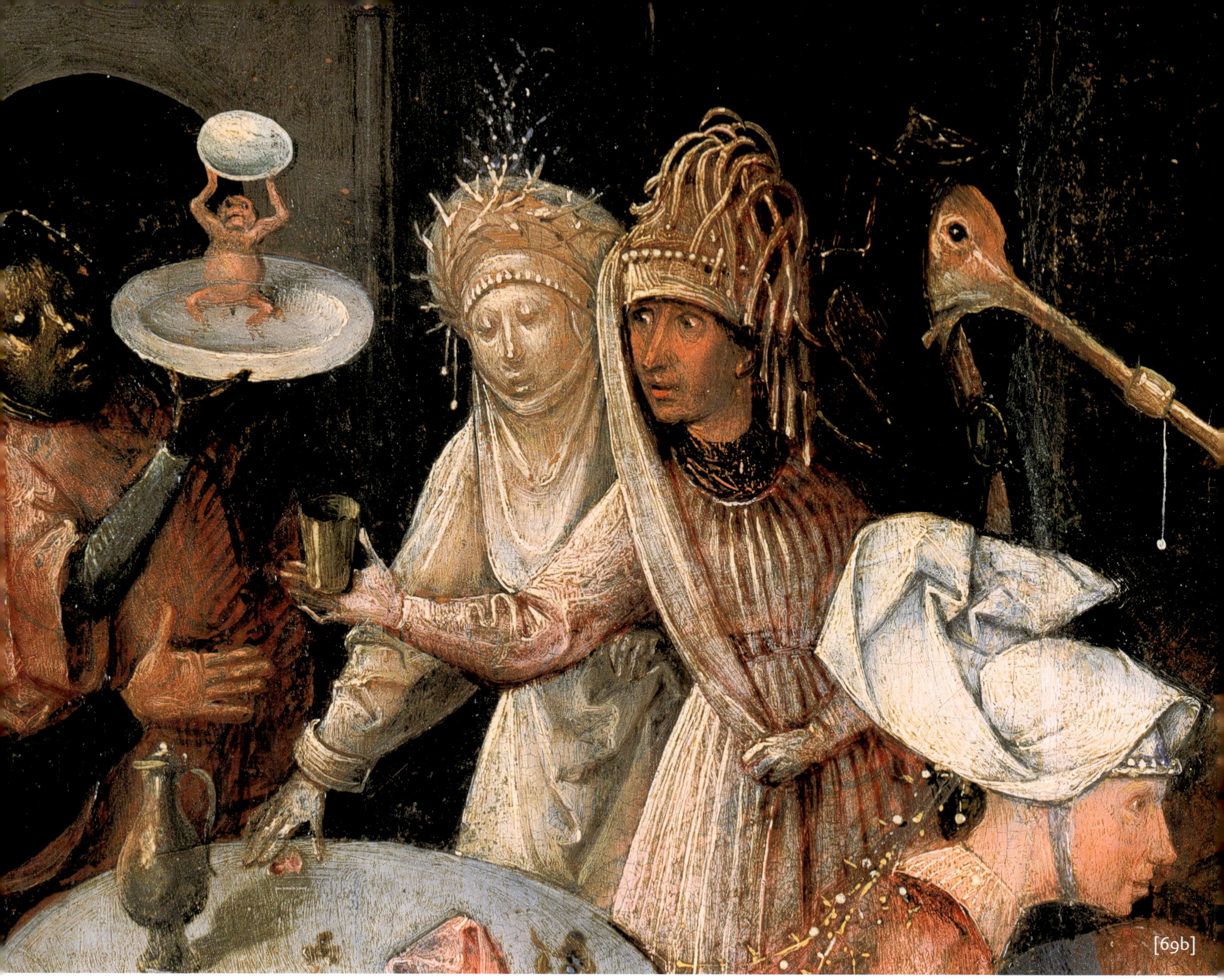

[69b]

auf der *Versuchung des hl. Antonius* in Lissabon antreffen. Dort handelt es sich um eine vollkommen in Weiß gehaltene, geisterhafte Erscheinung, eine *bilwis*. Ihr Kopfschmuck gleicht dem des Mannes vollkommen, einschließlich der herabhängenden Schnüre mit kleinen Kugeln. Der Mann auf der *Anbetung* ist mit goldenen Ketten gefesselt, seine Beinwunde von einem gläsernen Schrein eingefasst, als ob sie eine Reliquie des Bösen darstelle. Weitere Symbole verweisen ebenfalls auf das Böse: nackte, kopfstehende Figuren auf einem Ei sowie Affen, die Kraniche fangen bzw. töten. 1953 vermutete Lotte Brand Philip, dass der geheimnisvolle Mann mit seiner sinisteren Gefolgschaft den jüdischen Messias verkörpere, der den Prophezeiungen zufolge als ein mit goldenen Ketten gefesselter Lepröser erscheinen werde. Die Parallelen zu der Figur Boschs beruhen wohl kaum auf Zufall. Denn dieser – aus der christlichen Perspektive – falsche Messias wurde mit dem Antichrist gleichgesetzt, der am Ende der Zeiten seine Herrschaft über die Welt errichten würde. Bosch will hier also zeigen, dass, während der Heiland gerade erst geboren ist, das Böse bereits wartet, um seinen Schlag zu führen. Dennoch wird schließlich das Heil durch das Kreuzesopfer obsiegen – wie es die Außenseite des Triptychons veranschaulicht. Dort ist die sogenannte Messe des hl. Gregor dargestellt.

Abb. 50

Abb. 47a

Die Legende berichtet, dass um 600, während einer von Papst Gregor zelebrierten Messfeier, der Gottessohn lebendigen Leibes bei der Einsegnung eines Diakons erschien, der an der leibhaftigen Gegenwart Christi in der Hostie gezweifelt hatte. Innen- und Außenseite des Triptychons handeln also gleichermaßen vom Erscheinen Christi (Epiphanie) in der Welt: Das erste Mal erscheint er, körperlich, bei seiner Geburt; danach immer wieder in der Wandlung der Hostie während der Kommunion. Von Beginn an ist das Böse anwesend, und Zweifel – wie der des Diakons – lähmt den Menschen. Zwischen etwa 1480 und 1520 entstanden zahllose Kunstwerke, die jene Gregorsmesse zum Thema hatten, und seit 1500 bis etwa 1550 schufen die Werkstätten der sogenannten Antwerpener Manieristen einige hundert „Anbetungen der Könige". Im offenbaren Interesse jener Zeit an gerade diesen Themen kündigen sich die reformatorischen Kontroversen um die Interpretation der Eucharistie an. Bosch hebt die göttliche Anwesenheit deutlich hervor, erinnert aber ebenso an die bedrohliche Gegenwart des Bösen sowie an den Zweifel, der die Seele des Gläubigen vergiftet. Wie erfolgreich die Formulierung auf Boschs Triptychon im 16. Jahrhundert wurde, ist unverkennbar: Es existieren zahllose Kopien der Mitteltafel, mehr als von jedem anderen Werk des Künstlers.

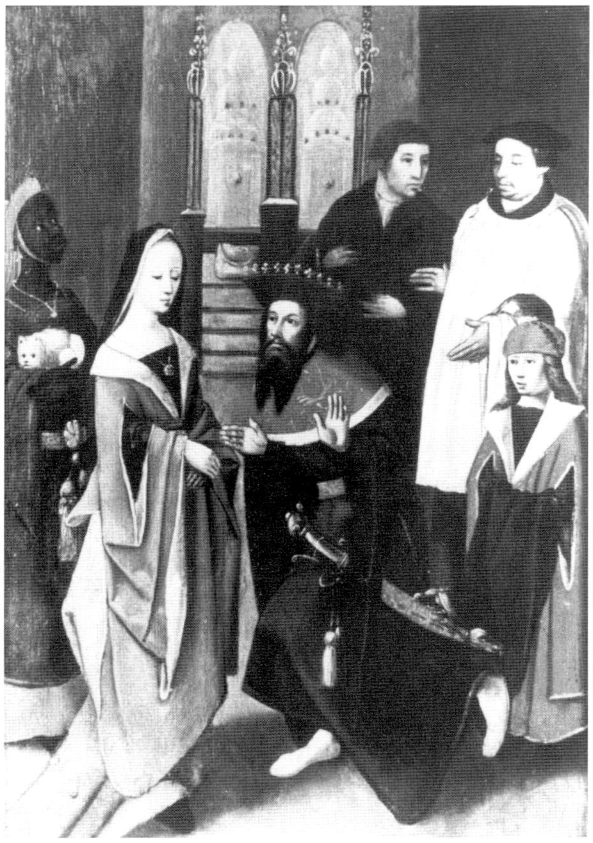

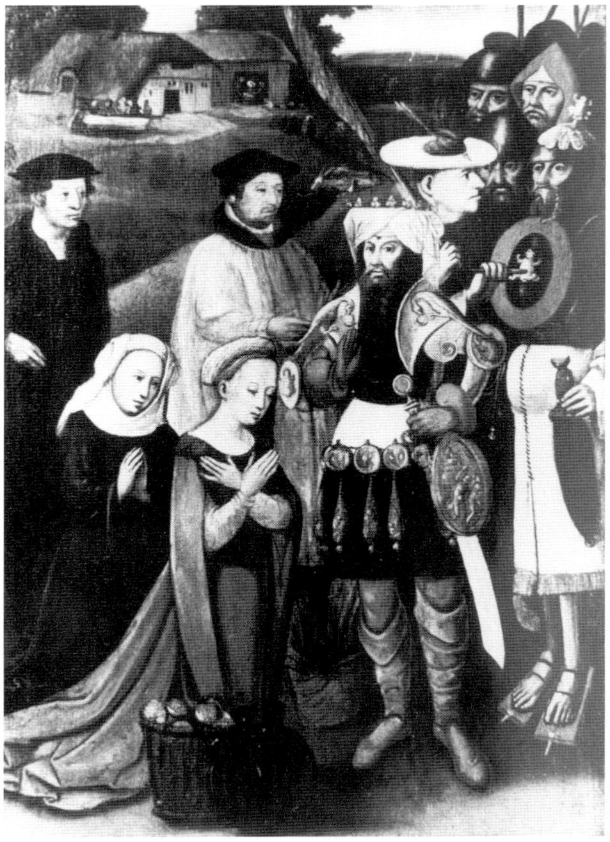

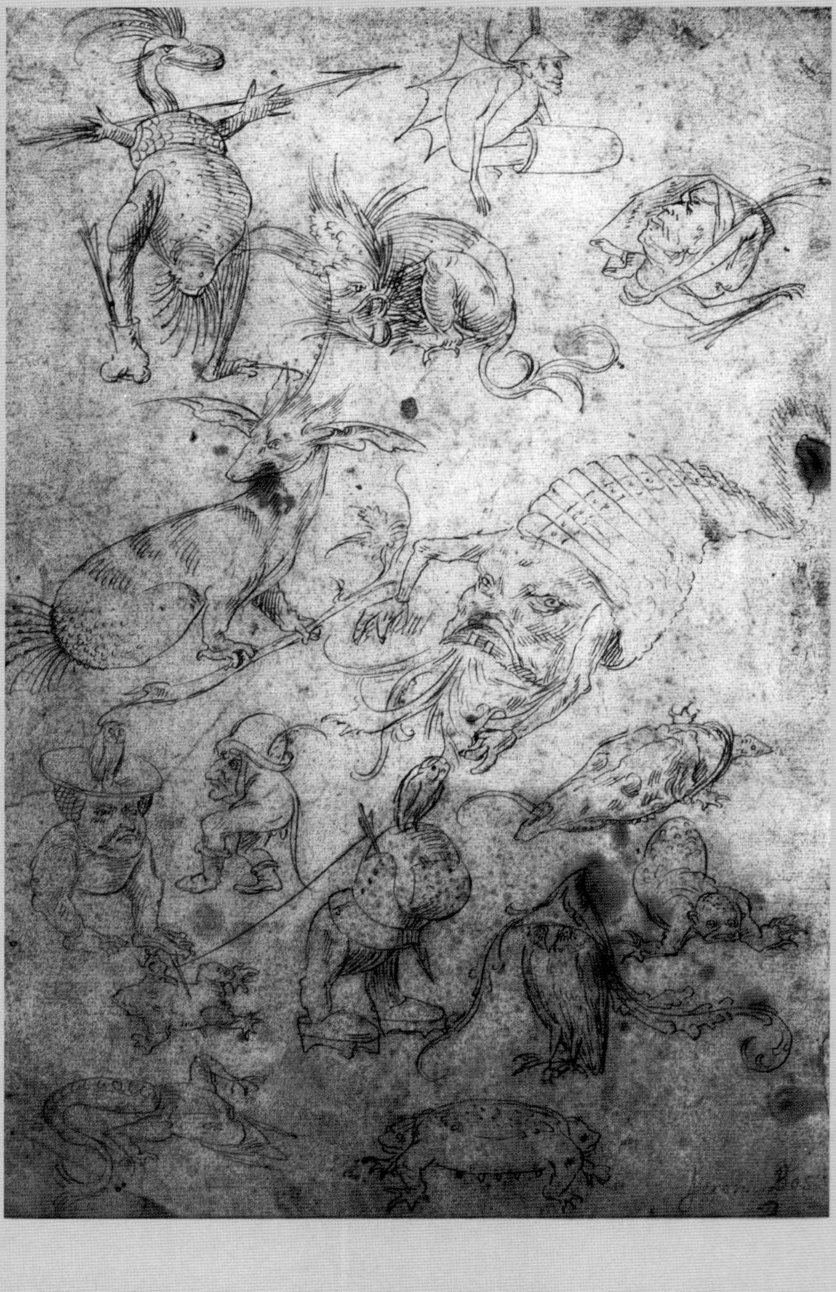

Und um dieses Gemälde gruppieren sich noch weitere Fassungen desselben Themas.
Die Tafel der *Anbetung der Könige* im New Yorker Metropolitan Museum mit ihrer abrupt in die Tiefe führenden, leeren Raumwirkung galt einst als ein Frühwerk von Bosch. Hinsichtlich der dendrochronologischen Untersuchungsergebnisse kann die Tafel tatsächlich bereits ab 1468-74 bemalt worden sein. Eine andere *Anbetung* (Philadelphia) mutet ebenfalls altertümlich an, sie kann aber nicht vor 1493-99 entstanden sein – wahrscheinlicher ist indes, dass es sich hier um ein in Boschs (?) Frühstil gehaltenes *Pasticcio* handelt. Dies trifft auch für das Triptychon der *Anbetung der Könige* in Anderlecht zu: Die Mitteltafel gemahnt an das Gemälde im Prado, bei den Flügeln handelt es sich eventuell um Kopien nach heute verlorenen Bilderfindungen Boschs. Gleiches gilt für die Flügel einer *Anbetung* in englischem Privatbesitz, deren Mitteltafel die Madrider Epiphanie recht kraftlos wiederholt. Ursprünglicher wirken hingegen die Flügel, bei denen es sich vermutlich gleichfalls um Kopien handelt.
Aus der Jugend Jesu hat Bosch (?) lediglich *Jesus unter den Schriftgelehrten* aufgegriffen. Auch von diesem Werk existieren nur Kopien. Textgrundlage ist das Evangelium nach Lukas (Lukas 2,41-52). Die Ikonografie ist in der niederländischen

Abb. 34
Abb. 33
Abb. 60
Abb. 52a

Abb. 136a-b Kopie nach Hieronymus Bosch oder Gielis Panhedel (?), (a) *Salomon und Bathseba*, (b) *David und Abigail*, 's-Hertogenbosch (?), Mitte 16. Jh.; Öl auf Holz, je 51 x 37 cm; Aufbewahrungsort unbekannt

Abb. 137 Nachfolger von Hieronymus Bosch, *Monstren und Ungetüme*; Feder, in Braun, 31,8 x 21 cm; Providence, Museum of Art, Rhode Island School of Design, Gift of Mrs. Murray S. Danforth

Abb. 138 Hieronymus Bosch (?), *Hexen*; Feder, in Braun, 20,3 x 26,4 cm; Paris, Musée du Louvre, Département des Arts Graphiques

Kunst bekannt, wurde aber vor allem von deutschen Malern behandelt. Auf der Fassung in Šternberk wurde links im Vordergrund eine Stifterfigur übermalt.
Boschs *Hochzeit zu Kana* ist im Original ebenfalls verloren. Auch das beste Exemplar, die Rotterdamer Tafel, ist eine spätere Kopie aus dem 16. Jahrhundert. Der Louvre bewahrt eine Zeichnung, die unmittelbar auf der ursprünglichen Komposition beruht, die links unten einen Stifter zeigte: Hier erkennt man an dieser Stelle einen Gelehrten bzw. Geistlichen in langem Talar mit seinem Schutzpatron, einem heiligen Bischof.
Die Festgesellschaft hat an einer L-förmigen Tafel Platz genommen. Rechts sitzt Jesus, der mit der rechten Hand

Abb. 53
Abb. 140

159

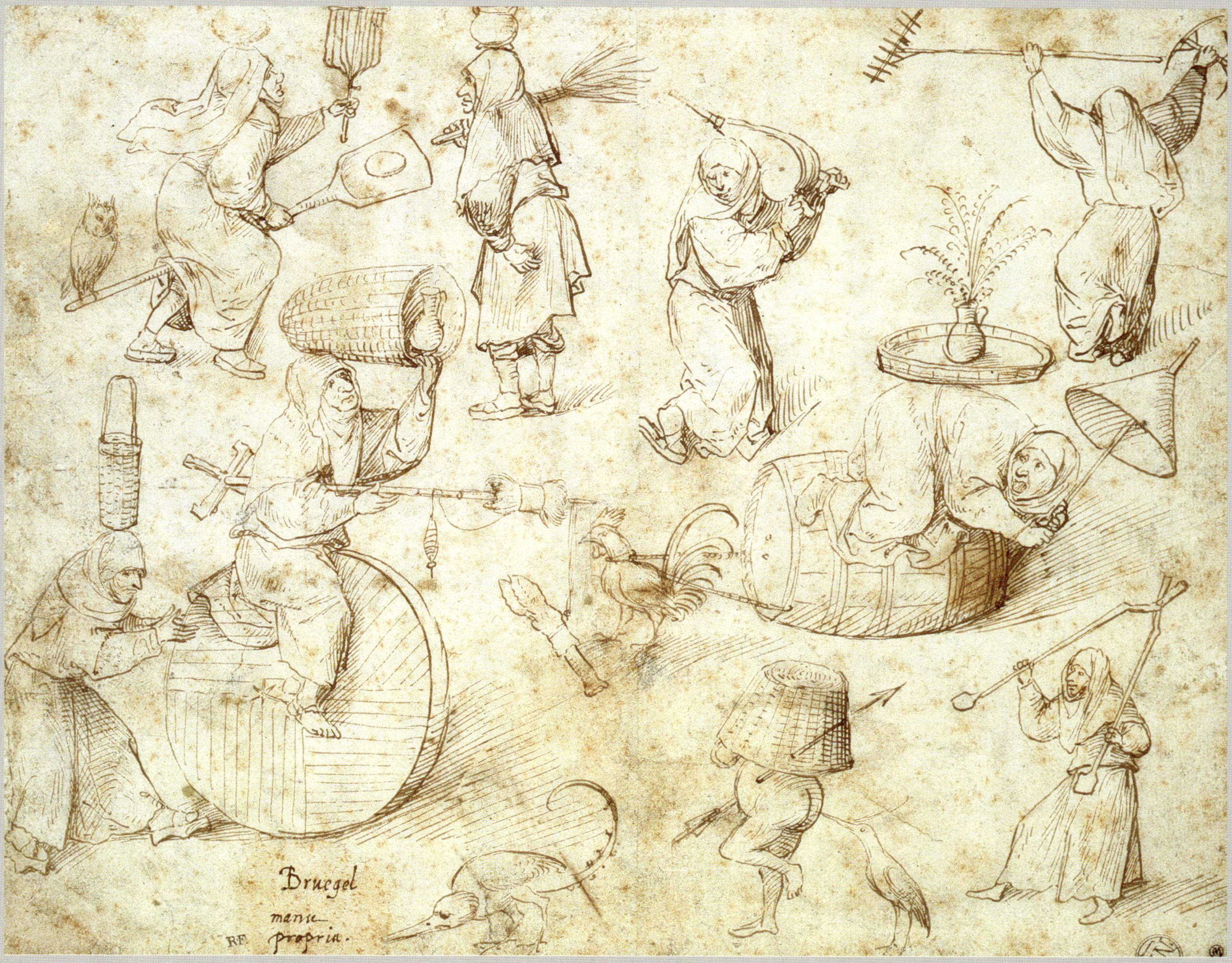

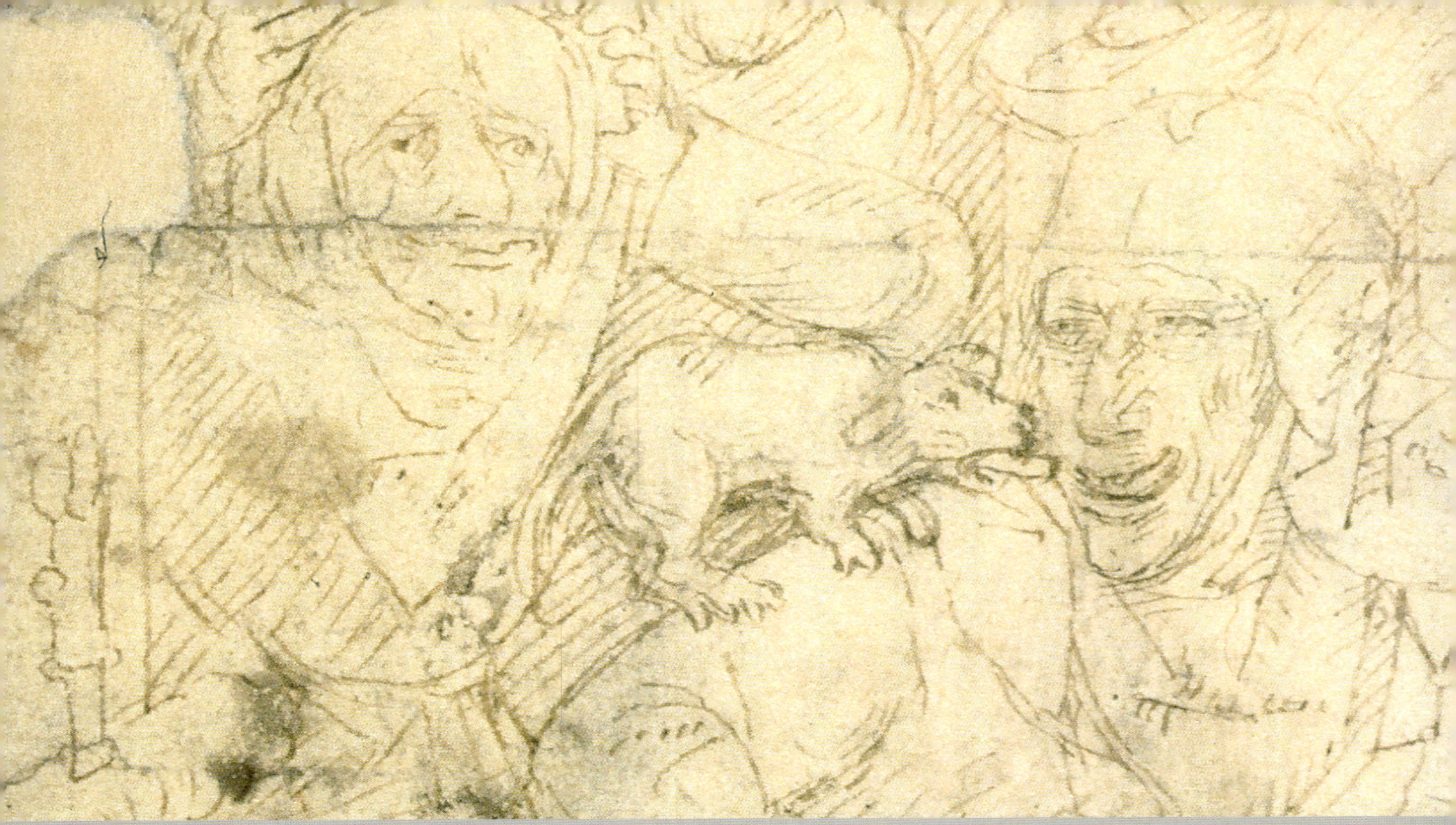

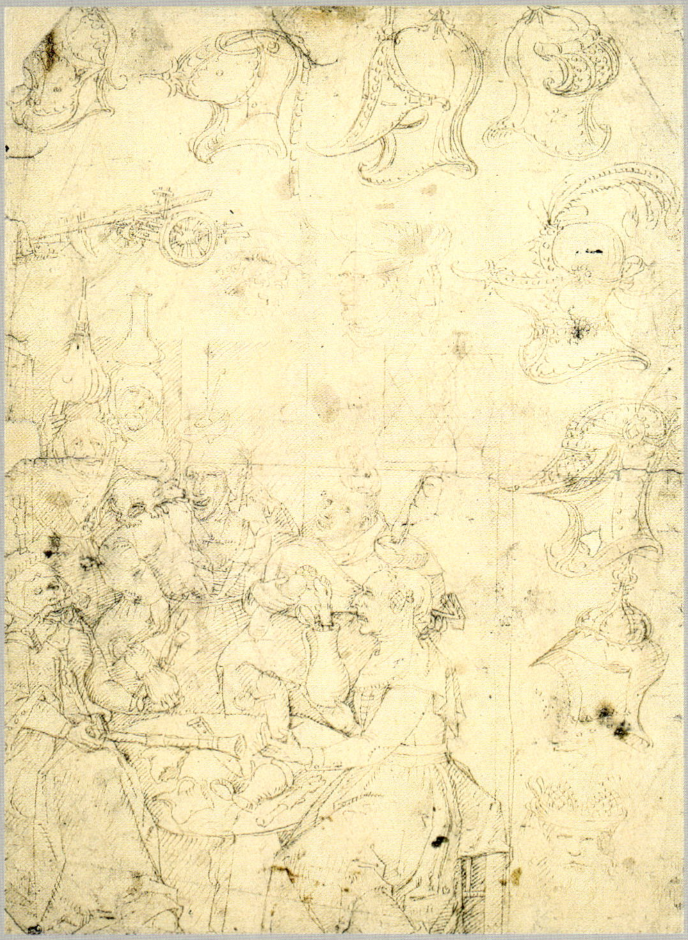

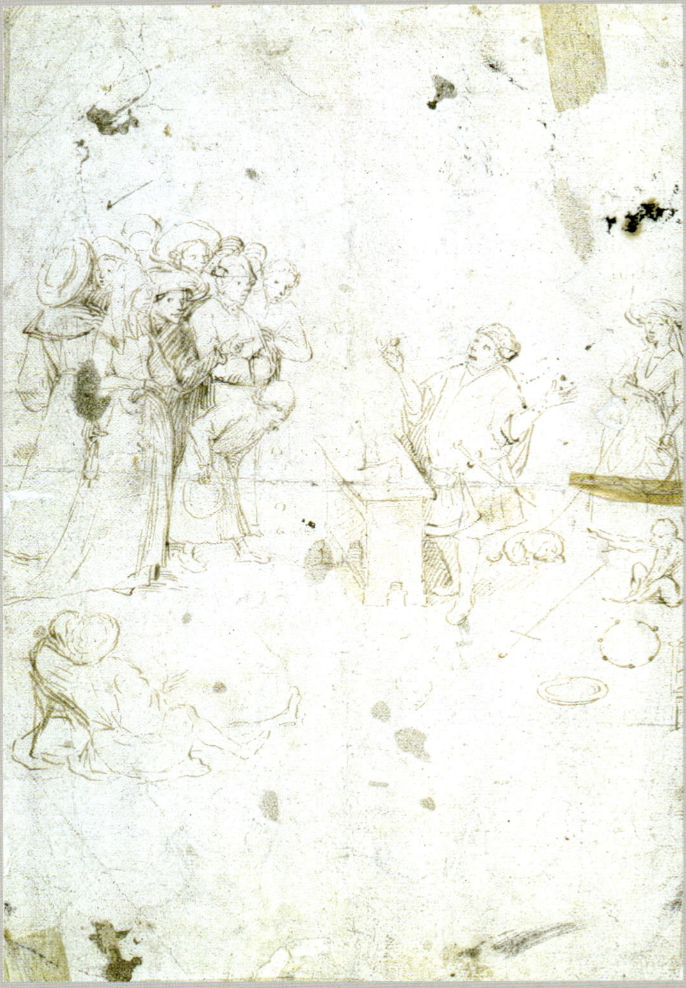

seinen Segen spendet, worauf sich das Wunder vollzieht und das Wasser in den sechs Krügen in Wein verwandelt wird. Ihm zur Seite erkennen wir zeitgenössische Bürger, die in dunkle Gewänder gekleidet sind. Unverkennbar handelt es sich hier um Bildnisse, vielleicht Porträts von Geistlichen oder Gelehrten aus dem Kreis der Auftraggeber (von Bosch?). Auf anderen religiösen Gemälden, etwa der Darstellung von David und Abigail, ließen sich möglicherweise prominente Förderer Boschs – Mitglieder der Liebfrauen-Bruderschaft – porträtieren. In der Mitte der Hochzeitstafel sitzen das Brautpaar und Maria. Die Braut trägt ein weißes Gewand und eine Brautkrone über ihrem offenen Haar. Sie hält die Augen niedergeschlagen und die Hände gekreuzt. Diese Haltung nahmen alle Bräute während des „öffentlichen" Festmahls an, und zwar sowohl in Europa als auch im mediterranen Raum. Gelegentlich liest man zwar, dass diese Geste jene in der traditionellen Gesellschaft von Frauen geforderte Zurückhaltung ausdrücken soll; der wahre Grund ist indes in der Abwehr des „bösen Blicks" zu suchen. Denn allgemein glaubte man, dass die Braut sich während der Hochzeitstage in der verletzlichsten und gefährlichsten Zeitspanne ihres Lebens befinde, weshalb man keine Maßnahme gegen die Abwehr des dunklen Einflusses des bösen Blicks scheute. Bosch hat hier womöglich den rituellen Aspekt des Hochzeitsfestes wiedergegeben. Der Bräutigam ähnelt dem Evangelisten Johannes – man vergleiche ihn mit Boschs *Johannes auf Patmos* in Berlin. Einer volkstümlichen Überzeugung zufolge, glaubte man, dass Johannes der Bräutigam der Hochzeit von Kana gewesen sei, jener Heilige also, den man sich stets als lieblichen Jüngling dachte. Der Evangelist war der Schutzpatron der Liebe und zugleich – wegen des düsteren Beginns seines Evangeliums und seiner apokalyptischen Endzeit-Visionen der Offenbarung – der Patron der geheimnisvoll-magischen Beschwörung. Rechts gegenüber der Braut spricht ein Kind dem Paar seinen Segenswunsch aus, wie es die rhetorische Geste der Linken veranschaulicht. In der rechten Hand hält es einen Becher. Dabei geht es um die Sankt-Johannes-Minne, einen Trink-

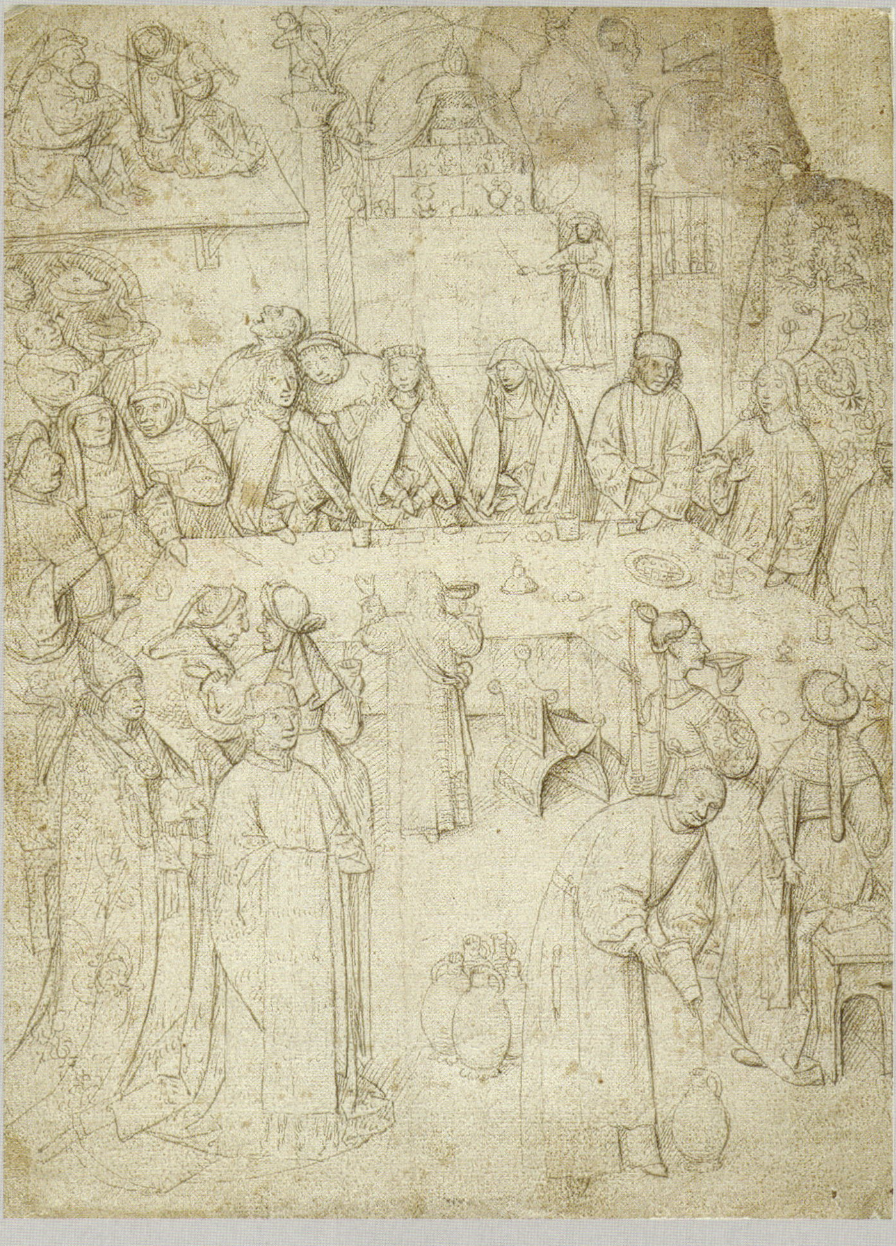

Abb. 139a-b Nachfolger von Hieronymus Bosch, (a) *Festgesellschaft und Helme*, (b) *Gaukler*; Feder, in Braun, 27,8 x 20,2 cm; Paris, Musée du Louvre, Département des Arts Graphiques

Abb. 140 Kopie nach Hieronymus Bosch, *Hochzeit zu Kana mit einem Stifter und dessen Schutzpatron*; Feder, in Braun; Paris, Musée du Louvre, Rothschild Collection

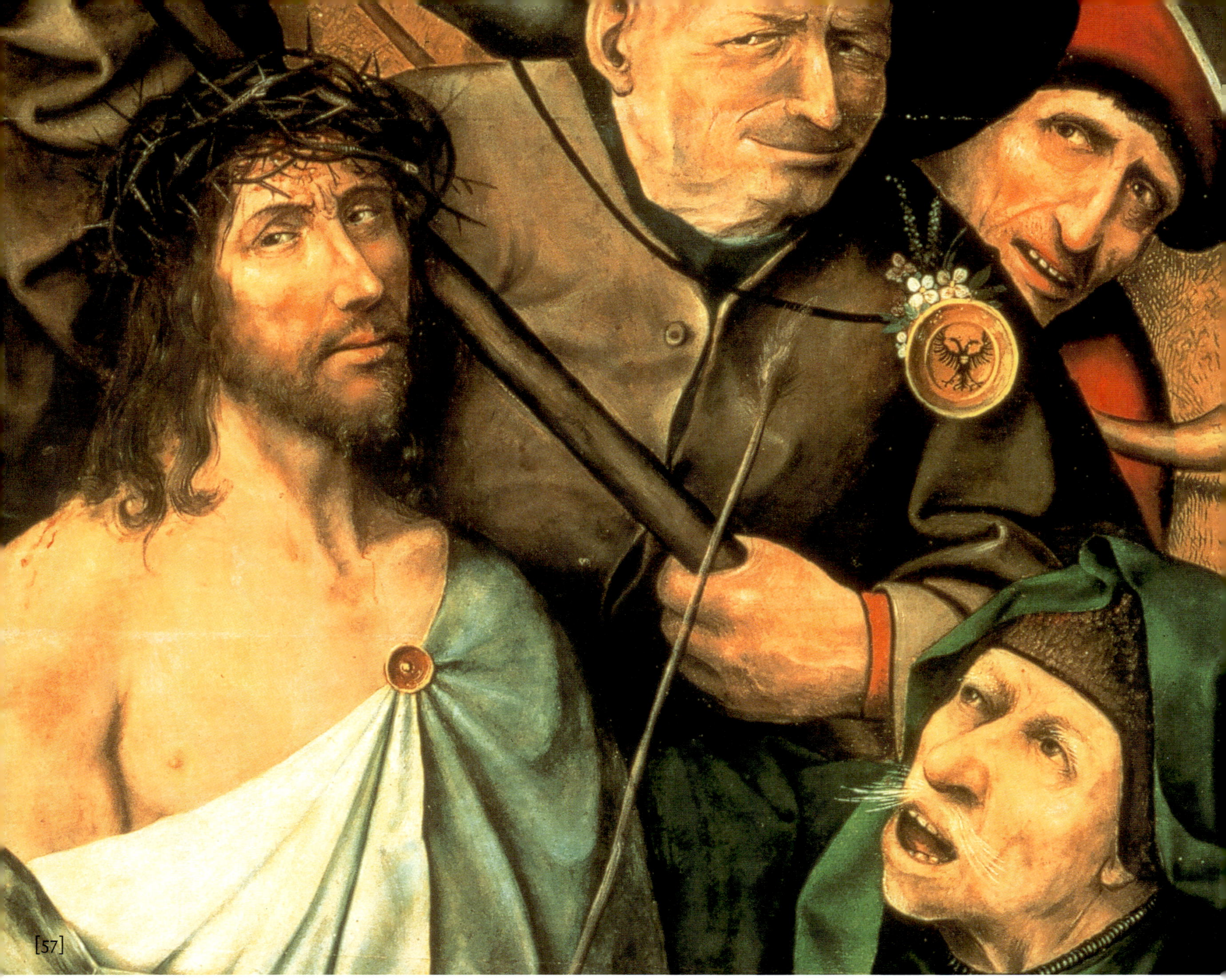

[57]

spruch zugunsten der Brautleute. Der Kranz auf dem Kopf des Kindes stellt die Sankt-Johannes-Krone dar. Den Trinkspruch brachte man zum Fest des Täufers am 6. Mai und zu dem des Evangelisten am 27. Dezember sowie auf Hochzeiten aus, da Johannes als Schutzheiliger der Liebe galt. Die Minne wurde manchmal auch in den Kirchen auf die Gläubigen gesprochen – gegen solche Gebräuche, die mancherorts bis ins 20. Jahrhundert fortlebten, erhoben Moralisten bereits zu Boschs Zeit ihre Stimme. Die übrigen Hochzeitsgäste diskutieren angeregt miteinander; und wie so oft bei Bosch, haben ihre Gesichter etwas Heimtückisches, Hässliches und Verdächtiges an sich.

Gleiches gilt für das Personal und die heruntergekommenen Musikanten. Diener bringen einen Schwan und einen Eberkopf herbei, die beide Feuer speien. Schwan oder Schweinekopf wurden im alten Europa während der zwölf Tage zwischen Weihnachten und dem Dreikönigstag zu einem rituellen Mahl gereicht, das allerdings eher zum Festmahl am 6. Januar zubereitet wurde. An diesem Datum, dem Festtag der Heiligen Drei Könige, gedachte man auch der Hochzeit zu Kana. Dass Bosch sich jene Hochzeit mit diesen Gerichten vorstellte, lag demnach auf der Hand. Vielleicht teilte ja Hireronymus Bosch – oder dessen Auftraggeber – die Vorstellung, dass einst Johannes in Kana Hochzeit gehalten hatte. Aber auch diese Feierlichkeit wurde in Boschs Augen von den Mächten des Bösen überschattet, denn er zeigt linkische, falsche Musikanten und Festteilnehmer sowie eine Eule – Sinnbild von Lichtscheuheit, Torheit und Laster. Die Vermengung von Tugend und Untugend drückt sich noch in der Symbolik des auf dem Buffet aufgedeckten Silbergeschirrs aus: Dort finden sich neben dem Pelikan als dem Bild der christlichen Bereitschaft zum Opfer mehrere Gegenstände mit eindeutig sexuellem Beiklang. Wie stets in Boschs Bilderwelt wird das Reine angegriffen. Selbst wenn er Szenen aus der Kindheit Jesu behandelt, so geschieht dies nicht mit jener Rührseligkeit, die dergleichen Themen in den Niederlanden des 15. Jahrhunderts auszeichnet. Bei Bosch geht es vielmehr immer um das Eindringen einer bösartigen, bedrohlichen Macht. Der Beginn des Johannesevangeliums (Johannes 1,9-11) könnte für Boschs religiöse Darstellung als programmatisch gelten: „Das wahre Licht, das jeden Menschen erleuchtet, kam in die Welt. Er war in der Welt, und die Welt ist durch Ihn geworden, aber die Welt erkannte Ihn nicht. Er kam in sein Eigentum, aber die Seinen nahmen Ihn nicht auf."

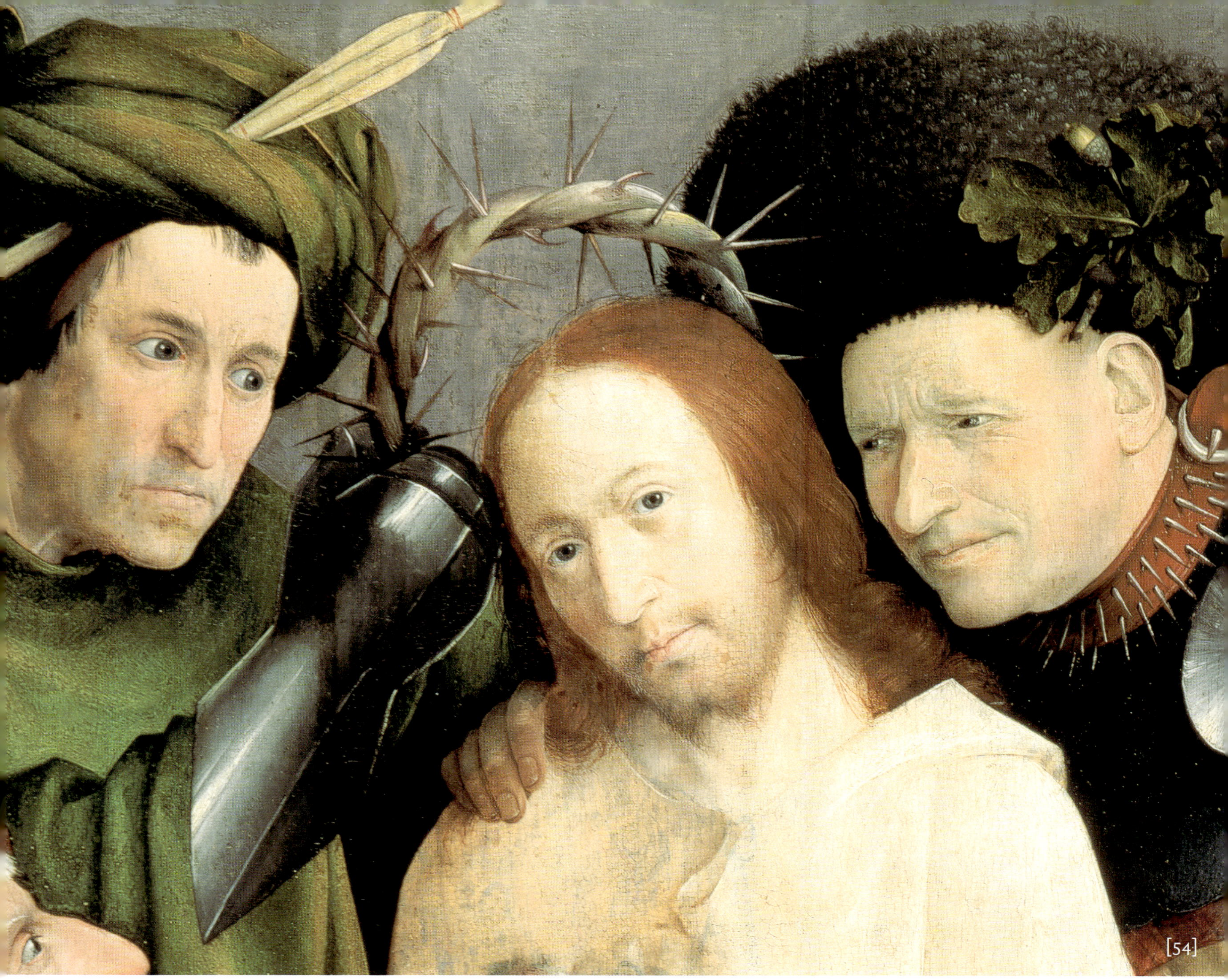
[54]

Das erlösende Vorbild

Das Leiden Jesu nimmt in Boschs Œuvre einen vorrangigen Platz ein, wie übrigens in der gesamten damaligen Kunst. Durch sein Leiden hat Christus die Menschheit erlöst; ihm nachzufolgen, bedeutet, den Weg zum Heil zu beschreiten. So klar und kurz lautet die Botschaft der Passionsszenen Boschs. Der Passionszyklus wird durch den *Einzug nach Jerusalem* eingeleitet (ehem. Köln, G. de Haen, 1581). Es folgen die *Gefangennahme* (Kopien in San Diego und Amsterdam; nachweisbar in der Sammlung Philipp II. von Spanien), *Christus vor Pilatus* (Kopien in Rotterdam und Princeton), *Ecce Homo* (Frankfurt), *Dornenkrönung* (London; Escorial), *Kreuztragung* (Escorial; Gent; Wien; nachweisbar in der Sammlung Philipp II.; ein weiteres Werk spiegelt sich in einem durch Hieronymus Cock verlegten Druck von Lambert Lombard wieder sowie einem Leinwandbild, das sich früher in der Sammlung Arnot in London befand); *Kreuzigung mit Stifter* (Brüssel), *Grablegung* (Zeichnung in London), *Beweinung* (zwei verlorene Prototypen) und *Christus in der Vorhölle* (Sammlung Erzherzog Ernst in Brüssel, 1593; Varianten). Die *Dornenkrönung* im Escorial ist eine der ergreifendsten Passionsszenen Boschs. Indem der Maler die Handlung in einen Kreis einschreibt, beschwört er die kosmische, weltumspannende Dimension des Geschehens. Die Darstellung folgt dem Bibeltext: „Dann flochten sie einen Kranz aus Dornen; den setzten sie ihm auf und gaben ihm einen Stock in die rechte Hand. Sie fielen vor ihm auf die Knie und verhöhnten ihn, indem sie riefen: ‚Heil dir, König der Juden!'." (Matthäus 27,29). Bosch weicht von den Evangelientexten ab, die nämlich einen *scharlachroten* (Matthäus 28) bzw. *purpurroten* (Markus 15,17; Johannes 19,2) Mantel erwähnen. Den Evangelisten zufolge fand die Dornenkrönung im *Praetorium* des römischen Statthalters statt. Hier handelt es sich bei dem Mann links indes nicht um Pilatus, sondern um den jüdischen Hohepriester Kaiphas oder einen Befehlshaber: Er trägt einen Stab mit kristallenem Knauf, der ein Bild von Moses mit den Gesetzestafeln einschließt. Der Mann rechts von ihm soll ein Selbstbildnis Boschs darstellen. Dies mag zutreffen, denn die Ähnlichkeit mit dessen Porträt im *Recueil d'Arras,* das Bosch als älteren Mann zeigt, ist nicht zu leugnen. Dem schwer greifbaren Ausdruck jenes Mannes wohnt etwas von einer ohnmächtigen Bestürzung inne, so als mache ihn das Ausmaß des Bösen entsetzt und ratlos. Zugleich ist das Gemälde eine Allegorie auf die Maßlosigkeit des Bösen. Um den Kreis herum tobt in einem leeren, düsteren Raum ein chaotischer

Abb. 57

Abb. 1

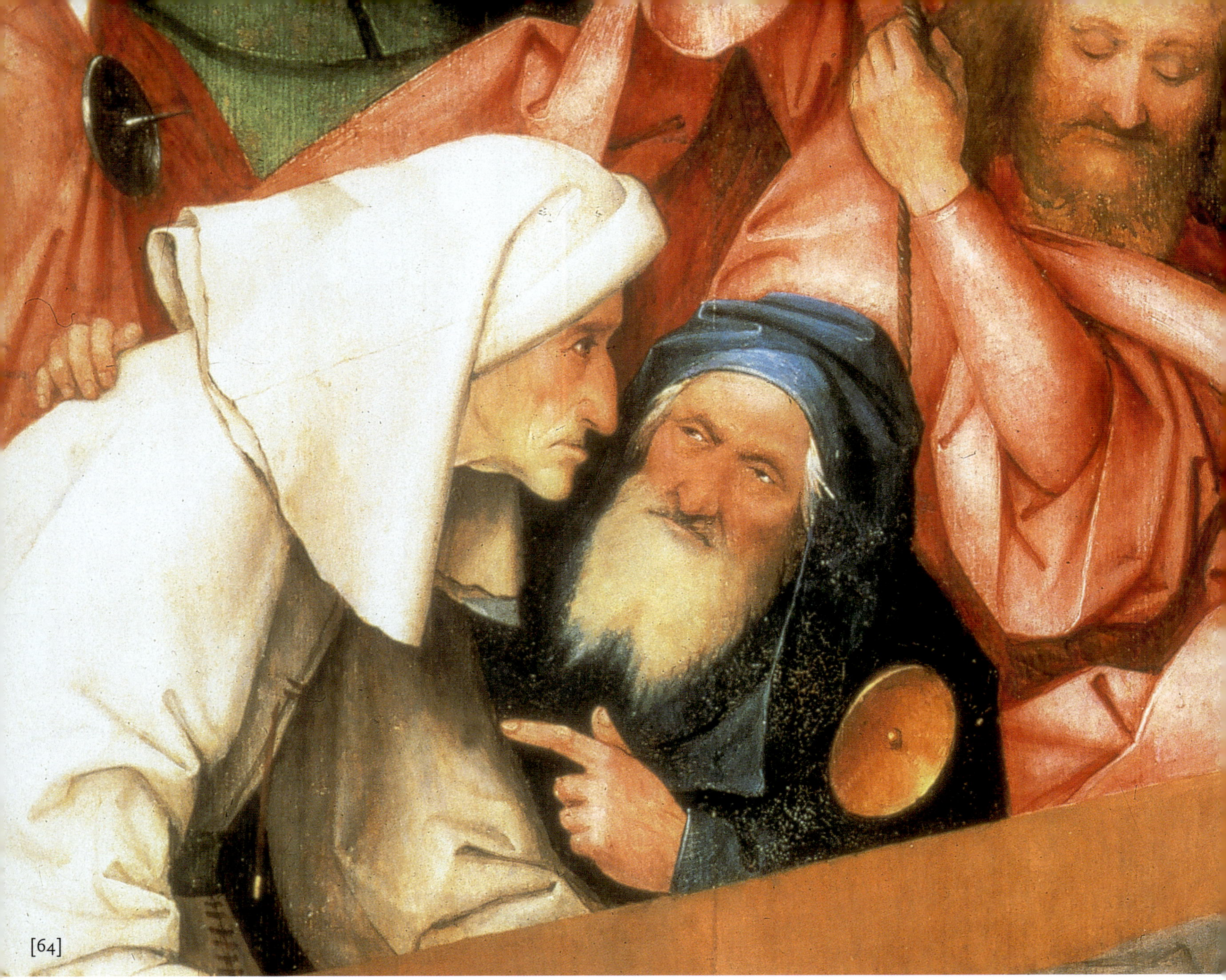
[64]

Kampf. Es ist kein Kampf zwischen Engeln und Teufeln, wie oft vermutet, sondern der Kampf zur Errettung des Menschen, der Spielball ihn übertreffender Kräfte ist. Unten links ergreift ein Engel den Arm eines gefallenen, nackten Mannes, während er das Schwert gegen einige Teufel führt. Links oben holt ein Engel mit dem Schwert machtvoll nach einigen Teufeln aus, von denen einer versucht, eine nackte Seele fortzuschleppen, die ohnmächtig niedergesunken ist. Gegenüber wütet derselbe Kampf.

Der Mensch kann dem Griff des Bösen nur entkommen, indem er dem Beispiel Christi nachfolgt. Der Blick des wehrlosen Lammes ist es, das hierzu aufruft und Kraft spendet. Diesen Blick, der zu ethischem Handeln aufruft, hat Bosch in der Londoner *Dornenkrönung* unnachahmlich verbildlicht. Auch dieses Werk, das frühestens zwischen 1480 und 1485 entstanden ist, ist in der Kunst des 15. Jahrhunderts einzigartig. Der in Weiß gewandete Jesus, kurz davor, die Schmerzen der Dornenkrone zu spüren, schaut den Betrachter unmittelbar an. Sein Blick ist ausdruckslos, doch zugleich von tiefem Erbarmen erfüllt – eine Miene, die ihresgleichen weder sonst bei Bosch noch in der Malerei des 15. Jahrhunderts findet. Wie ein Elias Canetti seiner Zeit, hat Bosch die verrohende Wirkung der Massen erkannt. Der leidende Christus ist einer hasserfüllten Gruppe ausgeliefert, welche die Vernunft fahren lässt und in ihrer Machtlust ein Opfer sucht. Bosch mag dies aus eigener Erfahrung gekannt haben: Öffentliche Folterungen und Hinrichtungen führten die Städter damals in blutdürstiger Schaulust zusammen. Auf Boschs *Ecce Homo* (Frankfurt, Boston, Philadelphia) tritt der verurteilte Jesus schutzlos und still einem wutstarrenden Mob gegenüber.

Abb. 54

Das Thema der *Kreuztragung* ist in mehreren Fassungen überliefert. Drei Gemälden, die Tafeln aus Wien, dem Escorial und Gent, galten als Originale. Daneben gibt es Kopien anderer Bildversionen, etwa eine auf Leinwand gemalte *Kreuztragung* in belgischem Privatbesitz sowie weitere Varianten, die ihr Vorbild wohl kaum getreu widerspiegeln. Dass diese heterogenen Entwürfe von nur einem Künstler stammen sollen, klingt unwahrscheinlich. Auf der Wiener Tafel, bei der es sich einst um den linken Flügel eines Triptychons handelte, treibt die Masse den verurteilten Jesus an. Im Vordergrund erkennen wir den schlechten und den guten Schächer. Dieser kniet reuevoll beichtend vor einem Mönch – ein Anachronismus, dem man in der mittelalterlichen Kunst begegnet.

Abb. 63b
Abb. 63a

Auf der Rückseite – also ursprünglich der Außenseite des Triptychons – ist in einem Kreis ein nacktes Kind mit einem

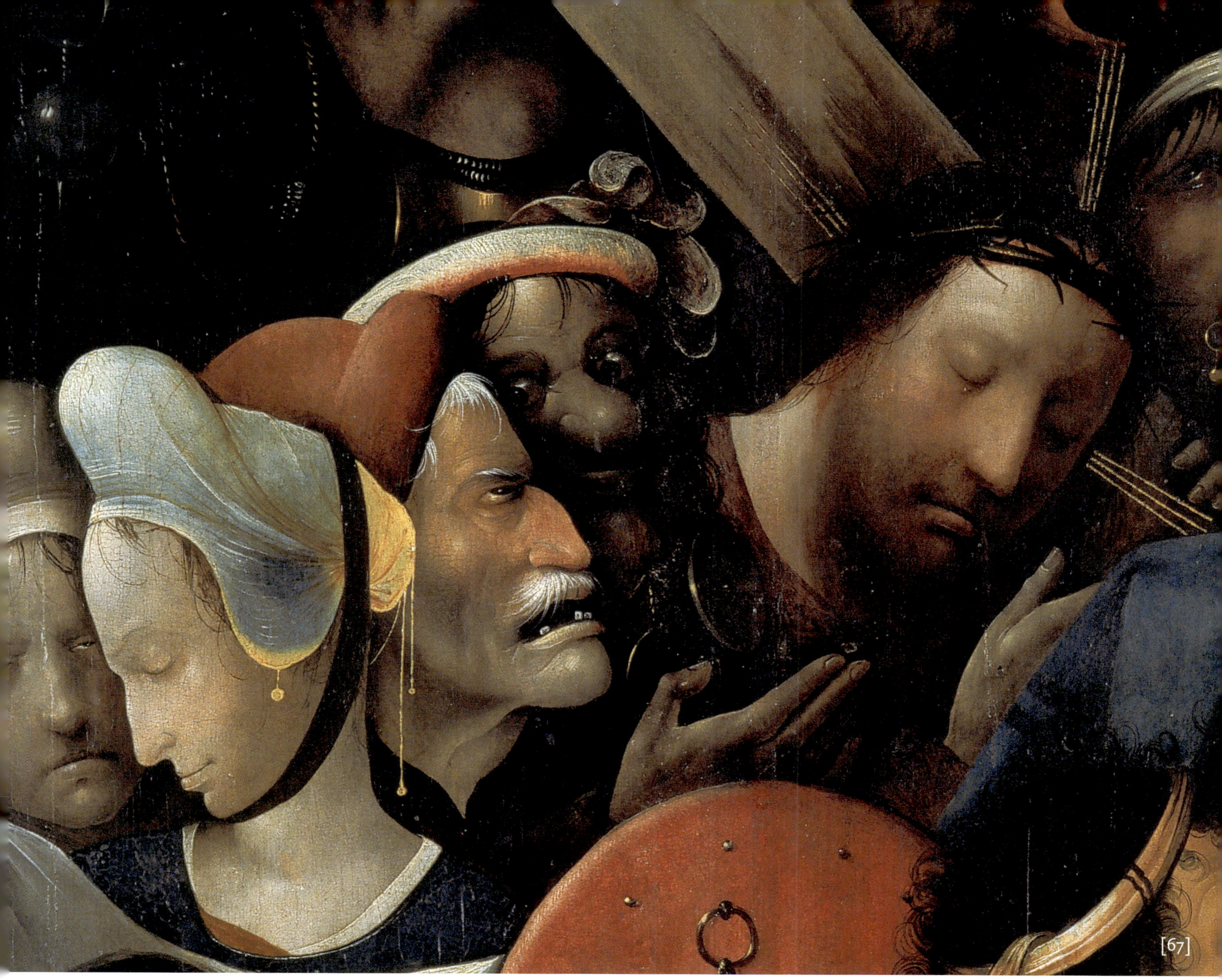

Laufgestell abgebildet, das in der rechten Hand ein Windrad hält, als sei dies ein Spieß. Berücksichtigt man, dass es einst einen zweiten Flügel mit einem Pendant gab, so darf man dort wohl an ein ähnliches Medaillon denken. Sehr wahrscheinlich zeigte es ein zweites Kind, das mit jenem gleichsam ein Turnier bestritt. In der Kunst des 15. Jahrhunderts sind parodistische Kinder-Ringelstechen nicht unbekannt. Aber hier, auf der Außenseite eines Passionstriptychons, kann Bosch wohl schwerlich eine komische Szene angebracht haben. Das Windrad ist in der Kunst des 15. bis 17. Jahrhunderts ein Sinnbild der Torheit. War Boschs Kinderturnier eine Allegorie des Wahnsinns der Welt, die Jesus verurteilte, oder aber der kindlichen Unschuld?

Die große *Kreuztragung* im Escorial wurde vor 1574 durch Philipp II. von Spanien angekauft. Innerhalb des Bosch'schen Œuvres ist dies eine selten ruhige Komposition, die frühestens ab 1492-98 oder später entstanden ist. Dagegen ist die Genter *Kreuztragung*, einigen Autoren zufolge, nicht eigenhändig. Gleichwohl handelt es sich dabei um eine der fantastischsten Schöpfungen der westlichen Kunstgeschichte, die für viele gewissermaßen die Quintessenz von „Bosch" verkörpert. Anders als in verwandten Darstellungen von Bosch blickt Christus den Betrachter nicht an. Mit geschlossenen Augen, mit leidendem, heruntergezogenem Mund trägt er das Kreuz. Links unten hält die hl. Veronika das Schweißtuch mit dem Abdruck des wahren Antlitzes Christi. Auch sie hat die Augen geschlossen, doch sie lächelt. Um beide Figuren herum tobt die menschliche Hölle los: ein dicht zusammengedrängtes Knäuel von Männern, deren Gesichter menschlich, ja allzu menschlich sind. Blindwütige Sensationsgier, schrille Brutalität und heimtückischer Sadismus werden hier schonungslos gezeigt. Der spanische Autor José de Sigüenza schrieb im 17. Jahrhundert: „Der Unterschied zwischen dem Werk Boschs und dem der anderen Maler besteht darin, dass jene den Menschen so darstellen, wie er von außen aussieht, aber dass nur Bosch es gewagt hat, ihn so zu malen, wie er in seinem Inneren erscheint." Religiöse Darstellungen sind bei Bosch zugleich kritische Analyse des Menschen, d.h. des Betrachters und dessen Welt.

Abb. 64

Abb. 67

An der Passion fasziniert Bosch die Passivität von Christus und die bestialische Natur seiner Henker. Für Bosch sind sie die Repräsentanten der verblendeten und sündigen Welt schlechthin. Dass der direkte Blick, mit dem Christus den Betrachter konfrontiert, an die von der *Devotio moderna* angemahnte *Imitatio Christi* erinnert, darauf wurde bereits mehrfach hingewiesen. Dieser Blick, der zugleich traurig oder melancholisch wirkt, beschwört frühhumanistische Vorstellungen wie Thomas Morus' *De tristitia Christi*. Die Christozentrik selbst erinnert an die *Devotio moderna*, die eine religiöse Rückbesinnung auf die Lehre und das persönliche Beispiel von Christus propagierte. Die Berufung auf das *Gesetz Christi* hat in den spätmittelalterlichen Laienbewegungen eine Rolle gespielt, die der moralistischen Deutung der christlichen Heilslehre durch die Humanisten vergleichbar ist. So nimmt die Gestalt Christi, wie etwa in den Schriften von Thomas von Kempen, stoische Züge an: Er ist der Leidende, der, von allen verlassen, der Welt trotzt und diese überwindet. Auf Bosch lässt dieser Standpunkt sich bestens übertragen: Christus als sanfter Erdulder in den Szenen der Passion, sowie die auf einen Typus verengte Christus-Ikonografie: der einsame, bedrängte und gequälte, dennoch standfeste Einsiedler.

Von den Hauptströmungen spätmittelalterlicher Heiligenverehrung (Maria, Anna u.a.) findet sich bei Bosch keine Spur, Christozentrik ist bei ihm jedoch manifest. Strebte auch Bosch einer individualistischen Laienfrömmigkeit nach, die sich in Christus' Beispiel zu spiegeln hatte? Solche Vorstellungen lassen sich bei den biblischen Humanisten der nördlichen Niederlande nachweisen, etwa bei Johannes Wessel van Gansfort (um 1419-1489), welcher der Anschauung der Leiden Christi fundamentale Bedeutung beimaß. Christozentrismus findet man bei einigen „biblischen Frühhumanisten" der Nordniederlande, kaum aber bei ihren Geistesverwandten im Elsass und am Oberrhein.

Im Wunsch nach einer praktisch-ethischen Lebensführung in einem der Stoa verwandten Sinne stimmen die niederländischen und oberrheinischen Frühhumanisten auf der einen sowie Bosch und die *Devotio moderna* auf der anderen Seite miteinander überein. Unsicher über das Wesen Gottes und ohne Vertrauen auf intellektuelle Reflexionen über die göttliche Gnade blieb ein Anhänger der *Devotio moderna* allein auf sich gestellt und musste sein Leben mutig und tätig bewältigen. Während der innerliche Drang nach Unabhängigkeit ihn schnell zur Menschenverachtung führte, erschienen ihm Selbsterkenntnis und die Freiheit von Affekten als höchstes Ziel moralischer Selbstverwirklichung. Der Vorrang

Abb. 141a-b Hieronymus Bosch, *Der Garten der Lüste*, 1480-90, Triptychon; Öl auf Holz, 220 x 195/390 cm; Außenseite: (a) *Die Schöpfung*; Innenseite: (b) *Das Paradies, Der Garten der Lüste, Die Hölle*, Madrid, Museo Nacional del Prado

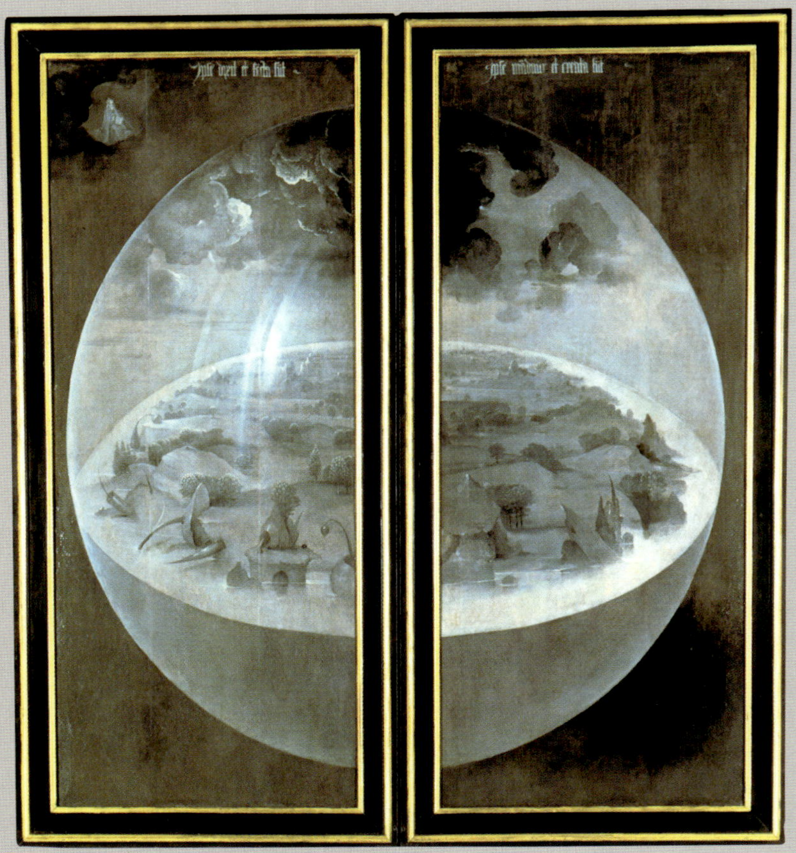

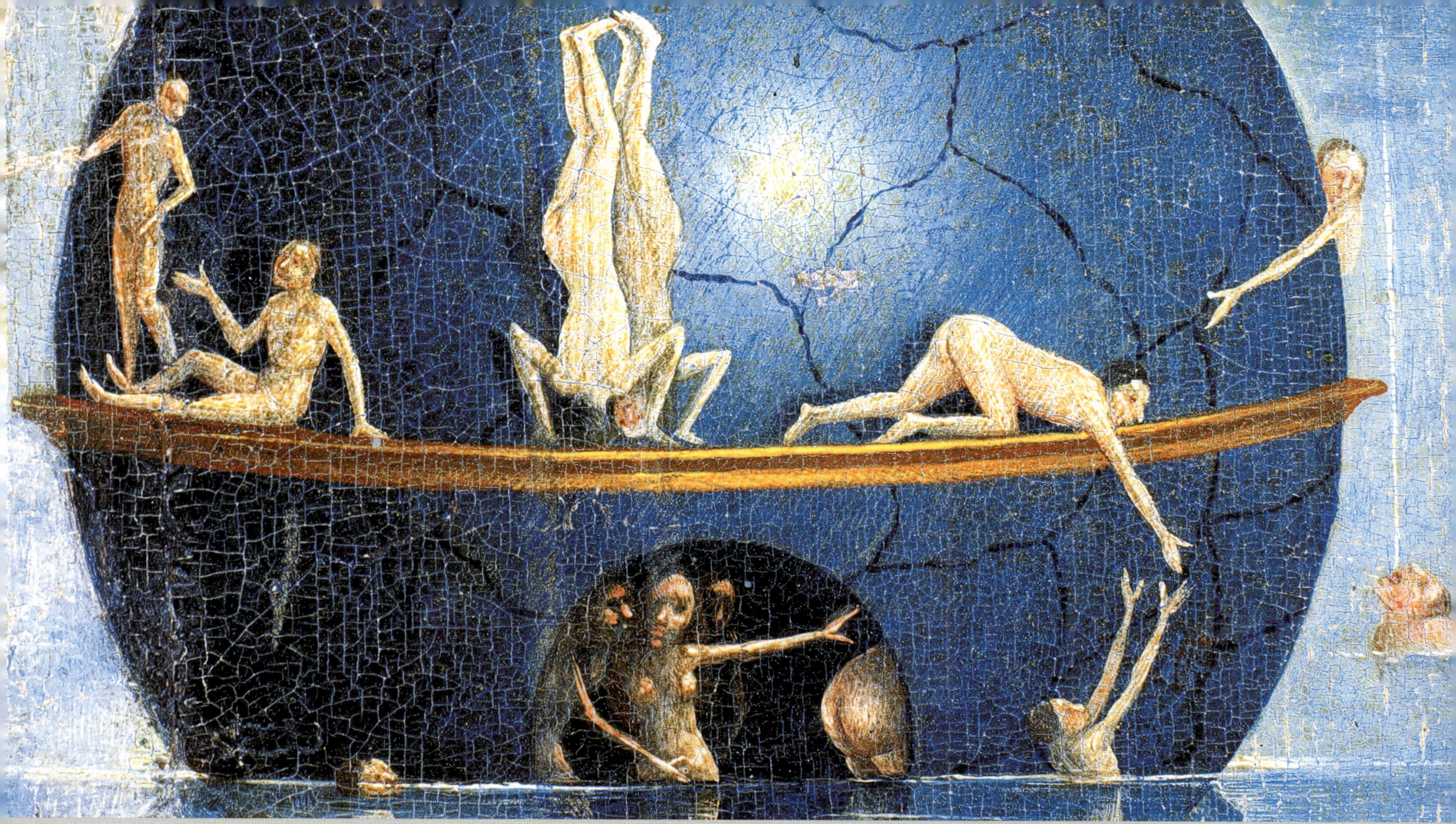

167

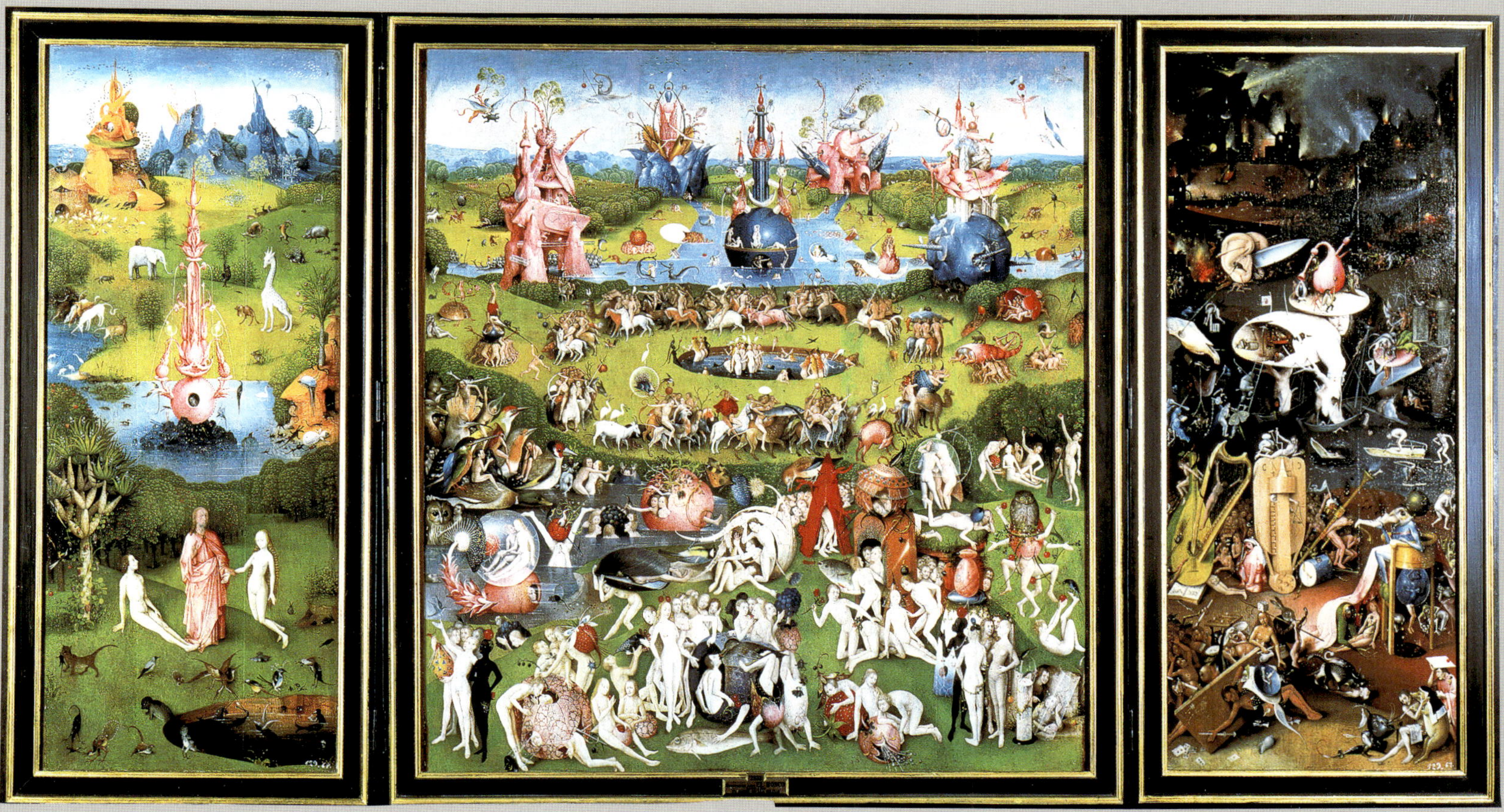

Abb. 142 Anonym, *Der Garten der Lüste*, Mitteltafel vor 1568; Öl auf Leinwand, 166 x 158 cm; Budapest, Szépmüvészéti Múzeum

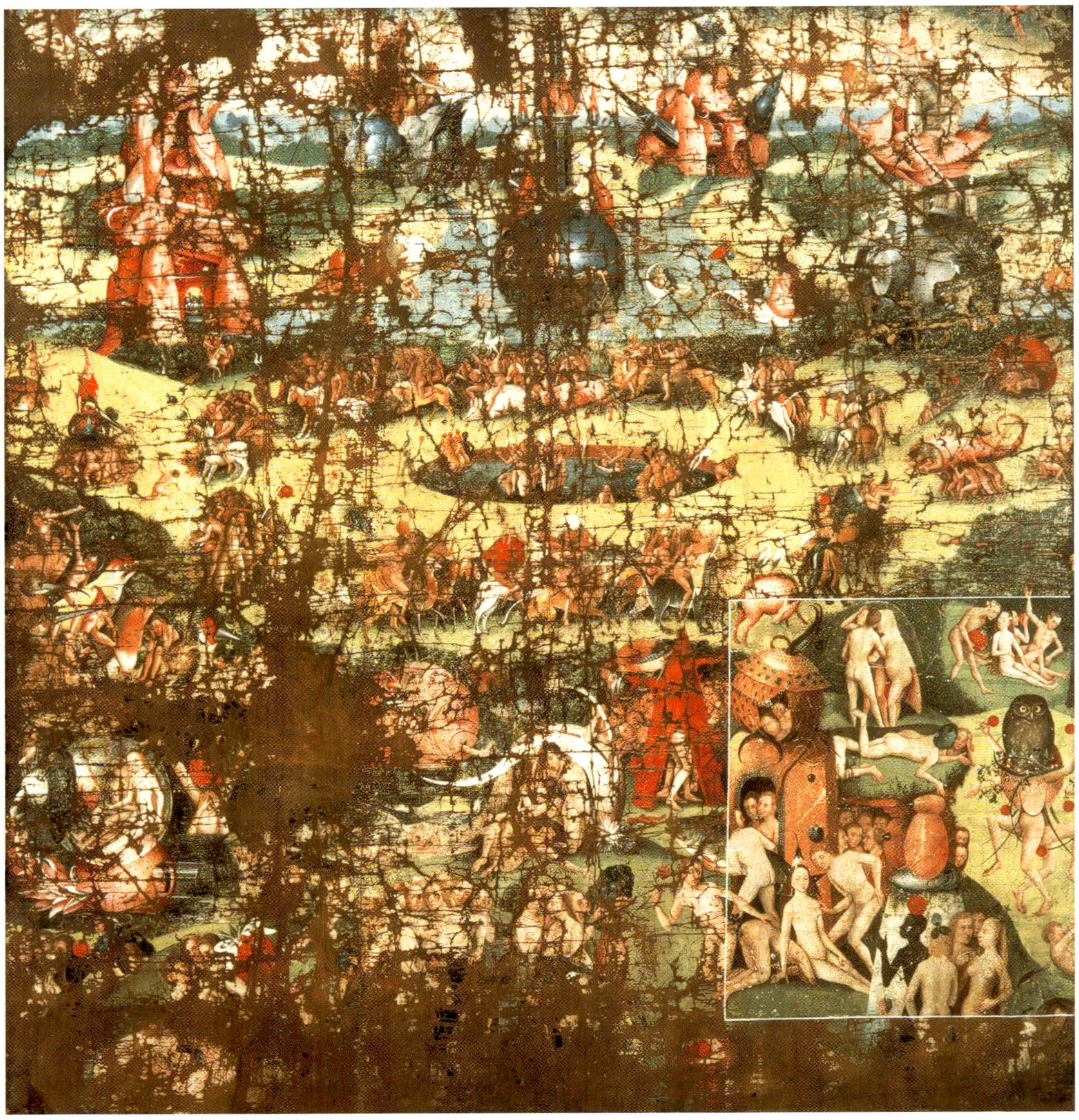

praktischer Moral gegenüber theologischer Theorie führte zu einer gewissen Übereinstimmung mit den Philosophen der Antike. So kann man bei Dionysius dem Kartäuser ein Interesse für Seneca erkennen, das freilich keineswegs mit der Wertschätzung vergleichbar ist, die der Humanismus der antiken Ethik entgegenbrachte.
Die Religiosität von Bosch bewegt sich also zwischen der *Devotio moderna*, den nordniederländischen Bibelhumanisten sowie gewissen bürgerlich-städtischen Zirkeln, über die bislang kaum etwas bekannt ist. Die Vorstellungen der Modernen Devoten und der „biblischen Frühhumanisten" der Niederlande bieten, insgesamt betrachtet, weder eine vollständig überzeugende Parallele zu Boschs Weltbild noch dessen ausschließliche Erklärung. Auf dem Gebiet des religiösen Bekenntnisses (Christozentrik, individualistische Laienfrömmigkeit) finden wir jedoch Vergleichbares. Aber bereits Boschs „Einsiedlermanie" ist nicht vom Standpunkt der *Devotio moderna* aus zu erklären, ebenso wenig wie dessen weltliche Ethik. Weder deren intellektualistische noch deren formalistische Aspekte entstammen dieser Sphäre.

Beispielhafte Standhaftigkeit: die Einsiedler

Heilige galten zu Boschs Zeiten als positive Rollenmodelle. Sie zeigten dem einfachen, sündigen Menschen, wie sein kleines Dasein auf eine höhere Stufe emporgehoben werden könne. Neben dem unnachahmlichen Beispiel von Christus boten sie eine Alternative, die weniger absolut und entsprechend eher zu realisieren war. Bosch hat nur wenige Heilige gemalt. Maria, Anna oder andere der damals besonders populären Heiligen sind Bosch nicht Thema. Lediglich Eremiten fanden in seinen Augen Gnade: Antonius Abbas, Hieronymus, Aegidius, der als Einsiedler vorgestellte Christophorus und Johannes der Täufer, und, bei jenem Nachfolger, der die Anderlechter Anbetung schuf, Petrus sowie Maria Magdalena.
Einige zentrale Werke Boschs sind den Eremiten gewidmet: das Triptychon mit der *Versuchung des hl. Antonius* in Lissabon, der *Eremitentenaltar* in Venedig oder der *Hl. Hieronymus* in Gent. Am berühmtesten ist dabei wohl die *Versuchung des hl. Antonius* in Lissabon. Das Werk gehörte möglicherweise einstmals dem portugiesischen Humanisten Damião de Góis (1502-1574), der sich zwischen 1523 und 1544 in den Niederlanden aufhielt und dort auch heiratete. Nach seiner Rückkehr

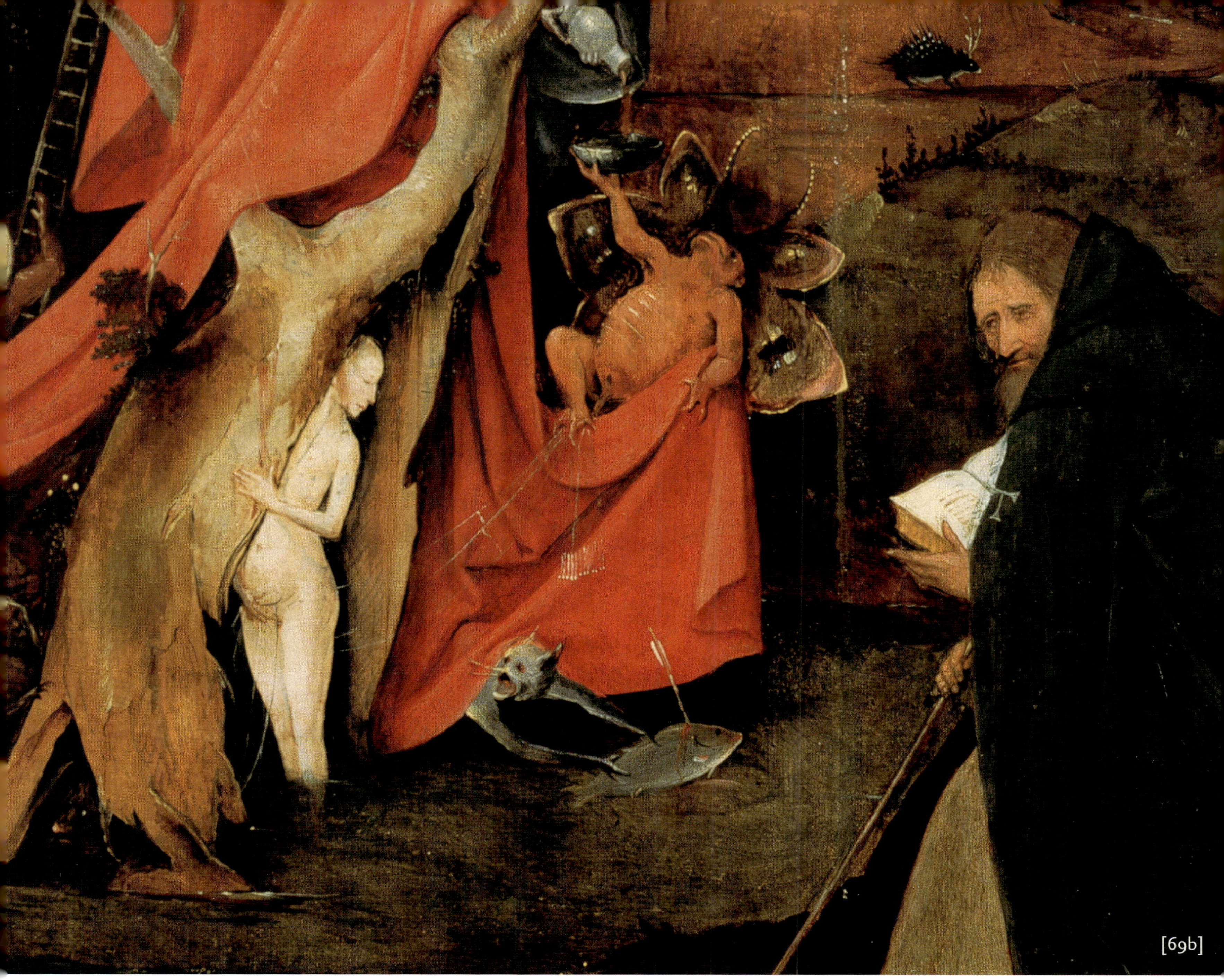

[69b]

schenkte er Giovanni Ricci da Montepulciano, dem apostolischen Nuntius in Portugal, zwei Werke von Bosch: eine Darstellung der *Prüfungen des Hiob* und eben eine *Versuchung des hl. Antonius.* Ungeachtet eines verwirrenden Durcheinanders von Details ist die eigentliche *historia* von Antonius überzeugend gestaltet. Auf dem linken Flügel wird der Heilige von Teufeln in die Lüfte entführt; unten wird er, mehr tot als lebendig, von einem Mönch und zwei Laien gestützt. Der rechte Flügel zeigt ihn im Gebet vertieft; er würdigt die nackte Frauengestalt keines Blickes, die ihm in einem hohlen Baum erscheint. Auf der Mitteltafel spricht der Heilige, bereits kniend, seinen Segen; dabei blickt er den Betrachter an, wie für gewöhnlich Christus in Boschs Passionsdarstellungen. Der Eremit wiederholt den Segensgestus Christi, der nahe eines kruzifixbestückten Altares im Hintergrund das Geschehen betrachtet. Ansonsten wird die Erde in ihren vier Elementen – Luft, Wasser, Feuer und Erde – von bizarren Teufeln bevölkert. Der hl. Antonius Abbas (251- um 356) galt als der Vater des ägyptischen Mönchtums; er war ein „extremistischer" Asket, der in sich selbst alles menschliche Verlangen und alle „teuflischen" Werke mit unnachgiebigem Eifer bekämpfte.

Eremiten wie Antonius wiesen dem Menschen im Spätmittelalter nicht allein eine religiöse Botschaft, sondern ermahnten ihn zugleich – ganz auf der Linie der humanistischen wie auch einer stadtbürgerlichen Ideologie – zur Selbstbeherrschung (vor allem körperlicher Leidenschaften) und zur Standhaftigkeit gegen Versuchungen (*Constantia*) sowie im Erdulden (*Patientia*). Für Bosch besitzt der Einsiedler den essentiellen Wunsch, sich aus der Gesellschaft zurückzuziehen, die er als schlecht erkannt hat. Diese Vorstellung wurde von oberrheinischen Frühhumanisten (Sebastian Brant, Geiler von Kaisersberg) vertreten, deren Gedanken jenen Boschs ja sehr ähneln. Sie fühlten sich vom Ideal asketischer Weltflucht stark angezogen. Denn wenn sinnvolles Handeln in der Welt unmöglich geworden ist, bleibt einzig die freiwillige Aufgabe im Rückzug möglich. Insofern galten Einsiedler und deren kontemplatives Dasein als nachahmenswert. Mit der *praktischen* Moral von Brant oder Bosch ließ sich dies freilich schwerlich versöhnen. Das Eremitentum ist in Wahrheit ein rhetorisches Modell, die Verkörperung des unantastbaren Weisen. Ein weiterer Aspekt ist die Askese des Einsiedlers, der seine gesamten Leidenschaften überwindet und sich auf ein einziges Ziel konzentriert. Zum dritten ist ein Eremit jemand, der sich einzig mit sich selbst beschäftigt, was die Humanisten ja als die einzige sinnvolle Möglichkeit des Daseins erachteten:

Abb. 69b

Abb. 143 Unbekannte Brüsseler Werkstatt, *Die Versuchung des hl. Antonius*, 1550-70 (Entwurf vor 1542); Tapisserie, Gold, Silber, Seide und Wolle, 296 x 358 cm; Madrid, Patrimonio Nacional, Palacio Real

Abb. 144 Kopie nach Hieronymus Bosch, *Die Versuchung des hl. Antonius*, Mitte 16. Jh.; Wasserfarben auf Tüchlein, 118 x 110 cm; Dijon, Musée des Beaux-Arts

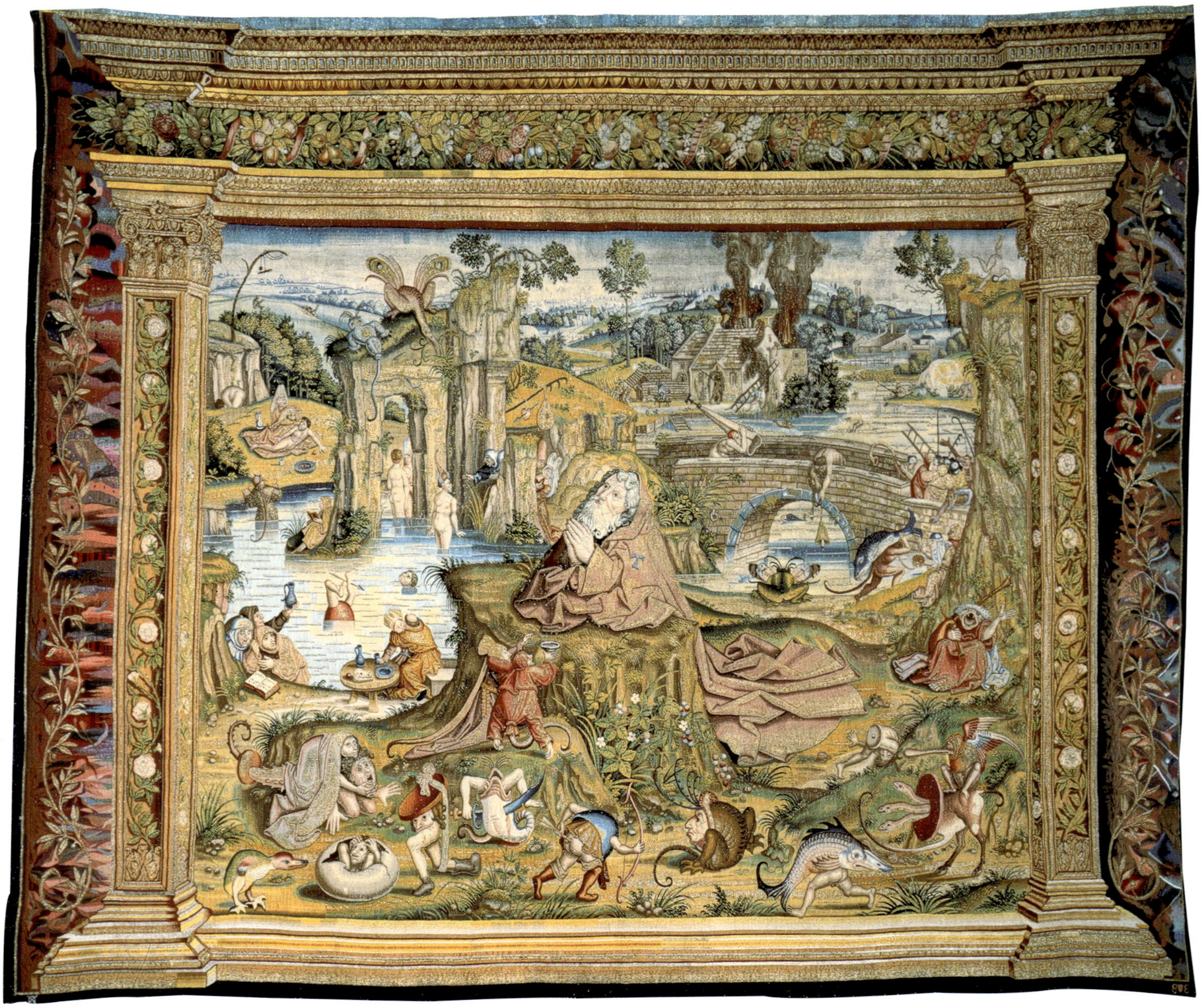

Denn jene, die sich in Angelegenheiten anderer einmischen, sind Narren und überschätzen sich selbst. Und als Narr wird auch gebrandmarkt, wer sich ganz in den Dienst des Nächsten stellt und „sich selbst vergisst". Als vorrangige Aufgabe gilt die Sorge um das eigene Seelenheil. Was darüber hinausgeht, ist ein Zeichen von Maßlosigkeit und Torheit.

Eine verwandte Grundhaltung vertritt Geiler von Kaisersberg: „Jeder stecke seinen Kopf in eine Ecke oder ein Loch, sorge dafür, Gottes Gebote zu befolgen und Gutes zu verrichten." Man hüte sich also davor, diesen humanistischen Kreisen einen vorreformatorischen oder gar sozialreformatorischen Einschlag zuzuerkennen. Für die Elsässer Humanistenzirkel erfüllt der Typus des Einsiedlers mehrere Aspekte des von ihnen propagierten Idealverhaltens des Individuums. Er verkörpert Standhaftigkeit und Erdulden. *Constantia* und *Patientia* waren Werte, die vom späten 15. bis ins frühe 17. Jahrhundert hinein von Humanisten hoch geschätzt wurden.

Geduld – *Patientia* – ist das eigentliche Thema von Boschs Darstellungen des Hiob. Ein Original ist nicht erhalten, am
Abb. 80b nächsten kommt dem Meister ein Triptychon in Brügge, das ausweislich des Stifterwappens und der Dendrochronologie um etwa 1501-07 datiert werden kann. Die biblische Geschichte ist allgemein bekannt. Hiob wurde durch die furchtbarsten Rückschläge und Krankheiten getroffen, behielt aber dennoch seinen Glauben an die göttliche Gerechtigkeit. Das Buch Hiob war die Trostliteratur des verzweifelten Menschen. Bosch gehörte zu den ersten, der dieses Thema in der Kunst aufgriff. Ursprünglich war Hiob ein echter Volksheiliger, kein „Heiliger" im kanonischen Sinn, denn Hiob war kein heilig gesprochener Christ. Arme, Kranke und von plötzlichen Schwierigkeiten gequälte Menschen riefen Hiob als ihren Schutzpatron an: In ihm „erkannte" man sich selbst wieder. Wie der hl. Antonius galt er als Beschützer aller, die das Leben schwer auf die Probe stellte. In den Niederlanden (und auch anderswo) waren zahllose kleinere Kultstätten dem „heiligen Hiob" gewidmet. Höhere Gesellschaftskreise und Gelehrte übernahmen den völkstümlichen Kult um Hiob. Kostbare Handschriften zeigen Miniaturen des „Heiligen" in der Totenvesper oder den Bußpsalmen. In humanistischen Zirkeln galt Hiob als Verkörperung einer stoischen Geduld, die sich von den Unwägbarkeiten des Schicksals nicht aus dem Gleichgewicht bringen lässt.

Dann gibt es bei Bosch noch den Einsiedler und Riesen Christophorus. Dieser mythische Heilige (sein griechischer Name *Christophorus* bedeutet soviel wie „Christusträger") begab sich auf die Suche nach dem mächtigsten Meister und

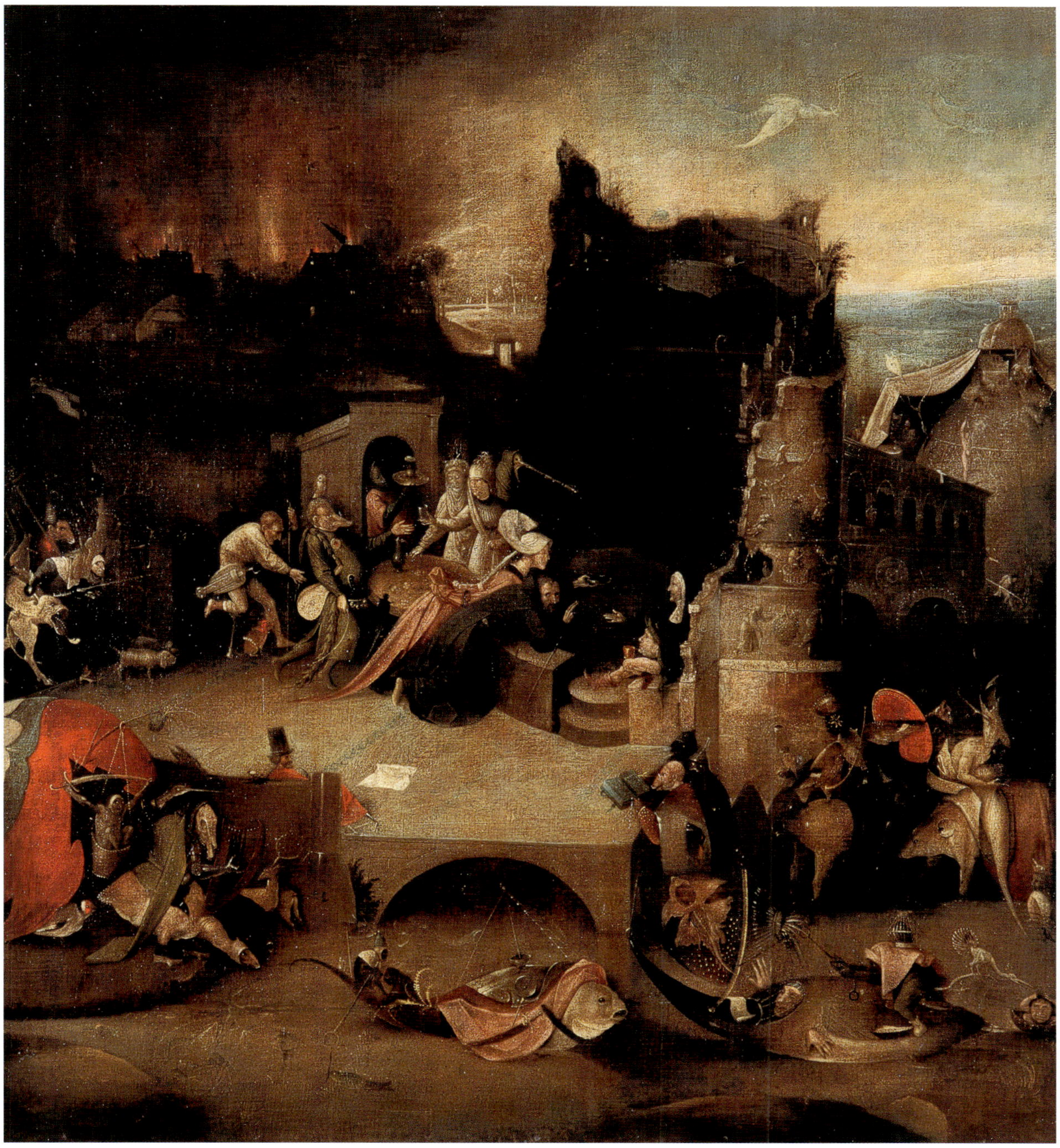

landete nach vielen Irrfahrten beim Teufel. Als dieser vor dem Kreuzzeichen zurückschreckt, verlässt Christophorus ihn, um sich Christus anzuschließen. Als demütiger Diener Gottes setzt er Reisende über einen Fluss über. Eines Tages bittet ihn ein Kind, es ans andere Ufer zu bringen. Der Fährmann bricht beinahe unter dessen enormem Gewicht zusammen: Mit dem Jesuskind nämlich trägt er die Last der ganzen Welt auf seinen Schultern. Der hl. Christophorus war Schutzpatron der Reisenden; sein Bild zu betrachten, so glaubte man, schütze gegen plötzlichen Tod. Die Gläubigen im Mittelalter (und später) schrieben ihm eine *apotropäische,* das Böse abwehrende Rolle zu. Die bekannte Tafel in Rotterdam folgt, bis auf Details, der konventionellen Ikonografie des 15. Jahrhunderts. Alart Du Hameel gab einen nach Bosch gefertigten Stich des Heiligen heraus. Dort wird der hl. Christophorus von zahllosen gespenstischen Figuren und Fabelwesen umringt, welche die Gefahren, Bedrohungen und Ängste verkörpern, die der Mensch erleiden muss. Die Aufschrift lautet übersetzt: „Oh Heiliger Christophorus, groß ist Deine Macht. Wer Dich morgens anschaut, lächelt in der Nacht." Christophorus verehrte man aus ähnlichen Gründen wie Antonius oder Hiob, nämlich um des Schutzes willen – in diesem Fall gegen die Bedrohung der Finsternis (in jeder Bedeutung) und der

Abb. 74

Abb. 7

Verdammnis (die bei plötzlichem Tode drohte, dann nämlich, wenn der Verstorbene keine Sterbesakramente erhalten konnte). Antonius, Hieronymus oder Hiob galten Boschs Zeitgenossen als „humanistische" Vorbilder für Intelligenz. Beim hl. Christophorus hingegen spielten solch intellektualistische Umdeutungen keine Rolle.

Völlig singulär steht im Œuvre von Bosch ein merkwürdiges Triptychon, das auch thematisch ein Unikum darstellt: die *Gekreuzigte Märtyrerin.* Vielleicht war es von Italienern bestellt worden. Denn die Stifter, die auf den Flügeln porträtiert wurden, trugen womöglich italienische Tracht; sie wurden indes vom Meister selbst übermalt. (Oder hat Bosch hier vielleicht eine schon einmal bemalte Tafel erneut verwendet?) Offenbar brachte die Notwendigkeit dieser Übermalung Bosch in Schwierigkeiten: Was sollte auf den Flügeln abgebildet werden? Links hat er ein weiteres Mal stereotyp die *Versuchung des hl. Antonius* dargestellt; der rechte Flügel indes ist das einzige Werk der altniederländischen Kunst, das keine in sich geschlossene, eigenständige Ikonografie aufweist. Bosch setzt vielmehr die Komposition der mittleren Tafel auf dem rechten Flügel fort. Offensichtlich suchte er eine einfache Lösung des Problems und schuf damit ein künstlerisch-inhaltliches Unikat. Wen aber stellt die gekreuzigte Märtyrerin dar?

Abb. 76

Abb. 145 Jan oder Lucas van Doetecum, HIERONIMUS BOS INVE, verlegt bei Hieronymus Cock, *Die Versuchung des hl. Antonius*, Antwerpen 1561; Kupferstich und Radierung, 32,4 x 42,5 cm; Rotterdam, Museum Boijmans Van Beuningen

Abb. 146 Meister von Frankfurt, *Der hl. Christophorus*; Öl auf Holz, 84,7 x 55,5 cm; Prag, Národní Galerie

Abb. 147 Frans Verbeeck, *Allegorie der Welt*, Mechelen 1569; Feder, in Braun, Lavuren in blau, grün und braun, weiß gehöht, 20,5 x 28,3 cm; London, British Museum

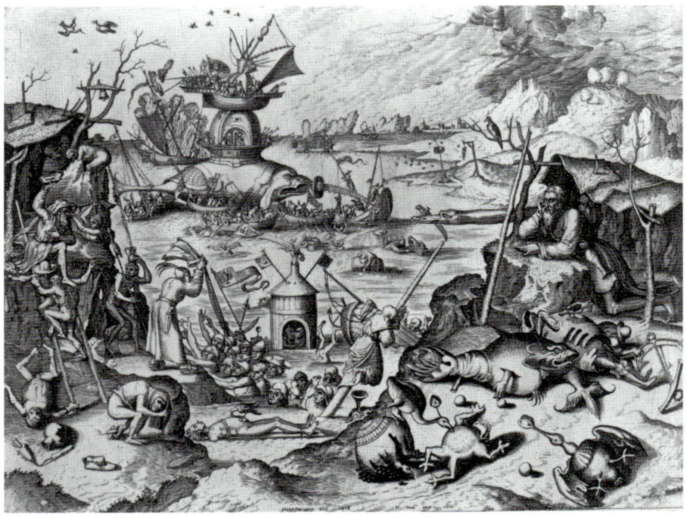

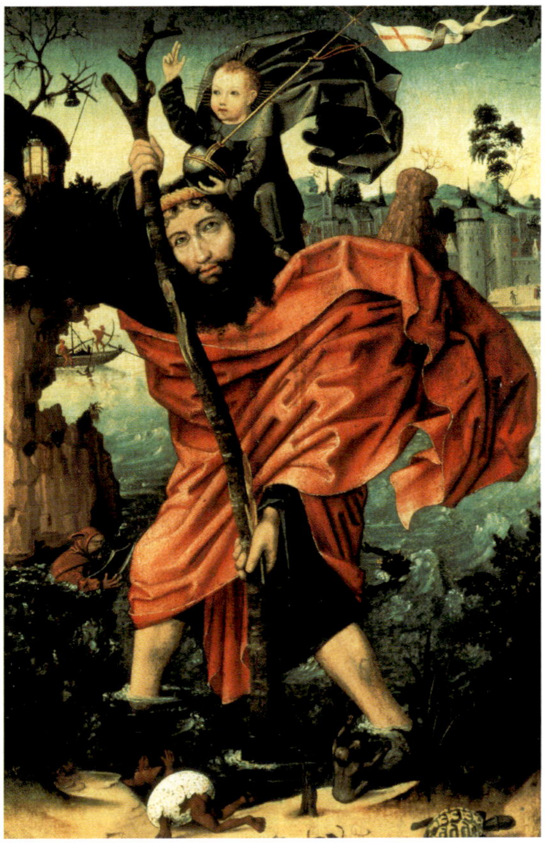

Die Hagiografie kennt deren mehrere, von denen die hl. Wilgefortis und Julia am bekanntesten sind. Die Krone und das offene Haar sind für die damalige Aufmachung einer Braut typisch, Gold verweist auf ihre noble Abstammung. Sie mag daher eine gekreuzigte Prinzessin oder Königsbraut darstellen. Der Legende nach war hl. Wilgefortis eine portugiesische Königstochter, um deren Hand ein heidnischer Prinz anhielt; deshalb verlobte sie sich mit Christus bzw. bat diesen, sie derart abstoßend zu machen, dass kein Mann sie mehr begehren werde. Daraufhin wuchs ihr ein Bart, weshalb ihr fürstlicher Freier sie foltern und kreuzigen ließ. Ihr Name Wilgefortis ist eine volkstümliche Verballhornung des Begriffs *virgo fortis* (starke Jungfrau), da sie sich männlicher Gewalt gegenüber unbeeindruckt zeigte. In den Niederlanden verehrte man sie auch als *Sint-Ontkommer* (von *ontkomen* – entkommen), denn sie zählte zu den Nothelfern, durch deren Beistand die Gläubigen drohenden Gefahren und Leiden zu „entkommen" hofften. Aber Bosch fügte freilich kaum spezifische Details hinzu, so dass die Identität der Märtyrerin ungewiss bleiben muss. Sicher ist allein, dass er das Geschehen im Osten ansiedelte, was durch die Gestalt mit der flachen runden Kopfbedeckung der Zigeunerinnen sowie die beiden Männer vorn rechts in ihrer exotischen Kleidung deutlich wird. Dieses Triptychon kann nicht Bestandteil eines kirchlichen Altars gewesen sein: Die Rückseiten der Flügel sind unbemalt, sie wurden demnach nicht geschlossen. Deshalb ist das Triptychon wohl im Kontext der privaten Andacht zu verorten. Neben der *Gekreuzigten Märtyrerin*, einer Auftragsarbeit, hat Bosch nur einen einzigen Heiligen gemalt, der kein Einsiedler war: den hl. Dominikus. Dieser Gründer des Dominikaner-Ordens wurde in der italienischen und spanischen Kunst oft, in der niederländischen Malerei hingegen nur selten dargestellt. Das Retabel des Hochaltars der Brüsseler Dominikanerkirche wurde von Bosch gemalt und war wohl dem Ordensgründer gewidmet. Im 17. Jahrhundert wurde das umfangreichere Werk verkauft und ist seither spurlos verschwunden.

Karel van Mander erwähnt in seinem *Schilder-boeck* (1604) noch eine Tafel in einer Privatsammlung: einen „heiligen Mönch, der mit einer Anzahl Ketzer disputiert und alle ihre Bücher nebst seinem eigenen in das Feuer legen lässt. Derjenige sollte Recht haben, dessen Buch nicht verbrennen würde …" Diese Szene zeigte also eine bekannte Episode aus dem Leben des hl. Dominikus, der auf diese Weise über seine Widersacher triumphierte. Das Gemälde schloss vielleicht an das verschollene Altargemälde aus der Brüsseler Dominikanerkirche an. Die Dominikaner waren die einzige Ordensgemeinschaft, für die Bosch mit Sicherheit tätig wurde. Auch einer der durch eine kürzlich erfolgte Restaurierung mehr oder weniger
Abb. 59 ans Licht gekommenen Auftraggeber des Frankfurter *Ecce Homo* scheint ein Dominikanermönch gewesen zu sein. Vielleicht verspürte Bosch aus seiner strengen Ablehnung der Welt heraus Sympathie mit jenem Orden, der, unter anderem durch die Inquisition, als Instanz der Rechtgläubigkeit wirkte.

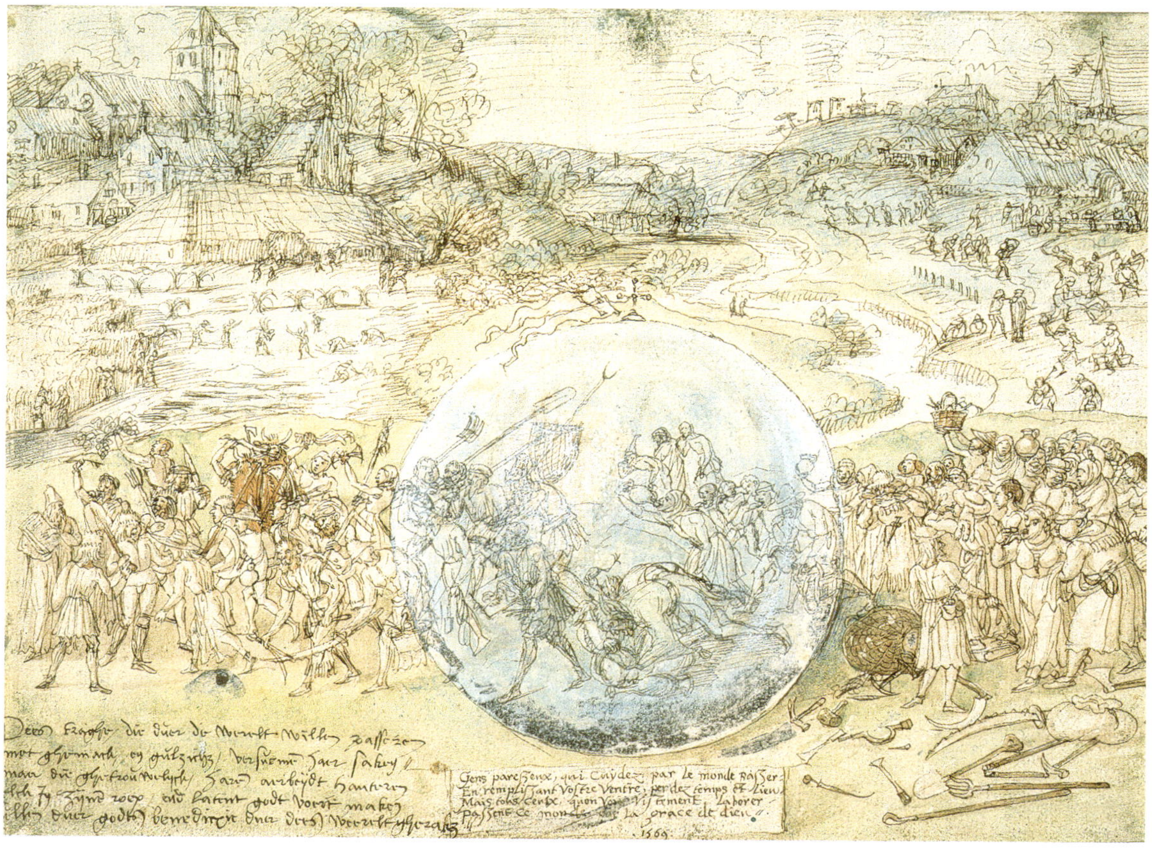

Durch die Welt geraten

Eremiten weisen dem Menschen den idealen Weg, aber die meisten Sterblichen sind in ein soziales Gefüge mit Kontrollen und Zwängen verstrickt. In Erwartung des höheren und womöglich unerreichbaren Weges der Einsiedler muss der Mensch einen *modus vivendi* finden. In seiner Zeichnung *Der Wald hat Ohren, das Feld hat Augen (Ich will sehen, schweigen und hören)* macht Bosch deutlich, dass dies möglich ist. Wir erkennen eine Eule in einem kahlen Baum; Vögel sitzen auf den Zweigen. In einer Öffnung am Fuße des Stamms liegt ein Fuchs und neben ihm ein Hahn. Der Wald hinter dem Baum verfügt über zwei enorme Ohren, das Feld im Vordergrund über sieben Augen. Abb. 83b

Wie inzwischen bekannt, handelt es sich bei der Motivgruppe Eule-mit-Vögeln um ein Sinnbild des betrügerisch täuschenden Bösen bzw. des Bösen, das sich unschuldige Opfer sucht. Der Blick der Eule ist nicht mit dem zweiten Teil der Redensart („ich will sehen, schweigen oder hören") in Verbindung zu bringen, die eine praktische Lebensregel bietet, sondern mit dem ersten. Die Eule ist die heimliche Beobachterin, die im Verborgenen bleibt und zu Unrecht ungefährlich scheint: So können sie die Unbedachten sehen und kommen ahnungslos näher. Der Fuchs gilt seit jeher als Personifikation von List und Betrug, eines scheinbar unschuldigen, in Wahrheit aber gefährlichen Menschen. In dem während des Mittelalters sehr beliebten *Physiologus* steht der Fuchs für den Teufel, welcher den Menschen zu betrügen trachtet; an anderer Stelle ist er der Ketzer oder der Sünder. In der Profanliteratur sind Täuschung und Betrug Eigenschaften des Fuchses, so auch in dem in ganz Europa bekannten Reinicke-Zyklus. Außerdem steht das Tier mitunter noch für weitere Untugenden – Laster, Habgier, und Gefräßigkeit; Schläue jedoch galt als Hauptmerkmal des Fuchses (etwa in dem 1517 veröffentlichten *De loose vossen der werelt* – „Die listigen Füchse der Welt"). Der Hahn war dagegen das Symbol der Torheit, der Prunksucht, des Hochmuts und der Unkeuschheit. Dass Fuchs und Hahn hier unmittelbar aufeinander bezogen werden, ist sicher kein Zufall. In spätmittelalterlichen Fabeln nehmen Hahn und Fuchs einen ebenso festen Platz ein wie in philosophischen und moraldidaktischen Schriften, so etwa Johannes de Capuas „Lebensrichtlinien" (*Directorium humanae vitae*) und dem 1483 in Ulm verlegten „Buch von der Weisheit der alten Philosophen". Dort liest man von einem Hahn, dem der Fuchs den Kopf abbeißt, nachdem dieser, der am Fuße eines Baumes liegt, vorgetäuscht hatte, ihm den Friedenskuss geben zu wollen. Bosch zeigt etwas Ähnliches: Scheinbar unschuldig wendet der Fuchs sich vom Hahn ab, der sich nun zu nähern wagt. Oder liegt der Hahn bereits tot am Boden? Abb. 104a

Zahlreiche Bilder zeigen einen Fuchs, der einen Hahn gefangen hat oder sich tot stellt. Fuchs und Eule stehen für den lauernden, listenreichen Feind; den törichten, unbedachten Menschen hingegen, der in die Klauen des Bösen gerät, verkörpern Vögel und Hahn. Auch an anderer Stelle hat Bosch die Menagerie von Fuchs und Hahn, Eule und Vögel bemüht. Der *Hl. Hieronymus* in Gent zeigt unten einen (scheinbar) schlafenden Fuchs, umgeben von einem toten Hahn, einem Vogelflügel sowie einem hohlen Gegenstand, aus dem eine Hühnerbein herausragt – hier ist der Fuchs eindeutig am Werk gewesen. Rechts erkennt man eine Eule auf einem dürren Stamm, die eine Kohlmeise belauert, welche die leicht zu überlistende Arglosigkeit verbildlicht. Eine auf dürrem Gezweig hockende Eule taucht auf dem linken Flügel des *Jüngsten Gerichts* in Wien auf; auf Cranachs Kopie fliegt ein Vogel herbei und über dem Kauz sitzt eine Elster. Darunter liegt ein Fuchs am Fuß eines Baumes, dem sich ein Hahn nähert. Gleich zweimal spielt Bosch darauf an, wie man in eine Falle gerät, hier jedoch in ganz unmittelbarem Zusammenhang mit der Erbsünde Adam und Evas. Abb. 71 Abb. 149b

In dem auf Boschs Zeichnung verbildlichten Sprichwort ist je zweimal von „sehen" und „hören" die Rede: zuerst nämlich von dem als arglistig erfahrenen „Anderen" sowie dann, in

Abb. 148a-d Hieronymus Bosch, *Visionen aus dem Jenseits*, um 1490 oder später; Öl auf Holz, je 87 x 40 cm; (a) *Das irdische Paradies*, (b) *Aufstieg der Seligen ins himmlische Paradies*, (c) *Die Hölle*, (d) *Der Fall der Verdammten*; Venedig, Palazzo Ducale

heilsamen Sinne, von der sich beobachtet fühlenden Ich-Person. Der zweite Aspekt wurde von Bosch nicht ins Bild gesetzt. Wie sonst fasziniert ihn auch hier vornehmlich das Negative, und so wird einzig die Umkehrung des eigentlich empfehlenswerten Verhaltens dargestellt. Die Bedrohung hingegen wird hier bildlich sogar verdreifacht: Wald und Feld, Eule/Fuchs. Die der Zeichnung zugrunde liegende Redensart mahnt den Menschen zum Misstrauen; sie rät ihm, sich nicht bloßzustellen, auf dass andere oder gar das Böse ihm nichts anhaben können, und er sich behaupten kann. Vom 11. bis ins 17. Jahrhundert hinein trifft man dieses Sprichwort immer wieder in niederländischen, deutschen und französischen Texten sowie in Sprichwortsammlungen an.

In diesem Kontext ist ein verlorenes Gemälde Boschs zu nennen. Um 1600 befand es sich in der Sammlung Croÿ im heute Arenberg'schen Schloss zu Heverlee und wurde in einem Inventar so beschrieben: „ein Gemälde auf Holz mit einem alten Mann in holländischen Holzschuhen auf dem Eis; er befindet sich in einem Boot, ist gebückt und hat ein Auge auf das Segel eines Schiffs. Auf dem Tauwerk sitzt ein Vogel und am Ende des Mastes befindet sich eine runde Scheibe, auf der man kocht. Weiterhin ist dort eine Landschaft mit einem Mann auf dem Eis zu sehen. Gefertigt von Hieronymus Bosch. Mit einer Holzleiste in Schwarz und Gold, auf der oben geschrieben steht: ‚Ich habe ein Auge auf das Segel', und darunter ‚Zuschauen ist des Glückes Bruder'." Steppe brachte dieses Werk mit Boschs Zeichnung eines Teufelsschiffs in der Wiener
Abb. 90 Albertina – dem sogenannten *Schiff in Flammen* – in Verbindung. Die Croÿ'sche Tafel veranschaulichte das Sprichwort *een oogje in't zeil houden* (ein Auge im Segel halten) mit der kommentierenden Erläuterung vom Glück des Zuschauens.

Wiederum propagiert Bosch hier eine fast identische Moralvorstellung, predigt nämlich Weitsicht und Zurückhaltung: Tugenden mithin, die mit der humanistischen Sicht auf *Prudentia* eng verwandt sind. „Wer seine Augen nicht offenhält, ist ein Narr", besagt eine französische Sprichwörterhandschrift vom Beginn des 16. Jahrhunderts, denn „Der Narr will der erste sein, wandernd auf dem Weg der Welt, ohne eine Auge für die Gefahr zu haben, zu der ihn seine Impulse führen. Oft bringt eine plötzliche Unternehmung

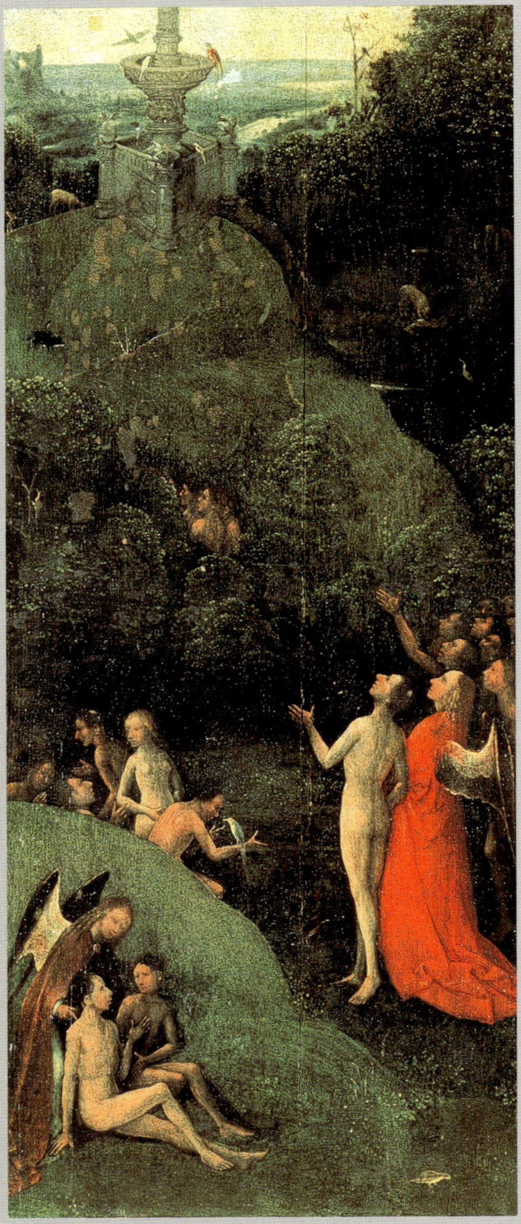

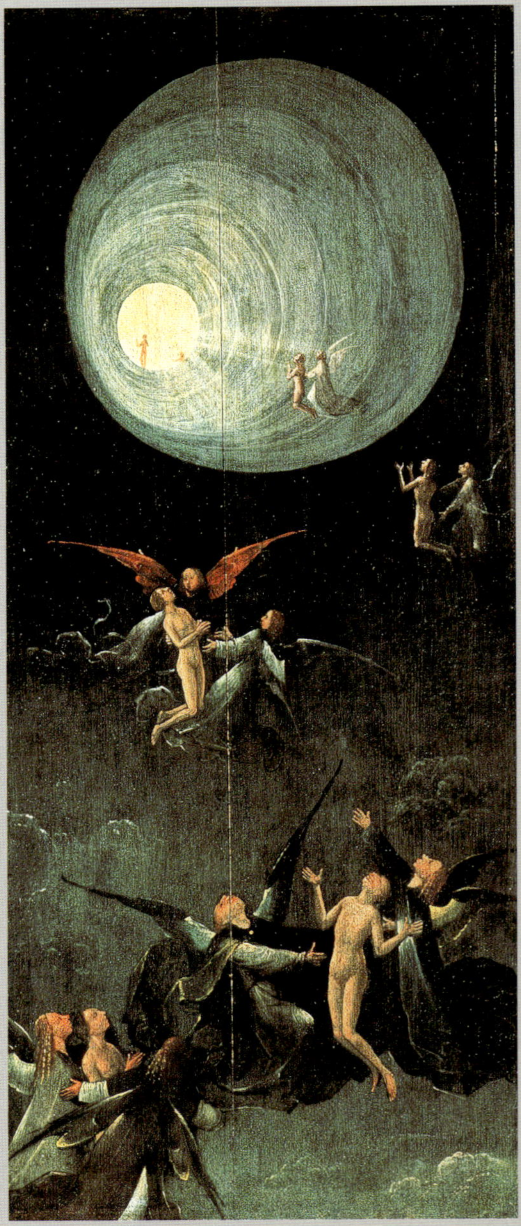

den Unternehmenden in Bedrängnis, denn der Abgrund ist demjenigen nahe, der kein Auge für den Untergang hat." Die Mahnung zur Vorsicht bedeutete freilich die Ablehnung des ritterhaften Ehrengedankens: „Besser geflüchtet, als besiegt, wie wir die Weisen sagen hören", oder: „flüchten ist besser als in der Hand von Narren einem sicheren Untergang entgegen zu eilen." Im *Spiegel der jongers* (Spiegel der Jünglinge) rät auch Lambertus Goetman zur Vorsicht und Zurückhaltung: „Es ist besser, die Segel zu streichen, als im Übermut zu leben … Spiele nicht den Tapferen, wenn der Feind dir schaden will. Sei nicht erreichbar, sondern ergreife die Flucht zu einem entlegenen Ort … Es wäre viel nützlicher, die Segel zu streichen, als in großer Angst zu verharren. Es ist besser in Schande die Flucht zu ergreifen, als das Leben zu verlieren". In solchen mittelniederländischen Lehrbüchern ist Vorsicht Bestandteil von Weisheit. Töricht sei derjenige, der den Lauf der Dinge dem Zufall überlässt. Weisheit liege in Besonnenheit, Vorsicht und Mäßigkeit. Man solle sich nicht auf gefährliche Dinge einlassen, nüchtern bleiben, sich stets das Erreichbare vor Augen halten und sich damit zufrieden geben. Außerdem solle man sich in Duldsamkeit üben (hier taucht wieder der im Humanismus propagierte Erduldungs- bzw. *Patientia*-Gedanke auf). Man preist Genügsamkeit, Vorsicht und Misstrauen gegenüber der Täuschung und Betulichkeit; man missbilligt falsches Mitleid, Leichtgläubigkeit, Übermut und Unstetigkeit, da aus diesen Verhaltensweisen Nachteile und Schaden erwachsen. Weisheit wird hier ausschließlich als Strategie zur Selbsterhaltung definiert. Grundsätzlich erachtete man die „anderen" als ständige Bedrohung, gegen die man sich wehren können wollte. Von daher rührt auch die Angst, der anderen Augen auf sich zu lenken. Bescheiden sein, keine schlafenden Hunde wecken und nicht auffallen, so lautet die Botschaft. „Ein weiser Mann bleibt zu Hause", d.h. in seinen vertrauten Verhältnissen. Weise ist derjenige, „der selbst sein eigener Richter ist" bzw. „selbst wohl weiß, was man zu tun oder zu lassen hat". Brant wählt hierfür das Ei als Bild, um die „Glattheit" und Unantastbarkeit des Weisen darzustellen: „Er ist rund, genau wie ein Ei, so dass von außen kein Fleck auf der glatten Oberfläche haften bleibt." Dem Weisen erwächst aus seiner alles weit überblickenden Zurückhaltung Sicherheit: dies genau muss die Botschaft des verschollenen Tafelbildes von Bosch gewesen sein.

Dass die traditionelle Kultur, der Bosch verpflichtet war, auf solche Sprichwörter besonderen Wert legte, war nicht ohne Grund: Denn auf diese Weise formulierte man moralische, soziale und politische Verhaltensnormen. Bosch macht sich

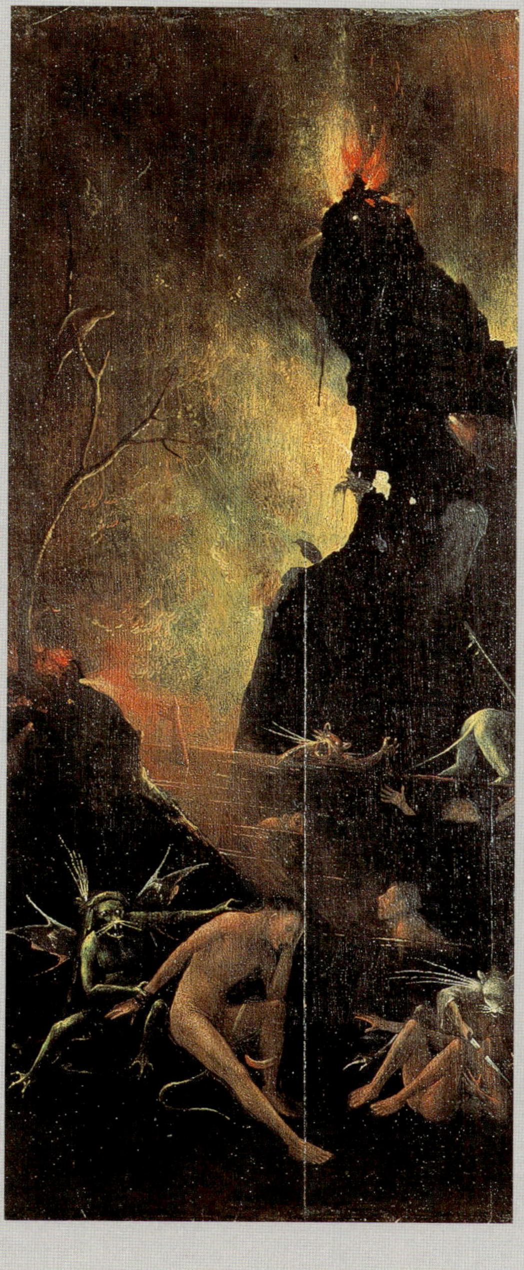

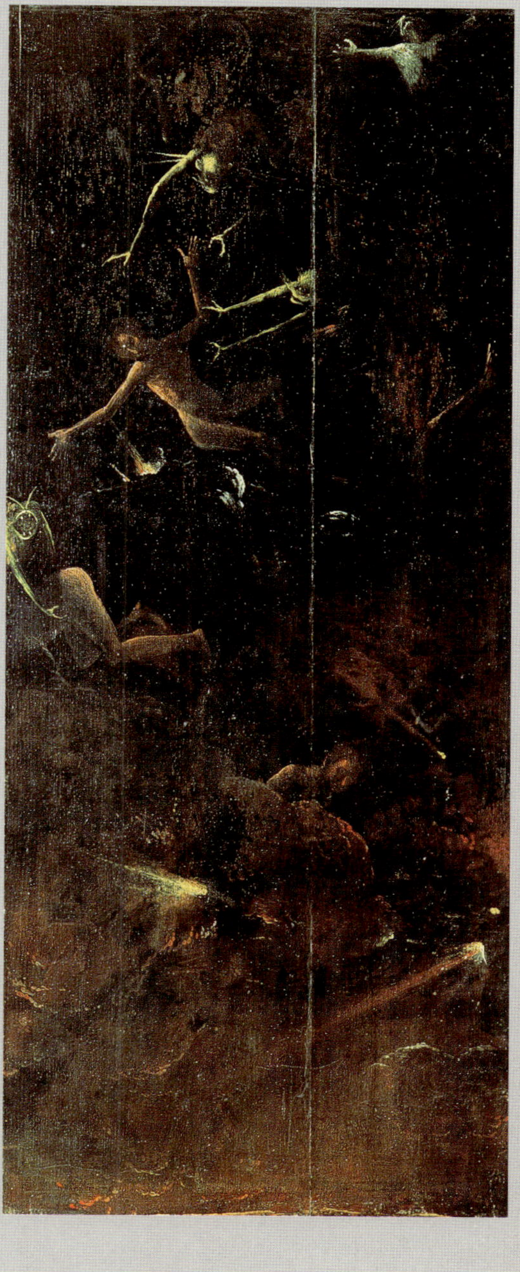

Abb. 149a-b Hieronymus Bosch, *Das Jüngste Gericht*, um 1482 oder später, Triptychon; Öl auf Holz, 163,7 x 127/247 cm; Außenseite: (a) *Die hl. Jakob d.Ä. und Bavo*; Innenseite: (b) *Das Paradies, Das Jüngste Gericht, Die Hölle*; Wien, Gemäldegalerie der Akademie der Bildenden Künste

dies zu eigen: Über das Medium Sprichwort liefert er dem Bürger, der in Ruhe und Frieden leben will, ein Vorbild an die Hand. Im mittelalterlichen Westeuropa wurden Sprichwörter erstmals im 12. Jahrhundert kodifiziert (*Les proverbes au vilain* usw.). Sie zeigen eine „volkstümliche" Moral der machtlosen und sich bedroht fühlenden Menschen. Das Bürgertum des 16. Jahrhunderts, obschon ungleich reicher und mächtiger als die mittelalterliche Landbevölkerung, teilte noch deren Verhaltensmaßregel von Vorsicht und Anpassung.
Ein flämisches Gemälde von etwa 1525 zeigt eine Erdkugel, aus der ein Mann mit einem gekrümmten Stock heraus steigt. Ein anderer, der noch einen geraden Stab hat, wartet links seinen Eintritt in die Welt ab. Die Aufschrift lautet: *Met recht soudic gerne doer de werelt commen / Ic bender doer maer ic moet crommen* (Zurecht würde ich gerne in der Welt Erfolg haben / Ich habe es vollbracht, aber ich habe mich beugen müssen).

Die Schlechtigkeit der Welt und deren Strafe

Es lässt sich kaum bestreiten, dass Boschs Menschen- und Weltbild von Grund auf pessimistisch ist. Dummheit, Verblendung, Unzucht, Zügellosigkeit, Habgier und Betrug bestimmen die Gesellschaft, es herrschen gegenseitige Feindschaft und Machtgier. Das Volk und die Armen sind auf betrügerischen Gewinn aus, um diesen dann unbedacht zu verprassen. Die wenig hoffnungsvolle Vision des Weltgeschehens, die Bosch vermittelt, korrespondiert mit Worten aus dem alttestamentlichen Deuteronomium – Bibelpassagen übrigens, die damals in der moralistischen *Cogita-mori*-Literatur bereits Gemeinplätze waren: „Doch diesem Volk fehlt es an Rat, ihm mangelt es an Verstand. Wären sie klug, so begriffen sie alles und verstünden, was in Zukunft mit ihnen geschieht"; (32,28-29) oder: „Ich will mein Gesicht vor ihnen verbergen und dann sehen, was in Zukunft mit ihnen geschieht" (32,20). Der drohende Ton der Bibelworte stimmt völlig mit der düsteren Vision der Menschheit überein, die Bosch mit oberrheinischen Frühhumanisten teilt.
Die Art und Weise, in der Bosch das Leiden Christi ins Bild setzt, veranschaulicht seinen pessimistischen Blick auf die

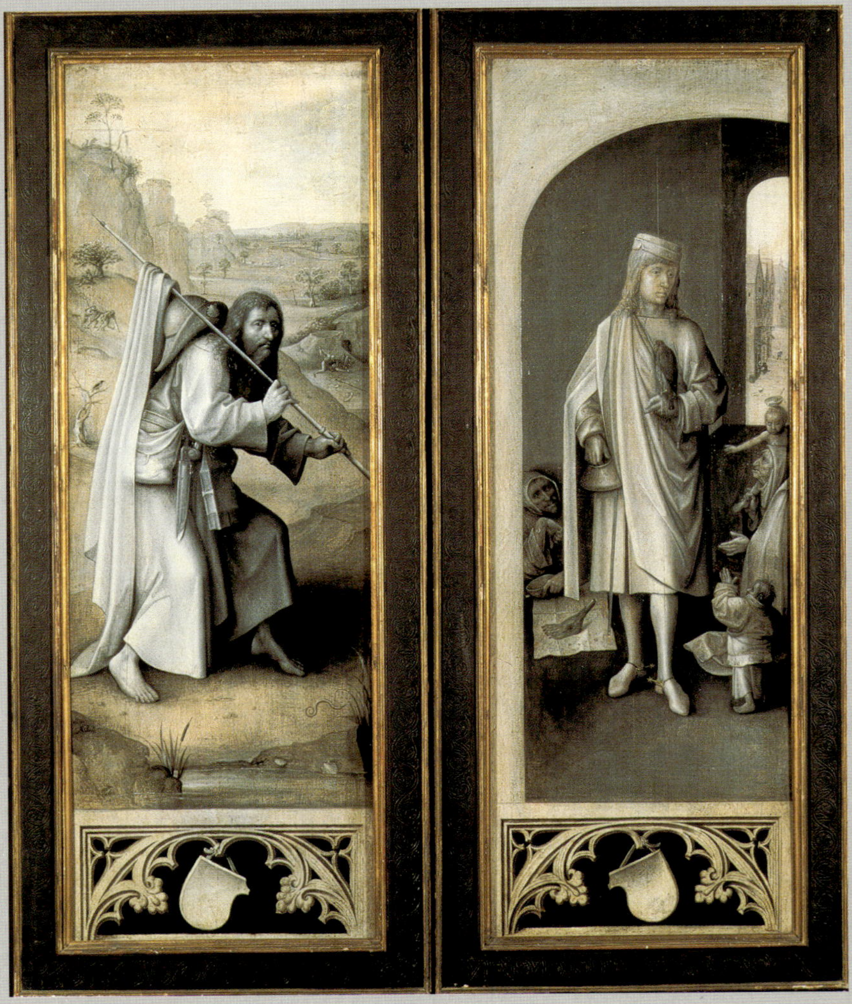

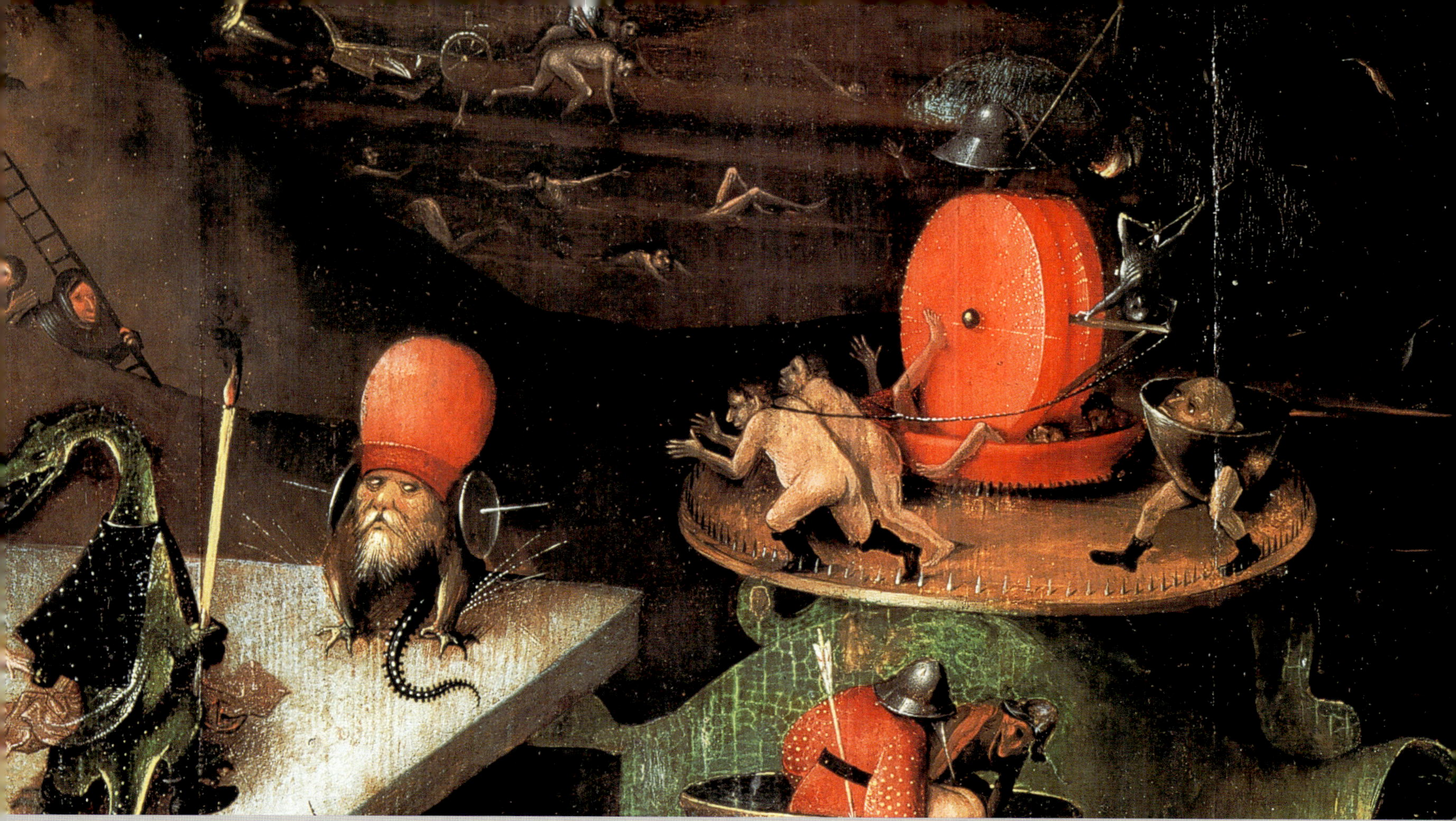

177

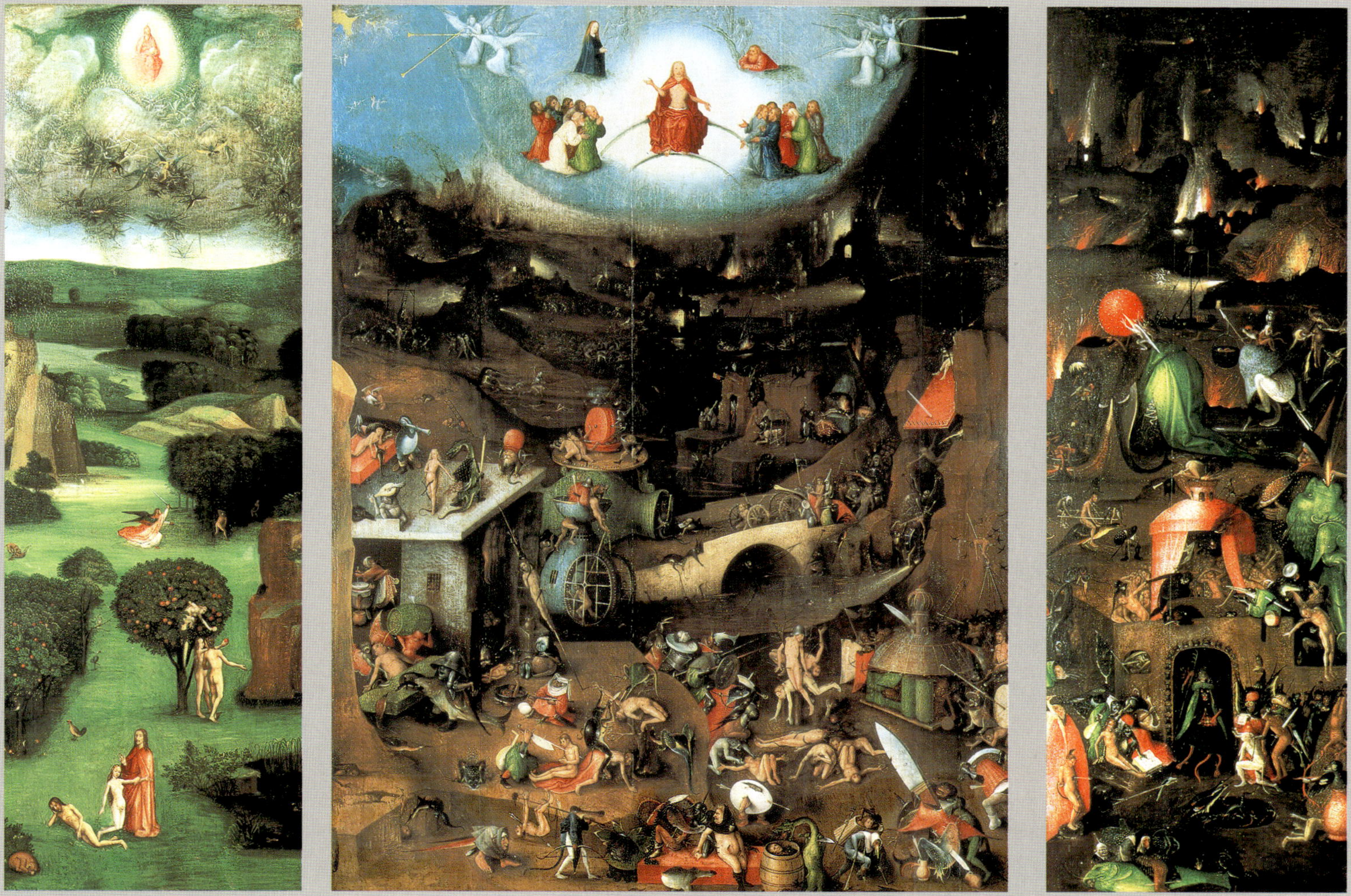

Abb. 150 Alart Du Hameel, *Das Jüngste Gericht*, ’s-Hertogenbosch 1478-94; Kupferstich, 23,7 x 34,3 cm; Berlin, Staatliche Museen zu Berlin, Kupferstichkabinett

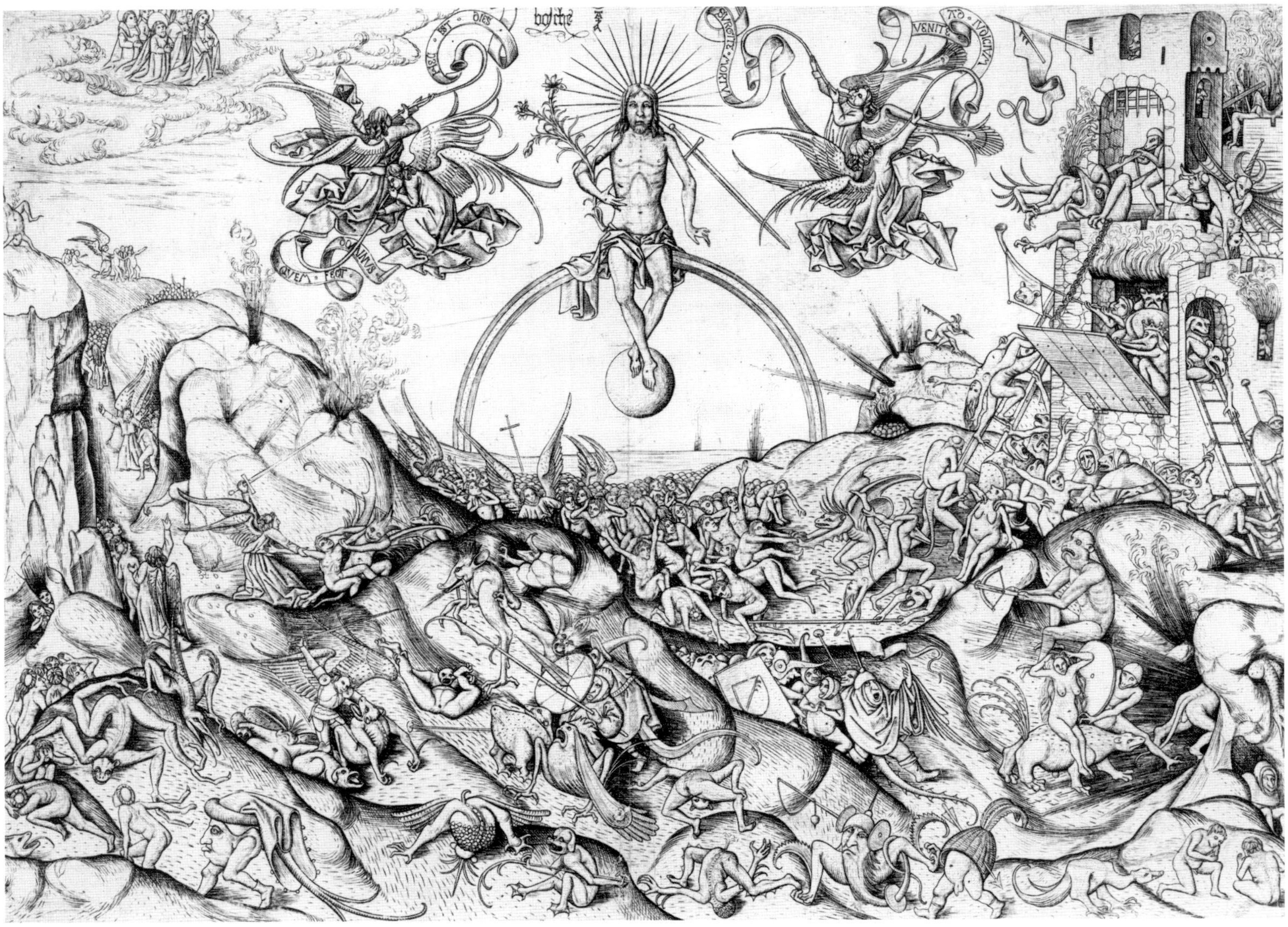

Menschheit. Der Heiland ist allein, niemand hilft ihm. Er wird von Henkern und Verbrechern umgeben, die durch ihre Boshaftigkeit unmenschlich hässlich geworden sind. Seine Darstellungen des Weltgerichts ergänzen diesen Eindruck: Legionen von Verdammten steht nur eine Handvoll Geretteter gegenüber; auf den Weltgerichten seiner Zeitgenossen ist das Verhältnis zwischen Guten und Bösen viel ausgewogener. Bosch sieht die Menschheit als zutiefst verdorben an; schon die runde Weltscheibe selbst schwimmt in einem Meer des
Abb. 113 kosmischen Bösen, wie dies eine Tapisserie des *Heuwagens* zeigt. Immer wieder greift Bosch dieses Bild auf. Auf der
Abb. 61b Rückseite des *Johannes auf Patmos* (Berlin) malte er eine Weltscheibe in einem nahezu schwarzen Kosmos. Zugleich ist die Welt als ein Auge aufgefasst. Im Zentrum – der Pupille – liegt ein Gewässer mit einer Felsenhöhle, in der ein Feuer brennt. Höhle und Feuer werden bei Bosch stets mit dem Bösen assoziiert. Oben sitzt ein Pelikan, der seine Jungen füttert – seit jeher wird so die Erlösungstat Christi versinnbildlicht. Es ist der weltbeherrschende Gegensatz zwischen Gut und Böse,
S. 76 der hier heraufbeschworen wird. Im Bereich der Düsternis, der die Welt umgibt, bewegen sich höllische Ungeheuer. Auch in dem im Stile Boschs gefertigten Wandteppich des *Heuwagens* bevölkern solche Dämonen das „Weltenmeer“, auf dem die gläserne Weltkugel treibt (Madrid). Das Schema liegt noch
Abb. 57 der *Dornenkrönung* im Escorial zugrunde. Um den Weltkreis herum, in dem das Passionsgeschehen spielt, kämpfen Engel mit Teufeln, denen sie noch *eine* Seele zu entreißen versuchen. Es handelt sich wieder um das Thema, das Bosch stets neu beschäftigt: Wenn die Welt von Grund auf verdorben ist, wem wird dann Rettung zuteil werden?

Um diese Frage kreist auch die Tischplatte mit den *Sieben*
Abb. 153 *Todsünden* (Madrid). Das Werk galt zwar durchwegs als Frühwerk Boschs, aber die dort abgebildeten Kleidungsstücke einiger Bürger kamen erst um 1495-1505 in Mode. Die ungeschickte Zeichnung und Ausführung ist daher nicht auf – eine schließlich nur postulierte – jugendliche Unvollkommenheit zurückzuführen. Zudem ist die Tafel angeblich auf Zypressenholz gemalt, während Tafelmaler in den Niederlanden damals *ausschließlich* Eichenholz verwendeten. Dem Anschein nach ist die Tafel im mediterranen Raum entstanden. Sie folgt zwar eindeutig einem Vorbild Boschs, ist aber von einem seiner Mitarbeiter oder Nachfolger ausgeführt worden. Buchstäblich bildet sie den Lauf der Welt ab, kreisförmig nämlich folgen aufeinander die sieben Todsünden. Es sind keine abstrakten Personifikationen, wie noch im Mittelalter; die Todsünden werden durch aus dem Alltagsleben entlehnte Szenen von

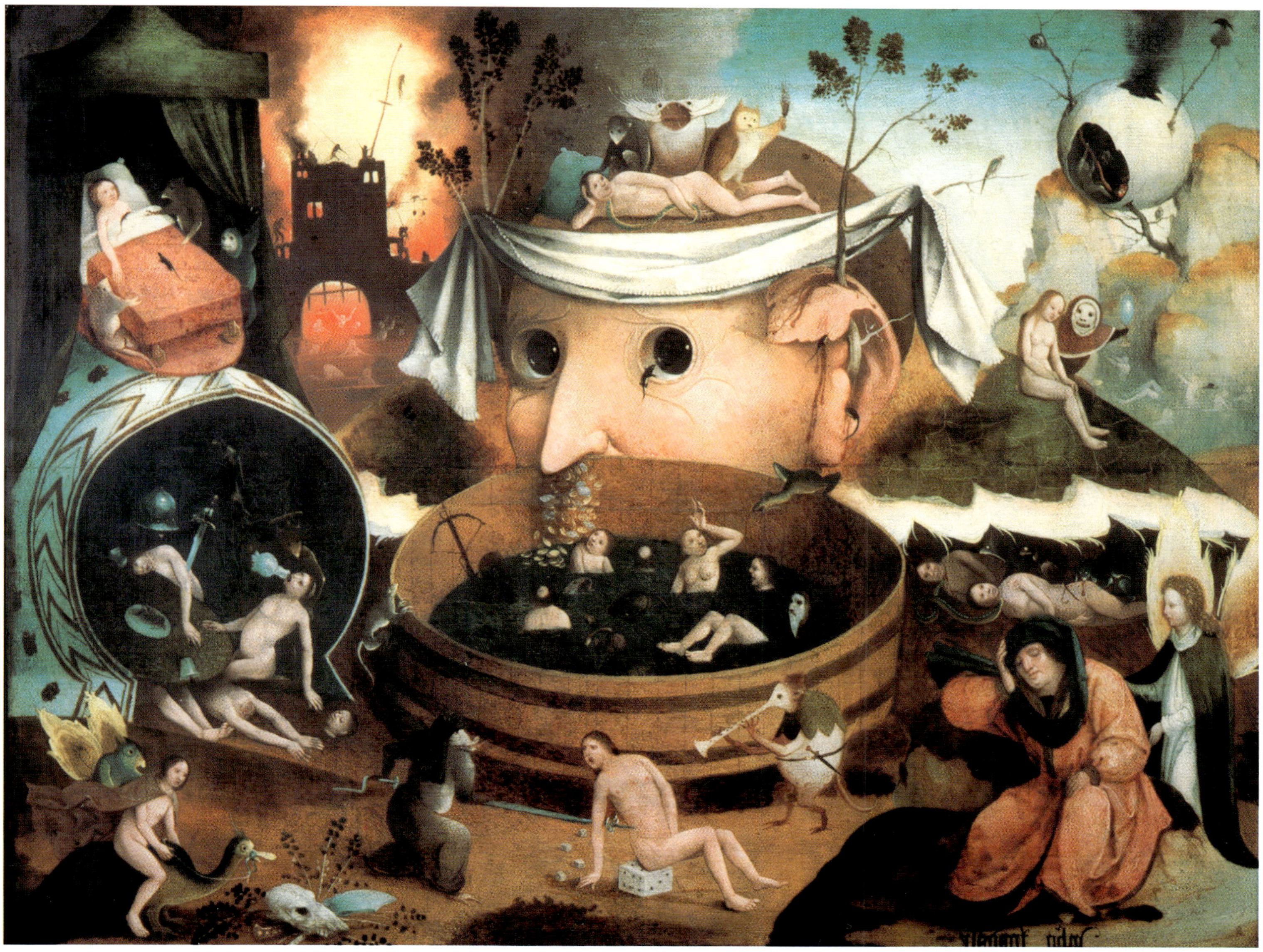

Abb. 151 Nachfolger von Hieronymus Bosch, *Visio Tondalis*, Mitte 16. Jh.; Öl auf Holz, 54 x 72 cm; Madrid, Fundación Lázaro Galdiano

Bauern und Bürgern veranschaulicht. Auch hier gleicht die Welt dem Auge: In der Pupille erscheint Christus mit erhobenen Armen, um die Wundmale als Zeichen seines Kreuzestodes zu zeigen, der ja die Erlösung bedeutete. Dazu die Worte: *Cave cave dominus videt* (Pass auf, pass auf, der Herr sieht [alles]). Die Pupille wird wie die Iris eines Auges von einem Strahlenkranz umgeben. Dem Betrachter wird veranschaulicht, dass dem Auge Gottes nichts entgeht und dass sein Handeln im Licht der vier Letzten Dinge und dementsprechend von der Ewigkeit aus betrachtet und beurteilt wird: die vier Ecken der Tafel zeigen Tod, Weltgericht, Hölle und Paradies.

Eine Variante im Stile Boschs zeigt die sieben Todsünden in einer aufgerissenen Kugelschale, als Bild der „Welt-in-ihrer-leeren-Vergangenheit". Auf dem Scheitel des Globus ist in einem Wald ein Kruzifix errichtet. (Man beachte die außergewöhnliche Ikonografie – nie wird die Kreuzigung in einem Wald dargestellt. Fast scheint es, als spiele das Wort Wald (nl. *bos*) auf den Namen des Künstlers an – als ein Verweis darauf, dass Christus im *Bosch* waltet.) Das Kreuz wird von einem Engel und der Leiche des erhängten Judas flankiert; dies alles vor einem nächtlichen Himmel. Unterhalb der Weltkugel halten sich, nun in tiefschwarzer Finsternis, Teufel auf.

Wiederum wird der Kosmos hier in der schon bekannten Weise anschaulich.

Den Lauf der Menschheitsgeschichte hat Bosch oft dargestellt. Die Triptychen des *Jüngsten Gerichts* in Wien und Brügge sind recht gut bekannt. Das Fragment einer monumentalen Tafel mit demselben Bildgegenstand befindet sich in München. Es spricht für den Ruhm des Malers, dass der Burgunderherzog Philipp der Schöne ihn 1504 mit der Anfertigung eines großen *Jüngsten Gerichts* beauftragte. Boschs Weltgerichte fallen durch fundamentale Unterschiede zu konventionellen Darstellungen auf. Sie verzichten nicht nur auf die Auferstehung der Toten, sondern betonen die Trennung der Guten und Bösen, die
Abb. 154 zudem äußerst ungleichmäßig erfolgt. Wenigen Seligen steht das Heer der Verdammten gegenüber. Offenbar ist Bosch nicht nur hinsichtlich der Zahl der Tugendhaften pessimistisch, sondern scheint auch von einem legalistischen Urteil überzeugt: nicht Barmherzigkeit, sondern Recht. Hierin stand er nicht allein. Auch die Humanisten am Oberrhein kannten das Bild des unerbittlichen Richters, das komplementär zur starren und weitgehend moralisierten Gottesdienstpraxis stand. Der scharf wägende Richter-Gott bildet einen Eckpfeiler im Weltbild von Brant oder Geiler; wiederholt rügt Brant jene, die auf Gottes Barmherzigkeit hoffen. Diese Problematik – für

Abb. 152a-b Hieronymus Bosch und/oder Werkstatt, *Das Jüngste Gericht*, um 1486 oder später, Triptychon; Öl auf Holz, 99 x 117,5 cm; Außenseite: (a) *Die Dornenkrönung*; Innenseite: (b) *Die Glückseligen, Das Jüngste Gericht, Die Verdammten*; Brügge, Groeningemuseum

Brant ist es die seiner eigenen Zeit – beruht auf einem grundlegenden Pessimismus mit eschatologischen Zügen.
Warum weichen die Weltgerichtsszenen bei Bosch von denen anderer Maler seiner Epoche ab? Für die Auferstehung ist kein Platz, denn die Erde ist von Verdammten und von Teufeln bevölkert; Dirc van Delfs' *Tafel van den kersten gelove* (Handbuch des christlichen Glaubens, um 1400) erklärt: „Dann [nach der Trennung der Guten und Bösen] wird ein gewaltiges Feuer alle Elemente säubern, und wenn diese, reiner als reines Kristall, Wasser und Erde heller erstrahlen lassen, wird Gott das Licht vom Feuer nehmen und das Licht zum größeren Glanz der Heiligen wenden, und das Feuer soll in all dem Schleim und dem Abfall der Welt brennen bleiben … Und jenes Feuer soll mit all seiner Hitze die Sünder mit allen Teufeln wie in einer runden Kugel überkommen, und [diese] soll durch die Mitte der Erde in ein Loch stürzen. Und dieser tiefe Abgrund soll oben verschlossen und mit dem Siegel Gottes versehen werden, das nie mehr aufgebrochen werden soll …" Dies genau ist es, was Bosch – sich – vorstellt: Ein Feuer, das, ohne Licht zu spenden, weiter brennt – es ist recht finster auf Boschs Weltkugel. Schwelende Brände hat Bosch allein im Hintergrund gezeigt, da sonst kein Vordergrund mehr zu erkennen gewesen wäre. Auch zeigt er, wie sich Teufel auf Erden der Verdammten bemächtigen; erst dann sollen sie alle in den *Abyssus* gestürzt werden. Hiermit ist noch nicht erklärt, warum Bosch sich dazu entschloss, ausgerechnet *diesen* Moment des Jüngsten Gerichts darzustellen. In jener Zeit treffen wir zwar auf (seltsame) Weltgerichtsdarstellungen, die auf die Auferstehung der Toten und deren Trennung verzichten; nirgends sonst aber wird ein Kompendium der Höllenstrafen auf Erden gezeigt. Bosch ging es offenbar darum, für die Darstellung *anderer* Szenen möglichst viel Raum zu schaffen. Da dies auf *allen* seinen Darstellungen des *Jüngsten Gerichts* der Fall ist, glauben wir, diese Beugung der Ikonografie als seinen eigenen Beitrag ansehen zu dürfen. Für Bosch war offensichtlich nicht das klassische Thema des Weltgerichts entscheidend, sondern die Wiedergabe eines Inventars verwerflichen Verhaltens. Dass er jene Handlungen mit Tadel verurteilte, *legitimierte* er dadurch, indem er sie im Kontext des Weltgericht darstellte: Denn das

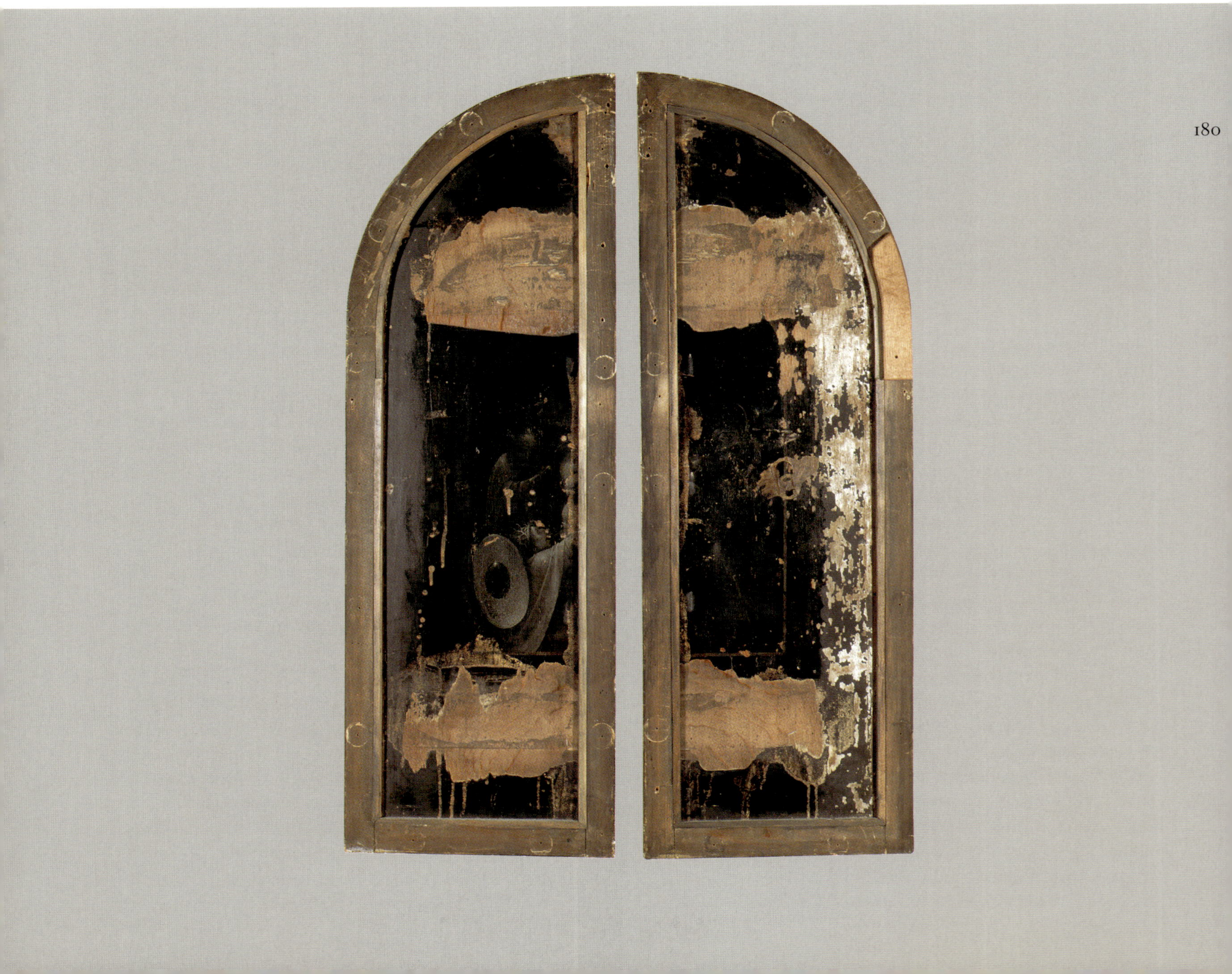

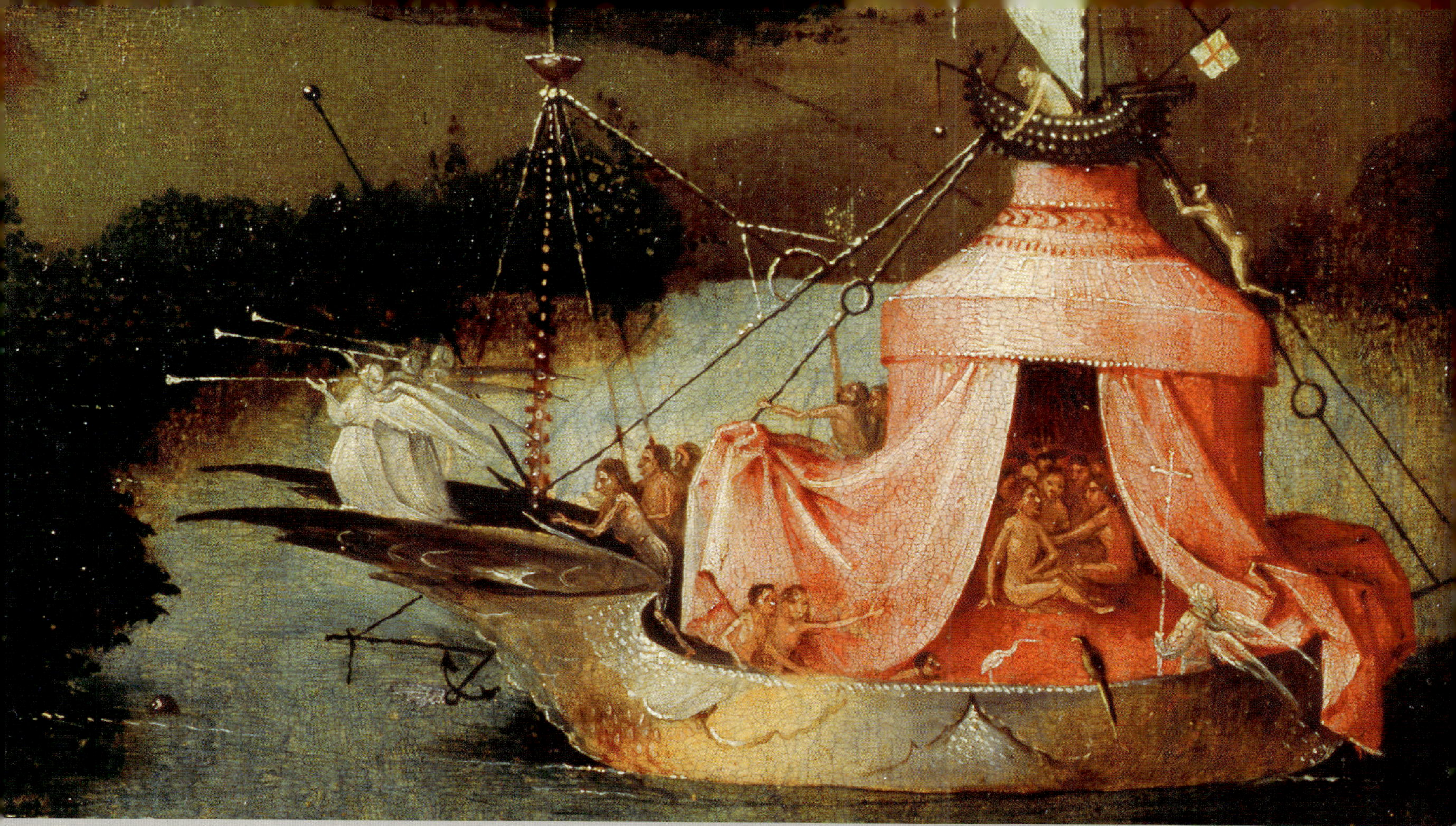

181

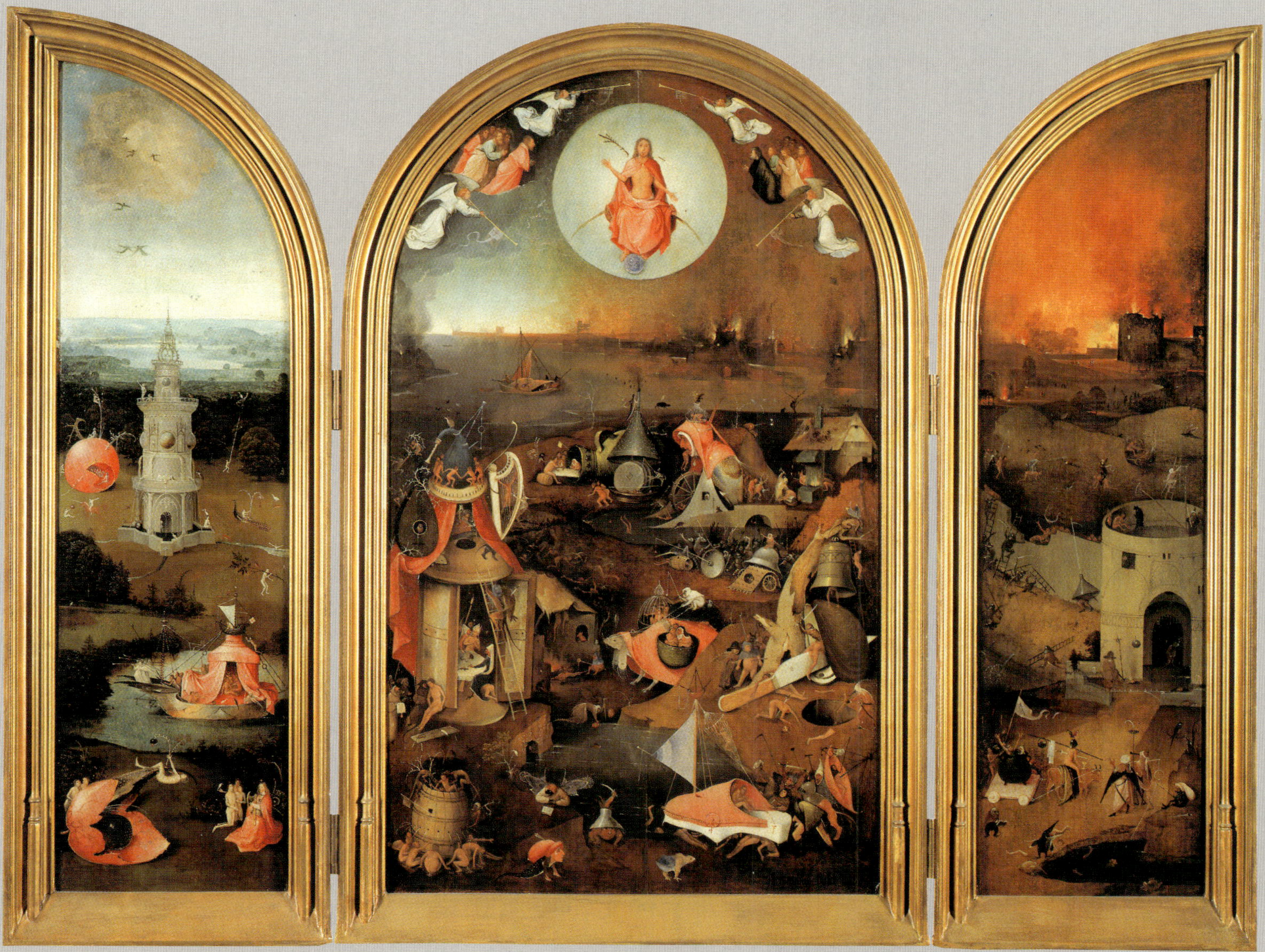

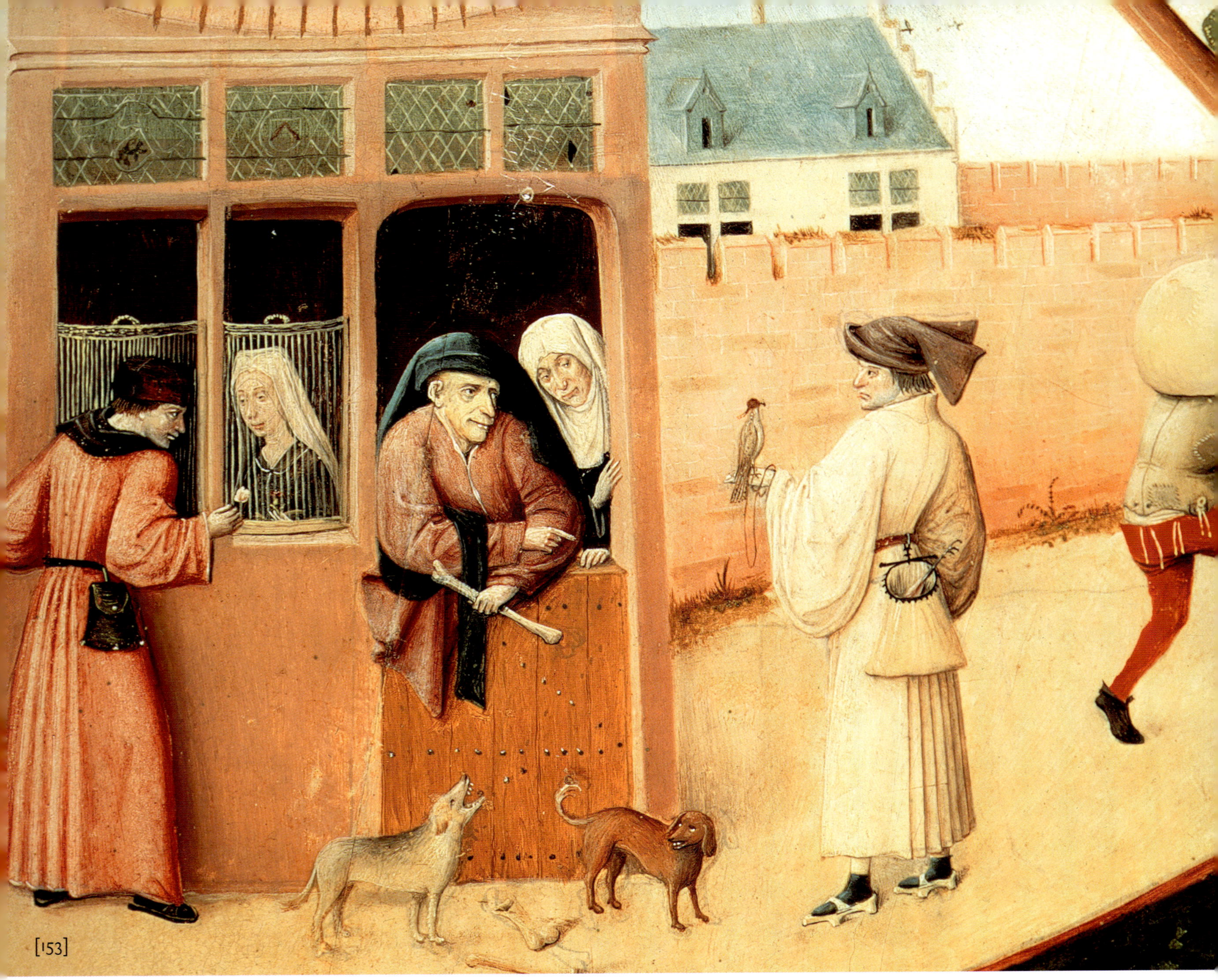

eschatologische Schema war der letzte „Beweis" der Richtigkeit seines ethischen Systems. Wir erkennen, wie Bosch hier das traditionelle religiöse Sujet funktional zu einem ethischen Thema transformiert. Zur Verdeutlichung wenden wir uns nochmals kurz dem *Narrenschiff* zu. Ein Zusatz zur zweiten Ausgabe von Jakob Lochers *Stultifera navis* (Narrenschiff, 1498), der lateinischen Übersetzung des Textes, enthält eine „Neufindung" des Sebastian Brant: „Über diejenigen, die an einer falschen Lebensweise zugrunde gehen" – eine beschauliche Erklärung des gesamten Buches. Das „Verleugnen der Ordnung" stellt für Brant die „Ursache der Zerstörung aller Dinge und eine universelle Gefahr" dar. Die Passagiere der Narrenflotte haben „Gesetz, Maß und Weg, die von Gott und der gebührenden Ordnung der Dinge gefordert werden", nicht in Ehren gehalten. Für Brant bildet die Ordnung das Fundament des Universums, vom Himmel zur Erde und über alle Zeiten hinweg. Narren vergreifen sich an der göttlichen *Ordo*. Wir müssen freilich betonen, dass mehr als neunzig Prozent der von Brant getadelten „Narrheiten" tatsächlich Vergehen innerweltlicher Art darstellen. Anders ausgedrückt: Die gesellschaftlichen und historischen Ordnungssysteme werden von Brant metaphysisch verklärt und zu einer transzendenten Ordnung erhoben, indem deren göttlicher Ursprung und deren Gottgewolltheit beschworen wird. Das Paradoxon bei Brant besteht also darin, dass er einerseits Weisheit von Gott ableitet und betont, dass Narren der ewigen Verdammung entgegengehen, sowie andererseits dass er einen gänzlich profanen, in das Weltliche hinein gerichteten Verhaltenskodex aufbaut. Der Mechanismus, der sich dahinter verbirgt, gleicht dem hinter Boschs Inszenierungen des Jüngsten Gerichts: Die praktische Moral und das reklamierte Wertegefüge werden dadurch begründet, dass diese wie selbstverständlich in einen religiösen Kontext gestellt werden. Zur Zeit Boschs zweifelte niemand am Jüngsten Gericht. Dem Maler wird Gott hier zum Richter, der anhand seiner (nämlich Boschs eigener) Verhaltenslehre über Gut und Böse urteilt. Und die Chance einer letzten Rettung ist gering.

Die Einkehr

Ein einziges Mal hat Bosch einen Durchschnittsmenschen, der auf dem „rechten Pfad wandert", zum Hauptthema eines Gemäldes erwählt: den *Hausierer*. Das Werk ist in zwei eigenhändigen Fassungen überliefert: die eine befindet sich auf der Außenseite des *Heuwagen*-Triptychons im Prado, die andere wird in Rotterdam bewahrt. Das Rotterdamer Gemälde bildete ursprünglich ebenfalls die Außenseite eines Triptychons. Dessen Mitteltafel ist verloren, die Innenflügel haben sich jedoch erhalten: eine *Allegorie der Gier* auf der einen und *Der Tod des Geizhalses* auf der anderen Seite. Die inhaltliche Verbindung zwischen *Hausierer* und *Heuwagen* ist also keineswegs zwingend: Verschiedene Kombinationen waren möglich. In einem Antwerpener Nachlassinventar aus dem Jahre 1602 wird ein Triptychon von Bosch erwähnt, das innen einen *Heuwagen* und außen einen *Hl. Antonius* zeigte.

Die Außenseite des *Heuwagens* zeigt einen schäbig gekleideten Abb. 13a Hausierer, also einen rundreisenden Verkäufer von Krämerwaren, die er in einem Rucksack oder Korb transportiert. Der Mann stützt sich auf einen langen Stab, den ein bösartiger Hund anknurrt. Er schaut sich mit einem gequälten, ein wenig wehmütigen Blick um. Er ist bereits älter, sein Haar ist weiß.

Die ländliche Landschaft ist kaum friedlich: Räuber haben einen Mann beraubt und an einen Baum gebunden. Rechts S. 63 tanzt ein Bauernpaar zur Dudelsackmusik eines Hirten; dessen Schafe sind bereits verstreut, und der Hirtenhund blickt in eine andere Richtung. In der Mitte hat sich eine Menschenmenge um einen Galgen versammelt und wohnt einer Hinrichtung bei. Der Hausierer nähert sich einer Brücke, unter der man eine Ente erkennt. Vorn links entdeckt man eine bunte und eine schwarze Kräke bei den Überresten eines Tierskeletts. S. 62

Der *Hausierer* in Rotterdam ist dem auf der Außenseite des Abb. 21a *Heuwagens* in vielerlei Hinsicht verwandt, doch ist der Blick der Mannes schärfer und sein Haar nicht weiß, sondern erst ergraut. Er hat ein verfallenes Bordell passiert und wird sogleich ein Gatter öffnen müssen, das den Weg versperrt. Neben dem Gatter, auf dem eine Elster sitzt, befindet sich ein Baum: Dort kauert auf einem dürren Ast eine Eule, die mit glänzenden Augen eine Meise belauert.

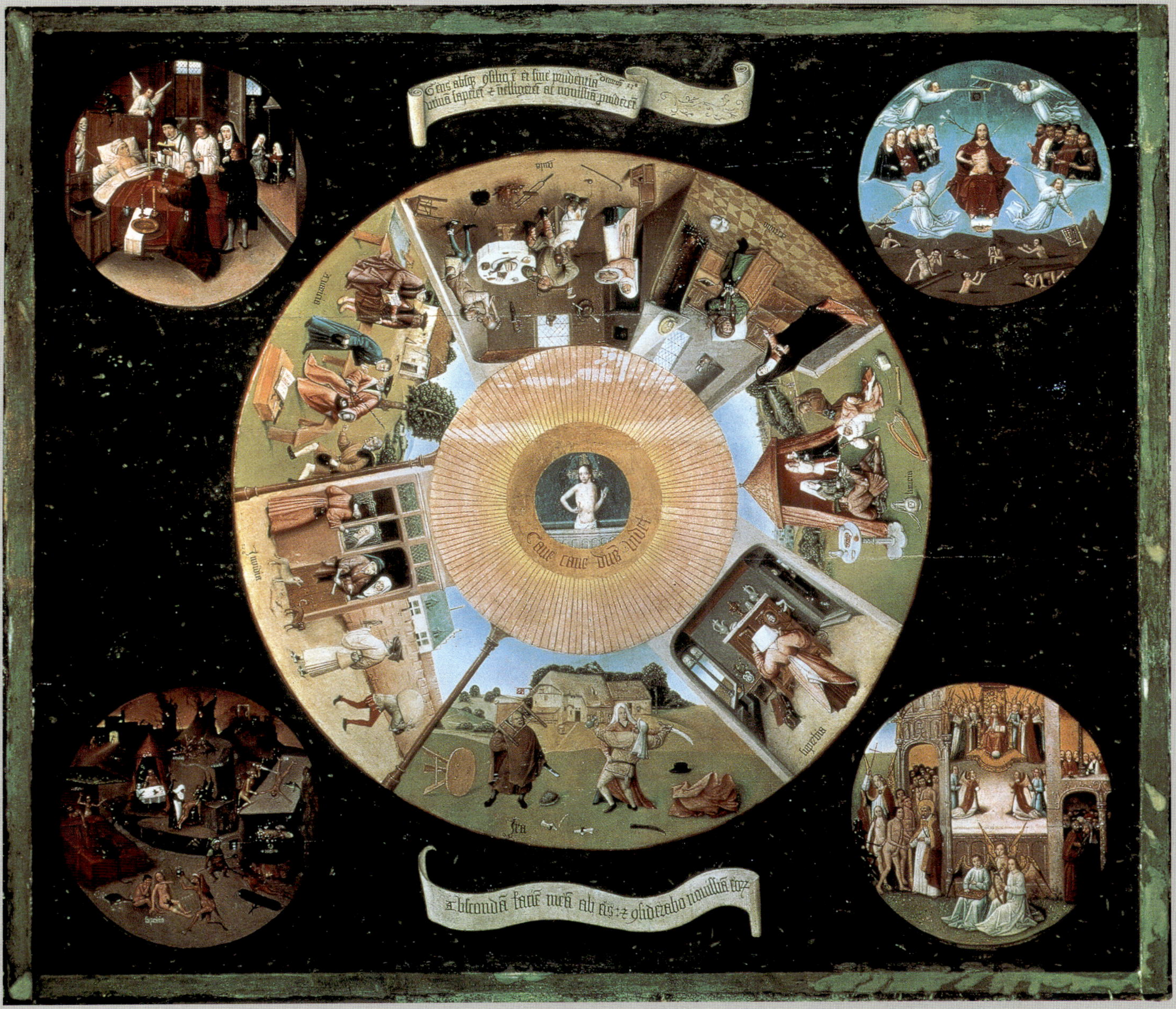

Abb. 153 Hieronymus Bosch oder Nachfolger, *Die Todsündentafel*, 1500-25; Öl auf Holz, 120 x 150 cm; Madrid, Museo Nacional del Prado

Abb. 154 Signiert mit Hieronymus Bosch, *Die Sieben Todsünden in der Weltkugel*, Öl auf Holz, 86 x 56 cm; Genf, Fine Arts Foundation

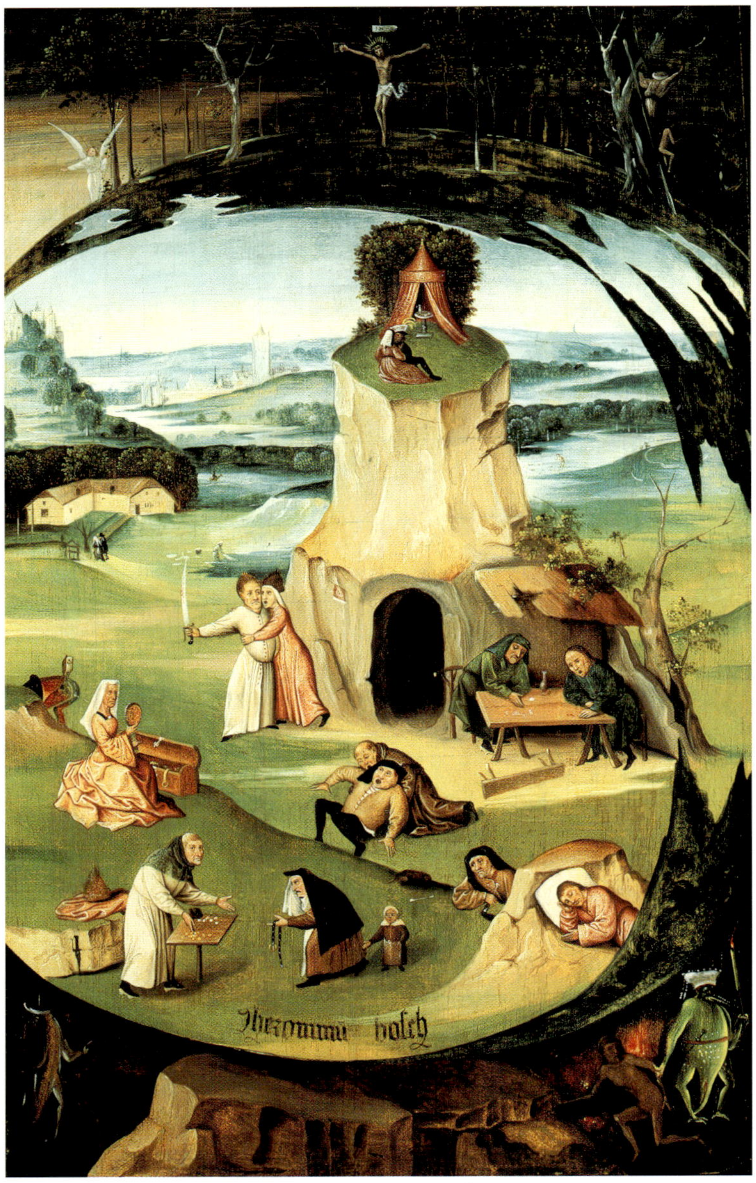

Was sich entlang des Weges abspielt, ist für die Botschaft des Bildes nicht ohne Bedeutung. Raubüberfälle galten als sehr ernste Verbrechen. Straßenräuber wurden mit Brandstiftern und Mördern auf eine Stufe gestellt, die kein Anrecht auf Kirchenasyl hatten. Der Überfall war eine häufig verwendete Metapher für die Gefahren des Lebens. In Robert de Sorbons „Der Weg ins Paradies" verkörpern Straßenräuber die Todsünden, welche die Seele des Menschen ihres inneren Reichtums berauben. Tanzendes Paar und Bordell versinnbildlichen den Menschen auf seiner Suche nach fleischlichen Genüssen, die ihn Gott vergessen lassen (die Kapelle am Baum ist eine Allusion auf diese *Oblivio dei*, die auch in der Ikonografie des *Heuwagens* eine Rolle spielt).

Im Hintergrund dreier Gemälde Boschs finden sich Gewaltszenen (Hinrichtung, Überfall, wilde Tiere), die mit Idyllen Szenen kontrastiert werden (Hirten im Gespräch, die Rast des Pilgers, tanzende Bauern).

Abb. 69b Der linke Flügel der *Versuchung des hl. Antonius* (Lissabon) zeigt zwei Hirten, die sich in Nähe ihrer Schafe unterhalten, während weiter rechts eine an den Füßen aufgehängte Leiche an einem verdorrten Baum hängt. Darüber ist schwach ein Kreuz zu erkennen, wobei es sich wohl um ein Sühnekreuz handelt. Ganz links sinkt ein Schiff.

Abb. 149a Auf der Darstellung des *Hl. Jakob* auf der Außenseite des *Jüngsten Gerichts* (Wien) erkennt man unter anderem vier S. 66 Personen mit Spießen sowie einen Baum mit einem Gehängten. Im Tal erblickt man einen Reiter, ein Kreuz und drei Reisende. In der Mitte des Bildes entdeckt man einen unter einem Baum ausruhenden Pilger, einen Krüppel und einen Blinden, die von einem Hund verfolgt oder begleitet werden, sowie ein weiteres Kreuz und eine Krähe, die auf einem dürren Baum sitzt. Rechts ist ein Raubüberfall auf einen besitzlosen Pilger zu sehen.

Abb. 47b Auf dem linken Flügel der *Anbetung der Könige* (Madrid) malte Bosch, neben einem Dudelsackspieler und zwei tanzenden Bauernpaaren, ein von Wölfen angefallenes Paar. Und in der Abb. 76 Mitte des rechten Flügels der *Gekreuzigten Märtyrerin* erhebt ein Mann sein Schwert, um damit einen Mann zu treffen, der, von der Last eines Korbes gebückt, davoneilt.

Eine mittelniederländische Übersetzung der *Predigten des hl. Bernardus*, die 1495 erschien, enthält folgende Passage: „Wahrlich selig sind diejenigen, die als fremde Pilger der heutigen schlechten Welt gegenüberstehen und nicht von ihr befleckt werden. Denn sie haben hier keine feste Wohnstätte, wir aber suchen eine Stadt in der Zukunft. Lassen wir uns deshalb des fleischlichen Begehrens und der Wollust enthalten,

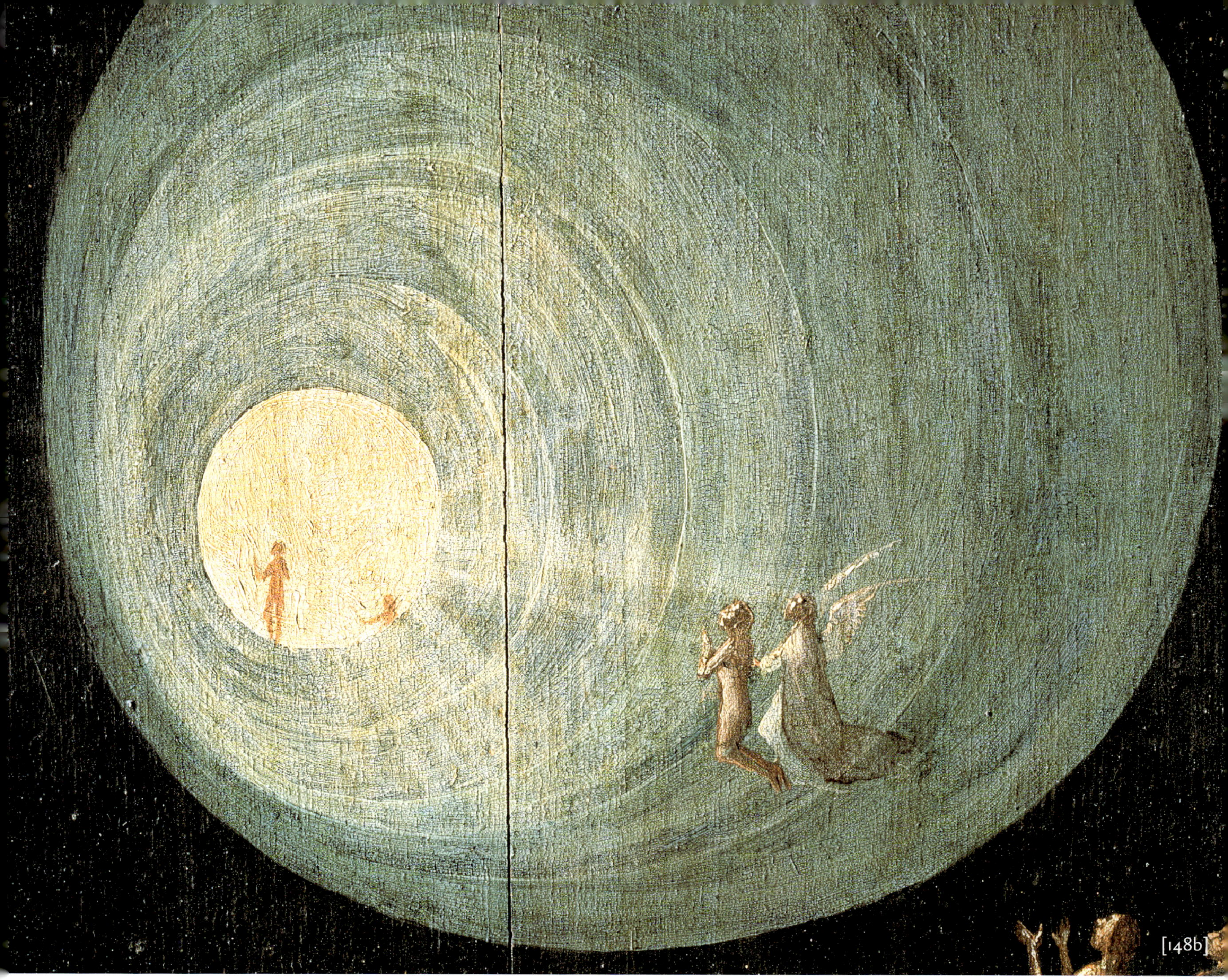
[148b]

die unsere Seele bekämpfen … Und wenn es geschieht, dass er [der Lebenspilger] dorthin kommt, wo man kämpft und streitet, dann bekümmert er sich nicht darum. Oder wenn es geschieht, dass er dorthin kommt, wo man tanzt und springt, oder wo man sich vergnügt oder Hochzeit feiert, es zieht ihn nicht an. Er weiß stets, dass er dort ein Fremder ist, und dass es ihn nichts angeht, was man dort tut. Denn er denkt nur an das Jenseits, wo er gerne sein würde, und daran, wie er dort am besten hingelangen könnte." Das Bild der zukünftigen Stadt ist dem Hebräerbrief (13,14) entlehnt: „Denn wir haben hier keine Stadt, die bestehen bleibt, sondern wir suchen die künftige." Ist der Hausierer auf dem Wege dorthin?

Was mag ein Hausierer den bürgerlichen oder adeligen Kunstliebhabern zu Boschs Zeiten bedeutet haben? Hausierer gehörten zu der bunten Gruppe dubioser Berufe ohne festen Arbeitsplatz und ohne sozialen Status. Es waren Vagabunden, die sich mit dem Verkauf von Krämerwaren über Wasser zu halten suchten. In den Texten der Rederijker taucht der Hausierer oft auf. Man tadelt ihn als betrügerisch, habgierig, als dem Glücksspiel verfallen und flüchtigen, anspruchslosen Freuden zugeneigt. Der Teufel selbst nimmt mitunter die Gestalt des Hausierers an. So auch bei Bosch: Auf der Mitteltafel des Wiener *Jüngsten Gerichts* trägt ein Teufel Verdammte in seinem Korb fort (vorn rechts). Auf eine ähnliche Figur treffen wir bereits im Stundenbuch der Katharina von Kleve (Utrecht, um 1438).

Abb. 149b

Freilich kennen wir auch Rederijkerspiele, in denen der Hausierer eine positive Rolle spielt – Cornelis Everaerts *Spel van Tillegem* (Spiel von Tillegem, Brügge, um 1509) und Jacob Awijts *Meyspel van sinnen* (sinnbildliches Maispiel). In anderen Stücken verkörpert er gleichsam eine Janusgestalt, die zwar schlecht ist, aber dennoch auf recht widersprüchliche Weise auch moralisch (so im *Esbattement van den Appelboom*, „Spiel vom Apfelbaum", Anfang 16. Jahrhundert). Das Gesellschaftsspiel *Van die menichfuldicheit des bedrochs der wereld* (Von der Mannigfaltigkeit des Weltbetrugs) bezeichnet den Hausierer als *Oerspronck der Sonden* (Ursprung der Sünden), was keines Kommentars bedarf. Er verkauft verschiedene Krämerwaren, die wiederum diverse Vergehen symbolisieren, doch er weist selbst auf sein Fehlverhalten hin. In dem *Spel van Groot Labuer en Sober Wasdom* (Spiel von großer Arbeit und mäßigem Gewinn) tritt dieser Aspekt noch deutlicher zutage: Die Protagonisten sind hier ein Zimmermann und ein Hausierer, die alles tun, um möglichst viel Geld zu verdienen. Sie lernen nach vielen Fehltritten schließlich, dass sie sich nicht an die irdische Vergänglichkeit klammern dürfen. So gelangen sie zu Einsicht

Abb. 155 Nachfolger von Hieronymus Bosch, *Das Konzert im Ei*, 1550-75; Öl auf Leinwand, 108,5 x 126,5 cm; Lille, Musée des Beaux-Arts

Abb. 156 Anonym, Sechs bemalte Teller mit symbolischen Szenen, südniederländisch, um 1520-30; Öl auf Holz, Durchmesser 19 cm; Berlin, Staatliche Museen zu Berlin, Schloss Köpenick

und Reue, was sie dem Publikum mitteilen: In schwierigen Zeiten muss man geduldig auf die göttliche Gnade vertrauen. So erfüllt der Hausierer seine Rolle durch seine Ambivalenz: Er ist sündig und schlecht, aber er hält Einkehr. Er warnt, um nicht in geistiger Verblendung zu verharren. Umschauen verweist bei Bosch auf „Einkehr halten". Der Mensch schaut auf den von ihm zurückgelegten Weg – d.h. auf sein Leben – zurück. Metaphern, wie die vom Lebensweg, sind hier nicht wegzudenken. In mittelalterlichen Romanen ist der Weg stets ein Gemeinplatz: Reise, *Queeste* (Suche) oder Pilgerfahrt versinnbildlichen die menschliche Existenz. Eine Brücke oder das Überqueren eines Gewässers bezeichnen oft eine Wende, die Bekehrung des Lebensreisenden. (Die Motive finden sich auf Darstellungen des 16. Jahrhunderts, welche die Heimkehr des Verlorenen Sohnes zeigen.) Auch das geschlossene Gatter, das der *Hausierer* (Rotterdam) öffnen muss, teilt diese Bedeutungsebene. Das neue Leben, das sich ihm eröffnet, kann Tugend sein oder auch ewiges Leben. Die Elster mit ihrem schwarzen und weißen Gefieder symbolisiert vielleicht die Wahl zwischen Gut und Böse.

Der Hausierer ist eine Art *Jedermann*: Ein sündiger Mensch, der sich nach dem umsieht, was hinter ihm liegt, und dadurch zur Einsicht kommt. Er geht gebückt von der Last seines Korbes, er ist vom Leben gezeichnet (man beachte die Kleidung!). Mit dem Tod vor Augen (Überfall, Skelett, Brücke oder Gatter) muss er sich jedoch zwischen Gut und Böse entscheiden. Aber bis es soweit ist, erliegt er oft der Sünde. Das Böse betrügt und belauert ihn: der falsche Hund hinter ihm, und, auf der Rotter-
S. 28
damer Fassung, die Eule, die eine Meise belauert. Zahllose Rederijkerspiele und Gedichte behandeln Sünder, die zur Einkehr kommen, oder Menschen, die sich nach zügelloser Jugend besinnen und Gott voller Reue um Vergebung bitten. Im Kern lautet die Moral: *Hij en doolt niet al, die ten halven keert* (Wer auf halbem Wege umkehrt, irrt nicht länger). Bei vielen solcher Texte fällt übrigens auf, dass der sündige, reuevolle Mensch mit dem Verlorenen Sohn der Evangelienparabel verglichen oder sogar explizit als „ein verlorener Sohn"

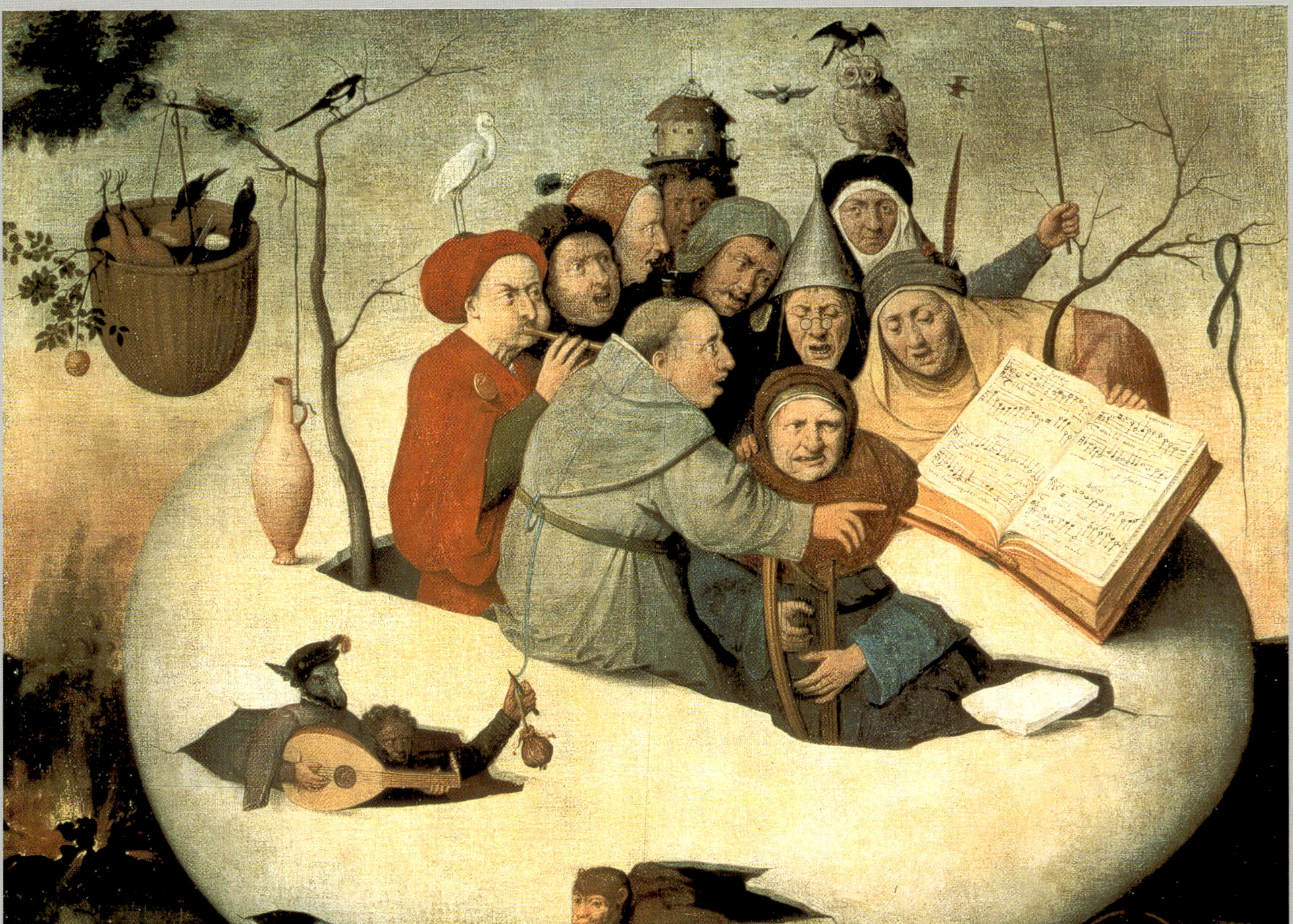

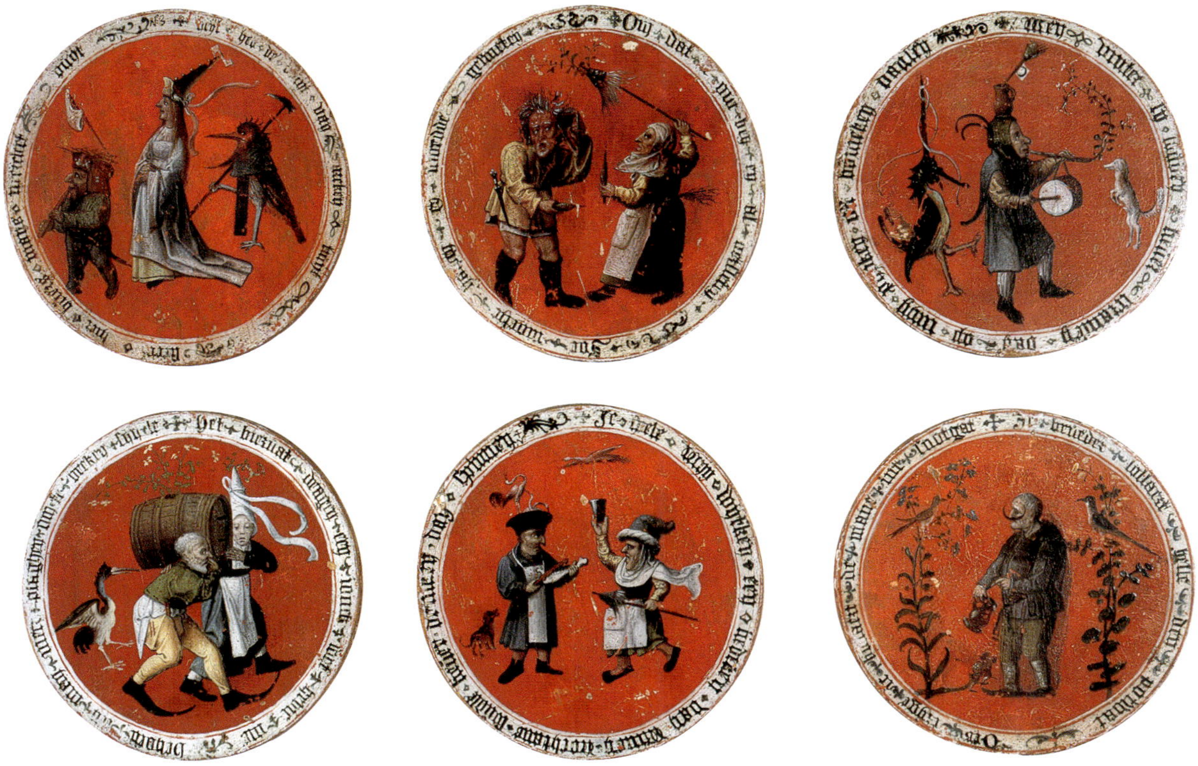

bezeichnet wird – selbst wenn der Text nichts mit dieser Quelle zu schaffen hat. Also weist Bosch doch noch auf die Möglichkeit zur Rettung, auf den Weg zum Paradies. Die Vorstellung vom Paradies spielt bei Bosch eine Rolle – trotz seines äußerst düsteren Weltbildes. Von Bedeutung sind in diesem Zusammenhang die Flügel eines Triptychons, dessen Abb. 148 Mitteltafel verloren gegangen ist (Venedig). Der stereotyp gestalteten *Hölle* und dem zugehörigen *Der Fall der Verdamnten* stehen zwei andere Darstellungen gegenüber: das *Irdische Paradies* und der *Aufstieg der Seligen ins himmlische Paradies.* Die erste Szene spielt in einer grünen Hügellandschaft bei dem Vierstrom-Brunnen des Garten Eden. Die nackten Seligen, in Begleitung von Engeln, unterhalten sich miteinander und mit den Tieren: die idyllische Eintracht des Goldenen Zeitalters.
Auf der anderen Tafel stellt Bosch eine unerhörte Vision dar: S. 185 Von Engeln geleitet, steigen die Seligen aus einer amorphen, düsteren Leere zu einem Tunnel auf. Am anderen Ende des Tunnels erstrahlt das Licht, durch dessen Anschauung die Seligen ins Paradies auffahren werden. Der Tunnel ist aus Segmenten zusammengestellt: den sieben Planetensphären, die sich zwischen der Erde und dem *Empyreum* befinden.
Auch auf anderen Darstellungen des 15. Jahrhunderts sind diese Sphären als übereinander liegende Kreise wiedergegeben, jedoch niemals als Tunnel, wie es Bosch zeigt. (Zeugnisse von Personen mit Beinahe-Todeserfahrungen berichten häufig von einem Lichttunnel; hat Bosch eine ähnliche Erfahrung gemacht und sich davon inspirieren lassen?)
Auch der linke Flügel von Boschs *Jüngstem Gericht* in Brügge Abb. 152b zeigt in einer Szene die Seligen im Garten Eden; ein kleiner glühender Kreis in der Luft stellt den immateriellen Himmel dar. (Dieses Motiv wird von Nachfolgern Boschs in einigen Triptychen des Jüngsten Gerichts übernommen.) Die Diesseitigkeit der Vergnügen, denen sich die Bewohner des Paradieses hingeben, fällt auf. Diese gleichen denen auf dem Triptychon des sog. *Gartens der Lüste.* Links unten spielen die Abb. 141b Seligen auf bzw. bei einer gigantischen Frucht, andere lauschen dem Harfenspiel der Engel, während sich Vögel zahm auf ihren Händen niederlassen. Ein Traumschiff, mit Engeln und Seligen besetzt, gleitet vorbei. Rund um den Paradiesbrunnen vergnügen sich die Seligen mit riesigen Früchten, Zweigen und S. 7 Tieren. Nur die wahrhaft Guten werden auch dieses Stadium hinter sich lassen und in die Regionen des himmlischen Paradieses auffahren, das frei von jeglicher irdischer Gegenständlichkeit ist.
Der Glaube an zwei Paradiese war zu Boschs Zeit Allgemeingut und galt nicht als ketzerisch. Zum irdischen Paradies würden die nur bedingt Guten Zugang erhalten. Hier würde noch keine vollkommene Reinheit herrschen: eine gewisse Diesseitigkeit würde den Bewohnern jenes Paradieses nicht zu verwehren sein. Da diese Natürlichkeit eine vage Dimension der Sexualität beinhaltete, konnte Bosch dieses Paradies nicht als „rein" ansehen. Der Aufenthaltsort bedingt guter Seelen konnte daher nicht wirklich und wahrhaftig „himmlisch" sein. Immerhin verweilt Bosch bei seiner Darstellung der Paradiesfreuden vorzugsweise bei den körperlichen, physischen Vergnügungen. Lehnt er diese sonst radikal ab, kehren sie hier teilweise in geheiligter Form wieder. Allein das vollkommen unstoffliche, himmlische Jerusalem glaubte Bosch dem der Materie innewohnenden Kräften des Bösen entzogen. Und so hat Bosch das himmlische Paradies auch nicht in letzter Konsequenz malen können. Nur die Auffahrt dorthin hat er darzustellen versucht.
Zwei Heilige, die in der Vorstellung des Volkes wie sonst niemand des Wortes Mahnung zur Einkehr bzw. paradiesische Höhen verkörperten, finden sich bei Bosch ebenfalls dargestellt: *Johannes der Täufer* und *Johannes der Evangelist.* Den Apostel zeigt er auf der Insel Patmos, wo er die endgültige S. 70 Fassung der Apokalypse niederschrieb. Obwohl Johannes damals bereits betagt war, zeigt ihn westliche Kunst immer wieder als Jüngling. Bei Bosch geht er dem Akt des Schreibens in einsamer Natur nach; dabei wird er von einem Engel inspiriert, der ihn auf die himmlische Erscheinung von Maria

Abb. 157a-b Nachfolger von Hieronymus Bosch, (a) *Der hl. Antonius lesend vor einer Kapelle*, (b) *Der hl. Jakob d.Ä. vor dem Zauberer Hermogenes*, 1550-75; Öl auf Holz, 62 x 41 cm; Valenciennes, Musée des Beaux-Arts

mit dem Jesuskind hinweist (Apokalypse 12,1). Ein bebrillter S. 71 Insektenteufel hält sich hinter Johannes auf, bereit, ihm zu schaden.

Abb. 61a Als Vorläufer des hl. Christophorus wird Johannes der Täufer ebenfalls als Einsiedler in wilder Natur dargestellt. Er deutet auf das Lamm Gottes im Vordergrund. Ursprünglich hat Bosch auch einen Stifter bzw. Auftraggeber porträtiert. Wie so oft wurde dieser wieder übermalt, hier in Form einer für Bosch „typischen" Traumpflanze.

Die beiden hll. Johannes galten im Mittelalter und darüber hinaus als kompromisslose, mystische Helden. Der Täufer war „die Stimme eines Rufers in der Wüste", der asketische und unerbittliche Widerpart der Salome. Der Evangelist galt als die Stimme der erhabenen und visionären Weisheit, die bereits zu Beginn seines Evangeliums (dessen Text seit römischer Zeit bis ins 20. Jahrhundert hinein vom Volk als kraftvolle Beschwörung verwendet wurde) und vor allem in der Apokalypse zum Ausdruck kam. Beide zogen sich nicht um ihres eigenen Seelenheils wegen als Einsiedler zurück, sondern um ihre höheren Einsichten in den Dienst der Menschen zu stellen. Darum erstaunt nicht, dass der Gegensatz zwischen dem schwarzen Kosmos voller Ungetüme und der augenförmigen, visionär „sehenden" Darstellung des Heils (nämlich durch die Passion Christi) auf der Rückseite des *Johannes auf Patmos* abgebildet wurde. Denn: Das „Auge des Heils" hebt die kosmische Finsternis auf.

Am Ende seines Lebens malte Bosch ein Triptychon, dessen Mitteltafel verloren ist, und das auf allegorische Weise die Rettung des Menschen beschwor. Einzig die beiden Flügel Abb. 75 der *Sintflut* sind in Rotterdam erhalten. Auf deren Rückseite befinden sich vier Tondi, auf denen, mit einer Ausnahme, gezeigt wird, wie Menschen von Teufeln gequält werden. Nur das vierte Medaillon zeigt, wie derselbe Mann, der auf dem Feld von Teufeln verprügelt worden war, vor den ihn segnenden Christus hinkniet und im Hintergrund von einem Engel ein Gewand empfängt (eine Allusion auf Apokalypse 6,11?). Interessanterweise handelt es sich bei diesem Protagonisten um einen (wohlhabenden) Bauern. Damit erzählt Bosch eine Geschichte, die der des *Akkerman van Bohemen* (Der Acker-

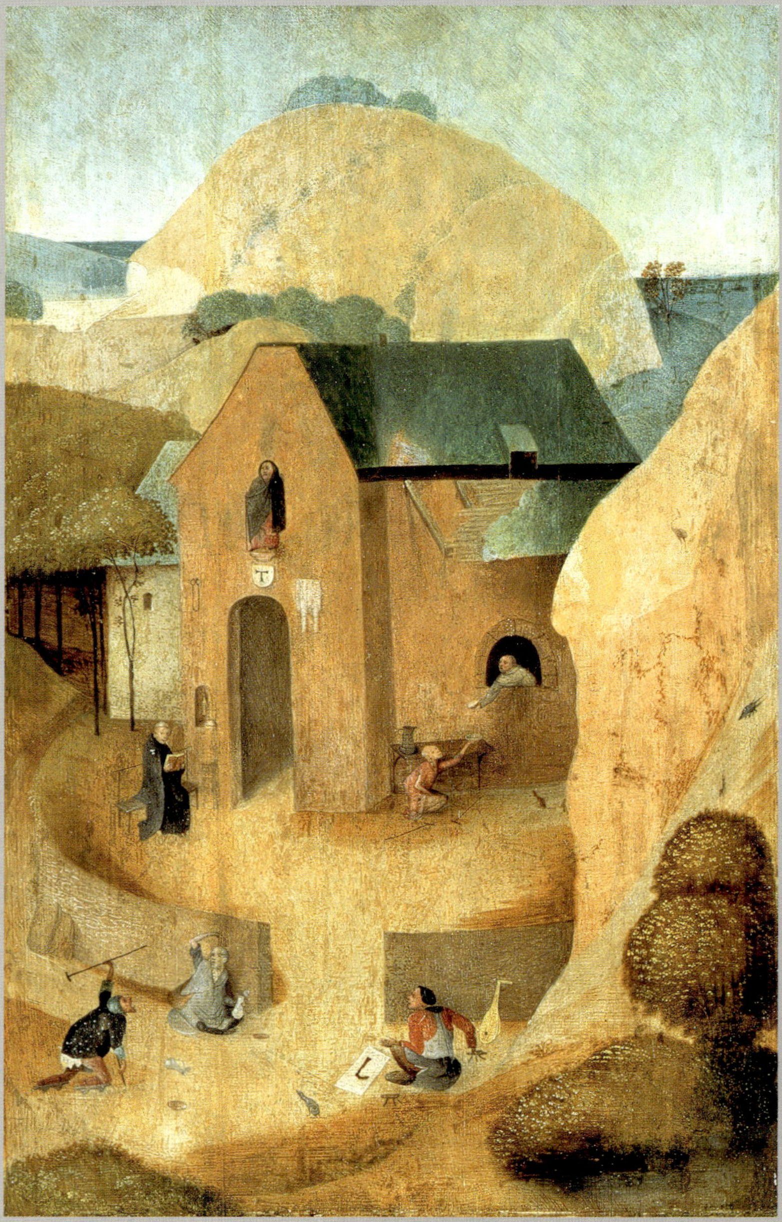

mann aus Böhmen, um 1400) ähnelt. Dort tritt der Landmann als Personifikation der von zahllosen Widerständen herausgeforderten und gequälten Menschheit auf. Andererseits gemahnt Boschs Medaillon an das Buch Hiob: Der Mensch wird hinsichtlich seines Besitzes und seines Körpers auf die Probe gestellt, wendet sich aber dennoch Gott zu. Die Szene korrespondiert mit den Darstellungen auf der Vorderseite der Tafeln: einerseits das Verderben, das durch das teuflische Wirken auf Erden (eine Landschaft mit Monstern) veranlasst wird, andererseits die Rettung der Gottesfürchtigen (die Arche Noachs nach der Sintflut). Die Macht des Bösen ist demnach in Boschs Augen zwar allgegenwärtig, eine Rettung ist dennoch möglich.

Miserrimi quippe est ingenii…

Die Bilderwelt von Bosch zeugt von einem Geist, der zwar im stadtbürgerlichen Weltbild der Zeit um 1500 verankert war, der sich aber dem gleichzeitigen Kunstgeschehen gegenüber als erstaunlich unabhängig erweist. Vielleicht aus diesem Grunde genoss er um 1500 in Adelskreisen einen beinahe legendären Ruf. Bosch zählte damals zur finanziellen Elite seiner Stadt. Das war nicht immer so. Zuvor, in den beiden letzten Jahrzehnten vor 1500, lassen Boschs finanzielle Transaktionen eine Tendenz erkennen: Er verkauft den immobilen Besitz seiner Frau, um zu Geld zu kommen. (Ihr bedeutsamstes Eigentum, das Landgut *Ten Rodeken,* wurde jedoch nicht aus den Händen gegeben.) Brachten ihm seine künstlerischen Tätigkeiten nicht genug ein? Für diesen Fall kann es nur *eine* Antwort geben: Bereits vor 1500, also vermutlich noch *vor* der „großen Anerkennung", wollte Bosch finanziell nicht von seinem Handwerk abhängig sein, sondern von anderen Einkünften leben. Mit anderen Worten: Er malte meist nur das, was er malen wollte. Im Gegensatz zu dem, was oft behauptet wird, muss bereits ein nicht geringer Teil der Bilderproduktion des 15. Jahrhunderts „auf Vorrat" und nicht auf Bestellung entstanden sein. Man malte, was „der Markt verlangte", und

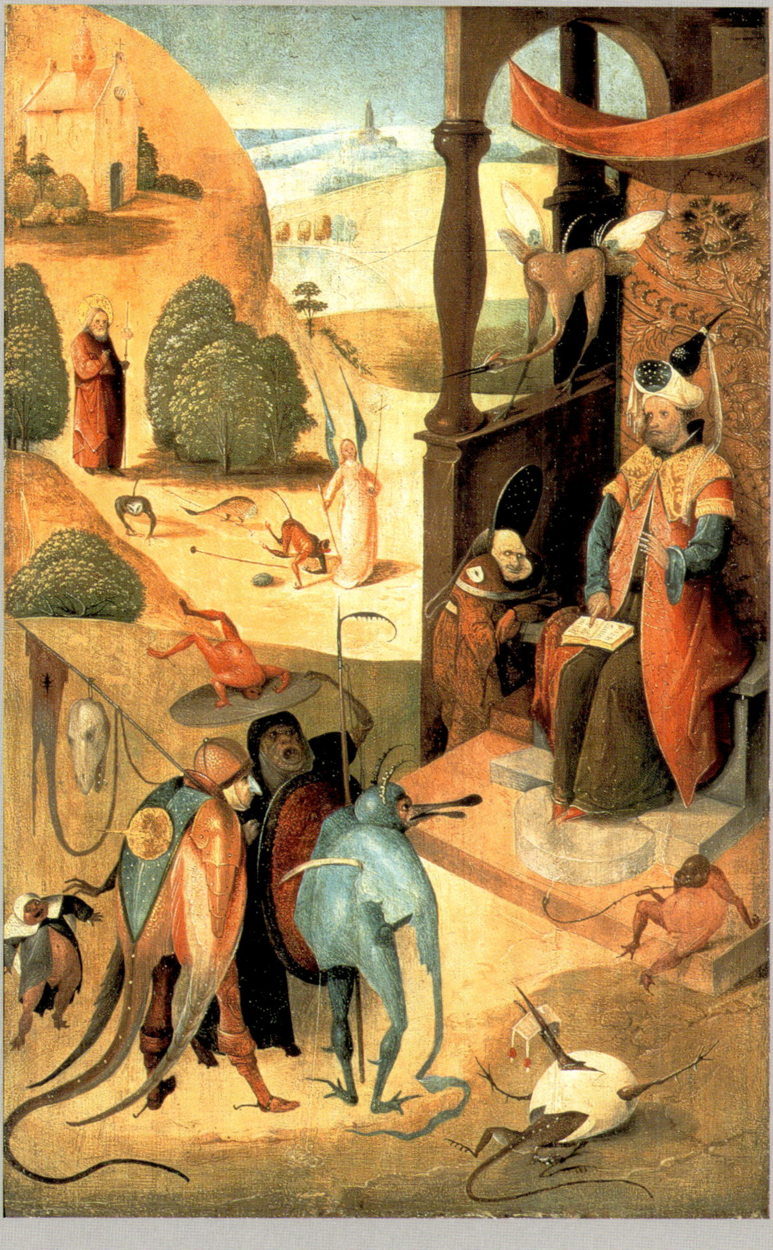

der Käufer konnte bestimmen, was ihm gefiel. Hierbei stellte man sich auf die Nachfrage des Marktes ein, ohne sich dabei in irgendeiner Form persönlich zu engagieren. Manches deutet darauf hin, dass Bosch hingegen nur dann Aufträge annahm, wenn sie sich in sein „ideologisches Programm" integrieren oder sich mit diesem versöhnen ließen. Das freilich ist eine für diese Epoche tatsächlich außergewöhnliche Einstellung, die auf ein enormes Selbstbewusstsein schließen lässt. Auch die große, latinisierte Handschrift des Künstler lässt Derartiges vermuten. Deren Größe und vielfältiges Erscheinungsbild sind für ihre Zeit außergewöhnlich (nicht ungewöhnlich war es hingegen, sich nach seinem Herkunftsort zu benennen). Weitschweifige, große und/oder auffällige Signaturen trifft man zwischen 1490 und etwa 1510 häufig auf spanischen Gemälden an. Diese Signaturen sind in spätgotischen Buchstaben ausgeführt und im Verhältnis zu denen Boschs manchmal noch größer. Auch in der deutschen Malerei zwischen etwa 1490 und 1510 sind einige auffallende Signaturen bekannt, und zwar sowohl mit deutschen als auch mit lateinischen Aufschriften. In den Niederlanden hingegen findet man im 15. Jahrhundert vor allem in Brügge Signaturen vor (Jan van Eyck, Petrus Christus, Hans Memling). Ein Einfluss der lokalen Traditionen ist somit nicht von der Hand zu weisen. Signaturen konnten im 15. Jahrhundert als Markenzeichen dienen, um die Herkunft eines Exportprodukts zu kennzeichnen. Außerdem fügte man manchmal eine Formel hinzu, um die Aufmerksamkeit des Betrachters auf den Künstler zu lenken und für diesen ein Gebet zu sprechen. Bosch signierte jedoch sowohl seine religiösen als auch seine profanen Werke. Die signierende Unterschrift hat bei ihm nicht die Funktion, zu einem Gebet anzuregen, sondern zeugt von seinem Selbstbewusstsein und vielleicht dem Wunsch, seinen Namen in der Fremde bekannt zu machen.

Weist nicht auch die latinisierte Form des selbstgewählten Künstlernamens von Jeroen van Aken auf die Vorstellung, die Bosch von sich selbst hatte? Ein ähnliches Phänomen finden wir beispielsweise bei der Figur des „Meister Matthäus", der um 1500 im niederrheinischen Marienvrede als Maler tätig war. Dieser muss eine intellektuell gebildete, humanistisch inspirierte Persönlichkeit gewesen sein. Der Titel *Magister*, also Meister, wurde Malern im 15. Jahrhundert gelegentlich zuerkannt. Dass sich Bosch vielleicht als ein *Magister* angesehen haben mochte, findet eine Parallele in der Haltung einiger deutscher *Meistersinger*. Für sie waren Gelehrtheit und durch Ausbildung erworbenes Wissen als Grundlage der Dichtung von großer Bedeutung, denn dadurch konnten sie das *Verseschmieden* als (er)lernbare *Kunst* bzw. als Handwerk ansehen. Dies schloss nicht aus, dass einige von ihnen den Wert poetischer Inspiration und Verzückung anerkannten und Neigung verspürten, den Künstler zu vergöttern. Eine ähnliche Vision hatten auch die Rederijker: Sie waren von dem Wert einer kodifizierbaren und erlernbaren Dichtkunst überzeugt, wobei jedoch Inspiration und *ingenium* (Talent, Genie) als unentbehrlich erachtet wurden. Boschs „gelehrter" lateinischer Künstlername wurde jedoch stets in altmodischen gotischen Buchstaben geschrieben und der Nachname „Bosch" wurde nicht latinisiert. Der „Modernismus" des Künstlers war demnach beschränkt. Bosch hat, soweit bekannt, keine Schriften hinterlassen, die uns über seine Kunsttheorie aufklären könnten. Dennoch kann man das eine oder andere über Boschs kunsttheoretischer Vision aus seiner Zeichnung *Der Wald hat Ohren, das Feld hat Augen* ableiten. Das Blatt trägt oben eine Aufschrift: *Miserrimi quippe est ingenii semper uti inventis et numquam inveniendis* (Dem allererbärmlichsten Geist ist es jedoch eigen, stets nur Klischees und niemals eigene Einfälle zu verwenden). Diese Sentenz wurde womöglich von Bosch selbst (um 1500-10) auf das Blatt geschrieben. Sie ist dem pädagogischen Traktat *De disciplina scholarium* (Über die Erziehung der Schüler) aus dem 13. Jahrhundert entlehnt, das im Mittelalter als ein Werk des Boethius galt. Das Werk erschien im Wiegendruck in zwei Redaktionen: in Lyon / Venedig bzw. Straßburg / Köln / Deventer / Löwen. Das Zitat Boschs stammt aus der zweiten Redaktion. Der erste Teil der Sentenz – bis *inventis* – wurde aus dem Kommentar übernommen, der zweite stammte aus dem Text selbst. Die meisten Ausgaben der Schrift wurden im Rheinland und den nordöstlichen Niederlanden verlegt; daher wird die Verbreitung des Werkes dort am größten gewesen sein. Das Zitat taucht auch bei den Frühhumanisten auf, und zwar bei Jakob Wimpfeling, Sigismund Gossembrot, Stephan Hoest, Johannes Pauli sowie bei Albrecht Dürer. Die Sentenz auf Boschs Zeichnung folgt dem Originaltext dabei am engsten. Wir können also ein bestimmtes soziales und intellektuelles Milieu nachweisen, in dem dieses Zitat zirkulierte, nämlich bei den Frühhumanisten des Oberrheins und den angeführten Künstlern.

Abb. 83

Das Zitat erhielt seine Bedeutung innerhalb der Kontroverse zwischen Altem und Neuem, zwischen Alten und Modernen (*antiqui/moderni*), zwischen sklavischer Übernahme und freier Kreativität. Fortschrittliche Geister warnten, indem sie die Worte der *disciplina* paraphrasierten, den Aussagen oder Meinungen anderer nicht wie einem Orakel zu glauben. Der deutsche Humanist Thomas Wolf erachtete es „einem ausgetrockneten und unfruchtbaren Geist eigen, immer nur auf das von anderen Gesagte zurückzugreifen". Dennoch muss die Aufschrift der Zeichnung Boschs nicht zwangsläufig als Ausdruck des Stolzes auf den eigenen Einfallsreichtum angesehen werden, wie es allgemein geschieht. Da die Zeichnung auf einer wohlvertrauten Redensart sowie auf konventionellen Bildmotiven beruhte (Eule und Vögel, Fuchs und Hahn), vermag man in der Aufschrift vielleicht sogar eine *verzweifelte Selbstkritik* des Künstlers erkennen. Dies würde bedeuten, dass Bosch die eigene Verwendung seit langem bekannter Motive oder Elemente (*uti inventis*) zu weit reichte, was freilich umso intensiver die ungeheure Bedeutung zeigt, die er dem „Einfallsreichtum" (*inventio*) durch das „Genie" (*ingenium*) beimaß. Denkbar immerhin ist, dass Bosch den Wert neuer Einfälle, und das *ingenium* als deren Quelle, absolut setzte. Sicher dürfen wir glauben, dass er ihm einen hohen Stellenwert einräumte. Das Selbstbewusstsein des Künstlers bestimmte vielleicht auch die sakrale Triptychon-Form einiger seiner Werke.

Denn was war die Funktion eines Triptychons? Traditionell bildeten Triptychen den Altaraufsatz, d.h. ein Bild, welches in einer Kirche oder Kapelle auf einer Altarmensa aufgestellt wurde. Meist hatte ein solches Altarbild Flügel, die durchgehend geschlossen waren: Das Hauptbild war für die Gläubigen lediglich an Sonn- und Feiertagen zu sehen. Kunsthistoriker haben oft darauf hingewiesen, dass Triptychen

Abb. 158 Nachfolger von Hieronymus Bosch, Fragment eines *Jüngsten Gerichts*, 1500-25; Öl auf Holz, 60 x 114 cm; München, Alte Pinakothek

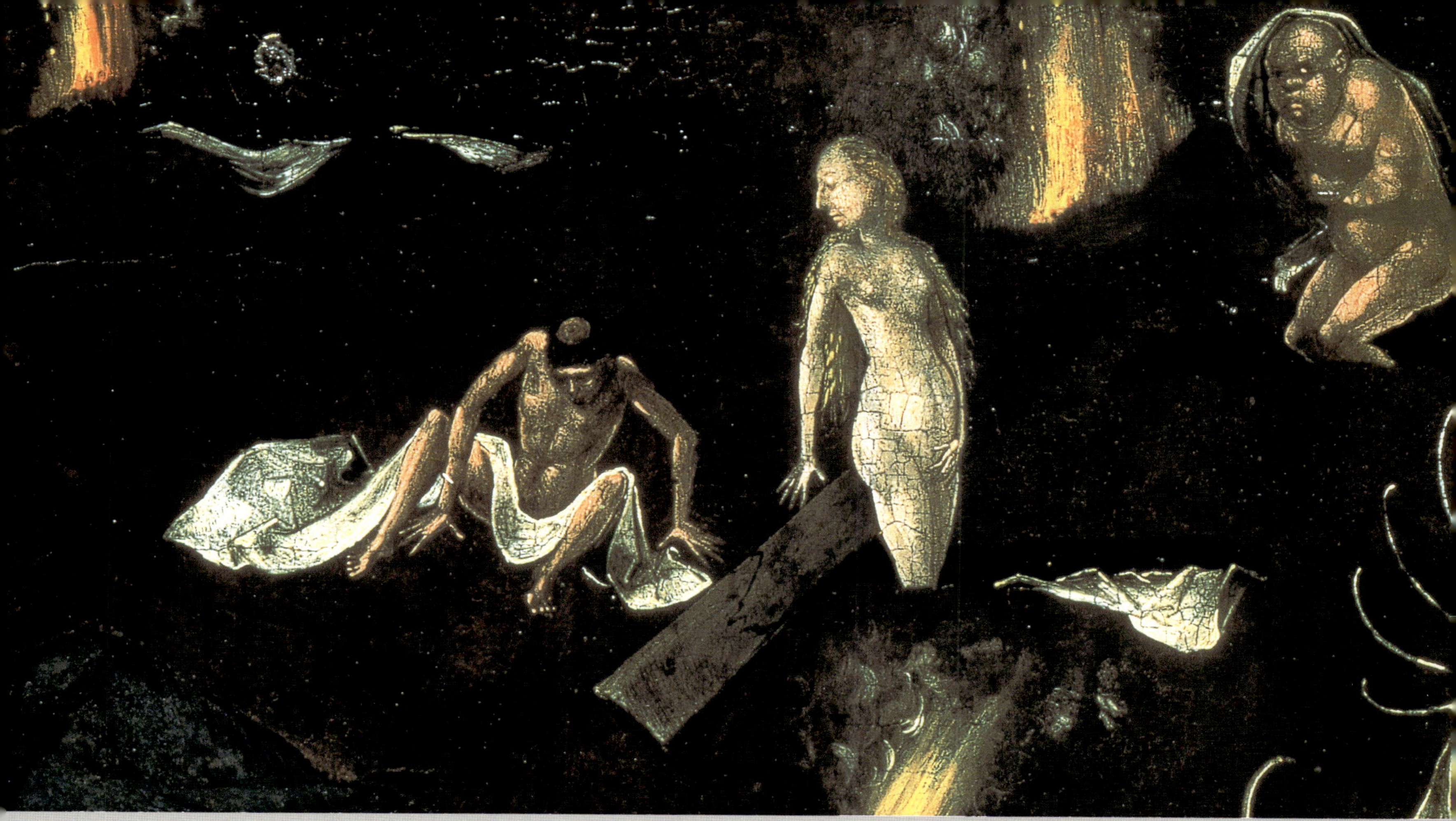

191

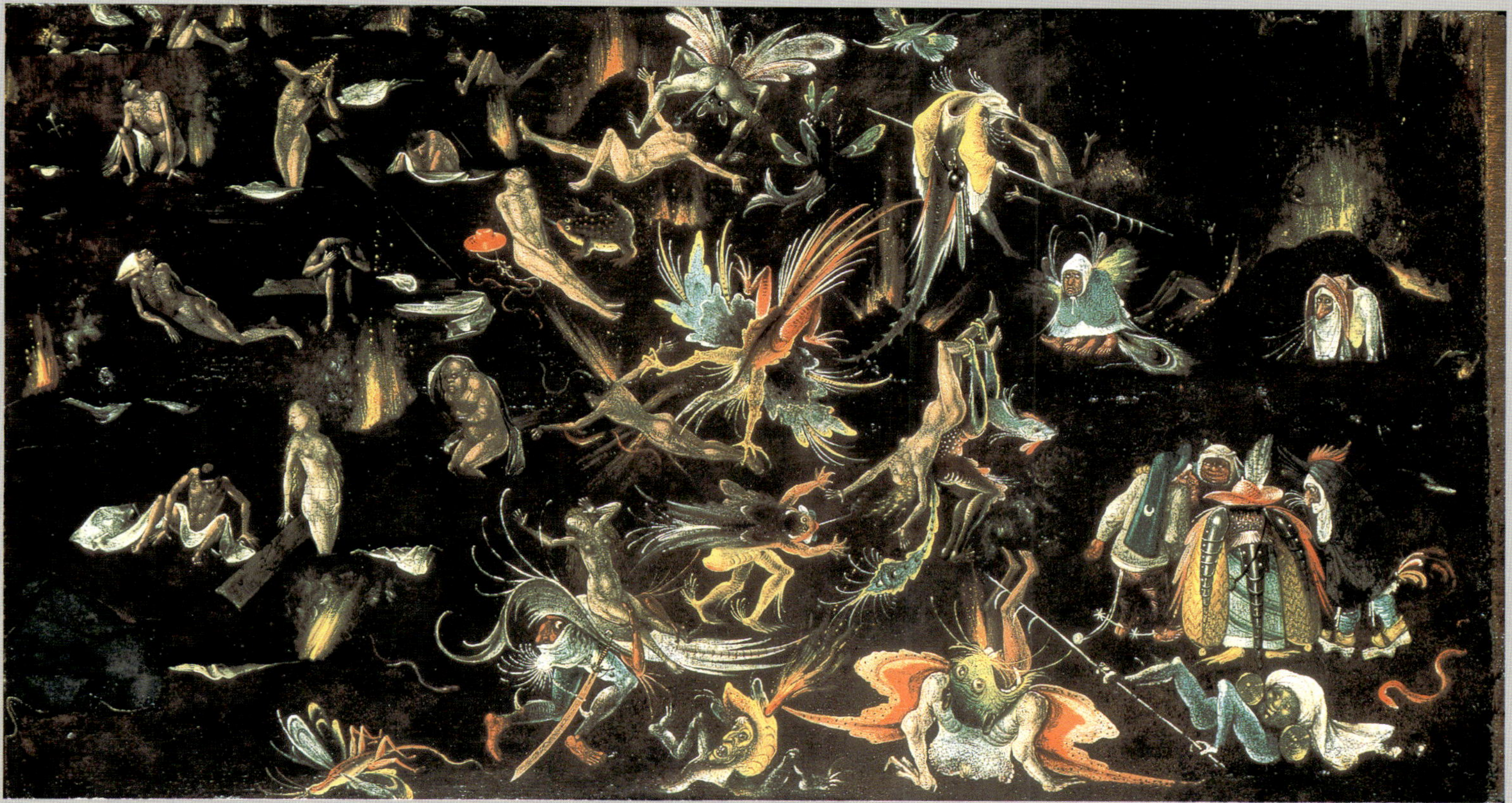

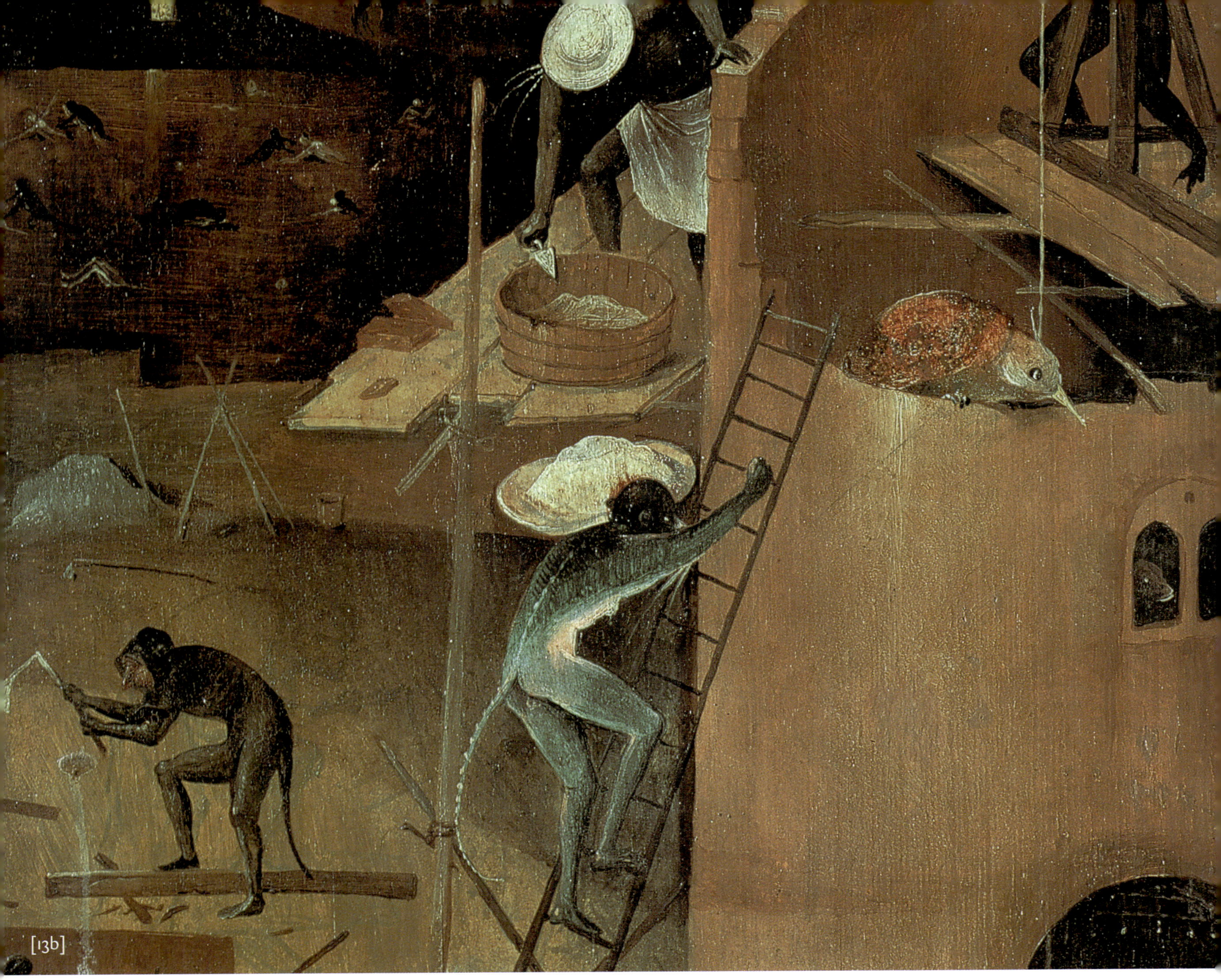

[13b]

im 15. und 16. Jahrhundert zu einem Altar gehörten. Dies trifft so nicht zu. Es gab auch – wenngleich nicht sehr zahlreich – profane Triptychen. Jan van Eycks sogenannte *Arnolfini-Hochzeit* in der Londoner National Gallery, um ein berühmtes Beispiel zu nennen, bildete ursprünglich das Mittelbild eines Triptychons. Profane Triptychen zeigten zumeist Porträts sowie genealogische oder mythologische Szenen. Auch Boschs Triptychen müssen daher nicht zwingend einen Altar geziert haben. Zudem stellen alle altniederländischen Triptychen, die als Altaraufsatz dienen (oder dienten und sich nun in Museen befinden), ein biblisches oder hagiografisches Geschehnis dar, welches eindeutig Vorbildfunktion besaß. Nie wird das Böse dargestellt, sondern immer ein Aspekt des Heiligen oder Göttlichen. Man darf nicht vergessen, dass der Altar seinem Wesen nach der Ort war, an dem sich das „Mysterium des Glaubens" stets aufs Neue vollzog: die Konsekration der Hostie, die sich in den Leibhaftigen Körper Christi transsubstantiierte. Wie konnte die *elevatio* (das Emporheben und Zeigen der Hostie vor den Gläubigen) vor dem Hintergrund der Sünde durchgeführt werden? Wir haben deshalb zwischen den einzelnen Triptychen von Bosch zu differenzieren. Bei der *Versuchung des hl. Antonius* (Lissabon), der *Anbetung der Könige* (Madrid) und dem *Jüngsten Gericht* (Wien und Brügge) hat es sich höchstwahrscheinlich um Bildaufsätze eines Altars gehandelt. Die beiden Triptychen in Venedig besitzen Seitenflügel mit unbemalten Außenseiten. Diese Werke wurden nicht geschlossen und können deshalb nicht auf einem Altar gestanden haben – es sei denn, dass man die ursprüngliche Bemalung irgendwann vollständig entfernt hat.

Der sogenannte *Garten der Lüste* und der *Heuwagen* schließlich können in keinem Fall als Altaraufsätze fungiert haben: Denn deren Mitteltafeln stellen Allegorien der Sünde dar, nicht solche des Glaubens und seines Triumphes. Warum wählte Bosch hierfür dann das Schema von Triptychen? Einerseits vielleicht deshalb – und das ist ein Aspekt von Boschs Genie –, weil der Meister sich ein derart komplexes, hochpersönliches Programm ausgedacht hatte, dass eine Einzeltafel zu dessen Umsetzung nicht genügte. Andererseits wohnte dem Triptychon, da es durch seine Form unwillkürlich an einen Altaraufsatz denken ließ, ein (pseudo-)sakraler Charakter inne.

Auf die gleiche Art, wie er die Themen wie beispielsweise das Jüngste Gericht oder die Versuchung eines heiligen Einsiedlers verwendete, um seiner eigenen Vorstellung von Sünde Gestalt zu geben, so hat Bosch auch das Triptychon-Schema benutzt, um seinen Ideen einen sakralen, und damit letztlich unanfechtbaren Charakter beimessen zu können.

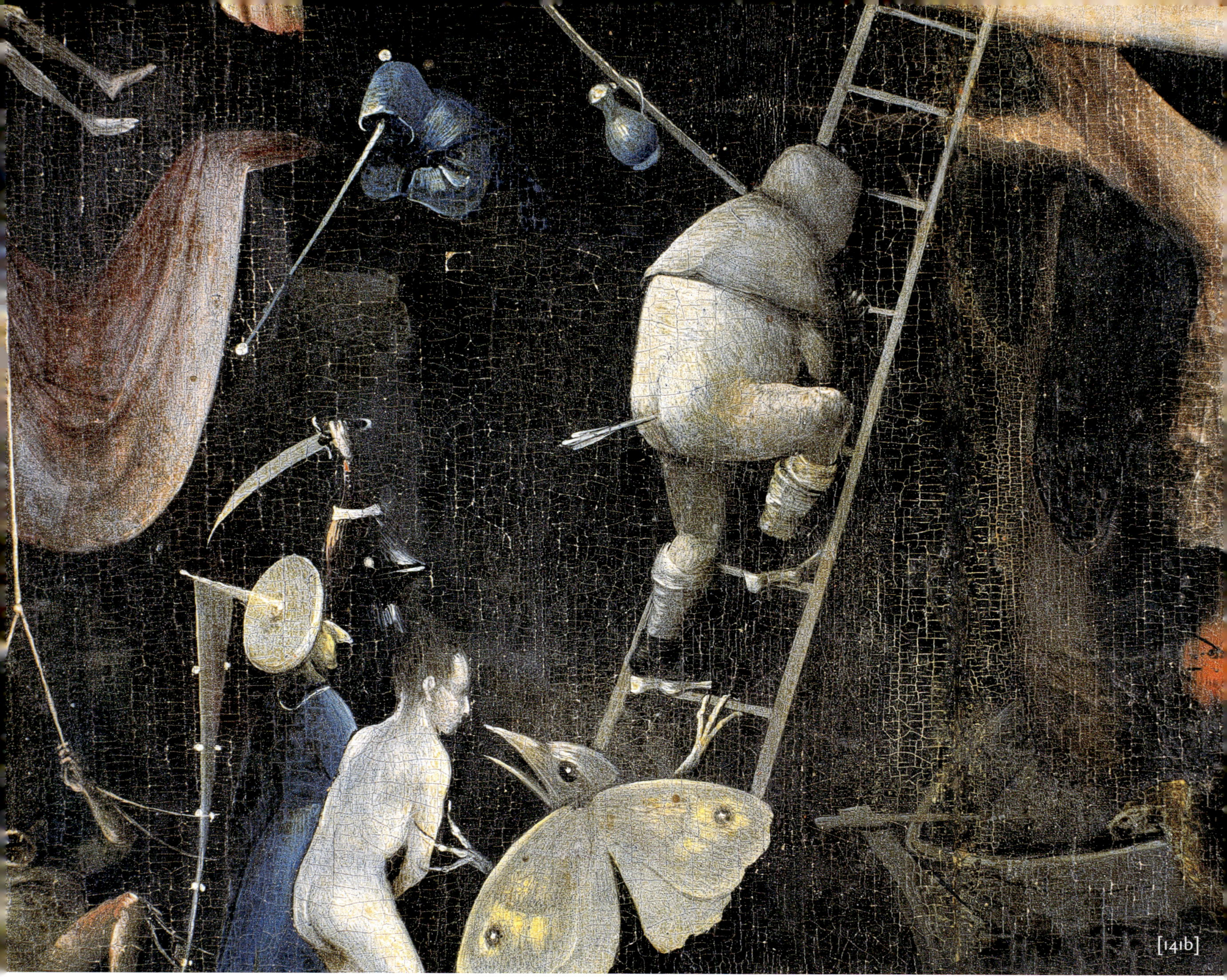
[141b]

Von seinem *Garten der Lüste* wissen wir, dass sich das Werk im Palast der Nassauer auf dem Brüsseler Coudenberg befand; 1567 hing es im Großen Saal über dem Kamin. Der ursprüngliche Eigentümer des *Heuwagen*-Triptychon und dessen Bestimmung sind uns jedoch bis heute unbekannt.
Die Vision von Bosch ist keineswegs frei von Spannungen. Er klagt jegliches unsoziale Verhalten an, aber er wählt den der Welt entsagenden, und damit sich selbst marginalisierenden Einsiedler zum Vorbild. Er missbilligt alle Formen der Narrheit, aber er wählt eine Ästhetik der „Grillen", also der Torheit. In den Werten, die er verteidigt, und in der Kunst, die er hervorbringt, sublimiert er die Obsession von Ausgrenzung und Wahnsinn. Sämtliche Bevölkerungsschichten, am liebsten jedoch die Armen und Asozialen, verdammt er zur Hölle; aber ein schäbiger und verachteter, vagabundierender Hausierer verkörpert ihm das Ideal innerer Einkehr. Er schlägt in seinem Werk stets einen höchst moralisierenden Ton an, der immer wieder eine Botschaft verbreiten will; aber zugleich kodiert er seine Einfälle zu einem oft hermetisch anmutenden Ganzen: „Der Weise spricht in Rätseln". Er verteidigt die Werte des städtischen Bürgertums seiner Zeit; dies geschieht aber in einer Art und Weise, die uns unbürgerlich erscheint. Bosch ist vielleicht der einzige Künstler, der das Weltbild des frühmodernen Stadtbürgertums in all seinen Facetten schilderte. Seine Bilderwelt strotzt nur so von – vielleicht gar nicht bewusst gewollten, in jedem Falle freilich unentrinnbaren – zusätzlichen Dimensionen. Diese sind von einer scharfsinnigen, finsteren Schönheit, die viel unzugänglicher ist als seine moralistischen Rätsel. Er allein verarbeitete in seinem Werk psychische Impulse, denen sich andere Künstler seiner Zeit völlig verschließen. Dieses Aufreißen einerseits einer unbeherrschbaren Tiefe in sich selbst und andererseits die freie Themenwahl seines Œuvres lassen uns Bosch als einen nachmittelalterlichen Künstler begreifen, der aber auch heute noch stets mehr ist als nur ein Zeuge der Vergangenheit.

Dieser Beitrag ist meinem guten Meister, Prof. Dr. em. J.K. Steppe gewidmet.

Hinweise für den Benutzer

Bibliografie

Register

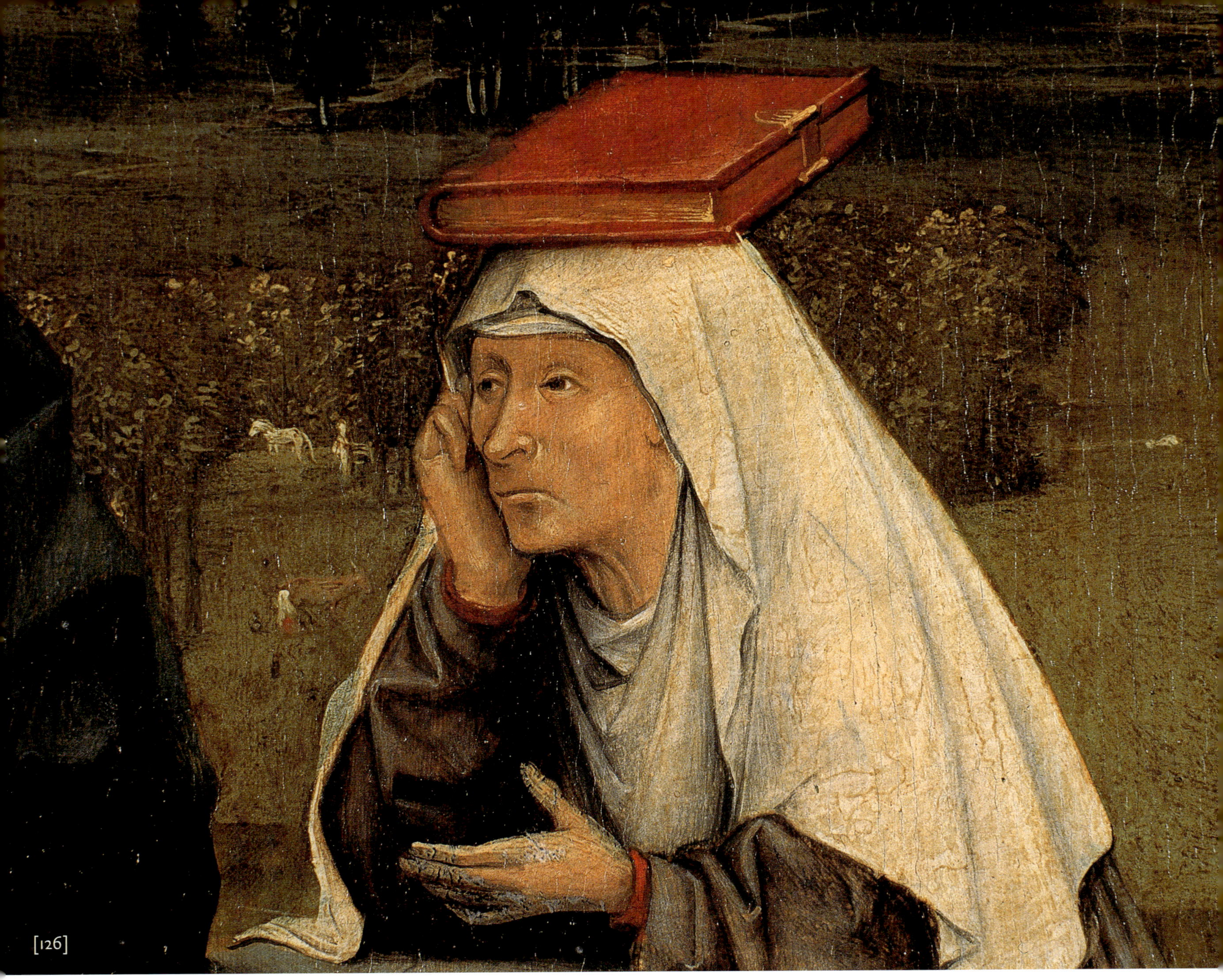

[126]

Hinweise für den Benutzer

Dieses Buch gibt das „malerische Gesamtwerk" von Hieronymus Bosch ebenso wie die ihm zugeschriebenen Zeichnungen wieder; dem wurden zahlreiche weitere Illustrationen hinzugefügt, die näher auf das Schaffen von Bosch und seiner unmittelbaren Umgebung – Werkstatt, Zeitgenossen, Nachfolge – eingehen, oder aber die Bedeutung der Bosch'schen Werke begreifen helfen.
Im Hinblick auf das sogenannte „eigenhändige" Œuvre ist es wichtig, daran zu erinnern, dass es sich dabei ausschließlich um kunsthistorische Zuschreibungen handelt. Für das malerische Gesamtwerk ist vor allem die Werkbetrachtung berücksichtigt worden, die Roger Marijnissen 1987 vorgelegt hat. Marijnissen hat ein kritisches Verzeichnis des Œuvres von Bosch aufgestellt und das eigenhändige Schaffen des Malers auf eine kleine Anzahl von Kernwerken zurückgeführt, mit der wir im Grundsatz, nur mit wenigen Differenzen, übereinstimmen; hinsichtlich der Chronologie sind Korrekturen und Präszisierungen nötig, die wir in den Bildunterschriften mitgeteilt haben.
Was die Zeichnungen betrifft, galt ein anderer Maßstab: so gut wie alle der begründet mit Bosch in Verbindung gebrachten Blätter sind hier aufgenommen worden. Die Zeichnungen, bei denen man von „Eigenhändigkeit" sprechen kann, werden hier unter dem Namen Hieronymus Bosch aufgeführt; allen anderen Blättern haben wir ohne Ausnahme ein Fragezeichen hinzugefügt. In manchen Fällen handelt es sich dabei um Arbeiten von Zeitgenossen, in anderen Fällen bezeichnet dies einen gebührlichen Abstand zu Werken von Bosch.
Für das malerische wie das zeichnerische Gesamtwerk gilt freilich, dass eine wirklich wissenschaftliche Untersuchung von Boschs Gesamtwerk noch aussteht. Die Herausgeber hoffen, dass dieses Buch und diese Ausstellung hierzu einen Grundstein legen können.
Die drei Beiträge sowie die Einleitung dieses Buches verzichten ganz bewusst auf Fußnoten. Der Text ist so abgefasst, dass der in der Sekundärliteratur, den Primärquellen sowie in den Archivalien bewanderte Bosch-Spezialist die von uns konsultierte Literatur auffinden können sollte.
Nachstehend haben wir stattdessen eine kurze Bibliografie zusammengestellt, in der die grundlegende Literatur zu Bosch aufgenommen wurde. Diese Titel beinhalten meist ausführliche Literaturverzeichnisse. Walter S. Gibsons *Hieronymus Bosch, an annotated bibliography* (1983) enthält eine beinahe vollständige Bibliografie; hieran schließen an: H. Mund und

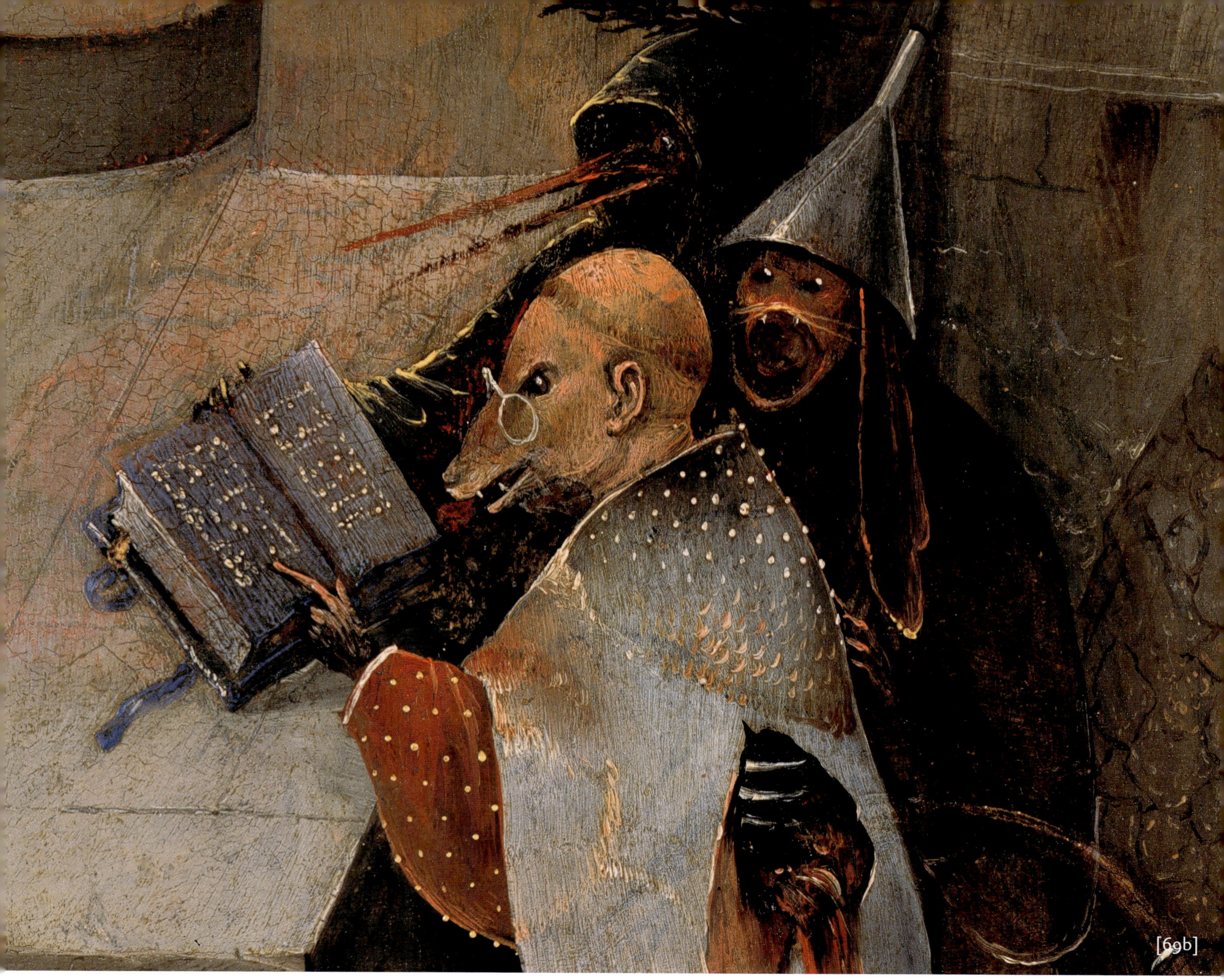
[69b]

C. Stroo, *Early Netherlandish Painting (1400-1500). A Bibliography (1984-1998)*, Brüssel 1998, die einen vollständigen Überblick über das in dem betreffenden Zeitraum publizierte Schrifttum enthält; die Veröffentlichungen sind dabei sowohl nach allgemeinen Kriterien wie auch nach Aufbewahrungsort und Kunstwerken geordnet.
Das von Marijnissen und Ruyffelaere verfasste Werkverzeichnis von Boschs Gemälden (1987) bietet eine nützliche Einführung zu den einzelnen Werke und enthält eine umfangreiche Bibliografie. Das von Van Schoute und De Patoul herausgegebene Handbuch *Les Primitifs Flamands et leurs temps* (1994)hingegen bietet ein praktisches Verzeichnis ausgewählter, weiterführender Bosch-Literatur.

Dr. G.C.M. van Dijck war so großzügig, den Verfassern Einblick in das vollständige Typoskript seines in Kürze erscheinenden Buches mit den Quellen zu Bosch zu gestatten: *Op zoek naar Jheronimus van Aken alias Bosch - de feiten- familie, vrienden en opdrachtgevers* ('s-Hertogenbosch 2001); Ester Vink war es durch die Zusammenarbeit zwischen dem Museum Boijmans Van Beuningen und der Stadt 's-Hertogenbosch möglich, zusätzliche Archivuntersuchungen durchzuführen, die sowohl dem Ausstellungsprojekt wie auch ihrem künftig zur Veröffentlichung vorgesehenen Buch dienten: *Jeroen Bosch in Den Bosch. De schilder tegen de achtergrond van zijn stad.*
Zusammen mit diesem Buch und der Ausstellung im Museum Boijmans Van Beuningen erscheint 2001 gleichzeitig ein Sammelband mit wissenschaftlichen Aufsätzen, an dem folgende Autoren mitwirkten: Prof. Dr. Bernard Aikema, Dr. Eric de Bruyn, Dr. Lucas van Dijck, Dr. Frédéric Elsig, Hans van Gangelen und drs. Sebastiaan Oskamp, Dr. Lynn Jacobs, Prof. drs. Hans Jansen unter Mitwirkung von Olaf Goubitz und Jaap Kottman, Dr. Peter Klein, drs. Suzanne Laemers, Dr. Marianne Renson, Dr. Pilar Silva Maroto, Prof. Dr. Roger Van Schoute und Prof. Dr. Hélène Verougstraete, Dr. Paul Vandenbroeck, Prof. Dr. Kees Vellekoop, drs. Renilde Vervoort, drs. Ester Vink, Dr. Annemarieke Willemsen.

Die Literatur- und Quellenbelege zu dem Essay von Jos Koldeweij finden sich weitestgehend im Quellen- und Literaturverzeichnis des folgenden Ausstellungskataloges und Aufsatzbandes: A.M. Koldeweij (Hg.), *In Buscoducis. Kunst uit de Bourgondische tijd te 's-Hertogenbosch*, 2 Bde., Maarssen – 's-Gravenhage – 's-Hertogenbosch 1990.
Die heimatgeschichtlichen Aspekte zu 's-Hertogenbosch

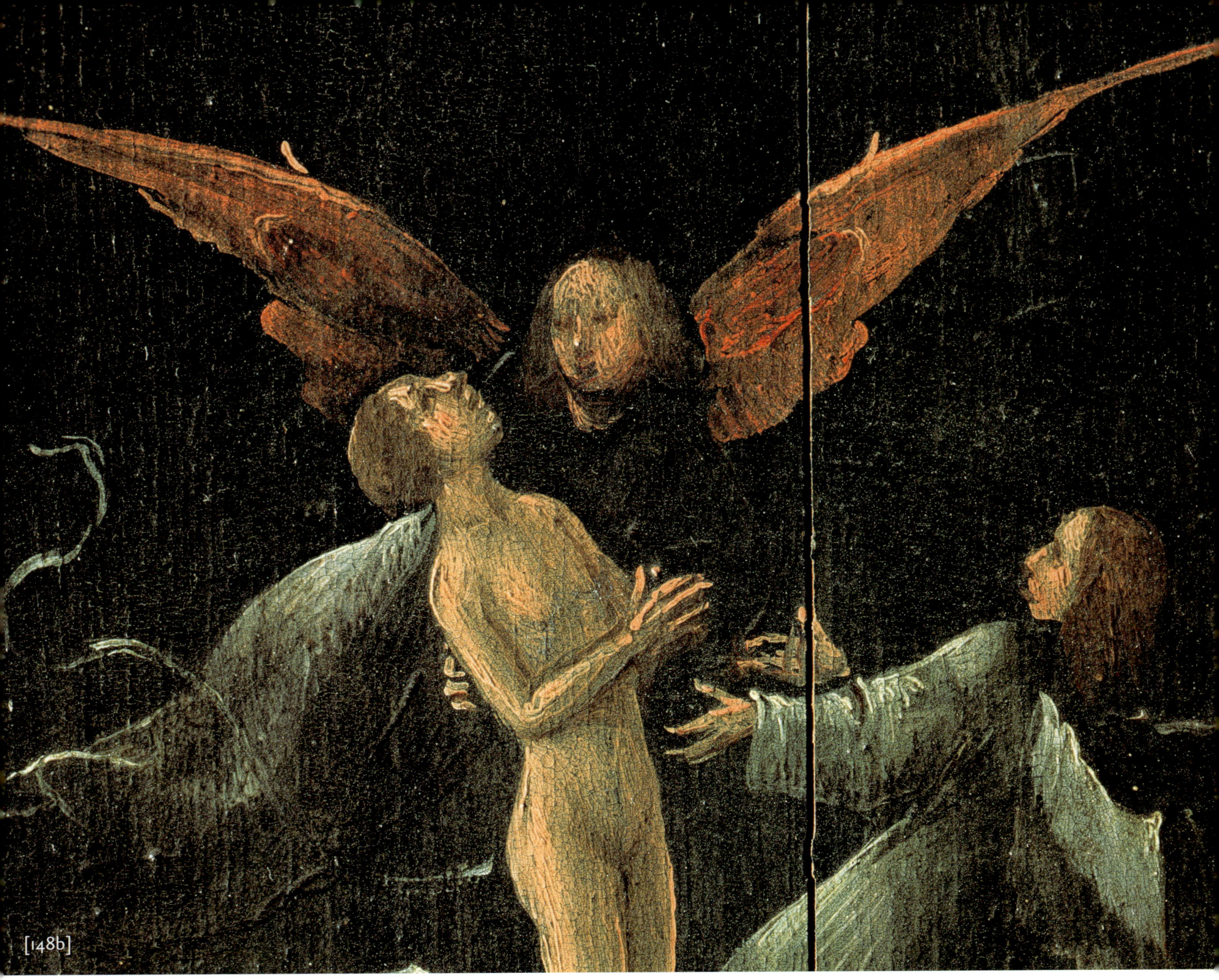
[148b]

werden näher ausgeführt und belegt in: S.Th.J. Kuijer, *'s-Hertogenbosch, stad in het hertogdom Brabant, ca. 1185-1629*, Zwolle und 's-Hertogenbosch 2000.
Der Beitrag von Bernard Vermet basiert auf den traditionellen, kunsthistorischen Werkverzeichnissen und Monografien, deren Ansichten in dem schwergewichtigen Band von Roger Marijnissen und Peter Ruyfellaere (1987) kurz zusammengefasst werden. Von grundlegender Bedeutung sind vor allem die dendrochronologischen Untersuchungen von Peter Klein aus Hamburg, deren Resultate teils hier, teils in dem wissenschaftlichen Begleitband *Jheronimus Bosch*, Rotterdam 2001, erstmals veröffentlicht werden.

Verweise und wissenschaftlicher Apparat des Essays von Paul Vandenbroeck sind der folgenden Veröffentlichung zu entnehmen: Paul Vandenbroeck, *Jheronimus Bosch. Tussen volksleven en stadscultuur*, Berchem 1987 (englische Ausgabe Gent und Amsterdam 2001/02 geplant). Zum *Garten der Lüste* siehe auch: Paul Vandenbroeck, „Jheronimus Bosch zogenaamde Tuin der Lusten I & II", in *Jaarboek Koninklijk Museum voor Schone Kunsten te Antwerpen*, Antwerpen 1989, S.9-210 und 1990, S.9-112.
Der Abschnitt über den *Hausierer* konnte zu Teilen von den Resultaten der unveröffentlichten Dissertation von Eric de Bruyn Gebrauch machen: *Half zot, half vroed. Half kwaad, half goed. De Marskramer-figuur in het œuvre van Jheronimus Bosch geïnterpreteerd vanuit Middelnederlands teksten*, Katholieke Universiteit Brussel (Brüssel 2000). Der Verfasser möchte Dr. Eric de Bruyn an dieser Stelle seinen aufrichtigen Dank bezeugen.

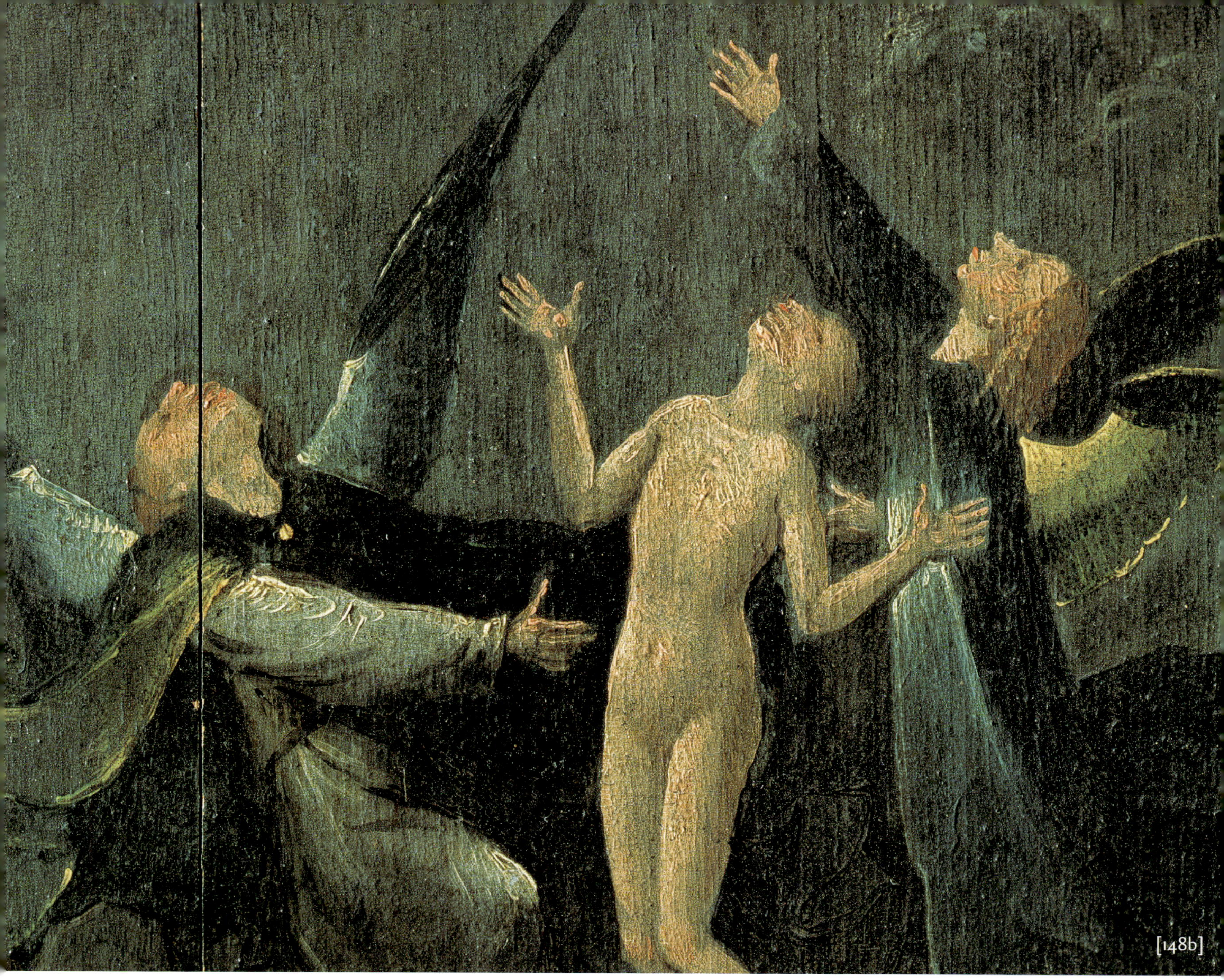

Bibliografie

- Baldass, L., „Die Chronologie der Gemälde des Hieronymus Bosch", *Jahrbuch der Preußischen Kunstsammlungen*, XXXVIII, 1917, S. 177-195.
- Baldass, L., *Hieronymus Bosch*, Wien 1943.
- Bango, I. und F. Marias, *Bosch. Realidad, simbolo y fantasia*, Madrid 1982.
- Bax, D., „Als de blende tzwijn sloughen", *Tijdschrift voor Nederlandsche Taal- en Letterkunde*, LXIII, 1944, S. 82-86.
- Bax, D., „Bosschiana. Verloren Zoon. Johannes op Patmos. Wellusttuin. Doornenkroning" *Oud Holland*, LXVIII, 4, 1953, S. 200-208.
- Bax, D., „Beschrijving en poging tot verklaring van het Tuin der Onkuisheiddrieluik van Jeroen Bosch, gevolgd door kritiek op Fraenger." *Verhandelingen der Koninklijke Nederlandse Akademie van Wetenschappen, Afdeling Letterkunde*, LXIII, 2, Amsterdam 1956.
- Bax, D., „Bezwaren tegen L. Brand Philips interpretatie van Jeroen Bosch' Marskramer, Goochelaar, Keisnijder en voorgrond van Hooiwagenpaneel", *Nederlands Kunsthistorisch Jaarboek*, XIII, 1961, S. 1-54.
- Bax, D., „Jeroen Bosch' drieluik met de gekruisigde martelares." *Verhandelingen der Koninklijke Nederlandse Akademie van Wetenschappen, Afdeling Letterkunde*, LXVIII, 5, Amsterdam 1961.
- Bax, D., *„Jeroen Bosch en de Nederlandse taal', Jheronimus Bosch. Bijdragen bij gelegenheid van de herdinkingstentoonstelling te 's-Hertogenbosch 1967"*, 's-Hertogenbosch 1967, S. 61-71.
- Bax, D., *Ontcijfering van Jeroen Bosch*, Den Haag 1949. Englische Ausgabe: *Hieronymus Bosch. His Picture-Writing Deciphered*, Rotterdam 1979.
-- Bax, D., „Hieronymus Bosch and Lucas Cranach. Two *Last Judgement* Triptychs. Description and Exposition." *Verhandelingen der Koninklijke Nederlands Akademie van Wetenschappen, Afdeling Letterkunde*, CXVII, Amsterdam 1987.
- Berger, T., u.a., *Hommage à Bosch*, Prag 1997.
- Blanc, P. le (Hg.), S. Gerlach, *Jheronimus Bosch. Opstellen over leven en werk*, 's Hertogenbosch und 's-Gravenhage 1988.
- Brand Philip, L., *Hieronymus Bosch*, New York und London 1955.
- Brand Philip, L., „The ‚Peddler' by Hieronymus Bosch, a study in Detection", *Nederlands Kunsthistorisch Jaarboek*, IX, 1958, S. 1-81.
- Bruyn, E. de, *Half zot, half vroed. Half kwaad, half goed. De Marskramer-figuur in het oeuvre van Jheronimus Bosch geïnterpreteerd vanuit Middelnederlandse teksten, Katholieke Universiteit Brussel*, Brüssel 2000 (unpublizierte Dissertation).
- Chailley, J., „Jérôme Bosch et ses symboles. Essai de décryptage". *Mémoires de l'Académie royale de Belgique, Classe des Beaux-Arts*, 2e serie, XV, 1, Brüssel 1978.
- Cinotti, M., *L'opera completa di Bosch*, Mailand 1966; *Tout l'œuvre peint de Jérôme Bosch*, Paris 1967.
- Combe, J., *Jérôme Bosch*, Paris 1946, 1957; London, 1946, 1957; München 1957.
- Filedt Kok, J.S., „Underdrawing and drawing in the work of Hieronymus Bosch: A provisional survey in connection with the paintings by him in Rotterdam", *Simiolus*, VI, 3-4, 1972/73, S. 133-162.
- Fraenger, W., mit einem Beitrag von S. Reuterswärd, *Hieronymus Bosch*, Dresden 1975.
- Franzoi, U., u.a., *Le delizie dell'inferno. Dipinti di Jheronimus Bosch e altri Fiamminghi restaurati*, Venedig 1992.
- Friedländer, M.J., *Die Altniederländische Malerei*, V (Geertgen van Haarlem und Hieronymus Bosch), Berlin 1927.
- Friedländer, M.J., *Die Altniederländische Malerei*, XIV (Pieter Bruegel und Nachträge zu den früheren Bänden), Leyden 1937.
- Friedländer, M.J., *Early Netherlandish Painting*, V (Geertgen tot Sint Jans and Jerome Bosch), Leyden und Brussel 1969.
- Gibson, W.S., *Hieronymus Bosch*, New York 1972; London 1973; Amsterdam 1974; Frankfurt am Main - Berlin - Wien 1974.
- Gibson, W.S., *Hieronymus Bosch. An Annotated Bibliography*, Boston 1983
- Gibson, W.S., „Bosch, Hieronymus", *Saur. Allgemeines Künstler-Lexikon*, XIII, München und Leipzig 1996, S. 160-162.
- Hammer Tugendhat, D., *Hieronymus Bosch und die Bildtradition*, Diss., Wien 1975.
- „Jeroen Bosch, Noord-Nederlandsche Primitieven", Ausstellungskatalog Museum

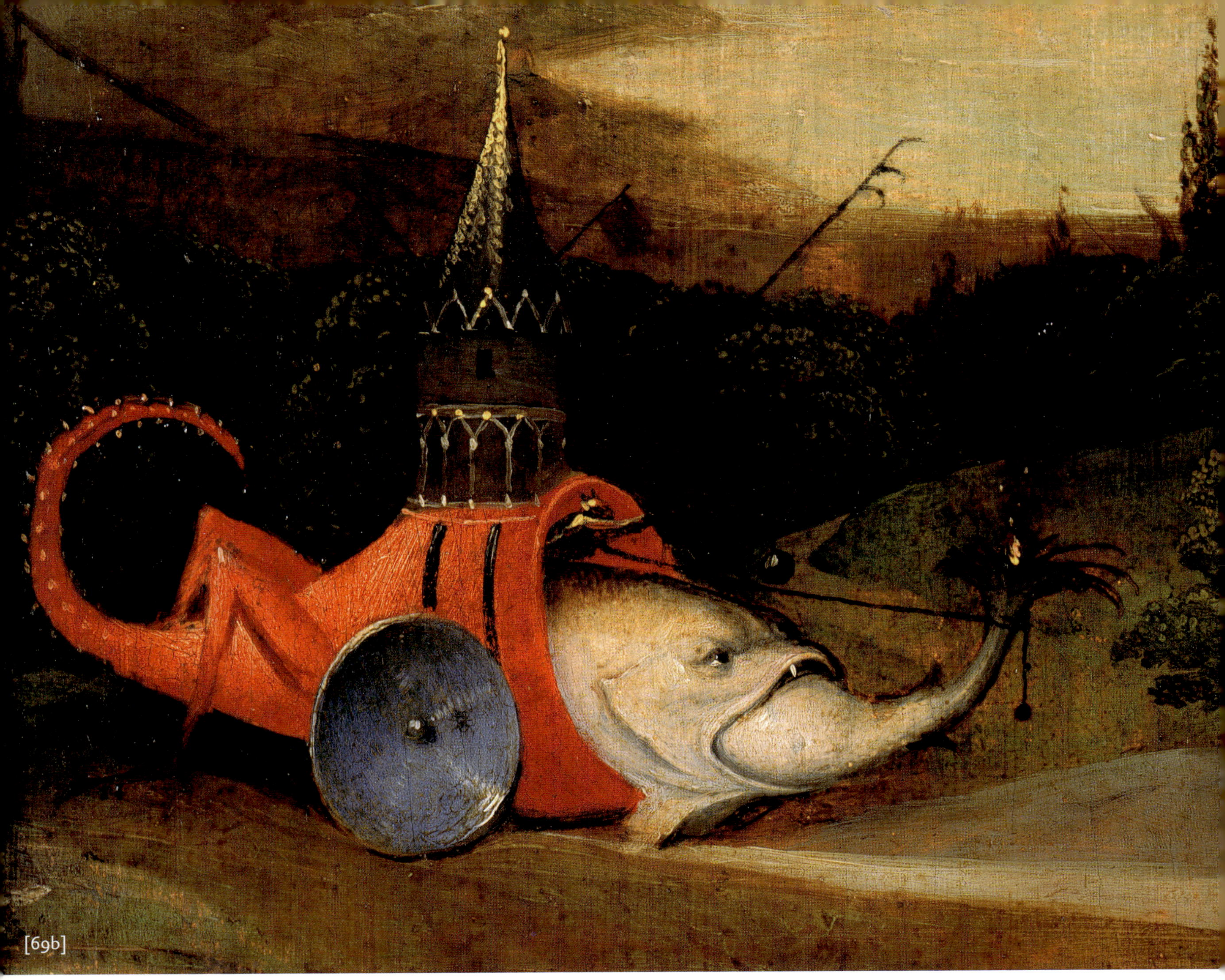
[69b]

- *Jheronimus Bosch*, Ausstellungskatalog, 's-Hertogenbosch 1967.
- *Jheronimus Bosch. Bijdragen bij gelegenheid van de herdenkingstentoonstelling te 's-Hertogenbosch 1967*, 's-Hertogenbosch 1967.
- Justi, C., „Die Werke des Hieronymus Bosch in Spanien", *Jahrbuch der Preußischen Kunstsammlungen*, X, 1889, S. 121-144.
- Justi, C., *Miscellanea aus drei Jahrhunderten Spanischen Kunstlebens*, Berlin 1908.
- Koldeweij, A.M. (Hg.), *In Buscoducis. Kunst uit de Bourgondische tijd te 's-Hertogenbosch*, 2 Bde., Maarssen – 's-Gravenhage –'s-Hertogenbosch 1990.
- Kotková, O. (Hg.), *Hieronimus Bosch Follower. Christ among the doctors. The painting after Restoration*, Prag 1996.
- Lafond, S., *Hieronymus Bosch, son art, son influence, ses disciples*, Brüssel u. Paris 1914.
- Larssen, E., *Bosch. Catalogo Completo*, Florenz 1998.
- Marijnissen, R.H., „Laatmiddeleeuwse symboliek en de beeldentaal van Hiëronymus Bosch", *Mededelingen van de Koninklijke Academie voor Wetenschappen, Letteren en Schone Kunsten van België, Klasse der Schone Kunsten*, XXXIX, 1, 1977.
- Marijnissen, R.H., K. Blockx, S. Gerlach, u.a., *Jheronimus Bosch*, Brüssel 1972.
- Marijnissen, R.H. und P.Ruyffellaere, *Hieronymus Bosch*, Antwerpen 1987; Köln 1999.
- Monsmans, J., *Jeronimus Anthonis-zoon van Aken alias Hieronymus Bosch. Zijn leven en zijn werk*, 's-Hertogenbosch 1947.
- Monsmans, J., *Jheronimus Bosch. Maria en Sint Jan. Onbekend en laat schilderwerk bewaard in zijne vaderstad*, 's-Hertogenbosch 1950.
- Mund, H. und C. Stroo, *Early Netherlandish Painting (1400-1500). A Bibliography (1984-1998), Contributions to fifteenth-century painting in the Southern Netherlands and the Principality of Liège*, Nr. 8, Brüssel 1998, S. 29-46.
- Schoute, R. Van und B. De Patoul (Hrgs.), *Les Primitifs Flamands et leurs temps*, Liége 1994, S. 437-459 (Beitrag von Caterina Virdis Limentani), S. 642.
- Silva Maroto, P., *El jardín de las delicias de El Bosco: copias, estudio técnico y restauración*, Madrid 2000.
- Steppe, J.K., „Jheronimus Bosch. Bijdrage tot de historische en ikonografische studie van zijn werk", *Jheronimus Bosch. Bijdragen bij gelegenheid van de herdenkings-tentoonstelling te 's Hertogenbosch 1967*, 's-Hertogenbosch 1967, S. 5-41.
- Tolnay, Ch. de, *Hieronymus Bosch*, Basel 1937; Baden-Baden 1965.
- Unverfehrt, G., *Hieronymus Bosch. Studien zur Rezeption seiner Kunst im frühen 16. Jahrhundert*, (Dissertation, Göttingen 1974) Berlin 1980.
- Vandenbroeck, P., „Rudolf II als verzamelaar van werk van en naar Jheronimus Bosch", *Jaarboek Koninklijk Museum voor Schone Kunsten Antwerpen*, Antwerpen 1981, S. 119-134.
- Vandenbroeck, P., „Problèmes concernant l'œuvre de Jheronimus Bosch: le dessin sous-jacent en relation avec l'authenticité et la chronologie", in R.Van Schoute und D. Hollanders Favart, *Le dessin sous-jacent dans la peinture*, Colloque IV, Louvain-la-Neuve 1981, S. 107-125.
- Vandenbroeck, P., „Jheronimus Bosch' zogenaamde Tuin der Lusten I & II", *Jaarboek Koninklijk Museum voor Schone Kunsten Antwerpen*, Antwerpen 1989, S. 9-210 und 1990, S. 9-112.
- Vandenbroeck, P., *Jheronimus Bosch. Tussen volksleven en stadscultuur*, Berchem 1987.
- Yarza Luaces, J., *El Jardín de las delicias de El Bosco*, Madrid 1998.

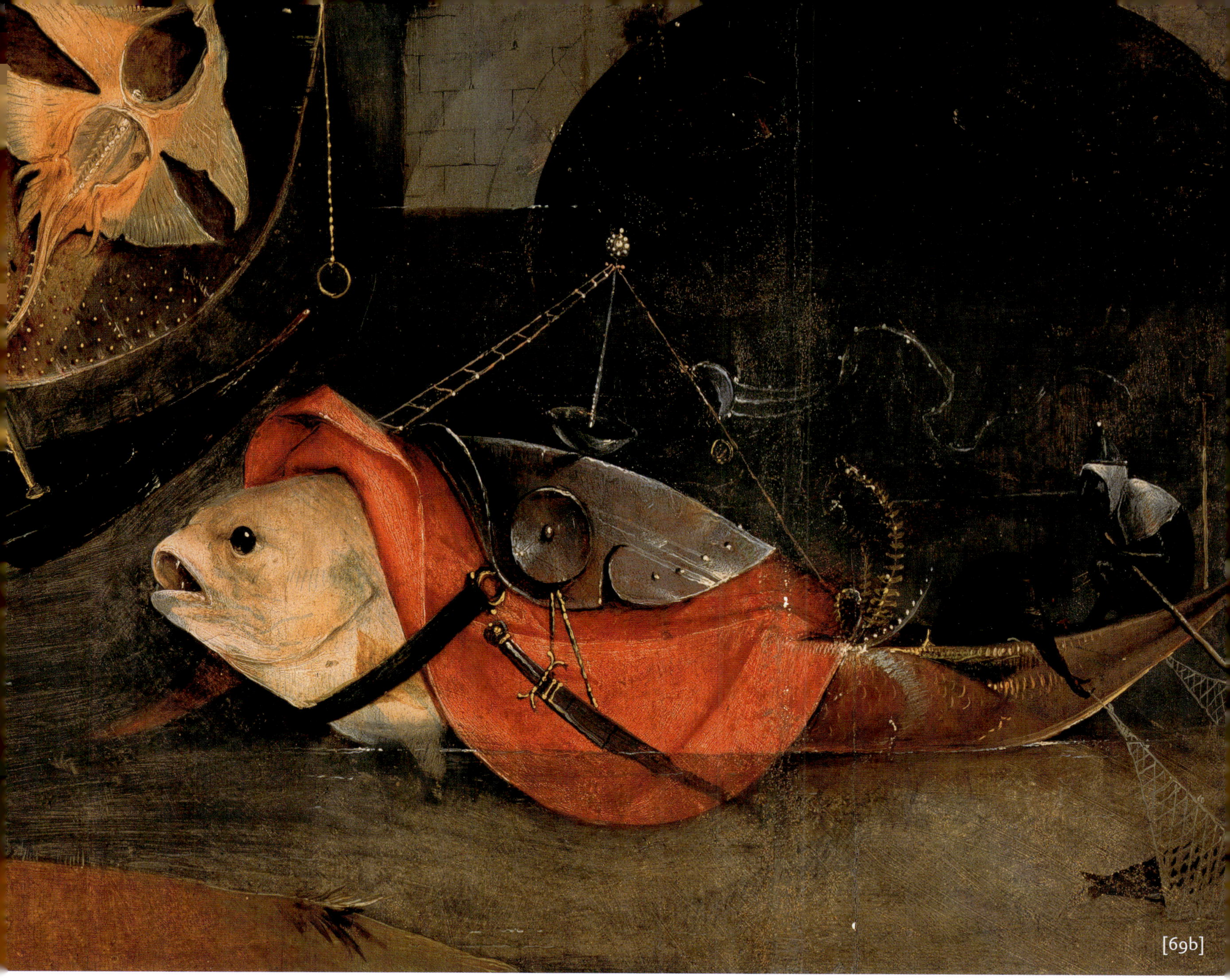

Register

Personen

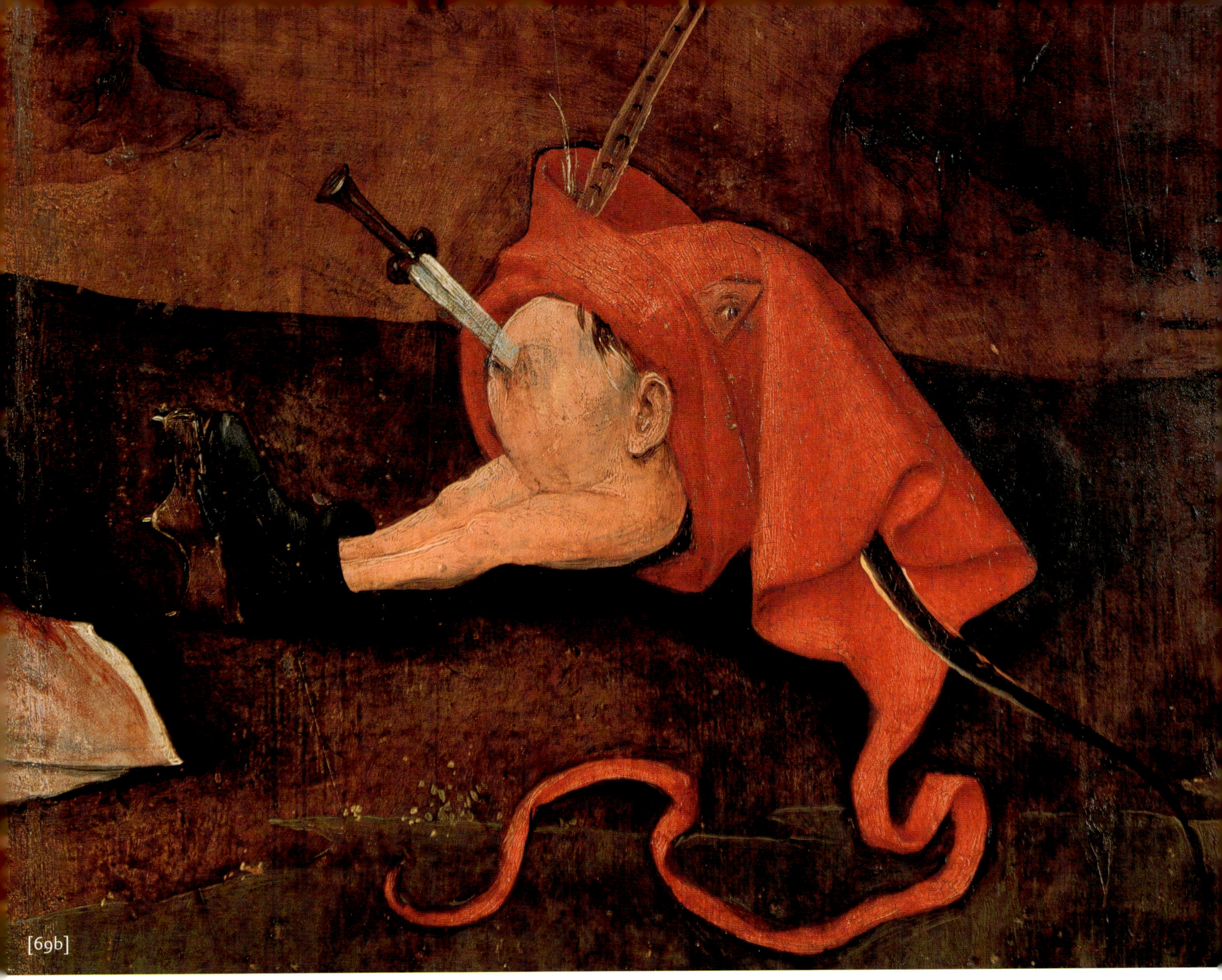
[69b]

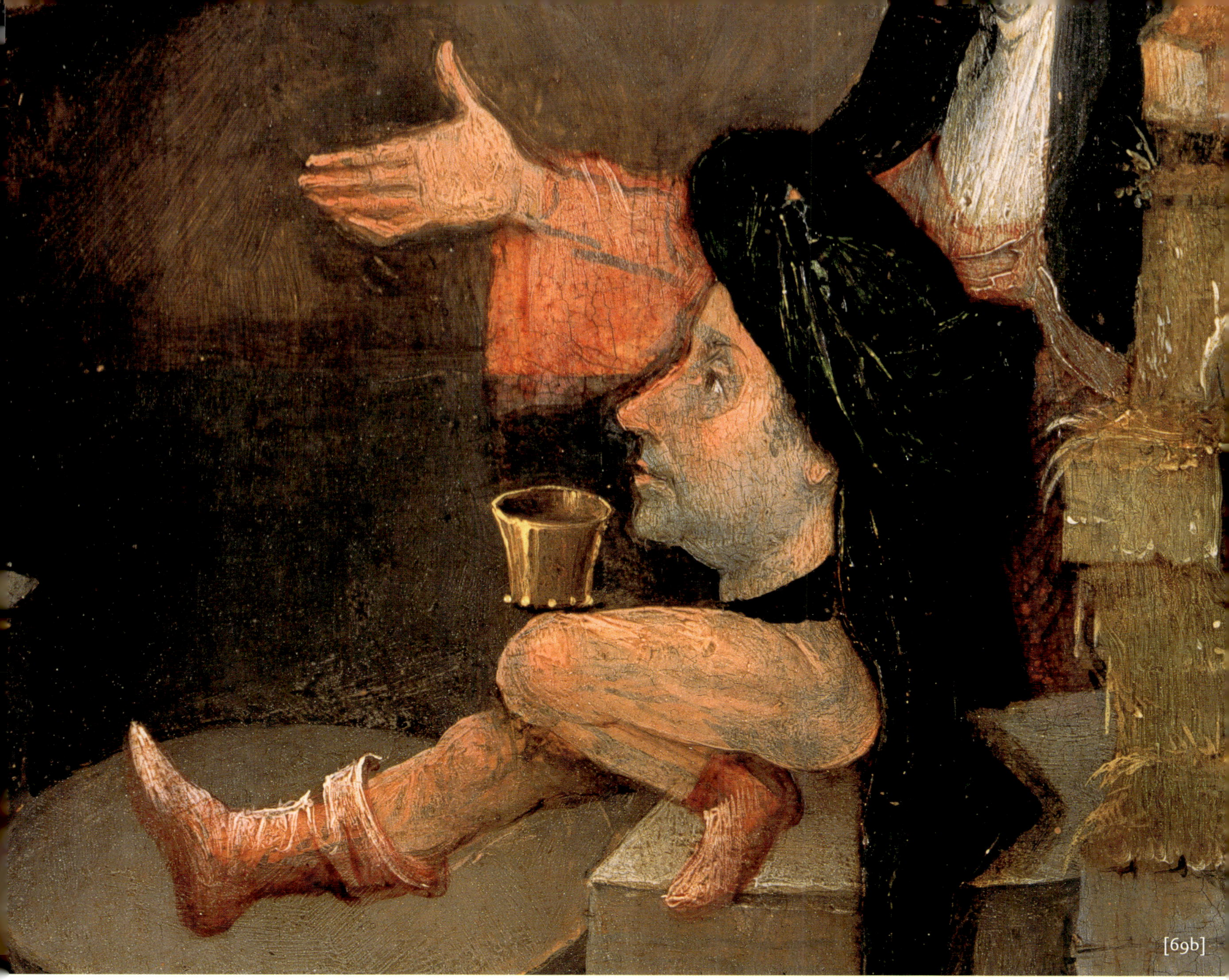

[69b]

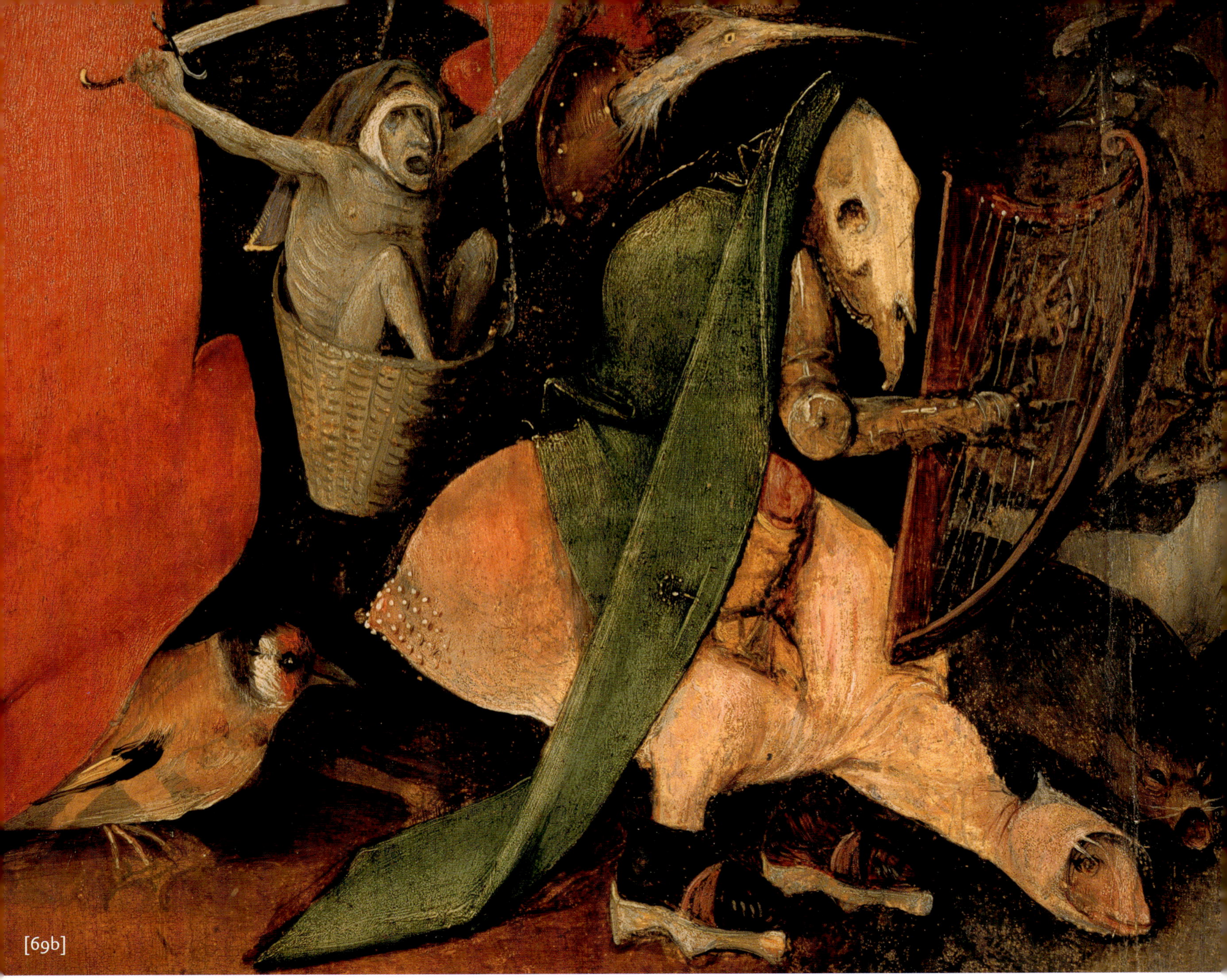

[69b]

Titelregister der Werke von und nach Hieronymus Bosch

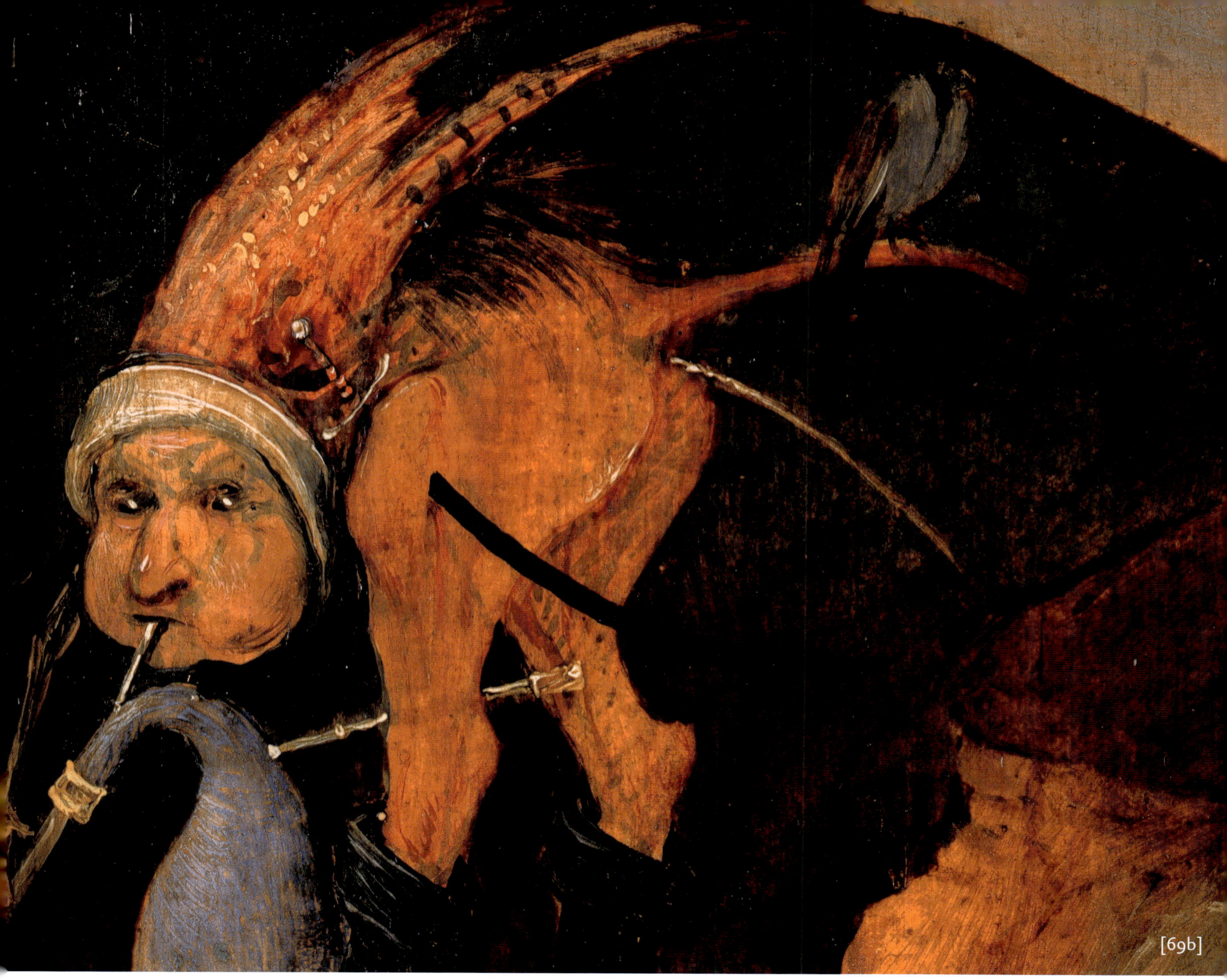
[69b]

Dieses Werk erscheint anlässlich der Ausstellung *Jheronimus Bosch* im Museum Boijmans Van Beuningen zu Rotterdam, 1. September – 11. November 2001.

Katalog

Autoren
Jos Koldeweij, Paul Vandenbroeck und Bernard Vermet, unter Mitarbeit von Matthijs Ilsink

Redaktion
Barbera van Kooij, NAi Publishers

Übersetzung aus dem Niederländischen
Henrik Schröder

Lektorat und Redaktion der deutschsprachigen Ausgabe
Porcella Borchert Buchprodukte / Bonn in Zusammenarbeit mit dem Redaktionsbüro Heidi Wetzel / Göppingen

Gestaltung
Gracia Lebbink

Satz
Holger Schoorl / Willem Morelis

Lithographie und Druck
Die Keure, Brügge

Produktion
Barbera van Kooij, NAi Publishers;
Ludion Gent/Amsterdam

Verlegt bei
NAi Publishers Rotterdam und Ludion Gent/Amsterdam;
Chr. Belser AG für Verlagsgeschäfte & Co. KG, Stuttgart
(für die deutschsprachige Ausgabe)

Bildnachweis
- Albertina, Wien (Abb. 4, 41, 42, 82, 87, 93, 103)
- Art Museum of Estonia, The Museum of Foreign Art, Tallinn (Abb. 106)
- Ashmolean Museum, Oxford (Abb. 3, 45, 122)
- Bayerische Staatgemäldesammlungen, Alte Pinakothek, München (Abb. 158)
- Biblioteca Medicea Laurenziana, Florenz (Abb. 56)
- Bibliothèque Municipale, Arras (Abb. 1)
- Bibliothèque nationale de France, Paris (Abb. 118)
- British Museum, London (Abb. 5, 6, 8, 112, 147)
- Collezione Scarpa, Venedig (Abb. 12)
- Crocker Art Museum, Sacramento, CA (Abb. 108)
- Dommuseum, Frankfurt am Main (Abb. 30)
- École nationale supérieure des beaux-arts, Paris (Abb. 85)
- Erasmushuis, Brüssel (Abb. 60)
- Fotodienst stedelijke musea Antwerpen - Bart Huysmans (Abb. 121)
- Fundación Lázaro Galdiano, Madrid (Abb. 61a, 151)
- Galerie Bassenge, Berlin (Abb. 101)
- Gemäldegalerie der Akademie der Bildenden Künste, Wien (Abb. 149)
- Germanisches Nationalmuseum, Nürnberg (Abb. 110, 125)
- Anne Gold (Abb. 50)
- Guttmann Gallery, Los Angeles (Abb. 154)
- Galerie De Jonckheere, Brüssel (Abb. 77)
- Jos Koldeweij, Buren (Abb. 14, 16, 136)
- John van Cauteren (Abb. 17)
- Katholieke Universiteit, Löwen (Abb. 27)
- Koninklijke Bibliotheek van België, Prentenkabinet, Brüssel (Abb. 29, 81, 109, 111)
- Koninklijke Bibliotheek, Den Haag (Abb. 26)
- Koninklijke Musea voor Schone Kunsten van België, Brüssel - Speltdoorn (Abb. 68)
- Line Kramer, Rotterdam (Zeichnung S. 72)
- Kunsthistorisches Museum, Wien (Abb. 63, 127)
- Kupferstichkabinett der Akademie der Bildenden Künste, Wien (Abb. 90, 150)
- Kees Maaswinkel/Lucas Productions, Zaltbommel (Abb. 18, 19, 22, 24, 25, 35, 36, 37, 38, 43, 51, 62, 96)
- Hugo Maertens, Brügge (Abb. S. 7, 59, 67, 86, 107, 192)
- Metropolitan Museum of Art, New York (Abb. 31, 34)
- Musée Benoît-De-Puydt, Bailleul (Abb. 126)
- Musée de l'hôtel Sandelin, Saint-Omer - Roland Degryck (Abb. 124)
- Musée des Beaux-Arts de Dijon (Abb. 144)
- Musée des Beaux-Arts, Lille, RMN - Quecq d'Henripret (Abb. 155)
- Musée des Beaux-Arts, Valenciennes, RMN - R.G. Ojeda (Abb. 21b, 157)
- Musée du Louvre, Paris, RMN - J.G. Berizzi (Abb. 97, 135b, 138)
- Musée du Louvre, Paris, RMN - Michèle Bellot (Abb. 98, 135a, 139)
- Musée du Louvre, Paris, RMN - R.G. Ojeda (Abb. 21b, 157)
- Musée municipal, Saint-Germain-en-Laye (Abb. 32)
- Museo de Bellas Artes, Valencia (Abb. 58)
- Museo Nacional del Prado, Madrid (Abb. 13, 28, 47, 72, 141, 153)

- Museu Nacional de Arte Antiga, Lissabon (Abb. 69)
- Museum Boijmans Van Beuningen, Rotterdam - Tom Haartsen (Abb. 2, 9, S. 19-19, Abb. 10, 11, 21a, 48, 53, 73, 74, 75, 79, 86, 91, 92, 104, 129, 130, 132, 133, 145)
- Museum Catharijneconvent, Utrecht - Ruben de Heer (Abb. 55)
- Museum of Fine Arts, Boston (Abb. 46)
- Museum of Art, Rhode Island School of Design, Providence. Gift of Mrs. Murry S. Danforth in memory of her father, Stephan O. Metcalf (Abb. 137)
- Museum van het Boek/Meermanno Westreenianum, Den Haag (Abb. 94)
- Museum voor Schone Kunsten, Gent (Abb. 71)
- Národní Galerie, Prag - Ivan Pinkava (Abb. 146)
- National Gallery, London (Abb. 54)
- National Gallery of Art, Washington - © Board of Trustees / Lyle Peterzell (Abb. 21d)
- Palazzo Ducale, Venedig (Abb. 70, 76, 148)
- Patrimonio Nacional, Palacio Real, Madrid (Abb. 23ab, 57, 64, 78, 84, 113, 143)
- Pierpont Morgan Library/Art Source, New York (Abb. 107)
- Philadelphia Museum of Art - Graydon Wood (Abb. 33)
- Pinacoteca Nazionale, Gabinetto dei Disegni e delle Stampe, Bologna - Gabriele Balducci (Abb. 39)
- Rijksdienst voor de Monumentenzorg, Zeist (Abb. 15, 66)
- Rijksmuseum, Amsterdam (Abb. 7, 99)
- Sammlung Burg Šternberk, Bouzov (Abb. 65)
- Scala, Florenz (Abb. 15, 59, 182)
- Sint-Baafskathedraal, Gent - Paul M.R. Maeyaert (Abb. 123)
- Staatliche Grafische Sammlung, München - Engelbert Seehuber (Abb. 131)
- Staatliche Kunstsammlungen Dresden, Kupferstich-Kabinett (Abb. 40)
- Staatliche Kunstsammlungen Dresden, Kupferstich-Kabinett - Herbert Boswank (Abb. 128)
- Staatliche Museen zu Berlin, Preussischer Kulturbesitz, Gemäldegalerie - Jörg P. Anders (Abb. 20, 61b, c, 83, 120)
- Staatliche Museen zu Berlin, Preussischer Kulturbesitz, Kunstgewerbemuseum - Saturia Linke (Abb. 156)
- Stad Brugge/Cel Fotografie - Jan Termont en Dirk Van der Borght (Abb. 80, 152)
- Stadtbibliothek/Stadtarchiv, Trier - Dagmar Knürr (Abb. 119)
- Städelsches Kunstinstitut, Frankfurt am Main - Ursula Edelmann (Abb. 59)
- Stichting Sint Aegten, St. Agatha (Abb. 115)
- Szépmüvészéti Múzeum, Budapest - Dénis Józsa (Abb. 142)
- Victoria and Albert Picture Library, London (Abb. 89)
- Robert Vurm (Abb. 52)
- Wallraf-Richartz-Museum Köln - Reinisches Bildarchiv Köln (Abb. 44, 134)
- Yale University Art Gallery, New Haven - Geraldine T. Mancini (Abb. 21c)

Es wurde sorgfältig darauf geachtet, alle Einrichtungen und Beteiligten über die Veröffentlichung des Bildmaterials in Kenntnis zu setzen. Sollten wir dabei versehentlich eine Benachrichtigung versäumt haben, wenden Sie sich bitte an Ludion, Herengracht 376, NL-1016 CH Amsterdam

Das Alte und Neue Testament wurden nach der Einheitsübersetzung der *Neuen Jerusalemer Bibel* zitiert.

Die Deutsche Bibliothek – CIP-Einheitsaufnahme

Ein Titelsatz dieser Publikation ist bei der Deutschen Bibliothek erhältlich.

ISBN 3-7630-2390-9 (Hardcover)
ISBN 3-7630-2391-7 (Broschur)

Website

www.boschuniverse.com

Projektleiter
Chris Will, unter Mitwirkung von Jean-François Gentenaar und Evert Pronk

Realisation
V2_ Lab-international Lab for the unstable media, Rotterdam: Anne Nigten, *Koordination*; Jan-Wijbrand Kolman und Ad Russ (Russ Multimedia), *Software-design und Programmierung*; Pepijn van Haren, *Software prototyping*; Rob Bank, *Database Programmierung*; Marjolein Kassenaar, *Interaction design*; Martijn Hoogendijk, *Audiodesign*; Meik van der Noordt und Lenno Verhoog, *Visual design*; Sandra Hekkelman, Projektmanagement
Ra.nj. digital entertainment b.v., Rotterdam
ZaPPWeRK, Delft: Jack Broeders, Maurik van Doorn, Utpal Farkar, René Hansen, Dave Seth Paul, Jonas Voorwerk

Ausstellung

Auswahl und Organisation
Jos Koldeweij, Paul Vandenbroeck und Bernard Vermet, unter Mitwirkung von Ronald Cornelissen und Chris Dercon

Koordination
Jos Koldeweij und Bernard Vermet, unter Mitwirkung von Matthijs Ilsink und Marion Busch

Objektbeschreibungen und Katalog
Jos Koldeweij, Matthijs Ilsink und Bernard Vermet

Gestaltung
Bureau Gracia Lebbink, Amsterdam:
Gracia Lebbink, Bregt Balk;
Bureau Paul Robbrecht und Hilde Daem, Gent:
Paul Robbrecht, Hilde Daem, Kristoffel Boghaert, Shin Hagiwara

Hauptsponsoren
ABN/AMRO
KPN
Unilever

Mit zusätzlicher Unterstützung von
Rotterdam 2001 Kulturhauptstadt Europas
Ministerie van OCenW
Mondriaan Stichting
Stichting Museum Boijmans Van Beuningen
Koninklijk Museum voor Schone Kunsten Antwerpen
Katholieke Universiteit Nijmegen

Sekretariat
Florry van Schendel, Ellen van Baaren, Jessica Geurtsen

Werbung und Kommunikation
Claire Beke

Kulturkommunikation
Claire Beke, Chantal Defesche; Sue Bond Public Relations: Sue Bond; Maaike Delemarre; Miranda Spek

Ausstellungpädagogik
Erik Beenker, Astrid Kwakernaak, Dominique Vos de Waal, Corrie Wolfs

Technik und Logistik
Wout Braber, John Hulsman, Pedro Angela, Roland Niemeijer, Barth van Meggelen, Peter van der Stelt, Ed Mulder, Hans Schmidt, Tjibbe Spruit, Fred van der Wiel, Pim Gerritsen, Willem Metzelaar

Shopdesign
Arie de Witte

Catering
Arnold van Wijck

Weitere museale Unterstützung
Louis Damen, Piet Barendse, Jelle Bouwhuis, Alexandra Gaba-van Dongen, Maartje de Haan, Christel van Hees, Johan ter Molen, Angela Riddering, Karel Schampers

Audiovisuelle Realisierung
Kees Maaswinkel / Lucas Productions, Zaltbommel

Audio Tour
Acousti Guide, Utrecht

Die Direktion des Museum Boijmans Van Beuningen und die Organisatoren dieser Ausstellung danken insbesondere folgenden Institutionen und Personen:

Für wissenschaftliche und organisatorische Unterstützung
Dr. Peter Klein, Universität Hamburg; Prof. Dr. Roger Van Schoute und Prof. Dr. Hélène Verougstraete, Université Catholique de Louvain-la-Neuve; Robert Vurm, Hieronymus Foundation Prag, sowie:
Prof. Dr. Bernard Aikema, Katholieke Universiteit Nimwegen; H.J.E. van Beuningen; Prof. Dr. Sible de Blaauw, Nederlands Instituut Rom; Annetje Boersma; Dr. Charles Caspers, Katholieke Universiteit Nimwegen; Prof. Dr. Fernando Checa, Museo Nacional del Prado Madrid; Dr. G.C.M. van Dijck; Dr. John O. Hand, National Gallery Washington; Dr. Paul Huvenne, Koninklijk Museum voor Schone Kunsten, Antwerpen; Drs. Dory Kicken; Dr. Fritz Koreny; Dr. Peter van der Krogt, Universiteit Utrecht; Prof. Dr. Konrad Oberhuber; Drs. Sebastiaan Ostkamp, Rijksdienst voor Oudheidkundig Bodemonderzoek, Amersfoort; Prada, Mailand: Miuccia Prada und Bernard Steyaert; Dr. Jochen Sander, Städelsches Kunstinstitut Frankfurt; Dr. Karl Schütz, Kunsthistorisches Museum Wien; Dr. Cyriel Stroo und Pascale Syfer d'Olne, Koninklijke Musea voor Schone Kunsten van België, Brüssel; Dr. Gerd Unverfehrt, Universität Göttingen; Dr. Anton Schuttelaars; Gary Schwartz; Drs. Casper Staal, Museum Catharijneconvent Utrecht; Kim Zweerink.

Außerdem
Gemeinde 's-Hertogenbosch: Ton Rombouts, Bürgermeister; Paul Du Crocq; Hannelore Kroonberg; Tom Oodems
Noordbrabants Museum, 's-Hertogenbosch:
Drs. Jan van Laarhoven, Direktor; Dr. Charles de Mooij, Stellv. Direktor; Drs. Barbara Kruijsen, Projektmitarbeit
Bauhistorischer Dienst 's-Hertogenbosch:
Prof.drs. Hans Janssen, Eddy Nijhoff
Stadtarchiv, 's-Hertogenbosch: Rob van der Laar; Aart Vos
Stichting Bossenova, 's-Hertogenbosch: Wim Claessen; Ankie Til; Ruth Giebels; Sebastiaan Beks; Lies Frankhuyzen
Stichting Jheronimus Bosch-Centrum, 's-Hertogenbosch: Mr. Ton Frenken